JN195774

「尊厳ある社会」に向けた 法の貢献

社会法とジェンダー法の協働

浅倉むつ子先生
古稀記念論集

島田陽一
三成美保
米津孝司
菅野淑子

［編］

旬報社

謹んで古稀をお祝いし
浅倉むつ子先生に捧げます

早稲田大学での最終講義にて
（2019年1月17日）

刊行にあたって

　浅倉むつ子先生が古稀を迎えられた。『「尊厳ある社会」に向けた法の貢献──社会法とジェンダー法の協働』とタイトルされた本論文集は、浅倉先生を敬愛する研究者および実務家総勢 33 名に加え、浅倉先生ご自身が早稲田大学における最終講義原稿を寄稿される形で刊行されるはこびとなった。

　浅倉先生は、1967 年に東京都立大学法学部に入学されたのち、故沼田稲次郎教授（元東京都立大学総長）と籾井常喜教授が主催する労働法ゼミを選択し、浅倉先生が高校生時代から関心があった「婦人労働者の権利」についての研究に着手された。大学院進学後も、その問題意識は一貫していたが、当時の労働法学は、未だ女性労働の問題は周縁的テーマとみなす傾向か強かった。善意からの、また将来有望な浅倉先生ゆえのことではあったであろうが、先輩研究者からはテーマの変更をアドバイスされることが多かったという。しかし、女性労働問題に取り組むことこそが、浅倉先生にとって研究者たることのレゾンデートルであったことから、その後もテーマを変更されることはなかった。

　その後、二度の学会報告を経て、1984 年には都立大学法学部講師、1987 年同助教授、そして 1991 年には同教授となられた。このアカデミック・キャリアは、1979 年の女性差別撤廃条約採択から 1985 年の我が国におけるその批准と男女雇用機会均等法の成立・実施の時期とほぼ重なる。いわば時代が浅倉先生を必要としていたともいうことができ、それは青春期に芽生えた女性労働研究への先生の志が華開き実を結ぶ道程でもあったということができよう。

　浅倉先生の研究上の一つのターニングポイントは、1991 年からのヴァージニア大学・ロースクールにおける在外研究でのフェミニズム法学との出会いであった。以降、浅倉先生は労働法のジェンダー分析を精力的に推し進め、ポジティブ・アクションや間接性差別概念をはじめとする一連の研究は、1997 年と2006 年の均等法改正にも少なからぬ影響を及ぼした。そして、それらの研究

活動は、労働法とその学に抜きがたく存在している「男性規範性」の克服を目指す「女性中心アプローチ」へと結実してゆく。誤解されることの多いこのアプローチについて、浅倉先生は、その要点を、自身の研究史を回顧した本論文集掲載の最終講義において、以下のように述べている。

「労働法はそもそも近代法に対するアンチテーゼとして登場し、近代法が想定する『自由で平等な個人』という人間像が、現実といかに乖離しているかを認識し、そこから出発した学問である。すなわち労働法は、労働者を『他者』として排除していた近代市民法に対抗して、『労働者』に〈承認〉を与えたのである。ところが、労働法がここで包摂したのは、市場労働としての『ペイド・ワーク（有償労働）』の担い手、すなわち男性労働者であった。一方、女性は、他者のためのケア労働（家事・育児・介護などの労働）を担う存在として、労働法においては周縁的で補助的な労働者と位置づけられており、同時に、『労働する身体』と『産む身体』との矛盾の中で生きる存在でもあった。そのような労働法を見直すには、労働者モデルそのものを修正しなければならず、それが、ジェンダーに敏感な視座をもつ『女性中心アプローチ』である。」

近代主義的な抽象的個人としての法人格像に対する批判的視点は、今日においてもなお有効である。"（性）中立"的な言説は、男性規範が支配的な法学の世界においては圧倒的な力（生権力）に回収され、無力化される可能性があったなか、浅倉先生のアプローチは正鵠を射るものであったと言えるだろう。それは、女性解放の法理論であると同時に、「『男性規範性』にとらわれて苦悶する現実の男性労働者の〈承認〉の理論」でもある。ここに我々は、浅倉先生が、我が国における社会法思想の正統な継承者であることを確認することができるだろう。

かつて浅倉先生が指導を仰いだ沼田稲次郎博士は、その理論的な師である加古祐二郎の社会法理論を継承しつつ、「市民法の虚偽性」についての認識（イデオロギー批判）と、資本主義の「体制的被害者」である労働者の「人間の尊厳」の回復に向けた法解釈実践を行い、戦後労働法学に巨大な足跡を残した。浅倉先生の女性中心アプローチは、資本主義システムによって疎外された人間・個人の尊厳の回復という社会法思想を継承しつつ、20世紀から21世紀への過渡において人文社会科学における可能性のトポスとして浮かび上がってきたジェンダー問題を方法論的な視座として、社会法思想の新たな展開を試みよ

うとするものに他ならないのである。

　以上のように、浅倉先生の労働法学は、強固な基礎理論的な了解の下で展開されてきたものであるが、それはけっして現実社会から遊離した机上の理論ではなく、むしろその学問的な真理性の洞察を、労働法の現場の担い手の規範意識と不可分のものとして把握しようと努力されてきた。そしてこれもまた正統的な社会法思想の方法態度に他ならないのである。そして浅倉先生の成熟した人柄と調整能力、言葉の正しい意味にける中庸的姿勢は、立場を異にする多くの人々からの信頼を獲得することになった。東京都立川労政事務所労政協議会委員を皮切りに、各種自治体、厚生労働省、人事院、内閣府等における数多の委員を浅倉先生は歴任されている。詳細は略するが、本書巻末に掲載された略歴からは、浅倉先生が、女性労働運動やこれを支援する弁護士実務家のみならず、立法者や行政担当者とも粘り強く対話を積み重ねてきたことが窺われる。

　「これまで『他者』として排除されてきたさまざまな人々の〈承認〉の理論」への飽くなき探究心は、浅倉先生をして、労働法学の枠組みを超えた学際的な研究活動へと向かわせることになる。浅倉先生は、労働法学会の代表理事の他にも、法社会学会、社会保障法学会、国際人権法学会、民主主義科学者協会法律部会等の理事を務められるとともに、連続４期にわたり日本学術会議会員に選出され、精力的に学際的研究の体制整備に尽力された。

　ジェンダー問題の社会的な認知のプロセスは、同時にこれに対するさまざまなバックラッシュとの闘いの歴史でもある。浅倉先生は、さまざまな逆風に抗しつつジェンダー視点を法学に定着させるための拠点となるべき学問共同体として、志を同じくする研究仲間とともに2003年ジェンダー法学会を立ち上げた。同学会立ち上げに参画した人々の思いとその熱量は、ほぼ同時期にスタートした法科大学院制度において、主要なロースクールにおける「ジェンダーと法」のカリキュラムとしての採用へと結実することになったのである。

　浅倉先生は、2004年に東京都立大学から早稲田大学へと籍を移された。その契機となった東京都立大学の組織改変をめぐる蹉跌は、都立大学を心から愛する浅倉先生にとって痛恨の出来事であった。浅倉先生は、早稲田大学に移籍されて以降、それまでにも増して人権保障と社会正義実現のためのさまざまな市

民運動にコミットされるようになった。それは、上に述べた社会法の思想に由来すると同時に、大学の自治をめぐるご自身の痛切な経験に基づくものであろうと思われる。

　本古稀論文集は、全体四部をもって構成されている。「差別・平等と法」と題された第Ⅰ部では、憲法と条約、雇用形態と均等待遇、性差別禁止などのテーマが、第Ⅱ部の「雇用社会と法」では、雇用社会の基本原則・展望あるいはワーク・ライフ・バランス、第Ⅲ部「ジェンダーと法」では、性暴力と人権、性の自己決定と尊厳、家族と婚姻、そして第Ⅳ部では「ハラスメントと法」が、それぞれ論じられている。各テーマの第一人者、気鋭の論者による力作揃いの本論文集が、社会法とジェンダー法の協働を体現する学術書として、尊厳ある社会の実現に少しでも寄与できることを編者一同願ってやまない。
　21世紀第1四半期も終盤を迎え、世界はいよいよ激動の時代を迎えつつある。我々は、そうした時代に、多様な生を営む市井の人々一人ひとりの個の尊厳を守り抜く意志に支えられた浅倉先生の学問姿勢に学び、批判を恐れず、弛むことなく正義をめぐる語りを続けてゆく覚悟を新たにしたい。浅倉先生には、これからも労働法・ジェンダー法研究の第一線において活躍をされ、我々を叱咤激励してくださることをお願いしつつ、ここに古稀記念論文集を捧げたいと思う。

　2019 年 7 月

編者を代表して
米津孝司

第Ⅲ部　ジェンダーと法

第IV部　ハラスメントと法

第Ⅴ部　早稲田大学における最終講義

第Ⅰ部

差別・平等と法

憲法 14 条と間接差別禁止法理
——アメリカにおける差別的効果法理をめぐる議論を参照して——

植木　淳

はじめに——間接差別禁止の意義

　日本の差別禁止法に関する議論をリードしてきた浅倉むつ子は、差別禁止法の立法化に関する課題として「禁止されるべき差別事由」と「差別の定義・形態」とを挙げ、後者に関しては「直接差別と間接差別の両方を規定すべきである」と論じている[1]。このような問題提起を受け、本稿は憲法 14 条から間接差別禁止法理に関して論じるものである。

　間接差別禁止とは「それ自体は差別を含まない中立的な制度や基準であっても、特定の人種や性別に属する人に不利な効果・影響をもたらすならば違法な差別になる」というものである[2]。この点、間接差別禁止の源流の一つがアメリカの差別的効果法理にあることは周知のとおりであるが、近年のアメリカでは差別的効果法理に対する逆風が吹くなかで、その意義が問い直されている。そこでの議論を概観すると、同法理の意義に関しては、①人種的・性的階層化の解消、②意図的差別の発見、③不公正な障壁の除去、などの異なる理解があり、どのような理解を採用するかが重要な問題であることが看取しうる。この点、近年では日本でも間接差別に関する研究が進められているものの、間接差別禁止の意義・目的に関して必ずしも共通の理解は形成されていないように思われる[3]。そのため、本稿では、アメリカにおける議論を検討したうえで、間

---

1) 浅倉むつ子『雇用差別禁止法制の展望』有斐閣、2016 年、618 頁。
2) 浅倉むつ子「間接差別」法教 315 号（2006 年）2 頁以下 2 頁。間接差別の定義自体が重要な問題であるが、本稿では紙幅の関係から詳述を避ける。
3) アメリカにおける間接差別禁止法理の目的に関する説明の一例として、それは「差別的な歴史に起因する構造的差別を維持することを否定する法理」として出発し、その後、「差別をしていないことの口実として使われた可能性の高い基準等を排除する機能」や「差別的構造の存在が個人の職業生活の選択に事実上与えている影響を問い直す機能」を有するに至ったと説明されている（長谷川聡「雇用における間接差別の概念と理論」労働 108 号（2006 年）197 頁以下 200 頁）。

接差別禁止を「地位に起因する不利益」を禁止するものとして差別禁止法の全体像の中で促える議論に焦点をあてて検討する。

　なお、本稿は、憲法上の平等原則から間接差別禁止法理を検討するものであるが、アメリカにおいては憲法上の平等保護条項と市民権法上の差別禁止規定は相互に関連するものとして論じられているため、両者の関連性を意識しながら論じることとする。また、間接差別禁止の対象に関して、筆者は人種・性に限定されず障害や性指向なども含まれると考えているが[4]、本稿は「禁止されるべき差別事由」に関して論じるものではないため、紙幅の関係から、間接差別禁止の対象を一応は「人種・性などを理由とした区別」などと表記して論じることとする。

一　差別的効果法理の現在——アメリカの議論から

1　差別的効果法理の展開

(1)　憲法上の平等保護条項と差別的効果

　アメリカ合衆国憲法修正 14 条の規定する平等保護条項との関係では、人種・性などに関して「法律の文言上の区分が存在する場合」と「法律は表面上中立的であるが法律に差別的効果がある場合あるいは運用によって差別的影響がある場合」とが区別されて論じられてきた[5]。そして、法律の文言上に人種・性による区分が存在する場合には、厳格度の高い審査基準によって審査されてきた[6]。

　これに対して、法律が表面上中立的である場合に関して、1976 年の Washington v. Davis 判決は、警察官採用試験が人種的マイノリティに不利益な効果を与えていることの合憲性に関して、「法の不快な性質が人種差別であると主張されるためには、それが最終的に人種差別的な目的に基づいていることが必要である」として、人種的マイノリティに差別的効果がある場合でも差

4)　植木淳「平等原則における不変性（immutability）」名城 66 巻 1・2 号（2016 年）249 頁以下参照。特に障害に関しては、同『障害のある人の権利と法』日本評論社、2011 年、167 - 175 頁参照。
5)　ERWIN CHEMERINSKY, CONSTITUTIONAL LAW 712-713（4th ed. 2013）.
6)　Loving v. Virginia, 388 U.S. 1（1967）; Craig v. Boren, 429 U.S. 190（1976）.

別的意図が立証されない限り違憲にはならないと判断した（意図テスト）[7]。また、1979年のPersonnel Administrator of Massachusetts v. Feeney判決では、退役軍人に対する雇用上の優遇措置が女性に対して不利益な効果を与えることの合憲性に関して、特定の集団に対して不利益な効果がある「にも関わらず」（in spite of）決定されたというだけでなく、不利益な効果があること「を理由として」（because of）決定されたといえる場合にだけ、「差別的意図」が認められるとされた[8]。そのため、差別的効果のある政府行為に「差別的意図」があるとして違憲判断がなされたのは例外的な事例にとどまっている[9]。

(2) 市民権法第7編と差別的効果法理

市民権法第7編（Civil Rights Act Title Ⅶ）においては、使用者による人種・宗教・性などを理由とする雇用上の差別行為が禁止されており、使用者が意図的に不利益取扱をすることは、それが「真正な職業資格」によるものであることなどの正当化事由がない限り、「差別的取扱」として違法となる[10]。

その一方で、使用者に差別的意図がない「差別的効果」に関して、1971年のGriggs v. Duke Power Co.判決は、電力会社における労働者の配属に関する学歴要件が人種的マイノリティに不利になっていることの合法性に関して、市民権法第7編は「明白な差別だけでなく、表面上は公平であっても運用上は差別的な慣行を禁止するもの」であって、「業務上の必要性」との関連性がない場合には違法になると判断した[11]。また、1977年のDothard v. Rawlinson判決では、刑務所での職務に身長・体重要件を課していることは女性に対して差別的効果を有するものであると判断された[12]。

その後、保守派が優勢となった連邦最高裁は1989年のWards Cove判決において差別的効果法理の適用範囲を限定したものの[13]、連邦議会は1991年に市民権法第7編を改正して、使用者の採用する雇用慣行が人種・宗教・性などに対する「差別的効果」を生じさせていることが証明された場合には、使用者が

---

7) 426 U.S. 229, 240 (1976).
8) 442 U.S. 256, 279 (1979).
9) *See* Hunter v. Underwood, 471 U.S. 222 (1985).
10) 42 U.S.C. §2000e-2 (a) (e).
11) 401 U.S. 424, 431 (1971).
12) 433 U.S. 321, 328-332 (1977).
13) Wards Cove Packing Co. v. Atonio, 490 U.S. 642 (1989).

「業務上の必要性」との関連性を立証しない限り、「違法な雇用慣行」の存在が認められると規定するにいたった[14]。

(3) 憲法上の平等保護条項と市民権法——差別的効果法理の黄昏

上記のように、従来、憲法上の平等保護条項は、それ自体が差別的効果を有する政府行為を禁止するものではないが、連邦議会が差別的効果を禁止する法律（市民権法等）を制定することを禁止するものではない（許容されている）と解されてきた[15]。しかし、1990年代以降の連邦最高裁が「反差別原理」（後述する）の方向性を顕著にすると、憲法上の平等保護条項は人種考慮を禁止しているのに、市民権法第7編の差別的効果規定が事実上使用者に対して人種考慮を要求していることの合憲性が問題とされるようになった[16]。

実際に、2009年のRicci v. Destefano判決は、使用者が「差別的効果」を回避するために人種を考慮して行動したことが「差別的取扱」であるとして違法と判断するとともに、差別的効果規定を憲法違反と判断する可能性も残すものとなった[17]。これに対して、2015年のTexas Department of Housing and Community Affairs v. The Inclusive Communities Project判決は、公正住宅法における差別禁止規定は「行為者の意図」だけでなく「行為の結果」に注目するものであるとして、同法の下での差別的効果の責任を認めた[18]。その意味で、現在のところ連邦最高裁は市民権法等における差別的効果法理を否定しているわけではないものの、その許容性を巡る議論が決着しているわけではない[19]。

2　反差別原理と反従属原理

従来、憲法上の平等保護条項との関係で、差別的効果法理の問題は「反差別原理」と「反従属原理」との対立として説明されてきた。

---

14) 42 U.S.C. §2000e-2 (k).

15) *See* Reva B. Siegel, *Race-Conscious But Race-Neutral*, 66 ALA. L. REV. 653, 662 (2014).

16) *See* Kenneth L. Marcus, *Voting Rights and Equal Protection*, 2008-09 CATO SUP. CT. REV. 53, 62-64.

17) 557 U.S. 557 (2009). 同判決に関しては、植木淳「現代アメリカ平等保護法理の一断面」門田孝・井上典之編『憲法理論とその展開』信山社、2017年、343頁以下参照。

18) 135 S. Ct. 2507, 2518 (2015).

19) *See* Roger Clegg, *Silver Linings Playbook*, 2014-15 CATO SUP. CT. REV. 165, 187-188.

「反差別原理」（anti-discrimination principle）とは、平等保護は人種・性など
を理由とする行為を禁止することを本質とするものであると捉える見解であっ
た。例えば、Paul Brest は、「反差別原理」を「当事者の人種（あるいは民族的
出自）に基づく区分、決定、慣行に反対する一般的原理」であると定義したう
えで、「人種や性別などの不変的な個人的特徴を理由とする一般化は、その作
用から逃れるすべがないだけに、特に不平感を募らせる」ものであると論じ
る[20]。また、Andrew Kull は、修正14条制定前後から、全ての人種区分に反対
する立場（antidiscrimination）と、人種区分を容認して実体的平等を保護する
立場（equal-protection）があったとして[21]、後者の立場がPlessy判決のような人
種隔離を正当化する立場につながったのだとする[22]。これに対して、人種考慮
を否定するcolor-blindの立場（反差別原理）は、「人種区分の適切性を政治過程
での解決に委ねることを望まない」ものであると論じる[23]。このような「反差
別原理」によれば、人種・性を考慮して決定が行われること自体が否定的に捉
えられるため、当該行為の人種的・性的な効果を考慮することは否定的に考え
られ、人種的・性的な意図を有する行為のみが差別と評価されるべきこととな
る（意図テスト）。

　これに対して、「反従属原理」（anti-subordination principle）とは、平等保護
は集団相互の支配─従属関係に反対することを本質とするものであると捉える
見解である。例えば、Ruth Colker は、「反従属原理」から「社会における特定
の集団が全体として社会的権力の欠如を理由として従属的地位におかれてはな
らない」と論じる。Colker は、公民権運動初期の判例では「反差別原理」が人
種分離を解消するために有効であったものの、最高裁の主要な関心は「反従
属」にあったと主張するのである[24]。このような「反従属原理」によれば、表
面上中立的でも人種的マイノリティに不利益な効果を与える行為は平等保護原
理に反するものであり、差別的な意図がなくとも不利益な結果がある政府行為
には厳格度の高い審査がなされるべきこととなる（結果テスト）。

---

20) Paul Brest, *In Defense of the Antidiscrimination Principle*, 90 HARV. L. REV. 1, 10 (1976).
21) ANDREW KULL, The COLOR-BLIND CONSTITUTION 81 (1992).
22) *Id.* at 113.
23) *Id.* at 224.
24) Ruth Colker, *Anti-Subordination Above All*, 61 N.Y.U. L. REV. 1003, 1007, 1013-1014 (1986).

この点、Colker は、「反従属原理」から「表面上区分するものであれ、表面上中立的なものであれ、人種的・性的な階層を存続させる政策は不快なものとなる」と指摘する[25]。また、Lawrence Tribe は、「反従属原理」は、「特定の人々を二級市民として扱うものとして法的に創出され強化された従属システムを解体する」ものであるため[26]、「従属関係を維持するだけでなく、歴史的に従属させられた集団に対する伝統的な敵意を反映する、あるいは、そのような集団の利益に対する無視あるいは無関心のパターンを反映する」ような政府行為には厳格度の高い審査が適用されるべきことを論じる[27]。

　上記のように、従来の議論では、「反従属原理」の立場から差別的効果法理の正当化が行われてきた。しかし、1990 年代以降、連邦最高裁は、全ての人種区分に対して厳格審査を適用するなど「反差別原理」を支持して人種考慮を否定する立場が有力となっている[28]。実際に、「反従属原理」が差別的効果法理を「集団の権利」のための手段であると考えているとすれば、それは集団相互の対立を生じさせるなど個人主義的な憲法観と緊張関係に立つものとなる[29]。その意味で、近時の議論では、連邦最高裁における個人主義的な平等保護法理を意識しながら——それを批判する立場も含めて——いかにして差別的効果法理を正当化するかに議論の焦点が移行しているといえる。

3　差別的効果法理の正当化

　連邦最高裁における「反差別原理」の優勢を眼前にして、Ricci 判決以前から憲法上の平等保護法理と市民権法第 7 編の差別的効果規定との間に緊張関係があるという指摘を行っていたのが、Richard Primus であった[30]。Primus は、差別的効果法理には「人種階層化の解消」と「隠された意図的差別の発見のための証拠の網」という二つの理解があるとする[31]。

---

25) *Id.* at 1007-1008.
26) LAWRENCE TRIBE, CONSTITUTIONAL LAW 1515-1516（2ND ed. 1988).
27) *Id.* at 1520.
28) *See* Adarand Constructors Inc. v. Pena, 515 U.S. 200（1995).
29) 差別的効果法理が優先処遇が割当制を帰結するとすれば、それは人種考慮を制度化して「有害な偏見、社会的分断、怨恨、スティグマの強化」をもたらすものとなると批判される（Marcus, *supra* note 16, at 81）。
30) Richard Primus, *Equal Protection and Disparate Impact*, 117 HARV. L. REV. 493, 495（2003).
31) *Id.* at 518.

(1) 人種階層化の解消

この点、Primus は、本来的に差別的効果法理は「過去から継承された人種階層の自動保存」を阻止するためのものであり、「規範的には、使用者の心理状態に焦点をあてる現在指向の解釈よりも、歴史的な階層化と継続的な分離の打破を強調する説明の方が望ましい」と論じている[32]。Primus によれば、「差別的効果法理の歴史的で集団志向的な側面を否定することは、同法理の価値を大幅に犠牲にする」ものとなりうる[33]。

また、Reva Siegel は、特に連邦最高裁における Kennedy 裁判官の立場を人種的分断化に反対する「反分断化原理」（anti-balkanization principle）と捉えたうえで、「反分断化原理」が「差別的効果法理に新しい正当性を提供する」と論じる[34]。なぜなら、「使用者が正当な理由なく人種差別的な効果のある基準で採用や昇進を決定した場合」には、「使用者は集団相互の不平等を存続させるだけではなく、職場における分断化を強化させるものとなる」からである。その意味で、Siegel は、「社会統合」という要素が差別的効果法理の正当化根拠になると指摘する[35]。

しかし、差別的効果法理を「人種階層化の解消」あるいは「社会統合」のためのものと捉える議論は、人種的再配分という動機を含むものである限りで個人主義的な平等観と緊張関係を有するものとなる[36]。その意味で、このような見解は人種的分断化に対抗して「社会統合」を実現することが必要とされてきたアメリカの社会状況を前提にして理解されるべきものといえる[37]。

(2) 意図的差別の発見

その一方で、Primus は、差別的効果法理には人種的マイノリティに不利益な効果のある行為に職務関連性があるか否かを審査することで「隠された意図的差別」を発見する「証拠の網」としての機能があるとする。そのうえで、

---

32) *Id.* at 536.
33) *Id.* at 499.
34) Reva B. Siegel, *From Colorblindness to Antibalkanization*, 120 YALE L. J. 1278, 1347 （2011）.
35) *Id.* at 1347-1348.
36) Primus, *supra* note 30, at 537.
37) Siegel, *supra* note 34, at 1301.

Primus は、個人主義的な平等保護法理からすれば「人種階層化の解消」という集団主義的な理解は受け入れられがたく、「意図的差別の発見」のための「証拠の網」という理解の方が「平等保護法理と調和可能である」と指摘するのである[38]。

　差別的効果法理を「意図的差別の発見」の手段として捉える議論は、公民権運動期以降あからさまな差別は影を潜めたものの、未だに無意識な差別が存続しているという問題意識を反映したものである。例えば、Charles Lawrence Ⅲ は、アメリカ国民は人種が支配的な役割を果たしてきた歴史的・文化的遺産の影響から不可避的に人種に対する観念や態度を共有しているが、それを自分達自身が認識できないために、「人種差別を生じさせる行為の大部分は無意識な人種差別的動機に影響されている」と論じる[39]。また、Linda Krieger は、社会心理学的知見に基づき「隠された偏見の形態」こそが「現代の最も拡散した差別の類型である」として、無意識で隠された差別を特定するための法理論の必要性を指摘する[40]。

　しかし、行為者の「意図」に焦点を当てる議論は、差別的効果法理独自の意義を限定するものでもある。この点、Michael Selmi は、差別的効果法理は実質的な社会変革をもたらしてこなかったと指摘しつつ[41]、「意図」こそが差別概念の中心であるべきであるとの前提の上で、差別的取扱法理における「差別的意図」が拡張的に理解されていれば、差別的効果法理が意図していたことは達成されていたと論じている[42]。その意味で、差別的効果法理を「意図的差別の発見」に限定されると捉えた場合には、それは単に差別的取扱法理の補完に過ぎないものとなり、同法理の価値を犠牲にするものでもある[43]。実際に、Ricci 判決 Scalia 同意意見は、差別的効果法理を「意図的差別の発見」の手段として捉えた場合には、現在の市民権法第 7 編の規定は過度に広範に過ぎると論じて

38）Primus, *supra* note 30, at 554.
39）Charles R. Lawrence Ⅲ, *The Id , the Ego, and Equal Protection*, 39 STAN. L. REV. 317, 322（1987）.
40）Linda Hamilton Krieger, *The Content of Our Categories*, 47 STAN. L. REV. 1161, 1164（1995）.
41）Michael Selmi, *Was the Disparate Impact Theory a Mistake?*, 53 U.C.L.A. L. REV. 701, 705（2006）.
42）*Id.* at 755, 781.
43）Primus, *supra* note 30, at 537.

いるのである[44]。

(3) 不公正な障壁の是正

これに対して、行為者に差別的意図が存在しない場合でも、特定の人種・性の社会参加を妨げる「不公正な障壁」は存在しており、それを是正することが差別的効果法理の役割である論じる見解もありうる。

例えば、Lawrence Rosenthal は、意図的差別の発見だけでなく、人種的マイノリティの社会進出に対する「正当化されない障壁」を除去するという目的は「必要不可欠な政府利益」というべきであって、連邦議会がマイノリティに不利な雇用慣行に関して職務関連性の証明を求めたことには正当な理由があると論じる。その意味で、差別的効果法理は「個人の能力を不適切に計測する雇用慣行」に対抗するものであって、「全ての資格ある個人を平等に扱う」ことを目的とするものであるとされる[45]。

これに関連して、Michelle Travis は、差別禁止法は、特定の集団の構成員のみを保護する集団指向的アプローチではなく、疑わしい雇用慣行に異議を唱える全ての労働者を保護する慣行指向的アプローチを採用するべきであると論じる[46]。例えば、障害のあるアメリカ人に関する法律（ADA）が使用者による医療情報の取得・利用を制限していること、あるいは、遺伝子情報差別禁止法（GINA）が使用者による遺伝子情報の取得を制限していること、などは「人為的で恣意的で不必要な障壁」を排除して全ての労働者を保護する慣行指向的な規制である[47]。特に、Travis は、長時間あるいは無制限に同じ場所で働くことを要求する雇用慣行が、家庭内でケアの責任を負う者を排除してきたことを指摘して、人種・性だけでなく性指向や家族構成などによる「不合理な差別」を是正するためにも、慣行志向的な差別禁止法が必要と主張するのである[48]。

---

44) *Ricci*, 557 U.S. at 594-596 （Scalia concurring）.
45) Lawrence Rosenthal, *Saving Disparate Impact*, 34 CARDOZO L. REV. 2157, 2190-2191, 2203 （2013）.
46) Michelle A. Travis, *The Protected-Class Approach to Antididiscrimination Law*, 16 LEWIS & CLARK L. REV. 527, 528 （2012）.
47) *Id*. at 552-562.
48) *Id*. at 545-550.

そのうえで、「意図的差別の発見」と「不公正な社会障壁の是正」とを含めた差別的効果法理の全体像を考えるために、Noah Zatz の議論を紹介する。Zatz は、差別的取扱法理と差別的効果法理を含めた差別禁止法の目的は、「地位に起因する不利益」（status causation）から個人を救済することにあるとして、個人に不利益を生じさせる「因果関係」（causation）に焦点をあてる[49]。

Zatz によれば、使用者が労働者の人種・性などを理由に不利益取扱をした場合（差別的取扱の場合）には、人種・性などの地位が使用者の内部的な意思決定を通じて不利益な結果を帰結したという意味で「内部で生じた地位に起因する不利益」（"internal" status causation）が生じたといえる。これに対して、使用者の意思決定の外部にある社会的要因によって、労働者が人種・性を理由とする不利益を受けた場合（配慮義務違反あるいは差別的効果の場合）には、「外部で生じた地位に起因する不利益」（"external" status causation）が生じたといえる[50]。

人種・性を理由とする不利益を受けている個人から見れば、それが行為者の意思決定の内部で生じた不利益であろうが、外部で生じた不利益であろうが、同じように当該個人に対する権利侵害であると考えられる。その意味で、Zatz によれば、「地位に起因する不利益」の理論は、集団の利益を保護するものではなく、個人が人種・性を理由として不利益を受けることを禁止するものであって、個人主義と整合するものである[51]。また、そのように理解することは、人種・性などを「〜を理由とする」差別を禁止している市民権法などの文言にも適合するものである[52]。その意味で、Zatz は、「差別的取扱法理」も「差別的効果法理」も「地位に起因する不利益」を減少させるという「基底的なコ

---

49) Noah D. Zatz, *Disparate Impact and the Unity of Equality Law*, 97 B.U. L. REV. 1357 （2017）.

50) *Id.* at 1370. Zatz によれば、「外部で生じた地位に起因する不利益」に関して地位起因性が個別的に立証できる場合には「配慮義務違反」の問題となり、個別的に立証できない場合には統計的格差を根拠にして地位起因性を推認する「差別的効果法理」の問題となる（*Id.* at 1381-1386）。

51) *Id.* at 1376, 1422. Zatz によれば、差別的効果法理が集団相互の格差を利用するのは、「地位に起因する不利益」の証拠を得るためであり、権利侵害は個人的に発生していると説明される（*Id.* 1417）。

52) *Id.* at 1376-1377.

ミットメントの下で結合している」と論じるのである[53]。

4 小括——アメリカの議論から

アメリカにおける差別的効果法理に関する議論から、下記のような示唆が得られるように思われる。

第一に、差別的効果法理を集団相互の平等を目的とする「社会階層化の解消」のための手段であると理解することは、個人主義的な平等観と整合するか否かが問題となるものであって、一定の社会的・歴史的条件を前提として初めて正当化できるように思われる。

その一方で、第二に、差別的効果法理を「意図的差別の発見」の手段であると理解することは個人主義的な平等観に合致するが、それに限定することは差別的取扱法理とは別に差別的効果法理を構築する意義を限定させるものとなる。

そこで、第三に、差別的効果法理は「不公正な障壁の是正」を求めるための手段であるという理解が重要となる。例えば、特定の雇用慣行によって特定の人種・性に対して差別的効果が発生している場合に、相手方に職務関連性の証明を求めることは、それが「不公正な障壁」ではないかを検証するために必要な手段となる。

そのうえで、第四に、差別的取扱法理は、「意図的差別の発見」および「不公正な障壁の是正」を通じて——差別的取扱法理と同じように——人種や性などの「地位に起因する不利益」を禁止するための法理であると考えることができる。この点、「意図的差別」や「不公正な障壁」がなければ全ての職種で全ての人種・性などが均衡的に代表されるわけではないかもしれない。しかし、特定の慣行や行為によって集団相互の差別的効果が生じている場合には、「地位に起因する不利益」が生じているとの一応の推定が働き、それを生じさせている要因の正当性が検討される必要性が生じると考えられ、それこそが差別的効果法理のはたすべき機能となるのである[54]。

---

53) *Id.* at 1422.
54) この点、Zatz は、「地位に起因する不利益の推定には、地位と不利益との因果関係のメカニズムの証明は不要であると論じているが（*Id.* at 1401-1402）、この点についてはさらなる検討を要する。

二　間接差別禁止法理の正当化

1　日本における間接差別禁止法理の展開——労働法を中心に

　近年では、日本でも間接差別禁止法理は憲法及び労働法における重要な課題だと意識されている。特に労働法学においては、早くからアメリカの市民権法第7編における差別的効果法理に関する検討が行われるとともに[55]、イギリスの性差別禁止法やEUの均等待遇指令における間接差別の禁止に関する検討が行われてきた[56]。

　具体的な裁判例として、1994年には、非世帯主及び独身世帯主の給与を一定の年齢給で据え置く給与制度の合法性が争われた事案に関して、東京地裁は、被告会社は当該「基準の適用の結果生じる効果が女子従業員に一方的に著しい不利益となることを容認して右基準を制定したものと推定すること」ができるとして、当該給与制度は労基法4条に違反して無効であると判断している（三陽物産事件）[57]。また、雇用差別に関する事例ではないものの、2002年には、阪神大震災被災者のための自立支援金に関して世帯主が被災者であることを支給要件とすることの合法性が争われた事案に関して、大阪高裁は、婚姻世帯では男性が世帯主になることが圧倒的に多いことから、世帯主被災要件を適用することは「女性を男性よりも事実上不利益に取り扱う結果となる」として、世帯主被災要件は公序良俗に反して無効であると判断している（被災者自立支援訴訟）[58]。

　その後、2006年の男女雇用機会均等法改正によって、間接差別禁止は明文上の根拠を持つこととなり、「性別以外の事由を要件」とする措置でも「実質的に性別を理由とする差別となるおそれがある措置として厚生労働省令で定める

---

55)　藤本茂「アメリカ合衆国における雇用上の平等（1）（2）（3・完）」志林85巻1号69頁以下、85巻2号89頁以下、85巻3号93頁以下（いずれも1987年）、相澤美智子『雇用差別への法的挑戦』創文社、2012年など。
56)　浅倉むつ子『男女雇用平等法論』ドメス出版、1991年、黒岩容子「EC法における間接性差別禁止法理の形成と展開（1）（2・完）」早法59巻1号（2008年）89頁以下、59巻2号（2009年）173頁以下など。
57)　東京地判1994.6.16労働判例651号15頁。
58)　大阪高判2002.7.3判例時報1801号38頁。

もの」については「合理的な理由がある場合でなければ、これを講じてはならない」(7条)と規定されるにいたった。しかし、実際に厚生労働省令で規定されたのは、身長・体重・体力要件、総合職採用に関する配転要件、昇進に関する配転経験要件、などに限定されているため、間接差別禁止法理の本来的な意義が実現されたとはいいがたいものとなっている[59]。その意味で、雇用機会均等法だけでなく「憲法14条、民法90条、労基法4条などを根拠とする間接差別禁止の理論の構築すること」を通じて、それを「具体的な規範として根づかせていくこと」が重要な課題となっている[60]。

2 憲法14条と間接差別禁止法理

伝統的に日本の憲法学説は、憲法14条1項は「差別的取扱い」を禁止するものであると解してきた[61]。そのため、現在でも代表的な憲法教科書で憲法14条1項が間接差別を禁止していると明言するものは少ない[62]。また、日本の最高裁は、2015年の夫婦同氏違憲訴訟判決において、民法750条は「文言上性別に基づく法的な差別的取扱いを定めているわけではな」いとして合憲判断を行い、同規定が女性に不利益な効果を有するがゆえに違憲であるという主張を認めなかった[63]。

その一方で、従来から憲法学でも間接差別に関する研究が存在してきた。例えば、安西文雄は、アメリカの判例・学説を検討して、日本国憲法との関係でも「反従属原理」の立場から差別的効果のある行為を違憲とする可能性を論じている[64]。また、西原博史は、ヨーロッパ法およびドイツ憲法における判例・学説を検討して、「事実上の機会の平等」にとっての間接的差別禁止の意義を

---

59) 神尾真知子「均等法改正における『性差別禁止』の広がりと深化」季刊労働法214号（2006年）100頁以下107-109頁参照。
60) 黒岩・前掲注56）59巻1号91頁。
61) 宮沢俊義『憲法Ⅱ』有斐閣、1959年、262頁。
62) 間接差別に言及するものとして、松井茂記『日本国憲法（第3版）』有斐閣、2007年、371-372頁、高橋和之『立憲主義と日本国憲法（第4版）』有斐閣、2017年、165頁、辻村みよ子『憲法（第6版）』日本評論社、2018年、163-164頁などがある。
63) 最大判2015.12.16民集69巻8号2586頁。
64) 安西文雄「法の下の平等について（3）」国家110巻7・8号（1997年）1頁以下35-56頁、同「法の下の平等について（4・完）」国家112巻3・4号（1999年）69頁以下114-115頁など。

強調している[65]。さらに、白水隆は、カナダ憲法における実質的平等権概念の下での間接差別禁止法理を検討して、日本国憲法14条の下での間接差別禁止法理の可能性を論じている[66]。近年では、先述の夫婦同氏違憲訴訟を契機として、夫婦同氏原則が間接差別として違憲になるとする議論も有力になりつつある[67]。

　そこで、憲法14条1項の平等原則から間接差別が禁止されるとする場合には、その理由付けが問題になる。

　第一に、憲法14条1項から歴史的に差別されてきた集団に対して不利益な効果をあたえる行為は禁止されるとする見解もありえる。この点、安西文雄は、「反従属原理」からは「社会的地位の格下げという害悪（status harm）に焦点がおかれる」としたうえで、アメリカの差別的効果法理は「人種的階層構造——人種的マジョリティが有利な地位を占め、マイノリティは不利な地位を押しつけられる——」の解消を目的とする性格をも有するものであり、「社会における平等構造の実現を期している部分もある」という意味で「アファーマティブ・アクションと同方向の狙い」があるものと説明している[68]。

　第二に、憲法14条1項は基本的には「意図的な差別」を禁止しているという立場に立ちながら、間接差別禁止を「意図的差別の発見」のための手段として正当化する見解がありうる。例えば、松井茂記は、「やはり『差別』というためには何らかの差別の意図が必要と考えるべきであろう」としながら、「結果的に著しい不均衡が存在する場合には、その背後に差別的意図の存在が疑われ」、その場合は「差別的意図を否定するような正当化根拠を政府の側で積極的に証明しなければならない」とすることで、「結局結果的差別を排除することができよう」と論じている[69]。

---

65) 西原博史『平等取扱の権利』成文堂、2003年、323頁。
66) 白水隆「憲法上の平等権概念と間接差別（1）（2）（3・完）」論叢170巻3号（2011年）89頁以下、171巻4号（2012年）67頁以下、171巻5号（2012年）66頁以下。
67) 中里見博「夫婦同氏訴訟最高裁大法廷判決」法教431号（2016年）30頁以下34−35頁など。
68) 安西文雄「間接差別と憲法」明治ロー20号（2017年）1頁以下12−13頁、21頁。また、白水隆は、カナダの間接差別禁止法理が「『結果の平等』をより重視すべき視座を提供している」として、間接差別禁止法理に関する自説の立場を「条件の平等」と「結果の平等」との中間に位置するものとしている（白水・前掲注66）171巻5号83頁）。
69) 松井・前掲注62）372頁。また、高橋正明は、差別的効果が生じる行為に「差別的意図が推定される」場合には「直接差別禁止義務」の問題として憲法上の禁止対象になるが、「社会構造的差別に起因する社会経済的格差」が原因となる場合には抽象的な「社会構造

第三に、憲法14条1項は「機会の実質的平等」を保障しているとする立場から、間接差別禁止を正当化する見解もありうる。例えば、高橋和之は、「結果の不平等」が生じている場合には「その原因は何かが明らかにされねばならない」のであって「もしそれが能力や努力の違いといった正当化しうる理由ではなく、機会の不平等から生じていることが論証されれば、機会の平等の実質化を求めることは正当であり自由と矛盾はしない」として[70]、「文面上は平等に扱っているが、実態・結果においては不平等が生じている」場合は「平等問題（間接差別の問題）」になると論じている[71]。

3　検討

　安西が論じるように、間接差別禁止法理を「社会における平等構造の実現」を目指すものとして「アファーマティブ・アクション」と同方向にあると整理することは、単純に「結果の平等」を求めるものなのか、それとも「結果の不平等」を帰結する過程を問題にしているのかが明確とはいえないように思われる[72]。また、それがアメリカにおける「階層化の解消」や「社会統合」を求める議論のように、集団相互の平等を志向するものであるならば、人種的分断が問題とされてきたアメリカの歴史的・社会的状況を前提とした議論を日本に適用することの妥当性を検討する必要がある。

　その一方で、松井が論じるように、間接差別禁止法理を「意図的差別の発見」のための手段として、結果的な不均衡から差別意図を推定するという議論は伝統的な憲法学説の立場からも受容可能であるように思われる。しかし、そのような議論は、あくまでも行為者（立法者・使用者）に差別的意図があることを前提としたものにとどまることとなる。

　これに対して、高橋の議論は、「結果の不平等」の「原因」を特定したうえで、それが「機会の不平等」と評価できる場合には「差別」であるとするもの

的差別是正義務」の問題として広い立法裁量の下に置かれると論じている（高橋正明「憲法上の平等原則の解釈について（2）」論叢 178 巻 2 号（2015 年）105 頁以下 121 頁、125 - 126 頁）。

70)　高橋・前掲注 62) 159 頁。

71)　同上 165 頁。

72)　仮に、間接差別禁止法理が「結果の平等」を志向するならば「既存の制度に及ぼす影響の大きさと現実のバランスをどこまで図るべきかという、非常に複雑な問題」（白水・前掲注 66) 171 巻 5 号 83 頁）に直面することとなる。

であるため、──先述した Zatz の議論のように──「不公正な障壁」によって「地位に起因する不利益」が生じている場合に「差別」となるとする説明と整合しうるようにも思われる。

　この点、間接差別禁止の検討に際して、西原博史は、結果指向アプローチではなく、過程着目型アプローチを採用すべきことを主張する。その議論の骨子は、結果指向アプローチは、平等原則に一般的な格差是正の役割まで負わせることで、憲法上の権利の問題と政策問題との境界を曖昧にしてしまうことを危惧するものであると思われる[73]。その一方で、権利侵害の過程に注目する過程着目型アプローチを採用した場合には、間接差別禁止法理は、特定の人種・性などを排除する「不公正な障壁」を是正するためのものと位置づけられ、「無反省に社会構造に依拠することによって特定個人に障壁を課すことに対してルール運用者として求められる義務」を根拠に基礎づけられることとなる[74]。

　このような過程着目型アプローチによれば、間接差別禁止法理には、行為者の内面に起因する「意図的差別」（行為者の内部過程における差別）を発見する手段としてだけでなく[75]、行為者の外部にある「不公正な障壁」に起因する差別（行為者の外部過程における差別）を是正する手段としても正当化することが可能であろう[76]。

おわりに──間接差別禁止法理の再定義

　伝統的に、憲法 14 条 1 項は、「生まれによる差別を認めないことに、その核心がある」と説明されてきた[77]。そのことは「本人に帰責不可能な一定の特徴を本人が有することの結果を本人に求めることがアンフェアである」という価

73）西原博史「社会的排除と差別」浅倉むつ子・西原博史編『平等権と社会的排除』19 頁以下　成文堂、2017 年、33-35 頁。
74）同上 37 頁。
75）差別的効果法理には「悪意」を「燻り出す」という機能があることを指摘する見解として、今井健太郎「厳格審査基準と人種中立的規定の審査手法」浅倉・西原編・前掲注 73）131 頁以下 155 頁参照。
76）この点、杉山有沙は、イギリス平等法を参照して、直接差別、起因差別が連続する関係にあることを明らかにし、間接差別禁止は「形式的平等（または、その延長線上にある概念）の保障から要請されるもの」であると論じている（杉山有沙「イギリス 2010 年平等法における直接差別、障害起因差別、間接差別の関係と平等観」ソシオサイエンス 25 号（2019 年）184 頁以下 197−198 頁）。
77）浦部法穂『憲法学教室（第 3 版）』日本評論社、2016 年、116 頁。

値観に基づくものであったということができる[78]。その意味では人種・性（さらには家族関係や障害）などの「地位に起因する不利益」を禁止することは平等原則の本来的意義に適合的であると思われる。また、このように解することは、人種集団・性集団に対して権利を付与するものではなく、個人が集団的属性を理由として不利益を受けることを禁止するものであり、個人主義的な平等観と矛盾するものではない[79]。そのように理解される間接差別禁止法理は、一般的に社会経済的な格差を是正すること（結果の平等）を要求するものではなく、「意図的差別の発見」と「不公正な障壁の是正」のために、「結果の不平等」を帰結している「原因」に焦点を当て、その正当性を検証するという「決定のプロセスの合理性を問題とする法理」なのである[80]。

　上記のように考えれば、憲法14条1項からは、表面上中立的でも人種・性などの「地位に起因する不利益」を生じさせる政府行為には厳格度の高い審査基準が適用され、重要な政府利益との関係で実質的な関連性のある場合にのみ許容されると解されるべきである。例えば、既に多くの論者が指摘するように、民法750条の夫婦同氏原則に関して「現実に社会的圧力や慣行等によって約96％のカップルで夫の氏を選択している」ことからすれば[81]、氏の変更を余儀なくされる女性は性という「地位に起因する不利益」を受けているものと考えることは可能であるように思われる。

　また、憲法14条1項の平等原則の趣旨は、私法の一般条項を通じて私人間にも間接的に及ばされるとともに[82]、労働基準法や男女雇用機会均等法などに代表される「労働法の重要な指導理念」となることからすれば[83]、特定の人種・性などに対して不利益を与えるような雇用上の行為・慣行は、職務関連性が証明されない限り、違法な行為とされるべきである。特に、現在でも女性労働者が「直接的な性差別を受けることは少なくなったとはいえ、雇用管理区分や雇用形態による不利益、妊娠・出産や育児・介護を担うことによる不利益を受け

78）西原・前掲注73）36頁。
79）この点、辻村みよ子は、間接差別禁止を「グループないし『集団』論で論じる従来の傾向を改め、性別という属性をもった個人に対する措置として理論構成することが必要かつ有効である」と指摘している（辻村みよ子『憲法とジェンダー』有斐閣、2009年、140頁）。
80）相澤・前掲注55）314頁。
81）辻村みよ子『憲法と家族』日本加除出版、2016年、254頁。
82）最判1981.3.24民集35巻2号300頁（日産自動車事件）。
83）荒木尚志『労働法（第3版）』有斐閣、2016年、31頁。

ている」ことを踏まえれば[84]、日本の雇用慣行の多くの部分が「地位に起因する不利益」を生じさせているのではないかが問われる必要がある。

　本稿が論じるように、間接差別禁止法理は人種・性などによる「地位に起因する不利益」を禁止する法理論であるという議論は、決して新奇なものではなく、憲法学説・労働法学説での共通了解を得ることが可能なものと思われる[85]。それを強調する必要があるのは現在でも特定の人種・性を排除する「不公正な障壁」が存在するためであり、その意味で間接差別禁止は「社会的多数派を標準に設計され運用されている制度が、その標準を共有しない者に対して生じさせる不利益を是正させる」ための法理なのである[86]。

84）浅倉・前掲 1）79 頁。
85）例えば、富永晃一は、差別禁止規定の意義を「差別禁止事由」と「不当な取扱い」との「結びつき」を禁止するものと捉えたうえで、直接差別は「主観的な差別意思」を問題とし、間接差別は「客観的な（統計的）結びつきと合理性の不存在」という「異なる視点から結びつきを把握」するものであると説明している（富永晃一「差別とは」労研 681 号（2017 年）58 頁以下 58－59 頁）。
86）浅倉むつ子「包括的差別禁止立法の検討課題」浅倉・西原編・前掲注 73）3 頁以下 14 頁。

女性差別撤廃条約成立 40 周年

林　陽子

はじめに

　女性差別撤廃条約[1] は 1979 年 12 月 18 日の第 34 回国連総会で採択され、2019 年はその 40 周年にあたる。国際人権条約は「生ける文書」（a living instrument）であり、条約が採択された当時ではなく、今日の条件に照らして解釈がなされるべきものである[2]。条約が採択された 40 年前から今日までの間に世界では大きな社会の変容や発展があり、女性の人権状況についてもその実現の障害となっているものは少しずつ形を変えてきている。その事実は、人権の守り手や人権侵害の当事者に対して、新しい状況に応じた試みを迫っている。したがって、女性差別撤廃条約についても、採択当時の 40 年前とは異なった今日の文脈において解釈がなされなければならない[3]。

　条約を締結する権限が国家にある以上、条約を解釈し適用する権利も国家（締約国）にあり、個人や国際機関ではない。日本を例に挙げれば、内閣が国を代表して条約を締結し、その解釈権限を行使することになるが、その解釈が日本国内で争われる場合には、究極的には違憲審査権を持つ裁判所の判断に従

---

1) 正式名称（外務省公定訳）は「女子に対するあらゆる形態の差別の撤廃に関する条約」。日本における発効は 1985 年 7 月 25 日。
2) このような解釈を最初に表明した欧州人権裁判所の判決として Tyrer v. United Kingdom（25 April 1978, Series A no.26）がある。欧州人権条約 3 条にいう「品位を傷つける刑罰」とは、欧州人権条約採択時における解釈ではなく、その後の刑事政策の分野における発展およびそこで受け入れられている基準に影響される、とした。江島晶子「ヨーロッパ人権裁判所の解釈の特徴」戸波江二・北村泰三ほか編『ヨーロッパ人権裁判所の判例』信山社、2008 年、28 頁。
3) 女性差別撤廃条約の包括的な逐条解説としては、以下の著作がある。邦文文献としては、国際女性の地位協会編『コンメンタール　女性差別撤廃条約』尚学社、2010 年。英文文献としては、Marsha Freemen et.al edited "The UN Convention on the Elimination of Discrimination against Women: A Commentary"（Oxford University Press, 2012）がある。

うことになる。しかし、締約国の条約解釈はまったく何の制約も受けない自由なものではなく、相手国ないし国際機関の了解と是認を得られるだけの合理性を備えていなければならないとされている[4]。

　女性差別撤廃条約は20か国の署名が終わった1981年9月に発効した。第二次大戦後に成立した国連人権条約の特徴として、条約自らが履行を監視するための機関を規定することが挙げられるが、女性差別撤廃条約もその例外ではなく、履行監視機関である女性差別撤廃委員会（the Committee on the Elimination of Discrimination against Women. 以下「CEDAW」という）[5] を設立し、同委員会は1982年4月より活動を開始した。CEDAWの最大の役割は、締約国が提出する条約実施状況報告書を検討し、政府代表団との質疑の後、総括所見（改善のための勧告を含む）を文書で公表することである。CEDAWはさらに、締約国から得た報告および情報に基づき、一般的な性格を有する勧告（一般勧告。英語原文は General Recommendations）を行うことができる（条約21条の規定を根拠とする）。この一般勧告は条約解釈の指針の役割を果たしていて、実務上、締約国には一般勧告に沿った条約の解釈をすることが期待されている[6]。したがって、各国に対する総括所見がCEDAWの見解を国別に示したものであるのに対し、一般勧告はテーマ別にCEDAWの関心事を公にすることにより、締約国に統一した解釈を求めるものである。

　本稿は、CEDAWが公表した一般勧告（2018年12月末現在で37の一般勧告が採択されている）の内容を概観することにより、CEDAWの問題意識が条約成立後40年の間にどのような発展をみたのかを検討し、それを通じて女性差別撤廃条約成立後40年を回顧するものである。以下では、条約成立後の40年間を便宜上、10年ごとに区切り、その年代での特徴を見ることとしたい。

　なお以下で引用する一般勧告の全文は、国連公用語での原文はCEDAWのホームページに掲載されている（https://www.ohchr.org/EN/HRBodies/

---

4) 山本草二「国家の条約解釈権能をめぐる課題」ジュリスト1387号（2009年）17頁。

5) 条約は条約実施に関する進捗状況を検討するための委員会（条約実施の履行監視機関）として CEDAW を設立し、CEDAW は締約国政府から独立した立場の23名の専門家で構成される（条約18条）。

6) 総括所見の文書での公表や、一般勧告に条約解釈の指針としての役割を与えることなど、現在 CEDAW の実務として行われているものの重要な部分は、条約に明文規定を持つものではない。長年にわたる事実としての慣行が、今日では規範性を持って締約国と CEDAW の双方を規律している。

CEDAW/Pages/Recommendations.aspx）。邦訳は 2019 年 7 月末日現在、一般勧告 32 号までが、内閣府男女共同参画局のホームページに掲載されている（http://www.gender.go.jp/international/int_kaigi/int_teppai/index.html）。

一　条約採択 10 周年までの「手探り」の時期
——1980 年代の一般勧告（1 号から 13 号まで）

　CEDAW が活動を開始した 1980 年代の一般勧告は、比較的短い簡単なものが多い。設立されたばかりの CEDAW には国連スタッフの人的資源も乏しく、締約国に向けてどのようなメッセージを伝えるべきかについて、草創期の委員たちは手探りの状態で作業を開始した[7]。

　一般勧告 1 号（1986 年）および 2 号（1987 年）は、締約国が報告書に条約を実施するうえでの障害およびそれらの障害を克服するための措置を記載することを求めるなど、報告書作成に際しての技術的な問題を取り上げている。なお締約国は条約機関に報告書を提出するにあたっては、国連の主要人権条約すべてに共通する報告書（the core document と呼ばれる。たとえば条約と憲法の関係などの一般原則はこの文書に記載される）と特定の条約に関する情報を記載した報告書（the treaty specific document と呼ばれる）の双方を作成することとなっている[8]。

　一般勧告 3 号（1987 年）は、条約 5 条（ステレオタイプの撤廃）に関するものであり、偏見・差別的な慣行撤廃のための教育・広報を奨励している。これは 1 パラグラフのみの短い勧告であるが、重要な中身を含んでおり、CEDAW では現在、この勧告をより詳細に発展させるべく、ジェンダー・ステレオタイプについての新しい一般勧告を策定するための作業が開始されている。

　一般勧告 4 号（1987 年）は条約の留保に関するものである。条約 28 条は条約の趣旨および目的と両立しない留保は認められない旨を定めており、これは

---

[7]　これは筆者が、1993 – 96 年まで CEDAW の委員長をつとめたイヴァンカ・コルティ氏（イタリア出身）から聞いた話である。コルティ氏によると、国連が十分な数のスタッフを委員会に配属しなかったので、委員が私的に同行させたアシスタントが委員会文書をタイプに打つなどの作業を行っていたとのことである。
[8]　CEDAW の報告書ガイドラインは、国連文書 HRI/GEN/2/Rev.6 を参照。

ウィーン条約法条約の規定を反映したものである[9]。委員会はこの一般勧告の中で、「条約の趣旨及び目的と両立しないと思われる相当数の留保」があることに対し懸念を表明している。女性差別撤廃条約の留保に関して特徴的なことは、個別の条文（たとえば教育の権利、雇用の平等）ではなく、「国は差別的な法令を撤廃する」といった条約の根幹に関する総則規定（2条）を留保している国があること、また、16条の家族関係の平等に関する留保が多いことが挙げられる。2条を留保する国の多くはイスラム諸国であり、CEDAW では 1980－90 年代に、イスラム圏における女性の地位についての研究をするよう国連経済社会理事会（当時、人権委員会を統括していた）を通して国連総会に要請したが、これはイスラム諸国の猛反発を招いた。結果的に国連総会は、この要請には応じないことを決議した[10]。CEDAW は 1998 年の世界人権宣言 50 周年に際して条約の留保に関する声明を採択し、条約 2 条（締約国の義務）および 16 条（家族法）に関する留保は認められないとの見解を公表し[11]、徐々にではあるが留保を撤回する国が出てきている。特に、英国、フランス、韓国のような非イスラム圏は留保の見直しも進んでいる。なお、女性差別撤廃条約には、1999年に個人通報制度[12]を定める選択議定書が成立したが、議定書を起草した国連女性の地位委員会（CSW）は、女性の権利に関する条約がいかに多くの留保を招くかを CEDAW で経験ずみであったことから、「この議定書については、いかなる留保も許されない」という条項を入れた（議定書 17 条）[13]。

　一般勧告 5 号（1988 年）は、条約 4 条 1 項に定める「暫定的な特別措置」（い

---

9) ウィーン条約法条約 18 条は留保について以下のとおり定める。「いずれの国も、次の場合を除くほか、条約への署名、条約の批准、受諾若しくは承認又は条約への加入に際し、留保を付することができる。(a) 条約が当該留保を付することを禁止している場合。(b) 条約が、当該留保を含まない特定の留保のみを付することができる旨を定めている場合。(c) (a) 及び (b) の場合以外の場合において、当該留保が条約の趣旨及び目的と両立しないものであるとき。」

10) 注 3 で引用した英文コンメンタール、p.582-583. Jane Connors 執筆部分。

11) 国連文書番号　A/DocA/53/38/Rev.1

12) 人権侵害の被害者が、国内で救済を受けられなかったときに、人権条約機関に対して直接救済を求める制度。九つの主要人権条約のすべてにこの制度が存在するが、日本はひとつも受諾していない。

13) ただし選択議定書には、個人通報制度のほかに調査制度（人権侵害の有無の事実確認制度）があるが、後者を定めた 8 条および 9 条について、「この議定書への加入の際に……委員会の権限を認めない旨を宣言することができる」（議定書 10 条）として、いわゆるオプト・アウト（不適用）の途を残した。

わゆるポジティブ・アクション）の活用を勧告するものである。「暫定的な特別措置」は実質的な平等の実現に重要な機能を果たすものであり、CEDAW は一般勧告 25 号（2004 年）において一般勧告 5 号の内容を全面的に改訂、強化した（後述）。

　一般勧告 6 号（1988 年）は、国内本部機構（ナショナル・マシーナリー）に関するものであり、女性差別撤廃のための政策の立案、現状についてのモニター等を行う機構を政府の高いレベルに設置することを勧告している。条約本文の中にナショナル・マシーナリーという言葉は使用されていないので、この勧告が示唆するところは重要であり、報告書審査でも必ず質問が出る論点である。ナショナル・マシーナリーは、政府の高いレベルに置かれ、十分な財源を持って、すべての女性の政策に関して影響を与えうる存在でなければならない [14]。

　一般勧告 7 号（1988 年）は、CEDAW 会期の会合場所に関するものである。CEDAW は当初ウィーンで開催されていたが、第 4 会期よりニューヨークとウィーンの交互での開催となった。開催場所は委員会の事務局を国連のどの部署が担うかに関連するため、委員会の活動の質に与える影響が大きい。この勧告は、交互開催を支持するとともに、委員会の機能を果たすための財源を確保することを締約国に勧告している [15]。

　一般勧告 8 号（1988 年）は、条約 8 条（国際活動）に関連して、女性に国際的に国を代表する機会を与えることを勧告している。この勧告は後に、一般勧告 23 号（1997 年）および同 30 号（2013 年）として展開されていく。

　一般勧告 9 号（1989 年）は、女性の状況が把握できるよう各国に統計の整備を勧告している。国連は 2030 年を目標年度に持続可能な開発目標（SDGs）の

14）日本では内閣府におかれた男女共同参画推進本部（およびその事務局機能としての男女共同参画局）がこの役割を果たすこととされている。

15）CEDAW の事務局は初期のころはウィーンにある国連社会開発および人道部門が担当した。その後、国連女性の地位向上部（Department of Advancement of Women, DAW）が事務局機能を担うようになり、開催場所も 1985 年以降はニューヨークに移動した。しかし国連は 2008 年以降、CEDAW の事務局をジュネーブに本拠のある国連人権高等弁務官事務所（OHCHR）に移籍することを決めた。2008 年から 12 年までの間、過渡的にジュネーブとニューヨークで交互に開催されたが、13 年以降はジュネーブのみで開催されるようになった。この間、2010 年 7 月の国連総会決議により、UN Women（United Nations Entity for Gender Equality and the Empowerment of Women、ジェンダー平等と女性のエンパワーメントのための国連機関）が設立され、DAW はそこに吸収された。しかし UN Women が CEDAW の事務局を担うことにはならず、OHCHR の管轄下にある。

達成を加盟国に呼びかけているが、あらゆる政策の進捗状況は統計によってのみ客観的な判断が可能となるので、とりわけジェンダー統計は重要である。

一般勧告10号（1989年）は、条約採択10年を祝福する声明となっている。各国が自国の言語で条約を広めること、国連は必要財源をCEDAW事務局に与えることが主な内容となっている。

一般勧告11号（1989年）は、締約国の数が96か国にまで増えたものの、報告書の未提出が多いことに注意を喚起し、必要とする国に対する技術助言サービスの実施を勧告している。女性差別撤廃条約の締約国はその後、順調に数を伸ばし、現在は189か国が批准を終え、子どもの権利条約に次いで締約国の多い条約となっている[16]。しかし締約国の数の増大は報告書の数の増大をもたらし、さらに2000年代には選択議定書が発効し議定書下での活動も開始されたことにより、CEDAWは慢性的な時間・財源・マンパワーの不足に悩まされることになる。なお2019年7月末日現在、選択議定書の締約国は112か国に上るが、日本は未だ批准を果たしていない。

一般勧告12号（1989年）は、「女性に対する暴力」に関するものであり、このテーマについての現行法制、支援サービス、統計データを報告書に含めるよう勧告している。この勧告は、後年、一般勧告19号（1992年）および同35号（2017年）によって内容がアップデートされより詳細なものとなった。条約は「暴力」について明文規定を持たないが、「暴力」は女性の人権を侵害し、社会参画を妨げる最大の原因とも言えるものであり、報告書審査の質疑においても大きな比重を占めている。

一般勧告13号（1989年）は、同一労働同一価値報酬に関するものであり、ILO100号条約をまだ批准していない締約国に対して、早期の批准を促している。CEDAWは9つある国連の主要人権条約のうち未批准のものがある国に対しては、その批准を勧告する慣行がある。国連条約以外で批准を促している条約としては、ILO100号条約のほか、難民女性が問題となる国に関してはジュネーブ難民条約（1951年）があり、最近のものでは欧州諸国に対して「女性に

16）国連加盟国で批准をしていないのは、米国、イラン、ソマリア、スーダンを残すのみとなった。なお女性差別撤廃条約は批准の要件として国連加盟国であることを求めているので、未加盟国であるクック諸島、オブザーバー国であるパレスチナなどが締約国となっている。対照的に、「一つの中国」という国連の方針から、台湾は締約国ではない。

対する暴力」に関する欧州評議会条約（イスタンブール条約、2011年発効）[17]の批准を勧告している。

二　ウィーン人権会議・北京女性会議の影響
——1990年代の一般勧告（14号から24号まで）

一で見たとおり、1980年代の一般勧告の多くは、技術的な問題を主題としていて、たとえ条約条文の中身に触れる勧告（たとえば5号、19号など）であっても分量が短く、条約の解釈を吟味し展開する体裁にはなっていない。しかしCEDAWの活動が軌道に乗り始めた1990年代に入り、この傾向に変化が現れる。またこの時代は、国連の女性の地位向上部（DAW、注15）を参照）がCEDAWの事務局を担うようになり、女性の権利問題に熱意と経験を持ったスタッフに恵まれたことも大きく影響している。

1990年代は、東西冷戦が終わり、人権問題が資本主義・社会主義陣営の体制間の競争の道具ではなく、本当にそれを必要としている人々によって語られる時代の幕開けであった。1993年にウィーンで開催された国連の世界人権会議では、人権の普遍性・相互依存性・不可分性が強調されるとともに、文化的相対性を理由に宗教や文化の名の下に女性の人権が侵害されていることが告発された。会議は旧ユーゴスラビアでの内戦中に開催され、戦時における女性への性暴力にも注目が集まった。1995年には第4回世界女性会議が北京で開催され、世界中から2万人を超える女性たちが集まり、政府間会議に対してロビーイングを行った。採択された行動綱領[18]は現在においても女性の権利に関する金字塔であり、この水準を上回る国際的な合意文書はまだ出現していないと考えられている。1990年代はまた、表現の自由を獲得した旧東側諸国の女性たち、自由主義経済への移行期において搾取され差別されている女性たち、大国による新しい形の植民地主義を告発する女性たちなどが、グローバリゼーションの波

17）正式名称は「女性に対する暴力とドメスティック・バイオレンスと闘うための欧州評議会条約」（日本語の公定訳は存在しない）。この条約は欧州評議会の加盟国以外でも批准ができるので、日本も批准に向け国内法を検討することが望ましい。林陽子「イスタンブール条約」『女性差別撤廃条約とジェンダー平等——条約が求める「国のかたち」』日本婦人団体連合会発行、2019年、8頁参照。
18）北京女性会議行動綱領（和文）は内閣府男女共同参画局サイトを参照。　http://www.gender.go.jp/international/int_standard/int_4th_kodo/index.html

の下で新しいアクターとして登場した時であった。これらの女性たちは、ジェンダーの平等を達成するためには法制度だけではなく世界を変える大きな「仕組み」が必要だと声を上げ始めた。これに対し、国家の側もジェンダー平等や差別の解消が社会の安定にとり必要であることを認識し始めた。石油ショックに端を発して1975年から始まった先進国サミットも当初の貿易・金融・エネルギー問題から、1990年代半ば以降、人権や女性を課題に据えるようになった。このような時代的背景は、当然ながら条約機関が作成する文書にも反映されている。

一般勧告14号（1990年）は、女性性器切除[19]に関するものであり、この慣行を根絶し、この廃絶のために活動している女性団体を支援すること等を勧告する。この勧告は後に、子どもの権利委員会との共同勧告としての一般勧告31号（有害な慣行）に発展する。2014年現在、FGMを受けさせられている、あるいは過去に受けた少女・女性は世界に1億ないし1億4000万人存在すると推定する。一部の文化圏ではこれを受けることが婚姻の要件とされ、かつ女性のセクシュアリティを管理する手段とされている。本稿ではCEDAWの個人通報制度に触れる余裕はないが、申し立てられる通報の中には故国に送還されると娘がFGMの対象となることを難民申請の理由にするものもある。

一般勧告15号（1990年）は、HIV-AIDSに関連した女性差別関連するものであり、「女性がHIVに感染しやすい従属的地位におかれていること」、感染した女性のニーズに対処することを勧告する。

一般勧告16号（1991年）および一般勧告17号（1991年）は、いずれも女性の無償労働（アンペイド・ワーク）の可視化に関するものである。家事・子育て・介護などの無償労働は持続可能な開発目標（SDGs）[20]においても重要な位置を占めている。日本は有償・無償労働時間の男女格差が先進国の中で最も大きく、男女間の収入格差や少子化の一因となっている。一般勧告16号は、無償労働は女性に対する搾取であるとし、家族経営における女性に対する報酬や

---

19) 近年はFemale Genital Mutilationの頭文字を取ってFGMと呼ばれることが多い。この一般勧告はMutilationに代わりCircumcision（割礼）と表現するが、割礼という言葉の宗教的意味合いが行為を正当化するおそれがあるとの考えから、現在、CEDAWは総括所見その他の文書においてMutilation（切除）を使用している。
20) SDGsに関する日本の取組については、首相官邸のホームページ「持続可能な開発目標（SDGs）推進本部」https://www.kantei.go.jp/jp/singi/sdgs/を参照。

社会保障の充実を求めている。CEDAWは日本政府に対する総括所見（2016年）の中でも、家族経営における女性労働へ正当な対価が支払われるよう、所得税法の改正を勧告している[21]。

　一般勧告18号（1991年）は女性の障害者に関する一般勧告であり、この情報を締約国が報告書に含めるように勧告している。障害を持った女性に関しては、その後、国連が障害者の権利条約を採択し（2006年。なお日本は2014年に批准）、障害を持った女性に対する複合差別について明文の規定が導入された（同条約6条）。障害者の権利委員会は障害を持った女性に関する一般勧告を独自に採択している[22]。CEDAWは女性のリプロダクティブ・ヘルス・ライツを尊重する立場から、女性に妊娠中絶に対するアクセスがあることを重視しているが、そのことと胎児に障害がある場合の妊娠中絶をどのように考えるのかについて、多様な考えが存在する。CEDAWは障害者の権利委員会との間で積極的な対話を試み、2018年に両委員会との共同で声明を採択、公表した。

　一般勧告19号（1992年）は、「女性に対する暴力」に関するものであり、数多い一般勧告の中で最も多く国連文書や学術的な文献で引用され、個人やNGOによって「現場」で使われている勧告である。この勧告が生まれた背景として「女性に対する暴力」が女性の人権を侵害し社会参画を阻害する原因であるとの理解が世界各国で広まってきたことが挙げられるだろう。国連総会はこの勧告が採択された翌年、「女性に対する暴力撤廃宣言」（1993年）を全会一致で採択した[23]。さらに、この勧告の意義は、ジェンダーに基づく暴力が「差別の一形態である」ことを明示した（パラグラフ1）ことである。これによって暴力の問題は「事実」のレベルから条約の対象とする「差別」という法的問題へ昇華することができたのである。そこでは女性の守られるべき権利・自由として、生命の権利、拷問を受けない権利、身体の自由および安全に対する権利を例示している（パラグラフ36）ことも重要である。これらの権利の例示は、この後、展開していく個人通報制度下での難民（庇護）申請者からの申し立て（例えば、出身国に強制送還されるとDVやFGMの対象とされるので先進国にとどま

21）日本への総括所見は国連文書番号CEDAW/C/JPN/CO/7-8。パラグラフ42－43参照。日本弁護士連合会「国連女性差別撤廃委員会　総括所見の活かし方と今後の課題」2017年、非売品、61－62頁。
22）国連文書番号　CRPD/C/GC/3
23）国連文書番号　A/RES/48/104

りたいといった申請）を判断する際に重要な役割を果たすことになる。

　一般勧告 20 号（1992 年）は、条約の留保に関するものであり、1993 年のウィーン人権会議を前に、改めて締約国に対して留保の再考を促した。

　一般勧告 21 号（1994 年）は、婚姻および家族関係における平等に関する勧告である。これは 1994 年を国連が「国際家族年」と決定したことから、委員会において家族の中での平等に注視し採択したものである。日本の家族法（民法）は明白な女性差別を包含しているにもかかわらず、条約批准の際の国内法整備の段階では徹底した議論のないまま歳月が経ち、政府の報告書でも NGO のレポートでも家族法に焦点を当ててきたのは比較的最近のことである。一般勧告 21 号の中で特に日本法との抵触が問題とされる課題として、以下がある。女性のみの再婚禁止期間[24]（パラグラフ 15）、婚外子とその母に対する差別の禁止[25]（同 20）、強制的な妊娠中絶手術（同 22）、婚姻による姓の変更（同 24）、夫婦財産制の見直し（同 30 - 33）、婚姻年齢を男女ともに 18 歳とすること（同 36。2018 年の民法改正により実現した）。なお、この勧告は後に、一般勧告 29（2013 年）として改訂される。

　一般勧告 22 号（1995 年）は、委員会開催期間に関する条約 20 条の改正に関するものである。後述三の冒頭に記載したとおり、現在、委員会の開催期間は延長されたが、条約改正に必要な締約国の承認はなされていない。

　一般勧告 23 号（1997 年）は、政治的・公的活動および国際的な活動に関する条約 7 条、8 条の解釈を示すものである。対外援助や地球規模課題、平和維持活動・国際刑事司法への女性の参画について二つのパラグラフで触れられている（パラグラフ 39、40）が、後年、この部分は一般勧告 30（武力紛争）としてより詳細に展開されることになる。

　一般勧告 24 号（1999 年）は、健康に関する条約 12 条の解釈を示すものであり、セクシュアル・リプロダクティブ・ライツの重要性を強調する。人工妊娠

24）最高裁大法廷判決（2015 年 12 月 16 日）は、女性にのみ設けられた 6 か月の再婚禁止期間は、父性の重複を避けるという立法目的からすると 100 日を超える部分について法の下の平等に反するとの違憲判断を示した。これに従い民法が改正され再婚禁止期間は 100 日に短縮された。

25）最高裁大法廷決定（2013 年 9 月 4 日）は、婚外子に対する相続分を婚内子の 2 分の 1 と定めた民法の規定を法の下の平等に反し無効と判断した。これに従い民法が改正され、相続分に関しては婚外子差別が解消したが、いまだに過去になされた戸籍の続柄記載、出生届の記載など身分登録に関する差別が残されている。

中絶については「可能な場合は、妊娠中絶を刑事罰の対象としている法律を修正し、妊娠中絶を受けた女性に対する懲罰規定を廃止すること」（パラグラフ31（ｃ））という控えめな表現にとどまっている。この点は後に一般勧告35（女性に対する暴力）でより踏み込んだ表現がなされることになる。

三　「凪」を迎えた 10 年間
──2000－2009 年の一般勧告（25 号と 26 号）

　CEDAW による一般勧告の策定作業は 2000 年に入ると動きが緩和され、2000年から 2009 年の間に採択されたものはわずか二つにすぎない。これには委員会のキャパシティと締約国の報告書の増大、2009 年に成立する選択議定書の準備作業など複数の要因が絡んでいる。条約は委員会の開催期間として「毎年 2週間を超えない期間」の開催（条約 20 条 1 項）を認めるのみであった。他方、国際人権規約に基づき設立された自由権規約委員会は 1 年に複数回開催され、1回あたりの会期も 3 週間以上が確保されているという状況（しかも締約国の数は女性差別撤廃条約の方がはるかに多い）であった。CEDAW は 1990 年代を通じて、国連総会に対し会期の延長を求め続け、1995 年に事実上の延長を認めさせた[26]。しかし、CEDAW が年に 3 回、1 回あたりの期間は 3 週間で開催されるようになるのは 2010 年以降である。

　一般勧告 25 号（2004 年）は、2000 年代にできた最初のものであり、暫定的特別措置についての委員会の見解を詳細に述べるものである。締約国はジェンダーに基づくステレオタイプに対処する義務があり、ジェンダー観念による社会的・文化的構造による差別は生物学的に決定された経験とは区別されなければならない、とする。条約の対象が「男女差別」ではなく「ジェンダーに基づく差別」であること、および複合差別（人種、民族、障害の有無など他の理由による差別との複合）による悪影響を取り除くためにも暫定的特別措置が必要であることを述べている点（パラグラフ 12）が特に重要である。

　一般勧告 26 号（2008 年）は、女性移住労働者に関するものであり、労働者の

26）締約国会議が期間延長できるとの国連総会決議が採択された。しかし今日なお決議を発効するための締約国の 3 分の 2 以上の多数の承認が得られていない状況にある。CEDAWは決議がないまま既成事実として会期を延長している。

出身国の責任（女性の移住の制限の撤廃、労働者の教育等）、受入国の責任（差別の禁止、サービスの提供、司法へのアクセス等）、2国間および地域間の協力体制の構築など、詳細にわたるものである。入管法改正により外国人労働者受け入れを決めた日本にとり学ぶべき内容が多い。

四　新たな課題による再活性化
——2010年以降の一般勧告（27号から37号まで）

　2000年からの10年間は静かな「凪」の時代だったが、2010年代のCEDAWは再び荒海に乗り出す。一般勧告の採択を実らせるためには、熱心にロビーイングを重ねるNGOの存在が大きく、それを受け止め献身する委員が作業部会を作りリーダーとなってまとめる必要がある。この10年間はそのような熱意と能力を持った委員に恵まれていた時代でもあった。

　一般勧告27号（2010年）は、高齢女性の人権保障を扱うものであり、高齢女性の低年金や介護を担う親族への支援など多面的な内容を持つ。女性高齢者が直面する複合差別の例として、「民族、障害」などのほかに「性的指向と性同一性」を掲げたことから（パラグラフ13）、一部の委員（イスラム諸国出身）が最後まで異議を唱え、結果としてこの勧告はCEDAWの史上初めて、全会一致で全文を採択することができないものとなった。

　一般勧告28号（2010年）は、条約2条が規定する締約国の中核的義務に関するものである。第二次大戦後の国際人権法の発展を踏まえ、①締約国の義務には尊重義務（差別的な法令を持たない）、保護義務（私人を含む人権侵害の加害者から個人を守る）、実施義務（個人が実質的な権利を確保できるよう措置を講じる）といった複数の層があること、②男女に中立な法令であっても既存の不平等に対処していないのであればそれは間接的な差別になる可能性があることを指摘している点が重要である。

　一般勧告29号（2013年）は、条約16条の家族法に関連して、婚姻とその解消の経済的影響にもっぱら着目して策定されたものである。日本法との関連では、特に、離婚における財産分与について女性の家事・育児による就労機会喪失の費用を評価すること、公正な財産分与がなされるよう配偶者の財産開示制度を強化することなどが含まれている点が重要である。2016年の日本報告書審

査において日本政府にこれらの点について勧告がなされた[27]。

　一般勧告30号（2013年）は、武力紛争と女性に関する包括的な解釈指針である。国連安全保障理事会は2000年に「女性、平和、安全保障に関する決議1325号」を採択し、これに続く決議において紛争を解決する主体としての女性を強調するようになった。1325号決議に基づく国内行動計画も各国で策定されている。日本でも外務省が市民社会との協同作業で国内行動計画を2015年に採択し、3年ごとの実施評価も始まっている[28]。この勧告は紛争予防における女性の役割の重要性とともに、紛争中・後における人権侵害（性的暴力、人身取引等）、紛争後の社会構築のための女性の参画（選挙制度改革、司法へのアクセス等）について締約国に注意を喚起している。

　一般勧告31号（2014年）は、「有害な慣行」についてのものであり、史上初めて、子どもの権利委員会との協同作業によってまとめられた。女性性器切除、児童婚などの問題が取り上げられ、これらの慣行の廃絶のための教育、意識啓発のあり方の指針を示している。

　一般勧告32号（2015年）は、女性の難民、庇護申請者、無国籍者に関するものである。採択された2015年はシリアから周辺諸国への難民問題がピークを迎えていたが、この一般勧告自体はシリア問題・クルド人問題などが国際的に火急の事態になる以前から準備がなされてきたものである。この勧告は、各国が難民申請を受理するにあたり、ジュネーブ難民条約上の難民の申請理由（人種、宗教、国籍等を理由とする迫害）にジェンダーを追加することを奨励する。また無国籍者をなくすために国籍法の規定から性差別をなくすとともに、国際結婚から生まれる子どもに二重国籍を認めることを勧告する。

　一般勧告33号（2016年）は、司法へのアクセスについての勧告である。司法が女性にとり、アクセス可能で良質のものであること、差別の被害者が救済を求める際に応答するものであることを勧告する。

　一般勧告34号（2017年）は、農村女性（条約14条に規定がある）に関する勧告であり、条約上のあらゆる権利を農村女性が実効的に行使できるよう国に対策を求めるものである。

27）前掲注21）、パラグラフ48－49。
28）「女性、平和、安全保障安保理決議と行動計画」外務省ホームページ参照　https://www.mofa.go.jp/mofaj/fp/pc

一般勧告 35 号（2017 年）は、一般勧告 19 号を更新する「女性に対するジェンダーに基づく暴力」に関するものである[29]。この勧告は、締約国に対し、あらゆる領域における女性に対するジェンダーに基づく暴力が犯罪と規定されること、暴力防止のための女性のエンパワーメント・情報の共有を進め、ジェンダーに敏感な裁判手続により司法へのアクセスを確保することを勧告する。

　一般勧告 36 号（2017 年）は、少女および女性の教育の権利に関するものである。この勧告は、教育へのアクセスの平等、教育制度の中での平等、教育を通しての平等への到達について具体的な指針を示している。

　一般勧告 37 号（2018 年）は、気候変動と災害リスク削減に関するものである。この勧告は、気候変動が災害のリスク、インパクトを拡大していること、それらが女性と男性に異なる影響を及ぼしていることを前提に、国がとるべき政策について指針を示している。

まとめに代えて

　CEDAW が一般勧告を策定するきっかけのほとんど多くは、委員個人または NGO が特定のテーマを委員会の本会議に働きかけをすることである。そのテーマに関心を持つ委員がまずタスクフォースの結成を呼びかけ、コンセプト・ペーパーと呼ばれる基本理念を書いた文書を起草し、委員会で採択する。それとほぼ同時か、またはそれよりも先に、委員会の同意が得られればタスクフォースは作業部会に格上げされ、本格的な起草作業が開始される。採択前には公開での一般討論が行われ、外部からの有識者も招いて、締約国・NGO 代表の前で委員会が討議する。以上はウェブで公表される委員会のプログラム・決議を見ていれば「表」に出てくる情報であるが、外からわかりづらいこととしては、各作業部会にはドラフトを手伝うコンサルタントがつくのが通常であり、その費用は国連事務局や NGO が委員会外からの資金を探して充てていることである。国連女性機関（UN Women）、国連難民高等弁務官事務所（HCR）、国連人権高等弁務官事務所（OHCHR）、エーベルト財団（在ドイツ）等のほか、特定の締約国が専門家派遣費用を負担する場合もある。新しい動きとしては学

29）一般勧告 19 号では、「女性に対する暴力」と「ジェンダーに基づく暴力」という用語が双方使われていたが、本勧告は欧州評議会のイスタンブール条約にならい、「女性に対するジェンダーに基づく暴力」（gender-based violence against women）に統一された。

術機関との連携も図られるようになり、一般勧告35号（ジェンダーに基づく女性に対する暴力）策定前には、ロンドン大学LSEに設置された「女性、平和、安全保障研究センター」が作業部会を2回ロンドンに招き、討議のための支援を行い、英国内外の大学から研究者が参加し多面的な助言を与えてくれた。当然ながら、熱意を持った勤勉な委員が作業部会のリーダーになり、かつコンサルタントを雇う資金の手当てもあるところほど起草作業が順調に進む傾向にある。

　NGOがその熱意ある委員に出会い、外部資金を調達することが一般勧告策定の鍵だとすると、弊害は、「政治化」を招く土壌があることだろう。NGOも資金提供者もそれぞれの使命があり、CEDAWには目的を持って接近しているからである。

　したがって一般勧告の第一の問題点は、政治的中立性に対する脆弱さにあるのではないかと考える。この弊害を防ぐことができるのは、委員が独立性と廉潔さを持って職にあたることしかない。さらに、第二の問題点として、採択された文書の難解さがある。CEDAWはこれらの勧告を締約国特に政策実施にあたる公務員に読んで理解してもらうことを期待している。しかし一般勧告は年々、長文化し、実用的でない学術的な表現や詳細にすぎる定義規定も散見する。筆者は2008-2018年までCEDAWの委員をつとめたが、委員時代、このようなドラフトには必ず意見を述べ、もっと短く、わかりやすくすることを要請してきたが、「短くするとかえってわかりづらくなる」等の反論に阻まれ、実現できたとは言い難い。今後、日本国内でもっとCEDAWの一般勧告を普及させるためには、思い切った要約版を作り、関係省庁（たとえば農村女性についてであれば農林省、教育についてであれば文科省）に提供し実施を促す必要があるのではないかと考えている。

　このような弱点があるにせよ、CEDAWの委員が知恵を絞って何年にも及ぶ作業の結果、採択される文書であり、ジェンダー平等のさらなる進展のために一般勧告がもっと各国で利用されることを願っている。策定過程では団体、個人からのパブリック・コメントも募集されるようになっており、日本政府、NGOその他専門家が日本の経験を発信していくことにも期待したいと思う。

イギリス障害者福祉政策に関する
平等法に基づく司法審査

杉山有沙

はじめに

(1) 日本国憲法 25 条問題に対する憲法 14 条審査

日本国憲法 14 条が保障するのは、法内容の平等である。したがって、憲法上の権利だろうが、制定法による権利だろうが、それが平等に保障されることが要請される[1]。しかし、憲法 25 条を具現化したものと位置づけられる社会保障法制度[2] に対しては、憲法 25 条の司法審査基準において広範な立法・行政裁量を容認する裁判所の姿勢[3] に影響を受けて、憲法 14 条の審査においても消極的に判断される傾向にあるといえる。

例えば、堀木訴訟最高裁判決[4] にて、憲法 25 条の要請による法令において、受給者の範囲、支給要件、支給金額等に合理的理由のない不当な差別的取扱い

---

[1] 中島徹「第 10 章 社会保障の権利」山田省三『リーディングス社会保障法』八千代出版、2000 年、280-286 頁。同旨、西原博史「第 4 章 基本的人権 第 6 節 社会権」大須賀明編著『憲法』青林書院、1996 年、211 頁。

[2] 例えば、工藤達朗「第 15 章 生存権」渡辺康行・宍戸常寿・松本和彦・工藤達朗『憲法 I 基本権』日本評論社、2016 年、370-371 頁、野中俊彦「第 10 章 生存権」野中俊彦・中村睦男・高橋和之・高見勝利『憲法 I 第 5 版』有斐閣、2012 年、508-511 頁。

[3] 具体的にいえば、後述する堀木訴訟最高裁判決において、憲法 25 条の規定は、「国権の作用に対し、一定の目的を設定しその実現のための積極的な発動を期待するという性質」のものであるとし、「健康で文化的な最低限度の生活」は、「社会的条件、一般的な国民生活の状況等の相関関係において判断決定されるべきものであ」り、具体化するにあたり、「国の財政事情を無視することができず、また、多方面にわたる複雑多様な、しかも高度の専門技術的な考察とそれに基づいた政策的判断を必要」であるので、具体的な立法措置の選択決定は、「立法府の広い裁量にゆだねられており、それが著しく合理性を欠き明らかに裁量の逸脱・濫用」がある場合以外は、裁判所が審査判断することは適さないと判示した（最判平 57.7.7 民集 36 巻 7 号 1238-1239 頁）。このように、特に、憲法 25 条審査に関しては、広範な立法・行政裁量が認められており、司法判断は消極的であるべきとされている。

[4] 最判平 57.7.7 民集 36 巻 7 号 1235 頁。本件は、国民年金法に基づく障害者福祉年金を受給していた重度の視力障害者であり、かつ離別した母であった原告が、児童扶養手当の受給資格認定の請求をしたところ、児童扶養手当法旧 4 条 3 号（併給調整条項）を理由になされた却下処分に対して憲法適合性が争われた事件である。地裁は、憲法 14 条違反を認めたものの、高裁と最高裁は、憲法 13 条、14 条、25 条に照らして合憲と判断した。

があったときは、別に憲法 14 条の問題が生じるとしたうえで、障害福祉年金を受けることができる地位にある者とその地位にない者との間に児童扶養手当の受給に関して差別が生じるとしても、問題になった児童扶養手当法の併給禁止条項が憲法 25 条に適合的であることや、身体障害者、母子に対する諸施策および生活保護制度の存在等を総合的に判断すると、正当化されるとして、憲法 14 条違反の主張を退けた [5]。

　このように最高裁は、憲法 14 条と憲法 25 条の審査基準を区別したものの [6]、憲法 25 条の審査結果に影響を受けたといえる。これについて、渡辺康行は、差別的取扱いに対する正当化審査として立法目的と手段の「二段構え」の審査が範型ではないが、重要な視点として提示されると指摘したうえで、堀木訴訟はこの「二段構え」の審査をしていないとした。この理由について渡辺は、憲法 14 条審査を憲法 25 条審査に依存させていたためだと思われると説明した [7]。

　これに関連して、芦部信喜は、憲法 25 条問題に対する憲法 14 条審査に関する判断について、二つの方法を提示した。第一に、社会経済立法に関する立法府の裁量を認めながらも、生存権保障が「生きる権利」そのものであるので、憲法 14 条違反の有無を厳格に審査する方法である。第二に、生存権規定のプログラム性と結びつけて社会経済立法に関する立法裁量を強調し、憲法 14 条をめぐっては「最小限度の合理性」の有無に止めるべきであるとする方法である。芦部は、前者を支持しつつも、堀木訴訟最高裁判決では後者のアプローチを採用したと説明した [8]。

5）民集 36 巻 7 号 1240 – 1241 頁。
6）西原博史「遺族年金差別訴訟に見る平等権領域における立法裁量の位置づけ」工藤達朗・西原博史・鈴木秀美・小山剛・毛利透・三宅雄彦・齊藤一久『憲法学の創造的展開 上巻』信山社、2017 年、524 – 525 頁。
7）渡辺康行「第 6 章　法の下の平等」渡辺康行・宍戸常寿・松本和彦・工藤達朗『憲法 I 基本権』日本評論社、2016 年、142 – 144 頁。
8）芦部信喜『憲法学 III 人権各論（1）[増補版]』有斐閣、2000 年、83 – 91 頁。後者の点について、芦部は、憲法 25 条は純然たるプログラム規定ではなく、抽象的ながら法的権利として位置づいていることを踏まえ、生存権（憲法 25 条）は「生きる権利」そのものであるので、憲法 14 条の審査基準として「厳格な合理性」基準を用いるべきだと主張する。これに対して、葛西まゆこは、憲法 14 条の適用射程範囲は法律で採用されている区分が当該法律の趣旨・目的等を含むものとしても、憲法 25 条に広い裁量を想定する最高裁においては、当該法律の目的が憲法 25 条関連であれば、その法律による区分設定自体に広い立法裁量が認められる以上、最終的には憲法 14 条独自の枠組みが働く余地はあまり広くないとしつつも、憲法 14 条の適用射程を丁寧に検討すれば、憲法 25 条事案でも憲法 14 条の「出番」が完全にゼロになるわけではないと指摘する（葛西まゆこ「日本国憲法第 14 条と社会福祉の

(2) 問題提起

　以上のような堀木訴訟最高裁判決の立法府の広範な裁量を強調する審査枠組は、学生無年金訴訟最高裁判決[9]でも引き継がれ、現在でも大きな影響力を持ち続けている[10]。たしかに、抽象的権利説を通説と捉える憲法25条を具現化したものと社会保障法制度が位置づけられる以上、同制度の創設や内容に、一定程度の立法・行政裁量の余地が含まれることは認めざるをえない。しかし、憲法14条違反が認定されるのが、堀木訴訟最高裁判決がいう「なんら合理的理由がない不当な差別的取扱をし」た場合に限られるとすれば、憲法25条問題に対する「最小限度の合理性」で審査される憲法14条違反はごく例外的に限られることになる[11]。これでは、社会保障法制度の受給をめぐって、平等保障（憲法14条）の観点から提訴したとしても、日本国憲法学説・判例上、勝ち目のない戦いを挑むようなものである。これは、妥当なのだろうか。

　芦部の議論は審査密度に着目した議論であるが、本稿では、審査密度に関する議論を行わない。本稿では、渡辺が指摘した憲法25条問題をめぐった憲法14条審査（憲法14条と憲法25条の審査を適切に切り分けていない審査）に焦点を当てて、議論を行う。つまり、本稿では、憲法25条問題（特に、障害者福祉政策）に関する憲法14条（特に、差別禁止保障）審査のあり方を検討する。

(3) 比較対象国としてのイギリス

　本稿は、イギリスを比較対象国に据えて検討する。イギリスにおいて、障害者福祉政策に関する差別禁止を規定する法律として、2010年制定の平等法（Equality Act 2010. 以下、英国平等法）がある。英国平等法は、日本国憲法における憲法14条と憲法25条の関係のように、障害者福祉政策に対して、広範な立法・行政裁量を用いて審査することをしない。このような英国平等法と障害者福祉政策の司法審査のあり方は、日本に有益な示唆を提供できるといえるだ

　関係についての一考察」社会保障法研究3号、2014年、77頁）。
9)　最判平 19.9.28 民集 61 巻 6 号 2345 頁。
10)　渡辺康行「平等原則のドグマーティク」立教法学 82 号、34 頁。同旨、芦部信喜『憲法 第 6 版』岩波書店、2015 年、133 頁、渡辺・前掲注 7) 143 - 144 頁等。
11)　芦部・前掲注 8) 88 - 89 頁。

ろう [12]。

一　英国平等法

1　基本構造

　英国平等法とは、サービス・公的機能（public functions）、不動産、労働、教育などの領域における差別禁止や平等促進について規定する法律である [13]。英国平等法における差別禁止の対象は、年齢、障害、性別再指定、婚姻・民事パートナーシップ、妊娠・出産、人種、宗教・信条、性別、性的指向という 9 つの保護特徴を持つ者に限定される（限定列挙）。つまり、これらの保護特徴は同法が各々定義しているが、いずれかの特徴も持たない者は同法の対象にはならない [14]。英国平等法における「障害」とは、通常の日常生活活動を送る能力に、相当程度で長期間に渡る不都合な影響を持つ身体的もしくは精神的インペアメントを指し、この障害を持つ者が「障害者」とされる [15]。

　続いて、イギリス差別禁止法理における障害差別禁止法理の位置づけを確認していこう。英国平等法の対象者が限定列挙である経緯とも重なるが、イギリスでは差別禁止立法が、保護特徴ごとに独立して制定されてきた。まず、人種政策の一環として 1968 年に人種関係法が制定されたのを皮切りに、72 年に性差別禁止法、そして、95 年に障害差別禁止法（Disability Discrimination Act. 以

12）後述するように、英国平等法は、立法府に対しては適用しない。したがって、日本国憲法とは射程が異なる。しかし、DDA 時代、公的機能領域は「公権力」として規定されていたことを踏まえると、公権力の権限行使の際に、裁量の余地を言及せずに差別の存在を議論する英国平等法は参照に値するといえるだろう。なお、日本国憲法 14 条と英国平等法の関係については、杉山有沙「日本国憲法と合理的配慮法理」帝京法学 32 巻 1 号を参照されたい。

13）英国平等法に関する詳しい説明は、杉山有沙「差別禁止・平等法理の変動と『現代化』」倉持孝司・松井幸夫・元山健編著『憲法の「現代化」』敬文堂、2016 年。

14）Monaghan, Karon, *Monaghan on Equality Law 2ⁿᵈ edition*, Oxford University Press, 2013, p.150。

15）英国平等法 6 条 1－2 項。詳しくは、杉山有沙「無力化された個人としての障害者の認定方法」白鴎法政策研究所年報 11 号。なお、英国平等法が適用されるのは、生きている者に限られる（Regina (Antoniou) v Certral and North West London NHS Foundation Trust and others 事件高等法院（女王座部）判決 [2013] EWHC3055 (Admin), [2015] 1 WLR 4459, (10 October 2013), para.107）。

下、DDA）が続いた[16]。このように独立し乱立する差別禁止立法を調整し、平等促進を強化するために、英国平等法は制定された[17]。

このようにイギリスにおいて人種、性別に続いて、障害を理由とした差別禁止が立法化した背景には、当事者による障害者運動の存在があった[18]。DDA制定に寄与した障害者運動として特に注目すべきは、1970年代に繰り広げられた隔離に反対する身体障害者連盟（Union of the Physically Impaired Against Segregation）以降の障害者運動である。当時の障害者運動は、保護主義を前提とした深刻な社会的な客体と見なす障害者政策を克服し、主体的な個人として非障害者との平等な地位を実現するために繰り広げられた[19]。この根底には、当時のイギリス社会における障害者が、個人的な悲劇者であり、社会的排除や社会的不利を甘受し、家族や友人に援助を受け、公的福祉に依存しなければならない存在と位置づけられていたことがある[20]。つまり、DDA制定は、福祉をはじめとした社会政策に依存する保護の客体としての障害者像を脱却し、差別禁止を保障することで平等権の主体であることを法的に認めさせたことを意味する。

2　英国平等法が対象にする「サービス・公的機能」領域

(1)「サービス・公的機能」領域
　本稿の検討対象である「障害者福祉政策」の実施主体は、英国平等法の文脈では、基本的に「サービス・公的機能」領域と重なる。まず、ここでいうサービスとは、公的・私的の両方を含んで一般市民が入ることが出来る場所にアクセスし利用することであり、賃金が発生するか否かを問わない[21]。一方の公的機能とは、公権力が運用するものに限らず、私的組織を含んで、行使される公

---

16) Bob Hepple, *Equality: The Legal Framework 2ⁿᵈ edition*, Hart Publishing, 2014, pp.11-16。英国平等法の制定の際にDDAは廃止された。DDAが築いた障害差別禁止法理は英国平等法が引き継いだ。
17) 注釈 para.10。
18) Roger Berry, A Case Study in Parliamentary Influence: The Civil Rights（Disabled Persons）Bill, *The Journal of Legislative Studies*, vol.2, issue 3, pp.138-139。
19) 杉山有沙『障害差別禁止の法理』成文堂、2016年、29 – 30頁。
20) Nicholas Bamforth, Maleiha Malik and Colm O'Cinneide, *Disability Discrimination Law: Theory and Context*, Sweet & Maxwell, 2008, p.975。
21) Equality and Human Rights Commission（行為準則）, *Equality Act 2010 Code of Practice: Services, Public Functions and Associations, Statutory Code of Practice*, Equality and Human Rights Commission, 2011, para.11.3-4。

的性格の機能に関連するものである[22]。例えば、公的サービスの受給資格の枠組を決定・権限付与するといった法的権限や義務[23]、法の執行、ライセンス供与等を挙げることができる[24]。適用除外として、議会、制定法の準備・制定・検討、司法機能、軍隊、そして安全保障サービス等がある[25]。

(2) 差別禁止規定導入の経緯

「サービス・公的機能」領域に対する差別禁止規定を加えた背景には、1993年の Stephan Lawrence 事件がある。DDA では、「サービス・公的機能」ではなく、「公権力」に対する差別禁止として規定されていた[26]。この事件は、黒人学生がバス停でバスを待っていた際に、白人グループによって刺殺された事件である[27]。警察は、黒人が被害者だったことを理由に、目撃者がいたにもかかわらず、黒人同士のトラブルと決めつけ捜査を行ったので、犯人の逮捕に必要以上の時間がかかった。これにより、公権力内部の組織的な人種差別・偏見が露呈し、大きな問題へと発展した[28]。この結果、2000 年に人種関係法に公権力に対する差別禁止規定が追加され[29]、その後、05 年に DDA が続いた[30]。以上から明らかなように、英国平等法におけるサービス・公的機能に対する差別禁止規定の根底には、Lawrence 事件で摘発された公権力による権限行使に対する

---

22) 行為準則・前掲注 21) para.3.7, 11.14。
23) 同上 para.1.8。
24) 同上 para.11.16。
25) 英国平等法附則 3、行為準則・前掲注 21) paras.11.54-11.58。英国平等法がいう適用除外の「議会」とは、議会の機能と議会手続に関連して行使可能となる機能を意味し、「立法の準備等」とは、議会制定法、議会による制定法案、大臣と枢密院による文書であり、そして、「司法機能」とは、司法機能それ自体のほかに、司法機能の行使者の指示で行ったこと、刑事手続の開始・継続しない決定、刑事手続の開始・継続しない決定のために行ったことを意味する［英国平等法附則 3 の 2 - 3 条］。
26) 杉山有沙「障害差別禁止法理における予測型配慮義務の法的性格」早稲田社会科学総合研究 17 巻 1 号、62 - 63 頁。公的性格に対する差別禁止が加わったのは、2005 年改正時以降だが、サービス領域に対する差別禁止は 1995 年の DDA 制定時から存在していた。
27) Sir William Macpherson of Cluny, *The Stephan Lawrence Inquiry（Cm 4262-I）*, the Secretary of State for the Home Department by Command of Her Majesty, 1999, paras.1.1-1.12。
28) 宮崎由佳「2010 年平等法と平等義務」労働法律旬法 1844 号（2015 年）39 頁。
29) Race Relations（Amendment）Act 2000. 1 条。注釈 paras.4, 7。
30) Disability Discrimination Act 2005. 2 条。注釈 para.26。

不信感が存在する[31]。

二　イギリス社会政策としての障害者福祉政策

1　障害者福祉政策

　続いて、本稿のもう一つの検討素材である障害者福祉政策について確認していこう。後述するように、イギリスの社会政策（social policy. 以下、英国型社会政策）は画一的な定義が存在しない。そこで、本稿が対象にする「障害者福祉政策」とは、以下でいう社会政策における障害者政策（disability policy）と重なるものとする。

　まず、英国型社会政策とは、日本における社会保障法制度と大部分が重なる。実際のところ、イギリスでも社会保障（social security）という用語自体は存在する（英国型社会保障[32]）。しかし、英国型社会保障とは、日本とは異なり、医療保健や社会福祉サービス等のサービス給付を含まず、あくまで現金給付に限定して捉える[33]。そして、医療保健や社会福祉サービス等のサービス給付は、英国型社会保障とあわせて「社会政策」の一部と捉えられる[34]。つまり、日本型社会保障法制度のように、社会保障法制度のなかに、現金給付を基本とする生活保護・社会保険・社会手当、そして医療保健、社会福祉サービスが包摂されているのではない。英国型社会政策のなかに、英国型社会保障、医療保険、社会福祉サービス等が同格のものとして位置づく[35]。ただし、英国型社会政策は、日本型社会保障法制度より射程が広範である。

　また、英国型社会政策は「国民生活の安定や向上などを目指した政府の政策

31）杉山有沙「障害平等法理における公権力に課す平等義務の可能性」早稲田社会科学総合研究 17 巻 2 号 71 頁、杉山有沙「イギリス 2010 年平等法における予測型合理的配慮義務の不履行禁止と公的セクター平等義務の構造上の関係」早稲田社会科学総合研究 17 巻 3 号 19 頁。

32）以下、混乱を避けるために、イギリスにおける社会保障を「英国型社会保障」と称する。そして、同時に、日本における社会保障法制度を「日本型社会保障法制度」とする。

33）武川正吾「第1章　総論──イギリスの社会保障体系」武川正吾・塩野谷祐一編『先進諸国の社会保障① イギリス』東京大学出版会、2000 年、6 頁。

34）便宜上、本稿は、イギリスにおける社会政策を「英国型社会政策」と称する。

35）武川・前掲注 33）15 頁。

の総称として用いられ」ているが[36]、伝統的な定義としては、以下の二つがある。一つ目は、社会政策とは、福祉目的を達成するための市民間の資源の再分配を図る国家による計画的な介入を意味するというものである。そして、もう一つは、福祉的制度とは市民の福祉問題を解決するような社会制度の領域を指すというものであり、家族、コミュニティネットワーク、市場、ボランタリーセクター、国家による社会サービスや利益供与、そして国際的な組織があるとされる[37]。同政策の具体的な内容としては――論者によって違いがあるものの――英国型社会保障、保健医療、教育、住宅、対人社会サービスという五つの領域における現金給付やサービス給付という政府の活動を挙げることができる[38]。

このような英国型社会政策において障害者をめぐる社会政策は、主要なものと位置づけられる。A. Roultstone が、歴史的に見ればベヴァリッジ報告の対象として障害者が含まれていたし、現在においても障害者と貧困の関係を克服する等の多くの課題があると説明するように、障害者に対する社会政策は、現代の福祉国家の主要な特徴を形成している[39]。

2 実施主体・権利救済機関

これらの英国型社会政策の実施主体は、中央省庁といわゆるサブセントラル政府（準政府機関等）に分けられる。中央省庁では、現金給付等の実施機能と、政策形成・資源配分および監督等の機能を担う。これに対し、一連の非省組織（地方自治体と保健当局）は、主としてサービス提供機能に関わる[40]。

36）同上。同旨 Hartley Dean, *Short Introductions Social Policy Second Edition*, Polity, 2012, pp.1-2.
37）John Baldock, Social policy, social welfare, and the welfare state, in John Baldock, Lavinia Mitton, Nick Manning and Sarah Vickerstaff, *Social Policy Fourth Edition*, Oxford University Press, 2012, pp.1-2。
38）John Baldock, Lavinia Mitton, Nick Manning and Sarah Vickerstaff, Introduction to the book, in John Baldock, Lavinia Mitton, Nick Manning and Sarah Vickerstaff, *Social Policy Fourth Edition*, Oxford University Press, 2012, pp.9-10、マイケル・ヒル、ゾーイ・アービング（埋橋孝文・矢野裕俊監訳）『イギリス社会政策講義』ミネルヴァ書房、2015 年、15 頁。ただし、教科書によっては、類似領域（例えば、雇用、刑務所、法的サービス、地域の安全）も英国型社会政策の一部として取り上げることもある［例えば、Paul Spicker, *Social Policy: Theory and practice 3rd edition*, Policy Press, 2014, p.1］。
39）Alan Roultstone and Simon Prideaux, *Understanding Disability Policy*, Polity, 2012, p.XV.
40）君村昌「第3章　社会保障行政」武川正吾・塩野谷祐一編『先進諸国の社会保障①　イギリス』東京大学出版会、2000 年、52 頁。

また、英国型社会政策の権利救済のために、行政の決定（あるいは審判所の裁定）を争う場合、審判所への上訴と裁判所への司法審査の請求を行う方法がある[41]。裁判前権利救済の機関である審判所は、現在は司法権の一部に属している。そして、二段階（二審）構造を採る審判所のうち第二層審判所には、第一審の裁判所と同等の地位が与えられている[42]。なお、英国型社会政策に関する審判所として、例えば、英国型社会保障については第一層審判所（社会保障・児童支援）があり[43]、そのまま審判所に上訴する場合は、上訴審判所（行政不服申立室）がある[44]。

三　判例検討

　ここまで、議論の前提になる英国平等法と障害者福祉政策の概要について確認してきた。そこで、続いて、英国平等法が禁止する差別の存在について、障害者福祉政策を審査した判決を具体的に確認していこう。

　そもそも、英国平等法は、禁止する差別類型として、直接差別、障害起因差別（discrimination arising from disability. 以下、起因差別）、性別再指定差別、妊娠出産差別、間接差別、そして、合理的配慮義務の不履行という6類型を規定する。これらの差別類型は、同時に認定されることもある。これは、複数の差別類型を条文に規定することで、差別発見のツールとして有益であるといえる。このような英国平等法が禁止する差別類型のなかで、「障害」を理由とした差別類型は、直接差別、起因差別、間接差別、そして、合理的配慮義務の不履行の4類型ある。なお、差別が認定された場合は、裁判所によって損害賠償や認定された差別行為の再発に関する禁止命令、公権力の差別的な決定に対する破

41）山下慎一『社会保障の権利救済』法律文化社、2015年、77頁。イギリスにおいて司法審査とは、上訴のように事案の実体的事項を審理するのではなく、行政の行為の適法性を審査するものである。したがって、上訴の場合には、ある行政の決定の当・不当の問題まで審査が及ぶのに対し、司法審査の場合には、ある決定が違法か適法かに関して判断が行われるのに過ぎない（77－79頁）。

42）同上67頁。

43）https://www.gov.uk/courts-tribunals/first-tier-tribunal-social-security-and-child-support（閲覧日：2018年10月31日）。

44）https://www.gov.uk/courts-tribunals/upper-tribunal-administrative-appeals-chamber（閲覧日：2018年10月31日）。

棄命令等を命じられる[45]。

1　直接差別

(1)　概要

英国平等法が規定する直接差別とは、障害を理由として[46]、他者を取扱う（または取扱うであろう）よりも障害者を好ましくない取扱った（less favourably）場合を指す[47]。直接差別の比較対象者は、問題になる事例において、本人の能力を含んで、重大な違いがない者である[48]。直接差別の認定にあたり、差別的意図や害意、動機の有無は無関係であり[49]、問題となるのはあくまで比較対象者との間に好ましくない取扱いがあるかどうかである。

(2)　判例

障害者福祉政策をめぐって直接差別に該当するかどうかが争われた判決として、Regina（Taylor）v Secretary of State for Justice and another 事件高等法院（女王座部）判決[50] がある。1974 年に殺人と強姦の罪により最短 18 年で仮釈放の可能性がある終身刑を言い渡された原告は、結局、仮釈放されないままで77 歳になった。この時、原告は難聴や歩行困難等を抱える身体障害者となっていた。2014 年に仮釈放委員会は、被告自治体負担の介護支出を条件に成人男性用の療養施設への仮釈放を指示した。しかし、この負担を拒否されたために、原告は仮釈放されなかった。これについて原告が、被告らの決定に対して、司法審査を求めた[51]。

---

45)　英国平等法 119 条。行為準則・前掲注 21）paras.14.50-14.56。
46)　条文では、「障害」ではなく「保護特徴」と規定される。しかし、障害者福祉政策の平等保障を検討する本稿では、便宜上、「障害」と読み替える。後述の間接差別も、同じとする。
47)　英国平等法 13 条。直接差別の詳しい説明は、杉山有沙「イギリス 2010 年平等法における直接差別、障害起因差別、間接差別の関係と平等観」ソシオサイエンス 25 号。英国平等法は、直接差別の適用に関してのみ、障害者に関係する者（関係者差別）や障害者と誤認された者（認知差別）も含む（行為準則・前掲注 21）paras.4.19-4.20）。
48)　英国平等法 23 条 1 - 2 項。
49)　行為準則・前掲注 21）para. 4.15。John Wadham, Anthony Robinson, David Ruebain and Susie Upple, *Blackstone's Guide to The Equality Act 2010 3rd edition*, Oxford University Press, 2016, p.34 等。
50)　[2015] EWHC 3245（Admin）, [2016] PTSR 446,（16 November 2015）。
51)　本件は、他にも 2007 年犯罪者管理法や 2004 年ケア法に基づいても申立てられた。

本件において Leggatt 高等法院裁判官は、まず、直接差別の存在を証明するためには、主観的な動機は何であろうと、問題の決定・行為が、客観的な事実に基づいて障害を理由に比較対象者より好ましくない取扱いであったことを証明する必要があることを確認した。本件は条件ありの仮釈放であったが、原告は、被告が条件を飲まなかったために不利益が生じたことを主張したものの、比較対象者より好ましくない取扱いがあったことについて証明していない。したがって、本件では直接差別の存在は否定された[52]。

以上から明らかなように、本件は障害者福祉政策に関わって、直接差別が認定されるかどうかが争われたものの、審査内容は、直接差別規定にある「原告と比較対象者の間に好ましくない取扱いがあるかどうか」に該当するかという点のみで議論された。

2 起因差別

(1) 概要

英国平等法が禁止する起因差別とは、障害者の障害の結果生じた事柄を理由に、障害者に不利な取扱い（unfavourably）をし、この取扱いについて、適法な目的の達成に比例する手段であることを証明できないものを意味する。この起因差別は、差別行為者が、問題の障害者が障害を持っていたことを知らなかった（知る由もなかった）場合は生じない[53]。

起因差別における「障害の結果生じた事柄を理由とした不利な取扱い」とは、障害に起因する事柄を理由に、問題となる者にハードルを課す、または特定の困難を与える、または不利益を与えることである[54]。さらに、正当化の審査は後述の間接差別と同じであり[55]、目的手段審査で行われる[56]。なお、費用については考慮要素の一つでしかない[57]。

---

52) ［2015］EWHC 3245（Admin）, paras.43-46。
53) 英国平等法 15 条。起因差別の詳しい説明は、杉山有沙「イギリス 2010 年平等法における起因差別の規範構造と意義」ソシオサイエンス 24 号。
54) Trustees of Swansea University Pension & Assurance Scheme and another v. Williams ［2015］IRLR 885,（21 July 2015）, paras.27-28.
55) 行為準則・前掲注 21）paras.6.12, 5.25。
56) 同上 para.5.27。
57) 同上 para.5.33。

(2) 判例

　続いて、障害者福祉政策をめぐって争われた事件を確認していこう。直接差別で取上げた Regina（Taylor）事件高等法院（女王座部）判決では、起因差別についても問題になった。そして、直接差別と同様に、比較対象者よりも不利な取扱いがあったことを証明できなかったので、障害に起因する理由も証明できていなかったとし[58]、起因差別の審査基準を――被告の裁量の可能性に触れることなく――そのまま当てはめた。

3　間接差別

(1) 概要

　英国平等法が規定する間接差別とは、障害に関連して差別的である、規定（provision）・基準（criterion）・慣行（practice）（以下、PCP）を障害者に適用した場合を指す。ここでいう差別的な PCP とは、①同じ障害を持たない者たちに、その PCP を適用し（または適用するだろう）、②同じ障害を持たない者たちと比較した際に、その PCP が、同じ障害を持つ者たちに特定の不利益を与え（または与えるであろう）、③その PCP が、当事者である障害者本人に不利益を与え（または与えるであろう）、④その PCP が適法な目的の達成に比例する手段であることを証明できないものをいう[59]。なお、PCP は、公式・非公式の方針、ルール、実務、取決め等を含めて広く捉えられる[60]。また、不利益とは、機会や選択の否定、抑止、拒否、排除等を意味し、障害と不利益の因果関係は統計的分析の活用が有益ではあるが、専門性のある見解に基づいて同差別の認定を行うこともできる[61]。

(2) 判例

　障害者福祉政策をめぐった間接差別の事件としては、Regina（H and others）v Ealing London Borough Council 事件高等法院判決[62]がある。本件は、深刻

58）［2015］EWHC 3245（Admin）, para.48。
59）英国平等法 19 条 1- 2 項。間接差別の詳しい説明は、杉山有沙「障害差別禁止法理における間接差別の構造的位置づけ」早稲田社会科学総合研究 16 巻 2・3 号。
60）行為準則・前掲注 21）para.5.6。
61）同上 . paras.5.10-5.15。
62）EWHC 841（Admin）,［2016］PTSR 1546（18 April 2016）。本件は、他に英国平等法 149 条、欧州人権条約 8 条、14 条、そして 2004 年児童法 11 条 2 項についても問題になった。こ

な借家不足を背景に、住宅割当政策に導入された勤労世帯要件（週に少なくとも24時間以上の就労要件）が、シングルマザーや障害者世帯、高齢者世帯等に対して間接差別にあたるとして司法審査を求めた事件である。

Waksman 高等法院裁判官は、女性、障害者、そして高齢者に労働市場における不利な立場をはじめとした不利益を与えると判断して間接差別の存在を認めた[63]。そのうえで、正当化の審査について、賃借人に対する就労促進という目的は適法だったとしつつも、目的達成手段については、障害、年齢、育児で働けない者のための例外を設けなかったので、最小限の制約の手段ではなかったとして正当化を否定した[64]。

本件は、住宅政策として申請者への住宅保障の割当の優先度に関わる問題であるので、公費支出に関わる事件である。しかし、間接差別をめぐった審査において、差別的な PCP の認定に際しても、正当化審査に際しても、被告の裁量に触れることなく、判断された。

4　合理的配慮義務の不履行

(1)　条文

最後に、合理的配慮義務の不履行という差別類型を確認していこう。英国平等法が定める合理的配慮義務には、障害者本人からの要請後に配慮義務が発生する反応型配慮義務と要請前に義務が発生する予測型配慮義務という2種類ある[65]。サービス・公的機能提供者に課せられたのは後者なので[66]、本稿では予測型配慮義務を検討する。

英国平等法は、債務者に課された合理的配慮義務を履行しなかった場合、差別と認定する[67]。ここでいう義務とは、①債務者が定める規定・基準・慣行（PCP）、②物理的な特徴、③補助的な援助の不提供が、非障害者と比較して、

の際、モデル賃借者要件も争点になったが、間接差別の審査の対象にはならなかったので、本稿では省略する。

63)　EWHC 841（Admin）, paras. 36, 50, 57。
64)　同上 paras. 61-62, 68。
65)　Hepple・前掲注16）pp.94-96、同旨 Anna Lawson, *Disability and Equality Law in Britain*, Hart Publishing, 2008, pp.63-64。
66)　行為準則・前掲注21）para.7.3。
67)　英国平等法21条1-2項。予測型合理的配慮義務の不履行禁止に関する詳しい説明は、杉山・前掲注26）。

関係する事柄に関して、障害者一般に相当程度の不利益を与える場合、その不利益を避けるため、または権限行使にあたって理に適う代替的手段を採用するために、合理的であるような措置をとることである[68]。同義務を履行するために発生した費用を問題の障害者本人に負担を要求することは禁止されている[69]。また、サービスの性質や債務者の業種や専門的職業の性質の変更を加えるような配慮を求めることは、原則的にできない[70]。

(2) 判例

続いて、判例を見ていこう。直接差別、起因差別、そして間接差別と異なって、合理的配慮義務は、障害者に対して債務者による配慮を講じないことが問題になる。そのため、他の差別類型より、債務者側の裁量が認められやすいと思われるかもしれない。しかし、実際の判決では、他の差別類型と同様に裁量の余地を言及せずに、裁判所は、英国平等法の差別認定の審査基準に当てはめて、判決を下している。

例 え ば、MM and another v Secretary of State for Work and Pensions（Mind and others intervening）事件控訴院判決[71] を挙げよう。本件は、福祉改革法に基づいて雇用支援手当受給の評価プロセスとして、精神的、認知的、知的な困難（本稿では、精神障害とする）を患う原告らに対して調査書の実施と対面式の面談を実施することが、合理的配慮義務の不履行であると認めた事件である。

問題になった審査について Elias 控訴院裁判官は、①障害の性格上、評価者が、問題の障害に関して実際の状態を十分に考慮していない情報に基づいたので、正しい決定を行えなかったこと、また②多くの精神障害者にとって調査や対面の面談は精神的な負荷がかかるので、原告らは非障害者と比べて多大なストレスと不安を課されることから、相当程度の不利益を被ったと判示した。そして、配慮に対する裁判所の権限は、原告によって提示された配慮が合理的かどうかを判断することにあるとし、どのような配慮を取るべきかまでは含まな

68）英国平等法 20 条 3−5 項、附則 2 の 2 条 2 項。
69）英国平等法 20 条 7 項。
70）英国平等法附則 2 の 2 条 7 項。
71）［2013］EWCA Civ 1565,［2014］1 WLR 1716,［2014］EqLR 34（4 December 2013）。

いとした[72]。

　他にも McDonald v Kensington and Chelsea Royal London Borough Council 事件最高裁判決[73] においても、障害者福祉政策をめぐる行政処分について、裁量の余地を考慮することなく判断された。身体障害のために移動能力が著しく制約されていた本件の原告は、過敏膀胱であり、夜間に2〜3回排尿する。国民扶助法と国民保健サービスとコミュニティケア法に基づいて、被告の地方自治体が、介助者を含めたケアを 2008 年まで行っていた。しかし、同年 10 月に、被告は週のケアへの割当額の減額と、これに伴って、介助者の代わりに尿とりパッドの使用を決定した。そして、09 年 11 月と 10 年 4 月に被告は原告のニーズを再評価し、08 年のケアプランを維持することを決定した。これに対して原告は、問題のアセスメントの妥当性や合理的配慮義務違反等として司法審査を求めた[74]。

　合理的配慮義務の履行／不履行の問題について Brown 最高裁裁判官は、合理的配慮義務について、問題の被告の決定が、条文にある PCP[75] に当てはまらないとした。また、かりに合理的配慮義務違反が認定されたとしても、原告の利益（プライバシーの保護と自立生活の維持等の原告に対する最大限の保護）と被告の経済的福祉（コストの実質的な削減）の間に均衡が保たれるので、正当化されると判断した[76]。

(3) 小括

　McDonald 判決では、被告が負担する経済的損失を意識しており、裁量を認めているようにみえる。しかし、これはあくまで、DDA に規定されていた合理的配慮義務の不履行に対する正当化審査（英国平等法では削除）の場面で判断要素の一つとして考慮されたにすぎない。正当化審査は、当該事件において、

---

72)　[2013] EWCA Civ 1565, para.60, 66, 68-69, 81-85。
73)　[2011] UKSC 33, [2011] 4 All ER 881 (6 July 2011)。
74)　[2011] UKSC 33, paras. 1-5. 本件は、他に、2009 年・2010 年の再評価において原告の
　　ニーズを適切に評価できていない点、欧州人権条約 8 条違反、DDA49A 条違反も論点に
　　なった。
75)　本件が適用されるのは、英国平等法の前身である DDA であるので、Brown 裁判官が挙げ
　　たのは DDA21D 条の慣行（practice）・政策（policy）・手続き（procedure）である。
76)　[2011] UKSC 33, paras.19, 22。DDA における合理的配慮法理には正当化の余地があった。
　　英国平等法では、この正当化の審査は「合理性の審査」で対応される（杉山・前掲注 19）
　　105 頁）。

差別的行為の違法性が阻却される事由に当てはまるかどうかが論点になること
を踏まえると、本件において日本国憲法学で問題になるような意味で裁量が認
められたとはいえない。

　以上から明らかなように、積極的な措置（支援を受けるための行政処分）で
あったとしても、裁判所は、債務者に裁量の余地を認めて消極的な判断を下す
というわけではない。つまり、裁判所は、あくまで英国平等法の審査基準に即
して、差別の存在の有無を判断している。なお、配慮内容に対する裁判所の審
査の権限の射程は、原告が提起した配慮内容に対する合理性の有無を英国平等
法に即して判断するのに限られることは、注目すべきである[77]。

四　障害者福祉政策をめぐる差別禁止保障

1　分析

　以上の判例検討から明らかなように、障害者福祉政策に対する英国平等法に
基づく審査は実施主体の裁量を考慮せずに判断を下しているといえる。した
がって、この文脈において、障害者福祉政策それ自体の審査と同政策に対する
差別認定の審査は切り分けられているといえる。これは、冒頭で挙げた日本国
憲法における憲法 25 条問題に対する憲法 14 条審査の関係と大きく異なる。H.
Dean が説明するように障害者福祉政策も政府の支出に大きく関わるという意
味で[78]、日英ともに、「国の財政事情を無視することができず、また、多方面に
わたる複雑多様な、しかも高度の専門技術的な考察とそれに基づいた政策的判
断を必要とする」[79] という性格は共有するはずである。では、このような両国
の違いは、どこから生じたのだろうか。

　まず、たとえ支出を伴う障害者福祉政策であったとしても、権利利益を享受
する権利を有するという意味において、実施主体の裁量によって左右されると

---

77) この点につき、日本では裁判所固有の機能の権限を越える「司法による立法」作用との
　関係で懸念が生じるので（新井誠「立法裁量と法の下の平等」法律時報83巻5号〈2011年〉
　45 頁、戸松秀典『憲法訴訟 第 2 版』有斐閣、2008 年、55 – 56 年）、司法府による配慮内容
　の審査や要請の射程を慎重に見極める必要がある。
78) Dean・前掲注 36) pp.2-5。
79) 前掲注 3) 参照。

いう意識が、少なくとも英国平等法の差別禁止では存在していないことを指摘できる。つまり、制定法等で創出された権利に対して、英国平等法が行う審査は、その権利の保障に際して、救済すべき差別が存在するかどうかに限られる。日本国憲法 25 条に対する憲法 14 条審査のような審査対象となる社会保障法制度それ自体の権利性の性質は、少なくとも差別禁止保障の審査に基本的に考慮されない。考慮されるとしても、差別認定後の正当化審査で、当該事件の原告の状態に即して、個別具体的に判断される際の考慮要素の一つと認識されるにすぎない。

また、公権力に対して英国平等法が差別禁止の審査を行うようになった背景には、Lawrence 事件によって顕在化した政府による差別行為に対する不信・不満がある。したがって、立法府による権限行使は対象にならないものの、行政行為を中心とした公権力に対する司法権を通じた差別救済の審査を行うことに、そもそもの抵抗が日本と比べて少ないといえるだろう。

2 評価

このような差別禁止保障の観点からの障害者福祉政策に対する司法権の積極的な介入に対して、本稿は、好意的に評価する。まず、障害差別禁止法理の観点から見れば、英国障害者運動で指摘されたように、公的福祉への依存を前提にした保護主義を前提にした他者依存的な個人としての障害者像への絶対的な拒絶が英国平等法（正確には DDA）の根底にある。これを踏まえると、障害者福祉政策それ自体の審査と英国平等法が保障する差別禁止の審査の切り分けは極めて重要な課題となる。したがって、行政府を中心とした公権力の裁量を考慮しない英国平等法の審査は、障害差別禁止法理にとって意義が大きい。

最後に、日本の文脈に即して考察していこう。冒頭の堀木訴訟をめぐった指摘ではあるが、そもそも社会保障受給者が司法審査を求めるということは、政治過程への働きかけができずに要求を汲み取ってもらえないことの結果であることが指摘される[80]。これを踏まえると、憲法25条問題はたしかに国の財政事情等を無視することはできないとしても、司法府による審査の目的の一つが人

80）高野範城「社会保障裁判と憲法25条」東京中央法律事務所『憲法理念の実現をめざして』エイデル研究所、1984 年、137 頁。

権保障である以上、社会における少数派の権利や利益を保護するために[81]、そもそも憲法14条と憲法25条は異なった審査基準を有するので[82]、両者は切り分けて審査をすることが望まれるといえるのではないだろうか。

81）戸松・前掲注77）47頁。
82）小山剛『「憲法上の権利」の作法 新版』尚学社、2011年、127頁。

パートタイム労働者・有期雇用労働者の
均等・均衡待遇原則の理論的基礎

長谷川 聡

一　本稿の目的

　雇用形態間の労働条件格差は、当初契約自由の一環として許容されていたが、1993年のパートタイム労働法の制定を皮切りに次第に法的規制が進んだ。現在では就業の実態に即した均衡待遇を求める労働契約上の理念が宣言されたうえで（労契3条2項）、フルタイム労働者・パートタイム労働者、無期雇用労働者・有期雇用労働者、派遣労働者・派遣先労働者のそれぞれについて均等・均衡待遇規定が整備されている。これらの規定の解釈の仕方についても、ガイドラインの整備などの方法で比較的早い段階から明確化が試みられ、裁判例の蓄積により各要件の解釈基準が形作られつつある。

　均等・均衡待遇原則の具体化を目指すこうした努力は望ましい。しかしこの努力は、これを支える理論的基礎を十分に意識してなされなければならない。雇用形態ごとの就業実態に応じた均衡の取れた人事処遇を実現すべきという大枠に異論は少ないとしても、この均衡を取るための支点を明確化した上でこれを検討しなければ、その成果はその時々の政策的要請を反映した事実上のバランス判断にとどまることになる。平等や差別の文脈で長く論じられ、法整備が進むこの論点が目指すべき解決の方向性はこのようなものではないだろう。

　本稿は、こうした問題関心から、雇用形態間の均等・均衡待遇原則、特に一定の理論的共通性を有するフルタイム・パートタイム労働者および無期・有期雇用労働者間の均等・均衡待遇原則の理論的基礎を明確化し、その特徴と雇用平等に関する法のなかでの位置づけ方を提言することを目的とする。この論点にはすでにある程度の研究の蓄積があることから、これらを整理し、その検討

の視座を確認することから検討を開始することにしたい。

　なお、以下では、「雇用形態間の均等・均衡待遇原則」という言葉は、パートタイム労働者および無期・有期雇用労働者間の均等・均衡待遇原則を指すものとして用いる。

二　雇用形態間の均等・均衡待遇原則の理論的基礎をめぐる議論

1　雇用平等法の体系と雇用形態間の均等・均衡待遇原則の位置づけ

　雇用の場における平等は、法の下の平等を定める憲法 14 条の下に広くその実現が要請され、これを具体化する法制度や判例法理（以下「雇用平等法」という）が展開している。雇用形態間の均等・均衡待遇原則は、これのどの部分に位置づけられるか。

　雇用形態間の均等・均衡待遇原則を論じる過程で、雇用平等法を分類するときの切り口として取扱いの差を作り出す属性に着目する方法が広く支持されるようになった。人種や性別、思想信条等その属性の形成に特定の当事者関係を前提としない人的属性に関する法と、労働時間のいわゆる正社員に対する相対的短時間性や労働契約における期間の定めの有無等、ある当事者関係における合意を基礎に形成される契約的属性に関する法に分類する方法である。

　人的属性を理由とする差別[1] は、比較的早期から各国における人権論や規範意識の展開に即して徐々に禁止対象とされてきた。この種の差別は、性別や人種等不可変の属性に基づく差別と、宗教や信条等基本的人権の行使によって獲得された属性に基づく差別に細分類される。本人の意思によって変えることができない属性に基づいて区別する前者は、法によって課される負担は個人が負っている責任と何らかの関係を有していなければならないというルールに反する点、個人の基本的人権の行使により得られた属性に基づいて区別する後者は、自己実現・自己統治という法の理念に反する点で非難される[2]。

---

1)「差別」や「平等」という言葉の用い方は論者により異なる。紙幅の都合によりこの点に関する詳論は避けるが、本稿では、差別をある属性と問題の取扱い等の結びつきを問題視する概念、平等をある当事者間にある労働条件などの取扱いの差を問題視する概念というように、異なる着眼点を有する概念として整理している。
2)　安部圭介「差別はなぜ禁じられなければならないのか」森戸英幸・水町勇一郎編著『差別

これに対し契約的属性は、当事者の意思の合致により創設される労働条件の一種である。そのため、この属性に基づく労働条件の差は当事者の意思に基づいて設定されたものとして基本的に問題視されてこなかった。しかし典型労働者を中心とした雇用システムが変化し、非典型労働者が基幹化、増加する中で、これに見合わない典型労働者との間の労働条件格差と不本意に非典型労働に従事する者の存在が社会的に不公正と認識されるようになったこと等を受けて、この属性に基づく差別を規制する法整備が各国で進んだ。

　雇用形態間の均等・均衡待遇原則が後者に分類されるのは明白である。しかし問題は、後者の法的性質に関する理解が論者の間で必ずしも一致しないことにある。これは、いずれの差別も特定の社会的背景を前提に非難がなされているものの、後者については、この社会的背景の認識やこれが労働者の雇用形態の選択に与える影響の評価について論者の主張の相違がより大きいことによる。

2　雇用形態間の均等・均衡待遇原則の理論的基礎をめぐる議論の展開

(1)　パートタイム労働法制定期の議論

　この主張の相違は、1990年代にフルタイム・パートタイム労働者間の均等・均衡待遇原則について交わされた議論に見ることができる[3]。当時は1993年に制定されたパートタイム労働法が通常の労働者との均衡等を考慮して適正な労働条件の確保を図るための措置を講じる努力義務を使用者に課すにとどまっていたため（3条）、主に、①労基法3条がパートタイム労働者であることを理由とする差別を禁止しているか、②パート・フルタイム労働者間の均等・均衡待遇原則が公序（民90条）として成立しているか、という文脈で議論が行われた。

1)　パートタイム労働と社会的身分

　労基法3条の目的は雇用の場における法の下の平等（憲14条）の実現にある[4]。この定めを本稿の問題場面に適用する際の争点は、パートタイム労働者であることが同条にいう「社会的身分」に該当するかである。裁判例は、「社

禁止法の新展開』日本評論社、2008年、16頁。
3）パートタイム労働、有期雇用に関する法制度の展開について、水町勇一郎「短時間労働者及び有期雇用労働者の雇用管理の改善等に関する法律」島田陽一・菊池馨実・竹内（奥野）寿編著『戦後労働立法史』旬報社、2018年、343頁。
4）東京大学労働法研究会編『注釈労働基準法（上巻）』有斐閣、2003年、92頁（両角道代執筆部分）。

会的身分」は本人の意思や努力では変更することができない地位であることを要すると解して、今日に至るまでこれを否定する[5]。対してこれを肯定する立場は、労基法3条の私法的効力と公法的効力を区別するなどしたうえで、「社会的身分」を柔軟に解釈して社会の要請に基づいて制裁を加えるべき現実的妥当性のある労働契約上の地位もこれに含めてよい[6]としたり、パートタイム労働は後発的な地位であるが自己の意思によっては転換できない比較的永続的な地位であるため「社会的身分」に該当すると評価したりする[7]。ここでの争点は、刑事法的性質を有する労基法の解釈を柔軟化させる論理と、パートタイム労働の選択の任意性の有無にあった。

2) パートタイム労働にかかる均等・均衡待遇原則の公序性

フルタイム・パートタイム労働者間の均等・均衡待遇原則の公序性の有無は、フルタイム・パートタイム労働者を平等に取扱うべき規範が、同一（価値）労働同一賃金原則の成立可能性に特に注目しつつ、日本社会において公序を形成する程度の普遍性、一般性をもって存在するか否かを主要な争点として議論された[8]。その視線は、契約的属性と労働条件等の差の結びつきというより、主に雇用形態間の平等取扱いに向けられていた。

公序性を否定する菅野和夫・諏訪康雄[9]は、比較法的分析に基づいて、パートタイム労働者のための社会政策としての均等待遇原則は、産業社会での職種別賃金率の確立と、社会的市場の思想に支えられた欧州的法政策であり、普遍的な法原則、人権原理としてこれを評価することを否定する。これを根拠に、日本ではこの均等待遇原則が公序として成立する基盤がなく、むしろ非典型労働者の集団的労働条件としての労使間の交渉事項と位置づける。

公序性を肯定する本多淳亮[10]は、均等待遇原則は人間の尊厳性に根ざした社

---

5) 日本郵便逓送事件・大阪地判平14.5.19労働判例879号61頁。
6) 浅倉むつ子「パートタイム労働と均等待遇原則——新白砂電機事件に関する法的検討・下」労働法律旬報1387号（1996年）38頁、43頁。
7) 本多淳亮「パートタイム労働の理論的検討」労働法律旬報1405号（1997年）18頁、25頁。
8) この時期の学説状況を整理し、パートタイム労働法の試案を提示した研究として、和田肇「パートタイム労働者の「均等待遇」——パートタイム労働法試案について」労働法律旬報1485号（2000年）18頁。
9) 菅野和夫・諏訪康雄「パートタイム労働と均等待遇原則——その比較法的ノート」北村一郎編『現代ヨーロッパ法の展望』東京大学出版会、1998年、113頁。
10) 本多淳亮「パート労働者の現状と均等待遇の原則」大阪経済法科大学法学研究書紀要13号（1991年）113頁。

会及び法の基本理念であり、国際的・普遍的原理である同一価値労働同一賃金原則が憲法原則ないし法体系全体の原理の中に化体している反面、この原則を厳密に適用する社会的基盤が熟していないことから、正規・パートタイム労働者間に著しく不合理な格差がある場合に限り、憲法14条や労基法3条、4条に基づく公序違反を認める[11]。浅倉むつ子は、同様に人格の尊厳性と自由を保障する点に均等待遇原則の公序性の根拠を求めつつ、同一（価値）労働同一賃金原則が、とりあえず「同一労働」と評価される労働者に合理的な理由がない限り、同一の賃金を支給しなければならないことを意味するものと評価して、これの公序性を認める[12]。これらの見解は、雇用形態別に労働条件が決定され、雇用形態間の均等待遇原則が普遍的な公序として成立しているとはいいがたい社会実態に対して、同一（価値）労働同一賃金原則の公序性を認めた上で、公序違反を判断する基準の緩和やこの原則の意味の理解の仕方で対応する試みといえる[13]。

　また、公序性を根拠づける要素の吟味を提言する見解もある。日本では低拘束性がパートタイム労働者の低賃金を経済的に合理的に説明し、法的に正当化する論拠となる社会実態が存在するとして、フルタイム・パートタイム労働者間における同一義務労働同一賃金原則を提唱し、これが憲法上の合理的な理由に基づかない差別的取扱いの禁止という平等原則に照らして設定される公序として成立することを認める水町勇一郎の見解がそれである[14]。

　これらに対し土田道夫[15]は、パートタイム労働者と正規労働者との処遇の違いを認めることを前提に、これを均衡の取れた公正なものとしようとするのが当時のパートタイム労働法3条の「均衡の理念」の趣旨と解して、パートタイ

11）これに対し林和彦「賃金の決定基準」日本労働法学会編『講座21世紀の労働法 第5巻 賃金と労働時間』（有斐閣、2000年）81頁、90-91頁、96頁は、同様の観点から同一（価値）労働同一賃金原則の公序性を認めたうえで、賃金の格差の程度ではなく、賃金決定基準自体を問題の対象とすべきとする。
12）浅倉・前掲注6、46頁。
13）特に疑似パートを対象として、職業的人格権の侵害を否定する労働法上の公序が存在することを認める見解もある（山田省三「パートタイマーに対する均等待遇原則——法律学の視点から」日本労働法学会誌90号（1997年）111頁）。
14）水町勇一郎「「パート」労働者の賃金差別の法律学的検討——わが国で採られるべき平等法理はいかなるものか？」法学58巻5号（1994年）842頁。
15）土田道夫「パートタイム労働と「均衡の理念」」民商法雑誌119巻4・5号（1999年）543頁。

ム労働者と正規労働者との「均衡・連続性」を重視する政策が法政策としても労使の取り組みとしても定着しつつあることを背景に、著しい労働条件格差について不法行為責任が成立するレベルでの公序違反が成立すると論じる。

(2) 労契法 20 条制定期の議論

その後、2007 年のパートタイム労働法における差別的取扱い禁止規定の創設を経て、労契法 20 条の制定が争点になり始めた 2010 年前後に、無期・有期雇用労働者間の均等・均衡待遇原則のあり方に耳目が集まった。すでにパートタイム労働法に均等・均衡待遇原則に関する定めが存在したこともあり、この時点では無期・有期雇用労働者間の均等・均衡待遇原則が、同時に雇用形態間の均等・均衡待遇の問題でもあることを意識して論じられた。

ここでの議論は、この原則が労契法に明文化される見込みが存在したことから、労基法 3 条の社会的身分や公序の解釈という形式を取らず、主に立法論的に行われた。その主要な争点は冒頭に指摘した契約的属性の性質の評価にあり、そこにはここまで論じてきた理論的対立が反映されている。

1）労働政策的に位置づける立場

非典型労働の「社会的身分」該当性や均等待遇原則の公序性を否定する立場に親和的な立場として、労契法 20 条が労働政策的立法であることを強調する見解を指摘することができる。労契法 20 条の制定時に提示された「雇用形態による均等待遇についての研究会報告書」（2011 年、座長・荒木尚志東京大学教授、以下「報告書」という）は、その例である。

報告書は、比較法的分析に基づいて、均等待遇原則を性別、人種など個人の意思や努力によって変えることのできない属性や自らの意思での選択の自由が保障されている宗教・信条等の属性に関する「人権保障に係る均等待遇原則」と、非典型労働者の処遇改善を目的とする労働政策上の要請に基づく「雇用形態に係る均等待遇原則」に区別する。そして有利にも不利にも別異に扱うことを禁じる両面的規制を「差別的取扱いの禁止」、他方を不利に扱うことは禁止するが有利に扱うことは許容する片面的規制を「不利益取扱いの禁止」と定義して [16]、人権保障に係る均等待遇原則は差別的取扱いの禁止、雇用形態に係る均等待遇原則は、差別禁止の範疇で議論されることもあるが、不利益取扱いの

16）報告書 19 頁。

禁止という規制方法が採用されると整理する。

　この整理を基礎に、この立場は無期・有期雇用労働者間の均等待遇原則の根拠を、雇用形態に係る労働政策上の要請に求める。この政策的要請の具体的内容としては、典型・非典型労働者間の二極化構造と両者の働き方が接近する中での非典型労働の低・不公正労働条件——低収入労働者の増加、若年者のキャリア形成の困難化、無配偶者化等——に対処する必要性を指摘する[17]。

　座長であった荒木尚志は、報告書の立場を支持し、同報告書とその比較法的視点を引用して差別禁止法理を「労働の同一性を前提に、効果としては労働条件の同一取扱いを要請する法理」と定義し、労契法20条の意図はパートタイム労働法9条のような「雇用形態を理由とする差別」を禁止することにはないことを強調する[18]。また、同様の視角から労契法20条の政策目的として、産業と企業の労使に対して日本の雇用システムに存在する正社員の長期雇用慣行（内部労働市場）を中心にしつつ周辺に非典型労働者の柔軟な雇用関係（外部労働市場）を配する構造を是正する取組を促す行為規範としての社会改革的機能を指摘する見解も存在する[19]。

2）人権保障的に基礎づける立場

　報告書の論理は人的属性に基づく差別と契約的属性に基づく差別を截然と区別することを核とするが、これには批判が多い。

　批判の一つは、契約的属性に基づく差別の禁止に人的属性に基づく差別の禁止に類する特徴を認める立場である。西谷敏は、「個人の属性を理由とする差別」と「雇用形態を理由とする差別」を区別し、後者は当該属性に対する偏見というより経済的考慮に基づく差別であるが、両者ともに「等しきものを等しく扱え」との正義の要請を理論的基礎に持ち、雇用形態を理由とする差別の禁止はさまざまな雇用形態をワークシェアリングなどの観点から積極的に位置づけようとする雇用政策的意図とともに、パートなどの雇用形態で働く人々の人権保障をも目的とすると整理する。そして労働市場の構造や家族的事情など社

---

17)「有期労働契約研究会報告書」（2010年、座長：鎌田耕一東洋大学教授）も同様の視点を持つ。
18) 荒木尚志『労働法［第3版］』有斐閣、2016年、508頁以下。
19) 菅野和夫『労働法［第11版補正版］』弘文堂、2016年、335頁、荒木尚志・菅野和夫・山川隆一『詳説労働契約法〔第2版〕』弘文堂、2014年、228頁、229頁。なお、こうした規制を設けること自体に慎重な立場もある（大木正俊「非正規雇用の雇用保障法理および処遇格差是正法理の正当化根拠をめぐる一考察」日本労働研究雑誌691号（2018年）10頁）。

会的事情によって他の就労形態を選択する余地が損なわれていることが多いことに着目して、非選択性についても人的属性を理由とする差別と共通することを指摘する[20]。

　また、人的・契約的属性を理由とする差別の双方について、労働者に憲法上保障されている基本的人権の侵害を見る立場もある。緒方桂子は、非典型労働者が、低労働条件により社会での生存が脅かされ、個人としての尊重、生命、自由及び幸福追求が最大に尊重されていない実態があること、このことから非選択的に非典型労働に従事する者の存在を根拠づけ、人的属性を理由とする差別との共通性を指摘する[21]。

　これらは、契約的属性を理由とする差別禁止の理論的基礎を人的属性のそれに引きつけて、あるいは共通するものと理解することで、人的属性を理由とする差別と同様・類似の差別禁止の理論的基礎と、これに基づく解釈方法を指向する立場といえる。フルタイム・パートタイム労働者間での均等・均衡待遇原則の公序性を認める見解の思考はこれらの考え方に親和的である。だが、雇用形態間の均等・均衡待遇の公序性や同一（価値）労働同一賃金原則を根拠づける手段として、雇用形態間の労働条件決定が一般的に平等に行われているという事実の主張は、この時点ではあまり見られなくなる。

3) 両者に共通の基盤を見いだす立場

　他方で、人的属性及び契約的属性に係る均等・均衡待遇原則の共通点を認めるにあたり、人的属性に引きつけるというより、両者に通底する理論的基礎があることを指摘する立場もある。毛塚勝利[22]は、差別の反規範性を、①人間を特定の類型的属性で評価し個人として尊重しないこと（一層目の反規範性）、②合理的理由なく特定の類型的属性をもつことで異別取扱いという否定的評価を行うこと（二層目の反規範性）、③その異別取扱いが人間の社会的生活を営むうえで不可欠な基本的権利を侵害または侵害する可能性をもつこと（三層目の反

20）西谷敏『人権としてのディーセント・ワーク』旬報社、2011年、181頁以下。こうした視角から、労基法3条・4条から公序としての正社員・パートタイム労働者の均等待遇原則を導くことを肯定する（同「パート労働者の均等待遇をめぐる法政策」日本労働研究雑誌518号（2003年）56頁）。

21）緒方桂子「非正規雇用と均等待遇原則・試論」労働法律旬報1767号（2012年）27頁、32頁。

22）毛塚勝利「労働法における差別禁止と平等取扱」山田省三＝石井保雄編『労働者人格権の研究（下巻）』信山社、2011年、3頁、6頁以下。

規範性）の三層構造で理解する。そして、いずれの均等待遇原則も一層目の反規範性を有するが、雇用形態に係る均等待遇は、二層目の反規範性を持たず、三層目の反規範性が限定的と整理する。そして、労働契約関係の組織的性格から、信義則上、使用者は労働者に対して平等取扱義務を負い[23]、同一賃金制度定立原則の観点から、「賃金処遇制度は合理的な理由がない限り同一の基準に基づき同一の体系で設計しなければならない」こと、制度間調整原則の観点から「異なる賃金体系を設けることに合理的理由がある場合でも、連結・乗換可能性が確保されなければならないこと」、職務均衡性と時間均衡性をふまえた均衡処遇原則の観点から「使用者は、労働者がその他雇用管理区分が異なることを理由に、職務内容が類似の労働者に比べ均衡を失して不利益に扱ってはならない」旨を定めるべきとの立法論を展開する[24]。ある属性を理由とする取扱いの区別が非難されることについて個人の尊重の侵害を指摘する立場は複数あるが、この見解は、属性との結びつきや侵害される権利の性質、規範が機能する領域範囲等を重層的に把握する点に特徴がある。

　また、水町勇一郎[25]は、人的属性に係る均等待遇原則の原理と契約的属性に係るそれが交錯しており、両者の相対性と連続性を指摘する。両者は整理分類としては有用であるとしつつ、報告書にいう差別禁止を理論的に基礎づける属性の不可変性や当該属性を選択することの基本的権利性は社会状況により雇用形態という属性を含みうる程度に変化することや、様々な立場にある者がそれぞれの潜在能力を発揮することができるような環境の創出を求める「潜在能力アプローチ」も双方に妥当すること、日本の雇用システムの特徴である、典型・非典型労働者間の処遇格差問題の深刻さ、仕事と生活のバランスを取るための手段としての多様な雇用形態の柔軟な利用に対する社会的認識の存在を指摘する。日本の実態を意識しながら潜在能力も含めて被侵害利益を理解し、差別禁止の理論的基礎を動的に把握する点にその特徴がある。

3　議論の到達点と理論的基礎の提言

　各見解の前提は時期や争点に応じて異なる。だが雇用形態間の均等・均衡待

23）同上 22 頁。
24）同上 33 頁。
25）水町勇一郎「『差別禁止』と『平等取扱い』は峻別されるべきか？──雇用差別禁止をめぐる法理論の新たな展開」労働法律旬報 1787 号（2013 年）48 頁、56 頁。

遇原則への向き合い方に着目すると、大きく分けて、①労働条件の差の原因になっている契約的属性の性質とこれとの労働条件の差との結びつきを問題にする視角（差別禁止の視角）と、②雇用形態の異なる労働者を平等に扱うことを問題にする視角（平等取扱いの視角）が用いられてきたことが分かる。次に論じるように、両者は今日も矛盾せずに存在している。

（1）差別禁止の視角

契約的属性の性質に注目する観点は、労基法3条の社会的身分の解釈や人的属性に基づく差別との異同をめぐり、主に当該属性の獲得に関する非選択性、人権性の評価の違いとして現れた。そこでの主たる争点は、非典型労働を労働者が選択することに社会構造が影響を与える可能性があることをいかに評価するかにあった。

重い家庭責任により拘束時間の長い労働や転勤のある労働を選択することができないケースなど、自由であるべき雇用形態の選択を不自由にする社会構造が存在し、これがある範囲の労働者に、場合によっては女性など特定の属性で区別される集団などについて不均衡に、不利益を与えている事実が存在することについて異論はないだろう。しかし、個別労働者で見た場合、この不利益を実際に受けるか否か、受けたとしてもその影響の内容や程度は様々であることも確かである。人的属性には通常こうした特徴は見られない。また、働くことの価値が改めて問われ[26]、ワークライフバランスやキャリア形成に関する議論の展開に見られるように働き方を自律的に決定することに価値が認められつつあるものの、これを思想良心の自由や信教の自由等と同程度に確立した基本的人権ということは現時点では困難である。雇用形態の非選択性や雇用形態選択の人権性を強調する主張を貫徹することには困難がある。

しかし契約的属性を理由とする差別を、当事者の契約関係上の問題に全て還元することはできない、というこれらの主張の基本となる考え方自体は無理がない。契約的属性の選択が社会構造から影響を受けるか否かは、前述のような程度の差こそあれ、その社会に存在する限り労働者が自由にできるものではな

---

[26] 長谷川聡「「就労価値」論の今日的展開と労働契約法理」山田省三・青野覚・鎌田耕一・浜村彰・石井保雄編『毛塚勝利先生古稀記念 労働法理論変革への模索』信山社、2015年、33頁。

いからである。例えば、育児介護責任を果たす社会的基盤が十分に調っていないという社会実態は、パートタイム労働の選択が非自発的になる可能性を高める[27]。この点で雇用形態差別の禁止は労働政策的要請にとどまると説明する主張も採用しにくい。差別禁止の理論的基礎を動的に把握する見解が指摘するように、働き方の選択について将来より高い価値が認められる可能性もある。

また、ここで用いられている属性の特徴に着目するという考え方によれば、契約的属性自体が帯びる特徴を考慮する必要もある。パートタイム労働という属性は、これによる差別が間接女性差別の問題として把握されてきた歴史が示すように家庭責任負担の不均衡や家庭責任履行を支える仕組みの不十分等の社会構造的要因により性差別と関連がある。他方、有期雇用という属性には、その雇用の不安定さなどを背景に、無期雇用よりも合理的な労働条件決定が行われにくいという特徴がある[28]。これらの特徴は、社会制度的に減少させることが可能である。

このように考えれば、契約的属性は、まずその獲得について現時点では基本的人権の行使とまではいえない個人の選択が介在する点で人的属性とは区別される。しかし社会構造に起因する不利な立場に当該労働者が置かれていることによりこの選択の実質性が疑われ、契約的属性を獲得すること自体が労働者の立場に不利な影響を与える状況にある。これらの点を考慮すれば、使用者がこの属性を用いて取扱いを区別することは当事者の選択の問題として許されるとしても、労働者個人の尊重や個人・社会の利益を損なうおそれのあるこの属性を利用することには相応の正当な理由を求められると解するべきであろう。

(2) 平等取扱いの視角

他方、労働者間で平等な取扱いをすべき規範の存在を主張することから雇用

---

27) 契約的属性に基づく区別が人的属性に関する間接差別に該当する場合は、これを人的属性に関する差別の問題として処理することも可能である。しかし差別的な社会構造がもたらす効果は、必ずしも全て人的属性に関する間接差別に還元できるわけではない。契約的属性の選択を不自由にする要素として、この文脈で把握される必要がある。

28) ハマキョウレックス事件・最二小判平 30.6.1 労働判例 1179 号 20 頁。「労働契約法の施行について」第 5 の 6 (平 24.8.10 基発 0810 第 2 号)。労契法 18 条の実効性確保の観点から労契法 20 条の妥当性を根拠づける緒方桂子(「改正労働契約法 20 条の意義と解釈上の課題」季刊労働法 241 号 (2013 年) 17 頁) の指摘も、有期雇用という契約的属性の特徴を均等・均衡待遇原則のあり方と関連づける主張といえる。

形態間の均等・均衡待遇にアプローチする視角も存在した。同一（価値）労働同一賃金原則や労働契約上の平等取扱義務、個人の潜在能力を平等に尊重する規範の存在を主張する見解などである。

このアプローチの課題は、こうした平等原則を根拠づける規範の存在をいかに説明するかにあった。違法効果を導くために公序概念を用いたパートタイム労働法制定前後の議論は、同一（価値）労働同一賃金原則を公序というためのこの原則の普遍性の説明と、典型・非典型労働者の人事処遇制度を明確に区別する社会実態との乖離を乗り越えるという壁と衝突した。労契法20条制定前後では、公序性を主張することを要しなくなったことも背景に、社会実態から離れて個人の尊重から平等原則を導く見解が有力に主張された。個人の尊重は前述の差別禁止からのアプローチの理論的基礎でもあり、この点で両者は共通する。

雇用形態間の平等取扱いが普遍的な公序として確立したと評価することに困難がある現状は今日も変わらない。同一労働同一賃金推進法（労働者の職務に応じた待遇の確保等のための施策の推進に関する法）が2015年に成立し、2018年のパートタイム・有期雇用労働法（短時間労働者及び有期雇用労働者の雇用管理の改善等に関する法律）への改正時に「同一労働同一賃金原則」の導入が進められたが、これらは同じ労働に同じ賃金を支払う賃金処遇が公序といえる普遍性を獲得したことを背景とするものではない。

もっとも、ここで問題とされている平等は社会に存在するあらゆる個人というより、雇用した労働者を平等に扱うというより狭い領域を対象とするものである。ある使用者が労働契約の締結を通じて自身の企業活動の場に引き入れた労働者を平等に尊重すべきことは、法の下の平等と個人の尊重という価値が広く承認されている今日当然であり、使用者は信義則に基づいてその雇用する労働者を平等に取扱う義務（平等取扱義務）を負うと解することができる[29]。裁判例はこの義務を認めることに消極的だが[30]、使用者の下に労働者が組織的関係を形成する労働契約関係は、憲法14条1項が国とその構成員との関係で平等原則をもたらすことと同様に把握することができよう。

平等取扱義務は、使用者の下にある労働者が平等に取り扱われることを原則

29）毛塚・前掲注22）のほか、和田肇『労働契約の法理』有斐閣、1990年、238頁。
30）ヤマト運輸事件・静岡地判平9.6.20労働経済判例速報1650号3頁。

とする。労働者を区別して取り扱うことも許容されるが、その違いが正当なものであることを使用者が説明することができることが条件となることになる。

(3) 差別禁止と平等取扱いの位置関係

差別禁止の視角と平等取扱いの視角は、同じ個人の尊重という価値に根ざして、異なる側面から労働条件の差の問い直しを図るものである。両者は排他的関係にはなく、従来混同して論じられることも少なくなかった。いずれの視角の理論的前提も今日損なわれていないことに鑑みれば、雇用形態間の均等・均衡待遇原則は、両者によって複合的に支えられていると解することが素直である。

いずれの視角も、雇用形態による労働条件格差に一応の問題性を見て、これがない状態を原則としている。また、使用者が正当な理由の存在を証明することでこの原則の例外を認めることも共通する。証明の枠組みは、いずれの視角によっても変わらない。

しかし一方は、雇用形態という契約的属性と労働条件格差との結びつきを問題にし、他方は雇用形態はともかく労働者間に労働条件格差があることを問題にするという視点の違いがあることから、厳密には、使用者に正当性の抗弁を求める条件や、正当性の審査基準は異なる。もっとも平等取扱義務の基礎にある信義則は、社会の変化や就労実態を労働契約上の権利義務に柔軟に取り込む機能を果たしてきた[31]。差別禁止の視角が基礎とする社会構造やこの視角の存在自体も取り込まれる社会実態の一部であることから、平等取扱義務の中で両者の違いが相対化することになろう。

4 複合的アプローチに基づく若干の試論

以上の視角は、現行法の位置づけや解釈にいかなる方向性をもたらすか。若干の試論を行うと以下のようにいうことができる[32]。

---

31) 福島淳「労働法における信義則——個別的労働関係における信義則を中心として」『林迪廣先生還暦祝賀論文集　社会法の現代的課題』法律文化社、1983 年、201 頁。
32) 雇用形態間の労働条件格差の適法性を審査する方法の具体化は、各論者の理解を基礎に徐々に進みつつある。例えば、緒方桂子「労働契約法 20 条の「不合理」性の立証とその判断の方法——基本給格差をめぐる問題を中心に」労働法律旬報 1912 号（2018 年）25 頁、毛塚勝利「労契法 20 条をめぐる裁判例の動向と均等均衡処遇法理の課題——日本郵便（時給制契約社員ら）事件（東京地判平 29.9.14 労判 1164 号 5 頁）を素材に」労働判例 1172 号（2018 年）5 頁。

(1) パートタイム・有期雇用労働法 8 条・9 条の位置づけ

本稿が扱ってきた論点は、法律ではパートタイム・有期雇用労働法 8 条および 9 条の問題領域にある。これらは、通常の労働者と、パートタイム・有期雇用労働者との均衡待遇を定め（8 条）、特に通常の労働者と同視すべきパートタイム・有期雇用労働者については同一の取扱を求める（9 条）という規制を講じている[33]。

本稿の理解によれば、これらの定めは、前述した雇用形態間の均等・均衡待遇を支える理論的基礎を、パートタイム労働・有期雇用による労働条件の相違が問題となる場面について具体化したものと位置づけられる。典型・非典型労働者を截然と区別する雇用慣行の正当性を問い直す役割を果たすことが期待されている。

(2) 解釈の方向性

1）契約的属性と労働条件の相違との結びつきと相違の内容

平等取扱義務の観点からは、パートタイム・有期雇用労働法 8 条における契約的属性と労働条件の相違との結びつきは、相違の合理性審査において考慮されるものの、これらの定めの適用の有無の判定においてはその重要度は低く見積もられる。差別禁止の視角からも、契約的属性と労働条件の相違との結びつきの証明は、この属性を用いること自体は禁止されない点で、厳密なものでなくても足りると解することができる。この点、同条の前身である労契法 20 条は、その適用を「期間の定めがあることにより」生じた無期・有期雇用労働者間の労働条件の相違について認めていた。この要件の解釈については、同条の適用を認めることができる程度の緩やかな関連性の証明で足りるものとする見解が有力であったが[34]、一歩進めてこの要件自体を削除した現行法は本稿の理

33）同法の評価と解釈基準について、島田裕子「パートタイム・有期労働法の制定・改正の内容と課題」日本労働研究雑誌 701 号（2018 年）17 頁、川田知子「パート・有期法の制定と課題」法律時報 91 巻 2 号（2019 年）40 頁、皆川宏之「雇用形態による労働条件格差是正方法の展開と課題」季刊労働法 264 号（2019 年）15 頁。

34）前掲ハマキョウレックス事件。学説では緒方桂子「改正労働契約法 20 条の意義と解釈上の課題」季刊労働法 241 号（2013 年）17 頁、23 頁等。反対説として、荒木・菅野・山川・前掲注 19、232 頁、櫻庭涼子「労働契約法 20 条　期間の定めがあることによる不合理な労働条件の禁止」荒木尚志編著『有期雇用法制ベーシックス』有斐閣、2014 年、100 頁。

解に接近したものと読める。

　また、契約的属性を用いたことや異なる労働条件を設定したこと自体を
チェックの対象とするため、相違の内容がパートタイム労働者や有期雇用労働
者にとって不利益な内容であることは重要性を持たない。有利か不利か判別し
がたい相違が争点となった場合もパートタイム・有期雇用労働法8条の適用が
認められることになる[35]。

2）「不合理」性の証明の枠組み

　パートタイム・有期雇用労働法8条の「不合理と認められる」の文言は、使
用者に合理性の証明を求めるものとして読むことになる[36]。労働条件の設定に
不利益が及ぶ可能性のある契約的属性を用い、平等に扱うことが原則とされて
いる労働者を別に扱う以上、その正当化が使用者に求められるからである[37]。
裁判例[38]は、労契法20条の文理や均衡判断における労使間交渉・使用者の経
営判断の尊重の必要性を指摘して、同条について不合理であることの証明を労
働者に求めるが、これは雇用形態間の均等・均衡待遇が要請される背景や理論
的基礎を十分に考慮したものではない点で説得的ではない。

　この点、パートタイム・有期雇用労働法14条2項は、事業主に、雇用する短
時間・有期雇用労働者から求めがあったときは労働条件の相違の内容やその理
由について説明する義務を課した。この定めは、通達によれば[39]、労働者の納
得性の向上による能力の十分な発揮と不合理な待遇差の是正と訴訟による解決
可能性の確保を目的とする。前述した均等・均衡待遇の理論的基礎の理解から
は、こうした説明義務も根拠づけることができる。同法違反は直接には行政に
よる指導や勧告等（18条）を導くが、右理論的共通性から、その後均等・均衡
待遇原則違反をめぐる争いにおいて事業主にとって不利な事実として考慮され

35）労契法20条について結論同旨。西谷敏・野田進・和田肇編『新基本法コンメンタール
　　労働基準法・労働契約法』日本評論社、2012年、430頁（野田進執筆部分）。
36）労契法20条の文脈で「不合理」性をめぐる論点を整理した研究として、深谷信夫・沼田
　　雅之・細川良・山本志郎「労働契約法20条の研究」労働法律旬報1853号（2015年）6頁。
37）結論的に同様の立場と解されるものとして、毛塚28頁・前掲注22、宮里邦雄「労働契約
　　法改正の意義・評価と解釈・運用上の問題――労働側弁護士の立場から」ジュリスト1448
　　号（2012年）64頁、67頁、川田知子「有期労働契約法制の新動向――改正法案の評価と有
　　期労働契約法制の今後の課題」季刊労働法237号（2012年）2頁、12頁、15頁。
38）前掲ハマキョウレックス事件。
39）「短時間労働者及び有期雇用労働者の雇用管理の改善等に関する法律の施行について」
　　（平31.1.30基発0130第1号）第3の10（1）。

よう。

3）「不合理」性の判断要素とその用いられ方

　いずれの視角も個別的・集団的な交渉による労働条件決定を完全には排除しないことから、当該労働条件を設定する際の交渉のプロセスや労働組合等による集団的決定の関与は合理性を補強する事実となる。パートタイム・有期雇用労働法8条は個別労働条件ごとに合理性を審査する仕組みを採用したが、本稿の理解からは、複数の労働条件を総合的に比較する審査も排除されない。

　合理性の審査は、それぞれの視角から総合して行われる。両者の視角は、当該労働者に不利益を及ぼしうる社会構造の是正や当該契約的属性自体が労働条件形成に及ぼす不利益性、こうした契約的属性の特徴をひとまずおいて、比較されている当事者の労働条件の差が当該当事者の職業能力の正当な評価やその働かせ方との均衡に応じたものであること、というように厳密には異なる。フルタイム・パートタイム労働者間の労働条件の相違の合理性の審査と、無期・有期雇用労働者間のそれの審査も、同様に厳密には異なる視角が採用されるべきである。

（3）救済方法

　均等・均衡待遇原則に関する規定違反により無効とされた労働条件について、いかなる労働条件をいかなる根拠に基づいて補充することができるか従来争われてきた[40]。労働契約上の平等取扱義務を認める本稿の立場からいえば、この義務あるいはこの義務を具体化したパートタイム・有期雇用労働法を根拠に、合理性を認められなかった相違の範囲において労働条件が補充されることになる。

　雇用形態間の均等・均衡待遇原則は、基本的に労働契約上の平等取扱義務の問題として位置づけられるため、その内容は労働契約に関する法の一つとして民事的救済を中心に構成されれば足りる。もっとも、この規制が契約的属性の非選択性に結びつく社会構造や契約的属性自体が持つ労働条件形成への不利な影響への対応も目的とすることからすれば、その実効性確保に均等法等で用い

---

[40]　労契法20条の文脈では、比較対象者である無期契約労働者の労働条件によって補充されるとする見解（西谷・野田・和田・前掲注35）431頁〈野田執筆部分〉）、関係する労働協約、就業規則、労働契約等の規定の合理的な解釈・適用によるべきとする見解（荒木・菅野・山川・前掲注19）245頁）等。

られている行政的な実効性確保のシステムを用意することも排除されない。

三　むすびにかえて

　雇用形態間の均等・均等待遇原則は、当該使用者と労働契約関係を形成する当事者間の問題であると同時に、当該属性自体あるいは社会構造的な問題でもある複合的な理論的基礎をもつ。これらはいずれもある契約的属性の有無で区別される労働者を異なって扱うことの正当性を使用者に説明させ、その説明の適切さを異なって取り扱われることによって損なわれている権利・利益の性質や当該契約的属性が帯びる特徴や社会的位置づけなど、それぞれの視角から吟味する。パートタイム・有期雇用労働法の均等・均衡待遇に関する定めも、こうした観点から整備、解釈されるべきではないか、というのが本稿の提言である。

　本稿は、その視角の説明に必要と考えられたおおまかな解釈の方向性は指摘したものの、なお多くの課題を残している。労働条件の相違を吟味するときに考慮する被侵害利益や社会構造の影響の評価の仕方、本稿の視角からは証明責任の分配方法として機能する同一労働同一賃金原則との相互関係、検討対象から除外した派遣元・派遣先労働者間の均等・均衡待遇原則の理論的基礎の考え方などである。これらの検討については、他日を期すことにしたい。

雇用形態に基づく不利益待遇の是正と差別禁止
——是正の規範理論およびアプローチ方法を再考する——

黒岩容子

一　本稿の課題

　近年、非正規労働者が増大しているにもかかわらず、正規労働者との待遇格差や雇用の不安定さは、引き続き深刻な問題状況にある[1]。この間、たしかに、数次の立法改正や格差待遇に関する裁判例の積み重ねなど、立法および裁判上の救済は一定の進展をみせている。2018年のパート・有期労働法[2]への改正や同年の最高裁判決[3]を契機として、正規雇用と非正規雇用との格差是正は、法的に新たな段階を迎えているともいえよう。しかし、後述するように、これまでの法的救済は内容的に不充分であり、かつ特定領域に限定されてもおり、法的是正を抜本的に進展させることが必要となっている。

　本稿の目的は、こうした問題意識の下に、現段階の法的な問題点を分析し、それを踏まえて、雇用形態[4]に基づく不利益待遇の是正に関する規範理論およびアプローチ方法を再検討することにある。それらを通じて、雇用形態に基づく不利益待遇の是正という課題を、立法政策上の課題としてのみ捉えるのではなく、人権保障としての規範論の視点に立って、憲法14条1項の差別禁止規範

---

1) 2018年で、非正規労働者は、役員を除く雇用者全体の37.9%を占める（総務省「労働力調査」）。他方で処遇面では、たとえば時間単価所定内賃金の平均は、正規労働者が1963円であるのに対して、非正規労働者は1301円、うち短時間労働者は1107円にとどまる（厚生労働省「賃金構造基本統計調査」平成30年6月分）。
2) 短時間労働者及び有期労働者の雇用管理の改善等に関する法律（施行2020年4月1日、但し中小企業は2021年4月1日）。
3) ハマキョウレックス事件・最二小判平30.6.1民集72巻2号88頁、長澤運輸事件・最二小判平30.6.1民集72巻2号202頁。
4) 公務員と国との関係が「雇用」か否かは重要な論点であるが、本稿ではこの点の議論は留保し、公務労働者と民間労働者の両者について「雇用」という語を用いる。

を労働契約上の信義則に取り込むことにより、現行法を解釈・適用し、また、さらなる立法展開を図るべき旨を論じたい。

すでに多くの先行研究が、正規雇用と非正規雇用との格差の是正に関してなされている（「二」参照）。本稿は、それらの先行研究を批判的に継承して、是正の理論および手法について、再考を試みるものである。

二　問題点および従来の議論

1　これまでの展開の問題点

雇用形態格差の是正に関して法律上の明文規定が設けられたのは、そう古いことではない。2007 年に初めて、改正短時間労働法（以下「パート法」という）に通常労働者と同視しうる短時間労働者との同一待遇（8条）が規定され、また、労働契約法（以下「労契法」という）3条で、労働契約の原則として就業実態に応じた均衡の考慮が規定された[5]。その後の立法展開を経て、2012 年、労働契約法に期間の定めによる不合理な労働条件の禁止が規定され（20条）[6]、これが契機となって、有期雇用労働者と通常労働者との待遇格差の違法性を問う訴訟がつぎつぎと提起されていった。そして、2018 年には、最高裁が、有期労働者に対する賃金格差（手当）の一部を違法とする旨を判示した[7]。また、同年のパート・有期労働法に、労契法 20 条とパート法とが一部改正のうえ統合された（8条〜18条）[8]。しかし、これまでの法律は、政策的必要の視点から、かつ社会問題化した特定領域を対象としてパッチワーク的に展開されてきたものであり、つぎのような重要な問題点が存在する。そして、判例の展開も、それを補

5）ただし、パート法8条の対象は限定的であり、また、同9条（同視しうる労働者以外の均衡取扱い）や労契法3条は緩やかな規制に過ぎないことから、職場の改善も訴訟提起も遅々としたものに止まった。なお、これらの立法以前にも、パートと正社員との賃金格差が訴訟上争われてはいたが、法的規制が及ぶか否か判例の見解は分かれていた（肯定：丸子警報器事件・長野地上田支判平 8.3.15 労働判例 690 号 32 頁、否定：日本郵便逓送事件・大阪地判平 14.5.22 労働判例 830 号 22 頁）。

6）また、2014 年改正でパート法にも不合理待遇に関する規定（8条）が新設されるとともに、同視しうる労働者の要件が一部改正（9条）された。

7）前掲注3）。

8）なお、派遣労働法も段階的に改正されてきている。

うものとはなっていない[9]。

　第一は、雇用形態に基づく不利益／格差待遇の是正に関して、基本的人権の保障という規範的基礎が未確立なことである。

　この間の立法改正は、もっぱら、政策的保護の視点からの進展であり、労働者の人権保障からの視点は曖昧とされてきた。そのため、保護施策上の前進はあるものの、経済的要請（契約の自由を介した使用者の裁量）が広く認められ、「均衡」すなわち緩やかなバランスを図ることに力点がおかれ、また、労使の合意が過度に重視される傾向がある。前記2018年最高裁判決も、労契法20条の事例解釈を提示しているが、必ずしも、労働者の人権保障が解釈の基軸となる旨を明確に示したわけでない。

　第二の問題は、非正規雇用の待遇是正に関する現在の諸法律では、法律毎に（あるいは同じ法律のなかでも）、多様な法的ルールが用いられており、是正に関する法規範としての論理的一貫性や理論が不明確なことである。たとえば、パート法では、「不合理な待遇の禁止」（8条）、「差別的取扱いの禁止」（9条）、「均衡考慮」（10条）、「同一措置の実施」（11条）、「同一機会付与への配慮」（12条）が、また、労働契約法では「不合理な待遇の禁止」（20条）が用いられており、それら諸ルールの混在は、2018年パート・有期労働法にも継承されている。しかし、各々の法ルールの性格や体系上の位置づけ、ルール相互の関係は、いずれも不明確である。

　こうした論理的一貫性や理論の不明確さは、解釈や立法の展開において、あるべき方向性が曖昧化する危険を生じる。雇用形態に基づく不利益待遇の問題に対して、より包括的な立法を策定し、また、法の解釈および適用を前進させていくためには、その基礎となる法理論および論理一貫した法的規制のあり方を検討することが必要である。

　第三の問題は、現在の法律上の規制は「不合理な待遇の禁止」にしろ「均等待遇」「均衡待遇」にしろ、通常労働者と比較し“格差を是正”するというアプローチを用いていることである。しかし、この「比較」を要件とした“格差の是正”という手法は、比較対象となる通常労働者が存在しない、あるいは比

9）最高裁判決をはじめ判決による救済内容は、一部の手当の是正にとどまっており、また、理論面についても批判がある。さしあたり、沼田雅之「最高裁判決で示された不合理性判断の枠組みと課題」労働法律旬報1918号（2018年）16頁以下。毛塚勝利「規範論理を求めない法学空間に彷徨うものは？」労働法律旬報1917号（2018年）14頁以下、参照。

較対象者の選定が困難な場合に、救済が事実上不可能となる。実際の職場では、正規労働者と非正規労働者との職域分離や、各労働者の担当業務の多様化が進み、比較対象者を選定することが、年々困難となっている。「比較による格差是正」という法的アプローチを必須のものと捉えるべきか否か、「比較」の法的意味と役割を再考することが求められている。

第四として、是正を迫られた領域からパッチワーク的に立法が展開されてきており、法律の対象となっていない空白領域が、広く残っている問題がある。たとえば、「疑似パート（フルタイムで働く「パート」）」の問題は従前から指摘されてきたところであるし、新たに「無期転換された元有期労働者」の問題も顕在化し、さらには「正社員のなかの待遇格差」[10] も通底する問題として存在する。いいかえれば、多様な契約形態の労働者のうち、待遇の公正に関して法律の対象となっているのは、そのうちの一部にしか過ぎず、それ以外の多くの労働者に関して法律は空白なのである。

こうした問題点を克服するために、改めて、現行法の条文解釈を議論するだけではなく、雇用形態に基づく不利益待遇是正の法的根拠および立法化を進める意味について、雇用形態と待遇に関する規範理論に遡ったところから——契約形態に基づく不利益待遇全般を視野に入れつつ——考察することが必要となっている。

2 非正規雇用格差に関する先行研究の検討

まず、これまでの議論の展開および先行研究の検討をつうじて、法的課題を明確化するとともに、それを克服する手がかりを探っていきたい。

(1) これまでの主な学説

非正規労働者の待遇格差に関する学説は、大きく次の三つに分類できよう[11]。

A説は、法的規制に否定ないし消極的な見解である。正規労働者と非正規労働者との労働市場の違いや、契約の自由ないし労使自治の原則を重視して、法

---

10) 契約形態に基づく不利益待遇として、雇用形態に基づく格差のほか、コース別雇用や複線型雇用管理制度をはじめとする正社員の間での待遇格差の問題がある。
11) これまでの学説を分析したものとして、大木正俊「非典型労働者の均等待遇をめぐる法理論」季刊労働法 234 号（2011 年）223 頁以下がある。

政策的にも法規範的にも、基本的に規制に否定的な姿勢をとる[12]。B説は、立法政策上の課題として、法律の制定により必要な規制をすべきとする見解である。ただし、非正規労働者の待遇に関しては、人種や性別などの社会的差別とは異なり一般的な法的規範は存在せず、個別の法律制定により法的規制（対象範囲や内容等々）が創設されると考える[13]。これらに対してC説は、パート法や労契法、派遣法の制定以前から公序や労基法の規定等々により、非正規労働者の待遇に関する一般的な法規範が存在するとする見解（以下、「法規範説」という）である。

今日すでに、非正規労働者の待遇は、契約自由や労使自治の原則のみに委ねておける状況ではなく、法的規制が必要なこと自体は、この間の立法の展開や裁判の積み重ねをみても明らかではなかろうか。現在の争点は、どのような視点および法理論に立脚して、どのような法的規制を及ぼすか、であろう。B説によれば、これらは立法政策としての当否の問題となるが、ここでは、法政策以前ないしその前提として法規範が存在する旨を主張する、C説について検討してみたい。

(2) 法規範説についての検討

法規範説もその論拠はさまざまである。まず、パート法制定以前の時期を中心に、法律の空白を埋めるものとして主張されたのが、同一価値労働同一賃金原則を公序とする見解である[14]。この説は、国連人権規約やILO100号条約の同

---

12) 菅野和夫・諏訪康雄「パートタイム労働と均等待遇原則」北村一郎編集代表『現代ヨーロッパ法の展望』東京大学出版会、1998年、113頁以下、大木正俊「非正規雇用の雇用保障法理および処遇格差是正法理の正当化根拠をめぐる一考察」日本労働研究雑誌691号（2018年）10頁以下。

13) 荒木尚志＝菅野和夫＝山川隆一『詳説労働契約法〔第2版〕』弘文堂、2014年、和田肇「雇用平等法制の意義・射程」ジュリスト増刊『労働法の争点』2014年、22頁以下など、非正規処遇規制のあり方に関する見解は多様だが、いずれも立法政策の問題と捉えている。

14) 本多淳亮「パート労働者の現状と均等待遇の原則」法学研究所紀要13号（1991年）113頁以下。浅倉むつ子「パートタイム労働と均等待遇原則（下）」労働法律旬報1387号（1996年）38頁以下ほか。また、水町勇一郎は、「『パート』労働者の賃金差別の法律学的検討」法学58巻5号（1994年）64頁以下において、憲法14条1項の趣旨・公序を根拠として、同一義務同一賃金原則を主張している。しかし、「同一義務」を前提に同一賃金を導くことには、義務拘束の受容と固定化を招く危険性が指摘されてきた他、一定の条件を前提要件とする問題点がある（「四1」参照）。また、憲法14条1項に関する理論構成が必ずしも明確ではない。

一価値労働同一賃金原則という国際的・普遍的な原理が、日本法にも公序として組み込まれている旨を主張する。他方、この説に対しては、日本には同一（価値）労働同一賃金原則を定めた実定法がないこと、また、同原則は欧米の職務給を基礎とするものであって、年功賃金制や人的属性を重視する日本の待遇制度の下では、同原則を公序とはできないとの批判がなされてきた[15]。

　思うに、国際条約を論拠として同一（価値）労働同一賃金原則が日本法上の公序に組み込まれていると解することは、理論的には難しいのではなかろうか。というのも、ILO100号条約など国際条約自体が、性別などの差別がない限りでは、賃金決定の方式までは拘束しておらず、同一（価値）労働同一賃金以外の制度も緩やかに許容しているからである[16]。また、同原則は、たしかに、性別や人種あるいは偏見や恣意などの、正当性のない要素が待遇決定に入り込むことを排除する徹底した方法である。しかし、職務以外の待遇決定要素（たとえば、能力、業績、経験）を一般的に排除し、賃金決定方式自体を拘束する法的正当性があるとは言えないだろう[17]。さらに、同一（価値）労働同一賃金原則自体が、「三」で論じるように、限界性を有しており、その意義および位置づけ、適切な利用方法を再検討することが必要となっている。

　一方、1996年丸子警報器事件長野地裁上田支部判決[18]は、この同一（価値）労働同一賃金原則の一般的法規範性は否定しつつも、「（労基法3条4条等の）差別禁止の根底には、およそ人はその労働に対して等しく報われなければならないという均等待遇の理念が存在」し、それは「人格の価値を平等と見る市民法の普遍的な原理」であるとして、正社員とパートとの賃金格差が8割の限度を超える部分について、公序良俗に反して違法である旨を判示した。公序の理論構成に曖昧さは残るが、「人格の価値の平等」から法の普遍的理念として均等待遇を導く、という考え方は注目に値する。「三」で、憲法14条1項と関連し

---

15) 下井貴史『労働基準法第二版』有斐閣、1996年、36頁、土田道夫「パートタイム労働と『均衡の理念』」民商法雑誌119巻4-5号（1999年）559頁ほか。

16) 浜田冨士郎「労基法四条による男女賃金差別の阻止可能性の展望」前田達男ほか編『労働法学の理論と課題』有斐閣、1988年、水谷英夫「『男女同一賃金の原則』の発展とその限界」伊藤博義ほか編『労働保護法の研究』有斐閣、1994年ほか。

17) さらに、職務を基本におく同一労働同一賃金（待遇）原則は、職域やキャリア形成機会を限定する危険性も含んでおり、長期かつ状況が変動する労働関係において、すべての場合に最適な待遇決定方法ともいえないであろう。この点を指摘するものとして、水町「『同一労働同一賃金』は幻想か？」前掲注14)。

18) 前掲注5)。

て再考したい。

　また近時、毛塚勝利により、差別を人的属性差別（人種差別や性差別など）と契約的属性差別（有期・パート差別など）とに区分し、後者を禁ずる規範的根拠を「同一生活空間に属する者の平等感情に根ざした規範」に求める説も主張されている[19]。しかし、契約的属性差別を、「（前者と異なり）人格的尊厳の侵害可能性がない」（憲法 14 条 1 項の対象ではない）として人的属性差別と峻別する点に疑義がある[20]。また、「時間の経過により平等感情が強化される」というのは一種のフィクションであり、かつ平等感情が法規範へと転化する論拠も曖昧である[21]。

　そこで次に、契約形態差別の人格侵害に着目して、憲法 14 条 1 項、13 条を論拠として平等取扱い原則を主張する、蜷原典子の言説について検討する。

（3）蜷原典子の 憲法 14 条 1 項、13 条等に基づく法規範説

　蜷原は、憲法 14 条 1 項、さらに憲法 13 条の趣旨を介した労基法 3 条、同 4 条の二元的解釈にもとづき、「使用者は労働者を客観的理由なく差別的に取り扱ってはならないという、平等取扱原則の存在を基礎づけることができる」旨を主張する[22]。すなわち、労働者は、倫理的・精神的存在としての人格であり、労働は、労働者の生活にとって重要な構成部分であるとともに、職業的能力や人間的能力そして人格の形成・発展に寄与するものである。したがって、労働者の人格を侵害するような差別的取扱いは禁止されると論ずる。契約自由の原

19）毛塚勝利「労働法における差別禁止と平等取扱──雇用差別法理の基礎理論的考察─」山田省三ほか編『労働者人格権の研究 下巻』信山社、2011 年、3 頁以下。同「非正規労働の均等処遇問題への法理論的接近方法──雇用管理区分による処遇格差問題を中心に」日本労働研究雑誌 636 号（2013 年）14 頁以下。毛塚は、「時間的経過により生活空間への内部化が深化することで平等感情も強化され」て、同一規範・基準原則の適用が求められるようになり、使用者は信義則上、平等取扱い義務を負う旨を主張する。
20）西谷敏『労働法の基礎構造』法律文化社、2016 年、198-199 頁参照。
21）平等感情に関していえば、たとえば、お互いの仕事の内容や価値が正しく理解されていなかったり、雇用形態による格差を当然視する雰囲気の下などでは、たとえ時間が経過しても、均等待遇を当然とする感情が自然かつ当然に生じることはない。
　　同説は、基本的に契約の自由として待遇格差を許容しつつ、時間経過により正社員規範が適用される旨を主張するが、契約締結時点から、「不利益な待遇」が「雇用形態の違い」とが正当な関連性をもつか、正当化の範囲を超えていないか、を問題とすべきではなかろうか。
22）蜷原典子「雇用差別禁止法理に関する一考察──労働法における平等取扱原則を中心に」立命館法学 269 号（2000 年）159 頁以下。

則との関係については、同氏は、使用者は契約自由のみならず信義則（民法1条2項）によっても支配を受けるとし、したがって、憲法14条、同13条の趣旨を介した労基法3・4条により、信義則上[23]、労働者は使用者による待遇において正当な評価を受け、かつ取り扱われる権利を有し、労働者が複数いる場合には、平等取扱原則が法理として位置づけられるとする。

この蛎原説は、従来の労働法学説が、契約の自由を重視して、契約形態を理由とする不利益扱いを憲法上の保障の対象外（政策的保護の問題）としてきたことに対して、根本的な見直しを求めるものである。

3　法的検討課題

蛎原説が指摘するように、憲法14条1項は「合理性のない差別」を包括的に禁止しており、判例と学説も、同項が列挙する差別禁止事由は「例示」であると解している[24]。問題は、属人的事由ではない雇用形態による不利益待遇が、この憲法14条1項の射程範囲（基本権の保護領域）に含まれると解すべきか否かである。憲法14条1項は差別事由として、「本人の意思では不可変の事由（性別や人種など）」の他に、「自由な選択を保障すべき事由（思想・信条など）」による差別も禁止しているが、雇用形態差別もそれら同様の反規範性を有しているのだろうか。第一に、雇用形態に基づく不利益待遇の害悪性、第二に、雇用形態決定に「本人の意思」が介在すること、ないし契約自由の原則との関係が問題となる。蛎原説の提起を受けつつ、憲法14条1項の差別禁止の趣旨に遡ったところから検討していきたい。

23）蛎原は、雇用差別禁止法理について、ドイツを参照しながら、わが国では民法90条の公序違反問題として論じられて社会的妥当性が争点となってきたが、差別的取扱いの正当性の有無と、社会的妥当性は必ずしも一致しないとし、公序論とは別に、差別取扱いの問題としての議論が必要であると主張する（前掲注22）227頁）。

　　しかし、この点については、「公序」は法規範的概念であって、社会にそれに合致しない状況が多くあろうとも、憲法秩序からみて「公序」が成立しうると考える。女子結婚退職制が社会実態としては常識化していた（労働組合すら是認していた）時代に、公序違反の違憲と判示された例（住友セメント事件・東京地判昭41.12.20労民17巻6号1407頁など）が、参考となろう。

24）尊属殺事件・最大判昭48.4.4刑集27巻3号265頁ほか。なお、最高裁は、憲法14条1項について「不合理な差別」と「合理性のない差別」の語を互換的に用いている（上記最判、夫婦同氏規定事件・最大判平27.12.16民集69巻8号2586頁ほか参照）。理論的には「客観的に正当化されない差別」の禁止と解すべきであるが、本稿では、この点はとりあえず留保し、憲法14条1項を「合理性のない差別の禁止」として扱う。

三　憲法14条1項の差別禁止と雇用形態に基づく不利益待遇

1　雇用形態にもとづく不利益待遇による害悪

(1)「差別禁止」に関する議論の発展

1)　日本国憲法 14 条 1 項に関する憲法学説から

　近代憲法における基本的人権としての「平等の権利」が、個人の尊厳を基礎とすることには異論はなかろう[25]。憲法学者の佐藤幸治は、憲法13条と憲法14条との関係について、憲法14条は、同13条の個人の尊重（一人ひとりの人間が人格的自律の存在として最大限尊重されなければならないこと）を基礎および解釈原理とし、すべての人間が人格的自律の存在として平等の価値を持つという「人格の平等」の原理を規定したものであると説明する。すなわち、「『人格の平等』は『人格の尊厳』と結びつき、……尊厳をもった存在として人は等しく取り扱われるべきだ」という要請を内在する「客観的原理」であり、「そのような原理にかかわる一定のものが主観的権利（平等権）として国民に保障される」と論ずる[26]。

　あらためて、「人格の平等」という観点から、「平等」「差別」の内容を再考することが必要と考える。労働法分野では、これまで、待遇格差は、主に、賃金などの諸利益の「配分上の平等」という次元が問題とされてきた。しかし、配分以外の次元に関しても、また「配分上の平等」自体も、「尊厳をもった人間（労働者）として等しく取り扱われているか」という視点からも、雇用形態に基づく不利益待遇によって「尊厳をもった等しい存在」としての労働者の人格が侵害されていないかを再考しなければならない。

2)「差別」の反規範性の分析視座——学際的研究の進展から

　差別による侵害に関して、この間、国際的に、なぜ「差別」が人権侵害として法的規制されるのか、差別による弊害に関する分析と考察が、学際的に展開されてきている。

---

25) たとえば、芦部信喜は「近代民主主義は個人の尊厳をその根本理念」とし「個人の尊厳原理は、個人を自由にすると同時に、すべての個人を平等に扱うことによってはじめて実現する」と述べる。『憲法学Ⅲ人権各論 (1)［増補版］』有斐閣、2000 年、2 頁。
26) 佐藤幸治『日本国憲法論』成文堂、2011 年、120 – 121 頁、199 頁。

1970年代以降、現代リベラリズム法哲学により、各人の「尊厳」や「自律」を基軸として「正義」や「平等」が提起され、前記の佐藤幸治をはじめ日本の平等論の思想的基礎として影響を与えてきた[27]。

　また、1970年代末－1980年代の第二波フェミニズムやアメリカ憲法学説は、「差別」の本質は「差異」ではなく、被差別集団の劣位化（抑圧、支配と従属）という権力関係にあると主張し、差別禁止は、諸利益の分配原則を超えて「抑圧」の撤廃を中核とする内実をもつ旨を論じた[28]。この考え方は裁判実務にも影響を与えており、たとえば、1999年カナダ最高裁ロウ事件判決は、人間の尊厳を害する差別として、「周辺化」「無視」「劣位評価」を挙げている[29]。

　さらに1990年代後半から2000年代に入り、法哲学や政治学から、差別による劣位化や抑圧の現れ方や性質について、物的な（資源の）「配分（distribution）」に関わる不公正という側面の他に、各人のアイデンティティの「承認（recognition、相手を対等かつ独立した存在としてみるという相互関係）[30]」に関する文化的価値的側面があることが指摘され、さらに、政治的社会的側面に関して民主的共同体（社会）における対等な関係[31]という観点も、主張されてきている。

　こうした学際的研究の発展を基礎として、モローやフレッドマンらにより、

---

27) また、センやヌスバウムにより、個人の自律性の尊重の考え方を土台として、「潜在能力（何かになる／することが可能なこと）の平等」も主張されている。この考え方によれば、平等の保障とは、物質的配分や機会の付与の問題に止まらず、各人が配分された物質や機会を現実に活用しうる能力の育成や環境の整備などを含めて捉えることになる。*See* Amartya Sen, *Inequality Reexamined* (Oxford Univ.Press, 1992)（池本幸生ほか訳『不平等の再検討』岩波書店、1999年）、Marth C Nussbaum, *Women and Human Development* (Cambridge Univ. Press 2000)（池本幸生ほか訳『女性と人間開発』岩波書店、2005年）。
28) アメリカ憲法学の劣位化説については安西文雄「法の下の平等について（1）（2）（3）（4）」國家學會雑誌105巻5・6号（1992年）1頁以下、同107巻1・2号（1994年）173頁以下、同110巻7・8号（1997年）1頁以下、同112巻3・4号（1999年）69頁以下を、第二波フェミニズムについては、紙谷雅子「ジェンダーとフェミニスト法理論」岩村正彦ほか編『岩波講座現代の法11』岩波書店、1997年、37頁以下、参照。
29) Law v Canada [1999] 1 SCR 497 at paras.51-53. 年齢差別事件での言及だが、「周辺化 marginalized」「無視 ignored」「劣位評価 devalued」は、非正規労働者のおかれた状況にも、まさに当てはまるのではなかろうか。
30) Nancy Frazer/Axel Honneth, *Umverteilung Oder Anerkennung?*（加藤泰史監訳『再配分か承認か？──政治・哲学論争』法政大学出版局、2012年、11頁 Frazer 執筆部分）。
31) Elizabeth S Anderson, "What is the Point of Equality?" 109 Ethics (1999) 287-337. Anderson の民主的平等について、森悠一郎「関係の対等性と正義──平等的リベラリズムの再定位（一）-（四・完）」法学協会雑誌133巻8-11号（2016年）参照。

平等や差別禁止の法解釈や立法化にあたって、差別の害悪（wrongs）を多元的に分析して規範的内容へ反映させる必要が主張されている[32]。たとえば、フレッドマンは、「平等の権利（right to equality）」の侵害（差別）を、利益配分次元、承認次元（スティグマ、ステレオタイプ化、暴力）、参加次元（社会的排除、周辺化）、構造改革次元（多様性への不配慮、制度システム上の問題点）という4つの次元から分析して、差別を排除し平等の権利を実現しなければならないと主張している。

(2) 雇用形態に基づく不利益待遇による害悪

では、こうした諸研究の成果を参照しつつ再考するとき、雇用形態に基づく不利益待遇は、憲法14条1項の「差別」に相当する害悪といえるだろうか。

雇用形態に基づく不利益待遇は、賃金、昇進・昇格、休暇など多岐にわたるが、それによる害悪の特徴の第一として、1回的ではなく、長期に継続し累積されていく不利益である点を指摘したい[33]。たとえば、賃金格差でいえば、時間単価自体が低廉で通常労働者と格差があるとともに、その格差が雇用の全期間継続し、昇給や一時金支給を契機として累積的に拡大していき、かつ、低賃金は退職金支給のほか雇用保険給付、退職後の年金給付などにも多方面に影響を及ぼす。また、第二の特徴で述べる承認や参加の次元の不利益も、労働者の日々の全就労時間、全雇用期間にわたって——いいかえれば人生の相当な部分にわたって——害悪を与えているのである。

害悪の特徴の第二は、配分次元の不利益（経済的不利益[34]）が本人や家族の生活に与える被害の重大さはもちろんのこと、承認や参加の次元の不利益も深刻

---

32) e.g. Sophia R. Moreau, "The Wongs of Unequal Treatment" 54 University of Toronto Law Journal（2004）291-326; Sandra Fredman, "Substantive equality revisited" 14 International Journal of Constitutional Law（2016）712-738（黒岩容子訳「実質的平等を再考する」労働法律旬報1922号（2018）24－43頁）、Fredman, *Discrimination Law* 2nd *ed.*,（Oxford Univ. Press, 2011）at 25-33.

33) 類似の争点である公序良俗違反として裁判上問題となった事案では、暴利行為など1回的被害が多いが、それらと比べて、1回の害悪性の程度が低かったとしても、それが長期に継続するのである。また、消費者取引では、「当該商品を買わない」という選択もありうるが、雇用形態に基づく不利益待遇の場合には、「働かない」という選択が困難であることにも留意したい。

34) 経済的不利益に関しては、本論文では頁数の関係で僅かしか論じられないが、非正規労働者とその家族の生活を脅かし、また、承認や参加次元の不正義の基礎ともなっている、害悪性の筆頭に挙げられる不利益である。

なことである。労働は、蛯原が指摘するように、労働者の人格や生活と切り離せず、個人の尊厳の保障（憲法 13 条）と不可分に結びついている。たとえば、賃金は、労働者の生活保障上の重要事項であり、かつ、労働者としての人格評価でもある。不合理な低賃金は、経済的利益分配上の不正義であるとともに、職業人としての労働者に対する正当性を欠く低評価、劣位化である。また、教育訓練や昇進・昇格などでの不利益待遇を通じて、職業キャリアの形成、そして、労働者の職業を通じた自己実現や人格形成へも重大な悪影響を与えている。

しかも、第三の特徴として、これらの不利益が、労働者が働くための避けられない条件として、使用者により事実上一方的に契約内容とされ、労働者は真の選択権のないままに受け入れざるをえないことである。この点は次項 2 で関連して論ずる。

このように、非正規労働者は、1 日の相当部分かつ長期的永続的に（量的側面）、多次元にわたる複合的かつ重層的な不利益待遇（質的側面）を被っており、かつ、そうした害悪を分かっていても甘受せざるをえない状況にある。これらを考慮するならば、一つの事項に関する 1 回の不利益を単純に捉えて人権侵害の有無を判断はできないのであって、少なくとも、賃金や昇進昇格、教育訓練、休日・休暇などの基本的労働条件（基本的かつ継続的な待遇）に関する不利益取扱いは、憲法 14 条 1 項の保護対象に相当する害悪性を有すると考える。

2　自己選択、契約の自由原則との関係

つぎに、雇用形態決定に「本人の意思」が介在すること、ないし契約自由の原則との関係について検討する。

憲法 14 条 1 項は、差別事由として、性や人種などのほか思想・信条という変更可能な「非属人的属性」も例示する。これは「基本的な自由や権利」あるいは「社会での生き方の根源に関わる場合」の選択に基づき不利益を与えることは、個人の尊厳の平等な保障を侵害するからである[35]。フレッドマンが、行為主体性（人が自律的に行動する能力）尊重の観点から、「選択に対して不合理な負担を課せられる」場合には、差別禁止法の領域でも、行為者の選択ないし非

---

[35]　安部圭介「差別はなぜ禁じられなければならないのか」森戸英幸・水町勇一郎編著『差別禁止法の新展開』日本評論社、2008 年、29 頁、戸松秀典『平等原則と司法審査』有斐閣、1990 年、337 − 338 頁参照。

選択に（差別として）法的効力を付与しない、あるいは選択以外の価値による法的補足が必要となる[36]と主張するのも、同趣旨であろう。

そもそも契約自由の原則は、「身分から契約へ」として言い表わされるように、各人が、社会や他者からの強制ではなく、自己選択と合意により他者との関係を形成し、もって、各人の自律的生き方を保障し、また自由主義経済秩序を維持しようとするものである[37]。この近代法の基本原則は、たしかに、現在も民事法領域の大原則である。しかし、他方で、現実社会では、「合意」が必ずしも各人の「真意」や「自律的決定」あるいは「社会正義」の実現を保障せず、契約自由の原則を制限すべき場合のあること[38]、そして、社会の階層化や分化が進行するにつれ、その必要性が広がっていることも認識されてきたところである[39]。

雇用形態に基づく不利益待遇をみると、たとえば、「短時間就労をしたいと思えば、パートを選択して低賃金低処遇を甘受せざるをえない」というように、非正規労働者に「選択」の形をとって不利益がもたらされ、本人の真の自律的決定が阻害されている。「契約自由の原則」として、雇用形態と結びつきのない客観的正当性のない不利益までが、本人の承諾の名の下に許容され、人格の平等な尊厳への重大な侵害が生じているのである[40]。

36）Sandra Fredman, *supra note* 30 at 714（邦訳40頁）, *see also* Fredman, *Human Rights Transformed*（Oxford Univ.Press, 2008）at 15-16.

37）山本敬三「現代社会におけるリベラリズムと私的自治（一）（二・巻）」法學論叢133号4号（1993年）1頁以下、同5号（同）1頁以下。同『公序良俗の再構成』有斐閣、2000年、谷口知平・石田喜久夫編『新版注釈民法（1）〔改訂版〕』有斐閣、2002年、96-105頁〔森田執筆〕参照。

38）たとえば、星野英一は、すでに1984年段階で、「契約自由」「意思」に「客観的倫理」「理性」「契約正義」が優位する領域ないし状況がある旨を述べている。星野「意思自治の原則、私的自治の原則」『民法講座 I 民法総則』有斐閣、1984年。
　　また、近時の最高判決が、不利益処遇選択の「真意」性について厳格に判断していることも、参考になろう（山梨県民信用組合事件・最二小判平28.2.19民集70巻2号123頁）。

39）すでに、民法領域でも、契約法の一般原則（権利濫用、信義則、公序良俗違反）の積極的活用や消費者法の発展、約款論の展開など、契約自由原則の見直しと新たな契約責任法理の形成が進められている。さしあたり、内田貴ほか「現代契約法の新たな展開と一般条項（1）-（5・完）」NBL514号（1993年）6頁以下、515号13頁以下、516号22頁以下、517号32頁以下、518号26頁以下。大村敦志『契約法から消費者法へ』東京大学出版会、1999年、中田裕康「消費者契約法と信義則論」ジュリスト1200号（2001年）70頁以下。

40）大内伸哉「労働契約における対等性の条件——私的自治と労働者保護」根本到ほか編著『労働法と現代法の理論 西谷敏先生古稀記念論集 上』日本評論社、2013年、415頁以下は、労働契約の場合には、消費者取引と比較して、法律による最低基準の設定や労使交渉という手段があることをもって、それ以上の法的介入を不要と主張する。

3 雇用形態差別是正の規範的論拠

以上の検討から、雇用形態に基づく、少なくとも基本的労働条件である賃金や昇進・昇格などに関する合理性のない差別（客観的正当性ある範囲を超えた不利益待遇）については、憲法14条1項の差別に該当すると考える[41]。したがって、公務員との関係では憲法14条1項により直接禁止され、民間では[42]、同条の憲法的価値が民法の信義則（1条2項）を介して労働契約に取り込まれ、不利益処遇は契約解釈上是正され、また、是正的解釈が困難な場合には、契約は一部ないし全部が無効となると考える。

もちろん、契約自由の原則を否定するわけではなく[43]、たとえば、雇用契約形態に基づく合理性（客観的正当性）のない格差や不利益が生じない限り、どのような賃金決定方式や決定基準をとるかは当事者間の合意に委ねられるし、また、差別の合理性（客観的正当化）の判断では、本人の意思（真意）や労使自治も考慮要素に含まれることとなろう[44]。その結果として、「雇用形態」差別では「属人的属性」差別と比べると、当事者らの裁量が広く許容されるといえるかもしれない。しかし、「差別として憲法に基づき規範的に禁止されつつ、合理的な例外が比較すると広く認められる」ことと、そもそも「雇用形態にも

しかし、労働者と使用者との関係は、労働力の売り惜しみが出来ないことと相まって、単なる情報や交渉力の格差の問題にとどまらず、経済的従属性および人的従属性に支配されており、消費者取引の場合と比べても、労働者の真の自己選択を可能とするための法的介入の必要性はより強い。また、最低労働条件の規定では、労働者の対等な尊重への侵害は解決されないし、集団的交渉等は、労働者の権利実現の重要な手段かつ格差の客観的正当性判断の一つ要素であろうが、労働組合組織率の低さ、使用者と労働組合との現実の力関係、労働者集団内部での正社員と非正規労働者との利害対立などを考えれば、集団的交渉や労使自治をもって、直ちに差別の客観的正当性を認めることはできない。西谷敏『労働法の基礎構造』法律文化社、2016年、75頁参照。

41) 緒方桂子「労働契約法20条の『不合理』性の立証とその判断方法」労働法律旬報1912号（2018年）25頁以下も参照。

42) 憲法の私人間効力については憲法学上も争いがあるが、最高裁（三菱樹脂事件・最大判昭48.12.13民集27巻11号1536頁）も、直接的効力は否定したが無適用説はとっておらず（君塚正臣「復活の日なき無効力論」クオリティ・ジュリスト2012年1号33頁以下など参照）、本稿では、さらなる議論は留保し、間接適用説を用いる。

43) 使用者にも経済活動の自由（憲法22・29条）があり、差別禁止（憲法14条）等との権利の衝突がある場合には、後者の原則的な規範的優位性を前提としながら、契約の自由の範囲が画定されることになる。

44) ただし、労使自治の考慮にあたっては、前掲注40）で述べたように、労使の決定が必ずしも格差を正当化するものではないことに留意する必要がある。

とづく不利益待遇の是正は政策的課題」と捉えることとでは、本稿では詳しくは言及はできないが、法的禁止の射程範囲（たとえば、法律の空白領域の扱い）や、人権保障という視点の確立による解釈の厳格さ（例外としての許容幅）、立証責任などに、違いが生じる。

四　差別禁止アプローチによる現行法の解釈および立法化の提起

1　差別禁止および同一（価値）労働同一待遇原則の位置づけ

この合理性のない差別を禁止するアプローチでは、他の雇用形態の者との比較（比較対象者の存在）は、必ずしも差別成立の要件ではない。直接差別でいえば、雇用形態という事由に関連して不利益が生じていること（両者の関連性）が、他者との比較以外で立証できれば、それで足りる[45]。理論上、同一（価値）労働同一待遇原則は、「『同一（価値）労働』に従事しているにも拘わらず、待遇が異なる」ことにより「差別が推定される」という、立証上の意味をもつ原則として位置づけられる[46]。もちろん、同一（価値）労働同一待遇原則は、それまで低価値とされてきた非正規労働者の「職務の価値」を見直すという機能を有しており、実際の職場での待遇格差是正において、同原則の役割は非常に重要である。

2　雇用形態差別禁止の規範理論と現行法

現行法は、前述したように、たとえば2018年パート・有期労働法でも「不合理な待遇禁止」ルール（8条）の他、同視労働者に対する「差別的取扱い禁止」ルール（9条）、「均衡ルール」（10条）、職務内容同一労働者に対する「同

---

45) たとえば、ある者が、正社員から非正社員へ移行し待遇が低下した場合には、他者とではなく元の自分との比較になるし、同一（価値）労働をする正社員がいない領域でも、正社員賃金体系と非正社員賃金体系が別個のもので、それに正当性が認められなければ、たとえ、正社員と非正社員の職務が異なっていても差別が成立しうる（性差別の場合の、男女別賃金体系が担当職務の如何に関わらず違法となるのと同様の論理である）。

46) 逆にいえば、差別を主張する側が「差別を推定させる」程度に「同一（価値）労働」を立証すれば、差別の成立を否定する側が、不利益の不存在ないし正当化を反証する必要があるという、立証上の問題である。したがって、「同一（価値）労働」の立証の内容や程度も、推定に足る程度で足りるのであり、理論的には、この立証プロセスの一貫として判断される問題である。

一教育訓練の実施」（10条）、「同一機会の付与」（11条）と、さまざまなルールが規定されている。これらの諸ルールは、「雇用形態に関する合理性のない差別禁止」という規範的理論の下に、つぎのように体系的に位置づけて解釈すべきと考える。すなわち、まず同法8条で総論として「合理性のない差別禁止」が「不合理な待遇禁止」として規定され[47]、そのうえで、対象となる労働条件の性質や対象者に則って、どのような場合が合理性のない差別にあたるかを具体的に規定したのが、以下の各条文と解することができる[48]。現行法の解釈にあたっては、各条文が憲法14条1項を理論的基礎とした「合理性のない差別禁止」の具体化という基本的視点に基づくことが必要となる。

　また、憲法14条1項「合理性のない差別の禁止」という規範は、下位法により具体化を図ることが重要である。合理性の有無の判断を明確化するためにも、さらに消極的禁止から積極的な差別是正へという意味でも、法律化が求められる。たとえば、同一（価値）労働同一賃金原則に関しても、法律により、前述した差別禁止の立証原則の役割を超えて、「同一（価値）労働」の場合には同一の待遇決定方式をとること、ないし同一賃金額の支払いを、使用者の義務として規定することも、憲法の価値を積極的に実現する方法として、それが有効かつ適切な領域において採りうる立法措置であろう。

　今後は、現行法の解釈を充実するとともに、雇用形態別に制定されている法律毎のルールの理論的体系性を明確化しつつ、現在法律上の空白とされている領域について（コース別雇用管理などの、正社員間の契約形態を理由とする差別についても）、立法化を進めていくことが必要と考える。そのための理論構築が、労働法学・差別法学にとっての重要かつ早急な課題の一つではなかろうか。本稿は、その一つの試みである。

47）労契法20条の「不合理な」は、差別禁止を基礎に「合理性のない」と解釈すべきであり、この点、前掲最高裁判決には疑義がある。緒方桂子「改正労働契約法20条の意義と解釈上の課題」季刊労働法241号（2013年）23頁参照。
48）現在の法律では「差別」という文言が、比較可能な労働者間の9条にのみ用いられているが、これは「差別」概念を不当に狭く解しているためであり、理論を左右するものではない。なお、これまでの立法傾向をみると、当初の様々なルールの秩序なき混在から、立法上も「不合理な待遇禁止」という基本的規範の下で、不合理性を個別的に規定していく方向へ進んでいるとみられる。

労働者派遣制度におけるジェンダー
——人権論からの再構成——

中野麻美

一　労働者派遣制度にジェンダーはどのように組み込まれたのか

1　女性差別撤廃条約の批准と均等法体制

　男女雇用機会均等法は、労務の提供を包括的に使用者に委ね、使用者の命令のまま、勤務場所や職種を変わり、長時間労働に従事する働き方に合わせられる女性に男性と同じ待遇を保障する制度にとどまった。経営側は、男女の区別なく募集・採用・配置・昇進させなければならない法制度は「日本型雇用慣行」には馴染まないとして差別禁止に強く反対した。日本型雇用慣行は、企業の都合にあわせて働き、異動などの人事ローテーションに労働者を組み入れ、一般的に勤続年数が短く、家族的責任を負担している女性と男性との区別を前提に成り立っている。したがって、性差別の禁止は長期安定雇用システムとは両立しないというのである。その妥協の産物として、均等法は「努力義務」規定と指針による「募集・採用区分」による規制枠組みからスタートした。女性差別撤廃条約は、契約＝雇用管理区分を手段とした男女間格差も差別として撤廃するよう求めていたが、男女別雇用管理を労働契約上の区分として法違反は問わないという均等法体制は、性による区別が明白であればあるほど「契約区分」の違いとして説明しやすく、救済から除外されるという矛盾を生んだ。女性差別撤廃条約批准の国内法整備は、女性労働者の非正規雇用化を促進させる下記の制度的受け皿を用意することになった。

　第一に、男女雇用機会均等法は、募集・採用区分のフレームを設定して、同一区分に帰属する男女間で、「能力と意欲」に対応した均等待遇保障を旨とした。コース別雇用管理の導入や非正規雇用による採用と「雇用多様化」を促進

させた。

　第二に、労働時間規制は緩和・撤廃の方向に大きく舵をきった。「労働からの自由」が労働時間規制の基本趣旨であるとすれば、当時の男女のダブルスタンダードは「男性に対する差別」である。しかし、法整備は「何時間働けるか」という本末転倒の物差しによって女性に関する規制を差別であるとして撤廃させた。この規制緩和は、一方では女性を男性並みの長時間労働に巻き込み、他方では、後述のように非正規化を促進させた。

　第三に、労働者派遣法は、均等法では救済できない女性のニーズに応え、「契約本位に専門技能を発揮して働ける」スタイルとして登録型派遣を合法化し、女性労働市場の流動化と女性労働の買い叩きを広げた。

　第四に、年金法改正が改正され、専業主婦の年金権を確立するとして第三号被保険者を認めた。性役割の解消を求める男女平等の理念とは相容れない専業主婦の優遇措置が導入され、いくら長時間働いても自立した生活とは程遠い低賃金パートタイム労働の容認・拡大に拍車をかけ、新たな性別役割強化の装置となった。

2　日本的特殊性 —— 労働者派遣の制度設計から埋め込まれたジェンダー

　サービス経済化や情報化・国際化といった産業構造の大きな変化に直面するようになった80年代は、女性差別撤廃条約批准のための国内法整備が求められた時代であったが、産業界では、コスト削減のために重層的な下請けが広がっていた。こうした労務提供の形態について、労働者供給事業禁止規定（職安法44条）違反を指摘する司法判断への対応が求められており、経済環境の急速な変化に対応した技能（定年までの長期雇用を前提にした人材育成システムのなかでは調達できない特殊技能や、雇用管理上特別なノウハウが必要な技能）を調達する新しい労働力需給制度へのニーズも高まった。

　労働者派遣法は、そうした時代の要請を受けて、職業安定法によって禁止された労働者供給の一部を労働者派遣として合法化した。労働者派遣とは、（派遣元が）自ら雇用する労働者を第三者（派遣先）の指揮命令下において働かせるもので、第三者（派遣先）が労働者を雇用しない形態である（労働者派遣法2条1号）。「労働は商品ではない」という原理にたてば、労働法の規制が及ばない労働者供給契約によって労働者を第三者の指揮命令下において働かせること

自体労働者保護に問題を生じるが、①派遣元が雇用責任を完全に尽くし、②派遣先が雇用しないものについては、労働者保護に遺漏はないものとして、労働者供給から切り分けて職業安定法44条の禁止と処罰対象から除外するとした。

そして、どんな労働者派遣を認めるかについては、派遣契約＝商取引の成否如何にかかわらず雇用を保障する「常用型」（このようなスタイルは派遣元で雇用の責任を負う点で労働者保護にはあまり問題はないと考えられた）に限るという意見が多数を占めたが、商取引の成立の都度雇用関係が成立するという「登録型」派遣も認めることになった。それは、仕事と家庭を両立させながら（それでは均等法では救えない）、身につけた専門的な技能を活かして働けるスタイルを目指す女性のニーズに応える必要があるとされたからであった[1]。

その後社会に広がった「好きな時に働ける」「契約本位に働ける」「専門技能を生かして働ける」「いろいろな企業を経験できる」など「ハケン」への「ニーズ」をコピー化したキャッチフレーズは、それまでの正社員雇用に対するネガティブなイメージを払しょくするかのようであった。「登録型派遣」は、身につけた専門的技能を活かしながら（市場競争にも耐えられる）、契約本位に働きたいという新志向の「労働者のニーズ」に応えるスタイルとして注目された。しかし、その内実は、主として家族的責任を負担する女性を、日本型雇用システムには乗らない「その他の労働者」＝「法による保護から除外された他者」として低賃金不安定雇用に誘導するという大きな流れに飲み込んでいくものであった。そして、産業界では、登録型派遣という契約スタイル自体が、妊娠・出産・育児のニーズを充足するから、労働法上の保護による負担から解放されるという観念ないし期待も強かったため、派遣労働者がこれらの権利を実際に獲得する（派遣労働者も出産休暇や育児休業の取得ができる）には、格段の取り組み（キャンペーン運動と業界・官庁交渉）が必要とされた。

---

1) 労働者派遣事業問題シンポジウム「派遣労働者の実態と法制化を考える」労働法律旬報1114号（1985）5頁。ここで労働者派遣法生みの親とされる高梨昌教授は、労働者派遣制度の必要性について、①労働市場の変化（1973年のオイルショック以降の不況の影響で正社員の労働需要が停滞期に入りパートタイム市場が急速に拡大したこと、ME革命の進展によって専門職市場が成長し、専門技術職は企業閉鎖的な内部労働市場より企業横断的な職業別労働市場のほうが望ましい）、②減量経営指向に伴う事務管理間接部門の外注下請化（ビルメンテナンス、警備・保安、清掃など）、③特定の企業に永年勤続して終身的に雇用されるよりも、パート形態や短期勤続を希望する女性の増加（終身雇用・年功賃金型の労働市場の下では結婚・妊娠・子育てにより就労の継続が困難な女性労働者にパートタイム市場と共に雇用機会を提供する）という3点を掲げていた。

3 規制の基本的な枠組み

　長時間労働や配転命令からの自由はなくても安定した雇用と右肩上がりの賃金を保障される正社員と、無制限に買い叩きできる派遣労働が「競合」（同じ仕事や役割を担わせられるようになる）したとき、何が起きるかは明白であった。そこで、派遣労働を利用できる範囲を限定して常用代替防止をはかり、あわせて、派遣労働者の雇用の安定と労働条件の向上を基本的趣旨とする労働者派遣制度が構想されることになるが、「正規常用代替防止」と「派遣労働者の雇用安定化」の双方を追及するという法的枠組みは、その後の制度の運用や司法判断を通じて性差別のダミーとしての性格をあらわにし、女性労働に深刻な影響をおよぼすようになる。

　派遣法制定時の議論は、登録型派遣も、専門性が確立され、あるいは特別な雇用管理が必要な業務であれば、買い叩かれるリスクや差別は少ないとみられた。そして、これらの業務では、正社員雇用との競合可能性も少なく、派遣労働者の権利がしっかり保障されていれば、正規労働者が派遣労働者に代替させられてしまうことはないだろうと考えられた。

　しかし、労働者供給事業の禁止＝違法性を阻却する法的正当性の基本設計には、構造的な欠陥があった。すなわち、第一に、労働者派遣を利用できる規制枠組みに違反した労働者派遣の法的効力と関係者の契約上の責任を明文化しなかった。第二に、労働者の雇用安定のためには常用型派遣しか認められないという当初の方向から、究極の不安定雇用である「登録型」派遣を認めてしまった。そして、第三に、労働関係に商取引関係を含んで労働の買い叩きが容易な構造（労働法による保護が貫かれにくい構造）であるのに、これに対応した特別な法的保護はきわめて不十分であった。

二　権利の空洞化・雇用の差別化

1 施行直後から浮上した法制度の失敗

　法施行直後から、労働者派遣法はまったくの「ザル」であったことを露呈させた。請負を偽装した派遣が拡大し、派遣対象業務は規制されているのに、一

般事務や。製造現場、販売、福祉、医療、道路運送など、あらゆる産業分野に派遣労働が利用されるようになった。適法な派遣を装いながら、営業からバックオフィスまで広範囲な業務に派遣労働者が投入され、派遣先職場に組み込まれて正社員と同じ仕事を処理して組織の一翼を担い、正社員は削減される（場合によったら派遣会社に移籍させて派遣労働者として同一の業務に従事する）というように、「常用代替」を促進させた。

法制定直後は、登録型派遣で働く労働者の8–9割は女性であったが、正規職との競合関係は、主として女性用の雇用管理区分で進行した。派遣労働ネットワークが行ってきたアンケート調査では、派遣労働者の雇用や労働条件は、制度発足から10年も経過しないうちから崩れ始めていた。90年代半ば以降、経済的・法的リスクを回避する方法として契約期間は急速に短期化し、時給水準は数十円から数百円の幅で下落した。反面で、生活を維持するために労働時間は長時間化する傾向を示し、いかに専門性の確立された業務でも「登録型派遣」の脆弱性の克服は不可能だった。

賃金等待遇を確保するには希少価値のある技能を身に着ける必要があり、キャリアアップ＝教育訓練をめぐる課題も指摘されるようになった。しかし、登録型派遣では、教育訓練費などの投下資本の回収は難しく（教育訓練を実施しても競合他社にフリーライドされてしまう）、高度の技能水準を身に着けるには長期定着が求められるものの、特化された技能は陳腐化しやすいため、賃金の急速な低下や残業時間の増加、契約期間の短期化が長期的なトレンドになってしまう。

2　ILO181号条約の批准と規制緩和の影響

政府は、ILO181号条約を批准し、そのための国内法整備と称して99年法を制定した。派遣対象業務をポジティブリスト方式からネガティブリスト方式に転換して原則自由化することが眼目で、いわゆる専門業務（26業務）については無期限、自由化業務については上限1年の期間制限が付された。

その後の派遣料金と賃金の推移はきわめて深刻であった。ユーザー企業のコスト削減圧力が高まって、労働力利用の触手が広範囲な産業分野で「買い叩き」できる労働者派遣に向けられた。それでも政府は、さらに規制を緩和し、2003年法は、自由化業務の1年の上限規制を派遣先事業場における過半数組合

等の意見聴取の実施を条件に3年まで規制を緩和した。産業界では、期間制限を形骸化させ、労働者派遣を、恒常的に発生ないし必要とされる業務でもっぱらコスト削減目的で利用するようになり、そうした矛盾が顕在化した究極の形が「日雇い派遣」であった。そこではもう、常用雇用にはあてはまらない労使のニーズの充足のために登録型派遣を認めたという制度趣旨は吹き飛んでしまった。

3　危機が浮上させた雇用差別

　2008年リーマンショックの影響を受けて広がった派遣切りは、同じ人間として仕事をし、職場を支えてきたのに、企業の都合次第で、派遣契約が中途解除・期間満了打ち切られて半ば自動的に職場を追われ、雇用も奪われるという理不尽な「派遣の構造」を見せつけた。派遣先に直接雇用されて働く正規雇用者なら、経営都合による人員削減の必要があっても「整理解雇の4要件」によって守られるが、同じ役割を発揮しながらユーザーの一存でモノのように職場から捨てられるのは、「派遣」という形態を理由とする差別ではないか。労働が生存と尊厳ある生活の基盤であることを踏まえれば、あまりに理不尽である[2]。

　職業安定法44条の労働者供給事業禁止の例外として、法的正当性（違法性阻却事由）を付与するという基本的規制枠組みは、①派遣労働者の雇用の安定と労働条件が確保できること、②常用代替が防止できることであったが、①と②は、日本型雇用慣行の適用を受ける雇用と「派遣」という雇用形態との棲み分けをはかり、双方にとってウイン・ウインの関係を構築するというものだった。しかし、そもそも日本型雇用慣行とは、男性を稼ぎ主として雇用メインにすえ、仕事と生活の両立に関するニーズへの配慮を主流とするものではなかったから、労働市場の男女の分離＝雇用の二極化は必然であった。また「専門性」や「特別の雇用管理の必要」にそのすみ分けの基準を求めても、「専門性」概念が定立されていない労働市場[3]や雇用システムの中では効果的に機能するはずもな

2）こうした扱いは、登録型派遣のみならず、常用型派遣でも例外ではないこと（常用型派遣労働者の8割が「派遣切り」にあって職場を奪われた）ことが明らかになって、商取引（労働者派遣契約）によって人間の労働を提供するという制度の仕組が根底から問われるようになった。

3）日本では、欧米の労働市場に比較して「ジョブ」概念やこれに基づく賃金等待遇制度が未確立であることが指摘されて、欧米型の均等待遇政策は不適応であるとの指摘がなされてきた。

かった。とくに、企業の中枢に位置づけられるマネージメント以外は外部化・流動化させて即戦力重視に人材調達するようになると、あらゆる「経験」「熟練」が無限に外部化の対象となってしまう。そして、「日本型雇用慣行との棲み分けを図る」ことが、「差別化」を促進させ、常用代替の温床の形成に一役買う道具として逆利用されていく。常用代替防止の観点から常用労働者（日本的雇用慣行における正社員）との棲み分けをはかろうとした「専門職派遣」構想は、「ジョブ」の専門性概念が未確立な制度や市場においては、当初から破綻に向かう矛盾を内包していた。

99年法は、対象業務を自由化した代わりに期間制限を設け、その逸脱には派遣先の直接雇用責任負わせることにしていたが、派遣先の意思表示を前提にするもので、きわめて不十分であった。労働者保護には問題がありすぎる制度の欠陥は、規制緩和＝対象業務の自由化という大改革のなかで矛盾を最大化させたのだった。

こうして、労働者派遣制度は、雇用期間の短期化、賃金の下落を繰り返しながら、いつでも入れ替えのきくパーツのように労働者を使いまわすことを許す社会的装置となった。もはや派遣は、いつでも雇用や労働条件を奪うことができる人権が否定された労働の代名詞となり、膨大な違法派遣とともに、常用代替は肥大化した。

4　民主党政権下の改革（2012年法）

民主党政権のもとで練られた労働者派遣法改正法案は、規制緩和政策からの決別を宣言するにふさわしく画期的な法見直しとなった。法律の名称と目的を「派遣労働者の保護」法であることを明確にし、①製造業務派遣の原則禁止、②登録型派遣の原則禁止、③日雇い派遣の原則禁止、④専ら派遣の規制強化、⑤リストラされた労働者の派遣の禁止、⑥労働者派遣契約の中途解除規制の強化、⑦違法派遣を受け入れた派遣先の労働契約申込みみなし制度の新設、⑧派遣労働者の待遇改善のための規制強化（派遣料金額も含む明示義務に加え、派遣先に雇用される同種業務に従事する労働者との賃金等待遇の均衡処遇の義務づけなど）を盛り込んだ。とくに、②の登録型派遣の禁止は、⑦の雇用みなし制度の導入とともに、労働者派遣制度に構造化されたジェンダーとこれによる雇用差別を解消する一歩であった。ところが、この法案は民主・自民・公明の三党協

議による大幅修正を受けた。主な修正点は、①登録型派遣原則禁止および②製造業務派遣の原則禁止規定を削除して今後の検討事項とし、③日雇い派遣の原則禁止規定を緩和し、さらには⑦の労働契約申込みなし規定を施行後３年経過後に施行することとしたうえ、特定労働者派遣事業のあり方を検討事項とするというもので、修正法案のまま可決成立となった。

三　「常用代替防止」を根拠とする雇用格差の差別性

1　性差別のダミーとしての労働者派遣制度

　期間の定めを置く商取引関係に基づく派遣元と派遣労働者の地位は脆弱であり、とくに、商取引が雇用と労働条件に直結する登録型派遣は、労働の買い叩きと権利否定を構造化し、格差を利用した正規常用代替を促進させてしまう。しかも、長期雇用と包括無定量な従属関係とともに性差別を構造化した日本型雇用システムはそのままにして、その適用を受ける労働者の雇用を守り、派遣労働者との棲み分けを図るという制度の枠組みを取る以上、雇用の差別化は免れない。

　中でも「登録型派遣」は、雇用管理区分と能力主義的機会均等を軸においた均等法体制では救済できない女性の就労機会の確保として合法化されたところに日本的特殊性があった。こうした制度が「性差別のダミー」として機能し、女性労働に深刻な影響を与えることも必然であって、女性労働の分野では、制定当初から、金融・損保をはじめとする基幹産業において、グループ内企業で人繰りする手法として労働者派遣が利用され、常用代替がすすんだ。

2　常用代替防止を根拠とする差別的雇用の承認

　伊予銀行・いよぎんスタッフサービス事件高松高裁判決（最高裁も容認）による登録型派遣労働者の雇用安定と常用代替防止をめぐる司法判断は、この問題を象徴していた。

　事件は、伊予銀行に勤務している正規行員と全く同じ仕事に従事し、13年にわたって勤務を継続してきた女性行員について（労働者が伊予銀行に直接雇用された労働者であるのか登録型派遣労働者であるのかについて争いがあった）、上司の

ハラスメントに異議を唱えたことをきっかけに、登録型派遣労働者であったとして労働者派遣契約の期間満了を理由に雇用を打ち切ることの当否が問われたものである。松山地裁・高松高裁判決は、「登録型派遣」であるかぎり、たとえ13年継続して働いてきたとしても雇用継続への期待は客観的には法的保護に値しないとし、派遣元と派遣先が締結する労働者派遣契約が終了してしまえば雇用継続はありえないとした[4]。最高裁はこの判断を認めたが、裁判長裁判官の反対意見が付されている。

このような判断の根拠にされたのは、登録型派遣の労働契約の基本的性質や労働者派遣法の「常用代替防止」の趣旨であるが、労働者派遣法1条に明文化されている「派遣労働者の待遇改善と雇用安定」については全く考慮していない。「常用代替防止」は、派遣労働者の雇用を犠牲にしてその終了の理由も問わない究極の不安定雇用を承認する根拠にされてしまった。この判断によれば、派遣労働者が派遣先の正社員と同等もしくはそれ以上の経験をもって職場を担ってきた期間の長さと派遣労働者の雇用の安定度は逆比例するということになる。しかし、労働者派遣法1条の本来の趣旨によれば、派遣先の正社員と同等の雇用の権利を認めることによって問題の解決を図り、そうした常用代替防止の趣旨に反して派遣労働者を受け入れた派遣先が「労働者派遣契約の終了」の一時をもって職場から排除する自由を与えてはならなかった。

このような司法判断が、労働者派遣法が予定する労派遣働者の雇用であるというなら、政府が批准したILO181号条約に違反するのではないか。全国ユニオンは、労働者派遣法が条約の要請を充足したものであるためには、①登録型派遣の原則禁止、②登録型派遣を容認する場合には、解雇・契約更新拒否にかかわらず打ち切りの理由を制限すべきこと、③派遣元の労働者に対して直接雇用の労働者と同一の権利を保障しなければならないはずであるとして、憲章24条に基づく申立を行った。

3 ILO勧告

これに対し、ILOは2012年3月、「ILO181号条約違反申立に関する日本政府への勧告」を示し、「法令と履行を181号条約1条（雇用の確保）、5条（性別・年齢などによるあらゆる差別の撤廃）、11条（労働者に対する法的保護の完全な保障）

4）伊予銀行・いよぎんスタッフサービス事件・高松高判平18.5.18労働判例921号33頁。

に適合させるよう必要な全ての措置を取るよう日本政府に要請する」としたうえ、平成 24（2012）年の改正案に盛り込まれた違法派遣対策としての労働契約申込みみなし制度、専ら派遣の禁止およびグループ内企業派遣の 8 割規制について歓迎するとした[5]。

ILO は、181 号条約を「労働市場における砦」として位置づけ重要視している。同条約を採択した第 85 回 ILO 総会に提出された報告書（第 4 議題「1949 年の有料職業紹介所にかんする条約（96 号）の改正」）は、労働市場政策が貢献すべき目的として、①効率性＝労働市場の配分の機能を重視する経済学者の基準にしたがって、人的資源に対する最大の収益、生産及び達成、②公平さ＝全ての労働者が職業や訓練を平等に受ける機会、職場での平等な待遇、同じ職業に対する平等な賃金を意味し、所得の公平な配分の促進に貢献する、③成長＝労働市場機能は生産性や所得の向上と将来の雇用の促進に寄与すべきであり、決してそれらの障害になってはならない、④社会正義＝労働市場のマイナスの影響を最小限に留める一方、その悪影響は是正するように機能させる、という 4 項目を掲げている。ILO 勧告は、各国の制度がこれに沿ってうまく機能するよう求めるのが ILO181 号条約の立場であることを明らかにし、日本政府に下記の事項を検討するよう迫るものであった。

(1) 日本の現状は労働市場の砦としての ILO181 号条約の欠落を示している

重要なポイントの第一は、委員会が、本件申立が 181 号条約が遵守されていないと主張するものであることに関し、日本の労働市場が、労働者の雇用の確保と均等な機会の確保のためにうまく機能しておらず、条約が趣旨としている労働市場政策が貢献すべき前記の目的に即していないことに懸念を表明しているという点である。

(2) 登録型派遣にかんする司法判断と雇用の概念

第二に、委員会は、伊予銀行事件に関する司法判断が、条約 1 条 1 項 b の「雇用」の概念に違反しているという申立人の主張を重視し、司法権の独立に

5）「ILO181 号条約違反申立に関する日本政府への勧告」労働法律旬報 1780 号（2012 年）72－78 頁。中野麻美「『ILO181 号条約違反申立に関する日本政府への勧告』を受けて —— ILO181 号条約と派遣労働者の雇用・権利」労働法律旬報 1780 号（2012 年）25 頁。

関する日本政府の弁明にも配慮しつつ、伊予銀行は当局からの是正指導を何ら受けていなかったこと、したがって181号条約11条が求めている派遣労働者に対し十分な保護を与えるよう必要な措置をとることを日本政府が怠っていたかも知れないと指摘した。すなわち、このケースにおいては、派遣労働者に対して保障されるべき ILO 条約に基づく権利が現実に確保されてはおらず、本来は、そうした事態は是正されてしかるべきとする。

(3) 雇用と待遇において差別なく扱われる権利

第三に、委員会は、問題の司法判断が、雇用の継続を期待する派遣労働者の権利を否定し、雇用関係の期間の長さに関係なく、あるいはハラスメントの申立に関係なく、雇用主として派遣元事業主が果たす責任を認めなかったことを問題にする申立人の主張に留意するとし、日本政府の主張や情報提供は、条約5条1項の規定が派遣元事業主と派遣先企業の両方に適用されるのか明らかではないと指摘している。条約5条1項は、労働者が雇用されること、個々の業務に就く機会及び待遇の均等を促進するため、人種、皮膚の色、性、宗教、政治的意見、国民的系統若しくは社会的出身による差別又は年齢、障害等国内法および国内慣行の対象とされている他の形態による差別なしに労働者が取り扱われるべきであることを定める条項であり、ILO 基本条約と位置付ける 111 号雇用におけるあらゆる差別撤廃条約と連動するものである。労働者派遣法は、労基法3条は派遣先・派遣元いずれにも適用することとしたが、同法4条の男女同一賃金規定は派遣元のみ、男女雇用機会均等法については原則派遣元とする。また、職業安定法3条は、直接派遣元・派遣先との契約関係を規律するものではなく、人種、皮膚の色、宗教、政治的意見、国民的系統、社会的出身等による募集・採用など雇用へのアクセスを平等に保障するものではない。これでは、ILO181 号条約を充足していない。

(4) 完全な雇用責任の確保に向けた要請

第四に、委員会は、ILO 条約によれば、派遣元事業主が雇用責任から逃れられないようにするために「登録型派遣」を原則的に禁止すべきであって、「登録型派遣」が合法であり続ける場合には、解雇であろうと、契約更新の拒否であろうと、雇用終了の事由は制限されるべきであること、その点において派遣

労働者は直接雇用労働者と同一の雇用上の権利が保障されるべきであると主張したことについても留意するとした。そして、条約勧告適用専門家委員会が、181号条約の対象分野において十分な保護を確保するためにはっきりとした法的枠組みを持つ必要を強調し、派遣先が仕事を割り当て、指揮命令するという特殊性と責任が曖昧化されることに対処して全ての事例において責任を明確化できるようにしなければならないと指摘したことを踏まえ、181号条約が5条1項を含め全ての労働者に適用されるものであることを疑問の余地なく明確にするよう日本政府に求めた。

4　前記司法判断の差別性

　長期安定雇用と労働者派遣とのすみ分けをはかるという趣旨のもとに正規雇用中心に労働者派遣制度を解釈する最高裁の判断は、非正規労働者の雇用を正規労働者の雇用確保のための「手段／道具」ないし「犠牲」とみなすというもので、これまでの最高裁を頂点とする司法判断が一貫して示してきたものである[6]。

　日本型雇用システムは、仕事と家庭の両立をニーズとする働き方を包摂するものではなかったし、そもそも日本にはジョブ概念を前提とするシステムや労働市場は確立されてこなかった。したがって、日本型の正規雇用のもう一方の極に、「専門性」「特別な雇用管理の必要」の括りのもと、究極の買いたたきが可能な登録型派遣をおいて、すみ分けをはかるという構想自体に、既に破綻に向かうプリオンが埋め込まれており、耐震強度は極めてぜい弱であった。（登録型）派遣労働者には法的に保護すべき雇用継続への期待権はないという司法判断は、そうした制度の矛盾を、登録型派遣労働者の雇用を犠牲にして解決しようとするものであり、長期勤務者として業務の中心を担ってきた労働者がこのような犠牲を強いられるべき合理性は、どこから見てもありえないことであった。

6）整理解雇法理は人員整理の必要性とあわせてそれが回避可能性を問う判断枠組みを示しているが、正規雇用を解雇する前に非正規雇用を整理しているかを判断要素とする裁判例に典型的である。

四　2015年法・2018年法への転換と破綻

1　2015年法の本末転倒

　2015年法に課せられた課題は、前述の司法判断を乗り越えて常用代替防止と派遣労働者の雇用安定との両立を可能とする法的枠組みを確立することにあった。また、前記ILO勧告を受けるなら、労働者が雇用上差別なく取り扱われることや（5条1項）、第11条に列記された労働法上の諸権利があますところなく完全に確保される権利をベースとする雇用責任を法制度に結実させることが求められた。

　しかし、2015年法は、登録型派遣の禁止ではなく、労働者派遣制度の基本的な枠組みをそのまま維持しながら、業務単位の期間制限を撤廃し、全ての業務に共通の新しい期間制限として派遣労働者個人単位の期間制限（上限は3年で例外は許さない）と派遣先事業所単位の期間制限（上限は3年で意見聴取による延長可）を設けることをメインに、派遣労働者の雇用を継続するための雇用安定措置や、派遣労働者に対する計画的な教育訓練等のキャリアアップのための措置を義務付けた。これにより、正規労働との競合は無限大となった。しかも、派遣元との間で期間の定めなく雇用された無期雇用派遣は常用代替の危険はないとされ，導入規制は完全撤廃された。登録型派遣労働者は、職場を異動することによって（派遣先事業場の意見聴取手続きが前提になる）、最も不安定な登録型のまま長期に同一派遣先で働く可能性もある。3年以上継続して派遣就労する見込みのある労働者には、雇用安定化措置義務が課せられるが、その内容は「永続的登録型派遣」（派遣先における就労の確保）でも足りるもので、安定した雇用の保障には程遠い。裏をかえせば、対象業務の点でも「異動の可能性」という雇用管理の点でも、常用代替促進の可能性を無限大にしながら、未来永劫に究極の不安定雇用＝登録型派遣労働者として利用することを可能にするもので、常用代替防止も派遣労働者の雇用の安定もない本末転倒を侵すことになる。

　無期雇用派遣を導入規制から除外する点も、商取引＝労働者派遣契約関係を全く無視して派遣先労働者の常用代替の可能性を論じること自体本末転倒であり、非論理的である。雇用関係がどうであろうと、派遣先は派遣料金などをダ

ンピングでき、労働者派遣契約の打ち切り解除には整理解雇法理は働かない。したがって、派遣先は直接雇用する社員とは比較にならないほど使い勝手のよい形態で派遣労働者として利用でき、派遣労働者は、新しい派遣先での就労が確保できないときには、賃金等待遇のみならず解雇の危険もある。

これでは、権利としての雇用の安定やILO181号条約が求める「労働市場の砦」としての機能を充足するとはいえない。労働者派遣制度が、労働市場における需給調整機能を正しく発揮し、常用代替を防止することとあわせて労働者の雇用の安定や待遇の改善につなげる制度であるためには、無期雇用をベースに（例外的に有期雇用派遣を認めるとしても常用型として）、雇用申込みなし制度にリンクさせた利用制限を再設計することが求められた。それが、差別的雇用の解消に向けた第一歩であった。

2 「棲み分け」の破綻

2015年法では、有期雇用派遣については、個人単位の期間制限と派遣労働者の雇用安定化・キャリアアップは不可分の関係にたつことになる。同一職場への派遣は3年を上限とし、その節目節目においてキャリアを見直す機会とするために個人単位で期間制限を設定し、派遣元事業主に雇用安定措置やキャリアアップ措置を義務付けた[7]。個人単位の期間制限を最長3年とした根拠は、正社員の異動サイクルが2−5年で約4割を占め、これまでの期間制限および派遣先事業所単位の期間制限が3年であることを考慮したとされる[8]。

しかし、正社員の異動サイクルを上限とする派遣を「臨時的・一時的」派遣としたうえ、派遣労働者が正社員と同じ異動サイクルで配置換えされて働くことを通じて雇用の安定とキャリアアップを可能にする、という制度への移行は、雇用慣行によるすみ分けをはかる当初の規制枠組みの破綻であって、いよぎんスタッフ・伊予銀行事件にもまして深刻な問題を浮上させた。長年同一職場で専門業務派遣で働いてきた労働者に対する、無期雇用転換権と雇用安定化に向けた措置義務逃れを狙った「派遣切り・雇止め」である。登録型派遣で働く「専門」業務従事者の賃金と雇用は、これまで以上に低賃金化・不安定化の傾

7）第189回国会参議院本会議録第31号9頁（平27.7.8）
8）第189回国会参議院厚生労働委員会会議録第23号19頁（平27.8.4）。これに対し、派遣労働者については「平成24年派遣労働者実態調査の概況」（平成25年9月8日 厚生労働省）によると、通算派遣期間が3年を超えて働く者は23.2％、1年以下の者は45.2％である。

向を強めた。

3　2018 年法による均等・均衡処遇規制

　2018 年法は、派遣労働者と派遣先正社員との待遇の均等・均衡確保のための規制とともに、派遣先を変わるごとに賃金が変動する不利益を回避する措置として、非正規労働者を含まない通常の労働者の平均賃金を最低基準として協定化したときには派遣先との均等・均衡義務を免除することを盛り込んだ。

　確かに、派遣先社員と対象業務において無限大の競合を可能にした制度のもとでは、派遣先正社員との均等・均衡処遇の確保は、「常用代替」を防止する対抗的手段となる。しかし、日本型雇用慣行の適用を受ける派遣先正社員と、職務職責や配置の変更の範囲その他の面で同一である派遣労働者について、待遇ごとの異なる取り扱いを禁止し、同一とは認められない労働者についても、職務・職責や配置など人材活用の枠組みその他の事情によって不合理なものであってはならないとする 2018 年法の建付け自体、雇用慣行の適用を受ける労働者と同一の派遣労働者の存在を前提にするから、登録型という最も買いたたきやすい労働形態をそのままにして雇用慣行によるすみ分けを放棄し、正社員と比較しながら競合（競争）させるというものでしかない。比較の物差し・要素には日本型雇用システムによる雇用管理区分要素（人事ローテーションとこれによる職務職責）を組み込んでいるから、格差解消はほとんど見込めない。

　日本型雇用システムは、労働と生活における固定的な性役割による分業体制を土台に形成され、労働者に長期の雇用と右肩上がりの賃金を約束することとひきかえに、人事ローテーションや生産調整の必要に弾力的に対応できる労働義務を設定するというもので、「差別」を構造化している。それが、非正規雇用の日本的特殊性を規定し、司法は、この労働市場を分断してきた差別的レジームを法的に承認し、労働法制は、雇用の開始から終了にいたるあらゆるステージにおいてこれを取り込んで労働市場を分断した差別の固定・拡大を再生産してきた。2018 年法に求められたのは、そうした差別の再生産体制からの解放であったが、ジェンダーに基づく差別を制度の内部に取り込みながら格差を承認し、（登録型）派遣労働者の雇用の短期化・低賃金化を後押しするものでしかなかった。

　また、通常の労働者の平均賃金を最低基準とする労使協定方式の採用は、労

働市場における職務分離と賃金のジェンダー格差に関する問題を浮上させた。賃金センサスと職安求人賃金のゼロ年の水準を起点（もともと非常に低額である）に勤続年数に対応した係数を乗じて算出された勤続年数別賃金水準を協定に基づく最低賃金とする構想は、第一に、派遣労働者の「職種」にマッチする通常の労働者の職種をカヴァーできないこと（職種別の市場は確立されていない）、第二に、労働者派遣事業報告書による派遣労働者の賃金水準をはるかに下回る職種が多く、第三に、職種間でみても男性職と女性職との賃金格差をそのまま反映させたもので ILO100 号条約の適用上の問題を生じるなどの問題を抱えている。この制度は、無限大の競合関係が生じることを黙認し、それを前提とする均等・均衡処遇による規制を触媒として、格差と派遣労働者の賃金等待遇の低下を誘導する。

五　派遣労働者の生存の自由と平等

1　派遣労働者の保護と権利の再位置づけ

労働者派遣法は、事業法であるとされてきた。その後、2012 年改正法で労働者保護法としての性質を鮮明にし、2015 年法に引き継がれた。しかし、その労働者保護に関する規定の性質については、憲法 27 条 1 項に基づく労働権確保（完全雇用に向けた政策的なプログラム規程）と位置付けられるものか、同条 2 項の労働者の権利としての最低労働条件を定めるものかは混沌としている[9]。

労働者派遣法制定以降の現実と制度的矛盾や ILO 勧告をふまえれば、労働者派遣制度には、派遣労働者の人権としての雇用の保障（派遣労働者の自由と

9）労働者派遣法には、労働基準法 1 条 2 項の「この法律で定める労働条件の基準は最低のものであるから……」のような規定は設けられていない。労働者派遣関係をめぐる訴訟においては、常に労働者派遣法に基づく規制が契約関係を規律する効力を有するものか（とくに労働者派遣の受け入れ規制や雇用申込をめぐる規程の私法上の効力）が争われてきた。また、第 3 章の「労働者保護」に関する定めには、労働基準法等労働関係法規に関する責任分担を定める部分や、派遣労働契約において定めるべき事項、労働者派遣契約の解除禁止、派遣先の雇用禁止条項の禁止条項などの契約関係を規律しており、やはり私法上の効力が問題になってきた。そして、司法判断は、禁止規定を中心としてこれらの規程の一部について契約上の効力を規律すると判断してきたものであるが、労働力需給調整、常用代替防止、労働者保護とは相互に関連し、規定によっては不即不離の関係にたつものとして機能することから議論は混迷し、労働者の権利性を弱める方向に傾きがちである。

平等を保障する）のための体系的な人権規定を用意しなければならない。また、それに際しては、2012 年法以降確認されるようになった、労働者の雇用の安定やキャリアアップ、さらには均等待遇保障を、労働者の人権の観点から再定義する必要がある。

2　雇用の権利

　雇用の原則は、人権としての労働の権利、すなわち生存と生活の安定を保障し、貧困から逃れて自由に生きる権利の源泉となるものである。このような権利は、憲法27条2項の最低基準として法律に定められるべきもので、常用代替防止と直接雇用の原則もそのなかに含まれるべきである。2015 年参議院付帯決議は、「直接雇用の原則」について「労働政策上の原則」とするが、憲法 22 条、25 条、27 条を淵源とし、民法 625 条の譲渡禁止条項から導かれる「雇用上の権利の原則」であって、雇用の「最低基準」としての権利性を有する。そうした雇用の権利において、いかなる形態で働く労働者であっても、他の形態で働く労働者の犠牲として雇用の権利が否定されてはならないはずである。そうした観点にたつならば、労働者派遣制度において、常用代替防止のための基本的規制枠組みを踏み外した違法派遣・偽装請負による雇用申込みなし制度や、雇用安定化ないしキャリアアップのための措置義務についても、事業主の義務として規定するより、本来労働者が権利の主体であることをふまえ、派遣労働者にとっての譲れない普遍的な人権として再構成する必要がある。また、常用代替防止と直接雇用の原則は相互に不可分の関係にあって、派遣労働者の安定雇用と諸権利の保障と結びついて雇用平等の基盤となるものである。

　さらに、派遣労働者の安定的な雇用やキャリア権には、憲法13 条（幸福追求権）、14 条（平等権）、22 条（職業選択の自由）、25 条（生存権）、27 条（労働権）に根差した人権としての位置づけを与え、実体法上派遣元・派遣先に対する私法上の権利として明確にすべきである。

　派遣という雇用形態を法的に承認するというのであれば、他の形態で働く労働者に等しく生存と生活の安定をもたらす人権としての雇用を保障する格別の法制度が求められるというべきであり、これらの権利が保障されたときはじめて、派遣労働者は、自由を手にすることができる。自由の享受は、雇用の形態によって異なっても構わないというものでは毛頭ないはずの普遍的人権であっ

て、それを労働政策上の原則である（完全雇用を目指すプログラム規定）とするのは、派遣労働者が直面する苦悩と壁、その構造に対する無理解によるという以外にない。

3　差別的不利益を結果する制度の撤廃と原則の修正

　派遣労働者の雇用平等を阻んでいるものは、「労働者派遣」という制度の仕組みそれ自体であり、性差別のダミーとして機能している「登録型」と、差別的雇用慣行による棲み分けという歪曲された「常用代替防止」であることを明らかにした。職安法 44 条の労働者供給禁止の例外として、「登録型」派遣という雇用形態を法的に承認した制度自体に性差別が構造化され、その差別によって歪曲された「常用代替防止」を根拠に、派遣労働者の雇用を正規雇用のバッファーとして犠牲に差し出す司法判断は、あらゆる雇用における差別の撤廃を求め、労働市場が労働者の生存と生活の安定という人権を確保するように機能することを求める ILO181 号条約とは全く相容れない。

　究極の買い叩きを可能にする「登録型派遣」の許容は、労働市場におけるジェンダーに基づく排除と分断のインパクトとなる。このような雇用は「人権としての雇用」というには及ばず、差別の結果であり、またその温床として差別を増幅させることから禁止されるべきものであって、2012 年法案の原則禁止は、ILO 条約にも沿うものであった。

　また、派遣労働者に均等待遇が求められる根拠は、第一に、派遣労働者の人格的尊厳＝人権の確保、第二に、労働者派遣法の基本趣旨＝常用代替防止、第三に、配分的正義の実現にある。派遣労働者であることを理由とする差別待遇の禁止は、派遣先・派遣元に対する条約 5 条、11 条に基づく責任の明確化と履行の確保とともに、派遣労働者の雇用安定化と不可分であることにも留意すべきである。

4　性・年齢・障害による差別の禁止

　性別役割を構造化し、男性を稼ぎ主として包括的労働関係と世帯賃金をベースに定年までの雇用を観念として組み立ててきた（実際にそれを保障するわけではないが）正規雇用システムは、私的領域においてケアの役割を担うものの無償労働を不可分とし、これに補完されてはじめて完結するシステムであって、

女性差別を必然化する。その適用を受けない非正規雇用の低賃金細切れ雇用も、このシステムの適用を受けない（雇用管理区分要素というもっともらしい法的衣を着せられるのであるが）からこそ、生活できない（自立して生きようとすれば死ぬほど働く）賃金と雇用を強いられるという意味において性差別を本質とする。

　商取引によって労働市場の力関係が直接賃金に響く登録型派遣の雇用および待遇の格差は、性、年齢、家族的責任による複合的差別の結果である。厚生労働省が実施している派遣労働者実態調査（平成24年）によると、派遣労働者の賃金は男女で大きな格差があり、賃金のピークは男性で55歳であるのに対して女性は35歳である。こうした格差から透けてみえるのは、職種や常用型（無期／有期）・登録型による男女の分布の偏りとともに、労働市場における根強い女性に対する差別であり、性別と年齢による差別の密接な関係を示している。

　ILO181号条約5条は、性別・年齢・障害による差別を禁止するよう求めているが、日本の労働者派遣制度においてこうした差別を制度の適用のあらゆる場面から全面的に排除する差別禁止規定は存在しないし、2018年法においても、この課題は置き去りにされた。登録型派遣労働者は、妊娠出産によって職を失い、職がないから出産しても子どもを預けられない、預けられないから働けないという、およそ登録型派遣を承認した趣旨とはまったく相容れない日常に直面させられている。妊娠・出産は性別役割・性差別の根源であり、それだからこそ女性差別撤廃条約は制裁を課して差別を禁止するよう求めているのである。これにILO181号条約と前記勧告をふまえると、雇用平等の基盤として登録型派遣を禁止すること、差別を構造化した基準（雇用管理を区別する差別的な要素）を撤廃することが喫緊の課題である。また、協定賃金モデルのジェンダー格差に挑戦するには、性中立的客観的な職務評価の適用が不可欠となっていることにも留意すべきである。労働者派遣制度における複合的差別の根絶を図るるには包括的差別禁止立法が不可欠である。そして、労働者派遣制度は、これまで無視されてきたジェンダーに基づく視点にたって問題を抽出し、全面的に見直すことが求められている。

韓国の雇用における性差別禁止法の実効性を目指して

盧　尚憲

はじめに

　韓国では、1948 年に「制憲憲法」が平等権を保障した。その憲法の下、雇用における性差別禁止法としては、1953 年 5 月 10 日に制定された「勤労基準法」5 条（現行 6 条）が、「使用者は、勤労者に対して男女の性別を理由として差別的取扱いをすることができず、国籍、信仰または社会的身分を理由として勤労条件に関して差別的取扱いをすることができない」という定めをおき、現在に至っている。このように、韓国における雇用上の女性保護規定は、憲法と勤労基準法に基づき、日本とほぼ同様の法システムとして整えられて、出発した。

　1960〜70 年代、いわゆる韓国の開発独裁時代には、労働条件は劣悪な状態であった。男女労働者はともに、低賃金・長時間労働など過酷な労働条件下にあったため、労働における最優先課題は、労働条件の改善であった。労働運動は、労働条件の改善をめざして労働組合組織の強化・維持を最優先課題としてきたため、女性の人権という視点からは重要課題と位置づけられる母性保護や男女差別の禁止、さらにはセクシュアル・ハラスメントの防止等、女性労働関係法制の整備については、ほとんど注目することがなかった。

　1980 年代には、韓国国内の民主化と産業化が進展し、高学歴女性の社会参加や男女平等を追求する女性運動が活発化した。国連は 1975 年を「国際婦人年」とし、1979 年には女性差別撤廃条約を採択した。国連による加盟国への条約批准と履行要請が追い風になって、韓国でも女性に対する政策が目立つようになった。その結果、韓国は、1984 年 12 月 18 日、国連の女性差別撤廃条約を批准した。その後、1987 年の憲法改正のときには（現在の韓国憲法）、女性労働者は特別な保護を受けながら雇用・賃金と労働条件の不当な差別を受けることはなく（32 条 4 項）、国は女性の福祉と利益の向上のために努力する必要があり

（34 条 3 項）、国は母性の保護のために努力する必要があるという規定（36 条 2 項）が、それぞれ新設された。このような背景の中で、男女雇用平等法（以下「雇平法」）が 1987 年 12 月 4 日 に成立し、1988 年 4 月 1 日 から施行された。この時点で、憲法を頂点とする雇用における性差別禁止法制の第一ステージが[1]、韓国においても完成したといえる。

　性差別禁止法制は、それぞれの国の法制度全般や立法にいたる政治的・社会的背景の違いに応じて異なるものであるが、韓国の場合には、日本の性差別禁止立法をある程度モデルとしてきた経緯がある。実際、日本と韓国の性差別禁止法を比較すると、募集、採用から配置、勤務評価、昇進、賃金、解雇、辞職に至るまで、雇用の全段階にわたって差別を禁止している点に共通性がみられる。一方、施行から 30 年以上を経過し、幾度かの法改正を経て現在にいたっている韓国の性差別禁止法は、立証責任や差別からの救済手法などに関して、日本法[2] との間においていくつかの相違点を有している。本稿は、韓国と日本の雇用における差別禁止法制を比較して両国の具体的な法規定の異同を確認した後、実際の裁判事案を通じて性差別の立証や救済について比較法的な検討を行おうとするものである。特に、同一労働同一賃金や間接性差別禁止に関する日本の法理を念頭に置きながら、韓国の雇用における性差別禁止法の課題についても明らかにして、性差別禁止法の実効性を高めるためにはいかなることが必要であるか、検討することにしたい。

一　性差別禁止立法の現状

1　概観

　韓国の雇平法は、憲法の平等理念に基づき、雇用における男女の平等な機会及び待遇を保障 する一方、母性を保護し、女性の職業能力開発及び雇用促進を支援することにより、労働における女性の地位の向上と福祉の増進に貢献することを目的として、1987 年に制定された。本法は、募集、採用、教育、配置、昇進、定年における女性差別を禁止し、女性の婚姻・妊娠・出産を退職の理由

---

1) 浅倉むつ子『均等法の新世界——二重基準から共通基準へ』有斐閣選書、1999 年、参照。
2) 日本の「雇用の分野における男女の均等な機会及び待遇の確保等に関する法律」を指す。

とする労働契約の締結を禁止する。また、性差別など本法にかかわる紛争の処理に関しては、労働者・使用者および公益の三者代表で構成する「雇用問題調整委員会」という行政機構を6か所にわたる地方労働庁に新設し、調整を通じて迅速に処理する行政的救済制度を設けた。さらに、女性労働者が育児休職をとることや職場保育施設を優先的に利用できるようにした。

しかしながら1987年法制定当時の韓国は、大統領選挙の直前であり、1985年に制定された日本の均等法を参照しつつ、法案提出から議決までわずか1か月間という短期間の審議によって国会を通過させたという事情があった。特に、この法には「同一労働同一賃金」原則や差別に関する定義規定がなく、また、女性のみが育児責任を有することを前提とする伝統的な性別役割分業に基づく規定内容もあり、勤労女性に対する福祉法としての限界性から、本法の実効性は疑問視されていた。国民の期待に応えることなく拙速に制定された雇平法に対しては、このように批判が強かったため、同法の施行直後であった1989年に、再度の法改正が行われることになった[3]。

1990年から2000年初頭にかけて、女性たちから法改正に向けた活発な運動がなされた結果、「間接差別」概念が導入され、それを具体化する条文がおかれた。また、職場内セクシュアル・ハラスメントを禁止する規定、育児休職の対象者の範囲の拡大、育児休職期間中の解雇禁止規定が新設された。さらに差別禁止領域が拡大され、家庭責任に関する多様な支援措置が規定されることになった

2007年の全面的な法改正によって、法律名は「男女雇用平等法」から「男女雇用平等と仕事・家庭両立支援に関する法律」に改訂され（略称は、そのまま「雇平法」という）、男女労働者の家族生活をサポートするための国家と企業の責任を明らかにして、より多様な支援制度を設ける法律になった。具体的にいえば、募集・採用から解雇まで雇用の全てのプロセスで発生する性差別が禁止されており、セクハラは労働権を侵害する違法行為として明文化され、また事業主に対しては、セクハラ防止義務ならびにセクハラが発生した時に講ずべき対策が義務付けられた。法改正におけるより大きな変化は、少子化対策としての妊婦の保護と仕事・家庭の両立支援であった。配偶者出産休暇制度、育児

---

3) 金엘림「여성노동관계법60년사의 성찰（女性労働関係法60年史の省察）」労働法学47号（2013年）71頁。

期の労働時間短縮制度、家族の世話のための休職制度などが導入され、さらに休職制度が整備されて、育児休職を取得する際の条件の緩和や育児休職手当が拡大された。

2　差別の禁止

雇平法は、「『差別』とは、事業主が勤労者に性別、婚姻、家族の中での地位、妊娠又は出産等の理由により、合理的な理由なく、採用若しくは勤労の条件を異って取扱い、またはその他の不利益な措置を行う場合（事業主が、採用条件又は勤労条件を同一に適用していたとしても、その条件を充足できる男性または女性が他の性に比べて顕著に少なく、それにより特定の性に不利益な結果を招き、その条件が正当であることを証明できない場合を含む。）をいう。ただし、次のいずれか一つに該当する場合は除く。①職務の性格に照らして、特定の性がやむを得ず要求される場合、②女性勤労者の妊娠・出産・授乳等母性保護のための措置を行う場合、③その他のこの法律又は他の法律により積極的雇用改善措置を行う場合」と規定する（2条1号）。

この定義で示されるように、差別してはならない理由は「性別」に限定されず、婚姻、家族の中での地位、妊娠又は出産までが含まれており（これらの事由を「性別等」とする）、通常、この条項の括弧以外の部分を、性別等を理由とする直接差別を禁止する規定という。直接差別は、差別禁止事由と差別的取扱いの間に直接の関連性があることをいい、差別をする側の主観的な意思を伴うために、「理由として」「故をもつて」等の文言が用いられている。

また括弧の中に規定されている定義は、性別等の事由に関する「間接差別」規定といい、特に銀行系企業などに導入されているいわゆるコース別（複線形）雇用管理制度においては、直接差別の概念によっては有効な差別の救済が難しい、という問題意識から新設された条文である。さらに「合理的な理由」や「正当化される場合」に該当して差別とはみなされない例外として、三つの場合が挙げられている[4]。

このように雇平法は包括的な差別禁止規定をおきながら、募集・採用（9条）、賃金（8条）、賃金以外の金品等（9条）、教育・配置および昇進（10条）、定年・解雇（11条）という全ての雇用段階における差別を禁止している。各段階

4）これは、真正職務要件（Bona Fide Occupational Qualification）といえる規定である。

で禁止されている差別の概念は、差別の定義規定に基づいて解釈される。

3 同一価値労働同一賃金の原則[5]

(1) 同一価値労働同一賃金原則の明文化

　先に言及したように、1987年に制定された雇平法が施行直後から改正を迫られた直接的な理由の一つは、賃金差別について沈黙していたことである。このように、重要な賃金差別に関する禁止規定が、当初、雇平法において定められなかった理由は、日本の場合とは異なるものであったといえよう。日本の労働基準法は、「均等待遇」（3条）と「男女同一賃金の原則」（4条）[6]を明確に分けて規定しているため、「均等法」において重ねて「男女同一賃金原則」を規定する必要はなかったといえる。しかし韓国の場合は、日本の労基法を継受した「勤労基準法」では、それらは一つの条文であって、「性別、国籍、信仰または社会的身分を理由として勤労条件に関して差別的取扱いを禁止する」という規定が設けられていた。すなわち韓国の場合には、労働法上、「同一労働同一賃金原則」を明文化した条文は存在しなかったのである。このことを見過ごして、雇平法において「同一労働同一賃金」の規定をおかなかったことは重大な欠陥であって、日本の均等法を拙速にコピーした結果だという強い批判がなされた[7]。もちろん、「勤労基準法」上の均等処遇の原則は、当然に賃金差別の禁止も含むものであるため、仕事に応じて賃金を支払うという同一価値労働同一賃金の原則を含むという解釈もある。しかし現在まで、勤労基準法上の均等処遇規定に基づいて、実質的に類似する労働に対しては同一賃金の支払義務があるという解釈が、裁判所において採用されたことはなかった。同条が定める差別理由に関連して、仕事や雇用形態の違いを理由に同一賃金を支給しないことが均等処遇原則に反すると認められるかという問いに関しては、そう簡単には認められないであろうと懸念されている。

　1989年の法改正において明文化された条文は、①事業主は、同じ事業内の

---

5) 裁判例の流れについては、金善洙「韓国における同一価値労働同一賃金」西谷敏ほか編著『労働法の基本理念』旬報社、2014年、217頁以下を参照されたい。
6) 本条が男女同一価値労働同一賃金原則までも含むのか否かは争いのあるところであるが、同一価値労働に従事する男女間の賃金格差を同条違反と判示した、京都ガス事件・京都地判平成13.9.20労働判例813号87頁が存在する。
7) 白井京「韓国の女性関連法制―男女平等の実現に向けて」外国の立法226号（2005年）112頁。

同一価値の労働に対しては同一賃金を支給するものとする、②同一価値労働の基準は、職務遂行に要求される技術、努力、責任および労働条件等とする、③賃金差別を目的として事業主によって設立された別の事業は同じ事業とみなす、と定める雇平法6条の2である。さらに2007年に全面的な法改正が行われたとき、2項の後段に「事業主がその基準を定めるときには、第25条による労使協議会の勤労者を代表する委員の意見を聴かなければならない。」という文言が追加され、職務評価に労働者の意見が反映されるように規定がなされた（現行8条）。このような事情から、韓国の雇平法上では、賃金（8条）と「同一価値の判断を必要としない」賃金以外の金品等（9条）を区分して、差別の判断を行うようになった。

雇平法に則って定められた「男女雇用平等業務処理規定」（以下「処理規定」）5条6項では、雇平法8条の同一価値労働同一賃金原則に反する取扱いの類型を、次のように示している。①女性の賃金は一般的に家計補助的という固定観念に基づいて、同じ職務の男性よりも少ない賃金が支払われる場合。②労働の質・量などに関係なく労働者の生活補助的・福利厚生上の金品（家族手当・教育手当・通勤手当・キムジャン手当など。但し、賃金の範囲に含まれるものに限る）を支給する際に、性別を理由として差別する場合。③基本給・号俸の算定・昇給などに関して、性別により異なる基準を適用するために賃金の差別が生じている場合。④母性保護などのために女性労働者により多くのコストがかかるという理由から、女性の賃金を低く設定する場合。⑤兵役済みの者に対して号棒を加算する場合において、その加算の程度が兵役期間を上回るか、または免除者や兵役につかなかった男性にも号棒加算を適用して支給する場合。⑥女性が大半を占める職種の賃金を、合理的な理由なしに他の職種の賃金より低く支給する場合。⑦その他合理的な理由なしに同一価値労働について男女の賃金に差をつけて支給する場合。

一方、「処理規定」5条7項は、①比較される男女労働者が同じまたは類似した仕事に従事しているとしても、当該労働者間の学歴・経験・勤続年数・職級などの違いが客観的・合理的な基準として定められ、その基準に基づいて差異のある賃金が支給されている場合。②職務給・能率給・能力給などにおいて比較される男女労働者の間に、能力または業績上の格差が具体的・客観的に存在することによって、賃金支給に差異が生じている場合には、賃金に関する性差

別には当たらない、と規定している。

1989 年の雇平法改正によって同一価値労働同一賃金規定が新設された後、同条に違反するかどうかを初めて争った事例は「延世大学校の清掃員事件」[8]である。1990 年 9 月、延世大の女性清掃員 3 名は、同じ大学の男性防護員と実質的に同じ労働をしたにもかかわらず、最低賃金にも満たない低賃金を受け取ったと主張して、男性防護員らとの賃金の差額を請求する民事訴訟を提起し、社会の関心を引いた。ソウル西部地方法院は、日雇職である清掃員の仕事と正規の従業員である男性防護員の仕事は、担当する業務の性質や内容、責任の程度、作業条件等に照らして同一価値労働であるとはみなしえない、と判断した。この判決については、技術、努力、責任および労働条件の意味について法律が具体的に規定していない状況において、その解釈を示したという点では意味があるものの、採用の方式や通常の業務内容の違いのみを重視しており、四つの基準に基づいて具体的に職務を分析することはなかったという点に、批判が集中した。

この敗訴判決の影響によって、その後、女性労働者たちは男女同一価値労働同一賃金に係わる訴訟を次々と断念するに至り、その後約 10 年の間、賃金差別訴訟が提起されないという状況がもたらされた。そのような中で、2001 年に、タイル製造工場であるハンギル社の女性労働者が、就業規則に基づいて、性別により異なる日給を支給されたと主張して、事業主を「男女雇用平等法」違反で訴えるという事件が発生した。

この事件については、大法院が、同一価値労働同一賃金の原則に関して韓国で初めての判断を下して、使用者の刑事責任を認めることになった。すなわち大法院[9] は、「男女労働者が遂行する仕事の性質や機械の操作の有無の点で多少の違いがあり、作業工程によっては男性労働者が重い物を運搬し処理するなど、女性労働者よりも多くの体力を消耗する作業に取り組んだことは事実であるが、とはいえ、男性労働者の作業が一般的な生産職の労働者に比べて特に高度な労働強度を要するものであったとか、新規採用される男子労働者に機械の

---

8) ソウル西部地方法院 1991.6.27 宣告 90 가단 7848 判決。
9) 大法院 2003.3.14 宣告 2002 도 3883 判決。

操作のために特別なスキルや経験が求められるわけではないことからすれば、原審が認めるような程度の違いのみでは、男女間の賃金の差別的な支給を正当化するのに十分な『技術』と『努力』上の違いがあると見ることはできない」と判断した。この判決は、同一価値労働同一賃金に関する国内外の立法や法理を分析し、その積極的な流れに沿って「同一価値労働」の概念や判断基準を定立し、具体的な事例においてそれらを適用したものであり、その意義は大きいと評価されている。

　大法院は、「同一価値労働」について、「当該事業所内において互いに比較されるのは男女間の労働が同一または実質的にほぼ同じ性質の労働、また業務内容は多少異なっているものの、客観的な職務評価等によって本質的に同じ価値があると認められる労働に該当するものであることを意味し、同一価値の労働であるかどうかは、同条2項の所定の職務遂行に必要となる『技術、努力、責任および労働条件』を始め、労働者の学歴・経験・勤続年数などの基準を総合的に考慮して判断すべきであり、『技術、努力、責任および労働条件』は、当該職務が要求する内容に係わることを意味し、『技術』とは資格証、学位、得られた経験などによる職務遂行能力やスキルの客観的なレベルをいい、『努力』とは肉体的および精神的労力、作業遂行に必要な物理的および精神的な緊張、つまり労働の強度をいい、『責任』とは業務に内在する義務の性質・範囲・複雑性、事業主が当該業務に依存する度合いをいい、『作業条件』とは騒音、熱、物理的・化学的な危険性、孤立、寒さや暑さの程度など、当該業務に従事する労働者が通常的に直面する物理的な作業環境をいうものである」と判示した。

　この大法院判決の影響により、女性労働者は、男女の賃金差別に関わる訴訟を次々と提起するようになった。その結果、楽器製造の生産工場で発生したコルテック事件に関して、ソウル高等法院は、上記の大法院の判例法理に基づいて、技術、努力、責任、労働条件のそれぞれを確認する方法を採用したが、男女間の役割分担によってこれらの違いはあったとはいえ、女性が機械操作をする場合もあったこと、男性労働者の作業は一般的な生産職の労働者に比較して特別に高度な労働強度を要するものとは認められていない点などを挙げて、男女の労働を同一価値労働と認めたうえで、使用者に対して、差別がなかったら受け取るべき適正な賃金と実際に受けた賃金との差額の損害賠償責任を認めた。本件ではさらに、差額分の賃金請求権を原告に認めうるか否かが問題になった。

同法院は、憲法の平等の理念と憲法32条、勤労基準法6条と15条を根拠にして[10]、雇平法8条に反して同一価値労働について男性労働者よりも少ない賃金が支給される原告の労働契約は無効になり、原告は、被告会社に対して、差別された賃金相当額を直接請求することができるとの判決を下した[11]。

　これに対して、最近の大法院の二つの判決は、男女間の労働を「同一価値労働」と認定しなかった。まずTDK事件では、男性正社員と女性の非正社員の労働が同一価値労働かどうかが争点になった。法院は、塑性作業を遂行する男性労働者の職務は、特定の資格を必要としないために現場教育を受けるだけで十分であり、その点で、原告の女性労働者と技術面では違いはなく、作業条件にも違いはない、と判断した。しかし、仕事自体は明確に区別されており、製品の生産においては塑性工程が非常に重要であり、ミスが発生した場合に生産を混乱させる程度は男性作業員の業務内容のほうがはるかに大きいことなどから、努力と責任の面では両者は異なっている、とみた。一方、女性労働者と、包装や積載をする男性労働者とを比較した場合、両者は技術や労力面では異ならないが、男性労働者はこの一連の業務をすべて遂行するのに比べて、原告の女性労働者は中間作業のみを遂行することから、責任の面で異なるということを理由として、両者が同一価値の労働を遂行しているとは評価できない、と判断した。

　もう一つの大法院判決は、曉星繊維会社事件であった。当該会社は、機能職に男性労働者を、生産職に女性労働者を採用していたが、女性を五つの工程のうちの三つの工程のみに配置して、男女の業務内容が異なっていることを理由として、賃金・昇給・昇進において、女性労働者を相当程度、不利益に扱っていた。原告の女性労働者は、自分たちが仕事をする工程で作業する男性労働者のみが比較対象であると主張した。しかし法院は、性別によって職務を分離した使用者の行為について判断することなく、男性労働者が全ての工程へ配置されていることを考慮すると、比較対象者は特定の工程の男性労働者ではなく、全ての工程に従事している男性労働者であるべきだと述べた。そして、女性労働者が就労している工程では、たしかに男性労働者と女性労働者の職務は同一

10）この判決で賃金差額請求権を認めた法的仕組みについては、労働基準法13条の強行的・直律的効力に基づいて賃金差額請求権を認めた日本の裁判例（秋田相互銀行事件・秋田地判昭和50.4.10、三陽物産事件・東京地判平成6.6.1）と類似している。
11）ソウル高等法院2010.11.26宣告2010 나90298判決。

価値と評価されうるものの、別の工程で働く男性労働者を含めて比較すると、両者の労働が同一価値であるとみるのは難しい、と判示した。以上のような状況に照らせば、裁判において「同一賃金」を認めさせることはかなり難しくなっていると言わざるをえない。

(3) 「同一価値労働」の判断の問題点

以上のような「同一価値労働」を判断してきた裁判例を整理してみると、実際には「同一労働」または「類似の労働」に該当するか否かが問題にされてきたように思われる。韓国では未だに、業務内容が完全に異なる一方で、その価値の面で同一である場合を含むような、本来の意味での「同一価値労働」が認められた事例はなかったといわねばならない。そもそも「同一労働」同一賃金の原則は、例えば男女の運転手や同じ生産ラインで働く男女の生産職の労働者のように、男女が同一または実質的に同一の労働をしている場合に同じ賃金を支給しなければならない、ということである。これに対して「同一価値労働」同一賃金の原則は、調理師と運転手という「異なる」職務に従事している男女についても同一の賃金を支給することを要請する。すなわち、たとえ男女の仕事の内容が同一または類似とはいえず異なる業務であるとしても、当該原則はその男女間に適用されるのであって、このことに意義がある。当該原則は、「同じ労働」に従事する男女を対象とするのではなく、「比較可能な価値」をもつ異なる労働に従事する男女を対象とするものである。

男女の労働が「同一価値労働」と認定されたハンギル社事件とコルテック事件は、同じ事業場内で男性と同じ職務を担当する女性労働者について異なる賃金を支給した「直接差別」に当たると考えられる。これらの事案では、被告会社の就業規則には性別によって賃金が決定されるという規定があり、この就業規則の存在が大法院の判断に大きな影響を及ぼすことになったことが伺える。したがってこれらの事案は、「職務の価値ではなく、性別によって賃金が決定されたことが明確な事例」である、と評価されている[12]。

一方、同一価値労働同一賃金の規定を巡る初めての争いであった延世大学事件では、大学の清掃員と防護員の職務が比較されたのであり、外形上、本来の

---

12) 具美英「임금차별의 판단과 사법적 구제（賃金差別의 判断과 司法的救済）」法学論考40輯（2012年）752頁。

意味での「同一価値労働」該当性が問題になった事案であったようにみえる。しかしこの事件では、原告の女性清掃員は、防護員が清掃の仕事をしていることから女性清掃員と同一価値労働であると主張したが、法院は、清掃業務のみを担当する防護員がいないという事実に基づいて、採用の方法や通常の業務内容が異なることを理由に女性労働者の主張を退けたのであって、「同一労働または類似労働」であるか否かが判断の決め手になったものである[13]。すでに検討した最近の大法院の二つの判決も、そのような判断を踏襲していると考えられる。

　上記に検討したことを整理すると、大法院の判決に対しては、次のように批判できる。すなわち、男性労働者と女性労働者が「同一労働または類似労働」に従事していない構造的間接差別が存在する場合には、職務の同一性にとらわれるべきではなく、両者の職務の形式や内容には物理的な違いはあるとしても「実質的に同じ価値がある」と認められるときには「同じ賃金」を支給するべきということが、本来の「同一価値労働同一賃金原則」でなければならない。そのためには、職務の価値評価を介在させうる事案であるか否かを明確にする必要がある。ところが、大法院は、男性労働者と女性労働者の間の労働の価値性を判断するとき、「実質的に同一価値の労働に従事し」ていたと述べながらも、これが（狭義の）「同一価値労働」に該当する「価値判断」事例であるのか、それとも「同一労働または類似した労働」であるか否かの「比較」について述べているのかを明確にしておらず、なお曖昧な立場を採っている。このことが問題であるといえよう。

4　間接性差別の禁止

(1) 間接性差別禁止の明文化

　雇平法上の間接性差別に関する規定は、1999 年 2 月 8 日の法改正において初めて導入され、2001 年の法改正において、より具体的に定義された。雇平法が制定されて以降、直接的で露骨な性差別が禁止されることになったため、当時から、女性労働者の割合が高い銀行系の企業などでは、次々と「新人事制度」が導入されるようになった。このことが間接性差別の禁止規定の明文化を促し

13）沈載珍「韓国の男女雇用平等法——性別等による差別の禁止と職場内セクハラの禁止を中心に」労働法律旬報 1911 号（2018 年）26 頁。

た原因であった。したがって、韓国で「間接性差別」の事例の説明としてよく挙げられるのが[14]、日本の「コース別雇用管理制度」である[15]。韓国法上、間接性差別が成立する要件としては、日本と同様に、①直接性差別とは異なり外見上（形式上）中立的（平等）に扱うこと、②特定の性に不利益な結果が存在すること、③その不利益な結果を正当化する合理的な理由がなかったこと、があげられる。

　「処理規定」4 条などは、間接性差別に該当する事例を、以下のように規定している。募集・採用においては、①学歴・キャリアなどの資格が同等であるにもかかわらず、特定の性が別の性より低い職級・職位に多く採用されたり、不利な雇用形態として採用されることが多い、という場合、②採用の機会を制限する目的で、職務遂行上は必ずしも必要ではないが、特定の性の者にとってそれを充足することが困難な条件を採用条件に付する、という場合、③面接の過程において、客観的な基準によらず特定の性の者が不利に扱われるような場合、と規定している。また教育・配置においては、①一定の職務の配置から特定の性を排除する、あるいは特定の性を偏重して配置するという場合、②職務遂行上、不可欠な要件や業務の特殊性に基づくことなく、一定の職務への配置を行う際に、同じ学歴・資格として採用したにもかかわらず、特定の性を主に基幹業務に配置し、他の性を本人の意思とは無関係に、典型的な補助業務に配置するというような場合、などを定めている。昇進については、①特定の性の職級や職位の段階をより細かく区分することによって、その結果、昇進の遅れを招き、不利な結果をもたらす場合、②昇進の客観的基準となる勤務評定などにおいて、特定の性に対して不利益な評価をもたらしやすい項目を置く場合、などを規定している。退職・解雇に対しては、①大多数が女性であるような職種の定年を、合理的理由もなしに他の職種より早めるという場合、②整理解雇に当たって、合理的な理由なしに、女性を優先的に解雇する場合、などを挙げている。

　しかしながら、これらの規定が実際にどのように適用されるのかという研究は、未だに不十分である。どの程度の不平等な結果が生じる場合にそれを間接

---

14) 李秉旭「여성고용에서의 간접차별에 대한 실효적 규제를 위한 법적 규율（女性雇用における間接差別に対する実効的規制のための法的規律）」労働法学 17 号（2003 年）35 頁。
15) 日本の「男女別コース制」については、浅倉むつ子『雇用差別禁止法制の展望』有斐閣、2016 年、82 頁以下を参照されたい。

性差別と見なすべきかという問題は、なお解決されずに残っている[16]。

（2）裁判例と現状

2001年に間接性差別規定が明文化されてから現在までの間に、明示的に同規定に基づいて判断を行った裁判例は未だ見当たらないという見解も一方にあるが[17]、多数説は、以下に述べる事件を、定年における間接性差別事案として解釈しうると考えている。以下、当該事案について検討しておこう。

1985年に、原告の女性労働者が採用されたとき、被告会社の人事管理規則によれば、行政職5級と6級の学歴要件はすべて高校卒業以上とされていた。しかし実際の採用にあたっては、行政職6級には主に高卒の女性を、行政職5級には高卒または大卒の男性を、それぞれ採用・配置していた。また会社では、職級により差異のある定年を採用していた（5・6級は40歳、4級は45歳、3級は50歳、2級は55歳、1級は60歳）。1986年、会社は行政職6級を廃止し、その代わりに「常用職」を新設して、全ての行政職6級の女性社員をここに配置した。これによって従来行政職であった女性は「昇進のない常用職」となり、女性社員が昇進する機会は失われた。なお、会社は、1996年には「常用職」を廃止し、「常用職」全員をそのまま行政職6級に戻したのである。そのため、5級で採用された男性社員は2〜3年も経てば4級に昇進することになるが、女性社員が一つ上の役職へと昇進するには15年以上かかることになり、女性は5・6級として勤務する間に40歳の定年を迎え、退職を余儀なくされた。原告は、本件の職級別定年制は、外見上は性中立的にみえるかも知れないが、実際には女性に不利に作用するものであって、間接性差別にあたる、と主張し、裁判所が、労働法の専門家を証人として召喚して質問を行うという事態が生じた。

この事件について大法院は、「本件の職制改編措置は、合理的な理由なく行政職6級である女性労働者らのみに不利となるように昇進を制限しており、これが差別的な扱いをしたものであると（原審が）判断したことは正当であり……」、「常用職の廃止によって行政職6級に戻った女性労働者の職級を定めるとき、勤続期間を考慮し、勤続年数に相応しい職級を付与することによって、

16）崔允姫「현행 남녀고용평등법의 간접차별 규정에 대한 비교법적 고찰（現行男女雇用平等法における間接差別規定に対する比較法的考察）」比較私法32号（2006年）651頁。
17）沈載珍・前掲注13）27頁。

韓国の雇用における性差別禁止法の実効性を目指して　141

10 年間の常用職に留まって昇進の機会を奪われた女性労働者の不利益を取り除くなどの必要があったにもかかわらず、何の対策もなしに常用職労働者全員をそのまま 6 級に戻すことによって、従前の昇進における不利益性が解消されないまま、昇進規定や職級定年規定を適用され……、常用職は廃止されたが、行政職 6 級の女性労働者の昇進における不利益は残存したものである……」「被告の職級定年制に関する規定を一律のものとして適用するならば、行政職6 級から常用職へ編入されて 10 年間昇進が制限された状態において再度行政職6 級に再編成された女性労働者の場合には、低い職級において早期の定年を迎えるという事態が生じることは明らかであるから、被告がこれらの女性労働者らに対してまで早期定年となる職級定年制の規定をそのまま適用することは、著しく合理性を失った対策として無効である……」と判断した[18]。

　原審の判断をそのまま認容したこの大法院の判決については、さまざまな評価が可能であるが、もっとも重要な争点は、本件を間接性差別と解すべきかどうかという点である。判決は、「合理的な理由なく行政職 6 級である女性労働者のみに不利となるように昇進を制限する」ものとして、「常用職」を位置づけつつ、それを廃止する再編成について検討するとき、過去から重ねられてきた配置差別に対策を講じることなく中立的な職級定年制を適用することが女性に不利益に作用するものと認めるのであり、その点ではたしかに、間接性差別を認容した判断であるといえる。このような観点でみれば、本件判決は、明確な性別分離のみを雇用法違反として認めてきた韓国の法院の伝統的な傾向を克服して、差別概念の解釈を積極的に展開しようとした判断として評価できるのではないかと考えられる。

　しかし、この大法院の判決が出て 12 年以上が経つにもかかわらず、雇用上の間接性差別を巡って裁判で争われる事案は殆どみられない[19]。したがって、韓国における間接性差別に関する研究は、自国の判例分析を通じて行われているわけではなく、アメリカ・イギリス・欧州連合の判例紹介や日本における間接性差別をめぐる理論の紹介にとどまり、それらから得られる示唆について検討することに限られているのが現状といわねばならない。

18）大法院 2006.7.28 宣告 2006 두 3476 判決。
19）とはいえ、「障害者差別禁止及び権利救済等に関する法律」上の間接差別については裁判で争って、それが認容された事例が出た（ソウル高等法院 2017.12.5 宣告 2017 나 2024388 判決）。

二　差別の立証と救済

1　立証責任の転換の意味

　韓国では、解釈上の直接差別と間接差別の射程は排他的ではないものの、アメリカやヨーロッパと同様に両者は区分されており、前者（直接差別）には差別的意図の証明が必要であり、後者（間接差別）には差別的意図の証明は不要だが統計上の不均衡の証明が不可欠とされている。すなわち間接差別の場合は、統計が差別の証明のために重要な役割を担うことになる。賃金の決定にあたっては、労働に直接関係する基準である職務内容、能率、技能、主観的判断によらない勤務評価が考慮される一方、年齢や勤続年数、学歴といった基準もまた、賃金決定にあたっての個別的・具体的判断においては選択されることがある。賃金差別の判断にあたり、男女の賃金に差異をもたらすそれら合理的理由の存在（正当化事由）についての立証責任は、使用者に配分される。すなわち韓国の雇平法は、アメリカやヨーロッパのように、正当化事由に関する立証責任を転換して、使用者に立証責任があると規定している（30条）。もっとも、立証責任の転換は非常に抽象的なもので、実際の訴訟に適用するには十分ではないという問題をなお抱えている。

　すなわち、立証責任は使用者に転換されるとしても具体的に規定がなされていないため、この条項の意味と適用方法については見解が分かれている。一部の見解は、法律条項の文言に則って、立証責任の完全な転換として解釈しており、労働者は主張責任のみを負担し、使用者がすべての要件の立証責任を負担すると解釈する。他方、このような解釈は韓国の訴訟法では不合理かつ適切ではないとして、労働者が差別の存在を推定できる程度の証明をする場合には、立証責任を使用者に切り替えることになる、と解する見解もある。後者の見解は、ヨーロッパなどで採用されている立証責任の分配の理論と同様のものであろう。

　裁判例 [20] には、「すべて立証責任が事業主等に分配されているというのは合理的でないだけでなく、公平性からしても相応しくないので、少なくとも不利

20）ソウル高等法院 2015.12.18 宣告 2015 나 2003264 判決。

益な措置が行われたという点は被害者である労働者が立証すべきであり、その不利益な措置をするようになった（性別以外の）他の実質的な理由があったという点については事業主などに証明責任があるとして、立証責任を割り当てることが妥当である」と述べるものがあり、これは、上記の2番目の意見と同じと考えられる。

2　救済

雇用上の性差別については、現在、①国家人権委員会への陳情による救済、②雇平法上の罰則規定による刑事的処罰、③雇平法に基づく民事的救済が、それぞれに可能とされている。前述した曉星繊維会社事件で、女性労働者は、法律上認められている3つの救済方法の全てを利用した。また、2001年雇平法改正以降は、自律的な苦情処理として、民間団体による相談支援、名誉雇用平等監督官制度等が設けられ、現在まで維持されている。

(1)　国家人権委員会

韓国では、雇用関係における差別は、「国家人権委員会法」によっても規律されている特色がある。この法律が定めている「平等権侵害という差別行為」の中に雇用関係における差別や職場内のセクハラなどの20の事由が示されている。他の領域における差別行為と同様に、雇用関係における差別やセクハラの被害を被った人々は、国家人権委員会に対して陳情を提起することが可能である。陳情によって、国家人権委員会は、被害に対する救済措置の履行、慣行の是正および改善勧告を行うことができる（44条）。実際に、性差別や職場内のセクハラについての国家人権委員会への陳情件数は相当数に上っており[21]、韓国では、雇用関係における差別の禁止や職場内のセクハラに関しては、雇平法と「国家人権委員会法」によって規制されることから、二重の規律体系であると評価される。ただし、国家人権委員会における勧告は法的拘束力を持たないために、殆どの事件は、差別として認められても単に勧告が出されるだけで終わってしまうことが多い。したがって、法的問題を争う場合に依拠しうる法

---

[21]　実際、国家人権委員会に対して2001年から2015年までに差別行為として陳情された件数20974件のうち、性を理由とするものは643件（3.1％）であり、セクハラは1985件（9.5％）に相当している。

として機能するには難しい、というのが現状の評価である。

(2) 民事責任

　韓国では、賃金差別が認定された場合には、労働者に「差額賃金請求権」あるいは「損害賠償請求権」が認められることになる。この点について整理しておこう。

　前述したコルテック事件のソウル高法判決は、本件は同一価値労働同一賃金に関する8条違反であるとして、差別され支払われなかった賃金相当額を会社に直接請求する権利があると述べて、差額賃金請求権を女性労働者に認めた。ソウル高法がこの判決の主な理由として示したのは、他の差別とは異なり、同一価値労働同一賃金規定は積極的・能動的義務として使用者に課されているという点であり、さらに、雇平法は労働基準法上の均等処遇の規定を具体化した法律であることも挙げた。このため、ソウル高等法院は、同一価値労働同一賃金の規定に違反して労働基準法が定める基準に達していない労働条件を定める労働契約については、当該部分に限り無効とし、無効となる部分については勤労基準法で定められた基準に従うものとした勤労基準法15条が適用になる、と判示したのである。これらについて会社は上告した[22]。この判決は上告審で維持されたものの、小額審判法で定める上告事由に該当しないという理由から上告は棄却されたため、大法院自体が「差額賃金請求権」の根拠などを判旨において直接に示すことはなかった。

　また、すでに検討したように、TDK事件・大判は、同一価値の労働ではないとして原告の上告を棄却したものの、同一価値労働同一賃金の規定に違反した場合の損害賠償について、改めて説示している。つまり「同じ事業内で勤務する男女労働者が提供している労働が同じ価値であるにもかかわらず、事業主が、合理的な理由なく、女性労働者に対して男性労働者よりも少ない賃金を支払う場合には、これは雇平法8条に違反する行為として不法行為を構成し、事業主は、賃金差別を受けた女性労働者が、このような差別がなかったとすれば受け取るべき適正な賃金と実際に受けた賃金との差額分の損害を賠償する責任がある」との判示である。このTDK事件・大判からは、同一価値労働同一賃金の規定に違反した場合の法的効力としての「差額賃金請求権」と「損害賠償請求

22）大法院 2011.4.28 宣告 2011 다 6632 判決。

権」について、大法院は「損害賠償請求権」を認めたものであると読み取れる。

(3) 刑事責任

　韓国雇平法の特徴の一つは、実効性を高めるために罰則が付いていることである。すなわち、性別等を理由とする使用者等の差別を禁止し、それに違反する場合には、刑事処罰を行うものである。また定年・退職および解雇からの差別禁止規定に違反する使用者は、5年以下の懲役又は3000万ウォン以下の罰金という重い罰を受ける（37条1項）。同一価値労働同一賃金規定の違反に対しては、3年以下の懲役又は2000万ウォン以下の罰金が科せられ（37条2項1号）、募集・採用、賃金以外の金品、教育、配置、昇進に対する差別については、5百万ウォン以下の罰金に処せられる（37条3項）。ところが、韓国の法院はこれまで、勤労基準法等の違反について「相当な理由がある場合」には「故意」を否定してきたため、法違反となるケースはきわめて少なかった。したがって、雇平法違反によって実際に刑事処罰が科された件数は、セクハラも含めてほんのわずかでしかない。

三　残された課題

　韓国では、雇平法の制定以来、間接差別の禁止、同一価値労働同一賃金原則、立証責任の転換などの諸規定が設けられてきたことから、雇用上の性差別禁止について、法が大きな役割を果たしてきた。特に同一価値労働同一賃金原則や間接差別禁止法理は、女性労働の価値を男性労働と同等のものとして評価させ、それらを認めさせる機運を作ったという意味で高く評価できる。しかしながら、雇平法は、労働市場における女性差別に該当する事案を具体的に明示して、それらを禁止するにとどまるものであり（もちろんそれ自体、評価できるものだが）、雇用平等の前提として行われるべき、性別役割分業の社会構造を解消する取り組みを伴うものではない。そのため、雇平法の背景にある考え方は、「比較可能な者を同一に扱う」という意味において男女に平等を保障することであって、それに反する「差別」を禁止するにすぎない。当然のことながら、現実に比較可能な状況にない男女が平等に処遇されることまでも求めるものではないのである。それゆえ、雇平法の解釈においても、「同一価値」や間接差

別の成否の幅は非常に狭くならざるをえない。

　性別役割分業を前提とする社会では、男性労働者との比較において女性労働者の労働の「同一価値」性が認められることは少なく、その結果、差別から救済される機会を奪われることになってしまう。そのような法的判断が重ねられれば、現状の不均衡な社会的関係は正当化されてしまい、かえって性差別が隠蔽され、固定化されることになりかねない。同一価値労働同一賃金の原則は、普遍的な両性平等社会を構築する積極的な労働政策の推進を基礎としてはじめて機能しうるものであることを認識すべきである[23]。

　また、韓国では、人権に関わる差別問題の救済機関は国家人権委員会であるが、一方、非正規労働者に対する雇用差別の救済機関は労働委員会である。すなわち男女差別、年齢差別、障害者などの差別に対しては、国家人権委員会が救済を担当している一方、労働委員会が、有期雇用労働者、短時間労働者、派遣労働者などの雇用における差別是正を担当している。このような二元的な救済機関のあり方は、行政の重複をもたらし、事務管轄においても混乱を引き起こしている。具体的には、差別的処遇を受けている非正規雇用の女性労働者は、労働委員会において非正規差別問題を争うが、性による賃金差別については労働委員会では争うことができないのである。たしかに、それぞれの立法に依拠して差別からの救済機関が設けられること自体は否定されるべきではないが、実際には、女性であることと非正規雇用であることは差別事由として重複する場合が多く、このことを考慮すれば、性差別禁止法の実効性を高めるためには、雇平法上の差別についても、強力な是正命令が可能である労働委員会において救済されるよう法改正がなされる必要があるのではないだろうか[24]。

23）浅倉むつ子・前掲注15）11頁以下参照。
24）盧尚憲「고용차별금지법과 차별시정제도의 법적 쟁점（雇用差別禁止法と差別是正制度の法的争点）」ソウル法学20巻3号（2013年）67頁。

第Ⅱ部

雇用社会と法

「女性のエンパワーメント」と「女性活躍推進」
——ジェンダー平等をめぐる違いから——

三成美保

はじめに

「ジェンダー平等（gender equality）」は、女性限定の課題ではない。ジェンダー（性別）にもとづくあらゆる差別や不利益の排除を目指すものである。「男らしさ」の規範からの男性の解放、LGBTI に対する偏見の排除、性別役割に基づく社会システム全体の改善、資源配分や教育・就業機会の性別不均衡の克服などはすべてジェンダー平等の課題に含まれる。

2010 年、のちの「国連女性機関[1]（UN Women = United Nations Entity for Gender Equality and the Empowerment of Women：ジェンダー平等と女性のエンパワーメントのための国連機関）」に含まれる一機関（国連婦人開発基金[UNIFEM]）が、「国連グローバル・コンパクト（UNGC）」と協力して、「女性のエンパワーメント原則（Women's Empowerment Principles = WEPs）」を提唱した[2]。これは、企業がジェンダー平等と女性のエンパワーメントを経営の核に位置付けて自主的に取り組むための国際的な行動原則である。

2013 年、日本では「女性活躍推進」が初めて政策用語として登場した（「日本再興戦略[3]」）。2015 年には女性活躍推進法も成立した。しかし、「女性のエンパワーメント」と日本の「女性活躍推進」は、同じではない。「女性のエンパワーメント」はジェンダー平等を柱として掲げるが、「女性活躍推進」はジェンダー平等という語を避ける。

---

1) UN Women http://www.unwomen.org/en
2) 内閣府男女共同参画局 http://www.gender.go.jp/international/int_un_kaigi/int_weps/index.html（2019 年 7 月 1 日最終閲覧。以下同じ）
3)「日本再興戦略」（2013 年 6 月 14 日）https://www.kantei.go.jp/jp/singi/keizaisaisei/pdf/saikou_jpn.pdf

このような違いはなぜ生じたのか。また、その違いから何を読み解くことができるのか。以下では、まず、国連を中心に国際社会の動向を概観し、次いで、国連が推進している「女性のエンパワーメント」と日本政府が掲げている「女性活躍推進」を比較して、最後に、ポジティブ・アクションの現在をまとめたうえで、ジェンダー平等をめぐる日本社会の課題を考えてみたい。

一　SDGs と「企業と人権」

1　SDGs

　1970 年代のフェミニズムの第二の波以降、欧米ではかなりの程度ジェンダー平等が達成された。しかし、世界全体を見ると、不利益は圧倒的に女性に偏る。「MDG アジェンダ（ミレニアム開発目標[4]Millennium Development Goals ＝ MDGs：2001-15 年）」は、「これまでの歴史で最も成功した貧困撲滅のための取り組み」と総括された。しかしそれにもかかわらず、「男女間の不平等が続く」とも指摘された。女性が、就業機会、資産、公私の意思決定において未だに差別に直面していること、女性は男性より貧困状態に置かれている傾向があること、国会議員に占める女性の割合は 5 人に 1 人にとどまっていることが改めて課題として確認されたのである[5]。

　MDGs を継承したのが、「SDGs（Sustainable Development Goals：持続可能な開発目標）」である。SDGs は、2016 − 30 年の国際的課題であり、そのスローガンは「誰一人取り残さない」とされた。SDGs は、17 の目標・169 のターゲットからなり、2030 年までに持続可能な社会を目指すとする。目標とされた 17 テーマは広範囲に及ぶ。①貧困、②飢餓、③健康、④教育、⑤ジェンダー平等、⑥水と衛生、⑦エネルギー、⑧雇用とディーセント・ワーク、⑨イノベーション、⑩不平等、⑪都市、⑫生産消費、⑬気候変動、⑭海洋・海洋資源、⑮生物多様

4)　MDGs では、8 つの目標と 21 のターゲット、60 の指標が掲げられていた。そのうち、ジェンダーに関わる目標は、第 3 目標「ジェンダー平等推進と女性の地位向上」であったが、第 4 目標「乳幼児死亡率の削減」や第 5 目標「妊産婦の健康の改善」も女性に深く関わる課題であった。
5)　『国連ミレニアム開発目標報告 2015——MDGs 達成に対する最終評価』2015 年 7 月 6 日。https://www.unic.or.jp/files/e530aa2b8e54dca3f48fd84004cf8297.pdf

性、⑯平和、⑰グローバル・パートナーシップである。

　MDGs が開発途上国の目標であったのに対し、SDGs は開発途上国も先進国もともに取り組むべき「普遍的なもの」とされる。日本は産官学をあげて積極的にこれに取り組んでいる[6]。

　日本政府の SDGs 実施指針（2016 年）では、八つの優先課題が示された。①あらゆる人々の活躍の推進、②健康・長寿の達成、③成長市場の創出、地域活性化、科学技術イノベーション、④持続可能で強靱な国土と質の高いインフラの整備、⑤省・再生可能エネルギー、気候変動対策、循環型社会、⑥生物多様性、森林、海洋等の環境の保全、⑦平和と安全・安心社会の実現、⑧ SDGs 実施推進の体制と手段である。「ジェンダー平等」のかわりに「女性活躍の推進」が①に位置づけられている。

　2018 年の SDGs 達成度では、日本の総合順位は高い。世界 156 ヶ国中 15 位であった。しかし、目標 5（ジェンダー平等）を含む五つの目標について、達成度が低い。とくに、女性国会議員比率の低さと男女賃金格差の大きさが著しい[7]。

2　「国連グローバル・コンパクト」と「ビジネスと人権に関する指導原則」

　「国連グローバル・コンパクト（UNGC）」は、1999 年の世界経済フォーラム（ダボス会議）でアナン国連事務総長（当時）が「人間の顔をしたグローバル市場」を提唱し、2000 年 7 月に国連で正式に発足した[8]。

　UNGC は、4 分野 10 原則からなる（表 1）[9]。

　日本では、UNGC のローカル・ネットワークとして、グローバル・コンパク

---

6) SDGs 達成の司令塔として内閣に「持続可能な開発目標（SDGs）推進本部」を設置（2016 年 5 月）、「持続可能な開発目標（SDGs）実施指針」（2016 年 12 月）を策定など。首相官邸「持続可能な開発目標（SDGs）推進本部」http://www.kantei.go.jp/jp/singi/sdgs/
外務省「ジャパン SDGs アクション・プラットフォーム」https://www.mofa.go.jp/mofaj/gaiko/oda/sdgs/about/index.html
科学技術と SDGs については文科省が取り組んでいる。、http://www.mext.go.jp/component/b_menu/other/__icsFiles/afieldfile/2018/06/06/1405921_001.pdf
7) Sachs, J., Schmidt-Traub, G., Kroll, C., Lafortune, G., Fuller, G. (2018): *SDG Index and Dashboards Report 2018*, New York, pp.248-249.　http://www.sdgindex.org/assets/files/2018/02% 20SDGS% 20Country% 20profiles% 20edition% 20WEB% 20V3% 20180718.pdf
8) http://www.ungcjn.org/gc/
9) http://www.ungcjn.org/gc/principles/

表 1　国連グローバル・コンパクトの 4 分野 10 原則

人権	原則 1：人権擁護の支持と尊重 原則 2：人権侵害への非加担
労働	原則 3：結社の自由と団体交渉権の承認 原則 4：強制労働の排除 原則 5：児童労働の実効的な廃止 原則 6：雇用と職業の差別撤廃
環境	原則 7：環境問題の予防的アプローチ 原則 8：環境に対する責任のイニシアティブ 原則 9：環境にやさしい技術の開発と普及
腐敗防止	原則 10：強要や贈収賄を含むあらゆる形態の腐敗防止の取組み

ト・ネットワーク・ジャパン[10]（GCNJ）が設立された。2019 年 5 月現在、317 企業・団体が正会員となっており、グローバル市場で活躍する大企業が多い。公益財団法人東京オリンピック・パラリンピック競技大会組織委員会（東京 2020 組織委員会）も 2018 年に加入した。

　2005 年、国連で「ビジネスと人権に関する国連フレームワーク」がまとめられた。中心となったのは、UNGC の設立にも大きな影響を及ぼしたジョン・ラギーである。この枠組みは、骨子を反映して「国際連合『保護・尊重・救済（protect ／ respect ／ remedy)』フレームワーク（枠組)」とも呼ばれる。すなわち、「人権侵害から保護するという政府の義務」「人権を尊重するという企業の責任」「人権侵害からの救済手段の重要性」を三本柱とするのである。「保護・尊重・救済」フレームワークは、2010 年の ISO26000（社会的責任に関する手引き）や 2011 年に改訂された OECD（経済協力開発機構）の多国籍企業行動指針にも取り入れられた[11]。

　2011 年、「ビジネスと人権に関する国連フレームワーク」は、国連人権理事会によって 31 の「原則（Principles)」に整理され、「ビジネスと人権に関する指導原則」としてまとめられた[12]。指導原則の一般原則は、次のように始まる。「この指導原則は次の認識に基づいている。(a) 人権及び基本的自由を尊重し、保護し、充足する国家の既存の義務、(b) 全ての適用可能な法令の遵守と人権

10）GC に署名した法人格を有する企業、団体ならびに地方公共団体を正会員とする。正会員数は 317 企業・団体（2019 年 5 月 29 日時点)。http://www.ungcjn.org/index.html

11）https://www.mofa.go.jp/mofaj/gaiko/csr/housin.html

12）https://www.unic.or.jp/texts_audiovisual/resolutions_reports/hr_council/ga_regular_session/3404/

尊重が要求される、専門的な機能を果たす専門化した社会的機関としての企業の役割、(c) 権利と義務が、その侵害・違反がなされた場合に、適切かつ実効的な救済を備えているという要請[13)]」。

「人権尊重」には、当然ながら、女性の権利尊重が含まれる。「人権デュー・ディリジェンス」(人権への負の影響を特定し、防止し、軽減し、どう対処するかという PDCA サイクル)では、ジェンダーによるリスクの違いに注意が促されている。

「指導原則」は、法的拘束力はないが、すべての国と企業が尊重すべきグローバル基準とされる。目下、多くの国で「ビジネスと人権に関する国別行動計画」が策定されている(日本は 2020 年半ばに行動計画を公表予定[14)])。

3　ディーセント・ワーク

SDGs 第 8 目標は、「すべての人々のための持続的、包摂的かつ持続可能な経済成長、生産的な完全雇用およびディーセント・ワークを推進する」である。「ディーセント・ワーク(Decent work：働きがいのある人間らしい仕事)」は、1999 年 ILO(国際労働機関)総会で初めて用いられた。

2008 年 ILO 総会では、「公正なグローバル化のための社会正義に関する ILO 宣言」が採択された。ディーセント・ワーク実現のための 4 つの戦略目標(①仕事の創出・②社会的保護の拡充・③社会対話の推進・④仕事における権利の保障)が掲げられ、ジェンダー平等は「横断的目標」としてすべての戦略目標に関わるとされた[15)]。SDGs 第 8 目標には、このような ILO の取組みが反映されている。

SDGs 第 8 目標でとくにジェンダーに関わるのは、三つのターゲットである。ターゲット 8.5「2030 年までに、若者や障害者を含むすべての男性及び女性の完全かつ生産的な雇用及びディーセント・ワークならびに同一労働同一賃金を達成する」。8.7「強制労働を根絶し、現代の奴隷制、人身売買を終わらせるための緊急かつ効果的な措置の実施、最悪の形態の児童労働の禁止及び撲滅を確保する」。8.8「移住労働者、特に女性の移住労働者や不安定な雇用状態にある労働者など、すべての労働者の権利を保護し、安全・安心な労働環境を促進す

---

13) 外務省仮訳　https://www.mofa.go.jp/mofaj/files/000062491.pdf
14) 日本の取組については、外務省を参照。https://www.mofa.go.jp/mofaj/fp/hr_ha/page22_001608.html
15) ILO 駐日事務所　https://www.ilo.org/tokyo/about-ilo/decent-work/lang--ja/index.htm

表 2　現代奴隷制の被害者数と被害率、類型・男女・年齢別

			強制労働の下位類型			強制労働計	強制結婚	現代奴隷制
			強制労働搾取	成人の強制による性的搾取と子どもの性的搾取	国家が課す強制労働			
世界		被害者数（千人）	15,975	4,816	4,060	24,850	15,442	40,293
		被害率（千人当たり）	2.2	0.7	0.5	3.4	2.1	5.4
性別	男性	被害者数（千人）	6,766	29	2,411	9,206	2,442	11,648
		被害率（千人当たり）	1.8	0	0.6	2.4	0.6	3.0
	女性	被害者数（千人）	9,209	4,787	1,650	15,646	13,000	28,645
		被害率（千人当たり）	2.5	1.3	0.4	4.2	3.5	7.7
年齢層	成人	被害者数（千人）	12,995	3,791	3,778	20,564	9,762	30,327
		被害率（千人当たり）	2.5	0.7	0.7	3.9	1.9	5.8
	子ども	被害者数（千人）	2,980	1,024	282	4,286	5,679	9,965
		被害率（千人当たり）	1.3	0.4	0.1	1.9	2.5	4.4

出所：「現代奴隷制の世界推計：強制労働と強制結婚」ILO、2017 年、日本語訳。

る」[16]。

　ターゲット 8.7 で取り上げられた「現代の奴隷制（強制労働、債務奴隷、強制結婚その他の奴隷制及び奴隷制に類する慣行や人身取引など）」、同 8.8「移住家事労働者」もまた、ILO が重点的に取り組んでいる課題である。

　SDGs ターゲット 8.7 に焦点を当てた ILO「2017 年現代奴隷制の世界推計[17]」（2017 年）によれば、4,029 万人が「現代奴隷制」の被害にあっている。うち 7 割（2,866 万人）が女性である。「現代奴隷制」のうち、強制結婚 1,544 万人（うち女性 1,300 万人）、強制労働 2,485 万人（うち女性 1,565 万人）であった。強制労働のうち、性的搾取は 482 万人、その 97％が女性（479 万人）であり、18 歳未満の子どもの被害は 100 万人を超えた（表 2[18]）。強制労働の種別には、明らかなジェンダー・バイアスがある。女性は、宿泊・飲食業と家事労働が多く、男

---

16) ILO 駐日事務所「ILO と持続可能な開発目標（SDGs）」 https://www.ilo.org/tokyo/WCMS_411160/lang--ja/index.htm
17)「現代奴隷制の世界推計：強制労働と強制結婚」2017 年、https://www.ilo.org/wcmsp5/groups/public/---asia/---ro-bangkok/---ilo-tokyo/documents/publication/wcms_615274.pdf
18) 同上、13 頁。

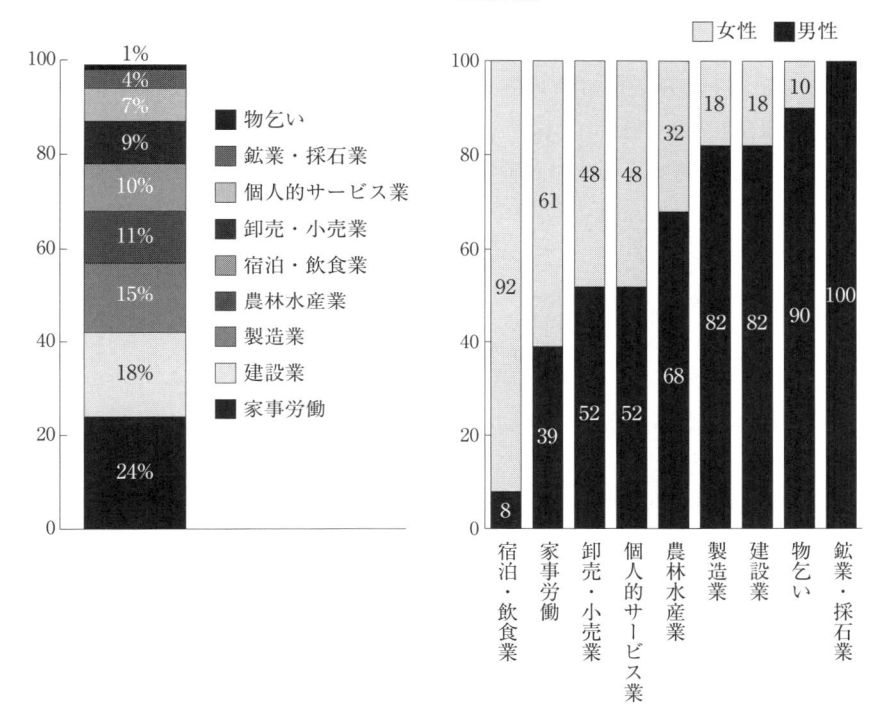

図1　強制労働搾取被害者の部門別内訳　　図2　強制労働搾取被害者の男女別内訳、経済活動部門別

注：(1) 上記の数字は、業種が明らかになっている強制労働搾取の事例に関するもの。業種に関する情報が得られるのは、強制労働搾取の事例全体の 65％。
　　(2) 物乞いを除き、業種分類は「国際標準産業分類第 4 次改訂」（大分類）に基づく。
出所：「現代奴隷制の世界推計：強制労働と強制結婚」ILO、2017 年、日本語訳。

性は鉱山・建設・製造業などが多い（図1、2[19]）。

　2018 年グローバル・コンパクトと SDGs ターゲット 8.8（移住労働者）および 10.7（移民政策）の達成を意図して作成された「国際移住労働者に関する ILO の世界規模の推計—結果と方法論[20]」（2018年）によれば、世界の移住労働者[21]は

---

19) 同上、26 頁。
20) *ILO Global Estimates on International Migrant Workers-Results and Methodology*, 2018, p. ix-x.
21) 「移住労働者」とは、「すべての移住労働者とその家族の権利の保護に関する国際条約」第 2 条で「国籍を有しない国で、有給の活動に従事する予定であるか、またはこれに従事している者」と定義されている。

1億6,400万人に上る。男性58%（2013年56%）、女性42%（2013年44%）で、男性のほうが多い。移住労働者の87%近くが25−64歳の働き盛りの年齢であった。

ILO『Social protection for domestic workers: Key policy trends and statistics（家事労働者の社会的保護：主な政策の傾向と統計）』（2016年）によれば、世界全体で6,700万人と推定される家事労働者のうち6,000万人が社会保障の適用をまったく受けていない[22]。家事労働者の68%がアジアおよび中南米で働いているため、社会保障が整っていないと言えるが、ヨーロッパ諸国でも差別的処遇がなされている。一般に、家事労働者は国内労働法による保護を受けにくい。賃金の不払いや超過勤務手当の欠如、長時間の重労働、不十分な休日、劣悪な生活条件、契約とその解除に関する問題が生じる傾向にある。

家事労働者の17%にあたる約1,150万人（うち4分の3が女性）は移住家事労働者である。彼らはいっそう大きな差別にさらされやすい。募集のさいの過剰な手数料はしばしば労働者に転嫁される。強制労働に近い労働条件や契約のすり替え、査証売買および苦情申立手続きの形骸化も深刻である[23]。

2011年、ILO家事労働者条約（「家事労働者の適切な仕事に関する条約」第189号）が成立した。しかし、日本はこれを批准していない[24]（2019年現在：ベルギー・ドイツ・イタリア・フィリピンなど批准28ヵ国[25]）。

4 「LGBTIの人びとに対する差別を撲滅するための企業行動基準」

EU（欧州連合）は、2000年のEU雇用一般均等指令で性的指向による差別を禁止し、2002年に改正されたEU男女均等待遇指令でトランスジェンダーの差別禁止を打ち出した。これらを受けてフランスでは2008年に差別禁止法が制定され、雇用領域における差別の禁止に性的指向が盛り込まれる等、法整備が進んだ。

「国連グローバル・コンパクト」「ビジネスと人権に関する指導原則」等の取

---

22) Social protection for domestic workers: Key policy trends and statistics, 2016

23) 「現代奴隷制の世界推計：強制労働と強制結婚」前掲注17）。

24) https://www.ilo.org/tokyo/standards/list-of-conventions/WCMS_239179/lang−ja/index.htm

25) https://www.ilo.org/dyn/normlex/en/f?p=NORMLEXPUB:11300:0::NO::P11300_INSTRUMENT_ID:2551460

組みをふまえ、2017 年 9 月、国連人権高等弁務官事務所（OHCHR）は、企業の LGBTI に対する差別解消の取組みを支援するため、「LGBTI の人びとに対する差別を撲滅するための企業行動基準（Standards of Conduct for Business）」を公表した[26]。

　五つの基準とは、「1（どんな時でも）人権を尊重する」「2（職場で）差別をなくす」「3（職場で）支援を提供する」「4（マーケットで）他の人権侵害を防止する」「5（コミュニティーで）社会で行動を起こす」である[27]。「LGBTI の人々が、真の平等を世界中で享受できるよう促進するためには、企業は、人権に関するその責任を果たすだけでなく、変革をもたらす積極的な主体とならなければなりません」（ゼイド・ラアド・アル・フセイン国連人権高等弁務官）との考え方に則る。

　2012 年、ノルウェー政府の支援を受けて、ILO は「性同一性と性的指向：労働の世界における権利、多様性および平等の促進（PRIDE）」プロジェクトを開始した。プライド・プロジェクトは、世界の LGBT の労働者に対する差別を調査するもので、その第一段階は完了している[28]。

　2016 年、日本では任意団体「work with Pride」が職場における LGBT への取組みを図るための評価指標（PRIDE 指標）を策定した。「PRIDE」とは、次の五つの指標の頭文字である。① Policy（行動宣言）、② Representation（当事者コミュニティ）、③ Inspiration（啓発活動）、④ Development（人事制度・プログラム）、⑤ Engagement/Empowerment（社会貢献・渉外活動）である。応募企業は着実に増えており、第 3 回目にあたる 2018 年の応募数は 153 企業・団体にのぼった（2017 年比：約 1.4 倍）。ゴールド 130、シルバー 18、ブロンズ 5 という結果であり、ゴールド受賞企業が増えている。大企業（従業員数 301 人以上）が 8 割近くを占める状況は変わっていない[29]。

26）Tackling Discrimination against　Lesbian, Gay, Bi, Trans, & Intersex People　STANDARDS OF CONDUCT FOR BUSINESS　https://www.unfe.org/wp-content/uploads/2017/09/UN-Standards-of-Conduct.pdf
27）（概要版）https://www.unic.or.jp/files/LGBTI_UN_4Pager_JP.pdf
28）https://www.ilo.org/declaration/follow-up/tcprojects/WCMS_351654/lang--en/index.htm
29）PRIDE 指標運営委員会「PRIDE 指標 2018 レポート」2018 年、7 頁、https://workwithpride.jp/wp/wp-content/uploads/2019/02/55e32933f03c08a1742490c57e8e437a.pdf

二　ジェンダー平等
——「女性のエンパワーメント」と「女性活躍推進」

1　女性のエンパワーメント

　ジェンダー平等を達成するためのプロセスを「ジェンダー主流化（gender mainstreaming)」という。ジェンダー主流化は、北京会議（第4回世界女性会議：1995年）で提唱され、「すべての開発政策、施策、及び事業の計画・実施・モニタリング・評価の各段階で、ジェンダー視点から課題やニーズ、インパクトを明確にしていくプロセス」（1997年国連経済社会理事会）をさす[30]。

　SDGs第5目標は、「ジェンダーの平等を達成し、すべての女性と女児のエンパワーメントを図る」である（表3）。ジェンダー平等は、SDGs第5目標であるだけではない。SDGsを提示した「持続可能な開発のための2030アジェンダ」（2015年9月国連サミット）では、「ジェンダー平等の実現と女性・女児のエンパワーメント（能力強化）は、すべての目標とターゲットにおける進展において死活的に重要な貢献をするものである」と明示された[31]。

　「アジェンダ2030」の策定に協力したのが、UN Womenである。UN Womenは、国連改革アジェンダの一環として国連4機関を統合し、2011年に設立された。国連システム全体におけるジェンダー平等の取組みを主導・調整することを任務とする。

　UN Womenは、ジェンダー平等をSDGsの基本と位置づけ、以下の5つを優先的課題として活動している。①女性のリーダーシップの向上と参画の増加、②女性に対する暴力の撤廃、③平和と安全保障のあらゆる局面における女性の関与、④女性の経済的エンパワーメントの推進、⑤国家の開発計画と予算におけるジェンダー平等の反映である[32]。

　女性の経済的エンパワーメントをはかるために、UN Women と UNGC が共

---

30) 申琪榮「『ジェンダー主流』の理論と実践」ジェンダー研究18号（2015年）2-3頁。
31) 三成美保「持続可能戦略としてのジェンダー平等——日本とドイツの比較から」栩澤能生編『持続可能社会への転換と法・法律学』成文堂、2016年、243-270頁。
32) UN Women 日本事務所　http://japan.unwomen.org/ja/about-us/about-un-women

表3 SDGs 第5目標 ジェンダー平等ターゲット

5.1	あらゆる場所における全ての女性および女児に対するあらゆる形態の差別を撤廃する。
5.2	人身売買や性的、その他の種類の搾取など、全ての女性および女児に対する、公共・私的空間におけるあらゆる形態の暴力を排除する。
5.3	未成年者の結婚、早期結婚、強制結婚および女性器切除など、あらゆる有害な慣行を撤廃する。
5.4	公共のサービス、インフラおよび社会保障政策の提供、ならびに各国の状況に応じた世帯・家族内における責任分担を通じて、無報酬の育児・介護や家事労働を認識・評価する。
5.5	政治、経済、公共分野でのあらゆるレベルの意思決定において、完全かつ効果的な女性の参画および平等なリーダーシップの機会を確保する。
5.6	国際人口・開発会議（ICPD）の行動計画および北京行動綱領、ならびにこれらの検証会議の成果文書に従い、性と生殖に関する健康および権利への普遍的アクセスを確保する。
5.a	女性に対し、経済的資源に対する同等の権利、ならびに各国法に従い、オーナーシップおよび土地その他の財産、金融サービス、相続財産、天然資源に対するアクセスを与えるための改革に着手する。
5.b	女性の能力強化促進のため、ICT をはじめとする実現技術の活用を強化する。
5.c	ジェンダー平等の促進、並びに全ての女性および女子のあらゆるレベルでの能力強化のための適正な政策および拘束力のある法規を導入・強化する。

（外務省仮訳）https://www.mofa.go.jp/mofaj/files/000101402.pdf

同で策定したのが、「女性のエンパワーメント原則（Women's Empowerment Principles ＝ WEPs）」（2010 年）である[33]。この原則は、「Planet 50−50 by 30」（後述）の達成にとっても不可欠なものとして位置づけられている。

　「女性のエンパワーメント原則」は、七つの原則からなる。各原則の下に 4 〜6項目の具体的な内容が盛り込まれている[34]。①トップのリーダーシップによるジェンダー平等の促進、②機会の均等、インクルージョン、差別の撤廃、③健康、安全、暴力の撤廃、④教育と研修、⑤事業開発、サプライチェーン、マーケティング活動、⑥地域におけるリーダーシップと参画、⑦透明性、成果の測定、報告である。このように、国際社会のスローガンである「女性のエンパワーメント」の意味内容は広い。

33）内閣府男女共同参画局 http://www.gender.go.jp/international/int_un_kaigi/int_weps/index.html
34）http://www.ungcjn.org/gc/initiative/detail.php?id=91

2 女性活躍推進

1999年に成立した男女共同参画基本法の公式英訳は Basic Act for Gender Equal Society であり、内閣府男女共同参画局は Gender Equality Bureau Cabinet Office という。「男女共同参画」という語は、「参画」という新しい潮流を表現すると同時に「平等」という語を避けるという側面を持っていた。最近の法政策では、「女性活躍推進」が多用される。この語は日本独自の表現であり、「女性のエンパワーメント」とはやや意味が異なる。「ジェンダー平等」や「ジェンダー主流化」といった表現も国内外向けに使い分けられている。

外務省では、「女性が輝く社会」も「女性活躍推進」もともに「Gender Equality and Women's Empowerment」と英訳されている[35]。国際協力分野における女性活躍推進のための新たな戦略として、日本国政府名で出された「女性の活躍推進のための開発戦略[36] (Development Strategy for Gender Equality and Women's Empowerment)」（2016年5月）では、SDGs 第5目標「ジェンダー平等と女性のエンパワーメント」が「2030 アジェンダ」に記すとおり、SDGsの全ての達成において必要不可欠であると言及したうえで、ビジョンと基本方針を示した[37]。同ビジョンでは、「開発における女性活躍の主流化（ジェンダー主流化）の促進を加速する（accelerating gender mainstreaming in development）」ことが謳われている。このように、国際社会に向けて、日本は「ジェンダー平等」と「ジェンダー主流化」を尊重する姿勢を示している。

しかし、最近の法政策では、「ジェンダー平等」や「ジェンダー主流化」という表現が避けられている。では、「男女共同参画」や「女性活躍推進」という語で、国際社会の目標や水準を適切に表現できるのか。

冒頭で述べた通り、「女性活躍推進」が初めて政策用語として用いられたのは、2013年の「日本再興戦略」であった。そこでは、女性の活躍推進が最重要課題の1つとされ、「雇用制度改革・人材力の強化」の下で「両立支援」が強

35）外務省　https://www.mofa.go.jp/fp/pc/page23e_000181.html　https://www.mofa.go.jp/press/release/press4e_001149.html
36）外務省　https://www.mofa.go.jp/files/000158137.pdf
37）日本国政府「女性の活躍推進のための開発戦略」（2016年5月）https://www.mofa.go.jp/mofaj/files/000158136.pdf

調されていた。翌2014年の「日本再興戦略改訂2014——未来への挑戦[38]」では、「202030」目標が明記され、「我が国最大の潜在力である『女性の力』を最大限発揮」することが目指された。これを受け、2014年には、首相官邸に「すべての女性が輝く社会づくり本部会合」が設置され、「すべての女性が輝く政策パッケージ」が取りまとめられた[39]。

2015年に成立した「女性活躍推進法」の公式英訳は、「The Act on Promotion of Women's Participation and Advancement in the Workplace」である。同法の成立をもとに、2016年からは、毎年「女性活躍加速のための重点方針」が公表されている。これらの重点方針は公式英訳されていない。そして、これらの重点方針に、「ジェンダー」という語は登場しない。「女性のエンパワーメント」や「ダイバーシティ」が用いられるのに対して、それら以上に、早くから国際社会で一般的表現となっている「ジェンダー平等」をあえて用いないのはきわめて不自然と言わざるをえない。

「日本再興戦略2016——第4次産業革命に向けて[40]」（2016年）は、226頁にも及ぶ膨大な資料である。「女性の活躍推進」はその末尾に近い「2. 多面的アプローチによる人材の育成・確保等」の「2-3. 多様な働き手の参画」に、高齢者・障がい者等・外国人材と並んで記されている。挙げられている課題は三つで、①ダイバーシティ経営の実践の促進、②待機児童解消に向けた取組強化、③女性が働きやすい制度等への見直しである。2017年には、「再興戦略」は「未来投資戦略」に名を変え、一層膨大詳細になった。しかし、「未来投資戦略2017——Society 5.0の実現に向けた改革[41]」（2017年）の本文160頁のうち、「生産性・イノベーション力の向上につながる働き方の促進を統合する取り組み」のなかで「女性活躍」はわずか10行言及されているにすぎない。すなわち、「女性活躍」は、日本全体の成長戦略において、無視されてはいないが、さほど重視されない政策の一つになっていると言えよう。

2016年以降の「女性活躍加速のための重点方針」では、共通して、「あらゆる分野における女性活躍」「安全・安心」「基盤整備」が三大テーマとされ、具

---

38)「日本再興戦略改訂2014——未来への挑戦」（2014年）https://www.kantei.go.jp/jp/singi/keizaisaisei/pdf/honbun2JP.pdf
39) https://www.kantei.go.jp/jp/headline/brilliant_women/
40) https://www.kantei.go.jp/jp/singi/keizaisaisei/pdf/2016_zentaihombun.pdf
41) 平成29年6月9日「未来投資戦略2017——Society 5.0の実現に向けた改革」。

表 4　ダイバーシティ経営と働き方改革の取組み

Q. ダイバーシティ経営と働き方改革に関する以下の取組みのうち、御社の取組み状況を 4 段階でお答えください。（1. 積極的に取り組んでいる、2. ある程度取り組んでいる、3. あまり取り組んでいない、4. 取り組んでいない、n = 180）

	1	2	3	4
トップのリーダーシップ発揮	101	50	23	6
女性の管理職以上への登用	78	68	23	11
有休の産前休業・産後休業の 取得支援	114	52	7	7
男性が利用可能な育児休業の 取得支援	95	55	19	11
親の介護・看護のための 支援推進	98	65	12	5
テレワーク・リモートワーク の推進	77	47	35	21
社員のワーク・ライフ・バランスの推進	104	62	13	1
暴力、ハラスメント（パワハラ、セクハラなど）のない職場環境整備	116	53	8	3
仕事中・通勤中における女性 特有の健康、安全、衛生の 取組み	47	75	43	15
サプライヤーのジェンダー 平等、ダイバーシティの促進	24	53	64	39
その他、特に注力している 取組み（具体的に）	41	30	11	54

出所：グローバル・コンパクト・ネットワーク・ジャパン（GCNJ）の SDGs 調査レポート（2018 年度版）「主流化に向かう SDGs とビジネス〜日本における企業・団体の取組み現場から〜」

体的な施策がまとめられている。先述の「女性のエンパワーメント原則（WEPs）」の 7 原則と比較すると、WEPs ②③④原則は日本でも重視されているが、①⑤⑥⑦が弱い。そのことは、現場の調査からも明らかである。

　グローバル・コンパクト・ネットワーク・ジャパン（GCNJ）の SDGs 調査レポート（2018 年度版）「主流化に向かう SDGs とビジネス——日本における企業・団体の取組み現場から」は、SDGs 目標達成のために「ダイバーシティ経営」に注目している。そこでは、「ダイバーシティ経営」を「多様な人材を活かし、その能力が最大限発揮できる機会を提供することで、イノベーションを生み出し、価値創造につなげている経営」と定義し、「大きな鍵となっているのが女性活躍の推進である」とした。調査の対象はグローバル・コンパクト参加企業に限られるため限界はあるが、表 4 に示すとおり、育児や介護のケアワーク支援やワークライフバランス、ハラスメント対策は、取組みがかなり進んでいる [42]。女性管理職への登用もそれなりに進められている。

---

42) SDGs 調査レポート（2018 年度版）「主流化に向かう SDGs とビジネス——日本における企業・団体の取組み現場から」http://www.ungcjn.org/sdgs/pdf/elements_file_3606.pdf

表 5　WEPs ツールの設問の概要と回答数

回答数	リーダーシップと戦略（主に該当する WEPs の原則：1）
11	①リーダーシップによる関与の表明・支援（WEPs 原則 1）
	職場（主に該当する WEPs の原則：2・3・4）
14	②差別をしない方針・機会均等の方針（WEPs 原則 2）
16	③採用の過程における差別をしない方針・機会均等の取組み（WEPs 原則 2）
13	④能力の開発と昇進の過程における差別をしない方針・機会均等の取組み（WEPs 原則 4）
14	⑤男女同一賃金を確保するための取組み（WEPs 原則 2）
16	⑥有給の産前休業・産後休業の制度（WEPs 原則 2）
16	⑦父親が利用できる有給の育児休業制度（WEPs 原則 2）
16	⑧こどもの親、育児・介護・看護の担い手である社員の支援（WEPs 原則 2）
16	⑨ワーク・ライフ・バランス取組み（WEPs 原則 2）
16	⑩暴力、ハラスメント、性的搾取のない職場環境の保証（WEPs 原則 3）
16	⑪女性特有の健康、安全、衛生に対応する取組み（WEPs 原則 3）
13	⑫女性社員特有の健康のニーズに沿った良質な保健サービスへのアクセス（WEPs 原則 3）
	市場（主に該当する WEPs の原則：5）
0	⑬女性経営者とのビジネス拡大に向けた積極的な調達方法の採用（WEPs 原則 5）
5	⑭サプライヤーおよび契約販売業者に対するジェンダー平等の取組みの奨励（WEPs 原則 5）
5	⑮固定的な性別役割分担意識に基づいた描写に配慮したマーケティング（WEPs 原則 5）
7	⑯製品・サービスを開発する際に、男女で影響が異なることを評価（WEPs 原則 5）
	地域（主に該当する WEPs の原則：6）
3	⑰企業の活動地域で女性・女児の権利を尊重する責任を確保する方針や手続き（WEPs 原則 6）
10	⑱ジェンダーの視点からの CSR 活動、広報、パートナーシップ等への取組み（WEPs 原則 6）

出所：グローバル・コンパクト・ネットワーク・ジャパン（GCNJ）の SDGs 調査レポート（2018 年度版）「主流化に向かう SDGs とビジネス〜日本における企業・団体の取組み現場から〜」

　「女性のエンパワーメント原則（WEPs）」ツールを用いた調査によれば、職場での取組みは進んでいるが、市場や地域への貢献は乏しい（表5）。分析によれば、「女性の「ダイバーシティ経営を進める上でも、働き方改革を進める上でも、日本において特に課題となっているのはジェンダー平等の推進である」。「女性活躍」は「イノベーションを起こすためのダイバーシティ推進の一環」であり、「ジェンダー平等を達成するための日本の施策」であるが、「女性のみ

を優遇する施策と誤解」され、一部の男女従業員から反発されている。しかし、「ジェンダー平等とは権利、責任、機会の平等を指しており、女性のみを優遇することではない」。ジェンダー平等は、LGBTI や障がい者、外国籍者の差別的処遇を改める際にも有効に機能する。

　このように、国内施策と国際社会を念頭に置いた政策や分析とでは、重点の置き方や言葉使いが明らかに異なる。

三　ポジティブ・アクションの現在

1　EU

　21 世紀国際社会で、EU はジェンダー主流化の牽引役となっている[43]。EU は、北京会議の翌 1996 年にジェンダー主流化を取り入れることを決めた。1999 年発効のアムステルダム条約では、ジェンダー主流化の義務が法令から条約レベルに引き上げられ、EU のあらゆる分野で導入されることになった。また、リスボン条約（改正 EU 基本条約：2009 年）では、ジェンダー平等を基本的価値として捉え、ジェンダー平等を促進すると規定されている。リスボン条約によって基本条約と同等の法的拘束力を付与された EU 基本権憲章でもあらゆる分野での男女平等の保障、性差別の禁止が明記されている。

　2010 年に欧州委員会は「女性憲章（Women's Charter)」を採択し、EU は「男女平等のための戦略 2010 – 2015」を発表した。2015 年、後者の後継として「ジェンダー平等へ向けた戦略的取り組み 2016 – 2019」（以下「戦略的取り組み」）が公表された。

　「戦略的取り組み」では、①女性の労働市場参加の拡大と男女双方の経済的自立、②男女間の賃金、収入、年金差の縮小、③意思決定の場における男女平等、④女性に対する暴力の排除、⑤世界で男女平等を推進が優先事項として設定されている[44]。

　他方、EU の経済成長戦略「欧州 2020」（2010 年）では、2020 年までに 20 歳から

---

43) Fraser, Nancy, "Mapping the Feminist Imagination: From Redistribution to Recognition to Representation." in:Jude Browne（ed.）, *The Future of Gender*, Cambridge, 2007, pp. 17-34.
44) EUMAG　http://eumag.jp/feature/b0316/

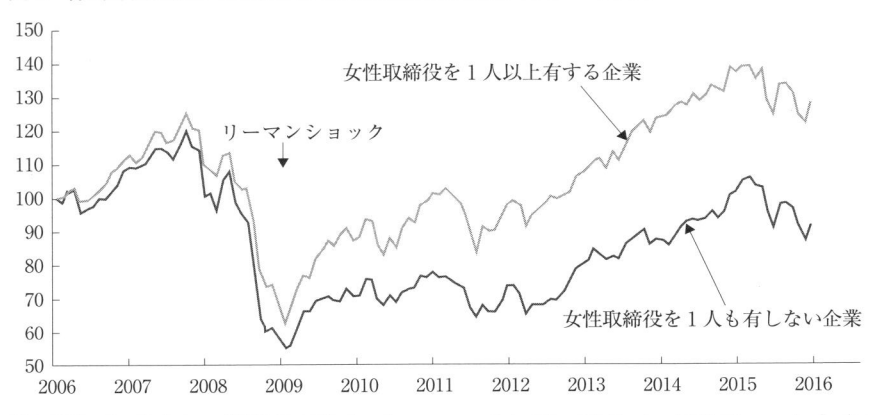

図3　株式時価総額が 100 億ドルを超える企業の株式パフォーマンス [45]

表の出所：Credit Suisse（2016 年 4 月）"performance update: The CS Gender 3000: Women in Senior Management"

注：2006 年 1 月を 100 とし、各ポートフォリオの時価総額月次伸び率で延伸。各年末に時価総額及び役員構成を再評価しポートフォリオを修正し、修正後ポートフォリオの時価総額伸び率で翌年分を延伸。

出所：「女性リーダー育成のためのモデルプログラムの効果の調査研究」内閣府男女共同参画局、平成 31 年 3 月。

64 歳までの男女共に 75%の雇用率を目指すという数値目標が示された。この目標を達成するために「戦略的取り組み」では、女性の雇用率を上げ男女差を埋めることが必要で、そのためには、これまで女性が主に従事してきた無償ケアワークに費やす時間を男女間でより均等に近づけることが必要だとしている [46]。

2　ボード・ダイバーシティ

UN Women 優先課題①と WEPs ①に関わる課題が、「ボード・ダイバーシティ（Board Diversity）」（企業の意思決定に関わる役割を担うメンバーの多様性）である。リーマン・ショック（2008 年）は、企業経営にとって女性取締役が不可欠であることを明らかにした。リーマン・ショック以降、女性取締役がいる企業のほうが経営の復調が早く、しかも経営が好転していることが調査でも明らかにされている（図 3）。

---

45) もとの表については、Credit Suisse Research Institute, *The CS Gender 3000: The Reward for Change*, 2016. 09, p. 5 に掲載、https://www.wgea.gov.au/sites/default/files/documents/crsi-gender-3000.pdf

46) 山極清子「欧州 4 ヵ国のジェンダー平等とワーク・ライフ・バランス法制・政策の考察」立教 DBA ジャーナル , 2014 - rikkyo.repo.nii.ac.jp

意思決定ボードの多様性が企業価値を高めるとの認識は日本でも広まり、2012 年には、経済同友会が「経営者自身が、『意思決定ボード』のダイバーシティは経営戦略であるとの自らの意識改革を行う」必要性を掲げた[47]。「『日本再興戦略』改訂 2014——未来への挑戦」（2014 年 6 月閣議決定）における「女性の更なる活躍促進」を踏まえ、企業内容等の開示に関する内閣府令が改正された（2014 年）。有価証券報告書等において、各会社の役員の男女別人数及び女性比率の記載を義務付けるものである[48]。これらの成果として、女性役員数は増えている。しかし、政府も認める通り、国際水準には遠く及ばない（図 4）。

3 「202030」と「Planet 50-50 by 30」

　日本では、健康・安全・教育面で男女に大きな差はない。しかし、政治・経済の意思決定への女性参加比率があまりに低い。これを表す数値として、グローバル・ジェンダー・ギャップ指数（GGGI）がよく引用される。それによると、日本の総合順位は 100 位以下と低迷し（2013 年 101 位、2014 年 105 位、2015 年 101 位、2016 年 111 位、2017 年 114 位、2018 年 110 位）、政治面、経済面での順位は総合順位以上に低い[49]（政治 125 位、経済 117 位、教育 65 位、健康 41 位：2018 年）。

　こうした状況を打開するために設定された数値目標が、「202030（「2020 年 30％」の目標)」（2020 年までに社会のあらゆる分野において指導的地位に女性が占める割合を少なくとも 30％程度とする）であった。2003 年 6 月 20 日に男女共同参画推進本部が決定し、第三次男女共同参画基本計画（2010 年 12 月閣議決定）に盛り込まれた目標である。基本計画の冒頭でこう述べられている。「政策・方針決定過程への女性の参画の拡大は、我が国の社会にとって喫緊の課題であり、特に、政治や経済の分野におけるその緊要性は高い。『2020 年 30％』の目標を社会全体で共有するとともに、その達成のために官民を挙げて真剣に取り

47）『「意思決定ボード」真のダイバーシティ実現に向けて〜女性管理職・役員の登用・活用状況のアンケート調査結果』2012 年 10 月公益社団法人経済同友会
　　https://www.kantei.go.jp/jp/singi/ywforum/dai6/sankou2.pdf
48）平成 26 年 10 月 23 日内閣府令第 70 号「企業内容等の開示に関する内閣府令の一部を改正する内閣府令」。
49）*Global Gender Gap Report 2018.* https://www.weforum.org/reports/the-global-gender-gap-report-2018
　　内閣府男女共同参画局「共同参画」2019 年 1 月号、http://www.gender.go.jp/public/kyo-dosankaku/2018/201901/201901_04.html

図4 上場企業の女性役員の推移

○2007〜2011年までの4年間で0.2ポイント増加と、ほぼ横ばいで推移
○総理から経済界への要請を挟む2012〜2018年は、6年間で約2.7倍に増加と、取組が加速
○また2018年7月には、女性役員数が1,700人超となった（昨年比195人増）

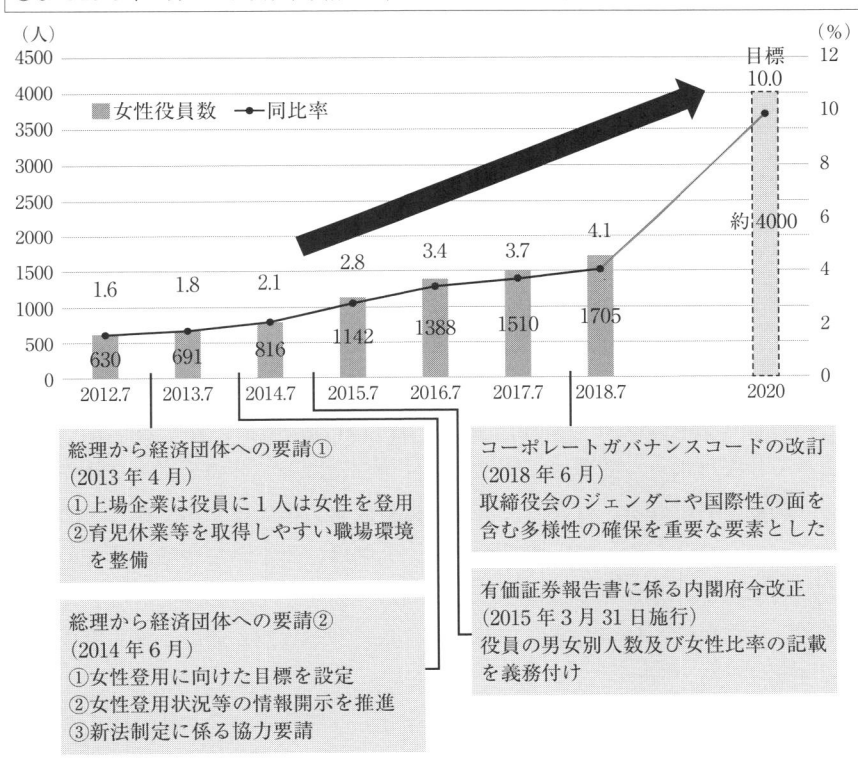

出典：東洋経済新報社「役員四季報」（2017年版）
注：調査時点は原則として各年7月31日現在。調査対象は、全上場企業。ジャスダック上場会社を
　　含む。「役員」は、取締役、監査役、指名委員会等設置会社の代表執行役および執行役。
出所：内閣府男女共同参画局女性役員情報サイト
　　http://www.gender.go.jp/policy/mieruka/company/yakuin.html

組んでいかなければならない」。そのためには、「実効性のある積極的改善措置
（ポジティブ・アクション）を推進する」ことが必要とされた[50]。

　2015年12月に閣議決定された第四次男女共同参画基本計画でも「202030」

50）第三次男女共同参画基本計画（内閣府）http://www.gender.go.jp/about_danjo/basic_
　plans/3rd/pdf/3-04.pdf

に言及されており、目標が完全に放棄されたわけではない。しかし、計画最終年にあたる 2020 年までに達成すべき目標は、より実現可能な低めの数値に置き換えられた。目標値は、たとえば、民間企業の女性登用課長相当職に占める女性の割合が 15%、係長相当職に占める女性の割合が 25% にとどまる [51]。

2015 年、国連では、「Planet 50-50 by 30」が掲げられた。「2030 年までに指導的立場の半分を女性に」するという目標であり、国連・女性の地位委員会が掲げた「第 4 回世界女性会議 20 周年における政治宣言（Political declaration on the occasion of the twentieth anniversary of the Fourth World Conference on Women）」の中に盛り込まれた [52]。

国連の男女半々目標には、先例がある。ノルウェーは、世界初の民間企業クオータ制を導入した。2003/2005 年の会社法改正により、「取締役クオータ制」を導入したのである。導入当時、株式上場企業の取締役女性はわずか 6% ほどにすぎなかった。しかし、国営会社は 2004 年から、株式上場会社は 2008 年から、取締役に男女がそれぞれ 40% 以上いなければならないとするクオータ制によって状況は大きく変わっていく。違反企業には企業名の公表、企業の解散という制裁が科される。しかし、実際には対象企業はほぼすべて条件を満たし、閉鎖された企業はなかった。取締役クオータ制は、たしかに企業そのものを変えた面もあるが、それ以上に大きかったのが社会変化への影響である。女性が働くことや、男性も仕事と家庭を両立させることが当たり前になり、出生率もトップクラスになった [53]。

ノルウェーに続き、フランスやスペインでも取締役クオータ制が導入された（表6）。フランスでは、「取締役会および監査役会における女性および男性の均衡ならびに職業上の平等に関する 2011 年法 [54]」が、民間企業役員のクオータ制を定めた。金融市場機構（AMF）の 2016 年報告書によると、女性役員比率は、フランスを代表する企業 CAC40 社で 36.4%、SBF120 社で 33.8% となり、目標

51）第四次男女共同参画基本計画（内閣府）http://www.gender.go.jp/about_danjo/basic_plans/4th/pdf/kihon_houshin.pdf
52）http://www.unwomen.org/en/news/stories/2017/2/statement-ed-phumzile-iwd-2017
53）三井マリ子『ノルウェーを変えた髭のノラ——男女平等社会はこうしてできた』明石書店、2010 年、152 – 172 頁。
54）鳥山恭一「取締役会における男女均衡——取締役会および監査役会における女性および男性の均衡ある代表ならびに職業上の平等に関する 2011 年 1 月 27 日の法律第 2011 – 103 号」（立法紹介）：日仏法学 26 号（2011 年）197 – 200 頁。

表6　各国の法律に基づく取締役クオータ制の概要

国名	根拠法（制定年）	対象	割当の内容
イスラエル	国営企業法（1993年）	国営企業	女性取締役がいない場合、担当大臣が女性を任命。
	会社法（1999年）	企業	取締役に一方の性がいない場合、義務的に任命される社外取締役2名のうち1名はもう一方の性とする。
ノルウェー	会社法（2003年）	・国営企業 ・複数州で活躍する企業	男女それぞれ40％以上。
	会社法（2005年）	株式会社	取締役の人数に応じて異なる割合を設定。 取締役2〜3名：男女双方 同4〜5名：男女とも2名以上 同6〜8名：男女とも3名以上 同9名：男女とも4名以上 同10名以上：男女とも40％以上 遵守できない場合、企業名の公表、企業の解散等の制裁あり。
スペイン	実践的男女平等法（2007年）	従業員250名以上の上場企業	2015年までに女性の割合を40％以上60％以下にする。
オランダ	専務・常務取締役におけるジェンダー・クオータ法（2009年）	・国営企業 ・従業員250名以上の有限責任会社	2015年までに男女それぞれ30％以上。 遵守できない企業は説明が求められる。
アイスランド	ジェンダー・クオータ法（2010年）	従業員50名以上かつ取締役3名以上の国営企業と株式会社	2013年9月1日までに男女それぞれ40％以上。
フランス	取締役および監査役の構成に関する法律（2011年） ＊2017年までの時限立法	・上場企業 ・非上場企業のうち最近3年間の年商が5000万ユーロ以上かつ従業員を少なくとも500名雇用している企業	・2011年から上場企業は6年以内、非上場企業は9年以内に男女それぞれ40％以上。ただし、上場企業は3年以内に20％以上とする。 ・一方の性のみで取締役会が構成される企業は2012年度までにもう一方の性を少なくとも1名登用する。

備考：内閣府「諸外国における政策・方針決定過程への女性の参画に関する調査」（平成21年）、各国資料、ＥＵ資料等より作成。

出所：平成23年版男女共同参画白書、第1-特-11表。

図5　取締役会に占める女性の割合

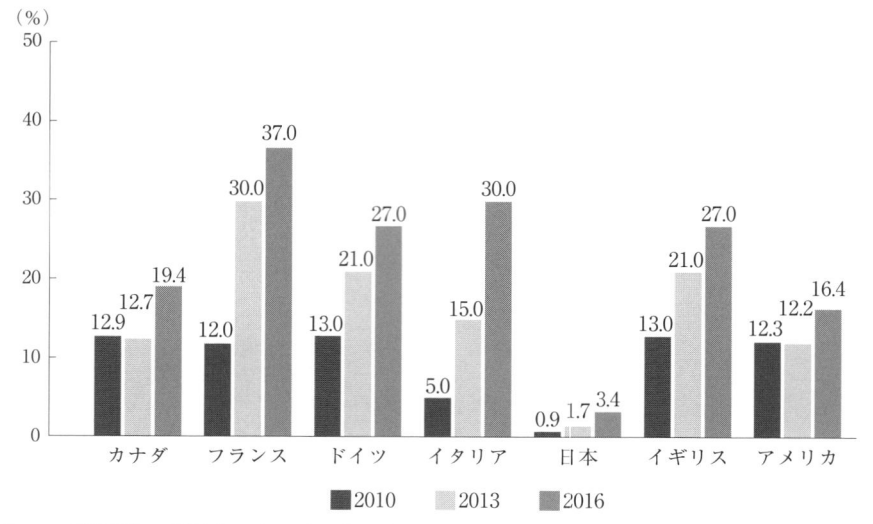

Source: OECD.Stat 2018, based on data from largest publicly listed companies.
出所：ILO, "*A QUANTUM LEAP FOR GENDER EQUALITY For a Better Future of Work For All*", 2019, p.43.

の 40% 達成に近づいている [55]。

　EU も動いている。2012 年以降、EU クオータ指令案（上場会社の役員におけるジェンダー・バランスと関連措置の促進に関する指令案）が検討されている。上場会社の女性役員比率 33% を EU 加盟国に義務付ける指令案（2017 年再修正案）である。同指令案は、2013 年 11 月に欧州議会（EU の立法機関）本会議で可決された。しかし、その後、女性役員比率の数値目標や対象企業の範囲などをめぐって何度か修正案が出され、閣僚理事会で審議が続いている [56]。

　こうした EU の動向を受けて、ドイツでも、2015 年に女性クオータ法（民間企業及び公的部門の指導的地位における男女平等参加のための法律）が成立した。労使が「共同決定」を行うというドイツ特有の監査役会の女性比率を 30% に

---

55)　上田廣美「99. 欧州における女性会社役員のクオータ制導入の動き」ユーラシア研究所
　　http://yuken-jp.com/report/2018/12/01/eu-3/
56)　上田廣美「会社法とジェンダー・バランスの相克──上場会社役員のジェンダー・バランス推進に関する EU 指令案をてがかりとして」EU 法研究 4 号（2018 年 3 月）、36 頁以下参照。

図6　管理職における女性の割合と無休ケアワークに費やされた時間の割合における男女格差との関係（最近1年間）

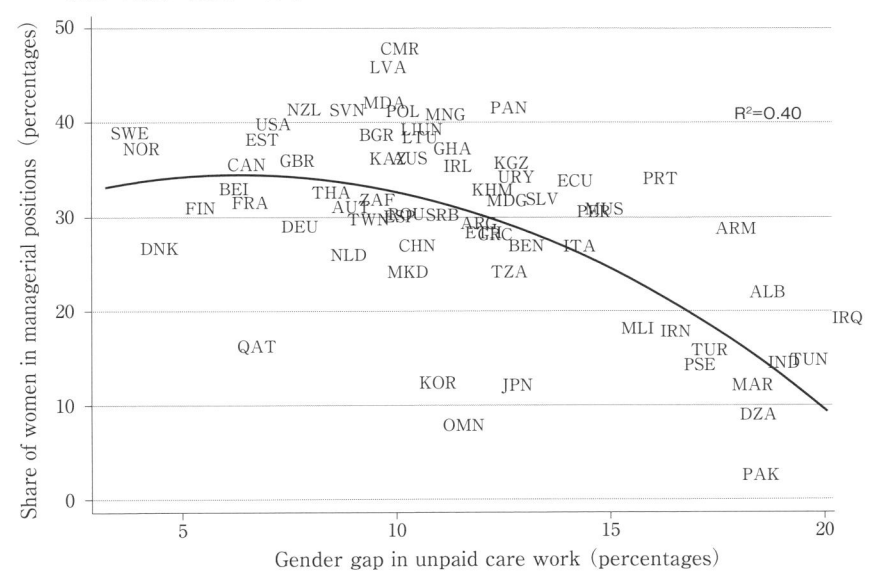

Source: ILO calculations based on ILO modelled estimates, November 2018, and Charmes, 2018.
出所：ILO, "*A QUANTUM LEAP FOR GENDER EQUALITY For a Better Future of Work For All*", 2019, p.43.

することを義務づけるものである[57]（上場大手108社が対象）。

　国際労働機関（ILO）が創立100周年を記念して発行したジェンダー平等レポート（A QUANTUM LEA FOR GENDER EQUALITY For a Better Future of Work For All：2019年）によると、2018年に世界の管理職に占める女性の割合は27.1％であった。日本は12％と主要7カ国（G7）で最下位である。役員に占める女性の割合（2016年時点）はG7ではフランスが37％とトップで、平均では約23％、日本は3.4％にとどまった（図5）。

　同調査によれば、女性の管理職比率の高さとケアワークにおけるジェンダーギャップの高さは一般に反比例する。しかし、日本や韓国はその傾向から少しずれた位置にある。ともに、ケアワークのジェンダーギャップは中位（10〜15％）であるにもかかわらず、女性の管理職比率は10％あまりと世界でもとく

57)「女性クオータ法、成立」海外労働情報2015年6月、労働政策研究・研修機構、https://www.jil.go.jp/foreign/jihou/2015/06/germany_01.html

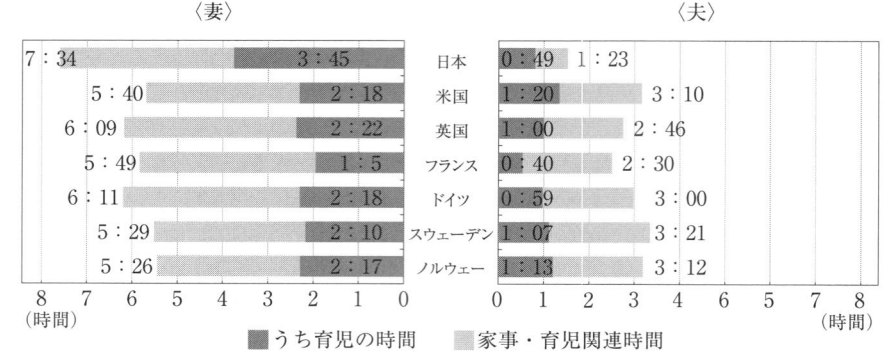

図7　6歳未満の子どもをもつ夫婦の育児・家事関連時間（1日当たり）―国際比較―

備考：（1）Eurostat "How Europeans Spend Their Time Everyday Life of Women and Men"（2004）、Bureau of Labor Statistics of the U.S. "American Time Use Survey"（2016）及び総務省「社会生活基本調査」（2016年）より作成。
（2）日本の数値は、「夫婦と子供の世帯」に限定した妻・夫の1日当たりの「家事」、「介護・看護」、「育児」及び「買い物」の合計時間（週全体）である。
出所：「『平成28年社会生活基本調査』の結果から――男性の育児・家事関連時間」内閣府男女共同参画局、平成29年10月。http://wwwa.cao.go.jp/wlb/government/top/hyouka/k_42/pdf/s1-2.pdf

に低い部類に入る（図6）。

　このことは、一見すると、女性管理職比率の低さの主な原因がケアワークの男女不平等にあるわけではないことを示唆している。日本の生産人口における女性就業率（66.1%）は、OECD平均（59.4%）よりも高い。一方、6歳未満児をもつ夫婦が家事・育児にかける時間は、妻7時間34分、夫1時間23分と極端に異なる（図7）。

おわりに―― 課題と展望

　日本でも着実に変化は進んでいる。先陣を切っているのは、グローバル企業である。国連が掲げる課題を受け止めてジェンダー平等やLGBTI権利保障に取り組んでいる。しかし、企業の取組みも、現状では、グローバル競争に勝ち抜くための人材確保に焦点があわされており、地域への波及などに対する責任感には乏しい。

　政府の取組みは、長期的展望に欠けており、抜本的解決を先送りしているように見える。たしかに、女性の潜在力を発揮してもらうために政策が整えられる必要はある。しかし、「女性活躍」の前に用いられていた「女性活用」の枠

組みから抜け切れていない。つまり、「人権」の発想が弱い。それを端的に示すのが、「ジェンダー平等」や「ジェンダー主流化」の概念や用語を避けるという態度である。

WEPs も UNGC も企業の自主的取組みにゆだねられている。それは、企業価値が市場から常に問われることを意味し、説明責任を果たせない企業は淘汰されるという前提を示したということに他ならない。日本で求められるのは、法政策に「ジェンダー平等」を明記し、「ジェンダー主流化」の導入を宣言することであろう。それを国会や政府や決定させるのは、市民社会である。

「同一労働同一賃金原則」と「生活賃金原則」に関する覚書

島田陽一

はじめに

　いわゆる正社員（正規雇用労働者）と非正社員（非正規雇用労働者）との処遇格差の是正は、今日では労働問題だけではなく、日本社会全体にとって重要な課題と位置付けられている。この課題に対しては、すでに 2007 年の短時間労働者の雇用管理の改善等に関する法律（以下、「パート労働法」とする）の改正[1]を皮切りに立法による対応が進んでいる。有期雇用労働者についても、2012 年の労働契約法（以下、「労契法」とする）改正があり、また、2014 年には再度のパート労働法改正もあった[2]。そして、2018 年の「働き方改革を推進するための関係法律の整備に関する法律」（働き方改革関連法）は、この動きを加速する法改正を行った[3]。このなかで非正規雇用労働者と正規雇用労働者との待遇格差については、「同一労働同一賃金」の実現というスローガンのもとで展開され

---

1) 短時間労働者のうち「通常の労働者と同視すべき短時間労働者」と「通常の労働者」との均等処遇を定めた。この規定は、2007 年の制定当時は、パート労働法 8 条であったが、2014 年改正により、同法 9 条となった。

2) 2012 年に有期雇用労働者について無期雇用労働者との不合理な労働条件の相違を禁止する規定が登場し（労契法 20 条）、2014 年にはパート労働法にも労契法 20 条と同趣旨の規定が追加された（パート労働法 8 条）。

3) 働き方改革関連法により、パート労働法は「短時間労働者・有期雇用労働者の待遇の確保等に関する法律」（2020 年 4 月 1 日施行。ただし、中小企業については 2021 年 4 月 1 日施行。以下、「パート有期労働法」とする）と改称され、均等処遇規定（9 条）が有期雇用労働者にも適用となり、また、労契法 20 条とパート労働法 8 条が統合され、かつその内容もより精緻化され、パート有期労働法 8 条となるなどの改正がなされた。さらに、派遣労働者についても、派遣先の労働者との均等・均衡規定が創設された（「労働者派遣事業の適正な運営の確保及び派遣労働者の保護等に関する法律」（以下、「労働者派遣法」とする）33 条の 3、2021 年 4 月 1 日施行）。この経緯については、水町勇一郎『同一労働同一賃金』のすべて』有斐閣、2018 年、5 頁以下に詳しくまとめられている。

ている。2016年12月28日に公表された「同一労働同一賃金ガイドライン案」
は、「同一労働同一賃金」を「いわゆる正規雇用労働者（無期雇用フルタイム労
働者）と非正規雇用労働者（有期雇用労働者、パートタイム労働者、派遣労働者）
の間の不合理な待遇差の解消を目指すもの」と定義している。そして、働き方
改革関連法の成立を受けて2017年12月28日に定められた[4]、いわゆる「同一
労働同一賃金ガイドライン」の正式名称は、「短時間・有期雇用労働者及び派
遣労働者に対する不合理な待遇の禁止等に関する指針」であり、その目的には、
「雇用形態又は就業形態に関わらない公正な待遇を確保し、我が国が目指す同
一労働同一賃金の実現」が掲げられている。このような「同一労働同一賃金」
の用語法は、最近の「働き方改革」に始まったわけではない。すでに2015年9
月には、民主党など野党3党提案の議員立法である「労働者の職務に応じた待
遇の確保等のための施策の推進に関する法律」が成立しているが、この法律の
通称も「同一労働同一賃金推進法」と呼ばれている。このように今や「同一労
働同一賃金」は、実定法にその表現が使用されていないにもかかわらず、非正
規雇用者と正規労働者との格差是正に関する基本的な「法原則」のごとく位置
付けられていると言ってよい。

　もっとも、21世紀に入ってから積極的に展開されている非正規雇用者の待遇
改善に関する法政策は、当初から「同一労働同一賃金」の実現というスローガ
ンを掲げてきたわけではない。正規雇用労働者と非正規雇用者との格差是正は、
2007年パート法改正では、「同一労働同一賃金」という用語ではなく、「均等
待遇」または「均衡待遇」[5]という用語の下に語られていたのである。

　「同一労働同一賃金」とは、一般的には何か当然の理のように受容される用
語である。だからこそ「働き方改革」のなかでもスローガンとして採用されて
いるのであろう。神吉知郁子は、この状況について「わかりやすい政治的ス
ローガンは、働き方改革への推進力を高めるという利点だけではなく、内容の
誤解を生む副作用もあるように思われる」[6]と警鐘を鳴らしている。実際「同
一労働同一賃金」が「働き方改革」のなかでは「正規雇用労働者と非正規雇用

---

4) このガイドラインは、パート有期労働法15条および労働者派遣法47条の11に基づいて先
　の「同一労働同一賃金ガイドライン案」をもとに制定された。
5) パート労働法は、もともとパートタイム労働者と通常の労働者との「均衡のとれた待遇の
　確保」（1条）を目的の一つとする。
6) 神吉知郁子「同一労働同一賃金原則と賃金規制」ジュリスト1528号（2019年）89頁。

労働者との間の不合理な待遇差の解消を目指すものである」とされているが、この定義は、当然の共通理解というわけではない。

　「同一労働同一賃金」は、古くから賃金理論、労働運動、国際人権規約などの国際文書、そして労働法学などにおいて語られてきた用語ではあるが、その内容に共通理解があったというよりは、むしろ、歴史的な文脈の中で、多様な内容を与えられてきた用語である。また、労働法学についてみれば、「同一労働同一賃金」は、実定法に明示されているわけではなく、また、法原則として当然に認知されているわけではない。パート労働法および労契法に非正規雇用者の処遇改善に関する民事的効力を有する定めがない段階においては、裁判例では「同一労働同一賃金」原則の存在は否定されてきたのである[7]。それにもかかわらず、「同一労働同一賃金」は、その具体的な内容はともあれ非正規労働者と正規労働者との格差是正を象徴するスローガンとして社会的に受容されていると言える。このような状況において、「同一労働同一賃金」原則を法理論として厳密に検討し、それが正規労働者と非正規労働者の格差是正のために有効に機能する範囲を確定することは重要な課題であると考える。そして、その前提作業として、労働運動および賃金理論における「同一労働同一賃金」論の摂取が必要不可欠である。今日、国際人権規約などに示される「同一労働同一賃金」原則は、法規範に先行して労働運動および賃金理論が生み出した成果を基礎にしているからである。

　戦後初期の「同一労働同一賃金」に関する著作の「序」に「『同一労働同一賃銀』の原則といへば、一見、何の變哲もない頗る簡単平明な原則のやうに思はれるが、これは學問的にいつても、極めて複雑な原則であつて、これを噛み砕いて理解するためには、賃銀論一般に關して相當、程度の高い豫備知識を持つてゐることが必要である。」[8]とあるのを見ると、この作業に取り組むことにいささか躊躇を覚えるのも事実であるが、本稿は、あえてこの作業に取り組むことを目的とする。すなわち、本稿は、「同一労働同一賃金」原則に関する法

7）正社員と非正社員との格差是正に関する実定法規がないなかで、パート労働者の賃金が正社員の8割に満たない場合には公序良俗に違反するとして損害賠償を認めた唯一の裁判例である丸子警報器事件長野地裁上田支部判決（平8.3.15労働判例690号32頁）も同一（価値）労働同一賃金原則の公序性を否定している。2007年パート労働法改正までの裁判例の状況については、大木正俊「パートタイム労働と均等・均衡処遇」『労働法の争点』（新・法律学の争点シリーズ7、2014年）158頁参照。
8）長沼弘毅『同一労働同一賃銀について』ダイヤモンド社、1947年、序1頁。

理論を鍛え上げるための前提作業として、労働法学を離れて「同一労働同一賃金原則」に関する議論を整理することを目的とする。ただし、その作業は、全面的に行うのではなく、以下の点に限定する。

第一に、「同一労働同一賃金」論のルーツを探ることである。周知のように「同一労働同一賃金」論は、「男女同一労働同一賃金」論として登場した。そこで、「男女同一労働同一賃金」論が労働運動のなかで登場し、それが、1919年ヴェルサイユ条約を出発点として国際文書に定着していく過程を示す。そして、この過程において、「男女同一価値労働同一賃金」および「同一価値労働同一賃金」という用語がその具体的内容はともあれ登場したことを示す。

第二に、「同一労働同一賃金」論と深い関連を有する「生活賃金原則」を検討する。賃金理論のなかでは、「同一労働同一賃金」原則と並んで賃金水準に関する「生活賃金原則」が議論されてきた。「同一賃金同一労働」原則を検討するうえでは、「生活賃金原則」との関係を整合的に理解することが重要である。「同一労働同一賃金」論の出発点である「男女同一（価値）労働同一賃金」は、女性労働者が低賃金であることに着目した議論であり、賃金水準論と不可分と考えるからである。そのなかでは、家族扶養の費用を賃金水準論のなかでどのように位置付けるかかが、「男女同一（価値）賃金同一賃金」原則との整合的な理解の上で重要な論点であることを明らかにし、そのことは、「同一労働同一賃金」論でも同様であることを示す。

そして、最後にこれらの議論を総括し、本稿に続く作業を明らかにする。

一　「同一労働同一賃金」論の登場とその具体的内容

「同一労働同一賃金」論の具体的内容は、超時代的に定まっているわけではなく、歴史的な変遷を遂げている。このことは、今日の「同一労働同一賃金」論の意義を検討するうえで十分に考慮すべきことである。その意味において、以下では、「同一労働同一賃金」論の内容を簡単に歴史的に振り返っておこう。

周知のように「同一労働同一賃金」論は、当初「男女同一労働同一賃金」論として現れた。今日においてこの両者は、労働法学において区別して論じられているが、「同一労働同一賃金」論の内容を探るためには、そのルーツである「男女同一労働同一賃金」論の検討から始めなければならない。そこで、「男女

同一労働同一賃金」論が登場してきた経緯を見てみよう[9]。

1　労働運動における「男女同一労働同一賃金」論の登場

19 世紀後半になると、女性労働者の労働市場への参加上昇は、成年男性労働者にとって脅威となった。それは、男性が労働市場を独占してきたことによって培われた偏見および女性労働者の低賃金で就労することによる労働条件の悪化、就業機会の喪失などから生まれたものであった。当初の成年男性労働者の労働組合の対応は、女性の入職を阻止することであったが、その戦略は功を奏せず、女性労働者の進出を妨げることはできなかった。そこで、労働組合が戦略を転換するなかで登場したのが、「男女同一労働同一賃金」論であった[10]。このように、そもそもは、男性労働者の利益保護という側面も有していたのが「男女同一労働同一賃金」原則だったのである。そして、初期の「男女同一労働同一賃金」原則が今日想定されるような意味内容を直ちに獲得したわけではなかった。

この当時の労働市場は、性別による分断状況があり、男女が同一労働に従事する分野は限定されていた。同一工場において男女が就労していても、担当する職務が明確に分離されているのが一般的であった。男女が同一労働に従事するのは、限定された職場であったのである。この段階における「男女同一労働同一賃金」は、労働組合にとって男性賃金を維持することに目標があった。すなわち、「男女同一労働同一賃金」は、女性労働者の進出による賃金低下を阻止することに主眼が置かれた[11]。その背後には、男性労働者の方が、女性労働

---

9)　主として、シドニー＆ベアトリス・ウエッブ『産業民主制論』高野岩三郎監訳、法政大学大原社会問題研究所、1929 年邦訳初版、1966 年復刻版、599−613 頁、高島道枝「女子労働・女子賃金と経済理論——イギリスにおける同一労働同一賃金論史 (1) (2) (3) (4)」経済学論纂（中央大学）34 巻 5・6 号 (1994 年) 203−220 頁、35 巻 1・2 号 (1994 年) 53−84 頁、35 巻 5・6 号 (1995 年) 263−289 頁、35 巻 3 号 (1994 年) 1−40 頁などを参考にした。

10)　竹中恵美子「男女格差賃金と男女同一労働同一賃金についての一考察」経済学雑誌（大阪市立大学）29 巻 3・4 号 (1953 年) 55 頁は、「男女の差格賃金が労働者階級にとって如何に脅威的な存在となったであろうかは、賃金低下阻止の為に、男女同一労働同一賃金要求が力説されてきたことから推して、容易に推測されるところである。」とする。

11)「男女同一労働同一賃金」原則は、ここでいう男性労働者の賃金率の低下に対する成年男性労働者の防衛的な主張だけではなく、「同質の労働力について二つの価格が成立することは、不合理」であるという観点からその経済的不合理性を排除しようとする主張があったことは言うまでもない。この点については、氏原正治郎「男女同一労働同一賃金」『日

者よりも作業能率が高いので、男性労働者の職場が奪われることはないという思惑もあった。その意味で、この段階の「男女同一労働同一賃金」は、いわば「男女同一能率労働同一賃金」原則であったと言える[12]。

なお、女性労働者の低賃金の克服という視点からすれば、この段階では、男女の職域分離が大きく、「男女同一労働同一賃金」原則は、女性の低賃金の解消の手段として限定された領域でのみ機能するにとどまったことも留意しておかねばならない。このことは、「同一労働同一賃金」原則一般にも指摘できることであろう[13]。

2 ヴェルサイユ条約における「同一価値労働同一賃金」の登場

第一次世界大戦期には、多くの男性労働者が戦争に駆り出されることによって、女性労働者の男性職への進出が大きく加速された。このことは、当時の男性労働者の視線からではない、今日的な意味における「男女同一労働同一賃金」論が社会的に受容される基盤形成に大きく寄与したと言える。

このようななかで、第一次世界大戦の講和条約であるヴェルサイユ条約（1919 年）の第 13 編「労働」において、「男女『同一価値労働同一賃金』（equal remuneration for work of equal value)」という「男女『同一労働同一賃金』（equal pay for equal work)」とは異なる表現の原則が規定された（同条約 427 条)。そして、ヴェルサイユ条約以降の国際文書において、この原則は繰り返して登場することになる。ここでは、「同一労働同一賃金」原則の内容を歴史的に検討する視点から、国際文書における展開の跡をたどりたい。

ヴェルサイユ条約で初めて登場した「同一価値労働同一賃金」という概念は、今日においては、「同一労働同一賃金」とは区別され、同一労働に従事していない場合にも、その賃金差別を問える法原則としての内容を獲得するに至って

本労働問題研究』東京大学出版会、1966 年、183 頁以下所収（初出は、労働省婦人少年局『婦人労働資料』6 号（1950 年）。ただし、初出の論文をみることはできなかった。以下では、「氏原・前掲書」として引用する）198 頁参照。

12) 以上の経緯については、黒川俊雄『現代賃金闘争の理論』労働旬報社、1977 年、199 – 206 頁も参照。

13) なお、本稿の主題ではないので詳述しないが、女性労働者の低賃金の克服という視点からすれば、女性の職域の拡大を阻害する構造的要因である女性の家事労働の負担などを解消するための方策などが必要であることはいうまでもない。竹中恵美子・前掲注 11）論文 49 – 50 頁参照

いるが、この当時においては、そのような法原則と理解されていたわけではない[14]。

　ヴェルサイユ条約の制定過程において、「同一労働同一賃金」という表記が「同一労働価値同一賃金」と修正された経緯を詳しく調べた研究[15]によると、その修正は、「同一価値労働同一賃金」原則を「今日的含意」を踏まえたものではないとされる。すなわち、この修正は、ヴェルサイユ条約第13編「労働」に関する他の条項の語句修正と同様に「多くの締約国が同意する表現を模索した結果」[16]の一つであるとするのである。具体的には、イギリス政府の見解との擦り合わせと指摘している[17]。そして、イギリス政府の見解は、1918年に内閣のもとに設置された「内閣女性労働問題委員会（War Cabinet Committee on Women in Industry）」が「男女同一労働同一賃金」に関する報告書[18]に基づいていた[19]。

　イギリスにおける「同一労働同一賃金」論を詳細に歴史的に検討した高島道枝によればアトキン委員会報告（多数派報告）[20]は、「equal pay for equal work を『類似同一労働における同一出来高賃率』という最も狭い意味に厳密にとらえた。男女間に能率の差がある場合、能率差を問わない同一時間賃率の意味での同一賃金原則は逆に女子が職場から排除される結果をもたらすとしたのである。また、『同一賃金』概念に、最も広い意味の異種労働間の同一価値労働の意味をもたせることは、彼らの念頭になかった」[21]と分析されている。

　男女が類似または同一の労働に従事している場合に、同一労働同一賃金を適

14）なお、以降の叙述のなかでは、「同一労働同一賃金」と表記を区別する必要がある場合には、「同一価値労働同一賃金」と表記するが、いずれにも共通する問題については、「同一（価値）労働同一賃金」と表記する。

15）居城舜子「ヴェルサイユ条約における同一価値労働同一賃金の含意」常葉学園大学教育研究紀要教育学部29号（2009年）27頁以下。

16）居城・同上42頁。

17）居城・同上41頁。

18）同委員会は、委員長であるJ.R.アトキンの名をとって通称「アトキン委員会（Atkin Committee）」と呼ばれた。本稿では、この委員会の報告を「アトキン委員会報告」と呼称する。

19）居城・前掲注15）論文41頁。林弘子「労基法4条と『男女同一賃金の原則』をめぐる法的問題」安西愈先生古稀記念『経営と労働法務の理論と実務』中央経済社、2009年、375-378頁も同様の指摘をしている。

20）アトキン報告は、多数派報告と委員の一人であるベアトリス・ウェッブによる少数派報告があった。

21）高島・前掲注9）論文（4）24頁。

用するとしても、何をもって同一賃金とするかには、当時、労働者の能率の位置付けを関連して二つの考え方があった。すなわち、①「能率の平等性」を考慮しないで同一職務に同一賃金（同一賃率）を支払う、または「平等な時間賃率（equal time rate）」というものと、②同一労働を同一能率労働と解し、これに対して同一賃金を支払うというものの対立があったのである。そして、アトキン委員会報告は、①の「同一時間賃率」を採用すると、能率の低い女性労働者が結果的に排除されるという想定から、②の同一労働を同一能率労働とする立場を妥当としたのである [22]。

　以上を踏まえると、ヴェルサイユ条約 427 条の起草過程における "equal work" を "work for equal value" とした表記の修正は、同一労働を同一能率労働と解するイギリス政府を取り込むために、"equal value" という表現を入れたものと解するのが妥当であろう。

　なお、ヴェルサイユ条約に基づいて設立された ILO の憲章には、同条約 427 条に規定された労働条件の原則が再録されているが、「男女同一価値労働同一賃金」については、その表記に着目すると今日から見ると大きな相違がある。すなわち、ILO 憲章においては、「男女同一価値労働同一賃金」ではなく、単に「同一価値の労働に対する同一報酬の原則の承認（recognition of the principle of equal remuneration for work of equal value）」となっているのである。この段階において、ILO 憲章がなぜ「同一価値労働同一賃金」という表記となったかは詳らかにできないが、今日的な意味として、「男女同一価値労働同一賃金」と区別して表記されたというよりは、当時において「同一価値労働同一賃金」とは、「男女同一価値労働同一賃金」の省略形であり、同義であったことを意味すると考えるのが妥当であろう。

　また、ヴェルサイユ条約の仏文においては、"pour un travail de valeur égale" と英文同様に「同一価値労働」という表記を使っているが、ILO 憲章では、英文が "for work of equal value" とヴェルサイユ条約と同じ「同一価値労働」という表記を使っているのに対し、"à travail égal" と「同一労働」という表記となっている。ILO 憲章の仏文がなぜこの表現を使ったのかは定かではないが、このことは、1919 年の段階では、「同一価値労働」の含意が、「同一労働」と意識的に区別して使用されなかったことを示していると思われる。

22）高島・前掲注 9）論文（4）22 − 23 頁参照。

3 その後の国際文書における「同一価値労働同一賃金」

ここで、「同一価値労働同一賃金」に関するその後の国際文書も見ておこう。第二次世界大戦後の世界を見越して ILO が 1944 年 5 月に採択し、その後 ILO 憲章の付属文書となったフィラデルフィア宣言では、「男女同一価値労働同一賃金」に直接的な言及がなく、一般的な差別禁止として「すべての人間は、人種、信条又は性にかかわりなく、自由及び尊厳並びに経済的保障及び機会均等の条件において、物質的福祉及び精神的発展を追求する権利をもつ。」としている [23]。そして、1948 年の国際人権宣言では、「すべて人は、いかなる差別をも受けることなく、同一価値労働に対し、同一の報酬を受ける権利を有する。(Everyone, without any discrimination, has the right to equal pay for equal work.)」[24] として、「同一価値労働同一賃金」が性別だけではなく、あらゆる社会的差別類型に適用されることを示唆している。最後に国連が 1966 年に採択した国際人権規約 A 規約（経済的、社会的及び文化的権利に関する国際規約）7 条では、「公正な賃金及びいかなる差別もない同一価値の労働についての同一報酬。特に、女子については、同一の労働についての同一報酬とともに男子が享受する労働条件に劣らない労働条件が保障されること」と規定されている。

4 「同一労働」の具体的内容

「同一労働同一賃金」原則における「同一労働」の具体的内容は、徐々に「同一職務」という理解される傾向にある。たとえば、ILO100 号条約には、「行うべき労働を基礎とする職務の客観的な評価（objective appraisal of jobs, l'évaluation objective des emplois）を促進する措置がこの条約の規定の実施に役立つ場合には、その措置を執るものとする」（3 条 1 項）と規定されているし、

---

23) ILO の国際労働基準局と国際労働条件平等局とが著した Martin Oelz, Shauna Olney, Manuela Tomei "Equal pay An introductory guide"（ILO, 2013）p.13 によれば、このフィラデルフィア宣言の部分は、ILO 憲章の「同一価値労働同一賃金」の確認と解している。ちなみに、同書でいう "equal pay" は、男女の同一賃金のことである。なお、ILO は、1951 年に「男女同一価値労働同一賃金」を定めた同一報酬条約（第 100 号、Equal Remuneration Convention、1967 年日本批准）を採択している。同条約の現代的意義については、浅倉むつ子『雇用差別禁止法制の展望』有斐閣、2016 年、19 頁以下、508 − 509 頁参照。

24) なお、外務省の仮訳では、"the right to equal pay for equal work" が「同等の勤労に対し、同等の報酬を受ける権利」と訳されている。

また 90 号勧告には、「同一価値の労働に対して男女労働者に同一報酬の原則に従って報酬率を決定することを容易にする目的に鑑みて適当な場合には」という留保を付してではあるが、「労働者の性別にかかわらない職務分類（a classification of jobs, une classification des emplois）を行うため、職務分析（job analysis une analyse du travail）又はその他の手続によって、仕上げるべき仕事の客観的評価の方法を確立し又はその確立を奨励」（5 条）することを加盟国に求めている。

そして、この傾向は、男女同一価値労働同一賃金原則を規定する 100 号条約（1951 年、Equal Remuneration Convention、日本 1967 年批准）の日本に関する ILO「申立審査委員会」の審査報告（2011 年 11 月 1 日）における日本政府に対する結論にも色濃く反映されている[25]。

このように「同一労働同一賃金」というからには、労働には直接関わらない要素を賃金決定に含むという発想は排除されるのが論理的な帰結となりそうである。

5　小括

以上のように、成年男性労働者の賃金率の低下に対する危惧から表舞台に躍り出ることになった「男女同一労働同一賃金」は、国際的には 1919 年にヴェルサイユ条約において「男女同一価値労働同一賃金」と表現され、第二次世界大戦後には、性別だけではない、社会的属性を理由とする賃金差別についても広く適用する原則として発展したことが確認できるであろう[26]。

このような国際文書における用語の変遷を見ると、「同一（価値）労働同一賃金」原則は、「男女同一（価値）労働同一賃金」原則の発展として登場してきたことが確認できる。ただし、国際人権規約のいう「いかなる差別」という文言が雇用形態を含むかは明示されているわけではない。

また、「同一労働同一賃金」原則においては、「同一労働」を「同一能率労

---

25)　この点については、浅倉むつ子・前掲注 23）書 19 頁以下参照。また、ILO100 号条約をめぐっては、同『労働法とジェンダー』勁草書房、2004 年、69 頁以下も参照。
26)　以上のような文言の変遷からは必ずしも明らかではないが、この時期に次第に「同一価値労働」という概念は、この時期に職務内容の異なる労働間の「賃金格差」を対象とする意味を獲得していったのであるが、本稿の直接の課題とは離れ、また、それ自体が重要な問題であるので、ここでは取り上げていない。

働」あるいは「同一職務」と捉えるにせよ、いずれにしても賃金の決定要素に
提供された「労働」以外の要素が入り込むことを理念的には排除することにな
ると言えよう。

二　「男女同一労働同一賃金」論と「生活賃金」原則

1　国際文書における「生活賃金」原則

「男女同一労働同一賃金」論が登場した当時、すでに見たように男女の職務
分離が著しく、成人男性労働者が高賃金の職務をほぼ独占していた。したがっ
て、女性労働者の賃金は、男性労働者に比べて相当程度低い水準にあった。男
性労働者の組合にとっては、低賃金の女性労働者が男性労働者の独占していた
労働市場に登場することによって男性労働者の賃金が低下することを恐れてい
た。この議論は、女性労働者の賃金が男性労働者よりも低いということが当然
の前提になっている。「男女同一労働同一賃金」論を歴史的に振り返る場合に、
この点は非常に重要である。まさに高島によれば、職務給のとられている欧米
において、「男女同一労働同一賃金論が対決しなければならなった理論は、『男
子賃金論』（男子は、妻子を扶養する責任があるとの社会的通念に基いて、男子賃金
は、家族扶養可能な賃金であるべきとの理論）であった」[27]からである。この意味
では、「同一労働同一賃金」原則は、後述する「生活賃金原則」と対立する側
面を有する。

　この時期には、男性賃金は、家族扶養可能な賃金であるとして、男女の賃金
格差を正当化する議論が有力であった[28]。今日においては、この議論が支持さ
れることはないが、賃金の水準という観点から家族扶養の問題をどのように位
置付けるかは、「同一労働同一賃金」論においても重要な課題である。そこで、
国際文書のなかでの賃金水準に関する原則を振り返るなかで、家族扶養の費用
の位置付けを検討しよう。

　ヴェルサイユ条約 427 条は、労働条件の原則として「男女同一価値労働同一
賃金」原則と並んで「その時およびその国において相当と認められる生活程度

27）高島・前掲注 9）論文（1）207 頁。
28）たとえば、竹中・前掲注 10）論文 37-38 頁参照。

を維持するに足りる賃金（a wage adequate to maintain a reasonable standard of life）を被用者に支払うこと」が規定されている。また、ILO憲章では、「同一価値の労働に対する同一報酬の原則の承認」とともに、「妥当な生活賃金の支給」（the provision of an adequate living wage, la garantie d'un salaire assurant des conditions d'existence convenables）が規定されている。

そして、フィラデルフィア宣言では、ILOの政策的な義務として「最低生活賃金（a minimum living wage）」の保障を掲げている。さらに、世界人権宣言は、「勤労する者は、すべて、自己及び家族に対して人間の尊厳にふさわしい生活を保障する公正かつ有利な報酬を受け（the right to just and favourable remuneration ensuring for himself and his family an existence worthy of human dignity）、かつ、必要な場合には、他の社会的保護手段によって補充を受けることができる。」と規定し、国際人権規約では、「労働者及びその家族のこの規約に適合する相応な生活（A decent living for themselves and their families in accordance with the provisions of the present Covenant）」とされている。

このように国際文書を振り返ると、「男女同一（価値）労働同一賃金」とともに、賃金水準に関して「生活賃金原則」と称することのできる原則が一貫して記載されてきたことがわかる[29]。ベルサイユ条約の「その時およびその国において相当と認められる生活程度を維持するに足りる賃金」あるいはILO憲章の「妥当な生活賃金の支給」として示される賃金水準を決定する際に考慮される要素が何かはこれらの表現からは必ずしも明らかではないが、世界人権宣言および国際人権規約では、労働者個人だけではなく、家族の生活維持をその内容に含むことが明示されている。この段階における「生活賃金原則」には、家族扶養の費用が当然に含まれると考えられていると言えよう。その意味では、「生活賃金原則」もあらゆる差別のない「同一価値労働同一賃金」と並んで社会的人権の一内容となっているのである。

2　賃金論における「生活賃金原則」と「同一労働同一賃金」原則

「妥当な生活賃金」とは、労働者が継続的に労働を提供することを可能とする、つまり労働力の再生産を可能とする水準ということになろう。この労働力

29）長沼・前掲注8）書では、「生活必要原則」（principle of living need）という用語が使用されている（7頁）。

の再生産とは、「労働者の生活保障ということにはかならない」[30]。氏原正治郎は、このことを賃金論における「生活賃金原則」と呼んでいる。以下では、氏原の見解を通して、賃金論における「生活賃金原則」と「同一労働同一賃金」原則との関係を見ておこう。

「生活賃金原則」では、労働力の再生産を可能にする水準に関して、「労働者の生活は労働者一人だけのものではなく、家族をも含めての生活である。そして、労働者の子弟子女は、将来の労働力であるから、労働力の再生産費用、換言すれば労働者の生活保障費用は、当然にその家族の生活をも含んでいる」[31]と定式化する。

もちろん、氏原の「生活賃金原則」は、「けっして個々の労働者すべてがその取得する賃金で生活を立てうると主張しているのではな」く、「賃金は個々の労働者の必要に応じて支払われる、または支払われるべきである」というのではないので、「扶養家族の多い労働者が、その取得する個人賃金だけでは生活に困窮するとか、また逆の場合の労働者が生活に多少の余裕がある」ということを否定するものではない。氏原の「生活賃金原則」は、個々の労働者に対する具体的な賃金額の保障というレベルではなく、「ある職業の労働者に支払われる賃金の総額が失業中の労働者を含めて全労働者の生活を保障するほどのものでなければ、労働力の再生産ということは行われ難い」という観点から賃金総額を考えているからである。

「生活賃金原則」から導き出される賃金水準は、「標準的な家族をもつ労働者の生活が保障されるにすぎない」のであり、「実際の生活の必要との間の矛盾」を内包している。この矛盾は、労働者による貯蓄、社会保険および公的な生活保障による対応が想定されていた。

つまり、「生活賃金原則」は、賃金総額に規定する原則であり、個々の労働者に対する分配は別問題としているのである。そして、この分配を基礎付ける原則こそが「同一労働同一賃金」原則と整理されているのである。賃金論における生活賃金原則と同一労働同一賃金の原則という二つの系譜は、この意味で統一的に把握されていると言える[32]。

---

30) 氏原・前掲注11) 書193頁。
31) 氏原・同上193頁。
32) 以上については、氏原・前掲注11) 書195-196頁。「ただし、「男女同一労働同一賃金」原則について論じているわけではないことに注意を要する。」

3 賃金水準論における「家族」モデルと「男女同一労働同一賃金」論

　以上のように「生活賃金原則」を整理すると、少なくとも今日から見ると、そこで想定されている家族像がいわゆる「男性稼ぎ主モデル」ではないかという疑問が当然生じてくるであろう[33]。生活賃金原則による賃金水準は、前述のように標準的な家族をもつ労働者の生活保障である以上、その具体的な基準の算出にあたって、「必然の帰結として標準家族の観念を導入せざるをえない」[34]。この標準家族は、一般に世帯に主たる稼ぎ主が単数であることを前提としており、実質的には、今日でいう「男性稼ぎ主モデル」であったことは否めない事実であろう[35]。

　確かに、次世代の労働者を家族のなかで養育することが必要であり、家族（世帯）は、次世代を再生産する社会的な単位であることは間違いない。しかし、賃金水準に家族の生活維持を含むという定式は、家族扶養を担う労働者が単位世帯に単数の場合には成立するが、それが複数の場合、すなわち夫婦共働きをモデルとすると妥当性を欠いてくるように思われる。すでに述べた賃金論における「同一労働同一賃金」原則ではなく、「男女同一労働同一賃金」原則と生活賃金原則との関係を考えると、夫婦が同一労働で共働きをしていた場合には、分配の問題として公正性に欠けることになるからである。

　国際人権規約などのいう「家族」がその起草過程において、どのようなモデルを想定していたかは今後の検討課題とせざるを得ないが、国際人権規約においても生活賃金における家族扶養費用の位置付けが未整理のままであった可能性を否定できないであろう。1966年という成立時期を考えると男性を世帯の稼

33）高島・前掲注9）論文（2）は、家族扶養費用を男性賃金に含むとする古典派経済学およびマルクスなどの見解を批判的に検討している。高島の批判は、氏原の示す「生活賃金原則」にも妥当する。

34）氏原・前掲注11）113頁（初出は、労働省労働教育課『労働教育』1952年2月号（日本労政協会）であるが、参照しえていない）。

35）長沼・前掲注8）書によれば、「標準家族説は、1907年、オオストラリアの聯邦調停裁判所長ヒギンス氏によつて、初めて提唱されたもの」（10頁）とされる。そこでは標準家族数は、労働者とその妻、子ども3人の5人家族とされていた。「標準家族」論については、長沼『生活賃銀と家族手當制度』ダイヤモンド社、1947年、76頁以下に詳しい。同書によれば、5人標準説は、事実に即していないと批判され、次に妻帯者（2人標準説）または独身者の何を基準とすべきかが議論になったことが紹介され、長沼の結論としては、独身者を基準とし、家族の実数に応じた家族手当を支給すべきとの結論を示している（125-126頁）。

ぎ主とする家族を想定していたとのではないだろうか。

4　扶養家族の費用と「同一労働同一賃金」論

「同一労働同一賃金」論は、前述したように賃金の決定要素から「労働」に関わらない要素を排除することが原則とされるなかで、労働者の扶養家族の費用をどのように位置付けることになろうか。翻って考えてみると、男性賃金が女性賃金よりも高いことの主要な理由となってきたのは、まさに男性が家族を扶養しているのに対し、女性にはその必要がないから低賃金でも合理性があるという主張であった。このことからしても、「男女同一（価値）労働同一賃金」原則と「生活賃金原則」とを整合的に理解するためには、扶養家族の費用をどのように位置付けが決定的に重要となるのである。

　ここでは、「男女同一労働同一賃金」論において、提唱された二つの方向性を示すことにしよう。

　第一の方向は、家族扶養費用を賃金から切り離して、公的な手当てに置き換えようとするものである。たとえば、高島は、ベアトリス・ウェッブが「男女同一労働同一賃金」を主張するについて、「あらゆる差別を排した個人を単位とする、各職務がよう要求する努力とニーズに照応した『職務賃率』、働けない成人、児童などの未成年者に対しては、国家による扶養責任体制」という構想を「中心思想」としていたことを明らかにしている[36]。確かに、今日の日本の状況を見るまでもなく、国家の人口政策の観点から家族の扶養という課題は、社会的な性質を帯びるのであり、労働による賃金ではなく、公的給付によって対応するというのは一つの解決方法であろう。世界人権宣言が「自己及び家族に対して人間の尊厳にふさわしい生活を保障する公正かつ有利な報酬」の保障に続けて、「必要な場合には、他の社会的保護手段（other means of social protection）によって補充を受けることができる」（23条4項）としているのは、このような方向性を示唆しているとも読むことができる。もっとも、ILOの男女同一価値労働同一賃金に関する100号条約を見ると、特にこのことを意識し

36）高島・前掲注9）論文（4）36-37頁。

ている規定はない[37]。

　いずれにしても、家族扶養の費用を賃金から切り離すという方向性は、「同一労働同一賃金」原則には整合的であるが、社会保障に関する制度的な整備の問題となり、それが実現していない段階において、家族扶養の費用と賃金水準の問題は理論的には依然として未解決のまま残ることになる[38]。

　第二の方向は、基本賃金において「標準家族」という概念を捨てて、単身者の再生産費用を最低基準とし、家族扶養については、「家族手当」の支給によって対処するというものである[39]。この方向は、基本賃金に限って言えば、「男女同一労働同一賃金」原則を満たし、また、単身者を前提とすれば、「生活賃金原則」にも適合する。しかしながら、使用者が労働の対価としての基本賃金を支払っているにもかかわらず、なぜ家族扶養の費用を労働者に支払うことを求められるかが論理的には明らかではない。使用者としては、例えば長期勤続を促すための恩恵的または福利厚生的な支出として家族手当の支出を合理化することができようが、賃金として当然に支払うべきものという認識は生じないであろう。また、使用者が人件費を基本賃金と家族手当とに配分するということは、単身者の犠牲において扶養家族費用が賄われることを意味し、基本賃金の相対的低下を結果するとも言える。何れにしても、労働の対価としての賃金の算定から家族扶養の費用を全く排除することが適当かはなお検討の余地がありそうである。

5　小括

　以上のように、「同一（価値）労働同一賃金」原則と「労働者及びその家族のこの規約に適合する相応な生活」を保障する賃金水準（生活賃金原則）との整合的な理解は、今日もなお十分に解明されていない理論的課題であることをここでは確認しておこう。

　また、賃金論においては、賃金は労働力の再生産を可能とする水準でなけれ

37）わずかに1950年90号勧告（Equal Remuneration Recommendation）において、「女子労働者、特に扶養家族を持つものの必要を満たす福祉社会施設を設け」る（同勧告6 (a)）ことを同一価値労働同一賃金の原則の適用を容易にするための女性労働者の生産能率を高める措置の一つとして規定しているにとどまる。

38）所得税における扶養家族控除も同様の機能を有することは言うまでもないが、ここでは立ち入らない。

39）長沼・前掲注8）書14頁および前掲注35）参照。

ばならないという観点から、「生活賃金原則」が導き出されるが、その思想は、「労働市場において成立する特定の労働力の価格が、結果においてその労働者の生活の維持に足りないとすれば、労働者の自己調節作用によって能率が低下したり、過労と栄養不足によって健康が害されたり、また教育や訓練の不足によって熟練が低下し、経済の順当な発展を期待することはできないという法則が働く」というものであった。そして、「労働力の再生産費用、換言すれば働く人間の生活の必要は、産業社会が必要とするところの熟練の程度や体力の程度によって異なる。」「その故、労働力の再生産費用、労働者の生活の必要も異なる。」このような生活賃金論においては、「賃金は労働に応じて異なるのが当然」[40]とされるのである。ここでは、賃金は、特定の労働に対する対価であって、具体的な生活保障ではないのである。このような賃金論の議論を踏まえて、「同一労働同一賃金」原則と「生活賃金原則」とを労働法学においてどのように整合的に理解するかが今後の課題となろう。

むすびに代えて

本稿は、「同一労働同一賃金」原則をそのルーツに遡って検討し、それが「男女同一（価値）同一賃金」原則の発展として登場してきたことが確認するとともに、「同一労働」の内容の捉え方は多様であるが、賃金の決定要素に提供された「労働」以外の要素が入り込むことを理念的には排除するのが基本的な特徴であることを示した。そして、少なくとも社会的差別を許さないという意味での「同一労働同一賃金」原則は、国際人権規約などに社会的人権として規定されるに至った。

しかし、賃金に関し社会的人権として承認されたのは、「同一労働同一賃金」原則だけではなく、賃金水準に関する「生活賃金原則」もあった。「生活賃金原則」は、賃金水準として労働者とその家族の相応な生活を保障するということを掲げており、家族扶養の費用を含むことにおいて、具体的な労働と直接的な対価性を持たない基準を持つことになり、「同一労働同一賃金」原則との整合性が問われることになる。そして、現在においては、「生活賃金原則」が世帯における主たる稼ぎ主を単数（＝男性）と想定していること自体が「男性稼ぎ主」モデルとして批判の対象とされるに至っている。

40) 以上は、氏原・前掲注11）書112頁。

もっとも、「男性稼ぎ主」モデルを退けたとしても、家族扶養の費用を賃金水準から全く排除することが妥当かは別問題であり、なお未解決な課題として残されている。

　以上の本稿の作業は、「同一労働同一賃金原則」と「生活賃金原則」とに関する一般論にとどまる。この両原則の関係は、それぞれの国の労使関係において構築された賃金決定の仕組みや国家の政策によって多様な現れ方をするであろう。

　周知のように第二次世界大戦後、日本の正社員の賃金形態は、「電産型賃金体系」に象徴される「賃金額は労働者の全家族の生活をまかなえるべきであり、そのため賃金額は、労働者の年齢または勤続年数にしたがって、増加するはずだ」[41] といういわゆる「生活給」であった。この生活給は、「すべての労働者に平等に適用」される。それは、「労働者はすべて生活者として平等であることが前提」[42] となっているのである。このような日本の「生活給」は、「労働にかかわりのない生活者一般の最低の生活の必要が直接問題」[43] であるという意味において、本稿が紹介した「生活賃金原則」の思想とは大きく異なるものであった。

　この日本型の「生活給」のなかで、「同一労働同一賃金原則」が労働運動、賃金理論、そして労働法学においてどのように議論され、どのような内容として受容されていったかを検討するのが本稿に続く課題となる。

＊本稿は、平成31年度科学研究費「日本における『同一労働同一賃金』の法政策に関する基礎研究」（課題番号19H01421）の研究成果の一部である。

41）遠藤公嗣『これからの賃金』旬報社、2014年、74頁。
42）氏原・前掲注11）論文111頁。
43）氏原・同上114頁。

能力主義管理と雇用上の平等

藤本　茂

はじめに

　Griggs v. Duke Power Co.事件合衆国最高裁判決[1]（1971年）から50年近くになった。Griggs 判決は中立的選抜制度が人種を理由とする雇用差別に当たるとした画期的判決であった。

　Griggs 事件の概要は以下である。以前、Duke Power Co. では、アフリカ系アメリカ人は最低職にしか就けなかった。1964 年公民権法第7編が施行され人種分離政策が違法とされるに至って、会社は上位の職種にアフリカ系アメリカ人が移動できるように職務（job）を改めた。その際、高卒資格と一般適性試験合格を条件とした。人種中立的な制度を採用したのである。しかし、アフリカ系アメリカ人はこの高卒資格と一般適性試験が課されたことによって、以前と変わらず移動できない状態が継続してしまった。当時はアフリカ系アメリカ人家庭のほとんどが貧困に苦しみ、進学はもとより高校入学しても勉強を続けることが難しかった。こうした社会背景の下にあって、問題となった上位の職種の職務遂行に高卒資格や一般適性試験合格を必ずしも必要としないことがあり、その場合は高卒資格と一般適性試験を課すことがアフリカ系アメリカ人の雇用機会を奪う差別であるとして訴訟となったのである。合衆国最高裁判所は、高卒資格と一般適性試験を課すことについて、上の職種に必要であるとの業務上の必要性を会社に立証するよう求め、それが見受けられないとして第7編違反（雇用差別）であると判断した。

　Griggs 判決の後、客観的には公民権法第7編の禁じる人種や性などの差別類型に中立的な制度であるが、運用した結果において差別的結果が見られる場合、雇用差別と評価される法理が形成された。アメリカでは差別的影響（disparate

---

1) 91 S.Ct. 849（1971）　以下では、単に、Griggs 判決という。

impact、差別的効果）の法理といい、イギリスでは間接差別（indirect discrimination）の法理といわれた。わが国でも上記の差別類型を間接差別[2] と一般的に呼んでいる。

　差別的影響の法理の根底には、人種などの差別類型に中立的制度は本来、その制度目的に合致する運用がなされていれば差別的結果は生じないとの想定がある。人種や出身地などの個人の属性によって職務遂行能力に差は生じないと考えるからである。したがって、企業の必要とする能力を身に着ける機会が労働者すべてに平等に与えられていれば、人種差別的影響は生じないはずと考える。そこに差別的結果が生じたことは、能力養成に公正な機会が与えられていないか、企業の実施する制度に問題があるかのいずれかである。企業の実施する制度が職務遂行に必要な能力を適切に判断するのであれば、差別的結果は能力養成の不平等に原因があると考える。そこで、差別的結果が生じたことを契機に、その企業の実施する制度が実施目的実現にとって適合的（合理的、業務上必要か）かが問われることになる[3]。

　他方、人種等を理由とする雇用差別を禁止する公民権法第7編は、「適正な」先任権制度（seniority system）や能力主義管理（merit system）および職務上開発された技能試験制度を活用することを違法としない[4]。

　先任権制度と能力主義制度はその由来を異にするが、いずれも人種など第7編の禁止する差別類型からは中立的である。先に述べた差別的効果の法理が問う制度に重なる。したがって、これらの制度実施に伴う差別的結果は職務遂行にとって必要な制度であることの証明が求められる。使用者側がそれを証明できない場合は差別となり責任を問われることになる。

　そもそも、使用者はどうして、差別的結果・格差が生じると、職務遂行上その能力が必要であり、その有無を判断するうえで、たとえば適性試験が適切に運用されていることを証明しなければならないと考えられるようになったのだろうか。自由平等であるべき市民社会の一部である雇用社会において、雇用機

2）雇用の分野における男女の均等な機会及び待遇の確保等に関する法律7条。
3）しかし、例外がある。たとえば性において特定の性固有の属性が職務遂行にとって必要不可欠である場合もありうる。そのような場合、それ以外の性にとって希望する職務に就く門戸は閉ざされるが、それは許される差別である。BFOQ（bona fide occupational qualification、第703条（e）項、42 U.S.C. § 2000e-2（e））
4）第703条（h）項、42 U.S.C. § 2000e-2（h）

会を制約する自由は容認されないとしても、それを使用者に求めるのが妥当であるとするには、それを「是」とする雇用社会の仕組みが備わっていることが必要であろう。

わが国では、正規・非正規処遇格差問題に対して合理的説明が求められる[5]。その合理性とは何をもって合理性があるとするのか。単なる経営合理性ではない。それは、わが国の雇用社会が取り入れている能力主義管理に照らした合理性である。差別的取扱が禁じる人種、性、信条や社会的身分、障がいといった類型の差別ではない。労働契約上の処遇の違いに対する平等取扱からの要請である。

一　問題の限定——能力主義管理と先任権

差別的影響の法理で問題となる雇用制度は、主に学歴、技能、経験、語学力、筆記試験、一般適性試験などである[6]。いずれも能力主義管理の選抜手法である。

これらの制度の雇用差別評価指標としては、アメリカでは、EEOC のガイドライン（29 CFR Part 1607-UNIFORM GUIDELINES ON EMPLOYEE SELECTION PROCEDURES（1978））がある。それによると、①職務遂行に必要な能力との関連性：当該試験が必要な能力を適格に判断、予測し、得点の差にそれが示されていること。②内容に関する正当性：具体的な職務遂行に必要な能力と試験成績の結果から予測される能力とが、合致していることを求める。たとえば、警官の採用試験に数学や国語力を測る試験が課され、適切に当該試験がかかる能力の程度を測定するとしても、当該能力が実際の職務遂行時にどの程度必要であるかの分析がなされなければならない。③構成上の正当性：人間の特性などが職務遂行にとって必要不可欠な要素となっている場合、それを試験していることが求められる。

いずれも職務（job）を遂行するうえで必要な能力を適切に判断できるかがポイントである。能力主義の考えのもとにあるといっていい。そのためアメリ

5）浅倉むつ子「雇用管理区分差別の合理性」日本労働研究雑誌 701 号 1 頁。短時間労働者及び有期雇用労働者の雇用管理の改善等に関する法律（2018 年制定、「パータイム・有期雇用労働法」）8、9、14 条など。
6）藤本『米国雇用平等法の理念と法理』かもがわ出版、2007 年、239－244 頁。

カ雇用社会を検討するが、そこにはわが国雇用社会にも当てはまるところが多いと思っている。なお、アメリカ雇用社会では先任権制度が特徴の一つにある。先任権は能力主義とは真逆の発想で労働者個人の能力を排したところにあるといわれるが、そうであろうか。

二　雇用社会における能力主義管理

　雇用社会では、採用など人事の選考に際して学歴や資格、筆記試験等が課され、能力主義（merit system）管理[7]が普通に採用されている[8]。しかし、果たして企業が求める職務遂行能力を、学歴などの諸制度が適切に判断しているかと問えば、具体的な能力はともかく抽象的な能力になればなるほど、はっきりしない。それでも上記方法を用いている。どうしてなのであろうか。

　教育社会学の中村高康教授は、「近代社会は、能力主義的であるべきだというタテマエを崩せない社会だからである。……何らかの形で『能力』を割り切って定義づけ、測定し……とりあえずの暫定的な能力基準を使って社会を回して（いる。—筆者注）……そこにはなんらかの恣意が入る余地がある」[9]と述べる。また、能力主義からの造語であるメリトクラシー（meritocracy）をあげて、日本では能力主義とほぼ同義の言葉として使用されてきたとする[10]が、本来的には、メリトクラシーとは「能力を持った人間による支配の体制」といった意味合いが強いという[11]。

　中村教授は、その能力主義が広がった理由について次のように述べる。すなわち、「近代社会においてさまざまな属性的基準による地位の配分がご法度となり……『能力（＝merit)』が近代社会において人々の社会的地位の配分を決定しうる唯一の原理として認められてきたからである。」[12]また、近代化が進むと江戸時代のような身分制度のような「システムは受け入れられなくなる。なぜなら、近代社会とは、多かれ少なかれ、自由や平等や効率といった価値観が

7）能力主義とは、成果でその能力を判断する成果主義とは異なる。
8）https://ja.wikipedia.org/wiki/%E8%83%BD%E5%8A%9B%E4%B8%BB%E7%BE%A9　ウィキペディア：能力主義。
9）　中村高康『暴走する能力主義——教育と現代社会の病理』ちくま新書、2018 年、49 – 50 頁。
10）同上、88 頁。
11）同上、89 – 90 頁。
12）同上、89 頁。

前面に出てくる社会だからである。……近代社会……にいたって地位の配分原理として、近代社会の理念と対立しない考え方が採用される。それが能力の原理、すなわち能力主義なのである。この能力主義に基づく支配の体制がメリトクラシー」[13] である、と。そして続けて、その能力を測るのが難しいとして、「そこで登場するのが、試験と学歴である。知識・技術を重視する産業社会において、まさに知識・技術を教える学校教育のシステムはこれと連動して普及・拡大した。……みんなが納得できるような能力測定装置がなかなか見出せない状況においては、少しでもたくさん学校教育を受けた人やみんなが同じ条件で受けたテストの成績が良かった人を、とりあえず……『能力あり』とみなすことにした。」と[14]、試験制度や学歴主義を能力主義の現実的判定機能を果たすものとして説明する。

指摘を踏まえて考えると、我々の生きる現代社会は近代市民社会の延長で、自由平等独立の個人の自由な活動によって形成されている社会である。社会の構成員である市民は個人として自立しており等しく市民として有する基本的権利が享受されるべき社会的存在である。しかし、実際の社会に生きる多くの市民は、自らが望むものはたくさんあっても市民すべてが得られるところとはならず、得られるものも限られるのが現実である。その現実にあって、市民が享受される権利・自由が等しく保障されるのは、得られる機会すなわち望むものを獲得するチャンスの平等に止まらざるをえない。その市民社会で機会が平等に保障されるなかで獲得したことの正統性を得るには、公正な選抜しかなく、その目的達成に必要な能力を客観的方法で測定するほかない。しかし、そこには恣意が入る余地もまたある。雇用社会に例を取れば、職務（job）を切り分けるとき、切り分けた職務に必要な能力を決めるとき、そして試験を実施してその能力を判定するときなどである。

また、雇用平等の観点からは、能力主義は個人の努力と意欲によって生後的に獲得できる属性である点も考慮されるべきである。生来的属性である人種や出身地、性などのような個人の努力では如何ともなし難い属性ではない。この点で、能力主義は市民社会に親和的である。

13）同上、92 頁。
14）同上、94 頁。

1 アメリカ雇用社会における能力主義

アメリカ社会にあって能力主義は公務員任用の際の猟官制（spoils system）や情実（favoritism）を排除し公正な任用を目指すものとして、採用されてきた[15]。たとえば合衆国政府職員任用に関する1883年に制定されたペンドルトン法（Pendleton Civil Service Act）は、能力主義の原則を確立する試みをおこなった。また、1953年アイゼンハワー大統領命令10479号[16]は、政府契約委員会（the Government Contract Committee）を立ち上げ、公契約締結企業にすべての従業員を対象とする雇用平等プログラムの策定を求めた。

雇用社会では、多くの労働者が望むより良い雇用の場は限られ、それを望む者すべてに与えられることはありえない。資本主義社会だからである。限られたよりよい雇用をどの労働者が得るか選抜するよりない。その方法は、雇用機会が平等に保障され、職務を遂行する能力で適正に判断されるものでなければならない。たとえば職務遂行に必要な能力を適正に判断する試験制度があったとする。その試験実施の結果は得点の多い者がより高い職務遂行能力を有しており、その職務に就くのが適切だと考えるのである[17]。

ただ、そうであるとしても特定の職務に関して職務遂行能力としてどのような能力が求められ、それを客観的に判断する試験制度を開発するのは容易ではない。それが適正に必要とされる職務遂行能力を反映し成績優秀者がより能力のある者であるといえるかは一概には言えない。さらに、必要とする職務遂行能力はだれが必要とする能力であるか、その内容をどう決定するのかは、第一義的には使用者である。仕事が現代にあっては企業形態をとるからである。したがって、使用者がまず必要な職務を区分しそこに求める遂行能力を設定する。これは客観的ではあるが恣意の入る余地があり科学的であるとはいいがたい。しかし、それを超える客観的な判断基準はない、あるいはないと考える[18]のであろう。

---

15) 藤本・前掲注6)書、109頁および同注55参照。
16) https://en.wikipedia.org/wiki/Executive_Order_10479
17) 藤本「公契約に見る雇用平等政策の理念——アメリカ合衆国の経験」『行政の構造変容と権利保護システム 浜川清先生退職記念』日本評論社、2019年、228-229頁。
18) だからこそ、差別の疑いが生じた際に使用者に職務区分等の必要性・合理性・関連性が問われる。

必要とする職務に必要な能力を客観的合理的に判断する術が能力主義の他に
ないから、それが採用される。雇用差別問題に際しては、職務遂行に必要な能
力であるといいうる限り適切なものとして使用者による差別取扱いに当たらな
いとしたのである。

2　アメリカにおける職務（job）と科学的人事管理制度

能力主義に関連して確認すべき点がある。それは職務（job）を形作ること
が先にあってその後にその職務を遂行するに必要な能力が問題となっている点
である。同じ能力主義といっても賃金制度で比べると、上記の職務に対して支
払われる賃金すなわち職務給がアメリカであって、わが国での労働者個人の能
力を評価・査定する職能給とは異なる。アメリカの能力主義を特徴づけるもの
は職務でありその成り立ちを知ることが肝要である。他方、職能給といっても
職務を雇用管理区分とみた場合、必要な能力に対する賃金は標準としてあるの
であって、まったくの属人給というわけではない[19]。また、その逆もある。職
務給といっても経験といった属人的要素がないわけではない。

アメリカの職務を知るうえで、科学的人事管理制度が重要である。すなわち、
アメリカの雇用社会は、19 世紀末から 20 世紀初頭の製造業を中心にした大量
生産方式（フォード・システム）と科学的人事管理制度（テイラー・システム）
によって大きく変わる。「第二次産業革命」である。それは、使用者による中
央集権的人事管理の確立でもある[20]。

それまでは、熟練工（親方）が作業をする労働者を含め万事請負う内部請負
制（internal contract system）が採られていた。その結果、実際の労務・生産管
理の権限は請負人としての熟練工（親方）の支配するところにあり、使用者に
よる労働者（従業員）管理は熟練工を介して行われ間接的なものにすぎなかっ
た。また、熟練工は作業量の決定＝「成り行き管理」を行い、使用者は企業運

---

19) 楠田丘『職能資格制度［改訂 5 版］』経営書院、2015 年 2 − 5 頁。
20) 藤本「米国における雇用平等立法化の背景」法学志林 87 巻 1 号（1989）1 頁、7 頁。藤
　本・前掲注6）書、28 − 30 頁。藤本茂「雇用平等法の基礎論的検討」　山田省三・青野覚・
　鎌田耕一・浜村彰・石井保雄編『労働法理論変革への模索　毛塚勝利先生古稀記念』信山
　社、2015 年、569 − 571 頁。水町勇一郎「男女雇用平等の新たな法理念」辻村みよ子監修、
　嵩さやか・田中重人編『雇用・社会保障とジェンダー』東北大学出版会、2007 年、177 頁、
　179 頁。榎一江「終章　『職業の世界』の変容と労務管理の終焉」榎一江・小野塚知二編著
　『労務管理の生成と終焉』日本経済評論社、2014 年、341 頁。

営さえ掌握できていなかった。

科学的人事管理制度は、熟練工による生産・労務管理支配を排徐し、使用者に企業の合理的運営をもたらした。科学的人事管理制度の内容は、作業工程を徹底分析し、「標準」作業量を策定し配置を行う。科学的人事管理制度は、作業工程の合理化だけでなく、人事労務管理を専門に行う管理事務部門を設置し、企業組織そのものを改変した。この点は重要である。使用者による中央集権的生産労務支配体制の確立だからである。

科学的人事管理制度は以下の2点を確立させた点が重要である。

第一として、中央集権的支配体制の確立は、労働者がいくら職務遂行能力を売り惜しみしようとも使用者の「営業（取引）の自由」を侵害できない立場に立たせることとなった[21]点である。雇用社会での使用者の優位性（「経営」の優位性）の確立である。別言すると、労使間の非対称性（非対等性）の確立である。これは、ニューディール期に制定された労働立法によって、「経営権」を認めたうえでの労使対等な団体交渉（集団的労使自治）による労働条件決定ルールを雇用社会にもたらした。

第二として、科学的人事管理制度は、職務（job）を客観的に分析・区分し、職務記述書を作成し各職務の内容を明確化する点である。企業は、その職務内容に従って労働者の採用、教育・訓練、職務移動、昇進・昇格、解雇等の人事制度を通じて労働者を管理する。こうした人事管理制度であることが人種などの許されない差別類型に対して中立的であることから差別に当たらないことを証明できると考えられた。

他方、職務を核とする人事管理制度は、前記集団的労使自治制度とも関連する。すなわち、「経営権」の内容はさほど明確ではなく、「経営権」の内容をなす経営事項は労働者管理と関連し団交事項となった。使用者は人事管理に関して、団交を通じての労働組合の介入を防ぐこととより合理的な経営を求めて、ますます客観的基準を採用するようになった[22]。

21）毛塚勝利「労組法上の労働者・使用者論で見失われている視点」労働判例1000号（2010）2頁。藤本・前注20）毛塚古稀、569頁。
22）藤本・前掲注6）書、39頁および注。

3　科学的人事管理制度と能力主義管理

こうした科学的人事管理制度が、職務分析に基づいて作成した詳細な職務記述書に記した職務について、十分に遂行する能力を有している労働者をどう選考するか。

そう簡単に能力判定できるものではない。前掲中村教授はこの点を以下のように説明する[23]。すなわち、そこに登場するのが、学歴や資格や適性試験などである。知識・技術が産業発展に重要となるにしたがって、知識・技術を教える学校教育システムはこれと連動して普及・拡大した。「みんなが納得できるような能力測定装置がなかなか見出せない状況においては、少しでもたくさん学校教育を受けた人やみんなが同じ条件で受けたテストの成績が良かった人を、とりあえず……『能力あり』とみなすことにした」と[24]。

端的に言えば、試験制度や学歴主義は能力主義の現実的判定機能を果たすものとして活用されることが承認されたということであろう。

そのように見てくると、アメリカでは、科学的人事管理制度の進展とともにあった産業は、必要な働き手を一方では東欧などからの移民や南部からのアフリカ系アメリカ人労働者の流入によってまかない発展を遂げ、他方では労働者側では避けられない職能組合の弱体化が進むなか産業別労働組合へと労働者組織の基盤が変わり職務能力養成機能にも変化が生じる。すなわち工業発展に伴う必要な基礎学力の高度化に対して労働組合が対応できなくなった[25]。結局、使用者は経営人事管理を掌握し、職務を区分し、その職務遂行に必要な能力を設定し、その能力を有するか否かの観点から労働者を選抜する仕組みを作り上げた。それが科学的人事管理制度であり、その職務に必要な能力を持つ人材を選抜する考えを能力主義管理というと理解できる。

4　アメリカ雇用社会の現実

ただ、こうした雇用社会における能力主義による選抜は個人間の競争であり、その競争を公正だと支持する社会的基盤が伴っていなければならない。アメリ

---

23)　中村・前掲注9)書、94頁。
24)　同上、94頁。
25)　藤本「『新しい公共』の担い手たる労働者組織」法学志林113巻3号（2016年）3-28頁、8-10頁。

カ社会にあっては、その歴史上アフリカ系アメリカ人や女性や特定の信仰を
もっているグループに対する社会的排除（第二市民扱い）が厳然と存在してお
り、競争が公正に行われる基盤を欠く不公正な状態が続いていた。だからこそ、
差別扱い禁止として、雇用差別問題となりえた。

　しかし翻って、そもそもアメリカ雇用社会にあって、上記のような排除が
あったとしても、その白人労働者を中心とした雇用社会内部では、一般的普遍
的に、競争によって世俗的な意味での階層を自由に移動できることつまり個人
の努力と能力によって職業や職務を移動していく自由と競争が保たれていたの
であろうか。竹内洋教授の言葉を借りれば、「アメリカ社会が敗者復活の機会
に満ちてい」[26]たといえるのであろうか。

　竹内教授は、ローゼンバウム教授の研究を次のように紹介して、敗者復活が
困難なアメリカ社会の現実を指摘する。すなわち、アメリカ社会での機会があ
るなかでの競争移動は「幻想であり、現実にはトーナメント型の移動であ
る」[27]と。トーナメント型の移動とは、内部労働市場の移動に関して顕著で、
「初期の選抜に選ばれなかった者がのちに努力し能力開発しても反応（処遇）
は硬直的で敗者復活が困難になる。……初期に選ばれた者の利点の増幅効果と
選ばれなかった者の不利益の増幅効果が見られる。……初期選抜に選ばれた者
は学習機会が得られ、意欲を増すが、逆に初期選抜に選ばれなかった者は学習
機会が剥奪され、意欲も減退させるという学習機会と予期的社会化の不平等」
が見られるという[28]。

　アメリカ雇用社会では、競争の自由は雇用差別の視点からすると、自由競争
の基盤を構成する機会の不公正の解消が大きな課題であったし今もそうである。
アメリカ雇用社会の個人間競争は客観的科学的であったとはいいがたい。

5　わが国の能力主義管理

　わが国の能力主義は明治期の近代化とともにあったということができる。職
員と工員の身分格差は学歴主義のもと早くから形成された。二村一夫教授は、
「工員と職員の格差は、……日本社会が前近代的であったために残存したのでは

26）竹内洋『日本のメリトクラシー－構造と心性［増補版］』東京大学出版会、2016 年、58 頁。
27）同上、58 頁。
28）同上、59 頁。

ない。おそらく、工場制度とともに移植された慣行であろう」[29] と述べられる。

　また、工員の職業能力養成にも明治近代化の影響が色濃い。わが国で近代的な労使関係での職業能力養成は、近代化・工業化の典型である富岡製糸場や八幡製鉄所に代表される官営工場で職工が外国から導入した技術を習得するために実施された、外国人技術者による教育に始まる。技術者養成の職工学校は官営工場に敷設されたが、職工学校出身の技術者は、その多くが士族の出身で、地場産業として発展してきた技術を知らず技術も力不足であった。こうした点から、少なくとも、近代化初期は地場産業の技能工が技術を支え、人事管理は欧米同様、技能工による間接管理であった[30]。

　しかし、その技能を支えた職能組合に関しては、わが国では都市ごとに組合が作られていたに止まり、欧米のギルドのような全国規模のネットワークがなかった。つまり、職能組合による職能による労働市場独占はわが国では相当弱かった[31]。

　その後の産業の発展とともに職業能力の養成は労働者の定着を期待することもあり、企業内での養成が主であった[32]。また、産業の発展に伴う労働者不足については、わが国では、農村からの出稼ぎに頼り、企業が人材を直接求め、従業員として直接管理する体制が敷かれた[33]。

6　わが国の能力主義と学歴主義

　わが国の能力主義は、工員と職員の多分に封建的社会身分の色濃い学歴主義として、近代化の初期から発展してきた。工員の技能養成は企業内職業訓練制度によって担われ、正規従業員選抜や正規従業員への昇進昇格競争へと向かった[34]。

---

29) 二村一夫「戦後社会の起点における労働組合運動」『シリーズ日本近現代史4　戦後改革と現代社会の形成』岩波書店、1994 年、39 - 78 頁、59 頁。
30) アンドルー・ゴードン著、二村一夫訳『日本労使関係史』岩波書店、2012 年、39 - 43 頁。藤本・前掲注 25) 論文、10 頁。
31) アンドルー・ゴードン・同上、23 頁。ここでは、入職規制といっている。
32) 久本憲夫「第3章能力開発」、仁田道夫・久本憲夫編『日本的雇用システム』（ナカニシヤ出版、2008 年、107 頁。アンドルー・ゴードン・前掲注 30) 書、122 - 128 頁。
33) 藤本・前掲注 25) 論文、11 頁。高橋洸『日本的労資関係の研究［増補版］』未来社、1970 年、53 - 54 頁。野村正實『雇用不安』岩波新書、1998 年。金子良事『日本の賃金を歴史から考える』旬報社、2013 年、20 - 21、34 頁。
34) 藤本・前掲注 25) 論文、10 - 13 頁。

学歴主義の観点からは明治期の文官試験制度に見ることができるが、学歴社会といわれるような学歴主義が雇用社会全般に広がった時期は 1960 年代になってからである[35]。雇用社会における能力主義の一内容である学歴主義が第二次大戦後の高度経済成長期に確立したとする点は重要である。

　工場労働者は、1960 年代まで続いていた職工と職員の身分格差を、「封建的な身分差別」であるとして、労務者、職工などの名称や給与等の労働条件の違いを職員と同等にするよう撤廃を要求した。注目すべきは、その本音の要求は、「人並みに扱え」ということであり、「自分たちも企業の一人前の構成員として認め、能力や努力を正当に評価せよ」[36] というにあった。労働者の主張が意味するこの種の公平感を、二村教授は、「そこに『人格と能力との厳格な算定』にもとづく賃金差別は当然とする、『広い意味での能力主義』的な思考が存在する」[37] と指摘する。

　また、後の能力主義的な労働者間競争の制度化へつながる契機があったと述べ、能力重視だが、同時に努力や協調性、年功も考慮すべきだとして、「各人の個別的な要因を考慮に入れない平等は『悪平等』であるとする。……『人間としての平等』……ではなく、その集団の正規の構成員に対し、個人的な事情を配慮して処遇したものであった」[38] と結論付ける。賃金で言うと、アメリカの「職務給」に対してわが国の「職能給」を対置させうるし、後年の正規・非正規の処遇格差問題に対する視点にも通じて示唆的である。

　こうしたわが国の能力主義は、高度経済成長期の技術革新に対応する必要から工員にも高卒資格を求めるようになり、職員と学歴では並ぶようになった。こうした事情は客観的な職工の昇進制度の一本化を促進し労働者間の昇進・昇格をめぐる競争激化を招いた。これは企業内労働組合の活動に一定の平等が達成され、限界が見えたとされる[39]。

　昇進に関して、中村教授は前述したローゼンバウム教授の指摘するトーナメント型移動がわが国の能力主義に関して当てはまるとする。次のように述べる。「いったん昇進競争から遅れを取ると、以降は競争から除かれ、勝ち上がった

35）野村正實『学歴主義と労働社会』ミネルヴァ書房、2014 年、13 頁、111 – 156 頁。
36）二村・前掲注 29）論文、60 頁。
37）同上、60 頁。
38）同上、61 頁。
39）同上、72 頁。

人たちの中で次の昇進競争が行われるという昇進パターン……（で）……トーナメントで敗れた場合、その人物の能力を『そこまで』という形で定義づけるメカニズムを内包している。……その後彼らがどれほど努力しても、またそれまで示していなかった潜在能力を開花させても、はたまた営業成績を上げたとしても、次の競争に参加できにくい構造であるならば、それは彼らの能力の上限が前のトーナメントの時点で構造的に定義づけられてしまっていることとほぼ同じなのである」[40]、と。

わが国の雇用社会は敗者復活が困難な社会である。それが、いったん正規・非正規に区別されるとそれを固定化させる。その結果はいわば第二労働者といった階層を形成することにつながる。

三　先任権制度——年功の要素と能力主義人事管理

先任権制度（Seniority）とは、アメリカの雇用社会において認められる制度で、従来レイオフ（業績悪化を理由とする一時解雇）との関係で説明されてきた。現在はより広い範囲で適用されている。

先任権制度は、その内容を構成する職務（job）での勤務年数の長さが雇用を保障する面において、勤続年数で選抜する点で年功を要素とする。したがって、先住権制度は、故に労働者個人の有する能力を査定する方法で選抜しない点で能力主義とは異なる。

しかし他方、勤務を重ねることが能力向上を果たしているとみることもでき、その側面から、能力主義の要素を有するともいえる。この点に関連して、範囲職務給制度を概観する。さらに、より根本的な機能として先任権にはその制度を検討するにあたり、「労働者間の個人競争の排除」があることを強調しておきたい[41]。

1　先任権の範囲と職務（job）

科学的人事管理制度のもとで使用者は区分した職務の分析を行い職務記述書（job description）として明示し、その必要な職務遂行能力を有する労働者を選

40）中村・前掲注9）書、108－109 頁。
41）篠原健一『アメリカ自動車産業』中公新書、2014 年、44 頁。

抜し配置する。その選抜にあっては、能力主義に基づき学歴や適性試験が重視されるが、経験も排除されていない。アメリカでも経験・勤続年数は職務遂行能力の向上をもたらすと考えられた。その意味では使用者にとっても年功の側面はもともと能力判断に活用できる要素であったということができる。

論点は使用者が中央集権的な人事管理権限をいかに掌握するかである。この点から見ると、先任権の問題はその年功の要素ではなく、使用者の権限の外で人事が決まる点にある。とりわけ集団的労使関係において問題とされる。先任権承認をめぐる攻防は労働者側からみると、能力主義管理で中央集権的な権限を掌握した使用者の裁量を抑制し、労働者が個人競争を排して自らの利益をいかに確保するかにある。

(1) 人事異動への展開

先任権制度はレイオフ時の解雇者選定基準だけではなく、しだいに人事異動にも拡大していった。

アメリカ自動車産業の労使関係に詳しい篠原健一教授によれば、同一職務のなかでレイオフに際して誰もが納得せざるをえない基準として採用されたのが先任権で、個別労働者に対する個々の職務遂行能力判定が一切介在しないがゆえに、労働組合による組織化がされていない企業でも納得性の高い公平なルールとして、用いられ、「生産労働者の『移動と昇進』ルール」としても重要な役割を果たしてきたとされる[42]。

なお、アメリカ雇用社会における移動（transfer）とは、工場労働者でいえば工場内で同じ賃率の異なる職務に移ることを指し、昇進（promotion）とは工場内でより高賃金の職務に移ることを指す。

いずれも、従前は職長（経営管理者・非組合員）の権限であった。

(2) 昇進への適用

先任権制度が大きな展開を見せたのは1935年ワグナー法制定以降である。使用者の「経営権」は確立し中央集権的人事管理が行われるなか、「経営権」による経営事項を承認しつつ、「経営権」を承認したうえで労働組合の法認と団体交渉を通じた労働条件決定がなされる集団的労使自治の時代になった。そ

42) 同上、74－75 頁。

の時期に労使間のせめぎあいのなかから先任権制度が承認・適用されるように
なってきた。このことはとりもなおさず、使用者の経営の自由が浸食されるこ
とを意味するが、別の観点からすれば、職長の恣意（えこひいき）を排除する
ことも意味し、納得性の高い公正なルールとしての側面もあった。先任権制度
は職務遂行能力の存否判断を介さずかつ年功で判断する。この点で恣意の入る
余地がなく納得性の高い公正なルールでありえたのである。

　まずは、昇進への拡大である。この点、篠原教授は、昇進決定時に先任権を
取り入れると、能力の優れた者よりも劣った者を昇進させねばならないことか
らくる能率の減退を懸念して、使用者は先任権制度の導入に慎重であったとさ
れる[43]。

　そのような状況のもと、先任権制度が昇進にも適用されるようになったのは、
ある仲裁裁定がきっかけとなった。すなわち、ある昇進事案に選任されず他の
労働者が選ばれたことに不服のある労働者が申立てた苦情処理申立が仲裁裁定
にかかった事案が、昇進への先任権拡大の大きな契機となった[44]。昇進に関す
る先任権を強化したい労働組合と裁量権（経営権）を確保しておきたい経営側
との間で締結された1940年労働協約の移動に関する第8条項の文言「『従業員
の移動は、もっぱら経営の責任に属する。しかし、……昇進に関しては、力量
（ability）、功労（merit）、才能（capacity）がおなじであれば、もっとも高い先
任権をもつ者に優先権が与えられる』」について、仲裁裁定は「①個々の従業
員の相対的な能力を正確に評価することは不可能である。②また、現場監督に
よる査定には個人的偏見がともないうる。③……先任権こそ明確に定義される
判断基準である。……もし経営側がずば抜けた能力格差を証明できない場合、
昇進は、候補者のうち先任権のもっとも高い従業員に決定」[45]すると判定され
た。本件では、ずば抜けた能力をもっているとは認められず、経営側によって
行われたこの昇進は無効となった。この仲裁裁定を契機に昇進を実質的には先
任権で決定する工場が増加していった。

43）同上、78－79頁。
44）同上、82－84頁。
45）同上、84頁。

（3） 移動への拡大など [46)]

いくつかの経緯があって、1946 年、移動もまた先任権の順位で決まるルール
になったが、その移動の意味内容が問題となった。同じ職種（classification）
内で持場が変更になることは移動ではないとされ、「持ち場の変更」は先任権
の及ぶ範囲でない、つまり使用者の権限とされた。この結果、職種を細分して
「持ち場変更」の及ぶ領域を小さくする、つまり移動の量的増加を労働組合は
図るようになった。こうして、移動の範囲が増えたのが 1955 年協約改訂で
あった。

さらに、部門を超えての昇進に先任権制度が及ぶようになっていった。

2　同一職務内での昇給──範囲職務給

アメリカの給与の基本は職務給制度である。特定の職務について職務内容に
応じた賃金が設定される。それは一職務一賃金で固定されており、高い賃金を
得ようとすればより高い職務に昇進するしかない。これが基本である。

しかし、同一職務内で経験を積むことによって多少の昇給のあることがある。
これを範囲職務給という [47)]。一職務内でも経験や技能に基づいて個々の賃金率
が決められる（完全な勤続年数順もある）。しかしその範囲はさまざまであり一
概には言えないが一般的にはあまり広くはなく、段階も少なく、数年で頭打ち
になる。この範囲職務給は、現業職に限らず、「ホワイトカラー」にもよく適
用される。むしろホワイトカラーでは、範囲職務給が優勢である [48)]。

1980 年代アメリカは、自動車産業を中心に日本の進出に大きく揺さぶられ、
日本の労務人事管理制度を導入しようとした。いわゆる「ジャパン・アズ・ナ
ンバーワン」 [49)] といわれるなか、日本の査定を導入して労働者個人の能力（成
果）に応じて支払う賃金制度の導入を模索した。しかし、同一職務にあって、
成果に査定がなされその評価に応じて賃金に格差が生じることは職務に対して
賃金が決まりその職務に必要な能力を発揮して支払いを受ける職務給において

---

46)　同上、85 - 92 頁。
47)　同上、42 頁。
48)　同上、46 頁。
49)　ウィキペディア：ジャパン・アズ・ナンバーワン　https://ja.wikipedia.org/wiki/%E3%8
2%B8%E3%83%A3%E3%83%91%E3%83%B3%E3%83%BB%E3%82%A2%E3%82%
BA%E3%83%BB%E3%83%8A%E3%83%B3%E3%83%90%E3%83%BC%E3%83%AF%E3%
83%B3

は、公平でないと考えられた。日本のような査定によって賃金に差が生じる制度はアメリカでは受け入れがたく、うまくいかなかった[50]。

3　先任権と雇用差別との関係

　こうした先任権制度の及ぶ範囲の拡大は、二つの特徴を認めることができる。

　第一に、先任権制度は年功の要素をもつが、年功が能力主義人事管理と矛盾するとは考えられていなかった。むしろ、年功は偏見（えこひいき）を排除し能力主義管理を高める公正な人員選抜ルールの側面があった。ただ、客観的能力主義管理を高めるといえても、先任権は使用者にとって、経営自由を外部から制約する側面を労働組合との関係ではもつ。この点が、詳細な職務内容を定め職種のむやみな増加をもたらし、効率的な運営を妨げることになった。それは後の 1980 年代の大転換、日本のアメリカ進出に伴う日本的能力主義管理への転換、すなわち職務の大括りあるいは多能工化への方針転換につながっていく。

　日本企業の人事管理の要素をアメリカとの対比を意識して検討して、山崎憲氏は概略以下のように述べる[51]。すなわち、日本企業の人事管理の要素を「訓練」「職務」「報酬」「参加」の四つにわけてアメリカの人事管理よりも優位性があることを指摘する。「訓練」では企業内訓練で必要な知識技能を習得させ従業員として意識化させる。「職務」では、広い職務の括り、配置転換、多能工化などで従業員間の連携を促進する。「報酬」では、昇進と職務と賃金とをリンクさせる。「参加」では労使協議などを通じて経営に巻き込む。こうした日本型の人事管理をアメリカに移転するうえで、労働組合の存在が障害となる。とりわけ、職務区分の削減を行って職務範囲を拡大するだけでも労働組合や労働者の抵抗が大きいし、多能工化は労働組合の機能を著しく低下させる、と。

　第二に、この職務の大括りに向けた再編は、使用者の権限強化につながる。雇用差別禁止法が先任権制度を違法ではないとしながらも、差別的影響をもつ結果が生じた場合に問題の先任権制度に業務上の必要性を求めて、先任権制度を雇用差別禁止法の埒外に置かなかった。このことは、あまりにも細分化された職務の合理性を問う雇用差別禁止法は、先任権制度とのかかわりでは、細分

50）篠原・前掲注 41）書、49 頁。
51）山崎憲『デトロイトウェイの破綻──日米自動車産業の明暗』旬報社、2010 年、27－30 頁。

化された職務の合理性を証明できなかったとして第7編違反とされ、使用者敗訴となったものの、職務区分の見直しそして大括りへの道を拓き、第7編違反をてことして、それまでの先任権制度を打ち崩すことになった。

そして、労働者側にとっては、細分化された職務で昇進や移動として先任権制度の適用を確保してきたことへの切崩しとなった。大括りの新たな職務では、その職務内での配置換えは異なる職種への移動やより高い職務への昇進ではなく、使用者の権限の下で自由裁量によってできるからである。

使用者は確かに、雇用差別禁止法の制約を受けることになったが労働者組織からの制約からは自由になった。

それまでの先任権制度によって雇用保障された組織労働者を切崩す。そして別のいいかたをすれば、競争のない納得性の高い公正な制度を切崩す。これなくしては、雇用差別の被害を受ける未組織労働者（あるいは発言を封じられていた少数派組合に属する差別されてきたグループの労働者）の雇用機会を保障することはできなかった。こうして再編された職務は、先任権制度の下にはないので、昇進に関する職務遂行能力の有無をめぐる労働者個人間の競争を促すこととなった。「アメリカ社会には『自由と競争』の側面があるし、逆に、『平等と規制』の側面もある」[52] のである。

以上の今まで念頭に置いてきた産業はアメリカ自動車産業の主に現業部門である。ここに働く現業労働者はラストベルト（Rust Belt）地域を中心とする製造業を支える担い手で、とりわけ第二次世界大戦前後のアメリカの繁栄を享受した中間層だった[53]。他にはたとえば、建設業界がある[54]。建設業界は古くから熟練を要し、職業訓練の段階から縁故による加入規制が行われ、白人男性の仕事として強固な関係が長く築かれてきた。

その熟練職から排除されたアフリカ系アメリカ人、マイノリティや女性は非熟練の低所得層を形成していた。職務の適正化は雇用差別是正に向けた喫緊の課題でもあった[55]。

52）篠原・前掲注41）書、92頁。
53）グローバリゼーションの下、そのラストベルトに住むアフリカ系アメリカ人もマイノリティも同じく、現業労働者の「没落」が注目されている。
54）南修平『アメリカを創る男たち』名古屋大学出版会、2015年、75頁など。
55）藤本・前掲注17）論文、17頁。

四　わが国における能力主義管理と年功制

　1969 年、日経連は、能力主義管理研究会を組織し、終身雇用制・年功制から能力主義管理への移行を提言する。その報告書は能力主義における能力について、「能力＝職務遂行能力＝体力×適性×知識×経験×性格×意欲」[56] と定義し、年功制を「人事管理の諸活動において、各人の属人的要素である学歴・年令・勤続年数を基準とする管理運営方式」[57] とした。しかし、実際は、野村正實教授の言うように、わが国の「年功制は積みかさなる年数（年齢、勤続年数、経験年数）が中心となりつつも、技術、知識、会社への貢献という要因もあいまいに考慮したうえでの昇進昇格を意味している。……日本の会社は、「『画一的人事管理』をおこなわなかった。日経連は年功制を誤解していた。年功制の欠点を是正するものとして日経連が提唱した『職務遂行能力』は……『体力×適性×知識×経験×性格×意欲』を指していた。しかし日本では、『知識』や『経験』は勤続年数や経験年数に比例すると考えられている。『性格』や『意欲』は、年功制を実行していた日本の大会社が人事考課において重点的に評価してきたものである。つまり、日経連が提唱した『能力主義』は、すでに実践されていた『年功制的人事労務管理』そのものであった」[58] といえよう。

　わが国の人事労務管理は年功制といわれてきたが、画一的形式的ではなく、個々の労働者の潜在能力の顕在化のために各種の企業内教育訓練を実施し能力開発に努めてきた。その意味では、年功制は年功による能力向上を予定する能力主義であった[59] し、内部労働市場での労働者個人間の激烈な競争を強いるものであった。

　わが国においては、企業組織による労働者丸抱え＝従業員が主で、自由な職種間移動やそれを可能にする企業を超えた労働者組織も加わった外部での職業教育は発達してこなかった。前述したように正規従業員を対象に職業教育訓練は主に企業が担っていた。仕事をするうえでの基礎教育は学校教育が支え、そ

---

56) 日経連能力主義管理研究会編『能力主義管理──その理論と実践［復刻版］』日経連出版部、2001 年、56 頁。
57) 同上、88 頁。
58) 野村正實『日本的雇用慣行』ミネルヴァ書房、2007 年、198 頁。
59) 熊沢誠『能力主義と企業社会』岩波新書、1997 年。

の学歴のもと、雇用社会が必要とする学歴での選抜を潜り抜けた正規労働者が企業内教育訓練を受けることによって賄われてきた。学歴によって縦の職種は決まり、横の職種間の大幅な移動も早くに限られた。

　わが国が直面する正規・非正規格差問題は、企業別労働組合組織である限り解決困難であろうし、わが国外部労働市場ではアメリカにも増してリターン（復帰する、敗者復活）できない仕組みになっている。それは企業内教育訓練である。正規従業員に昇進の機会を保障する企業内教育訓練は労働者個人の間の激烈な競争を強いるものであり、第一に非正規労働者はその競争の埒外に社内身分として置かれているのであり、雇用社会にあって「敗者復活」は著しく困難である。第二に、正規労働者と対等な立場で参画できずその会社内でも「敗者復活」できるわけでもない。

　わが国の能力主義はまさに、すでに触れたアメリカの現実と同様、竹内教授によるローゼンバウム教授研究にいうトーナメント型である。

まとめに代えて

　わが国もアメリカも職務区分をし、職務遂行に必要な能力を明確にして、その能力を有しているかどうか選抜するために資格や試験や学歴といった客観的判定手段を用いる。こうした人事労務管理を職務区分や職務の客観性に目を向けて科学的人事管理といい、客観的に職務遂行能力の判断・選抜に目を向けると能力主義管理という。いずれにしても使用者のコントロールする人事管理制度である。

　こうした人事管理制度は、第二次産業革命期の製造業が産業の中心を担い大量生産大量消費社会における企業形態に適合した制度である。いわば20世紀型の雇用社会の形態である。

　雇用社会における平等は、その時代性を担っている。ギルド的職能集団から大量生産大量消費を中心とする第二次産業革命へと変貌するなか、生産の担い手たる労働者の中心は不熟練・非熟練労働者に移り、新たな労働市場を形成し、それが労使関係における労働・生産の主導権獲得の新たな攻防を生み、企業が経営や労務人事管理（労働者）管理を自己のコントロール下に置く結果となった。それは、労働者組織による人事管理とのせめぎあいの結果、主導権を企業が握ることでもあった。企業が獲得した主導権は恣意的・絶対的権威ではなく

能力主義管理であり、集団的労使関係における集団的労使自治によって決定される。

　ところで、雇用社会には、内にある労働者と排除される労働者との分離が社会的形態として存在する。雇用平等は、平等であるべきと捉える労働者の範囲と密接にかかわっている。

　ギルド的職業組織の時代にあっては、その職能組織が平等の範囲であった。第二次産業革命以降の大量生産大量消費の時代にあっては、たとえばアメリカでは白人男性労働者でありまた企業組織に属する従業員であった。平等に包摂されるべき労働者から黒人や女性など特定の属性をもつグループに属する労働者は除外され彼ら彼女らは労働組合からも排除されてきた。労働者としての職務に関するあらゆる決定制度から排除されてきたからこそ雇用差別として社会問題になった。

　わが国では、性などの属性とは別に正規・非正規の区分が労働者として平等に取り扱われるべきことに抵触する。正規・非正規の区分は雇用社会の求める職務とは直に結び付かない。正規・非正規の区分は能力主義管理には基本的になく、職務とは関連せずかえってそれに反する基準である。したがって、能力主義管理に照らして合理性が認められない限り許容されない。

　もう一つ重要な点がある。わが国は敗者復活が困難な社会であるとの点である。正規・非正規の区別が招いた格差が問題なのはそれが労働者個人の能力の上限を画し限界づける点にある。並行にも上下にも自由に移動できることが重要である。

　ただ、能力主義管理は、20 世紀の科学的労務管理制度のもとでいえるのであって、その基盤が変わると企業社会のありようも変わり、雇用平等の意味するところも変わる。21 世紀の雇用社会はどうであろうか。

労働条件の不利益変更における信頼関係的合意
——Chubb 損害保険（退職清算合意）事件・東京地裁判決を素材として——

米津孝司

一　本稿の課題

　我々が敬愛する浅倉むつ子教授、その学問スタイルの真髄は、労働法学における真理の洞察と実践の不可分一体性という、今はもはや忘れ去られたかにも思われるテーゼの顕現に向かって、ひたすら実直に歩み続けたことのなかにある。本稿は、右テーゼの労働法学における定式化を行った沼田稲次郎や沼田の学問の師である加古祐二郎の社会法思想の学統を意識しつつ、山梨県民信用組合事件をはじめとする最高裁判決が鼎立した自由意思の法理について、とりわけ合意（同意）と合理性の関係に焦点を当てて考察を行うものである。

　最高裁判決が示した自由意思の法理は、その後も多くの下級審判例が踏襲するところとなっており、学説においてもその判例規範をめぐって活発な議論が継続している。その主要な論点は、①同法理の適用範囲（就業規則不利益変更事案に限定されるか否か、また賃金・退職金以外の労働条件にも及ぶか）、②自由意思の法理が合意の成立要件に関わるものか、それとも効力要件に関わるのか、③同法理における合意と合理性（あるいは客観的規範）の相互関係、④就業規則法理にとっての意義、⑤強行法規との関連性、といったことに整理できる[1]。

　筆者は、自由意思の法理を、最高裁が伝統的に採用してきた労働法における意思理論・法律行為論、すなわち意思・合意と規範秩序の相即不離の関係（両者を繋ぐ信頼原理）についての理解（信頼関係的合意論）の発展形として理解することで労働契約法上の各論点が体系的・原理的に整序可能であると考えてい

---

[1]　山梨県民信用組合事件・最高裁判決における論点および学説の整理として、たとえば神吉知郁子「本件・判批」判例評論 702 号 32 頁。

る[2]。本稿は、労働法における信頼関係的合意に関する一連の考察の一環に位置づけられる。

　上記五つの論点のうち、②および⑤についてはすでに別稿で論じたので本稿では割愛し、以下、上記各論点中、理論的な核心問題と筆者が考える論点③と、実務上の決着を要する①の論点を中心検討する。議論が抽象的な空中戦に陥ることを回避する意味から、これらの論点を具体的な事案に即して論じるための素材として、退職清算合意書（覚書）における請求権放棄が争われた Chubb 損害保険（退職清算合意）事件の東京地裁判決を取り上げ、同判決の批評という形を取りながらそれらの論点の検討を行う。自由意思の法理は、その規範内容（判断基準・考慮要素）に鑑みて、事実関係のプロセスに即した具体的かつ詳細な分析・評価が、その適用における可否を左右するという性格を持つことから、同法理を論じるに際しては、こうした判例批評の手法が有益と思われる。

二　Chubb 損害保険（退職清算合意）事件・東京地裁判決[3] の検討

1　前提事実

　1）当事者：被告は、損害保険業等を目的とする株式会社である。原告は、平成 18 年 6 月、被告との間で労働契約を締結し、同日以降、期間の定めのない社員として被告に入社した。

　2）降格・減給：原告は、被告に入社した当初、数理担当部長としてグレード 8 S とされた。その後、同年 12 月には数理部部長となり、平成 19 年 4 月にはグレード 8 とされた。原告は、平成 22 年 6 月、内部監査部に異動し、グレード 8 からグレード 7 S に降格となって、グレード手当月額 3 万円を減額された。原告は、平成 24 年 3 月、お客さま相談室に異動した。原告は、平成 24 年 6 月、不動産保険本店営業部に異動した。平成 24 年 11 月当時における原告の賃金は月額 66 万 7330 円であったところ、原告は、同年 12 月 26 日、被告の当時の人事部次長である C と面談のうえ、平成 25 年 1 月からの原告の労働条件につい

2）これについては、米津孝司「労働法における法律行為——意思と合理性の史的位相変化（上）（下）」法律時報 89 巻 10 号 103 頁、11 号 154 頁。
3）東京地判平 30.3.29LEX/DB25560812。

て、グレード5、月例給与34万3200円（内訳・基本給23万6000円、基本付加給4万7200円、グレード手当3万円、住宅手当3万円）、平成25年度の賞与は188万8000円（基本給の8か月相当分）を6月と12月の2回に分けて支給される旨が記載された覚書に署名押印し、平成25年1月以降、これに沿う降格および減給がされた。

3) 退職：原告は、平成28年7月11日、被告に対し退職願を提出するとともに、同月12日、次のような記載内容の覚書に署名押印をして、これを被告に提出した。

「エース損害保険株式会社（以下「甲」という）とA（以下「乙」という）とは、乙の退職に関し次の通り確認する。

1. 乙は2016年9月30日付けにて会社都合で退職するものとする。

2. 甲および乙は退職する条件として以下の内容を承諾する。

〔1〕甲は乙に1,574,640円を割増退職金として、所定の退職金に上乗せし、退職日の翌月末までに支給する。（以下略）

…………

5. 乙が、甲における乙の雇用及び退職に関して、この覚書に定められたもの以外には甲に対して何らの請求権（金銭の支払請求権を含む）も有していないことを確認する。（以下略）」

原告は、平成28年9月30日付けで被告を退職した。原告は、平成28年10月末日までに、被告から、所定の退職金約818万円と、本件覚書2項〔1〕に基づき、割増退職金157万4640円を受領した。

4) 本訴提起に至る経緯：原告は、代理人弁護士を通じて、被告に対し、平成28年11月22日、通知書でもって、パワーハラスメント等についての使用者責任に基づく慰謝料300万円及び本件労働契約に基づく平成25年以降の賃金減額分相当損害金の支払を請求した。被告は、代理人弁護士を通じて、原告に対し、平成28年12月6日、原告の主張する事実関係を否定するとともに、本件覚書において原告が被告に対して何らの請求権を有していないことが確認されているとして、原告の上記請求に応じない旨を明らかにしたことを受けて、原告は、同年3月1日に本訴を提起。

2　判旨

ア）①原告と被告の間では、遅くとも平成25年5月10日以降、本件労働契約に基づく原告の被告における雇用を維持・継続するかどうかについてのやり取りが行われ、被告から選択肢の一つとして退職勧奨がされたが、原告がこれを一度断ったこと、また、②平成28年6月24日に再度被告から退職勧奨が行われた際においても、原告がこれを即座に受け入れたものではなく、持ち帰って知人に相談するなどして2週間程度検討したうえで、同年7月7日になって退職勧奨を受け入れる旨を明らかにしたこと、③原告は、同月11日、被告の人事担当者と面談し、本件覚書の条項を一つずつ読み上げられるとともに、その内容について具体例を伴う説明をされたうえで、これに不満を抱くことなく、その翌日に署名押印をして被告に提出したことが認められる。

イ）以上によれば、原告と被告は、雇用関係の維持・継続あるいは解消・終了という本件労働契約に基づく権利義務の存否について、互いに相違する見解を明らかにする中で、最終的に本件覚書を締結することによって、原告において退職を受け入れる一方で、被告において所定の退職金（約818万円）に加えて157万4640円の割増退職金を上乗せして支払うなどとして互譲するとともに、本件覚書を定めること以外には、被告における原告の雇用及び退職に関して金銭の支払いを含む何らの請求が原告において存在しないことを確認する旨の清算合意をして上記権利義務関係を確定したこと、さらにそのような覚書の内容につき、その締結時に、原告において、自ら起業するめどがついたうえではあるものの、被告を退職するなどの一定の不利益を被る一方で、所定の退職金に加えて割増退職金を受領するなどの利益を享受することを十分に理解し、その内容に不満を抱くことなく、これに応じたことが認められ、これを覆すに足りる証拠はない。

ウ）（原告の請求権放棄の意思表示において、各請求権を具体的なものとして明確に認識していたものではなく、本件覚書5項の請求権放棄には、差額賃金請求権を放棄する旨の意思表示は含まれていない、との原告主張について）

原告の本訴請求（労働契約に基づく降格及び減給前後での差額賃金並びに不法行為に基づく差額賃金相当損害金及び慰謝料の支払請求）は、本件労働契約に基づく雇用に関して、被告に対し、金銭の支払を求めるものであるところ、本件覚書5項の「……雇用及び退職に関して……何らの請求権（金銭の支払請求権を含

む）も有していないことを確認する」との定めは、その文理上、あるいは社会通念に照らして、一切の金銭支払請求権を含めて清算合意する趣旨のものであることは明らかであり、当事者の合理的意思解釈としてもそのように理解することが通常であると解され、原告の主張は採用しない。

エ）原告は、本件覚書の前提ないし基礎に関して思い違いがあったかのようなことをいいながらも、本件覚書の締結に関する原告の意思表示の錯誤やその他本件覚書全体の意思表示の瑕疵を主張せず、また、本件覚書5項以外の条項は問題としないものの、本件覚書5項の退職に当たっての清算合意についてのみ、原告がこれを受け入れたとはいえない旨を主張する。しかしながら、本件覚書は全体として一体的に原告被告間の本件労働契約に基づく権利義務の存否に関わる互譲を構成するものであるから、これにより原告が利益を享受する部分（割増退職金の受領に係る部分等）は、そのままに、原告自身にとって特に不利益と考える部分である本件覚書5項の清算部分のみを取り出して、その意思の存否を論じるのは相当ではない。

3　検討

(1)　最高裁判例における自由意思の法理の適用範囲—その1（就業規則不利益変更への同意に限定されるか）

本件判決は、最高裁の自由意思の法理の適用に関して何ら言及しておらず、本件におけるような退職時清算合意が、同法理論の射程範囲内のものであるかどうかが問題となる。最高裁の自由意思の法理の対象範囲が、就業規則不利益変更の事案に限定されるとすれば、退職にあたっての個別合意事案である本件において、東京地裁判決が自由意思の法理に言及しなかったことはなんら問題はないということになる。

最高裁判決は、「自由な意思」について、「自由な意思に基づくと認めるに足る合理的な理由が客観的に存在するか」を問いつつ、具体的な判断要素として、a）当該変更により労働者にもたらされる不利益の内容及び程度、b）労働者により当該行為（同意行為）がされるに至った経緯及びその態様、c）当該行為に先立つ労働者への情報提供又は説明の内容、をあげている。この判例規範は、シンガーソーイング・メシーン・カンパニー事件の最高裁判決[4]や日新製鋼事

4）最二小判昭 48.1.19 民集 27 巻 1 号 27 頁。

件判決[5]、さらにそれに続く下級審判決を経て、山梨県民信用組合事件の最高裁判決において集大成された、不利益措置に対する合意についての一般妥当性を有する判例規範と言いうる。山梨県民信用組合事件の最高裁判決は、就業規則の不利益変更に対する同意に関する判例として議論されることが多いが（労働契約法9条の反対解釈の可否）、実のところ、同事件は、就業規則の不利益変更のみならず、（従前の就業規則を前提とした）労働契約条件変更についての使用者の申入れに対する労働者の個別の同意という論点をも含んでいる。すなわち、最高裁判決は「労働契約の内容である労働条件は、労働者と使用者との個別の合意によって変更することができるものであり、このことは、就業規則に定められている労働条件を労働者の不利益に変更する場合であっても、その合意に際して就業規則の変更が必要とされることを除き、異なるものではないと解される（労働契約法8条、9条本文参照）。」との説示に接続させる形で、上記の自由意思の法理を述べているのである。最高裁がこのように9条の反対解釈（就業規則不利益変更に対する同意）に止まらず、より一般的に、合意による労働条件の不利益変更について自由意思の法理を展開したのは、山梨県民信用組合事件の事案自体が、そうした事実関係を含んでいたからに他ならない。すなわち、同事件において、労働条件の不利益変更は2段階で行われており、平成14年から15年にかけての最初のものは就業規則の不利益変更に対する同意の事案であったのに対して、平成16年の基準変更は、それが発効・実施されるのが平成21年4月であるところ、原告中5名は、同発効前に組合を退職している。すなわちこれら5名については、将来ありうるかもしれない就業規則上の基準の変更の提案に個別的に同意した、というに止まり、厳密には9条事案とは解しにくい[6]。

　以上のとおり、山梨県民信用組合事件・最高裁判決は、その規範の射程を9条事案（就業規則の不利益に対す同意）に限定すべきではなく、より一般的に、個別の労働契約条件の不利益変更に対する個別同意につての判例法理と解するべきなのである[7]。そもっとも、最高裁の示した自由意思の法理の具体的な適

---

5) 最一小判平 2.11.26 民集 44 巻 8 号 1085 頁。
6) 池田悠・本件評釈・日本労働法学会誌 128 号 200 頁以下参照。
7) 山梨県民信用組合事件判決に先行する最高裁における自由意思の法理をめぐる事案や、アーク証券（本訴）事件・東京地判平 12.1.31 判例時報 1718 号 137 頁、更生会社三井埠頭・東京高判平 12.12.27 労働判例 809 号 82 頁、NEXX 事件・東京地判平 24.2.27 労働判例 1048

用の場面において、それが就業規則の不利益変更に対する同意の事案であるの
か、それとも個別の労働契約条件についての個別交渉に基づく変更の事案であ
るのかによって、その審査密度に一定の相違が生じることはありうる[8]。

　かくして、Chubb 損害保険（退職清算合意）事件・東京地裁判決が、就業規
則不利益変更の事案ではなく、個別交渉と合意による不利益変更事案であるこ
とは、最高裁判例にお自由意思の法理を適用しないことを正当化する根拠とは
なりえない。自由意思の法理を、就業規則の不利益変更事案に限定しない（9
条事案のみならず、一般的に8条事案にも適用する）というスタンスは、以下に見
るとおり、最高裁判決以降の下級審判例においても踏襲されている。

(2) 自由意思の法理の適用範囲―その2（適用対象となる労働条件）

　本件で問題となったのは、退職時における清算合意による請求権放棄であっ
た。こうした請求権放棄の退職時清算合意が、自由意思の法理の規範射程内に
ある労働条件と言いうるかが問題となる。この点、山梨県民信用組合事件は、
「使用者が提示した労働条件の変更が賃金や退職金に関するものである場合に
は、当該変更を受け入れる旨の労働者の行為があるとしても、労働者が使用者
に使用されてその指揮命令に服すべき立場に置かれており、自らの意思決定の
基礎となる情報を収集する能力にも限界があることに照らせば、当該行為を
もって直ちに労働者の同意があったものとみるのは相当でなく、当該変更に対
する労働者の同意の有無についての判断は慎重にされるべきである。」と述べ
る。この説示を見る限り、最高裁は、賃金・退職金といった労働条件をまずは
念頭に自由意思の法理を述べたものと理解できよう。他方、最高裁判決以降に
示された下級審判例は、必ずしも賃金・退職金の不利益変更に限定することな
く、より広い範囲の労働条件事項について自由意思の法理を適用している。

　たとえば、ハローワークの求人票において「正社員」、「雇用期間の定めな
し」、「定年制なし」と記載されていたにも関わらず、労働者が相応の説明を受
けたうえで署名押印した労働条件通知書には、1年の期間の定めや65歳定年制

　号72頁などの下級審判例は、いずれも個別労働者の個別の賃金減額に対する合意の事案で
ある。
8）　このレベルにおける相違を強調する見解として、山本志郎「就業規則上の退職金支給基準
　の不利益変更と労働者の個別同意」労働判例1158号6頁以下。

が記載されていた事案として、A福祉事件・京都地裁判決[9]がある。同判決は、山梨県民信用組合事件の最高裁判決の判断枠組に従いつつ、契約期間の有無は契約の安定性に大きな相違をもたらすもので、賃金と同様に重要な労働条件であるとし、定年の有無・年齢についても定年まで1年の原告にとっては同様に重要な労働条件で、その変更の不利益は重大である、として自由意思の法理の適用を根拠づけている。また、社会福祉法人佳徳会事件・熊本地裁判決[10]においても、無期契約の有期契約への変更の同意について、ほぼ同様の判断がなされている。

　この間の下級審判決で目立つのが、時間外割増賃金に係る不利益変更の事案である。固定残業代についての社会的関心の高まりと、割増賃金の支払いを命じる一連の判例を受けて、企業は、従来の固定残業代制度の見直しを行っているが、これに伴い、割増賃金算定基礎額の変更[11]、各種手当の固定残業代名目化[12]、基本給の一部の時間外手当化[13]、出向手当の固定残業代化[14]といった労働条件の不利益変更事案が争われ、それら判例において最高裁判決におけるの自由意思の法理が参照されている。その他の賃金減額に係る事案として、出社停止中の賃金減額の同意[15]、人材開発部長職から課長職への降格に伴う年俸額変更に対する同意[16]などが争われたケースにつき、それぞれの下級審判例において、山梨県民信用組合事件・最高裁判決が参照されている。

　このように、平成28年2月19日の判決以降、この間約2年余りの間だけでも、多くの下級審判例が出されており、賃金・退職金減額への同意に関する事案も多様化するとともに、賃金・退職金以外の労働条件へも、自由意思の法理がその適用の範囲を拡大しつつあることがうかがえる。

　こうした自由意思の法理の展開は、最高裁判決がその規範的根拠を、労働者の従属的な地位と情報収集能力の限界、人的および経済的従属性に求めている

9）京都地判平29.3.30労働判例1164号44頁。水町勇一郎「判例研究」ジュリ1511号138頁参照。
10）熊本地判平30.2.20労働判例ジャーナル74号50頁。
11）AK・フードプロ事件・大阪地判平28.5.13 LXE/DB 25543191。
12）おおき事件・東京地判平28.9.27 LEX/DB 25543913。
13）ナカヤコーポレーション事件・大阪地判平29.2.14 LEX/DB 25545506。
14）グレースウィット事件・東京地判平29.8.25労働経済判例速報2333号3頁。
15）クロス・マーケティング事件・東京地判平28.5.13 LEX/DB25543006。
16）ユニデンホールディングス事件・東京地判平28.7.20労働判例1156号82頁。

ことに鑑みれば[17]、むしろ当然のことであろう。かつてのシンガーソーイング事件や日新製鋼事件の最高裁判決は、労基法 24 条の全額払い原則に引きつけた判断であったのに対して、その後の下級審判例の展開を経て、山梨県民信用組合事件の最高裁判決においては、自由意思の法理と強行的労働者保護法規との関連が相対化され、より直截に労働契約関係の一般的な規範原理に、その理論的根拠を求めている。そうであるとすれば、同法理の適用範囲も、賃金・退職金減額に対する同意の事案に限定されなければならない必然性はない。およそ不利益の内容や程度を問わず、全ての労働条件変更事案に自由意思の法理が適用されるとまでは言えないまでも、賃金・退職金以外の労働条件においても、当該変更が賃金同様に「重要な労働条件」である場合には自由意思の法理の適用対象になると解すべきであり[18]、下級審判例も、そうした展開方向にあると言ってよいだろう。

　山梨信用組合事件・最高裁判決において示された自由意思の法理は未だ発展途上の法理であり、その対象範囲がどのような労働条件にまで及びうるのかは、今後の学説・判例の展開をまたなければならない[19]。しかし、少なとくとも本件 Chubb 損害保険（退職清算合意）事件のように、違法評価を受ける蓋然性のある不利益措置に対して、その法的意味について認識を欠いたまま相当額にのぼる請求権の放棄に同意した事案については、自由意思の法理の適用対象となるというべきであろう。

(3) 不利益措置（変更）についての認識と信頼関係的合意

　本件の清算条項上の「請求権」に控訴人の主張する降格・減給に係る請求権が含まれると解釈できるかどうかが争われているところ、東京地裁はこれが含まれるとした上で、清算合意条項の効力を肯定した。請求権放棄を合意する場合に、本来、その対象についての明確な認識が前提となる。本件においては、

17）　和田肇「労働契約における労働者の意思の探求」季刊労働法 257 号 162 頁参照。
18）　和田前掲論文 163 頁以下は、無期契約から有期契約への変更、有期契約の不更新条項などの事案への自由意思法理の適用を論じている。また、野田進「判例研究」労働法律旬報 1862 号 29 頁以下も、労契法が合意の原則を真に保障するためのシステムや手続を定めるまでは、この法理はさらに多くの適用場面に拡張していくことになろう、とする。
19）　清水知恵子・本件調査官解説・法曹時報 70 巻 1 号 318 頁以下は、同法理が就業規則に定められた賃金や退職金以外の他の場面にも及ぶかどうか判決自身は肯定も否定もしておらず、今後の議論に委ねる趣旨であるとする。

この前提たるべき権利義務関係に関し労働者は認識を欠いていた。東京地裁は、放棄の対象が明確に認識されないままに、潜在的なものを含めて全て請求権を放棄したものとの理解にたつものと理解できるが、法律行為の解釈は、信義則に基づきなされるべきことに鑑みて、こうした意思解釈は疑問とされうる。東京地裁は、「本件覚書は全体として……権利義務の存否に関わる互譲を構成する」ことをもって、請求権放棄の意思の存在を肯定するが、労働者において、自ら譲るべき権利内容を明確に認識せずして「互譲」は成立しようがない。客観的に有しているところの賃金請求権について、法律的知識の不足から主観的にその存在が不知のままになされた意思表示においては、たとえ（覚書の）文言上は放棄の対象と解しうるものであっても、その意思表示の瑕疵・欠缺が問題となりうる。

　さらに、仮に意思表示における瑕疵・欠缺が認定できない場合においても、さらに、同請求権放棄についての合意（同意）が、不利益措置に対する合意に関する最高裁判例の自由意思の法理、「労働者の自由な意思に基づくと認めるに足る合理的な客観的に存在する」との要件を充足するか否かを検討する必要がある。

　一般的に労働関係上の不利益措置（変更）について、その対象（内容）や結果について、労働者が明確に認識しているケース（A）と、これが労働者によっては明確に認識されていない（B）、あるいは認識されているか否か不明のケース（C）に分けることができるが、最高裁判例は、それらいずれのケースについても、不利益措置に対する同意について「自由な意思に基づくと認めるに足る合理的理由の客観的存在」を求めているものと解しうる[20]。もともとこれら三つの区別自体の判断が難しいケースも多く、それらの相違は相対的なものにとどまるが、最高裁は、いずれのケースについても、上記の判断要素（A）、（B）、（C）を相関的かつ総合的に評価したうえで、自由な意思についての合理的理由の客観的存在を求めているものと思われる。

　上述のとおり、本件は、同意の対象・結果が明確には認識されていない場合（B）、あるいは認識されているか否かが不明な場合（C）に該当する。不利益

---

[20]　最高裁判例についていえば、退職金債権の放棄に係るシンガーソーイング・メシーンカンパニー事件判決と相殺合意に係る日新製鋼事件判決はケース（A）、山梨県民信用組合事件判決や黙示的な債権放棄に係る北海道国際航空事件判決はケース（B）あるいはケース（C）になる。

変更・不利益措置に対する合意（同意）は、従来の判断枠組みにおいては、意思の欠缺や瑕疵ある意思表示の問題として論じられてきた[21]。しかし、自由な意思の法理は、それら伝統的な民法の法律行為論の枠組みを超えた固有の法理としての展開を見ていることに留意を要する。すなわち、伝統的な民法の法律行為論によれば、その効力を否定できない事案についても、自由意思の法理に照らして、なおその有効性が問題とされうるケースが存在するということである。最高裁の自由意思の法理は、民法における法律行為論の新たな展開としての側面を有するもので[22]、その限りで意思の欠缺や意思表示おける瑕疵の法理と密接な関連を有するものではあるが、少なくとも労働契約法の領域においては、日本の民法典の規定からは相対的に独自の法理としての確立をみているものである[23]。それは、より規範の射程が広い法理として、民法の錯誤や意思表示の瑕疵をめぐる法理を包摂する関係にある。したがって、原告労働者は、合意の効力を争う場合に、同法理の適用を主張すれば足り、あえて錯誤や瑕疵を主張する必要はない。この点、本件地裁判決は、原告が意思表示における錯誤や瑕疵について主張していないとして原告の主張を退けているが、原告側は右の理解に基づくき、自由意思の法理の適用を主張しているものと理解できる。

　客観的な法律関係（権利義務関係）についての認識の存否が、不利益措置についての合意（同意）における「自由な意思」の存否の判断において、いかなる意味を有するかがここでの問題である。自由な意思の法理に関するこれまでの最高裁判例において、この論点が正面から議論されたものは存在しない。これをどのように考えるべきか。

　一般に、労働関係においては、その継続的性格、構造的非対等関係性、人格的性格等に鑑みて、労働契約上の法律行為においては、その真意性の探求と信義則規範・規範的解釈は密接不可分の関係にある。このように理解することで、事案ごとの適切な法益調整と両当事者の交渉・納得を促進することが可能となる。この場合、探求されるべき「意思」は、生のままの心理学的事実としての真意の探求でも、当事者の現実の意思から乖離したパターナリステイックな規

21）たとえば不利益変更についての同意を錯誤論の枠組みでその有効性を否定した例として、駸々堂事件・大阪高判平10.7.22労働判例748号98頁。
22）米津孝司「労働法における法律行為（上）」法律時報89巻10号105頁以下。
23）同旨、西谷敏『労働法の基礎構造』法律文化社、2016年、179頁、土田道夫「労働条件の不利益変更と労働者の同意——労働契約法8条・9条の解釈」西谷古希（上）324頁。

範的解釈でもなく、当該の労働関係を取り巻く客観的事情の考慮と、使用者の現実の事実的意思に対する価値的な評価を踏まえ、労働者が使用者に対して有している（あるいは有することが期待可能な）信頼（通常それは暗黙の了解として存在し、明示されることはない）を保護する形で探求されるところの意思である（信頼関係を基底とした意思）。これは、現実に存在する労働者の複雑・曖昧な意思を、その複雑さ、曖昧さゆえにその存在を否定してしまうのではなく、逆にもっぱら後見的・規範的にこれを確定するのでもなく、その複雑性・曖昧性をそのままに受け止め（等身大の意思、等身大の正義）、これを法的判断の遡上に乗せる、行為規範としても有意味な労働法上の法律行為論でもある[24]。

「自由な意思」の探求は、この信頼関係に基づく意思・合意を探求することを意味するものである。信頼と意思（合意）、従来は次元の異なる原理として理解されてきたこの両者が密接不可分なものとして存在する事態を、「信頼関係的合意」と名付けるとともに、それが最高裁の秋北バス大法廷判決の法的性質論（92条論）と不利益変更法理に内在するものであるというのが筆者の年来の主張である[25]。不利益措置についての労働者の等身大の意思・真意は、むしろ多分に規範的な性格を持つのであり、外形的・言語的に表現される同意とは異なる次元、すなわち暗黙の次元において存在する場合が多い。規範的解釈においては一般に、慣習、任意規定、信義則、条理が基準とされるが、労働関係における労働者の意思表示においては、それらに加えて、さらに強行法規や協約、就業規則など様々な規範が織りなす「雇用社会における私法秩序」の存在を前提に、使用者の行う不利益措置が、この法秩序に合致するものであるとの期待・信頼を前提にしていると見ることができる。すなわち、労働者の真意（自由な意思）は、主観的にも法秩序に対する信頼と不可分一体のものとして存在していると見るべきなのである。法的な保護に値する労働契約上の合意・同意とは、労働者と使用者の間に成立する信義と法秩序遵守への信頼を内包した相互主観的・間主観的な意思の合致に他ならない。

かくして、不利益措置に対する労働者の同意についての自由意思・真意において問題とされる合理的理由の客観的存在は、規範的解釈の基準となる雇用社会における法秩序と不可分のものであり、信頼を媒介としつつ、関連する法の

---

24) 米津・前掲注2）論文（上）、108頁。
25) 米津「労働契約の構造と立法化」日本労働法学会誌108号（2006年）31頁以下。

趣旨・目的や交渉・合意をめぐる客観的事情から推論される合理性の角度から、評価的にその存否が判断されることになるのである。これは近年における民法学説において盛んに論じられている前提的合意や深層意思、あるいは合意の深度や熟度、さらに意思表示・合意における納得を主題化すること通底する。日本の最高裁判例法理は、その「自由な意思」論をもって、この新たな法律行為・意思表示の領域に踏み込んでいると思われるのである。

　上記のような性質を有する最高裁の自由意思の法理においては、労働者が合意したとされる不利益措置の具体的な対象について、それが客観的な法秩序に適合するものであるとの労働者の信頼が保護されなければならない。降格・減給措置が違法であり未払い賃金請求権が生じている具体的蓋然性のある本件においては[26]、この点についての使用者側の情報提供・説明によってその信頼は保護されることになる。しかし本件においては、放棄の対象とされる（潜在的な）請求権が一年分の年収に相当する巨額にわたるものであるにもかかわらず、そうした情報提供・説明はなされていない。従って、本件覚書への署名・押印においては、この信頼が保護されているということはできず、信頼保護と不可分にある原告労働者の「自由な意思」によると認めるに足る合理的な理由が客観的に存在すると評価することは困難である。

　なお、地裁は「本件覚書は全体として一体的に原被告間の本件労働契約に基

26）本件で会社が採用していると主張する職務給（職務等級）制度は、職務内容を評価したうえでこれを等級（グレード）に分類して格付けするもので、職務内容と賃金の関連性が相対的に低い一般的な職能資格制度とは異なり、職務の変更に基本給としての賃金の増減が伴うことがその特色とされる。しかしながら、契約成立段階で確定された職務及び職能等級状のグレードからの降格・減額については、これを職務等級制度に内在するものと見るべきではなく、職務変更に伴う降格・減給措置が労働契約上、使用者の権限として当然に認められるものではない。本件 Chubb 損害保険会社の「就業規則」は、職務給と言いながらもその詳細についての記述がなく、むしろ職能資格制度に類似したものと言いうるが、仮にこれを職務等級制度と評価するとしても、賃金が労働契約上最も重要な契約条件であること、そして労働者がその交渉力において構造的に使用者に劣後する労働契約の本質的性格に鑑みて、基本給の減額を伴う降格措置については、これを行うことについて明確な労働契約上の根拠が必要である。職能資格制度における降格・減給においては明確な就業規則上の規定が必要とする判例法理を踏まえて言えば、職務等級制度における降格・減給についても、就業規則上の根拠が必要と解され、これが労働者にとっての不利益措置に関する使用者の権限であることに鑑みて、それは労働契約上有意味な労働者の合意に根拠づけられる必要があるところ、本件判決に先立ち、類似の事実関係の下になされた降格・減給の事案である Chubb 損害保険（降格減給）事件・東京地判平 29.5.31 労働判例 1166 号 42 頁は、降格・減給についての就業規則及びその他の根拠を欠き、賃金減額についての従業員の同意も認められないとしている。

づく権利義務の存否に関わる互譲を構成するものであるから、これにより原告が利益を享受する部分（割増退職金の受領に係る部分等）はそのままに、原告自身にとって特に不利益と考える部分である本件覚書5項の清算合意部分のみを取り出して、その意思の存否を論じるのは相当ではない」としている。この指摘は、同意が自由な意思に基づくと認めるに足る合理的な理由が客観的に存在する否か、についての三つの判断要素を具体的に検討する際の考慮事項たるに止まり、このことのみによって「自由な意思」の存在を肯定することはできない。

(4) 本件事案において「自由な意思」が認められるか

本件 Chubb 損害保険（退職清算合意）事件における原告労働者の請求権放棄の合意が、原告労働者の「自由な意思に基づくと認めるに足る合理的な理由が客観的に存在しているか」否か（判例規範の当て嵌め）について、改めて、上記判例の三つの判断要素に照らして検討してみよう。

1) 当該措置（変更）により労働者にもたらされる不利益の内容及び程度

本件の清算合意によって労働者にもたらされる不利益は、その適法性に争いのある降格・減給措置によって失われた賃金請求権が大きな部分を占める。上乗せされた割増退職金を考慮したとしても、その不利益の程度は重大なものである。そして、本件の降格・減額措置は、被告会社に対してなされた本件とほぼ同様の事実関係の下になされた降格・減給措置が争われた別事件の東京地裁判決[27] に照らして、相当程度の蓋然性をもってその違法性を肯定することが可能であり、したがって右不利益は抽象的な可能性に止まるものではなく、具体的な不利益と言いうるものである。

2) 労働者により当該行為（同意行為）がされるに至った経緯及びその態様

管理職である原告労働者に対して、清算合意条項を含む本件覚書が提示され、その後最終的に原告によって署名押印がなされるまで2週間の猶予があったことのみを捉えれば、一見するところ原告労働者には熟慮の機会が保障されていると言えなくもない。しかしながら、判例が判断要素としているところの同意行為に至る経緯・態様は、合意内容の提示から署名・押印に至る時間的懸隔のみをいうのではなく、また管理職であることでこの点の審査基準が排除される

---

27) 平 29.5.31 労働判例 1166 号 42 頁。

わけでもない。山梨県民信用組合事件・最高裁判決も、（合併に伴う）不利益変更は経営難を回避するためのやむをえない措置であり、管理職である労働者が合意しなければ経営難回避が困難になるとのプレッシャーの下になされた署名・押印について「自由な意思」の存在を否定している。また、退職金減額・廃止の合意が争われた協愛事件・大阪高裁判決[28]においては、不利益な変更を受け入れざるをえない客観的かつ合理的な事情の存否の判断において、役員報酬、管理職の報酬・賃金削減、代償的措置、同業他社の事情等に言及しつつ、同事件におけるそれら措置について従業員が真に退職金の廃止を受入れたことを示すといえるような客観的かつ合理的な事情とはいえない、としており、合意案の提示から署名・押印に至る時間的懸隔に限定されないより広い範囲に渡る経緯・態様を判断要素としていることが窺われる。

　本件においては、度重なる配置転換、降格・減給措置およびハラスメントとも受け取れる執拗な退職勧奨の経緯があり、その過程において原告労働者が精神的に疲弊していったことは想像に難くない。もちろん右の事情をもって、これを直ちに強迫による意思表示であると断定することはできないが、先述のごとく、最高裁判例における自由意思の法理は、伝統的な、瑕疵ある意思表示とは異なる法理であり、上記のような経緯は、その判断において重視されるべき事情である。

3) 当該行為に先立つ労働者への情報提供または説明の内容

　山梨県民信用組合事件・最高裁判決の労働者への情報提供・説明についての判示を確認しよう。

　「（ア）……本件基準変更による不利益の内容等及び本件同意書への署名押印に至った経緯等を踏まえると、管理職上告人らが本件基準変更への同意をするか否かについて自ら検討し判断するために必要十分な情報を与えられていたというためには、同人らに対し、旧規程の支給基準を変更する必要性等についての情報提供や説明がされるだけでは足りず、自己都合退職の場合には支給される退職金額が0円となる可能性が高くなることや、被上告人の従前からの職員に係る支給基準との関係でも上記の同意書案の記載と異なり著しく均衡を欠く結果となることなど、本件基準変更により管理職上告人らに対する退職金の支給につき生ずる具体的な不利益の内容や程度についても、情報提供や説明がさ

28）平 22.3.18 労働判例 1015 号 83 頁。

れる必要があった」。「原審は、管理職上告人らが本件退職金一覧表の提示により本件合併後の当面の退職金額とその計算方法を知り、本件同意書の内容を理解した上でこれに署名押印をしたことをもって、本件基準変更に対する同人らの同意があったとしており、その判断に当たり、上記（ア）のような本件基準変更による不利益の内容等及び本件同意書への署名押印に至った経緯等について十分に考慮せず、その結果、その署名押印に先立つ同人らへの情報提供等に関しても、職員説明会で本件基準変更後の退職金額の計算方法の説明がされたことや、普通退職であることを前提として退職金の引当金額を記載した本件退職金一覧表の提示があったことなどを認定したにとどまり、……上記（ア）のような点に関する情報提供や説明がされたか否かについての十分な認定、考慮をしていない。」

この判示からは、労働者に対する不利益措置（変更）においては、一般的な情報提供・説明では不十分であり、それが使用者にとって不都合な部分を含めて、労働者にとっての不利益の内容につき詳細かつ具体的に情報提供・説明すべきことを自由意思の法理は要請していると解釈できる。

本件 Chubb 事件の原審判決は、本件覚書を、「その条項を一つずつ読み上げられるとともに、その内容について具体例を伴う説明をされた上で、これに不満を抱くことなく、その翌日に署名押印をして被告に提出したことが認められる。」とし、「……所定の退職金に加えて割増退職金を受領するなどという利益を享受することを十分に理解し、その内容に不満を抱くことなく、これに応じたことが認められる」と判示する。しかし、本件における情報提供・説明に係る最大の争点は、降格・減給措置に違法・無効の蓋然性があるにも関わらず、労働者が、このことについての認識を欠いたまま本件覚書の署名・押印したことをどのように評価するかである。自らが被る蓋然性のある不利益についての認識を欠いているのであるから、これについて「不満を抱く」ことはありえない。

この点、察するに、東京地裁判決は、労働者が本件の降格・減給措置が違法である可能性があることについて不知であったことについて、「法律の不知はこれを許さず」の原則を類推したのかもしれない。しかし、これは例えば労働基準法の規定について不知であった使用者の責任には妥当するものの、労働関係において構造的に劣後する労働者が法律を知らないことで不利益を被ること

を正当化する根拠にはなり得ない。むしろ本件においては、本件と時期的に近接して行われた職務遂行能力の不足等を理由としてなされた降格・減給措置に関する同種事案の上記別件訴訟の判決において、就業規則上の不備により（本件原告労働者の退職後）実際に敗訴していてる使用者としては、本件覚書によって労働者が被る可能性のある不利益として、本件降格・減給措置が違法である場合の本件原告労働者の潜在的な請求権について認識していた、あるいは少なくとも認識すべきであったのであり、これを指摘・説明することが信義則上求められていた。これを怠った使用者の行為は信義に反し、保護されるべき労働者の信頼に違背する。そして、労働者としても、退職にあたっての清算合意においては、仮に違法に行われた可能性のある降格・減給がある場合、退職時の清算における請求権放棄の合意においては、その旨、相手方からの情報提供・説明があるとの期待ないし信頼を抱くのであって、その期待・信頼は法的保護に値するものというべきである。本件では、この信頼が裏切られ、賃金請求権が存在する可能性について知らされないままに請求権放棄の覚書への署名・押印がなされたものと評価できる。

　以上、三つの考慮要素に照らして本件事案を検討した。三つの考慮要素はそれぞれに独立の要件ではなく、自由意思の存否についての総合的判断のための考慮要素であると解されるが[29]、相互の関係について、判例は、不利益性の大きさや、（同意）行為に至った経緯・態様と、使用者が行うべき説明・情報提供の内容・程度を相関させていると理解できる[30]。原告労働者は、使用者が違法に降格・減給をおこなった結果として退職時において使用者に請求可能な相当額にわたる賃金債権が存在する相当程度の蓋然性が認められる場合、清算合意により以降全ての請求権を放棄する合意を行うに際しては、少なくとも右請求権が存在する可能性について情報提供・説明を受けることについて法的な保護に値する信頼を使用者に対して有している。この信頼が裏切られ、その結果として請求権が存在する可能性についての認識を欠いたまま、一切の請求権を放棄する内容の清算合意書に署名・押印したとしても、それを持って右同意が労働者の自由な意思に基づくと認めるにたる合理的な理由が客観的に存在するということはできない。

29）清水・前掲注19）調査官解説321頁。
30）学説として荒木尚志「就業規則の不利益変更と労働者の合意」法曹時報64巻9号28頁。

請求権放棄に同意する労働者にとって、放棄の対象となる客観的な権利義務関係についての情報とそれについての認識は、右同意における自由な意思に基づくと認めるにたる合理的な理由の客観的存在が肯定できるかどうかの判断において、本質的に重要な要素であると言うべきである。本件事案は、降格・減給措置の適法性について相当程度の蓋然性あるいは少なくとも合理的な疑いが生じうるケースであり、そのことについて認識していた、ないし認識すべき地位にある使用者において、請求放棄の対象に関する十分な情報提供・説明がなされたと言いがたい本件について、自由な意思を肯定することには慎重であるべきだろう [31]。

三　自由意思の法理と信頼関係的合意

　以上、Chubb 損害保険事件（退職清算合意）事件・東京地裁判決を素材に、最高裁の自由意思の法理について、合意と合理性の一体的把握のコンセプトである信頼関係的合意の理論枠組みに即して論じた。最後に、自由意思の法理、そして信頼関係的合意論が秋北バス大法廷判決以来の半世紀に及ぶ最高裁の判例法理における法律行為論の延長線上にあるということを述べておきたい。

　山梨県民信用組合事件の最高裁判決は、上記のとおり、労働条件不利益変更措置に対する同意において一般的に適用が問題となりうる法理であるが、周知の通り、これまで 9 条の反対解釈の可否の文脈で論じられれることが多かった。そして 9 条の反対解釈を峻拒する説は少数で、むしろこれを肯定しつつ（すな

---

31) なお、本件降格・減給については、上記平成 29 年 5 月 31 日判決の事案とは異なり、労働者と使用者との間に、降格・減給についての覚書（平成 24 年 12 月 26 日付）が取り交わされており、これが降格・減給についての当事者間の合意として適法・有効なものかどうかが問題となりうる。すでに前掲注 26) において指摘しているとおり、本件の給与制度が「職務給（職務等級）制度」と言いうるかは微妙であるが、仮に職務等級制であるとしても、基本給の減額を伴う降格措置については、明確な就業規則上の根拠および労働契約上の合意が必要であり、右合意については、上記東京地裁判決も述べるとおり、これが「自由な意思に基づくと認めるに足る合理的な理由が客観的に存在する」かどうかが、既述の三つの判断要素、すなわち、a) 当該変更により労働者にもたらされる不利益の内容および程度、b) 労働者により当該行為（同意行為）がされるに至った経緯およびその態様、c) 当該行為に先立つ労働者への情報提供または説明の内容、に即して厳格に審査されなければならない。事実認定に関わるので詳論は避けるが、降格・減給について、就業規則上の明確な根拠を欠き、不利益の程度も大幅で、十分な説明がなされたかどうかや、交渉経緯も不明の部分が多い本件において、この「自由な意思」の認定は容易ではないであろう。

わち合意による不利益変更を許容しつつ）しかし、そこになんらかの合理性のスクリーニングをかけるべき、とする点でのコンセンサスが形成されつつあるようにも思われる。

　改めて確認されるべきは、最高裁が到達した自由意思の法理は、就業規則不利益変更の事案（9条事案）に限定されない、およそ労働条件不利益変更についての同意に関するケースに普遍的に適用されうるものであり、かつそこでは、同意と合理性とが一体不可分の関係において把握されている、という点である。山梨県民信用組合事件・最高裁判決をめぐり、合理性審査を主張する従来の議論の多くは、これを9条事案と理解した上で、就業規則不利益変更に関する従来の判例法理の延長戦上に10条の合理性審査に類似するスクリーニングを主張するものであった。しかし、最高裁判決は、不利益変更に対する個別同意における合理的理由の客観的存在の要請を、就業規則の不利益変更の事案に限定しておらず、むしろシンガーソーイングメシーン事件判決や日新製鋼事件判決等の従来の最高裁判例の発展形として、つまり就業規則不利益変更問題からは独立し、しかも強行的労働者保護法規からも相対的に独立した形で、合意をめぐる合理性のスクリーニングを要請するものに他ならない。

　山梨県民信用組合事件の最高裁判決を経て、今日我々は、改めて労働法における合意、不利益措置に対する承諾の意義を法律行為の基礎理論に溯って検討すべき時点にきているのである。そして、その検討を経たうえで、再び大法廷判決以来の最高裁における就業規則法理を振り返り、就業規則法理をめぐるコンセンサスを築くことが求められている。かくして我々は、同床異夢のままに成立した 2007 年労働契約法の制定過程におけるボタンのかけ違いを正し、学説と実務の確たる共通了解の下に、改めて労働契約と就業規則の関係をめぐる原則とルールを構築してゆくことが可能となる地点に立つことになる。そして、さらに言えば労働法における法律行為論・合意論の深まりの先に、経済的従属下にある個人事業主の法律関係への自由意思法理の適用可能性が展望されることになるだろう。

〈後記〉

　本稿脱稿後、Chubb 事件の控訴審判決が出され原審の結論が維持された（東京高裁平成 30 年 12 月 18 日）。控訴審は、本事案への自由意思法理の適用を否定

しなかったものの、労働者が降格・減給に同意したことには合理的な理由が客観的に存在するとし、退職金清算合意についても自由意思が認められる、と結論づけている。

労働時間短縮請求権と復帰権の検討
——労働者の時間主権の確立を目指して——

川田知子

はじめに

　近年、研究者や実務家の間から、社会における労働時間に対する発想を根本から変える取組み、いわゆる「生活時間アプローチ」が提唱されている。「かえせ☆生活時間プロジェクト」のメンバーである浅倉むつ子教授は、「生活時間の確保＝労働時間短縮は、労働者自身の生命や健康のためだけではなく、公共的活動のためにも不可欠だからこそ、職場における問題であると同時に、家族や地域住民などすべての人を巻き込んだ重要課題である」と述べる[1]。労働者の健康と生命の維持だけでなく、すべての労働者が育児・介護、自己啓発、地域活動への参加などの仕事以外の活動に応じて、生活時間を確保し、仕事と生活の双方に均衡のとれた時間配分を行うためにも、「労働時間の短縮」は切実な課題である。

　「労働時間の短縮」について考えるうえで参考になるが、近時のドイツにおける労働法政策である。ドイツでは、第4次産業革命を見据えたデジタル時代の労働・社会政策を模索する対話プロジェクト「労働4.0（Arbeiten 4.0）」において、「各人のライフステージに応じた労働者主権に基づく柔軟な労働時間決定」を目指している[2]。これを受けて、2018年10月に「パートタイム労働・有期契約労働法（TzBfG）」（以下「パート有期法」と略す）が改正され、「架橋的パートタイム（Brückenteilzeit）」が導入された。これは、パートタイムを選択した労働者が希望すれば再びフルタイムへ復帰できる権利であり、ライフスタ

---

1) 浅倉むつ子「『金持ち』ではなく『時間持ち』になろう」労働法律旬報1903・04号（2018年）7頁。
2) 山本陽大「ドイツにおけるパートタイム労働をめぐる新動向」労働法律旬報1926号（2018年）32頁以下が詳細に論じている。

イルに合わせた労働時間を実現することを可能にするものとして注目される。

本稿では、働く人の視点に立った労働時間の短縮について考えてみたい。まず、現在の日本が抱える長時間労働の問題を解消するためには、長時間労働の是正だけでは十分ではなく、労働時間の短縮が重要であることを確認する。次に、ドイツにおけるパート有期法の労働時間短縮請求権および復帰権を紹介する。そのうえで、現在の日本における労働時間短縮の手段である、育児介護休業法（以下「育介法」と略す）の短時間勤務制度と、短時間正社員制度を踏まえて、今後の日本における労働時間短縮の方策について検討する。

一　長時間労働の是正から労働時間の短縮へ

1　長時間労働がもたらす弊害

日本の労働時間の最大の問題は長時間労働にある。厚生労働省「毎月勤労統計調査（平成30年11月分結果速報）」によれば、一般労働者の総実労働時間は2098時間と依然2000時間を超えている[3]。労働時間の縮減は一向に進んでいない。恒常的な長時間労働が睡眠障害、循環器疾患、脳血管疾患、うつ病や不安神経症、精神障害などの原因となっていることは医学的にも証明されている。長時間労働が労働者の心身の健康に悪影響を及ぼしていることは明白である。

長時間労働は、労働者の健康問題だけでなく、仕事と家庭生活の両立を困難にする。女性が男性と同等に働こうとすると、男性並みの長時間労働を強いられ、自分や家庭の時間を犠牲にして働かざるをえない。このことが、出産・育児の断念、その結果として少子化の一因になっているとされている[4]。

他方、日本では依然として女性が家事・育児の負担を担っているため、多くの女性が結婚・出産を機に男性並みの働き方を断念して退職し、子どもがある

3）厚生労働省「毎月勤労統計調査（平成30年11月分結果速報」の、一般労働者の総実労働時間（174.9時間）に12か月を乗じたもの。
4）「ニッポン一億総活躍プラン」（平成28年6月閣議決定）では、一億総活躍社会の実現に向けた最大のチャレンジとして「働き方改革」が位置づけられ、仕事と子育てなどの家庭生活の両立を困難にし、少子化の原因や、女性のキャリア形成を阻む原因、男性の家庭参画を阻む原因である長時間労働を是正すること等が課題として挙げられた。少子化の原因の一つとして長時間労働があることは否定しない。しかし、少子化問題の原因は様々であり、少子化対策と長時間労働の是正を直接結びつけることには違和感がある。

程度大きくなってからパートタイム労働などの非正規雇用を選択する傾向がみられる[5]。多くの女性が、拘束度の高い正社員か拘束度の限定的な非正規社員かといった二者択一を迫られている。非正規雇用は低賃金で不安定であり、職業能力の継続的な蓄積が困難であるため、職業キャリアが中断してしまうという問題がある。また、その結果、出産・育児を理由にいったんキャリアを中断した女性の多くは、管理職への道も閉ざされてしまう。このような状況下で女性が活躍することは難しい。不本意な非正規雇用の選択が女性のキャリア形成を阻む原因になっている。

　また、長時間労働は男性の家庭参加を妨げている。総務省「労働力調査」によると、週 60 時間以上の長時間労働をしている男性は、どの年齢層においても 2005（平成 17）年以降おおむね減少傾向にある。しかし、子育て期にある 30 代、40 代の男性については、2017（平成 29）年で、それぞれ 15.0％、15.4％が週 60 時間以上就業しており、他の年齢層に比べて高い水準になっている。その結果、日本では男性労働者の家事・育児時間が先進国中最低の水準にとどまっている[6]。

　浅倉教授は、自分や他人のケアには時間をかけず、責任ももたない、したがって生活時間に無関心という「男性労働者モデル」のことを「ケアレスマン」モデルと称しており、近年は女性労働者のなかにもこのケアレスマンが増加しているという[7]。労働者の生活時間を確保するためには、男女労働者の長時間労働の是正だけでは十分ではなく、各人のライフステージに応じた労働者主権に基づく柔軟な労働時間決定を可能にする仕組みが求められている。

5）厚生労働省「平成29年国民生活基礎調査の概況」で、児童のいる世帯における母の仕事の状況をみると、「仕事あり」の割合は 70.8％であり、このうち「正規の職員・従業員」は 24.7％、「非正規の職員・従業員」は 37.0％、「その他」9.1％となっており、「仕事なし」は 29.2％となっている。母の仕事の状況について、末子の年齢階級別にみると、末子の年齢が高くなるにしたがって「非正規の職員・従業員」の母の割合が高くなる傾向にある。

6）内閣府の調査によると、男性が子育てや家事に費やす時間をみると、2016（平成 28）年における我が国の 6 歳未満の子どもを持つ夫の家事・育児関連時間は 1 日当たり 83 分（女性は 454 分）となっている。2011（平成 23）年調査に比べて 16 分増えているものの、スウェーデンの 201 時間、ノルウェーの 192 時間、アメリカの 190 時間、ドイツの 180 時間などに比べると、圧倒的に低い水準であることが分かる。

7）浅倉・前掲注 1）7 頁。

2 働き方改革における長時間労働の是正

日本の長時間労働の原因は労基法上の労働時間制度にある。労基法は1日8時間、1週40時間と定めたうえで、労働者の過半数を代表する労働組合もしくは過半数代表と書面協定（いわゆる36協定）を締結しそれを労働基準監督署に届出た場合には、それを超える時間外労働・休日労働も可能とした（労基36条）。これまで36協定で定める時間外労働については、厚生労働大臣の告示によって、1か月45時間・1年360時間の上限基準が定められていたが、この基準には罰則による強制力がなかった[8]。また、この告示によって、臨時的に限度時間を超えて時間外労働を行わなければならない特別の事情が予想される場合には、特別条項付きの36協定を締結すれば、上限なく時間外労働を行わせることができた。ここに日本の異常な長時間労働をもたらした制度的要因がある[9]。

2018年6月29日に成立した「働き方改革を推進するための関係法律の整備に関する法律」（以下、「働き方改革関連法」と略す）は、時間外労働の上限時間（原則として月45時間・年360時間）を罰則付き（6か月以下の懲役または30万円以下の罰金）で規制し、「臨時的な特別の事情」がなければこれを超えることができないとした。「臨時的な特別な事情」があって労使が合意する場合（特別条項）でも、①時間外労働は年720時間以内、②時間外労働と休日労働の合計が月100時間未満、③時間外労働と休日労働の合計について、「2か月平均」「3か月平均」「4か月平均」「5か月平均」「6か月平均」がすべて1月当たり80時間以内、④時間外労働が月45時間を超えることができるのは、年6か月までとした[10]。この法律の施行は、大企業は2019年4月から、中小企業は2029年4月からとなっている[11]。しかし、今回の時間外労働の上限規制は、あくまでも

---

[8] 労基法36条1項の協定で定める労働時間の延長の限度等に関する基準。

[9] 西谷敏「真の『働き方改革』に向けて」労働法律旬報1889号（2017年）11頁。

[10] なお、特別条項の有無に関わらず、1年を通して常に時間外労働と休日労働の合計は、月100時間未満、2～6か月平均80時間以内にしなければならない。

[11] この他にも、今回の働き方改革関連法では、労働者の健康を確保する観点から、労働安全衛生法が改正され、事業主は管理監督者や裁量労働制の適用者を含むすべての労働者の労働時間を、タイムカードの記録やパソコンの使用記録等の客観的な方法で把握しなければならない旨規定された。すでに2017年1月に厚生労働省は「労働時間の適正な把握のために使用者が講ずべき措置に関するガイドライン」を策定しており、それを参考にして通達において明確化される予定になっている。

「これ以上働かせてはならない」というものである。過労死認定基準の上限規制をいくら罰則付きで作ったとしても、ワーク・ライフ・バランスを実現するための労働時間短縮にはならないし、過労死防止にも効果はない[12]。

3　労働時間の短縮へ

　働き方改革実行会議による実行計画（2017 年 3 月）には、「働く人の視点に立った働き方改革」、「働く人の視点に立って、労働制度の抜本的改革を行い、企業文化や風土を変えようとする」などの言葉が並ぶ。すべての人が育児・家族介護、自己啓発、地域活動への参加など仕事以外の活動状況等に応じて、希望する生活時間を確保しつつ、生涯を通じて納得した働き方を選択できるようにするためには、「働く人の視点」から現在の労働時間の在り方を抜本的に見直す必要がある。労働時間の見直しは仕事と生活の双方に均衡のとれた時間配分を行うための必要条件であり、これが個々の働く人の意識の変化等に対応し得るものとなるよう改めていく必要がある。その際、「労働時間の短縮」が最重要課題となる。

　労働時間の短縮は以下のような効果をもたらすことが期待される[13]。働く者にとっては、仕事以外の活動に向け得る時間が拡大し、育児・家族介護、自己啓発、地域活動等に参加しやすくなることから、仕事と生活双方に意欲をもって臨んで能力を十分に発揮し、充実した生涯を送ることができるようになる。また、企業にとっては、家庭や地域社会などにおいて様々な経験を重ねた従業員から、独創性に富んだ貢献を受けることができる。さらに、社会全体にとっては、男性も含めて働く者が家庭や地域で過ごす時間が増加することにより、男女ともに生き方の選択肢が拡がり、家庭の絆の深まりや地域社会の再生、ひいては少子化の緩和が期待されるほか、ワークシェアリングの推進にも資する。少子高齢化による将来の労働力不足が懸念されるなか、「働く人の視点」から労働時間の短縮という課題に重点的に取り組む必要がある。

12）浜村彰＋棄一郎＋中野麻美＋沼田雅之＋浅倉むつ子＋毛津勝利「［シンポジウム］「働き方改革の“嘘”」労働法律旬報 1909 号（2018 年）21 頁（浅倉むつ子発言）。
13）厚生労働省「第 13 回仕事と生活の調和に関する検討会議」（平成 16 年 6 月 23 日）の配布資料「仕事と生活の調和に関する検討会議報告書（案）」参照。

二　ドイツの労働時間短縮請求権と復帰権 [14]

1　労働時間短縮請求権

　近年、ドイツでは、少子高齢化やいわゆる第四次産業革命（Industrie 4.0）による雇用社会のデジタル化の進展等を背景に、労働者がその労働時間を自らのイニシアティブで決定しうるという意味での「時間主権（Zeitsouveränität）」の確保が重要な課題となっている。

　ドイツには育児や介護責任を負う労働者が労働時間を短縮することができる制度がある。連邦親手当・親時間法（BEEG）15条に基づく親時間（Elternzeit）の間の労働時間短縮請求権、介護時間法（PfZG）3条・4条および家族介護時間法（FPfZG）2条・2a条に基づく近親者の介護等のための労働時間短縮請求権、社会法典第9編（SGB Ⅸ）81条5項3文に基づく重度障碍者の労働時間短縮権がそれである。これらの特別法では、一定の要件を満たす労働者について、育児や介護を理由として、あらかじめ定められた一定の期間について、労働時間を短縮し、パートタイムに転換する権利（労働時間短縮請求権）と、その後に元の労働時間に戻って働くことができる「復帰権（Rückkehrrecht）」を保障している。これらの制度にもとづいて、パートタイムに転換した場合には、事前に定められた期間を経過すれば、労働時間は短縮前の元の労働時間に戻ることになる。

　他方、パート有期法（TzBfG）8条は、15名を超える労働者を雇用する使用者に6か月を超えて雇されている労働者は、契約上の労働時間の短縮を使用者に請求することができ、使用者は経営上の理由がない限り、それを承諾しなければならない [15]。この労働時間短縮請求権は、労働契約の期間の定めの有無や、パートタイムかフルタイムにかかわらず、前記の要件を満たす労働者であ

14）ドイツの法制度については、山本・前掲注2）論文32頁以下に基づいている。
15）パート有期法8条に基づく労働時間短縮請求に対する経営上の理由による拒否が認められる典型的な状況として、組織計画の本質的な侵害、追加の労働者の確保が困難であること、過大な費用の発生などが挙げられる。いずれの場合も、使用者はそれについて具体的な説明及び証明をしなければならない。

れば、すべての労働者が有する権利である[16]。

　しかし、上記の各特別法上の制度とは異なり、パート有期法8条の労働時間短縮請求権は「期限のない（unbefristet）」ものであり、元の労働時間に戻って働くことができる「復帰権」はこれまで保障されていなかった。そのため、パート有期法8条の労働時間短縮請求権によって労働時間を短縮した労働者が、その後、労働時間を元の労働時間に戻したい場合には、同法9条に基づき、労働者が労働時間の延長を求めなければならなかった。同条によれば、労働時間の延長を希望するパートタイム労働者は、使用者が空席となっている相応のポストに人員を配置する場合に限り、優先的に考慮されるが[17]、労働時間の延長を希望する労働者が、配置されるべき相応かつ空席の労働ポストが存在していること、および、自身が少なくとも当該ポストについて他の応募者と同等の適性を有していることについて主張・立証しなければならないとされていた。そのため、パート有期法8条にもとづいて労働時間を短縮しパートタイムへ転換した労働者が、再び労働時間を延長し元の労働時間へ復帰することには相当のハードルがあり、パートタイム労働者が不本意にパートタイムにとどまらざるをえないという現象（いわゆる「パートタイム・トラップ（Teilzeitfalle）」）が生じていることが問題視されていた[18]。

　この問題を解消するために、第三次メルケル政権（2013 – 17年）は、パート有期法を改正して、期限付きの労働時間短縮請求権を導入しようとしたが、使用者側による強い反対により実現されなかった。2018年3月に第四次メルケル政権が発足し、新たに就任したHubertus Heil連邦労働社会相は、今後100日以内にこの立法政策に着手すると宣言し、4月には新たな改正草案が発表され、6月には「パートタイム法の継続的発展および架橋的パートタイムの導入に関する法律案」が閣議決定されて、10月に法律が成立した。同法は2019年1月1日から施行されている。

---

16) パート有期法8条に基づく労働時間短縮請求権は、労働契約上の労働条件を労働者側から変更する方法として位置付けられている点に特徴がある。他方、パート有期法8条に基づく労働時間短縮請求権は、労働者の自律的な労働時間形成に貢献する、法律に基づく労働者の労働時間短縮を要求する権利の中の一つと位置付けられている。岡本舞子「ドイツにおける労働時間短縮請求権と労働契約の変更」九大法学115号（2017年）128頁。
17) パート有期法7条2項は、企業内に空きポストがある場合の情報提供を使用者に義務付けている。
18) 山本・前掲注2）論文33頁。

2 改正パート有期法上の労働時間短縮請求権と復帰権

パート有期法の改正により、従来規定されていた期限のない労働時間短縮請求権（8条）と並んで、期限付き労働時間短縮請求権の規定が新設された（同法9a条）。

パート有期法上の労働時間短縮請求権は、育児や介護といった特定の事由が存在する場合に限らず、理由を問わずに請求することができる。パート有期法9a条による期限付き労働時間短縮請求権については、あらかじめ1年以上5年以下の範囲で期間が定められ（1項2文）、期間満了後に再び元の労働時間に復帰することができる。そのため、この新たな権利は「架橋的パートタイム（Brükenteilzeit）」と称されている。

期限付きで労働時間の短縮を希望する労働者は、短縮期間の開始3か月前までに、短縮期間（1年以上5年以下）や希望する短縮の総量及び短縮後の労働時間の配分を、使用者に対して書面により申請しなければならない。使用者は、期限付きで労働時間の短縮を希望する労働者と協議を行い[19]、経営上の事由がある場合には労働時間の短縮を拒否することができるが、そのような事由が存在しない場合には、原則として労働時間の短縮に応じなければならない。

パート有期法9a条の労働時間短縮請求権は、使用者の事業計画に相当の影響を及ぼすため、使用者側の利益に配慮する規定も整備されている。

第一に、勤続6ヵ月未満の労働者、または従業員数が常時45名以下の企業の労働者に対しては適用されない（1項1文および3文）[20]。また、従業員数が常時46人以上200人以下の企業に関しては「期待可能性限度（Zumutbarkeitsgrenze）」と称される従業員数に応じた負担軽減措置が採られている（2項）。この限度を超えている場合には、使用者は労働時間短縮の申請を拒否することができる。

19) 今回の改正ではパート有期法7条2項を新設し、使用者に対し、労働契約上定められた労働時間の長さまたは配置、あるいはその双方の変更を希望する労働者と、協議を行うべきことを義務付けている（1文）。かかる協議義務は新9a条による期限付き労働時間短縮期間中であっても適用があるものと解されている。法案理由書によれば、使用者をして労働者の労働時間に関する希望に注意を向けさせ、双方の間での利益調整を促そうとする点に、本規定の趣旨があるとされる。

20) 新9a条は従業員数常時45人以下の企業に適用がないところ、ドイツにおいては全被用者の38％がかかる小規模企業において就労しており、またそこではしばしばパートタイム・トラップに陥りがちな女性労働者が多く就労しているとされていることから、改正法の実効性は未知数であるという。山本・前掲注2）論文36頁。

第二に、パート有期法 9a 条に基づいて期限付きで労働時間を短縮する場合、当該期間中のさらなる時間短縮あるいは元の労働時間への早期復帰に関する請求権は存在しない（4 項）。また、同条にもとづいて期限付き労働時間短縮を利用した労働者については復帰後 1 年を、また経営上の理由により請求を正当に拒否された労働者については 2 年を、さらに「期待可能性限度」基準によって請求を正当に拒否された労働者については 1 年を経過しなければ、それぞれ同条を再度利用することはできない（5 項）。

　パート有期法 9a 条により、労働時間の延長を求めようとする労働者は、現にパートタイム労働に従事していること、および労働時間の延長に関する希望を使用者に通知したことの 2 点のみを立証し、使用者がその請求を拒否しようとする場合には、相応の空席の労働ポストが存在しているか否か、および、当該パートタイム労働者が当該労働ポストについて他の応募者と同等の適性を有しているか否かについての立証責任が課される。ただし、同条は、パートタイム労働者の労働時間延長希望に対応した労働ポストの設置までをも使用者に義務付けるものではなく、かかる設置自体はあくまで使用者の組織的判断に委ねている。

　今回の改正は、ドイツの労働法政策における労働者の時間主権の確保に向けた第一歩として位置付けられており、新たなパート有期法が今後ドイツの雇用社会においてどのように機能するか注視する必要がある [21]。

三　労働時間短縮のための法政策と今後の課題

　日本でも、少子高齢化による将来の労働力不足が懸念されるなか、「働く人の視点」で労働時間を短縮するという課題に重点的に取り組む必要がある。現在、労働時間短縮のための方法として、育介法の「短時間勤務制度」がある。またこれに相応するものとして、各企業において、育児・介護以外のさまざまな理由で短時間勤務を可能とする「短時間正社員制度」の導入が進んでいる。以下ではこの二つを紹介したうえで、ドイツのような労働者の権利としての労働時間短縮請求権および復帰権について考えてみたい。

21）山本・前掲注 2）論文 36 頁。

1　育介法上の短時間勤務制度

　育介法上の「短時間勤務制度」は、労働者が就業しつつ子どもを養育しあるいは要介護状態にある対象家族を介護することを容易にするために設けられた制度である。特に、ある程度心身が発達する3歳に達するまでの時期は子の養育に手がかかるため、育児休業から復帰しまたは育児休業を取得せずに雇用を継続する労働者にとって、勤務時間の短縮措置は雇用継続のために必要性の高い措置である。このような目的から、育介法上の短時間勤務制度の対象は、当然、育児・介護をしながら雇用を継続する労働者に限定されている。

　2009年育介法改正以前から、3歳未満の子を養育する労働者について、①短時間勤務制度、②所定時間外労働の免除、③フレックスタイム制度、④始業・就業時刻の繰り上げ、繰り下げ（時差出勤制度）、⑤事業所内保育施設の措置、⑥育児休業に準ずる措置のいずれかから、一つの措置を講ずることが事業主に義務付けられていた。これらいずれの措置を講ずるかは使用者に委ねられていたが、特に、子を養育する労働者にとっては、ある程度心身が発達する3歳に達するまでの時期は子の養育に手がかかる時期であることから、育児のための短時間勤務制度のニーズが高くなっていた。

　そこで、2009年の育介法改正によって、①と②が事業主に義務づけられることとなった。現行育介法23条は、3歳未満の子を養育する労働者で育児休業を現に取得していない者が申し出た場合には、事業主は所定労働時間を原則6時間とする措置をとらなければならない旨規定している。ただし、継続雇用が1年に満たない労働者（同条1項1号）、週所定労働日数が2日以下の労働者（同条1項2号）、業務の性質または業務の実施体制に照らして、所定労働時間の短縮措置を講ずるのが困難な業務につく場合（同条1項3号）については、労使協定の締結により、上記③〜⑥のいずれかをもって短時間勤務制度に代えることができる（同条2項、育介則34条2項）。

　また、育介法は、要介護状態にある対象家族を介護する労働者に対して対象家族1人につき、①短時間勤務制度、②フレックスタイム制度、③始業・就業時刻の繰り下げ（時差出勤制度）、④介護費用の助成その他これに準ずる制度、のうちいずれかの措置を講じることを事業主に義務づけている（同法23条3項、育介則34条3項）。要介護状態には至らないものの、介護が必要な家族がいる場

合には、上記①～④および介護休業・介護休暇に準じた措置を講ずることが使用者の努力義務とされている（同法24条2項）。2017年の育介法改正以前は、介護のための所定労働時間の短縮措置は、介護休業と通算して93日の範囲内でしか取得することができなかったが、改正により介護休業とは別に、利用開始から3年の間で2回以上の利用が可能になった。

　育介法上の労働時間短縮制度は、仕事と子育てや介護などの理由から、通常の勤務時間で働くことが困難な人たちを支える制度として、多くの人に利用されている。短時間勤務利用者からは、「育児休業から復帰した後も正社員として仕事を続けることができる」「家事と育児を両立しながら正社員として働くことができる」など高い評価を得ている。

　もっとも、育介法上の短時間勤務制度は、対象となる労働者が限られていること、労使協定による適用除外の条件があること、育児・介護を行う労働者に限られており、労働時間も限られていること、人事評価でマイナスに働くこと、業務量や内容により所定の時間に帰ることができないことなど、問題点も指摘されている。

　また、育介法23条1項における労働者の申出の意義や効果が明らかでないため、労働者が労働時間の短縮を要求した場合、使用者がそれを承諾し、実現しなければならないのか、仮に、同条同項に基づく労働時間短縮が実現した場合でも、その法的性質が労働契約の取り決め内容の変更か、一時的な就労状態の変更かは明らかではなく、元の労働時間への復帰の実現プロセスは理論的に不透明になってしまい、労働契約関係の帰趨の予測可能性が低くなるとの指摘がある[22]。

2　短時間正社員制度

　少子高齢化による労働力人口の減少が懸念されるなか、育児や介護、自己啓発、ボランティア活動、心身の健康問題など様々な事情からフルタイム正社員と同じ時間働くことができないという時間的制約はあるものの、意欲・能力が高い人材を確保・活用していく必要性が高まっている。そこで注目されているのが「短時間正社員制度」である。

　短時間正社員制度は、育児・介護等と仕事を両立したい社員、決まった日時

22）岡本・前掲注16）論文131頁。

だけ働きたい入職者、定年後も働き続けたい高齢者、キャリアップを目指すパートタイム労働者など様々な人材に、勤務時間や勤務日数をフルタイム正社員よりも短くしながら活躍してもらうための仕組みである[23]。

　厚生労働省「短時間正社員制度導入支援ナビ」によると、「短時間正社員」とは、フルタイム正社員と比較して、1週間の所定労働時間が短い正規型の社員であって、①期間の定めのない労働契約（無期労働契約）を締結していること、②時間当たりの基本給および賞与・退職金等の算定方法等が同種のフルタイム正社員と同等であること、のいずれにも該当する社員のことをいう。ここでいうフルタイム正社員は、1週間の所定労働時間が40時間程度（1日8時間・週5日勤務等）で、期間の定めのない労働契約（無期労働契約）を締結した正社員のことである[24]。

　短時間正社員は、「短時間正社員になる前の雇用形態」と「短時間正社員として就業する期間の長さ」によって、三つのタイプに分類される[25]。①「一時的な短時間正社員」は、正社員が一時的に短時間勤務をするタイプである。たとえば、育児のため短時間勤務をしている正社員や、病気で休職後に短時間勤務で復帰した正社員などがそれに該当する。②「恒常的な短時間正社員」は、正社員が恒常的または期間を定めずに短時間勤務するタイプや、入社の時点からフルタイム正社員ではなく短時間勤務として採用されるタイプがある。前者の例としては、定年延長し、短時間勤務で働き続ける正社員があり、後者の例としては、ボランティア活動のため短時間勤務で入職した正社員があたる。③「パートタイマー短時間正社員」は、パートタイマーなどが短時間勤務のまま正社員になるタイプである。

　短時間正社員制度は、労働者だけでなく、企業や社会にとっても魅力的な働き方である[26]。労働者にとっては、ワーク・ライフ・バランスの実現、正社員への登用を通じたキャリア形成の実現、処遇の改善などのメリットがある。企

23）厚生労働省「短時間正社員制度導入支援マニュアル──人材活用上の多様な課題を解決」（平成28年3月）。
24）厚生労働省の「パートタイム労働研究会最終報告」（2002年）の定義によると、短時間正社員とは、フルタイム正社員より、1週間所定労働時間は短いが、フルタイム正社員と同様の役割・責任を担い、同様の能力評価や賃金決定の適用を受ける労働者をいう。
25）前掲注23）のマニュアルに細かいタイプの事例が紹介されている。
26）https://part-tanjikan.mhlw.go.jp/navi/outline/merit.html にそれぞれのメリットが書かれている。

業にとっては、意欲・能力の高い人材の確保、生産性の向上、職場マネジメントの改善や業務の効率化、従業員満足度の向上による有能な人材の定着などのメリットがある。また、短時間正社員制度は、仕事と育児・介護の両立を通じて少子高齢化に対応することができることや、労働力人口が減少するなかで、女性や高齢者などの全員参加型社会に役に立つことなど、社会に対してもメリットがある。

もちろん、短時間正社員制度については課題もある。

まず、短時間正社員制度を適用した後の処遇として、フルタイム正社員に復帰・転換できることが確実に保障されているわけではない。たとえば、当初はフルタイム正社員であった者が、育児・介護・自己啓発・ボランティアなどの理由から短時間正社員制度を利用した場合、その理由が解消された後（制度利用期間満了後）にフルタイム正社員に復帰できるかどうかは、各企業の制度設計に委ねられる。また、パートタイム労働者の活用のために設けられた短時間正社員制度を利用して、当初は（有期）パートタイム労働者であった者が短時間正社員に転換したとしても、その後当然にフルタイム正社員に転換されるわけではない。

また、短時間正社員制度によって労働時間が短縮しても仕事量や仕事内容が変わらない、補助的・定型的な仕事しか割り当ててもらうことができず責任ややりがいのある仕事を任せてもらえない、短時間正社員というだけで低い評価になる、昇進や昇格が大幅に遅れる、短時間正社員制度の利用期間の長期化によりモチベーションの低下やキャリア形成の遅れが生じるなどの問題が指摘されている。

3 労働者の一般的な労働時間短縮請求権と復帰権の創設に向けて

上記のように、現行法上は育介法に短時間勤務制度が義務化され、また、各企業の取り組みとしてや短時間正社員制度の導入が進んでいる。現状において労働時間を短縮する仕組みが存在する。

しかし、育介法上の短時間勤務制度は利用目的が育児・介護に限られているため、すべての労働者の多様なニーズにこたえるものにはなっていない。また、育介法上の労働時間短縮請求措置の内容が特定されておらず、その特定には就業規則等による制度化や労働者の選択を要することから、文字どおりの措置義

務であって、私法上の請求権や形成権と解することは困難であるとされている[27]。

　他方、短時間正社員制度は、育児・介護に限らず労働者のさまざまな事情にこたえうるものではあるが、制度設計は各企業の自主的な取り組みに委ねられている。そのため、前述したように、一時的な短時間正社員制度であればフルタイムへの復帰が予定されているが、恒常的な短時間正社員制度やパートタイマー短時間正社員制度の場合、フルタイムへの復帰は予定されていない。

　このような既存の制度の欠陥を補うためには、育児・介護を行う労働者に限らず、あらゆる労働者の希望する労働時間の短縮あるいは延長を実現する、「一般的な労働時間短縮請求権」と「復帰権」の創設が必要である。

　労働者が労働時間の短縮を希望する理由はさまざまである。そのため、「一般的な労働時間短縮請求権」は、労働時間の短縮を必要とする労働者の個人的事情は要件とせず、労働者の多様な労働時間短縮の希望を実現するものである。また、いったん労働時間を短縮した後にフルタイムへの復帰が困難であることが危惧されることから、労働時間の短縮期間をあらかじめ一定期間（たとえば5年以内）と定め、期間満了後に、労働者は再び元の労働時間に復帰する権利も保障する。労働者の一般的な労働時間短縮請求権と復帰権を、労働者の申出による労働契約上の労働条件の変更方法として法律上明確に位置付けることによって、労働時間の短縮とフルタイムの双方向の転換が促進される。

　労働者が労働時間の短縮を請求した場合、使用者は当該労働者と協議を行い、経営上の理由が存在しない場合には、原則として労働時間の短縮に応じなければならない。使用者側の利益にも配慮して、経営上の理由がある場合（たとえば、労働時間の短縮が、事業所内の組織、作業の進行、安全を本質的に侵害するような場合や、過大な費用負担をもたらす場合など）には、労働時間の短縮を拒否することができる。労働時間の決定にあたっては、労働者の個人的利益と使用者の経営上の必要性の調整が必要である。

　もっとも、使用者は、経営上の理由から労働者の労働時間短縮請求を拒否する場合には、それについて具体的な説明及び証明をしなければならない。また、使用者は、労働者からの労働時間短縮請求に応じるために、補助要員の確保など必要な措置を講じるよう配慮しなければならない。それをせずに経営上の理

27）菅野和夫『労働法［第11版補正版］』弘文堂、2017年、595頁。

由から拒否することは許されない。

　紙幅の都合上、一般的な労働時間短縮請求権および復帰権の導入に向けてより詳細な検討は割愛するが、この仕組みを導入することにより、これまで育介法上の短時間勤務制度や各企業で導入されている短時間正社員制度でも十分ではなかった、働く人の視点に立った労働時間の短縮が可能になる。

おわりに

　すべての労働者、育児・家族介護、自己啓発、地域活動への参加などの仕事以外の活動状況等に応じて、希望する生活時間を確保しつつ、生涯を通じて納得した働き方を選択できるようにするためには、現在の労働時間のあり方を抜本的に見直す必要がある。これまで労働時間の設定は「働かせる側（＝企業）」主導で行われてきたが、今後は、「働く側（＝労働者）」がライフスタイルにあわせて自ら労働時間を決定する仕組みが求められる。労働者のライフスタイルにあわせて（雇用形態を変えることなく）自ら労働時間を短縮したりフルタイムに戻したりする権利を保障することは、労働者の時間主権を実現するものであると考える。

　少子高齢化による人材不足が懸念されるなか、女性労働者、高齢者、病気のため一時的にフルタイム勤務ができない者など、すべての労働者にとって労働時間を短縮した働き方は自分のペースで働くことができる魅力的な働き方であり、企業にとっても有能な人材の確保につながるものである。有能な人材の確保と定着をはかるためにも、企業はよりよい労働条件と職場環境を整備することが求められている。労働者の時間主権の確立は、企業が行うべき最も効果的な対策であるといえよう。

ILO「労働は商品ではない」原則の意義
—— 『資本論』に即した考察——

相澤美智子

はじめに

　第1次世界大戦後、1919年に設立された国際労働機関（ILO）は、第2次世界大戦中活動を縮小していたが、1944年5月10日、いわゆるフィラデルフィア宣言を採択し、戦後に向けて活動を再開した。フィラデルフィア宣言の正式名称は「国際労働機関の目的に関する宣言」である。同宣言はILO設立時に制定された国際労働機関憲章の附属書にあたり、全5節から成る。第1節は、「総会は、同機関の基礎となっている根本原則、特に次のことを再確認する」として、1919年のベルサイユ平和条約第13編第427条に掲げられた国際労働憲章を再度確認・引用する形で、（a）から（d）の4つの原則を列挙している。この4つの原則の筆頭に挙がっているのが「労働は商品ではない」である。

　「労働は商品ではない」原則を念頭におきつつ、わが国の雇用労働に関する法律規定に目を転じてみると、わが国には同原則とは矛盾するような条文が、すなわち「労働は商品である」と規定しているかのように思われる条文が存在することが分かる。例えば、民法623条は、「雇用は、当事者の一方が相手方に対して労働に従事することを約し、相手方がこれに対してその報酬を与えることを約することによって、その効力を生ずる」と規定している。また、労働契約法6条は、「労働契約は、労働者が使用者に使用されて労働し、使用者がこれに対して賃金を支払うことについて、労働者及び使用者が合意することによって成立する」と規定している。これらの条文はいずれも、労働者が「労働」を売り、それに対して使用者が「報酬ないし賃金」を支払うことによって市場取引が成立することを表現しているのであり、それはまるで、商品としてリンゴを売っている八百屋や、鉛筆を売っている文房具屋に、それぞれ代金を

支払ってリンゴまたは鉛筆を買うのと同じことのように表現されている。そして、これらすべてに通底するのは——この後2で詳述するように——、商品交換においては、商品の価値と貨幣の価値が釣り合っているという意味の等価交換の原則が支配しているということである。

　上述したようなわが国の法律規定は、要するに、「労働は商品ではない」というILOの原則とは矛盾するもののようであり、そうであるが故に、同原則が意味していることは何なのかを今一度しっかりと吟味する必要があるように思われる。同原則に関しては、既に石田眞氏によるすぐれた研究が存在するが[1]、本稿は同研究にもなお認められる社会科学上の問題点を指摘しつつ、同原則の意義を、マルクスの名著『資本論』に即して考察することを目的とする。

一　「労働は商品ではない」と労働法学における先行研究

　「労働は商品ではない」原則に関する石田眞氏の研究に立ち入る前に、わが国を代表する労働法学者の1人である西谷敏氏が、市民法と労働法の関係について考察した際に、次のような指摘をしていたことを想起したい。「市民法は普遍的な法原則として近・現代法を貫流しているのであって、労働法もそれを決して否定しうるものではない[2]」、「労働者は、自らの自由な意思にもとづいて労働（力）という『商品』を使用者に売るために労働契約を締結する。労使は、市場におけるこの『商品』の売り主と買い主として対等である。この点で、労働者は民法などの想定する市民と同一であり、労働法は民法（市民法）と共通の基盤にたつ[3]」。氏はこのように、民法（市民法）の次元においては、〈労働（力）は商品である〉が妥当するとの見解を表明していた。氏はまた、「労働がひとつの『商品』とされてきたことは、労働者の人格的自立を根拠づけるうえで積極的な意味をもっていた[4]」と述べて、ILOの原則とは矛盾する〈労働（力）は商品である〉に一定の意義をも見出していた。

　一方で西谷氏は、労働法の次元では「労働は商品ではない」とも述べていた。

---

1) 石田眞「ILO『労働は商品ではない』原則の意味するもの——労働法との関連をめぐって——」早稲田商学428号（2011年）。
2) 西谷敏『労働法〔第2版〕』（日本評論社、2013年）7頁。
3) 同上8頁。
4) 同上。

このことを氏は、次のように表現している。すなわち、「労働者が所有する商品たる労働（力）は、その性質上慢性的に過剰となり、また売り止めがきかない[5]」ことに加え、「労働は、実際には決して労働者の肉体・精神から切り離すことのできない人間的な営みである[6]」ことから、「ILO フィラデルフィア宣言のいうように、『労働は商品ではない』のである[7]」。労働（力）の「性質」に言及した西谷氏の記述、すなわち、労働（力）が慢性的に過剰となるという記述や、労働者の肉体・精神から切り離すことのできないものであるという記述からは、氏が労働法の次元では、「労働は商品ではない」と考えていたということ、そして、その理由は、労働（力）を特殊な商品であると考えていたことにある、ということが推察される。

　西谷氏が、民法の次元では「労働（力）は商品である」とし、労働法の次元では「労働は商品ではない」としたことは、ひとまず置いておこう[8]。そのうえで筆者が注目するのは、西谷氏が「労働（力）」という記述表現を繰り返していることである。このような記述表現は、商品であるのが労働なのか、労働力であるのかを曖昧なものとする[9]。その点に歯がゆさないし違和感を覚える。

　次に、西谷敏氏と並びわが国の代表的な労働法学者の1人である石田眞氏によるILO「労働は商品ではない」原則に関する論文を振り返ってみよう。同論文は、ILO が同原則を宣言するにいたった経緯、同原則の意義およびその労働法との関連を論じており、同原則には2つの意義があることを指摘していた。1つは、「労働は商品ではない」とは、「『労働力は商品である』が『労働者は商品ではない』ということ[10]」であり、いま1つは、「『労働力は商品である』が他の商品とは異なる『特殊な商品である』ということ[11]」である。前者において表明されていることは、「労働力は商品である」が、「労働者は商品ではない」こと、すなわち、労働者は奴隷ではないということであり、資本主義は奴

5）同上。
6）同上。
7）同上。
8）本稿「おわりに」を参照。
9）西谷氏は、1987年の著作においては、「労働という商品」、「労働商品」と記述して、商品であるのは労働であるということを明記していた。西谷敏『ドイツ労働法思想史論——集団的労働法における個人・団体・国家——』（日本評論社、1987 年）180 頁。これが社会科学的に誤りであることについては、本稿二を参照。
10）石田・前掲論文注1）130 頁。
11）同上 131 頁。

隷制とは異なるという当然のことの確認である。一方、後者において表明されていることは、「労働力は商品である」だけでなく、②「特殊な商品である」ということであり、とくに②の点は西谷氏も示唆していたことを想起すると、こちらの方が重要な指摘であると考える。ちなみに、石田氏が「特殊な商品である」と指摘した理由は、「商品としての労働力」が「生身の『人間』に宿り、労働者の『肉体』や『人格』と切り離すことができない[12]」ということに加え、「生産調整や在庫調整をして売り控えることはできない[13]」ということによるのであり、西谷氏の指摘と重なる。

　しかし、石田氏の見解は、西谷氏のそれと完全に一致するわけではない。石田氏は西谷氏と異なり、労働の法規制が民法の次元においても「労働は商品である」ということと「労働は商品ではない」ということの「相剋の中にあった[14]」と述べている。氏は、「労働は商品である」ということは民法623条以下に表現されているとする一方で[15]、民法625条は「労働力というものはその主体たる人間と完全に切り離せないもの」であるということ、すなわち「労働は商品ではない」ということを示している、というのである[16]。

　石田氏の考察において筆者が着目したのは、氏が「労働は商品ではない」が「労働力は商品である」と述べた点である。この指摘からは、氏が「労働」と「労働力」を区別していることが理解される。しかしながら、氏は同じ論文の別の箇所では、「労働」と「労働力」の区別を明確にしていない。氏曰く、「使用者は、施設、原材料、機械などとともに『労働』を購入し、モノやサービスを生み出すために、こうした諸要素を結合する。そのことを労働者の側からみると、労働者はその『労働』ないし『労働力』（人間の肉体的・精神的能力の総体）を賃金と引き替えに『商品』として使用者に売る[17]」ということになる、と。こうした叙述は、西谷氏による「労働（力）」という表現を想起させるものであるとともに、「労働」と「労働力」の区別を曖昧なものにしているという社会科学上の問題を孕んでいる。

---

12) 同上。
13) 同上。
14) 同上 132 頁。
15) 同上 127 頁。
16) 同上 132 頁。
17) 同上 127 頁。

以上、若干ではあるが、「労働は商品ではない」という原則の意義に関するわが国の先行研究について、批判的考察を試みた。このことを通して筆者のうちに生じた問題関心は、次の2点である。第1に、ILOは「労働は商品ではない」と宣言したが、実際のところ「労働は商品である」のか、それとも「労働力は商品である」のか、この点についての議論が研究者の間で錯綜しており、整理が必要であるということである。第2に、先行研究は「労働は商品ではない」という原則を「労働（力）は特殊な商品である」と読み替え可能であることを指摘し、その理由を、労働（力）が人間の肉体や精神と切り離せないからである、としたが、労働（力）が「特殊な商品である」理由は、それに尽きるのか、という疑問である。筆者はこれら2つの問題関心から「労働は商品ではない」という原則の意義を『資本論』に即して検討してみたいと考える。

二　「労働は商品ではない」の『資本論』に即した考察

1　商品

　『資本論』によれば、市場で売買されている商品には、二つの属性が備わっている。一つは「使用価値」であり、ある商品が人間生活にとって有用であること、そのことから生じる価値である。たとえば、米という商品ならば、「食すれば空腹を満たし、エネルギーになる」、ハンカチという商品ならば、「汗を拭き、濡れた手から水分をとる」ということが、具体的なそれである。いま一つの属性は「交換価値」であり、一つの種類の使用価値が他の種類の使用価値と交換される割合をいう。換言すれば、二つの異なる有用な物が互いに等しいものとして認められ、それ故に、互いに交換することができるとき、両者の量的な比率を「交換価値」という。米とハンカチという商品を例にとるならば、1人の人間が1日に食する米が1000円という価格で表示され、1枚のハンカチが1000円という価格で表示されるとき、二つの異なる物は等しいものとして認められ、交換しうるものとなる。交換されるときの比率は時と場所に応じてたえず変化する。また、商品の種類を増やすならば、〈1人1日に消費する米＝1枚のハンカチ＝20本の鉛筆＝2本のビニール傘＝1杯の天ぷら蕎麦＝……〉という等式が無限に成立する。「1枚のハンカチ」以下の諸商品は、「1人1日に消

費する米」の「交換価値」の羅列である。

　以上のような、無限の数の「交換価値」の背後には、どれにも等しく、1000円という価格によって表現される「価値」が宿っている。したがって、商品の「交換価値」は、商品の「価値」の表現形態であり、商品が「価値」をもっていることを可視化してくれる現象形態であるということができる。要するに、商品は、常に「使用価値」と、「交換価値」として表現される「価値」の二つを有している。

　「使用価値」および「価値」という商品の二重性ないし二要因に関しては、次の点を理解することが重要である。すなわち、商品交換において等値されているのは「使用価値」ではなく、「価値」であるという点である。米とハンカチの「使用価値」はまったく異なる。しかし、両者は〈1人・1日消費分の米＝1枚のハンカチ＝1000円〉という価格によって表示された「価値」において等価なのである。このように、市場における売買を貫いている原則は、等価交換の原則である。

2　商品の源泉としての労働

　商品は労働によって生産される。換言すれば、労働なしには、商品は存在しない。その労働は、「使用価値」と「価値」という商品の二重性に直接対応する形で、二重性を有する。使用価値を形成する労働は「具体的有用労働」、「価値」を形成する労働は「抽象的人間労働」と呼ばれる。「具体的有用労働」とは、米という商品を生み出すのは農耕労働、ハンカチという商品を生み出すのは裁縫労働というように、有用性ないし使用価値の異なる商品を生み出す、質的に異なる労働であり、「抽象的人間労働」とは、労働の質が捨象されて、人間の労働力の支出としてのみ認められる労働をいう。

　異なる商品の「価値」が等価であるか否かは、それらの商品の生産、換言すれば「価値」の形成のために投入された「抽象的人間労働」の質と量によって決まる。ここでは、単純労働と熟練労働の質的差異は捨象して考える。すると、「価値」の大小は、その形成のために投入された「抽象的人間労働」の量によって決まり、その量は、平均的労働時間によって決まる。先に示した〈1人・1日消費分の米〉と〈1枚のハンカチ〉がそれぞれ1000円という価格によって表示された「価値」が等価であるのは、それぞれの価値形成のために投

入された平均的労働時間が、たとえば、それぞれ30分と同じであることから
くる。要するに、1000円という価格によって表示される「価値」は、30分の平
均的労働時間によって生み出されるということである。

　「抽象的人間労働」に関する上記の説明に一つ付言するとすれば、「抽象的人
間労働」とは、最終的に生産される商品の生産に直接的に含まれる労働のみを
指すのではない。このことを先の例を使って述べれば、〈30分の労働〉は、米
作り農民やハンカチ製造職人の労働時間だけを示すわけではないということで
ある。米作りを例にとるならば、米作り農民は米作りを、肥料および農耕具を
使用して行うので、〈1人・1日消費分の米〉の生産に要する〈30分の労働＝
1000円〉は、①米作り農民の〈18分の労働＝600円〉と、②肥料製造業者の
〈9分の労働＝300円〉と、③農耕具製造職人の〈3分の労働100円〉の合算で
ある。換言すれば、〈1人・1日消費分の米＝1000円＝30分の労働〉には、①
米作り農民の価値形成労働が直接的に含まれているとともに、②肥料製造業者
の価値形成労働、および③農耕具製造職人の価値形成労働が、間接的な形で含
まれている。米作り農民は、①自ら〈18分の労働〉を投入し、〈600円〉とい
う「価値」を付加することで、②肥料製造業者の〈9分の労働＝300円〉と、
③農耕具製造職人の〈3分の労働＝100円〉という他の生産者によって生産さ
れた〈400円〉という「価値」を、米という生産物に移し替える形で保存する
のである。このように、「抽象的人間労働」には、厳密には①のように付加さ
れるものと、②③のように保存されるものがある。①②③の価値形成が資本主
義的生産関係の中で行われる場合、①は可変資本、②③は不変資本と呼ばれる。

3　労働力商品

　資本主義社会における商品は、人間の労働によって生産された生産物だけで
はない。資本主義社会においては、資本家が労働者から何ものかを買い、労働
者が資本家に何ものかを売るという商品交換も生じてくる。ここでは、何が売
買されているのか。それは、労働力である。

　労働力とは、「1人の人間の身体すなわち生ける人格のなかに存在する肉体
的、精神的諸能力の総体」[18] である。労働力は、商品として売買されれば、労

18）カール・マルクス（今村仁司、三島憲一、鈴木直訳）『資本論　第1巻（上）』（筑摩書房、
　2005年）（以下、マルクス『資本論（1巻、上）』とする）248頁。

働力商品となる。これに対し、労働とは、「労働力の使用」[19] である。労働力商品の使用価値は、労働そのものである。資本家は自ら商品を生産するのではなく、労働力商品を購入し、使用することによって、新しい商品を生産する。

　労働力という商品の価値は、他の商品の価値と同じように、その形成のために投入された「抽象的人間労働」の量、すなわち、その生産のために必要とされる労働時間によって決まる（ここでは、質は捨象していることに留意）。労働力の生産には、それを所持する労働者の個人の生存が前提となるが、生きている労働者が自分を維持していくためには、一定量の生活手段が必要となる。労働力という商品の生産に必要とされる労働時間は、彼の生活諸手段の生産に必要な労働時間と言い換えられる。ここでは、彼、すなわち、ある労働者が自己を1日維持し働くために必要な生活諸手段を、単純化して、Ⓐ 1日分の食料品、Ⓑ 1日分の衣料品、Ⓒ 1日分の住宅としよう。そして、これらを生み出すための食料品生産者、衣料品生産者、建設労働者の平均的労働時間、および、彼ら、すなわち食料品生産者、衣料品生産者、建設労働者の生み出した「価値」を表示した価格を次のように仮定してみよう。

　Ⓐ　1日分の食料品……2時間、4000円

　Ⓑ　1日分の衣料品……0.5時間、1000円

　Ⓒ　1日分の住宅……1.5時間、3000円

　以上のように仮定するならば、この労働者が1日働くのに必要な労働力の生産に必要とされる平均的労働時間は4時間であり、その労働力の「価値」は1日当たり8000円となる。先にも述べたように、市場における売買を貫いているのは等価交換の原則であるから、資本家が、このような労働力商品を労働者から購入しようとする場合には、1日当たり8000円を支払わなければならない。8000円とは、価格として表示されたその労働力商品の「価値」であり、それは要するに、その労働力所持者を維持するために必要な生活諸手段の価値である。

　資本主義社会に生きる人々は、資本家が労働者に対して支払う金銭を賃金と呼んでいる。賃金とは、上述したように、本質的には、労働力商品の「価値」を貨幣によって表現したもの、すなわち労働力商品の「価格」にほかならない。その価格、すなわち賃金は、資本家と労働者が労働契約を締結するときに、換

19）同上263頁。

言すれば、資本家が労働者から労働力商品を購入するときに、決定される。ところが、賃金が支払われるのは、労働契約締結時ではなく、「労働（労働者が労務を提供、使用者が労働力を使用）」した後である。このことから、人々は賃金を「労働」、すなわち、「労働力の使用」に対する対価であり、労働の価値または価格であると観念するようになった。このことの意義については、(4) に詳述する。

　ここで例として挙げた労働者の労働力の「価値」は1日当たり8000円であるので、ある資本家がこの労働者を雇い、仕事をさせようとするならば、1日分の労働力の「価値」に相当する8000円を1日分の賃金として支払わなければならない。8000円は、4時間分の労働が生み出した「価値」である。そのため、この資本家がこの労働者を仮に⒜わずか2時間しか労働させなければ、資本家は、支払う賃金の半分の「価値」しか回収できないことになり、損失が発生する。彼が労働者を⒝4時間労働させたとしたら、支払う賃金と同じ「価値」しか得られない。コストと収益が同じで、儲けにならない。しかし、彼が労働者を⒞8時間労働させたとしたら、彼は8時間から4時間を差し引いた4時間労働分の「価値」を、すなわち8000円を、儲けとして領有することができる。8時間を超え、⒟10時間労働させたとすれば、10時間から4時間を差し引いた6時間労働分の儲けを手にすることができる。1日あたり8000円という、ある労働者の所持する労働力商品の価値の生産に必要とされる労働時間が4時間であるということは、資本家が労働者を8時間、10時間、あるいはそれ以上の時間働かせることを妨げはしない。それ故、資本家が⒜または⒝を選択することはない。それでは儲けが生じないからである。儲けを増やそうとすれば、⒞または⒟のように、労働者を長時間働かせることになる。

　『資本論』は、そしてまた経済学においては、「労働力」商品を生産するために必要とされる労働を「必要労働」と表現する。また、その「労働力」商品の売り手である労働者の全労働から「必要労働」を差し引いた分の労働を「剰余労働」と表現する。これは不払労働とも表現される。上記⒟を例にとれば、10時間労働のうちの4時間分の労働は「必要労働」、6時間分のそれは「剰余労働」と表現される。先に述べたように、資本家は労働力商品の購入時に、すなわち労働契約締結時に、賃金を決定する。しかし、先にも述べたように、ある労働者の所持する労働力商品の「価値」の生産に必要とされる労働時間が4時間で

あるということは、ある資本家がこの労働者を8時間、10時間、あるいはそれ以上の時間働かせることを妨げはしない。そして、資本家は、労働者が働いた後に、あくまでも当初決定されていたとおりの賃金を支払う。労働賃金は、労働日が必要労働と剰余労働に分割されるということの痕跡をすべて消し去ってしまう。市場における労働力商品の売買は、このように、等価交換（労働力商品と賃金の等価交換）でありながら、不等価交換（〈必要労働部分＋剰余労働部分〉から成る労働に対し、〈必要労働部分〉にしか賃金が支払われていないという不等価交換）である。このような摩訶不可思議なことが生じるのは、この後4(2)で述べるように、労働力が特殊な商品だからである。

4　二つの問題に対する『資本論』の示唆

(1)「労働力」と「労働」

　ILOが「労働は商品ではない」と宣言したことを受けて、本稿の冒頭において指摘した二つの問題の第一は、「労働」が商品であるのか、「労働力」が商品であるのか、ということであった。『資本論』は、「労働力」と「労働」がそれぞれ異なる概念であることを初めて解明した作品であるといわれるが、その記述からは、労働契約において売買されている商品は、「労働力」であって、「労働」ではないことがはっきりと理解される。先に紹介した西谷氏や石田氏の本問に関する記述ないし考察は正確ではない。

　しかし、『資本論』が解明したことは、「労働力」と「労働」が別個の概念であるということに尽きない。それに加えてきわめて重要であるのは、次の点である。労働契約において商品として売買されているのは「労働力」であり、その「価値」に対して支払われているのが賃金である。にもかかわらず、現実の社会においては、賃金は労働者が「労働」をした後に支払われることから——しかも、その「労働」は、「必要労働」のみならず「剰余労働」を含んでいながら、両者は「質的にはまったく区別がつかない」[20] ことから——、人々は、賃金が「労働」の対価として支払われているように観念するようになる。『資本論』の重要な点の1つは、賃金は「労働」の対価である、というような「通常の思考形態」ないし観念を「現象形態」と表現し、これによって「隠された背景」を「本質」と表現した点である。

20）同上292頁。

賃金は、先の例の⓪を用いれば、労働力商品の価値（8000円＝4時間分の労働）であるというのが「本質」であり、10時間という全労働時間の対価であるというのが「現象形態」である。とはいうものの、「現象形態」は「本質」を見えなくさせ、いわば仮象として存在するようになる。そして、それを文字化すると、次のような法律規定になる。すなわち、民法624条1項の「労働者は、その約した労働を終わった後でなければ、報酬を請求することができない」。この規定は、「労働」、換言すれば「労働力の使用」、の対価として賃金が支払われることを表現している。また、労基法11条は、「この法律で賃金とは、賃金、給料、手当、賞与その他名称の如何を問わず、労働の対償として使用者が労働者に支払うすべてのものをいう」と規定し、賃金は「労働の対償」と端的に明記している。『資本論』には、「本質」は「科学によってはじめて発見されねばならない」[21]という記述が存在するが、『資本論』こそ、まさにそれを実現した書物である。

(2)　労働力商品の特殊性

　先行研究は、「労働は商品ではない」というILOの原則のなかに、労働力商品の特殊性をみてとり、その理由を、労働ないし労働力が人間の肉体や精神と切り離せない点に求めた。このことは『資本論』が詳細に論じたことであるが、しかし、労働力商品の特殊性はそれに尽きるものではないことが『資本論』によって解明されたことも、また重要である。

　労働力商品は、第一に、価値形成商品であり、しかも「それ自身の価値以上の価値」[22]を形成する商品であるという特殊性をもつ。労働力が価値形成商品であるということは、逆にいえば、労働力なしには価値は形成できないということである。このことは、労働力商品だけが価値形成商品であること、すなわち、上記「二」の2「商品の源泉としての労働」で述べたように、①米作り農民の「現在の生きた労働」[23]のみが、それ自身を「過去の死せる労働」[24]である

---

21)　カール・マルクス（今村仁司、三島憲一、鈴木直訳）『資本論　第1巻（下）』（筑摩書房、2005年）248頁。
22)　マルクス『資本論（1巻、上）』前掲注18）286頁。
23)　筆者が、前掲注21）の本文「過去の死せる労働」と対比させるために作出した表現であることに留意。
24)　マルクス『資本論（1巻、上）』前掲注18）288頁。

②肥料製造業者の労働と③農耕具職人の労働に付加し、すべての労働を合体させ、新しい使用価値と「価値」を形成しうるということを意味している。また、このことは、上記「二」の3「労働力商品」において挙げた例の©およびⓓにおいて具体化されていること、すなわち、資本家は、利潤追求のために長時間労働を強制し、「必要労働」を超えて「剰余労働（不払労働）」もさせるということ、そして、それ故に労働力はその「価値以上の価値」を形成するということを意味している。

　第二に、労働力以外の商品は、労働によって直接に形成される部分を含むのに対し、労働力商品だけは労働によって形成されるのではなく、労働力商品保持者ではない他者の労働の産物である商品の消費によって形成されるという特殊性をもつ。労働力商品以外の商品が労働によって形成されることは、上記「二」の2「商品の源泉としての労働」で述べた米およびハンカチが、それぞれ米作り農民およびハンカチ製造職人の労働よって生み出されることを想起すれば理解されよう。これに対し、労働力商品だけは労働力商品保持者ではない他者の労働の産物である商品の消費によって形成されるということは、上記「二」の3「労働力商品」において述べたこと、すなわち、労働者が1日分の労働力商品を形成するにあたっては、食料品生産者が生産したⒶ1日分の食料品、衣料品生産者が生産したⒷ1日分の衣料品、および建設労働者が生産したⒸ1日分の住宅を必要とし、消費するということを想起すれば、理解されよう。

　第三に、労働力以外の商品に対しては、買い手は使用価値を将来的に享受するために、購入時に代価を支払うが、労働力商品対しては、その使用価値を享受し終わってはじめて代価（賃金）を支払うのであり、購入時には代価の額を約するのみである。ここでいう労働力商品の特殊性とは、「売りによる使用価値の名目上の譲渡と買い手への実際の引き渡しが時間的にずれる」[25]という点である。『資本論』は、同じことを、「労働者は労働力の代金を払ってもらう前に労働力を買い手に消費させる。したがってどこにおいても労働者は資本家に信用貸しをおこなっている」[26]とも表現している。このように表現するならば、実は労働者はとんでもない「信用貸し」をしているといえまいか。なぜならば、資本家は先にも述べたように労働者に長時間労働を強制し、「必要労働」を超

---

25) 同上 258 頁。
26) 同上。

えて「剰余労働（不払労働）」もさせるのであるが、労働力商品の代価は資本家が労働力を消費する前に決まっており、労働者はそれが「必要労働」部分と等価になっているだけであるということを知らず、かつ、労働力の消費が「剰余労働」部分までなされない限り、最初に約した代価は支払ってもらえないからである。

　以上述べたように、労働力商品の特殊性は、先行研究の指摘したそれ、すなわち労働は肉体や人格と切り離せないということに限定されるわけではない。しかし、それは、『資本論』が解明していた労働力商品の諸特殊性のなかでもとくに、労働法の形成に直接的に影響を与えたといえるものであり、ILO も恐らくはそれを念頭に置きながら「労働は商品ではない」と宣言したのだろう[27]。この点で、著名な労働法学者が労働力商品の特殊性のまさにその 1 点に着目したことは納得される。

おわりに

　ILO フィラデルフィア宣言の「労働は商品ではない」は、労働者保護の観点から下されたものであるが、『資本論』が科学的に明らかにしてくれているのは、商品であるのは労働力であり、労働ではないこと、すなわち「労働力は商品である」という命題である。この命題は、労働力商品の買い手であるか売り手であるかによって、異なった命題に具体化される。一つは、「労働力はごく普通の商品」であるという命題、いま一つは、「労働力は特殊な商品である」という命題である。前者は資本の論理、後者は、人間たる労働者の論理である。そのことを『資本論』は次のように語った。

　まずマルクスは、資本の論理を、「吸血鬼としての資本」として描いた。

　　資本家は労働力をその日当価値で買いとった。その 1 労働日の間、労働力の使用価値は資本家のものである。つまり資本家は労働者を 1 日中自分のために働かせる権利を手に入れた。しかし 1 労働日とは何なのか。少なくともそれは自然の 1 生活日よりは短い。では何時間短いのか。その極限、労働日のやむをえざる限界について資本家は独自の見解をもっている。資本家としての彼は人間の姿をとった資本にすぎない。資本家の魂とは資本の魂である。

27）石田・前掲注 1) 132 − 133 頁も同旨。

ところが資本はたった一つの生の衝動しかもっていない。すなわち自分の価値を増殖し、剰余価値を作り出し、その不変部分である生産手段を用いてできるだけ大量の剰余労働を吸いとろうとする衝動である。資本は死せる労働であり、それは吸血鬼のように生きた労働の血を吸いとることによって生きる。吸いとる量が多ければ多いほどそれだけ多く生きのびる。労働者が労働する時間は、資本家が買いとった労働力を消費する時間である。労働者が自分の意のままにできる時間を自分自身のために消費すれば、労働者は資本家のものを盗んだことになる[28]。

上記の叙述は、2018年6月に成立した働き方改革推進法をまさに想起させるものである[29]。

しかし、「吸血鬼」に対して、人間たる労働者は反抗する。

僕が君に売った商品は、以下の点で他のありふれた商品とは異なる。僕が売った商品は使用することによって価値を生む、しかもそれ自身の価値以上の価値を生む。これこそ君がこの商品を買った理由だった。君の側で資本の価値増殖と見えるものは、僕の側では労働力の過剰支出だ。君も僕も市場ではただ一つの法則しか知らない。つまり商品交換の法則だ。そして商品の消費は商品を譲渡した売り手ではなく、商品を手に入れた買い手にゆだねられている。だから僕の日々の労働力使用は君にゆだねられている。しかし労働力を毎日売っているその価格で、僕は自分の労働力を日々再生産し、それを新たに売ることができなければならない。年齢その他の自然な消耗は別とすれば、僕は明日もまた今日と同じような力と健康と活力にみちた標準状態で働くことができなければならない。……僕はこれから日々労働力を、その標準的持続と健全な発達にさしさわりのない範囲でのみ放出し、運動や労働に

---

28) マルクス『資本論（1巻、上）』前掲注18）340頁。
29) 働き方改革推進法の主要な目的の1つは、長時間労働の是正にあり、同法によって時間外労働時間の上限が、1か月について45時間、1年について360時間、と明文で定められた（労基法36条3項、4項）。とはいえ、この上限には原則的上限であり、臨時的な特別な事情がある場合の上限というものが別に存在する。特別な事情がある場合の上限は年間720時間、単月100時間未満、複数月平均80時間以内と定められている（労基法36条5項、6項）。これが実は、長時間の業務に起因する脳・心臓疾患（死亡にいたれば「過労死」と呼ばれる）の労災認定基準をもとに設けられている点で、大いに問題がある。

変容させることにしよう。君は労働日を際限なく延長することによって、僕が3日かけても補いきれないほどの労働力を1日で放出させることができる。君がそこで得る労働の分だけ僕は労働実態を失っていく。僕の労働力を利用することと僕の労働力を奪うことはまったく別のことだ。平均的労働者が常識的な規模の労働をしながら生きる平均期間をかりに30年とすると、君が僕に日々支払う僕の労働力の価値は、その総価値の1/365 × 30、つまり1/10,950である。しかしそれを君が10年で消費するとすれば、君は僕に全価値の1/3,650を払うべきところを、毎日1/10,950しか、つまり労働力の日当価値の1/3しか払っていないことになる。つまり僕の商品価値の2/3を日々僕から盗んでいる。君は3日分の労働力を消費しているのに、僕には1日分しか支払っていない。これは我々の契約と商品交換の法則に反している。だから僕は標準的な長さの労働日を要求する。……他のあらゆる売り手と同様、僕は僕の商品に見合う価値を要求するからだ[30]。

ILO「労働は商品ではない」という命題は、まさにこのような労働者のありうべき声の中から生まれてきた命題であろう。そして、ILO は、この命題とともに「人間の尊厳」という法概念を創造したのであった[31]。

---

30) マルクス『資本論（1巻、上)』前掲注18）341-342頁。
31) 相澤美智子「人間の尊厳──労働法学からの考察」水林彪・吉田克己編『市民社会と市民法──civil の思想と制度』（日本評論社、2018年）593-596頁。

フランスにおける違法な労働者供給事業に対する刑事制裁 [1]

大山盛義

一　本稿の課題

フランスの代表的な労働法教科書に次のような記述がある。

　「労働力の貸し手は確かに労働者を売ってはいない。〔仮に売るようなことがあれば〕それは奴隷制であろう。しかしそれでも、その者は人間の労働を売っている。

　1848 年に奴隷制度の禁止と同時に、労働力貸与の禁止が登場したのは単なる偶然ではない（Décr. 2 mars 1848 et Arr. 21 mars 1848）。労働力貸与は、特定の要件のもとでは刑事犯罪になり、それは『マルシャンダージュ』と呼ばれている」[2]。

　マルシャンダージュ（marchandage）とは、時期によってその定義は若干異なるが、大約、19 世紀フランスにおいてなされていた、下請負業者による労働者供給活動である。請負業者 – 下請負業者 – 労働者という三者で構成される労働関係である。

　本稿では、これまで紹介されることが少なかった、フランスにおける違法な労働者供給活動に対する刑事制裁につき、上記のように評された意義も含めて考察することにしたい。

1）本稿は、筆者が東京都立大学法学会誌（以下「都法」）において公表してきた論文「労働者供給活動に関する規制立法の生成と展開」および「労働者派遣法制の研究（1）–（5）」等から、刑事制裁に関わる部分を大幅に構成しなおし、2000 年以降のフランスの動向も踏まえて加筆修正したものである。
2）G.Auzero, D.Baugard, E.Dockès, Droit du travail.2018, Dalloz, p.375.

二　フランスにおける労働者供給事業の概観

　営利の労働者供給事業としては、19世紀のマルシャンダージュと呼ばれた上記の労働者供給事業、また20世紀中葉からは労働者派遣事業を挙げることができ、法律は、主としてこれらを規制対象として展開してきた。ここではこれらと刑事罰規定との関係を論じる前に、簡単に事業活動と制度を概観しておく。

1　19世紀の労働者供給事業

　マルシャンダージュとは先述のとおり下請負の一種である。ただし通常の下請負業者とは異なり、当時マルシャンドゥール（marchandeur）あるいはタシュロン（tâcheron）と称された下請負業者は、請負業者側から供給される材料・道具等を使用して仕事を行い、自らは労働者を供給するのみである。つまり、下請負業者の役割は、下請負契約に基づき自らが雇用する労働者を労働現場（主に建設・土木現場）へ供給し、その労働者へ指揮命令を行うことのみであった。また、マルシャンダージュは下請負契約に基づく労働者供給活動であるため、下請負業者の経済的利益は、請負業者から受け取る下請負契約の報酬と、下請負業者が労働者に支払う賃金の差額からしか生じない。そこで下請負業者がより大きな利益を得ようとすれば「労働強化」かもしくは「労働者の賃金を抑える」ことしかなかったとされる[3]。

　後述するように、このようなマルシャンダージュは「下請負業者による労働者からの搾取」と見なされ、1848年の二月革命によって誕生した臨時政府により禁止された。

2　現代における労働者供給事業——労働者派遣（travail temporaire）[4]

　現代的意味の労働者派遣事業がフランスで認識されるようになったのは

---

3) P.Durand et A.Vitu. Traité de Droit du Travail, t.2. Librairie dalloz.1950.p.355.そうすると、これは日本で言うところのかつての「人夫出し」に近いものだったと考えられる。

4)「travail temporaire」を直訳すれば「一時（臨時）的労働」となるが、法的構造は日本の派遣労働関係と同じものなので、筆者はこれまで公表した論文においては便宜上これを「派遣労働」と訳してきた。ただし本文で紹介するように「時間分割労働」と「期間の定めのない派遣労働契約」が後発的法的承認を得たことを考慮すると、フランス労働者派遣法はそれのみに焦点を合わせたものではないが、日本法から眺めた場合、「一時的労働 tra-

1950 年代中頃である。これに対して法的枠組みを整えたのは 1972 年からであった。

　ここでは、それから現在までの法変遷を俯瞰しておきたい。

(1) 1972 年 1 月 3 日法 [5]

　派遣先企業が派遣労働者を利用するためには、特定の利用事由が必要であるとしたように現在の労働者派遣制度の原型が形作られた。すなわち、フランスでは「派遣先の非恒常的業務」に限定され、一時的な理由（業務）のためにしか派遣先は派遣労働者を利用することができない、という法的枠組みを採用した。

　ただし、この 1972 年法は、労働者派遣事業を法的に認めるという点に主な目的があったため、労働者保護法というよりも商事法としての性格の方が強いものであった。こうした事情が要因となって派遣労働者の法的保護については、法律のすき間を埋めるような形で裁判所が大きな役割を果たした時代でもあった。これらの派遣労働者に対する法的保護は 1982 年のオルドナンスによって法制化されていった。

(2) 1982 年 2 月 5 日オルドナンス [6] ——利用制限の加重——

　1981 年に誕生したミッテラン左翼政権は、70 年代を通じて派遣労働者が陥った労働条件悪化（日本で言えば「日雇い派遣」化）状況を改善しようと、「派遣労働の利用制限」、「派遣労働者と派遣労働者が代替する派遣先の労働者との均等待遇」、この二つの方向性でもって労働者派遣法制の改正を目指した。

　そうした中で制定された 1982 年オルドナンスの主柱は以下のとおりであった。並べると、「派遣労働の利用制限」、「派遣労働者に対する均等待遇」、「不安定雇用の調整」、「濫用的利用への制裁」等である。

　ここでの「制裁」とは、利用事由や期間制限を遵守しないで派遣労働者を利

---

vail temporaire」の実態がいわゆる「日雇い派遣」に近いものであり、結果これを厳格な規制で承認してきたということがわかる。もっとも 1972 年法時代の当初は「travail temporaire」といいつつも「常用型派遣」も承認されていたという事情もあるので、現段階では場合に応じて「一時的労働」ないし「派遣労働」という訳語を当てることにする。

5) 同法について詳しくは、拙稿「労働者派遣法制の研究 (2)」都法 40 巻 2 号 (2000 年) 338 頁以下参照。

6) 同オルドナンスについて詳しくは、拙稿「労働者派遣法制の研究 (3)」都法 41 巻 1 号 (2000 年) 149 頁以下参照。

用する（受け入れる）派遣先に対しては、裁判において派遣労働者と期間の定めのない労働契約を締結していたものと裁判官が判断できるとする一種の民事制裁であった（後述）。

(3) 1985 年 7 月 25 日法 [7] ——利用制限緩和——

1982 年オルドナンスにより派遣労働の利用数は減少したが、一方で失業者も増大するという事態も生じてきた。1982 年オルドナンスは労働市場において「機能不全」に陥っているとの認識を労使双方が共有した結果、派遣労働の利用事由を緩和するなどした 1985 年法が制定された。この法律自体は短命に終わったが、あとで見る現行法の原型となる。

(4) 1986 年 8 月 11 日オルドナンス [8] ——原則利用自由——

1986 年に総選挙で勝利した共和国連合のシラクは首相としてミッテラン大統領の社会党との保革共存内閣（コアビタシオン）を作った。そして政策課題であった失業抑制策の一つとして、労働法領域での規制緩和を進め、派遣労働についても原則利用自由とする方向に大きく舵を切った。

具体的には「スト中の労働者の代替」や「特別な医学的監督の対象となる労働」を除き、「派遣先企業は派遣業務と称される非恒常的業務の実行のため、派遣労働者を利用できる」とし、いわゆるネガティブリスト方式に変わった。

このように派遣労働の利用について事実上制約がなくなったため、その利用は急速に増加した。しかしその一方でシラク内閣の政策目標であった失業抑制は実現できず、結局、シラク内閣の試みは失敗に終わることになった。加えて、80 年代後半の派遣労働関係は法的規制緩和とともにタガが緩み始め、「派遣労働者が派遣先の常用的な雇用に就労させられている（一時的利用ではない）」、「法定の手当が支払われていない」、「同一賃金の原則が遵守されていない」、「更新に関する規則が遵守されていない」等、労働者派遣法の根幹に関わる、濫用的派遣、違法派遣の蔓延と、労働災害が増加するといった深刻な状況に陥ることになった。

7）同法について詳しくは、前掲注6）拙稿「労働者派遣法制の研究（3）」185 頁以下およびそこでの引用文献参照。
8）同オルドナンスについて詳しくは、前掲注6）拙稿「労働者派遣法制の研究（3）」187 頁以下およびそこでの引用文献参照。

（5）1990 年 7 月 12 日法——現行法 [9]

こうした事態を受けて、1988 年、総選挙で勝利した社会党はコアビタシオン
を解消、派遣労働利用のネガティブリスト方式をやめ、再び制限リストを復活
させる法改正を行った。

なおこれ以降現在までフランスでは、派遣労働法制の枠組みについて労使間
の合意をみていることもあって派遣労働に関する大規模な法改正は行われてな
い。

1）利用事由

労働者派遣契約を締結して派遣先が派遣労働者を利用できる場合は、派遣先
の「明確かつ一時的な」業務についてのみ可能（不在労働者の代替、企業活動の
一時的増加に対応、季節的雇用、特定の専門業種、農業・漁業）のみ可能である。

2）派遣労働契約

「派遣労働契約は、いかなる理由にせよ、派遣先の通常かつ恒常的な活動と
しての雇用に長期的に就かせる目的も効果も有することはできない」（労働法
典 L.1251-5 条〔以下で引用する条文は、断りがない場合「労働法典」〕）。このように
派遣先の「通常かつ恒常的活動」と結びつく仕事に派遣労働者を「長期にわ
たって」利用することはできない。派遣労働契約は最長 18 か月までであり、
更新は 1 回のみ認められる。派遣労働者の常用代替をフランスの労働者派遣法
はその誕生以来原則として認めていない。

3）均等待遇違反と刑事制裁

派遣労働者の基本的な報酬は、派遣先で同一労働ポストで働く同一の職業格
付けの労働者が試用期間後に受け取る報酬と同一の額となる（L.1251-18 条）。
諸手当についても派遣先企業の労働者との均等待遇が図られている。

派遣元が派遣労働者の最低報酬に関する規定に違反した場合（L.1255-2 条 2
項）には以下の刑罰が科せられる。

「派遣元が〔賃金に関する〕規定に違反した場合、3750 ユーロの罰金に処す。
再犯の場合、6 か月の禁固と 7500 ユーロの罰金に処す。再犯の場合、6 か月の
禁固、7500 ユーロの罰金に処する。裁判所は、派遣元の活動を、2 年から 10 年
の間禁止する旨を言い渡すことができる」。

9）同法について詳しくは、拙稿「労働者派遣法制の研究（4）」都法 41 巻 2 号（2001 年）253
頁以下参照。

4）違法派遣に対する民事制裁

派遣先が法に反して派遣労働者を利用した場合には、派遣先と派遣労働者間に期間の定めのない労働契約が成立する（民事制裁）。具体的には派遣先企業が、派遣先の通常かつ恒常的な業務に派遣労働者を利用した場合、法律で定められた利用事由に違反した場合などのような利用事由違反、経済的解雇後の一定期間の利用事由制限や禁止されているスト参加者の代替のための利用などの禁止事由違反、期間制限違反の場合、派遣労働契約において期間を明示しない、もしくは派遣労働契約を労働者に送付しないなどの違反、契約の更新期間の違反などの場合には、派遣労働者は、これらの派遣期間を初日から含め派遣先に対して期間の定めのない労働契約の権利を主張することができる（L.1251-40条）。

派遣労働契約に義務的記載事項が含まれていない場合には、派遣労働者は派遣元企業との間で期間の定めのない労働契約としての再法性決定を裁判所に求めることもできる（L.1251-41条）。

派遣先が派遣終了後も、新たな労働者派遣契約を締結することもなく、また派遣労働者と派遣先自身が新たな労働契約締結などの手続きを経ないまま派遣労働者を利用し続けた場合、派遣先は派遣労働者と派遣労働初日からの在職期間を含め期間の定めのない契約を締結していたものと見なされる（L.1251-39条）。

3　新たに法認された労働者供給事業 [10) ──2000年代以降

2000年代に入りフランスでは、上記労働者派遣法の安定性を損なわない形で、新たな労働者供給活動を認める立法があった。

(1)　期間の定めのない派遣労働契約（contrat de travail intérimaire à durée indéterminée）

2013年7月10日、派遣労働者の職業キャリアの安定を図る趣旨で、派遣業務が連続する場合には派遣労働者と派遣元は期間の定めのない契約を締結できる旨の労使協定が締結された（日本でいうところの「常用型派遣」）。実態として派遣期間が短期であり、派遣労働者への継続的職業訓練が困難であるため、この状況を改善するために導入された。現在は「雇用と社会的対話に関する

10）フランスの労働者派遣以外の新たな労働者供給事業規制については、拙稿「フランスにおける労働者派遣の意義と動向」日本労働法学会誌128号（2016年）32頁以下参照。

2015年8月17日法」（ルブサマン法）の法律第56条以下[11]に規定されている[12]。

(2) 中小企業への有資格労働者供給事業 Travail à temps partagé（時間分割労働）

　経済的事情等により、有職業資格労働者を直接雇用できない中小企業へそのような労働者を供給する事業活動である（L.1252−1条以下）。この労働者供給活動も、労働現場では1980年代より行われていたようであるが、中小企業を保護するための2005年8月2日法[13]によって労働法典に正式に規定された。

　被供給労働者と供給元との時間分割労働契約は期間の定めのないものと「みなされる」（L.1252−4条）。その結果、解雇などの場合、通常の期間の定めのない労働契約に関する規定が適用される。

　そのため、労働者派遣と比べこれに対する規制はかなり簡素な内容となっている。利用事由による制限はなく、供給契約期間はあるが、期間の上限および更新制限、供給先のストライキの場合に関する規定もない。そのため「労働力の外部化はもはや一時的（temporaire）ではない」[14]との指摘もある。供給契約終了後、被供給労働者が供給先に雇用されることを禁止する契約条項の設定はできない（L.1252−11条）。被供給労働者は複数の先に供給されることもあり「時間分割労働」の由来でもある。

(3) 専門職労働者を対象とした労働者供給事業に関する法規制（portage salarial[15]）

　これも1980年代中頃に始まる労働者供給事業で、職業格付の高い労働者（独立労働者）等が被供給者となる。「独立労働者」は労働契約を締結しないため本来ならば失業補償等が適用されないが、これを適用可能にするために職業資格を粉飾したうえで、供給元会社に雇用されているとの形式をとり社会保障機関に届け出たうえで行われてきた事業である。2008年6月25日労働市場現代化法で立法者はこの労働者供給事業に法的地位を与えた（L.1254−1条以下）。

　労働者派遣との相違は、被供給労働者の独立性・専門性にある。そのため被

---

11) Loi n° 2015-994 du 17 août 2015 relative au dialogue social et à l'emploi - Article 56.（https://www.legifrance.gouv.fr）.
12) つまりこの期間の定めのない派遣労働契約は労働法上のものではない。
13) Loi n° 2005-882 du 2 août 2005 en faveur des petites et moyennes entreprises
14) B. AUZERO et E. DOCKÈS, Droit du travail. 2016.30éd. Dalloz. p.339.,
15) この語は「賃金の運搬」という意味であるが、制度内容からすると「専門職労働者供給」と訳す方が理解しやすいと考える。

供給労働者自らが顧客開拓を行い、就業条件について労働者自ら顧客と交渉し（L.1254-2条）、供給元会社は被供給労働者に仕事を提供する義務はない（同条3項）。また供給先と被供給労働者には使用従属関係はない。

　かかる違いが専門職労働者供給と労働者派遣には存在するが、規制内容は前者は後者を摸倣する形で作られている。

4　小括

　このようにフランスでは、19世紀には下請負業者による労働者供給事業が、20世紀中頃からは労働者派遣活動が行われてきた。そして21世紀に入った現在では分化した労働者供給事業を法認し、法規制が行われていることが分かる。以上を踏まえ、違法な労働者供給事業に対する刑事制裁の問題に入ることにしたい。

三　マルシャンダージュへの刑事制裁——19世紀から労働者派遣法制定前まで

1　マルシャンダージュと労働者

(1)　誕生時期 [16]

　産業革命期、19世紀前半のフランスでは、パリ城塞化工事等の大規模土木工事が行われており、そのため多くの労働力が吸い寄せられたパリでは人口は急増した。このような建築ブームによる人口の増加は、その他の生活関連産業部門をも発達させ、単一の産業を中心とする地方の新興工業都市とは異なり、パリが多様な産業を発達させる要因ともなった。「既製服が普及し始めた衣料産業部門や土木建築部門での下請け制ネットワークの急成長は、この時期の最も特徴的な例」[17] であった。土木建築部門では、工事を一手に引き受ける統括請負業者が出現し、その請負業者は、さらにそれを下請負人を請け負わせていた。これは、土地所有者が直接建築技師・労働者を雇い施工主となっていた従来のシステムを変えるものであった。

---

16)　19世紀のマルシャンダージュの記述全般について詳しくは、拙稿「労働者供給活動に関する規制立法の生成と展開——19世紀フランスのマルシャンダージュについて」都法39巻2号（1999年）517頁以下参照。

17)　服部春彦・谷川稔編『フランス近代史』（ミネルヴァ書房、1996年）143頁。

おそらく、これがマルシャンダージュと呼ばれる下請負形態の労働者供給活動の誕生といえるものであろう。ただ、その始期については、「復古王政期」（1815〜30年）という程度しか判明していないようである。

　七月王政期の組織的な労働運動は、基本的には伝統的な職人労働者が主体となり、手工業の集中するパリやリヨンを中心に行われていたという特徴があった。この時期は産業革命期であり機械制工場の労働者も存在しており、いくつかの争議が行われているが、これらは組織的なものではなかった。七月王政期に行われた主要なストライキは、むしろ手工業労働者によって遂行されていたが、これらは建築工（特に大工）と仕立工が多く、その他ではパン職人等といった生活基盤にかかわる職種が多かったとされる。

　当時の労働運動のなかで、マルシャンダージュ禁止が要求として掲げられていたことが確認されている。例えば三つの大規模なストライキにおいて、労働者達は「マルシャンダージュ廃止」と「労働時間短縮」を要求事項として掲げていた。

　また、1848年の二月革命後に労働問題に関して実施された政府の全国調査によれば、地方においてはマルシャンダージュ活動は行われていないということが報告されている。これらの諸事実の関係から、マルシャンダージュとは、パリの手工業労働者を対象として生まれた新たな労働者供給活動であり、手工業労働者、特に建設関係の労働者にとってはストなどにおいて廃止要求をせざるえないネガティブな評価をされていた雇用形態あったことが分かる。そのためパリの労働者が中心となった二月革命で成立し臨時政府は、すぐにマルシャンダージュを刑事制裁をもって禁止することになった。

（3）　**マルシャンダージュ禁止デクレ（政令）**

以下は、マルシャンダージュを禁止したデクレである。

1）1848年3月2日のデクレ

　「労働者のための政府委員会の報告に関して。

　　a　過度に延長された肉体労働は、労働者の健康を損なうのみならず、労

働者が知性を培うことを妨げることによって人間の尊厳をも傷つける。

　b　労働者である下請負業者すなわちマルシャンドゥールやタシュロンによる労働者からの搾取は本質的に不正かつ抑圧的であり、友愛 franternité の原則に反する。

　これらのことを考慮して、共和国臨時政府は以下の布告を出す。

　a　1日の労働は1時間短縮される。したがって、1日の労働が2時間であったパリでは1時間に短縮される。また地方では現在まで12時間であったが、これを3時間に短縮する。

　b　下請負業者による労働者からの搾取すなわちマルシャンダージュは廃止される。」

2）マルシャンダージュの方法による労働者からの搾取の処罰に関する 1848 年 3 月 21 日のアレテ（命令）

　臨時政府は、続けて違反行為に対し罰則規定を作った。

　「労働者のための政府委員会の報告に関して。実労働時間を規定し、マルシャンダージュの方法による労働者からの搾取を廃止している 1848 年 3 月 2 日のデクレは後者の規定に関しては広く一般的に実行されていない。

　このデクレに含まれている二つの規定は等しく重要性があり、法律と同様の効力を持たなければならない。

　出来高払労働の問題は留保しながら、以上のことを考慮して共和国臨時政府は次のことを定める。

　マルシャンダージュの方法による労働者からのあらゆる搾取は、初犯については50フランから100フランの罰金で、また累犯の場合には100フランから200フランの罰金によって罰せられる。また、2回の累犯があった場合には、1か月から半年の禁固刑に処せられる。罰金からの収益は廃疾者の救済に充当される。」

　こうして、労働時間を制限する部分とマルシャンダージュを刑事罰によって禁止する部分から成る 1848 年 3 月 2 日のデクレと 3 月 21 日のアレテは成立した。パリの手工業労働者が要求し続けたマルシャンダージュ禁止は二月革命の勝利によって実現したのである。

(4) マルシャンダージュ禁止規定の紛れ幸い的延命

　「二月革命後の政治的展開は、パリの革命が地方諸県によって承認されるか否か、また三色旗のもとに秩序回復を最優先する臨時政府と革命の主役として『民主的・社会的な共和国』の樹立に期待をかけるパリの民衆との曖昧な『提携』がいつまで続くかという二つの問題にしぼられてい」（柴田三千雄『近代世界と民衆運動』岩波書店、1998 年、326 頁）た。1848 年 4 月に行われた憲法制定国民議会選挙の結果、社会主義諸派は敗北し、ブルジョワ共和派が憲法制定国民議会の多数派となった。これ以降、「二月革命」にあった社会主義的諸要素が後退し始める。このような政治状況は労働関係にも反映された。

　ブルジョワ共和派が多数を占める国民議会では、マルシャンダージュを禁止し、労働時間を制限した 3 月 2 日のデクレを廃止しようとする動きが出てきた。パリの労働者が蜂起し敗北した「六月事件」直後の 7 月 5 日の国会においては「国民議会は、1848 年 3 月 2 日のデクレが産業の利益に有害であり、また、営業の自由に反することを考慮して、次の布告を出す。1848 年 3 月 2 日のデクレは廃止される。」とする法案が提出された。もっとも、マルシャンダージュの問題よりも労働時間の問題の方が緊急であり、すぐにもこの問題を解決しなければならないとの理由で法案は修正され、3 月 2 日のデクレを労働時間を制限する部分とマルシャンダージュを規制する部分とに分離し、前者（労働時間）の部分のみをまず廃止しようとすることになった。

　このようにして、労働時間に関する部分のみを廃止する修正案は可決され、労働時間に関しては別の新たな法律が制定された。一方、残されたマルシャンダージュ禁止の部分についての採択は延期され、その後、採決されることはなかった。こうして、1848 年 3 月 2 日のデクレは、マルシャンダージュに関する部分のみを規定したまま残される結果となった。

　この 1848 年 3 月 2 日のデクレの成立は、全フランス全産業を対象としていたため労働者の運動が「総資本との対立の場へ投げ出されたことを意味する」[18]ものであったという指摘がある。そのために、「普通」選挙に勝利したブルジョワ共和派の巻き返しに遭う。しかし労働時間の問題とは異なり、マルシャンダージュに関してはその活動がパリに限定され、また、業種も建設関係の手

18) 喜安朗「フランスにおける資本と労働の『初期的』対抗と 6 月事件」歴史学研究 237 号（1960 年）10 頁以下。

工業に限られていた。そのため、この法令が「全フランスの全産業」を対象としていたにもかかわらず、マルシャンダージュの問題だけは地方にとっては関心の薄いの事柄であったといえよう。地方のブルジョワ共和派が多数を占める国民議会は、利害の大きい労働時間制限の問題を早急に解決するために、マルシャンダージュというパリ固有の労働者供給事業の問題に拘泥することを避けたと考えられる。

　つまり、マルシャンダージュ禁止は、結果的には「パリの手工業的産業」だけを対象としたのであり、この現象は「パリの手工業労働者」が中心となった「二月革命」の特徴を反映したものであった。そのため、普通選挙でブルジョワ共和派が勝利し地方が復権した後は、二月革命の特徴が陰画的に反映され、地方にはあまり関係のないマルシャンダージュを禁止した法令は「放置」され、紆余曲折を経て現在にまで連なる命脈を維持できたのである。いわば、立法者の「怠慢」による「紛れ幸い」的延命だったのである。

2　破毀院における禁止規定の限定解釈

　二月革命後はしばらく鳴りを潜めていたマルシャンダージュの問題が再びクローズアップされたのは、組織された労働者達の労働運動が活発になってきた19世紀末であった。当該法文には「労働者からの搾取」という言葉が繰り返されているにもかかわらず、その定義が与えられていなかったため、労働運動の一環として訴訟が提起されることになった。当事者双方はそれぞれ次のように主張していた[19]。

【労働者側の主張】

　元請負業者と下請負業者が下請負契約において定めた報酬額はあまりにも低すぎるため、必然的に労働者への賃金不払いにつながる。それにもかかわらず、このことを熟知した上で元請負業者は、賃金支払い能力の無い下請負業者と下請負契約を締結した。つまり、請負仕事を完成させるために元請負業者は、自らが労働者を直接雇い、これに相当額の賃金を支払うことを免れるために、仲介者（下請負業者）を利用したのである。これは詐欺的な方法である。……1848

---

19)　前掲注16) 大山「労働者供給活動に関する規制立法の生成と展開——19世紀フランスのマルシャンダージュについて」549頁以下。

年21月2日のデクレは、それがどのようなものであろうともマルシャンダージュ全てを禁止している。つまり、労働力下請負のために下請負業者によってなされる全ての契約を禁止している。

【請負業者と下請負業者の反論】

下請負契約は、契約の自由からも正当化される。また分業の当然の帰結である労働力の下請負業者の活動を阻害することが、1848年3月2日のデクレと12日のアレテの趣旨ではない。

争点は、当該政令がマルシャンダージュそのものを禁止したものか、それともマルシャンダージュとは濫用的な場合に禁止されるのか、という点にあった。訴訟は長期化したが、破毀院連合部1901年1月31日判決[20]は、マルシャンダージュが禁止されるのは濫用的な場合に限られるとの判断を示した。曰く、下請負業者による労働者からの「搾取とは、下請負業者が、その雇用する労働者の労働から濫用的な利益を引き出す場合だけをさす。したがって、行為が違法とされるためには、3要素の結合を要する。すなわち、具体的な事実、害意、労働者にもたらされた損害である」と。

これにより、マルシャンダージュそのものが禁止されているのではなく、濫用的なマルシャンダージュが禁止されるとの解釈が確立されることになった。

四　現代における違法な労働者供給事業に対する刑事制裁

1　1972年労働者派遣法制定と刑事制裁[21]

マルシャンダージュの問題は20世紀中頃に飛ぶ。

フランスの労働者派遣業は1920年代に始まったとされるが、これが広く社会的注目を集めるようになったのは50年代中頃からである。この時期フランス経済は「復興から近代化へ」と歩み「栄光の30年」として目覚ましい経済成長を遂げていた。労働者派遣業も60年代を通じて急成長することになる。

---

20) Ch.Réuni. 31 juin. 1901 .D.P.1901.1.169.. S.1902.1.157
21) これらの議論の詳細については、大山「労働者派遣法制の研究（1）」都法40巻1号（1999年）445頁以下参照。

派遣労働を「一時的労働」と称することからも明らかなように、元来フランスの労働者派遣は、事業の繁忙期、限定された期間のみに必要とされる労働力を充足するため、ヴァカンスや病気等で欠勤している労働者の補充するため等、「一時的な理由」に基づき労働者を必要とする企業の需要に応えて、その企業に労働者を「一時的に」供給することから始まった。

　労働者派遣業が発達し始めた当初、派遣労働者の職種は主として秘書・タイピスト・会計といった事務職であり、派遣される労働者には女性が多かった。ところが、派遣労働に対する急速な需要の拡大は質的にも、派遣労働関係に変化をもたらした。たとえば、派遣労働者層の変化や派遣労働の職務内容の変化等である。このようにして事務職等に従事する女性労働者を一時的に供給することから始まったフランスの労働者派遣業は、60年代中頃までには、肉体労働等を含むほとんど全て職種を対象として行なわれるようになっていた。

　もっとも、三者間で構成される労働関係を新たに作り出した労働者派遣事業の急速な拡大について社会が手離しで歓迎していたわけではない。労働関係における「仲介者」が常にそうであったように、派遣元企業もまた「寄生状態」あるいは「人転がし」との批判にも晒されることもあった[22]。

2　労働者派遣とマルシャンダージュ禁止規定の関係

　1972年法制定前、派遣労働の法的問題については二つの実体法規を通して労働者派遣が論じられていた。その一つは、労働者供給活動（マルシャンダージュ）を禁止していた労働法典第1巻第2編第4章第30条b[23]であり、もう一つは、民間職業紹介所を禁止していた1945年5月24日のオルドナンスである。ここではマルシャンダージュ禁止と関連した当時の議論を紹介する。

【労働法典30条b】

　「下請負業者による労働者からの搾取、すなわち、マルシャンダージュは禁止される。」

---

22) G.Coutrier. Droit du travail 1 / Les relations individuelles de travail. 3e éd. P.U.F. 1996. p.122.,
23) この条文は、1848年3月2日のデクレが1935年法によって労働法典に編入されたものである。

労働者派遣事業はマルシャンダージュを禁止する規定に違反すると主張した論者は、1901 年破毀院連合部判決が示したマルシャンダージュの違法性の 3 要件に次のように当てはめる。

　労働者派遣事業について、破毀院が示した 3 つの「具体的事実は実際に存在している。まず労働力の下請負業者の存在である。2 つ目として、倫理的要素として害意も同様に否定できない。すなわち、この活動は法律によって認められた社会的活動の正常な機能を弱体化するために組み込まれている。最後に、3 番目の要素として、下請負業者の不当な利益も存在する。下請負業者の報酬は、実際の労働からだけではなく、派遣先企業の労働者の無力化に対する加担に対しても支払われている。」[24]

　以上のように論じ、労働者派遣事業を、労働法典によって禁止されているマルシャンダージ罪に該当すると結論づけた。

　ただし、かかる主張にもかかわらず、大方は労働者派遣契約の法的性質を労働力の賃貸借契約と考え、下請負契約の一形態とは見なしていなかったようである。そのため、違反者に対しては刑事制裁を予定するマルシャンダージュ禁止規定を拡大解釈して労働者派遣契約に適用することは困難であった。

　このように、派遣法制定以前の労働者派遣をめぐる法的議論はマルシャンダージュの問題から離れることになった。

3　1972 年制定直後の刑事制裁のための法改正[25] ──1973 年

(1)　違法派遣に対する刑事制裁

　労働者派遣を法制化した 1972 年法には適用除外に関する次の規定があった。

　「……本法第 1 条の意味における派遣元企業の定義に合致しない使用者は、常用労働者の 1 人もしくは数人を臨時的に第三者に派遣することができる」（1972 年法第 37 条）。

　たとえば、大型工作機械のリースに伴いオペレーターがリース先で就労する場合や請負契約によって就労するような場合である。つまり、労働者が使用者でない第三者の労働現場において労務給付を行うことは派遣労働に限ったこと

---

24) A.-E.Klein. Les sociétés de service: Est-ce une nouvelle forme de marchandage?　Droit social 1965.p.546.,
25) 前掲注 5) 拙稿「労働者派遣法制の研究 (2)」355 頁以下参照。

ではない。こうした活動は、事業遂行上、労働者の供給を伴うため、外形的には労働者派遣と類似する面もあるが、契約の主たる目的は機械等の「リース」やその現場での仕事の完成であり、労働者の供給はあくまでも付随的なものとの位置付け、理解ができる。つまり、労働者の労務給付のみを目的とする労働者派遣とはそもそも経済的機能が異なる活動である。そのため1972年法の立法者は、従来から行われてきた機械のリースに伴う労働や請負労働等の事業及び労働形態が新たに制定された派遣法制によって規制されることは望ましくないとの配慮から先の規定を設けたのであった。

しかし実際の労働現場ではその立法趣旨に反し、この適用除外条項は、1972年法制定直後から脱法的に労働者供給を行う事業者により格好の口実として利用された。そのため立法者は、派遣法制定の翌73年には早くも違法派遣に対処するため法改正作業を余儀なくされたのである。

違反派遣に対する刑事制裁を目的とした法改正のポイントは2点あった。

一つは、1901年の破毀院連合部によって確立された労働法典第1章30条bのマルシャンダージュ禁止要件の強化、もう一つは直接違法派遣を対象とする刑事罰規定の創設である。

まず前者は次のように改正された。

「労働者に損害をもたらし、もしくは法律・規則・労働協約の諸規定の適用を回避する結果となる営利的労働力供給活動の全て、あるいはマルシャンダージュは禁止される」（労働法典L.125−1条）。

この法改正の結果、「具体的事実」「害意」「労働者にもたらされた損害」の3要件が揃ってはじめて刑事責任を問うことができた従来のマルシャンダージュ罪とは異なり、「損害」あるいは「法規の回避」といった結果発生のみで労働者供給事業を行う使用者は刑事犯としての責任を問われることになった。

次に、請負等を偽装して行われていた違法派遣を取り締まるために、次の規定が新設された。

「派遣労働法制の枠組みで行われていない場合、労働力貸与のみを目的とする営利活動の全ては禁止される」（労働法典L.125−3条）

そして、これらの規定に違反した場合には罰金もしくは禁固刑が科せられることになった（労働法典L.152−3条）。

ここにおいて違法な労働者供給活動に対する現代的な刑事制裁規定が整備さ

れることになった。

(2) 「マルシャンダージュ」の現代的意味

ここで 1848 年からあった「労働者からの搾取」という文言が労働法典 L.125-1 条から落とされていることに気づく。実のところ同条の法案段階では「マルシャンダージュ」という語すら存在しなかったが、国民議会の審議過程で、「マルシャンダージュという語そのものをも定義に組み込むことは有用であろう」と主張があり、修正され再び法文へ挿入されるという経緯があった[26]。

このように 73 年法改正を契機として「マルシャンダージュ」という語は「労働者に損害をもたらし、もしくは法律・規則・労働協約の諸規定を回避する結果になる営利の労働力供給活動の全て」と再定義され、「違法な労働者供給活動」の代名詞としての役割を改めて与えられることになった。

4 現行の刑事制裁規定

1973 年に整備された違法な労働者供給事業に対する刑事制裁規定は、その後、微修正を加えられながらも、現行法規においても以下のように存続している[27]。

「関係する労働者に損害を引き起こす、もしくは法規、労働協約・協定の規定の適用を回避する効果を有する、営利の労働力供給活動の全てと定義されるマルシャンダージュは禁止される。」(L.8231-1 条)

「労働力貸与のみを目的とする全ての営利活動は禁止される。ただし、この規定は、活動が以下の枠組みにおいて実行される場合には適用されない。

派遣(一時的)労働、ポルタージュ・サラリエル、時間分割労働……に関する本法典の規定。」(L.8241-1 条)

現在、マルシャンダージュ禁止と営利目的の労働力貸与活動禁止規定に違反した場合は、罰金(3 万ユーロ。再犯の場合 7 万 5000 ユーロ)、あるいは 2 年の懲

---

26) 前掲注5) 拙稿「労働者派遣法制の研究(2)」358 頁参照。
27) フランスでは 2007 年に労働法典が再編され、マルシャンダージュ禁止規定等の条文も変わった。

役刑が科せられる。さらに法違反によって複数の犠牲者を伴う場合、または犠牲者が脆弱な場合、最大の刑罰は 5 年間となり、組織化された集団で犯行が行われた場合、最大 10 年になる可能性がある（L.8234 - 1 条、L.8243 - 1 条）。

結びに代えて

フランスにおける違法な労働者供給事業に対する刑事制裁を定める現行労働法の規定は、170 年以上前の労働者達が切実に要求し実現した 1848 年 3 月 2 日のデクレをルーツにもつものであり、1970 年代以降は労働者派遣の法制度とともに展開してきた、フランス労働法のなかで全労働者を対象とした規定では最も息の長いである。

1800 年代初期の頃に行われていたマルシャンダージュの場合、「下請負業者は、自らが供給する唯一の要素すなわち労働力だけから利益を引き出す。したがって下請負業者は、労働者を低賃金で働かすか、もしくは労働者をより多く働かせるか、そのようなことをすればするほど利益を得ることができる。労働者にとってこうした下請負業者は単なる現場監督以上に残酷である」と評されていた[28]。こうした労働実態や背景があったからこそ、1848 年の二月革命において奴隷制度廃止とともにマルシャンダージュ禁止をが実現したのは「偶然ではない」といわれる所以であろう。

時代や地域・国家などの違いにかかわらず、他者の就労に（特に営利の）第三者が介在する場合、中間搾取（ピンハネ）の危険が常に包有されているとみてよいだろう。

翻って考えてみるに、現下の日本は、外国人労働者の受け入れ政策を更に推進していくであろう状況にある。その場合、労働者供給事業の形態で労働者が就労することがあり、そして被供給労働者の多くが日本語を十分に理解できないまま労働に従事することもある。これらを踏まえるとピンハネや労働災害といった問題が生じないための（刑事罰も含めた）対策がこれまで以上に重要であろう。

28）P.Durand et A.Vitu. op.cit. p.356.,

定年後再雇用をめぐる判例動向と課題

新谷眞人

はじめに

定年後再雇用とは「高年齢者等の雇用の安定等に関する法律」（以下「高年法」）9条に定める65歳までの雇用確保措置のうち、継続雇用制度（2号）とほぼ同義であるが、企業社会の実態として、定年後は有期労働契約を反復して引き続き雇用することが多い。本稿でも、定年後再雇用された高年齢者[1] が有期労働契約の下で就労していることを前提にして論じることとする。

現行高年法は、後述のように2013年4月から施行されているが、継続雇用制度すなわち定年後再雇用に関する裁判例が、まだ数は少ないもののいくつか登場し始めている。わが国の高齢社会化の進展はきわめて速く、高年法等の高齢者雇用政策は、今のところそのスピードに追いついていないようにみえる。後述の裁判例も、最高裁を含めて高年齢者の雇用の安定という理念からは疑問を感じる点が多い。

本稿では、現時点（2019年1月）で公表された定年後再雇用をめぐる裁判例の論理を分析し、その傾向と今後の課題を検討する。高年齢者の雇用をめぐる法理としては、もっと高齢社会にふさわしい、高年齢者の労働生活に寄りそった視点が必要ではないかと思われる。

一　高年法制定の経緯

1　60歳定年と継続雇用制度

高年法は、それまでの「中高年齢者等の雇用の促進に関する特別措置法」

---

1) 高年法でいう「高年齢者」とは、55歳以上の者をいう（2条1項、施行規則1条）。

（1971年5月25日成立、同年10月1日施行）を改正して、1986年4月30日に成立した。このとき初めて、60歳定年が事業主の努力義務として規定された（4条）。高年法は、1990年に改正され、労働者を定年後65歳までの間「再び雇用」すること（再雇用）を努力義務として定めた（4条の五）。

1994年の高年法改正では、60歳定年が努力義務から法的義務へと強化されると同時に（4条、1998年4月1日施行）「再び雇用」という文言に替えて、65歳まで「引き続いて雇用」すること（継続雇用）を努力義務として規定した（4条の二、1995年4月1日施行）。

なお、1995年には、高齢社会対策基本法が制定され「国民が生涯にわたって就業その他の多様な社会活動に参加する機会が確保される公正で活力ある社会」を構築することを基本理念の一つとしている（2条1号）。

2000年改正では、初めて本則で「継続雇用」および「高年齢者雇用確保措置」の文言が用いられ、定年の引上げまたは継続雇用制度の導入等を事業主の努力義務とした（4条の二）。現行高年法の改正前となる2004年改正法9条は、1項において、高年齢者雇用確保措置として、従前の「当該定年の引上げ」（1号）「継続雇用制度の導入」（2号）と並んで新たに「当該定年の定めの廃止」（3号）を付加するとともに、これらを法的義務に引き上げ、2項において，事業主が、過半数労働者代表との労使協定を要件として継続雇用の対象者基準（選別基準）を定めることを容認した（2006年4月1日施行）。

2　希望者全員の継続雇用

現行高年法は、2012年8月29日に改正された（同年9月5日公布）。改正の主要なポイントは、65歳までの雇用確保措置の一環として、従前の労使協定による選別基準規定（旧9条2項）を廃止し、希望者全員の継続雇用を事業主に義務づけたことである（2013年4月1日施行）。ただし、老齢厚生年金の報酬比例部分の支給開始年齢の引上げに合わせて経過措置が設けられ、完全に65歳継続雇用が実現するのは2025年4月1日からとなる（附則3項）。

二　高年齢者の就業実態と働き方改革

1　高齢者就業の現状

　高齢者（65歳以上）の就業者数は、2018年時点で807万人と14年連続で増加し、過去最多である。また、就業者総数に占める高齢者の割合は、12.4％と過去最高である。高齢雇用者の4人に3人は、非正規の職員・従業員であり、10年間で約2倍以上に増加した。非正規の職員・従業員についた主な理由は、男女とも「自分の都合のよい時間に働きたいから」が最多だった。日本の高齢者の就業率は、主要国で最高である[2]。

　一方、50−79歳の「シニア」1000人に65歳以降に仕事をしたいか、したくないかを聞いたところ「したい」が31.4％「したくない」が44.7％という調査結果もある[3]。これは、シニアの3人に1人が65歳以降も就労を希望しているともいえるが、その反面、半数近くが仕事をしたくないと考えていることを示している。つまり、わが国では、65歳以上の就業者数は過去最高であっても、皆が必ずしも喜んで就労しているわけではないといえよう。このような就労実態と就労意思のギャップをどう埋めるかが、高年齢者雇用政策の課題であろう。

2　働き方改革と高年法

　政府は、2016年6月2日「ニッポン一億総活躍プラン」を閣議決定し、経済成長を確保するために高齢者の就業率を高めていくことが重要であるとして「65歳以降の継続雇用延長や65歳までの定年延長を行う企業への支援」を実施するとした。これを受けて、2017年3月28日発表の「働き方改革実行計画」では、高齢者雇用について「年齢に関わりなく公正な職務能力評価により働き続けられる『エイジレス社会』の実現」を打ち出した。さらに、2018年2月16日「高齢社会対策大綱」が閣議決定された。そこでは「70歳やそれ以降でも、個々人の意欲・能力に応じた力を発揮できる時代が到来」しているとの認識が示されている。また、中高年齢者の労働市場を整備するために、2018年3月30

2）　以上、総務省統計局2018年9月16日発表。
3）　ソニー生命保険株式会社「シニアの生活意識調査2018」（2018年11月14日発表）。

日「年齢にかかわりない転職・再就職者の受入れ促進のための指針」（厚労省職業安定局雇用政策課）が策定された。

　このように、もはや、65 歳までの雇用確保どころか、70 歳の就業を視野に入れた時代に入っている。現に、政府の未来投資会議は、70 歳までの継続雇用を求める高年法の改正を目指すとしている[4]。2012 年の高年法改正時には、雇用と年金支給開始年齢との接続という、いわば目先の法技術的な課題が重視されていたのに対し、現在は、少子高齢社会における国家戦略として大所高所からの高齢者雇用のあり方が問われているように思われる[5]。高年法を取り巻く社会状況は、すでに新たなステージに移行しているといえよう。

三　継続雇用制度に関する最高裁の考え方

1　労働条件に関する三つの判例傾向

　継続雇用制度の下で、労使ともに最も関心が高いと思われるのが、定年後再雇用の待遇とりわけ賃金の水準であろう。これに関連して、近時の裁判例は、次の三つのアプローチに整理できると指摘されている[6]。

　第一は、差別禁止法理アプローチである。これは、無期契約労働者と有期契約労働者を比較して、その賃金の差異が「社会通念上相当と認められる程度を逸脱し、不合理な差別と認められる場合には……不法行為の権利侵害に当たる場合もあり得る」とするものである[7]。この立場は、一般に不合理な差別の立証が困難であるという難点がある。

　第二は、労契法 20 条アプローチである。これは、長澤運輸事件・最判[8]に典型的にみられるように、もっぱら労契法 20 条（期間の定めがあることによる不合理な労働条件の禁止）の解釈に基づいて不法行為性を判断するものである。ところで、労契法 20 条は、2018 年の働き方改革関連法により削除され、新た

4）未来投資会議中間整理 2018 年 11 月 6 日発表。
5）山下昇「巻頭言・70 歳までの就業機会の確保」労働法律旬報 1926 号（2018 年）4 頁。
6）野田進「高年法九条を規範とする定年後再雇用の労働条件規制法理―九州惣菜事件控訴審判決を素材として」労働法律旬報 1915 号（2018 年）36 頁。
7）Ｌ社事件・東京地判平 28.6.8 労働判例 1144 号 25 頁。
8）長澤運輸事件・最二小判平 30.6.1 労働判例 1179 号 34 頁。

に「短時間労働者及び有期雇用労働者の雇用管理の改善等に関する法律」（以下「パート・有期労働法」2020年4月1日施行）8条に統合されたが、両条の異同が問題となる。これについては後述する。

第三は、高年法9条アプローチである。これは、定年後再雇用に特有な問題を有期労働契約一般に解消することなく、真正面からとらえようとする立場であるといえる。その特徴は、無年金、無収入の期間を解消するという雇用確保措置（高年法9条）の趣旨にてらし、定年退職前の労働条件との継続性・連続性を一定程度確保することに着目する点にある[9]。

以上の三つの判例傾向のうち、第三の高年法9条アプローチを支持したい。第一、第二のアプローチは、高年法に特有の問題が一般的な差別禁止法理ないし有期労働契約法理に解消され、問題の本質を正面からとらえていないと思われるからである。とはいえ、2012年改正後の現行高年法9条をめぐる裁判例はまだ少なく、三つの潮流のうちどれが主流を占めるかは、今後の判例の積み重ねを待つほかはない。

2　定年後再雇用と労契法20条

最高裁は、長澤運輸事件判決において、前記第二の立場を示している。最高裁の論理は、次のように要約できる。

まず、労契法20条の解釈として、同条は、期間の定めの有無により労働条件に「相違があり得ることを前提に」職務の内容等を考慮して「職務の内容等の違いに応じた均衡のとれた処遇を求める規定である」（ハマキョウレックス事件最判[10]を引用）。同条の「期間の定めがあることにより」とは「有期契約労働者と無期契約労働者との労働条件の相違が期間の定めの有無に関連して生じたものであること」をいい（ハマキョウレックス事件最判を引用）、正社員と異なる嘱託社員規則を適用している場合は、当該労働条件の相違は「期間の定めの有無に関連して生じたものということができる」。

また、同条にいう「不合理と認められるもの」とは、当該労働条件の相違が「不合理であると評価することができるもの」をいう（ハマキョウレックス事件

9）トヨタ自動車事件・名古屋高判平28.9.28労働判例1146号22頁、九州惣菜事件・福岡高判平29.9.7労働判例1167号49頁、同・最一小決平30.3.1労働判例1175号96頁リスト（上告棄却、不受理）。
10）ハマキョウレックス事件・最二小判平30.6.1労働判例1179号20頁。

最判を引用）。不合理性の判断に際しては、職務の内容及び配置の変更の範囲に限定すべき理由はなく、労契法20条にいう「その他の事情」をも考慮しなければならない。

　長澤運輸事件最判は、結論として、定年後再雇用された労働者であることは、同条の「その他の事情」にあたると解するのが相当であるとしている。そこで、最高裁は、定年後再雇用をどのように理解しているかが重要となる。

3　最高裁の定年後再雇用の考え方

　長澤運輸事件最判は、定年制一般について、次のように述べる。

　「定年制は、使用者が、その雇用する労働者の長期雇用や年功的処遇を前提としながら、人事の刷新等により組織運営の適正化を図るとともに、賃金コストを一定限度に抑制するための制度ということができるところ、定年制の下における無期契約労働者の賃金体系は、当該労働者を定年退職するまで長期間雇用することを前提に定められたものであることが少なくないと解される」。この判示部分は、定年制は「人事の刷新・経営の改善等、企業の組織及び運営の適正化のために行われるものであって、一般的にいって、不合理な制度ということはできない」とした秋北バス事件最大判[11]を踏襲したものと解される。

　これに対し、定年後再雇用においては「当該者を長期間雇用することは通常予定されていない」。また、定年後再雇用労働者は「定年退職するまでの間、無期契約労働者として賃金の支給を受けてきた者であり、一定の要件を満たせば老齢厚生年金の支給を受けることも予定されている」。このような事情は、定年後再雇用の「賃金体系の在り方を検討するに当たって、その基礎になるものということができる」。

　このように、最高裁は、定年後再雇用を「その他の事情」として考慮するにあたって、長期雇用が予定されていないこと、老齢厚生年金の支給がありうること等を指摘して、これらの事情が、いわばネガティブな要素となることを示していると解される。定年後再雇用を「その他の事情」としてこのように考慮することは、それが「重し」となって労契法20条による救済の範囲が狭くなることが予測される[12]。

11）　秋北バス事件・最大判昭43.12.25民集22巻13号3459頁。
12）　野田・前掲注6）42頁。

4 改正パート・有期労働法8条と同一労働同一賃金の原則

　上記2018年最高裁2判決は、下級審判決にみられるような、労契法20条に関し「同一（価値）労働同一賃金の原則を定めたものと解することはできない」との判示[13]はみられない。しかし、両判決とも、実態が同条に違反するとしても有期契約労働者が無期契約労働者の「労働条件と同一のものとなるものではない」としており、同一労働同一賃金の原則に対して消極的であることは明らかである。

　これに対し、労契法20条を「統合」したとされる改正パート・有期労働法8条は、労契法20条にはなかった「当該待遇の性質及び当該待遇を行う目的に照らして適切と認められるものを考慮して」という文言を挿入し、述語部分をより明確に、短時間・有期雇用労働者と通常の労働者の待遇との間に「不合理と認められる相違を設けてはならない」としている。なお、労契法20条で「労働条件」とされていたものが「待遇」と変更されている。

　厚労省は、法改正に伴い「短時間・有期雇用労働者及び派遣労働者に対する不合理な待遇の禁止等に関する指針」（厚労省2018.12.28告示430号）を公布した。この指針は、パート・有期労働法8条等に定める事項に関し、短時間労働者、有期雇用労働者及び派遣労働者という雇用形態または就業形態にかかわらず「公正な待遇を確保し、我が国が目指す同一労働同一賃金の実現に向けて」定められたものである。ここでは、明確に「同一労働同一賃金」の実現を目指すことが宣言されている[14]。これに対し、労契法20に関する施行通達[15]では、同一労働同一賃金という文言は用いられていない。

　同指針は、定年後再雇用の労働条件について、まずこれらの労働者にも短時間・有期雇用労働法8条が適用されることを確認したうえで、定年後再雇用労働者であることは、同条の不合理性の判断にあたり、同条の「その他の事情」として考慮される事情にあたりうるとしている。しかし、定年後再雇用の待遇については、そればかりではなく「様々な事情が総合的に考慮されて」当該相

---

13) L社事件・前掲注7）東京地判、メトロコマース事件・東京地判平29.3.23労働判例1154号5頁。
14) 同指針に関する厚労省パンフレットの表題も「同一労働同一賃金ガイドライン」と表現されている。
15) 厚労省「労働契約法の施行について」（2012年8月10日基発08102号）。

違が不合理なものか否かが判断されるのであり「当該有期雇用労働者が定年に達した後に継続雇用されたものであることのみをもって、直ちに通常の労働者と当該有期雇用労働者との間の待遇の相違が不合理でないと認められるものではない」ことが強調されている（指針第3、1（注）2）。

ここでは、前記長澤運輸事件最判の判示とは異なるニュアンスが読み取れる。第一に、定年後再雇用における待遇の相違が期間の定めがあることにより生じたものであるか否かは、指針では問題とされていない。第二に、指針では、定年後再雇用という事情は「その他の事情」にすぎず、待遇の不合理性判断にとって、その点だけを重視すべきものではない。

こうしてみると、改正パート・有期労働法8条は、同一労働同一賃金の実現に向けて、労契法20条よりも一歩踏み込んだ規定であると解しうる[16]。つまり、長澤運輸事件最判に示された定年制の理解および定年後再雇用の判示部分にとらわれることなく、同一労働同一賃金の理念に即した解釈が求められることになろう。たとえば、高年齢者が老齢厚生年金を受給しているかどうかは、同一労働同一賃金の判断にとっては無関係の事情と解される。

四　定年後再雇用をめぐるその他の論点

1　定年後再雇用の65歳上限条項

高年法は、事業主に65歳までの雇用確保措置を義務づけているところ、65歳を上限として定年後再雇用を打ち切る事案がみられる。この点につき、最高裁は、次のように述べて65歳上限条項を合理的なものと判示している[17]。

「高齢の期間雇用社員について、屋外業務等に対する適性が加齢により低減しうることを前提に、その雇用管理の方法を定めることが不合理であるということはできず、被上告人（日本郵便—筆者注）の事業規模等に照らしても、加

16）これとは逆に、最高裁2判決は、現行労契法20条の中に改正法の内容が含まれていることを確認したものとする見解がある（水町勇一郎「有期・無期契約労働者間の労働条件の相違の不合理性—ハマキョウレックス（差戻審）事件・長澤運輸事件最高裁判決を素材に」労働判例1179号5頁）。
17）日本郵便事件・最二小判平30.9.14労働判例1194号5頁、解説は、森戸英幸・ジュリスト1527号4頁。

齢による影響の有無や程度を労働者ごとに検討して有期労働契約の更新の可否を個別に判断するのではなく、一定の年齢に達した場合には契約を更新しない旨をあらかじめ就業規則に定めておくことには相応の合理性がある」。

しかし、この判旨には賛成できない。65歳上限条項は、定年後再雇用における第二の定年制にほかならない。これを無期雇用における60歳定年制の合理性と同列に論じることはできないであろう。定年後再雇用では賃金コストの抑制とか後進に道を譲るなどの理由は重要ではなく、就業規則で一律に65歳を上限とする合理的理由は存在しない。「加齢による影響の有無や程度」を考慮して「有期労働契約の更新の可否を個別に判断する」ことは、現場では可能であろうし、むしろ70歳雇用が展望されている時代には、そのような個別的労務管理こそが望ましいといえよう。

なお、定年退職後に、継続雇用制度とは無関係に、自ら転職するなどして他の使用者等との間で有期労働契約を締結した高年齢者は、通常の有期契約労働者と同様、労契法18条（無期転換ルール）[18]、19条（雇止めルール）およびパート・有期労働法8条（同一労働同一賃金）が適用される。

2 定年前後の労働条件の継続性・連続性

定年後再雇用の労働条件につき、当該労働者の定年前と比較して、賃金等の水準がきわめて低い場合はどうか。たとえば、定年前はフルタイムで賃金月額33万5500円であった労働者が、定年後再雇用の労働条件として時間給900円のパートタイム労働を提示され、その結果、賃金月額が定年前の約25％にすぎなくなるため、この条件での再雇用を拒否した例がある。

この点につき裁判所は、定年後再雇用の労働条件が「極めて不合理であって、労働者である高年齢者の希望・期待に著しく反し、到底受け入れがたいような労働条件を提示する行為」は、65歳までの安定的雇用を享受できるという高年齢者の保護法益を侵害し、不法行為となりうると解している。特に、継続雇用制度は、定年年齢の引上げないし定年制の廃止に準じる程度に「当該定年の前後における労働条件の継続性・連続性が一定程度、確保されることが前提ない

---

18) 高年法9条2項の継続雇用制度の下で再雇用されている労働者は、労契法18条の無期転換ルールが適用されない（専門的知識等を有する有期雇用労働者等に関する特別措置法8条2項）。

し原則となるのと解するのが相当」であるとしている。結論として、定年前賃金の 75％もの減額は「継続雇用制度の導入の趣旨に反し、裁量権を逸脱又は濫用したものであり、違法性がある」と判断されている[19]。

　この判示は、高年法の趣旨を尊重する前記第三のアプローチと親和性が認められ、評価されてよい。今後は、定年後再雇用の労働条件を定める基準として「当該定年の前後における労働条件の継続性・連続性」が重要となるであろう。この点は、単に労働条件の問題だけではなく、労働者のキャリア権の観点からも裏付けられるであろう。つまり、使用者は、労働条件の継続性・連続性とあわせて、労働者の人格的利益にも配慮する必要があると解される[20]。

3　高年齢雇用継続基本給付金と労働条件

　定年後再雇用の賃金決定に、雇用保険法上の高年齢雇用継続基本給付金を含めるべきであろうか。高年齢雇用継続基本給付金とは、定年後再雇用後の賃金が定年前と比較して 100 分の 75 を下回るにいたった場合に支給されるもので、特に 100 分の 61 に相当する額未満であるときは、実際に支払われた賃金の額に 100 分の 15 を乗じた額を支払うとするものである（雇用保険法 61 条 1 項、5 項 1 号）。

　この制度をもって「法が、定年を迎えた者が再就職した場合のある月の賃金額が同人が 60 歳に到達したときの賃金月額……の 61 パーセント以下まで下がることを想定している」として、あたかも定年後再雇用の賃金が 61％まで引き下げることを容認するかのような判例がある[21]。

　しかし、改正パート・有期労働法 8 条にてらして、老齢厚生年金を賃金決定の際に考慮すべきでないのと同様、高年齢雇用継続基本給付金の存在もまた、定年後再雇用の賃金に含めるべきではない。この給付金制度は、高年齢者が、非行、疾病、負傷、事業所閉鎖等のいわば雇用障害により賃金が下がった場合を想定して、これを雇用保険制度で補てんするための政策的なものである（61

---

19)　九州惣菜事件・前掲福岡高判。解説は、野田・前掲のほか、後藤究・労働法学研究会報 2675 号 32 頁。最高裁も、この福岡高判を維持している（前掲注 9））。
20)　定年前のキャリアが評価されず、再雇用後は単純労務を提示された事案などは、キャリア権が一つの根拠となりうるであろう（トヨタ自動車事件・前掲注 9）。
21)　L 社事件・前掲注 7）は 74〜81％程度の賃金格差を容認。同旨、愛知ミタカ運輸事件・大阪高判平 22.9.14 労働判例 1144 号 74 頁（54.6％程度の賃金格差を容認）。

条1項、雇用保険法施行規則101条の三)。したがって、これをもって法が61％程度の賃金引下げを認めたものとは到底解されない。

4 定年後再雇用と雇用継続の期待

　高年齢者をめぐっては、上記の各事案のほか、70歳雇用をも視野に入れたさまざまなケースが登場し始めている。タクシー会社において、65歳定年後に、労働組合との労働者供給契約に基づいて75歳まで契約更新が可能とされていたところ、数名の組合員が、未払い残業代の支払い請求を提訴したことを理由に定年後再雇用を拒否されたという事案では、労契法19条の類推適用が認められず、再雇用拒否は有効とされた[22]。

　しかし、定年後再雇用およびその後の雇用継続への合理的期待をどのように保護するかは一つの大きな問題であり、業界の実態にてらして判断する必要があり、また事案によっては、労使慣行の成立を肯定すべき場合もありうるであろう。なお、労契法19条の類推適用を認め、地位確認請求を認容した例があるが、大学教員という特殊ケースであり、先例的価値は低いと思われる[23]。

おわりに

　超高齢社会を迎えて、定年制そのものを見直すべきだとの声が高まっている。一般に、高年齢者は、若者よりも身体的・体力的衰えがみられることは否定できないが、そのことと定年制の必要性とは別問題である。

　定年制について、かつてボーヴォワールは次のように述べている[24]。仕事の能力や注意力は、少なくとも70歳以後は衰える。だが「ギロチン的定年退職」により、退職者は「それまで従事していた職業にくらべて質的にも劣り、報酬も少ない仕事に甘んじているのだ。それが心に慰めを与えることはほとんどない」。退職者は「自己の価値低下という感情」を抱く。年金は「ほとんど施しのようなもの」でしかない。「定年退職者の役割とは、もはや役割をもたない

---

22)　国際自動車事件・東京地判平30.6.14労働経済判例速報2353号23頁。解説は、小俣勝治・労働法学研究会報2685号30頁。
23)　学校法人尚美学園（大学専任教員B）事件・東京地判平28.11.30労働判例1152号13頁。解説は、新谷・季刊労働法258号206頁。
24)　シモーヌ・ド・ボーヴォワール『老い・上』人文書院、1972年、39頁、308–309頁、312頁、318頁。

ことである」。

　驚くべきことに「組合活動家たちは定年の年齢を引き上げることに反対し、下げることさえ要求する」。その理由は、高年齢者は休息が必要だからである。たしかに「過剰な閑暇」は危険かもしれないが「労働者の活動を延長することはさらにいっそう危険だ」。しかし、定年退職後の生活は不安定であり、彼らは「休息すること」と「人並みの生活をすること」のどちらかを犠牲にすることを強いられている。

　また、定年制は家庭生活に無用な混乱をもたらす。ボーヴォワールは「夫が家にいるのはやりきれませんわ。彼は人がすることが気になって、いろいろ口を出すんです」という女性の声を紹介している。わが国でも「定年離婚」を考えているのは、子どもがいる既婚女性では28.1％で男性よりも約10ポイント高いという調査がある[25]。上記の状況は、現代社会においてもほとんど変化していないということができよう。

　OECD は、働く意欲のある高齢労働者は、非正規雇用よりも良い待遇を受けるに値するし、高齢者がもたらす知恵、スキル、恩恵を社会全体が受けられるようにするために、日本は、定年年齢を引き上げる必要があり、将来的には、他の OECD 諸国ですでに行われているように、定年制を撤廃しなければならないと指摘している[26]。

　高年齢者雇用においては、労働者の自発的退職など、高年齢労働者のイニシアティブを重視すべきであるとの提言があり、傾聴に値する[27]。また、65 歳以上の雇用を促進するためには、もはや継続雇用では対応しきれず、定年制の廃止こそ求められているとの指摘もある[28]。特に、定年後再雇用においては、65 歳とか 70 歳などの上限を設ける合理的な理由は見いだし難いように思われる。

---

25) 明治安田生活福祉研究所調査 2018 年 6 月（日経 2019.1.3 付）。
26) OECD 報告書「生涯を通じたより良い働き方に向けて：日本」（2018 年 12 月 20 日発表）。
27) 柳澤武「人生 100 年時代の高年齢者雇用」ジュリスト 1524 号（2018 年）93 頁。
28) 鶴光太郎「『70 歳雇用』に定年制の壁」日本経済新聞 2019 年 1 月 16 日付。

業務上の自殺、あるいは精神病者の自己決定について

笹沼朋子

「病気なのか、そうでないのか？　──薬は症状をやわらげる。でも（ぼくは）幸せになりたい」──ドルー・ソピラクの日記[1]

つまり自殺だけが唯一、健康法であるという視点が病者の中にあるかもしれないという気がする。──神田橋條治「うつ病の回復過程の指標」[2]

一　問題の所在──自殺の意思

　現代において、労働とは、他者から生活の糧を得て生き延びることが、その内容として含まれる。したがって、いかなる労働にあっても、労働者は、常に、現在の就労環境から逃げることができないという八方塞がりの強迫観念に陥る危険を内包している。そして、労働法の使命は、自らの処遇について判断することが難しく、弱く、儚い労働者を、就労に伴う危険から保護することにある。
　労災保険法は、労働者が「故意に」死亡した際には、保険給付がなされないと規定し（第12条の2の2第1項）、そのため、労働者が業務上に負担した苦しみによって自殺を選択した場合には、原則として給付が受けられないこととなっている[3]。生命保険と同様に、死傷によって金銭が得られる制度は、人々に安易に自傷や自殺を促すよう働きかけ、犯罪さえも誘発する。そのため、故意による死傷に対する規制は、政策的には、当然のことである。

---

1) ケイ・ジャミソン著亀井よし子訳『早すぎる夜の訪れ──自殺の研究』新潮社（2001年）所収、引用87頁。
2) 『「精神科治療学」選定論文集〈うつ病〉論文集』星和書店（1998年）3頁（精神科治療学第1巻第三号（1986年）355）、引用7頁。
3) 昭和23年の通達では、「自殺が業務による負傷または疾病に因り発した精神異常のために且心神喪失の状態において行われ、しかもその状態が該負傷又は疾病に原因しているときのみを業務による死亡として」取り扱うよう指示されていた（昭和23.5.11 基収1391号）。

しかし、そうした自殺防止の対策に抗うように、目の前の苦痛から逃れようと、自ら死を選ぶ人々は絶えない。労働市場においても、過酷な労働条件や労働環境を逃れるために自殺行為に及ぶ者は少なくない。そして、自殺によって死亡した労働者に対する補償を否定することは、かえって、過酷な労働条件や労働環境を容認することになりかねず、残された遺族にとっても、市民感情にとっても、そのような状況は許容できるものではない。

　そうした事情から、1996 年に電通事件東京地裁判決の影響もあり、1999 年 7 月 29 日に、「精神障害等の労災認定に係る専門検討会報告書」において、この労災保険法の姿勢を大きく変更するよう提言がなされた。つまり、「認識可能な精神病理的症状又は状態があり、自殺による死亡が精神障害の発病結果であると推認できる場合は、当人に『死亡の認識・認容』があっても、それは『症状』の蓋然的な結果であり、自らの死を主体的、理性的に『意図する』という意味での故意には当たらない、と解すべきである」として、検討会では『精神障害によって正常な認識、行為選択能力が著しく阻害され、あるいは、自殺行為を思いとどまる精神的な抑制力が著しく阻害されている状態』で自殺したと認められる場合には労災保険法 12 条の 2 の 2 第 1 項の『故意』によるものでないと解するのが適当であり、その状態が『心神喪失』に該当するか否かを問う必要はないと考える」と提言した [4]。労災保険法における「故意」に関する解釈については、その後の平成 23 年 11 月 8 日「精神障害の労災認定の基準に関する専門検討会報告書」でも、この見解を踏襲している [5]。

　その後、この見解は、過労等に起因する自殺について、多くの裁判例の中で、よりシンプルな形で発展していった。つまり、業務上精神疾患に罹患したと認定された労働者の自殺については、「精神障害を発病したと認められる者が自殺を図った場合には、精神障害によって正常の認識、行為選択能力が著しく阻害され、あるいは自殺行為を思いとどまる精神的抑制力が著しく阻害されている状態で自殺が行われたものと推定されるから、労働者災害保険給付の制限事由である労働者の故意による死亡（労災保険法 12 条の 2 の 2 第 1 項）には該当しないというべきであり、当該精神障害が『業務上の疾病』（労災保険法 12 条の 8 第 2 項、労基法 75 条 2 項、労基法施行規則 35 条、同別表第 1 の 2 第 9 号）に該当し、

4）「精神障害等の労災認定に係る専門検討会報告書」40 頁。
5）「精神障害の労災認定の基準に関する専門検討会報告書」3 頁。

当該精神障害の発病が業務に起因するものと認められれば、その後の自殺についても、原則として業務起因性が認められるものというべきである」[6]として、自殺行為に及んだ労働者の意思までは踏み込まない判断が通常となっているのである[7]。

　こうした判断は、自殺による労働者の死亡に際し、労災認定を機能的で画一的なものとし、当事者や遺族の救済に寄与するものとなったことは間違いない。しかし、こうした判決のこのような認識には、「自殺の選択は正しくなく、異常である」という価値判断が所与のものとされていることも、また、指摘されなければならない。同時に、「精神障害者は、自らの生死について、正しい判断を下すことができない」という定式を築き上げた。

　確かに、精神疾患を有する者の判断能力は正常ではないのかもしれない。そのために自らの生命について正しく判断することができずに、自ら生命を絶つのかもしれない。あるいは逆に、自殺を選択する者の精神は、正常ではなく、病的な要素を含むのかもしれない。しかし、それは、裁判所や社会通念など、健全な環境において平和な日常生活を営んでいる人々にとっての、一種の固定観念、つまり、ステレオタイプの一つと評価される余地が残るのではないか。精神病者のみならず、どうにもならない苦しみの中にある人々にとって、その苦しみを逃れるために行われた自殺という最後の決定について、誰が「正しくない」「異常である」と評価する能力と権利を有するのか。

　自殺既遂者にとって、自殺行為は、その人がこの人生において最後に主体的に行った行為である。その行為の背後にある自殺既遂者の自律性は、わたしはもう少し尊重されてよいと思うのである[8]。また、自殺防止対策の観点からは、

---

6) 国・八王子労基署長（東和フードサービス）事件・東京地判平 26.9.17 労働判例 1105 号 21 頁、引用 34 頁。

7) たとえば、地公災基金広島支部長（県立高校教諭）事件・広島地判平 25.1.30、広島高判平 25.9.27 労働判例 1088 号 60 頁の一審判決で、広島地裁は精神疾患に罹患した被災者の自殺行為について、「職場復帰前後から本件精神疾患の病状が悪化して希死念慮が強く生じ、そのため正常な認識、行為選択能力が著しく阻害され、又は自殺行為を思い止まる精神的抑制力が著しく阻害されている状態で自殺するに至った」と認定した。

8) この点で留意したいのは、尊厳死・安楽死を含む「死の医療による管理」の政策である。死を医療が管理しコントロールする技術が発達することにより、ますます死に至る当事者の意思は重要な要素として認識されてくることになるだろう。「安楽死」を認めている先進的な国家においては、すでに精神疾患の苦痛から逃れるための積極的な安楽死も行われており、つまり、精神疾患を有する者の死に関する判断能力を正常で確かなものであると認められていることになる。松田純『安楽死・尊厳死の現在』中公新書、2018 年。

苦しみのなかにある当事者の感情と意思に最大限寄り添うことは、その生命が尽きる最後の一瞬までしっかりと生き抜く、当事者の強さを支援することに繋がるはずであると考える[9]。

したがって、この論考は、労働者を保護する法理と、労働者の自律性の尊重という矛盾に関して、新たな側面から一つの問題提起を試みるものである[10]。そのため、労働条件や人間関係に起因して自殺を選択した労働者の遺族にとっては、あるいは厳しい指摘となるかもしれない。しかし、自殺の危機にありながら、今という時間を生きている労働者の人生を考え、支えるためには、実際に自殺に及んだ労働者の意思を最大限汲み取ることは重要であり、必要なことではないかと考える。

なお、本稿は、業務と関連して自殺し、死亡に至った人々の意思について検討するものであるが、従来の精神科医療の見識に異議を唱えるものではない。しかし、自殺の原因は、うつ病等の精神疾患のみならず、さまざまな要因が複雑に関連しているものであり[11]、また精神医療においても解決が容易なもので

---

9) イギリス発祥の自殺防止活動の一つである国際ビフレンダーズの日本支部では、「だれでも皆、自殺で死ぬという決定を含めて、自分の命に関わる重要な決定を下す権利を持っている」という信念を一つの価値基準として採用している。この基準は、「センターが在る地域の状況と法体系に左右される」のであるが、日本においては、合法的に認められているものとして、活動の基準となっている。認定NPO法人国際ビフレンダーズ大阪自殺防止センター／国際ビフレンダーズの憲章 http://www.spc-osaka.org/vol/06_gensoku.html（2019年8月25日閲覧）。

10) 労働者の保護と自律性の矛盾については、特に、男女雇用機会均等法成立と改正の過程において、同時進行された労働基準法改正をめぐって、いわゆる女性労働者「保護と平等」に関する議論として、繰り広げられてきた。この点について、浅倉むつ子教授は、1997年の均等法と労基法改正の両方を盛り込んだ「整備法」に関して、「私自身は、『男性を女性なみに扱う』ということが現実の政治状況のなかですぐに達成できない以上、当面は『整備法』をとおして、その後に男女共通規制の立法化を図るべきであると考えた。いまでも私には、『当時、別の選択肢があったはずだ』と自信をもっていうことはできない」と述べている。確かに、2019年になって、ようやく時間外労働の上限規制が実現されるような現状にあって、当時の人々の懸念はもっともなことであったと認めざるを得ない。しかしながら、それでもなお、1985年均等法成立前の女子学生の就職状況を知る者からみれば、現在、多くの女子学生が、パンツスーツを着用して（女性の身体を不必要に拘束するタイトスカートではなく）、男子学生と同じようにキャンパスを闊歩している様子には、まことに感慨深いものがある。特に、1985年均等法によって、「四年制大学に進学しては、就職はかえって困難になる」という理由で、女子学生が進学を諦める必要がなくなったことは、日本の人権保障制度の発展史上、大きな事件の一つとして、誰でもが評価せざるを得ないだろう。浅倉むつ子『雇用差別禁止法制の展望』有斐閣、2016年、116頁。

11) 医療人類学の北仲淳子教授は、精神科の臨床現場の調査のなかで、「あるベテラン医師が語ったように、うつ病は『疾患であり、性格であり、生き方であり、対人関係であり、社

はない。そうした状態の中で、業務上の自殺の防止について、精神医療にのみ責任を担わせるべきではないと考えている。社会的な要因や職場に関連した要因については、それぞれの立場がそれぞれできることを検討していくべきではないかと考えている。

二　判例（「意思」の客観的評価）

　自殺によって死亡した者にとって、遺書は、当事者が最後に考え、思ったことを表す一つの証言である。それが正確に、それを書いた当事者の意思を表現していると考えることはできないが、これから死に向かうにあたって最大限考えられたことを含む言葉である。ここでは、最近の判決のなかで、遺書が取り上げられた例を検討し、当事者の苦悩の中身を具体的に検討することにより、業務上の自殺行為を防止する一助としたいと考えている。

1　鹿児島県・U市（市立中学校教諭）事件（鹿児島地判平26.3.12労働判例1095号29頁）

　このような遺書の重要性を考えさせられたのは、若い中学校教諭が自殺によって死亡したことが学校長の過失によるとして損害賠償請求が認められた鹿児島の事件で知ることになった、一つの遺書である。

　　（事実）メンタルクリニック通院歴のある女性が、短大で音楽教員免許を取得して、市立中学校で教員として就労するようになったところ、音楽のみならず、国語などの教科も担当するようになり、指導がうまくいかず、精神的に不調となり、再びメンタルクリニックに通院するようになった。ところが、学校では、当該女性教員を指導力不足として、指導力向上特別研修を受けるよう命じ、そ

会病理でもある』のだ」と指摘している。また、後述するケイ・ジャミソンも「自殺の原因は、ほとんどの場合、個人の先天的気質と遺伝的素因、あるいは重い精神疾患や急激な精神的ストレスの中に潜んでいる。そうした原因のうち、ほかを無視してどれかひとつだけに取りくんでみても、自殺を水際でくい止められる可能性はけっして高くない。……医師、患者、家族が協力しあえば、自殺の危険を最小限に抑えることができるが、それは同時に困難で微妙で、フラストレーションのたまりやすい作業でもある」と指摘している（北仲淳子「今『追い込まれた末の死』を考える──精神科臨床実践をめぐる医療人類学」『生き延びること──生命の教養学Ⅴ』慶應義塾大学出版会、2009年、49頁、引用63-64頁。ケイ・ジャミソン著、亀井よし子訳『早すぎる夜の訪れ──自殺の研究』新潮社、2001年、292頁）。

の研修中に、当該女性教員は自殺に及び死亡した。このため、遺族が当該女性教員の自殺は、学校長と教頭、研修を管轄していた鹿児島県教育委員会と研修の指導官らのハラスメントによって精神障害を増悪させて生じたものであるとして、損害賠償を求めて訴えた。

（判旨）一部認容、一部棄却。B校長、C教頭、被告県教育委員会、D指導官および本件担当指導官らの一連の各行為は、亡一子に対して心理的な負荷の大きい影響を与え、「亡一子の精神疾患を増悪させる危険性の高い行為であったと認めることができるから、亡一子はかかる行為の影響により、正常な判断ができない状態で自殺したものとみるのが相当であり、そうであるとすると、B校長、被告県教育委員会、D指導官及び本件担当指導官らの上記一連の各行為と亡一子の精神疾患の増悪及び自殺との間に相当因果関係があるとみるのが相当である。」ただし、「亡一子が自殺の7年前の平成11年に精神疾患に罹患しているほか、亡一子が対人関係にストレスをためやすい傾向があり、これが労働者の個性の多様さとして想定される範囲を逸脱している部分も存在すること、平成17年3月、B校長が亡一子に病気休暇の延長を勧めたが、亡一子は……これらを断っており、その後も亡一子が病気休暇を取得するなど自己の健康を保持するための行動をとっていないこと等に照らせば、被告らに亡一子の死亡による損害の全部を賠償させることは、公平を失するものといわざるを得ず、素因減責3割及び過失相殺2割を控除して、その減額割合は5割であるというべき」である（61-62頁）。

この事件で、自殺の当事者である女性教員は、遺書を残している。以下が判決文で引用された遺書である（56頁）（「／」は改行の意として、筆者が記入）。

「（前略）B校長　あんたは最低です。この全責任はあなたがとってください／今まで受けたいじめは指導以上のパワーハラスメントですよね／人一人あなたは殺しました。説明責任を自分でやれば？（略）
（C教頭）　最初の1日目に校長から話を聞き、必要以上に校長を弁護してきましたね。（今回も代わりに弁護して責任とれば？）そしたら評価も良くなり給料アップ？？他の同僚と私を差別してきたこと、生徒の前で怒鳴ること、管理職に向いていないですよね！（略）
U現教育長　『センターに行く気はないですか？大人の喧嘩をしたくないんです

けどね〜』ってバカ？センターに来たときいい人ぶっていたのを見て笑いそうでしたよ。そこまでしてもやりたい職業なんですね。おいしい職業なんですね！作り笑顔見抜けないと思っていたのでしょうね〜（後略）」

判決によれば、死亡した女性教員は、「かかる行為の影響により、正常な判断ができない状態で自殺したものとみるのが相当」であると認定されている。しかし、そのように判断することは、果たして、これを書いた本人の本意だろうか。当該女性は、ハラスメントの加害者と認識していた人物に対して、この文書のなかで、「この全責任はあなたがとってください」「人一人あなたは殺しました。説明責任を自分でやれば？」と語りかけている。ハラスメントに対する異議申立てであり、怒りであり、そして報復として、自殺を意図している。当該女性の精神が「正常な認識、行為選択能力が著しく阻害されている」と認定することは、この女性のこの異議申立ての意味も、正常な判断ではないとみなすことになると考えられるが、それが死者の意思を尊重することになるのだろうか。

もちろん、当該女性の認識のなかには、誤解もあるかもしれないし、ハラスメントから逃れるためには、ほかの方法もあっただろう。そして、異議の表明は、自殺よりも、もっと効果的な方法があるだろう。しかし、日常的な問題に遭遇して抗議の経験を持つ人と持たない人がいるように、それぞれ独自の歴史と経験を有する個人が、どうやって目の前の困難な状況を乗り切ることができるかは、本来は、その人個人にしかわからないことではないのだろうか[12]。特

---

12) 生死の間にある緊急の事態における当事者の心理については、ドメスティック・バイオレンスの状況にある被害女性に対する危機介入のあり方に関する長年の実践が参考になる場合がある。森田ゆり以前、「DV 被害者の多くはただ受動的に暴力を受けてきたわけではありません。暴力を止めようと、さまざまな試みをしてきています。暴力から身を守るためには、じっとやり過ごすことが最も安全な方法だったかもしれません。言い返したり、逃げ出したりしないことが最も安全な対処法だったのかもしれません。（中略）暴力の被害者は無力感に支配されています。何をしてもどうせだめだと思う気持ちが強いかもしれません。あるいは、やろうとしてもどうしても気力が出ないこともあります。しかし、だからといって代わりに援助者がすべてをやってあげることは、彼女が無力感から抜け出すことに役に立ちません。」と指摘し、被害者自らの心の中にあるポジティブな対処法を見つけ出し、「どんなに小さなことでもいいから彼女が自分でできることを」話し合うことを支援者に求める。このような支援者の姿勢は、すでに危機介入の基本ということができよう。そして、絶望と無力感の中に生きる DV 被害者の状況は、自殺念慮に襲われている者の状況を考察する際に参考となる。『ドメスティック・バイオレンス――愛が暴力に変わるとき』小学館文庫、2007 年（引用 195 - 196 頁）。

に、個人によって死生観が異なるように、自殺の選択といった究極的な判断においては、平均的な人物像など描けるものではないように思われる。この文書に明示されている事実は、当該教員が精神疾患に罹患しているかどうかは別として、「職場において、わたしはいじめにあい、追い詰められ、そこから逃れ、それを抗議するため、自ら生命を絶つ」ということであり、業務上の状況に「追い詰められて」、自殺するよう判断したのである[13]。この判断を、「正常ではない」と評価できるのか。

本件においては、当該女性が、当初から精神疾患に罹患し、それを治療する努力を怠っていたとして、素因減額3割及び過失相殺2割を控除している。しかし、当該女性の意思に真摯に耳を傾ければ、彼女の精神疾患にかかわることなく、彼女の受けた被害、悔しさ、怒りや悲しみを評価しなければならないのではないかと考えられるのである。

2 遺書を読む──裁判例に見られる自殺の背景

(1) 怒りの感情

前節の事件のように、怒りの感情を表して亡くなった労働者は、ほかに、国（護衛艦たちかぜ〔海上自衛隊員暴行・恐喝〕）事件（東京高判平26.4.23労働判例1096号19頁）においても、見られる[14]。この事件では、また、「一郎は、被控訴人丁原から暴行及び恐喝を受けることに非常な苦痛を感じ、それが上司職員の指導によって無くなることがなく、今後も同様の暴行及び恐喝を受け続けなければならないと考え、……自殺を決意し実行するに至ったもの」（引用36頁）と判断しているが、死亡した自衛隊員の精神疾患を認定していないのが特徴的である。そのため、「一郎の死亡は、本件違法行為から一郎が自殺を決意するという特別の事情によって生じたものというべきであり、被控訴人らが一郎の死

13) 厚生労働省「自殺総合対策大綱～誰も自殺に追い込まれることのない社会の実現を目指して～」では、「自殺は、その多くが追い込まれた末の死である。」と説明している。https://www.mhlw.go.jp/file/06-Seisakujouhou-12200000-Shakaiengokyokushougaihoken-fukushibu/0000172329.pdf
14) 「一郎が自殺時に所持していたノートには、遺書というべき記載が残されていたのであり、その内容は、一郎の自殺の原因を解明する上で重要な事情と考えられるところ、その中には、被控訴人丁原を絶対に許さない、呪い殺してやるといった、同人への激しい憎悪を示す言葉などが書き連ねられていたことからすると、被控訴人丁原から上記アのような暴行及び恐喝を受け、それが今後も続くと考えられたことが一郎の自殺の最大の原因となったことは優に推認することができる。」（引用34－35頁）

亡について損害賠償責任を負うというためには、被控訴人丁原及び上司職員において、一郎の自殺を予見することが可能であったことが必要」として、その予見可能性を認めて、加害者およびその使用者の監督責任を認めた（36頁）。労働者に精神疾患が認められなくても、その自殺による死亡について使用者責任を認めたことは、意義が大きい。

　暁産業ほか事件（福井地判平26.11.28労働判例1110号34頁）においても、怒りの感情が見てとれる。自殺によって死亡した労働者は、高卒で働き始めて間もない若者で、慣れない仕事のなかで、上司の厳しい指導に耐えられなくなった。遺書の一部で、その上司に対する思いが綴られている[15]。上司も懸命に指導したいと思ったのだろうが、高卒の若い労働者には、理解が容易ではなかったのかもしれない。

　また、上司の指導がパワーハラスメントと認定された地公災基金愛知県支部長（A市役所職員・うつ病自殺）事件（名古屋高判平22.5.21労働判例1013号102頁（最二小決平24.2.22））でも、死亡した職員は、上司への不満を書き残している[16]。

　仮に、こうした怒りの感情が緩和されるならば、労働者は生きる道を選ぶことができるだろうか。しかし、いかにして、こうした怒りを収め、自殺を予防できるのだろうか。それは、投薬等の医療の領域なのだろうか。ハラスメントなど人間関係の問題は、解決は容易ではなく、必ずしも使用者責任が問われないような場合であっても、不幸な結果をもたらさないとも限らない。要するに、労働者が「理不尽な思い」をした場合の、使用者側の対策や配慮が問われているということになる。

(2) 能力の不足、仕事に関する自責の念

　暁産業ほか事件のように、自分の能力不足を悩む内容の遺書を残す労働者は少なくない。能力の不足は、ひいては失業の恐怖を呼び起こす。労働者が能力

---

15)「（前略）丙川さんへ、多分社員の中で一番迷惑をかけてしまいました。直せと言われ続けていたのに、何も変われなくてごめんなさい、とりあえず私はあなたが嫌いです。大嫌いです。でも、言われ続けていたことに嘘はなかったです。全て私と、私に関わる人たちのために、言われていたのだと思います。（後略）」（43頁）

16)「亡太郎の死後、同人の自宅の机の引き出しの中から、『人望のないB、人格のないB、職員はヤル気をなくす。』と書かれたメモ書きが見つかった。」（110頁）。

の不足を感じるのは、新しく就労を始めた時[17]、職務が変わった時[18]、上司が変わった時[19]、昇進した時[20] のほか、自らが病気[21] になった時などである。

　確かに、目の前の従業員が、異動等によって精神疾患に罹患するとは、通常では予想が難しいだろう。しかし、逆に言えば、異動等の前は、労働者は問題

17) 前述の暁産業事件のほか、請求が棄却された例であるが、損害賠償請求事件（甲府地判平30.3.6/2018WLJPCA03066006）も高卒で就職した若者の自殺による死亡の例である。この事件については、後述。
18) 国・福岡東労基署長（粕屋農協）事件（福岡高判平21.5.21労働判例993号76頁、福岡地判平20.3.26労働判例196号35頁）は、転々と仕事を変えていた労働者が、ようやく農協の給油所で安定的に仕事をしていたが、本人の希望もあって、金融関係の部署に配属替えになったところ、仕事を覚えられず、ノルマも達成できずに、自殺によって死亡した例である。遺書には、「皆様にも助けてもらいましたが、はいあがることができませんでした」と書いてある（労働判例196号49頁）。この「はいあがることができなかった」とは、営業の達成のことと思われる。公務外認定取消請求事件（神戸地判平25.6.25/2013WLJP-CA06256001）は、市役所の職員が福祉関連の仕事に配転になり、業務量が変わったために過重労働となった。遺書には、「……4月から自分なりに頑張ってきましたが、もうどうにもなりません。……市役所の皆さま、課の皆さま　本当にどうも申し訳ありません。」と記されている。
19) 国・静岡労基署長（日研化学）事件（東京地判平19.10.15労働判例950号5頁）の当事者は、10年以上のキャリアを持つ製薬会社の医薬情報担当者であったが、担当の病院の医師の顔も覚えていないような状態であった。その後本人の上司が変わり、厳しい叱責を重ねたため、当該労働者が精神疾患に罹患し、自殺して死亡した例である。自殺で亡くなった当該労働者の遺書について、裁判所は以下のように説明している。「これらの遺書の内容は、全体として極めて自罰的な語調であり、仕事の面において、自分が能力が足りず、欠点だらけであることを嘆き、転職をするだけの気力が失われ、自殺するほかはないという内容のものである。そして、その文中には、『もう頑張れなくなりました。』『疲れました。』といった文言や、『申し訳ありません。』『すみません。』『ごめんなさい。』等の謝罪の文言が繰り返され、自分について『欠点だらけ』の『腐った欠陥品』と表現する等極度の自虐的な表現も複数認められる等、抑うつ気分、易疲労性、悲観的思考、自信の喪失、罪責感と無価値感が表れた内容、表現がある。」（12頁）
20) 損害賠償請求事件（大阪地判平30.3.1/判例タイムズ1452号155頁）は、新店舗の店長となった労働者が長時間労働の末、精神疾患に罹患して自殺した過労自殺事件であるが、労働者は、「いつからか自分の何かが違ってしまい…力の無さ、弱さ、無気力感、みんなへ迷惑かけるのにはもう参ってしまいました」という遺書を残している（166頁）。
21) 国・横浜西労基署長（ヨコハマズポルタ）事件（東京地判平24.11.28労働判例1069号63頁）は、労働者が、ケーブル敷設工事の会社で、現場の顧客会社に派遣されて就労していたところ、帰宅時に交通事故に遭い、体調不良のためしばらく在宅勤務を続けていたが、その後失踪、自殺して死亡した例である。「遺書とも評される携帯電話に残されたメール」には、「『やること、なすこと、一つもうまく行かず』『家のことも、仕事もうまく行かなくて、ごめんなさい。これがじぶんの限界です。』『自分が居ないほうが、色々うまくいくとおもいます。』『自分みたいに負けないで』『いつもヒントもらってたのに、自分はいつも気付けず（中略）すみません』などと記載されており、一郎が極度の自責の念を抱き、自殺によるのでなければ現状を打破することができないとの強迫観念にとらわれていたことがうかがわれる」と、裁判所は認定している。体調の不良が、精神にも影響を与えたとも考えられよう（78頁）。

なく業務を遂行していたわけである。この点との関連で、数年で職務が変更される典型的な働き方である地方公務員の自殺の例が少なくないのは、留意すべきであろう[22]。これらの例を見ていると、労働者の、いわゆる「適材適所」を熟考した配属配転は非常に重要であると理解されよう。これまでの就労慣行の再考も求められることになるかもしれない。

(3) 生理的な不安

自殺によって死亡した労働者のなかには、職務に関連した事柄について、生理的な不安を感じていたと思われる例がいくつかある。それらの事例は、場合によっては、業務起因性を否定されるのであるが、自殺防止という視点から検討に値する。

典型的な例は、国・八王子労基署長（京王電鉄バス）事件（東京地判平 27.2.25 労働判例 1117 号 23 頁）である。この事件は、バス運転手が、アルコール検知器にひっかかり、解雇になるのではないかと不安を覚え、食事も喉に通らなくなってしまい、そのためにケトンガスが体内に発生したらしく、飲酒をしなくても検知器が反応するようになってしまい、自殺して死亡した例である。死亡した運転手は、遺書に「七月七日に会社に出勤して、Ｄ社のアルコールチェッカーをすると思うと怖くて怖くてたまりません。食事も喉を通りません。禁酒しておりますが、ソシアックでもゼロでも、Ｄ社のアルコールチェッカーの事を考えると怖くてたまりません」と、書き残している。

損害賠償請求事件（甲府地判平 30.3.6/2018 WLJPCA03066006）は、高卒の若い従業員が、メンターであった上司から無視されるようになったと思い込んで、悩みつつ自殺して死亡した例である。メンターは、当初、私的にもいろいろと面倒をみており、仕事をなかなか覚えられずに不安を覚えていた若い従業員がメンターに精神的に依存したと思われる。その後、メンターは、東日本大震災の発生や自身の私生活が忙しくなったりしたこともあり、当該従業員との距離を置くようになったが、それが当該従業員にとっては、死を選択するよりも辛

---

22) 前述の地公災基金愛知県支部長（Ａ市役所職員・うつ病自殺）事件および地公災基金兵庫県支部長事件（前掲注 14）は、他の部署からの異動により、はじめて福祉の仕事についた職員の自殺の例である。

い事に感じられたという[23]。遺族の損害賠償請求は棄却されていて、また、メンターの指導に非常識な点も認められないのであるが、若年の未熟な労働者の対応について学ぶべきことは多い。

　さらに、損害賠償事件と労災事件の両方が争われた事例で、四国化工機ほか1社事件（高松高判平27.10.30労働判例1133号47頁）は、生理的な不安の事例として検討するべき事例であろう。徳島から本州の子会社に出向した技術者が、勝手が分からないなかで仕事に自信をなくしたらしく、うつ病に罹患したため、急遽、徳島に戻ってきて休職したが、回復後に、子会社に出張したところ、精神状態が悪化して、自殺に及んで死亡した事件である。遺書と一緒に見つかった書面には、「自分の能力以上の仕事を命じられたことにより、うつ病を発生した」、「自分の、能力の無さを痛感したこと」などと記載されており（68頁）、能力の不足に苦痛を覚えているように思われるが、認定された精神疾患の発症の時期や、増悪の仕方から、移転による精神的不安定が顕著である[24]。

　こうした生理的な不安定さを労働者の脆弱性として取扱うことは、紛争の解決にとっては容易な処理であろう。しかし、労働者の自殺防止という視点に立つならば、労働者の中にある生理的な不安について、少しの配慮をすることは意義の大きいことなのではないか。労働者に対して丁寧な説明を行い、その不安を取り除くことの他、配転や職務について少しの配慮を行うことは、使用者にとっても大きな利益となるだろう。

23）「Hは、この遺書に、被告Y1に入社当初から世話になり、私生活でも仲良くしてもらったが、平成23年1月25日のd発電所の絶縁診断測定の後に、Hが、作業内容確認シートに、照れ隠しの意味を込めて、『計算式をつくり遊びました』と記載して被告Y1に提出してから、被告Y1から無視されるようになり、辛い日々を送ってきたことなどを記載していた。Hは、自殺に使用したロープを同年5月11日に購入したことを記載し、無視されたことが『耐え難い苦痛』であったとし、『いくら頑張っても、もう取り戻せないのです。そんな状況を作ったのは私です。すべては私の責任です。本当に申し訳ありませんでした。』とこの文書を結んでいる。」

24）鑑定書がいくつか提出されているが、この点との関連で、中西一夫氏が「一郎のうつ病は、何らかの身体疾患には起因しておらず、不明と言わざるを得ない」と指摘し、白波瀬丈一郎氏が「一郎は内因性のうつ病で」あると鑑定している（72頁）。うつ病が内因性であれば、労働者の自殺は、労働者が本来もっている精神の異常に起因しているのであって、業務に起因しないという結論になる。しかし、仮に、そのような素因を抱えていた「一郎」であったとしても、異動や出張がなかったならば、精神的に安定を保って「健常者」と何ら変わらぬ状態で生活していたであろうということを考えるならば、精神の異常／正常を、それほど的確に区分できるのか、疑問が残るのである。

（4）経済的な問題に関すること

　経済的な苦しさは、もちろん、労働者を自殺に追い込んでいる。遺族補償給付不支給処分取消請求事件（東京地判平28.4.22/2016WLJPCA04228009）は、労災申請が認められず、裁判に訴えたが、請求が認められなかった例である。自殺により死亡した労働者は、昭和58年に最初の就職をしたのち、早期退職制度により平成19年に退職、その後、勤める会社が倒産するなどして転職を重ね、最後に就労していた会社では、賃金が、それまでの賃金の3分の2程度にまで落ち、平成23年1月にヘリウムガスを利用した窒息により自殺し死亡した。遺書は、「冒頭で『幸せに出来なくてごめんなさい。』という原告への謝罪から始まり、自殺の場合には保険金が支払われない可能性があることを注記し、発見後には亡Bの遺体の周囲の物を速やかに処分して突然死であるとすべきこと、家計の不足を補うための借入による返済が存在すること、この負債については家計費に使ったことを説明せずに損金処理を依頼すべきこと、民事再生手続等の法的整理も考えたが、原告のうつ病再発による自殺を危惧して原告に相談することができず、Cらの学費なども考えて自殺を選択したことを内容とする」が、裁判所は、「亡Bは、負債の返済に窮して、ヘリウムガスの吸引によって突然死を装う自殺に及ぶことを覚悟し、その実現に向けて合目的的に準備の上、自殺に及んだと解することができ、そのように解しても不自然、不合理な点は認められ」ず、「……亡Bが正常の認識、行為選択能力が著しく阻害され、又は自殺行為を思いとどまる精神的な抑制力が著しく阻害されている状態で自殺に及んだとは認めるに足りない」と評価した。

　ここで裁判所のいう「合目的的に」とは、「金銭を得るため」という限定された目的に合致すると解釈するべきなのであろうか。確かに、金銭を得るためになされる自殺行為は、政策的には、補償の対象から外されるのは当然であろう。とはいえ、実は、生活の糧である仕事を失うことの恐怖は、ほとんどの自殺者に重たくのしかかる共通の精神的負担であり、この負担がなければ、自殺によって死亡した労働者の多くが、生命を落とす必要はなかったのではないかと思われるほどである。現に、多くの遺書の中で、家族の今後の生活の心配や、解雇に対する恐怖などが綴られている。多くの当事者について、「ストレス──脆弱性論」でいうところの「ストレス」に、失業や貧困の恐怖が挙げられると考えても良いのではないかと考えられる。

そもそも労働者とは、まさにこのような恐怖を抱えつつ、それを無意識の中に押しとどめて、日常を生きている存在ではないのだろうか。換言すれば、経済的な事情から、精神的あるいは生理的な恐怖と不安に陥る具体的な危険性を、常に内包している働き方が、労働者の労働なのであり、それがなんらかの形で顕在化したときに、彼らは精神を病み、あるいは病むことなく、悩み苦しんで亡くなっていると言える。

　妄想による自殺や、衝動的な自殺の場合を除き、一般に自殺行為とは、苦痛を逃れるためになされる、計画的で合目的的な行為であることも少なくない[25]。苦痛を逃れるために自殺行為を計画する労働者の意思や傾向を、異常と評価できない。また、自殺行為に及んだ労働者が、精神疾患に罹患しているかどうかという違いだけで、労災や民事の救済が得られるかどうかに決定的な違いが現れるということは、精神疾患に対する過大な評価や精神医療に対する過大な期待の表れではないか。問われるべき問題は、労働者が精神疾患に実際に罹患したかどうかではなく、使用者の行為が、労働者を自殺行為に至らせるほどの過酷な状況ものかどうかという、行為それ自体に対する客観的評価であろう。

三　精神病者の声——躁うつ病を例にして

　精神医療の臨床現場では、時として、医師は「自殺を止めるためにはどのような手段でもとらなければ、と思っている」という[26]。「どのような手段でも自

---

25) 北仲・前掲注9) に、ある統合失調症患者が自殺未遂をし、その動機を「覚悟の自殺である」と自ら主張したという報告がある。その患者は、「自分がいることで家族に迷惑がかかる、自分が死を考えるのはみんなにとっても一番いい選択だった」と、主張した (58頁)。また、神田橋條治は「僕は、自殺をする瞬間にはみんな正常なんだと決めているんです。自殺をしたいと思うのは病気の症状で、実行は正常な状態での選択だと思うんですよ。そうでないと、「死なないでね！」と言うのが論理的に成り立たないんですよね。(中略) それと、外来診療を続けている患者さんがすっと元気になった時は、別れを告げに来た時と思ってもいい。わけもないのにすっとよくなっているんですね。帰りに飛び込もうかと思って来ている時は、うつ状態がずいぶんよくなっているんですね。(中略)「ありがとうございました。先生によくしていただいて、お陰様で……」なんて言い出したら危ないですよ。」と指摘している。神田橋條治ほか『座談会　うつ病治療——現場の工夫より』メディカルレビュー社 2010年 177頁。
26) 前掲注11) 北仲61頁。なお、同文献のなかで、精神科医は、不用意に自殺の実存的意味を考えることに対して警鐘を与えていることを紹介している。確かに、生死に関する実存的な悩みを共有することによって、当事者の自殺を受け入れてしまう可能性はあるだろう。しかし、そうしたことが起こるのは、治療者側に明確な死生観が必ずしも備わっていない

殺を止める」ことが治療の目的となるだろう。しかし、当事者にとっては、治療は、時として、その人生を覆するほどの打撃を与え、死より大きな苦痛を与え続けるものになる。自らが躁うつ病の当事者である精神療法家のケイ・ジャミソン教授の自伝には、躁うつ病当事者にとってはいかにその投薬治療が苦しく、その能力を低減させるものであるかが具体的に記されている[27]。また、ジャミソン教授の別の自殺研究には[28]、自らの精神疾患を受け入れることに苦痛を覚え、治療を拒否した結果、自殺に至っている例も紹介されている。症状が投薬によって軽減されるなら、おそらくこうした悲劇は少なくなると考える者は多いだろう。しかし、服薬によって集中力が削がれ、その溢れる才能が削がれ、輝くような日々の喜びが削がれていくことによって、服薬は苦痛として認識される場合もあるのである。あるいは、精神科医であり、自らが躁うつ病当事者であった小説家の北杜夫氏は、投薬を拒否し、周囲に迷惑をかけ続けたという家族の証言が残されている[29]。他方で、治療者の立場からは、「双極性障害（＝躁うつ病、著者注）は、正しい診断がついてその正確な情報が提供されると著しく自殺が減るんです。ところが、双極性障害を躁状態が出ない場合に普通のうつ病として治療すると、すごく自殺率が高くなるんです。一所懸命治療をして『ああ、うまくいった』と治療者も家族も喜んでいたら、また悪くなるでしょ。患者さん自身もよくなろうと努力しているわけだから、"絶えざる挫折"ですよ。その努力がまた実らなかったとなると、そこで自殺するか境界例化するんだ。」しかし、それにも関わらず、治療者の中には、うつ病と躁うつ病を区別して診断することができていない者も少なくないと指摘されている[30]。

他方で、電電公社帯広電報電話局事件最高裁判決（最一小判昭 61.3.13 労働判例 470 号 6 頁）によれば、就業規則上の規定に基づき、労働者は、自身の健康を維持し、回復する義務を有し、健康管理にかかわる業務命令に従うことさえ義

からであろう。神田橋・前掲注 2）では、「精神療法的接近を行おうとするならば、それに先だち宗教のような、非日常的なものとの内的合体を築いておくことが大切である。決して治療者患者との合体というような、本質的に脆く、はかないものに頼って、うつ病親和者の精神療法を開始してはならない」と指摘されている（7 頁）。

27）ケイ・ジャミソン著（田中啓子訳）『躁うつ病を生きる——わたしはこの残酷で魅惑的な病気を愛せるか?』新曜社、1998 年。

28）前掲注 1）。

29）斎藤由香・加藤忠史「躁うつ病の父をもって」こころの科学 131 号（2007 年）8 頁。

30）前掲注 25）神田橋ほか 174 - 175 頁。

務付けられる。現行の政策に基づくならば、職場のストレスチェック対策により、精神医療につながった労働者は、服薬等の医的治療を義務付けられているということになるのだろうか。そのために、労働者がその才能、能力、技術が削がれ、あるいは治療がうまくいかずに、絶望に至った場合、そのとき、その絶望の責任は誰にあるとのだろうか。労働者自身の精神疾患が、その絶望の根底にあるため、それは労働者の脆弱性と評価されるのだろうか。しかし、そのような労働者と同じ状況にあって、絶望から逃れることのできる強靭さを有する者は、はたして通常の労働者と評価できるのだろうか。そもそも、ストレスチェックにより、労働者の精神疾患が明らかになった場合、使用者には職場環境についてなんらかの措置を講じる必要が生じると考えられるが、それについて、誰かが適切な指摘をしていると評価できるのだろうか[31]。

　そして、このように制度上精神の健康管理と繋げられている現状こそが、精神病者である労働者にとって残酷であり、死にたいという思いをもたらすかもしれない。精神疾患の有無に関わらず、自殺は、本来、自殺行為者の意思に基づいて実行されなければならず、「故意」の自死である。精神病者である労働者にも、そうした故意に自殺を実行する権利があるのだとすれば、それを後から否定することは、死者に対する尊厳を著しく欠いているように思われる。業務上、精神疾患に罹患した場合、使用者に補償の責任があることには間違いない。また、自殺を決意するほどの苦しみを否定する必要もない。しかし、業務に関連した自殺を遂げた労働者について、その精神の正常／異常の区別により、その取り扱いを異にすることは、「健全な精神」を信奉する社会体制の傲慢さを感じずにはいられないのである。

---

31)「労働安全衛生法に基づくストレスチェック制度に関する検討会報告書」では、ストレスチェック制度については、「一次予防を主な目的とする制度の趣旨を踏まえれば、セルフケアと同様に、職場環境の改善も重要であり、事業者においては、個人のストレスチェック結果を集団的に分析し、その分析結果に基づき必要な職場環境の改善の取組を行うべきである」が、「一方で、現時点では集団的分析が広く普及している状況にはなく、手法が十分に確立・周知されている状況とも言い難いことから、まずは集団的分析の実施及びその結果に基づく職場環境の改善の取組を事業者の努力義務とし、その普及を図ることが適当」としている。要するに、職場環境に起因する精神疾患については、その具体的な要因及び対策について、調査し分析することさえ、提言もできないということを意味しているのだろうか。平成 26 年 12 月 17 日厚生労働省労働基準局安全衛生部（13 頁）。他方、自殺総合対策大綱（前掲注 10）は、「自殺の背景には、精神保健上の問題だけでなく……様々な社会的要因がある」として、精神医療に依存しがちな自殺防止対策を牽制している。

イギリス全国最低賃金法における新たな賃金区分設定の検討
—— 「全国生活賃金」導入の背景と意義——

藤井直子

はじめに

　イギリスにおける最低賃金の歴史は 19 世紀末にさかのぼる。公共部門の契約に際して労働者の賃金引き下げを阻止する 1891 年の公正賃金決議（Fair Wage Resolution）がその起源と考えられており、その後 1909 年には、特に賃金水準が低廉な産業等を対象に、産業別での最低賃金を設定する産業委員会法（Trade Boards Act 1909）[1] が制定された。

　現在のイギリスは、1998 年に制定された全国最低賃金法（National Minimum Wage Act 1998、以下「1998年法」とする）のもと、「産業別」ではなく、一定年齢以上の全労働者を対象とする全国一律額での最低賃金制度を有している [2]。2016 年の ILO 公表の資料によれば、ILO 加盟国のうち 90% を超える国々が、法もしくは拘束力のある団体協約による最低賃金規制を有しているという [3]。もちろん、本稿が対象とするイギリスをはじめとした各国の最低賃金法は、法が対象とする労働者の範囲、労働時間の算定方法など、その射程範囲はさまざまであり、法の執行手段や法が掲げる目的も多様である [4]。ただ、労働の対価として受け取る賃金の下限を定め、当該下限以上の賃金額の支払いを法によって

---

1) 1945 年の賃金審議会法（Wages Council Act 1945）に引き継がれる。
2) 全国の労働者を一律に対象とする最低賃金法の制定はイギリスでも初めてのことであった。1998 年法以前のイギリスにおける最低賃金法制度の変遷および 1998 年法の法内容については、小宮文人「イギリスの全国最低賃金に関する一考察」北海学園大学法学研究 42 巻 4 号、2007 年、807－829 頁、神吉知郁子『最低賃金と最低生活保障の法規制』信山社、2011 年に詳しい。
3) ILO, Minimum Wage Policy Guide, 2016, p.5.
4) 最低賃金法の法目的については、これまでも「苦汗・搾取の撤廃」「購買力の確保」「貧困の減少」「不公正な競争の除去」「同一労働に対する同一賃金の保障」「労使紛争の予防」「経済の成長と安定の促進」「富や資本の再分配」などさまざまな議論がなされてきた（たとえば、ジェラルド・スタール（ILO 事務局）編（労働省労働基準局賃金時間部賃金課訳）『世界の最低賃金制度—慣行・問題点の検討』産業労働出版協会、1989 年、など）。

使用者に義務付けるという点は基本的に共通するものである。この意味で法強制による「一定額以上の労働対価の保障」がその法的基礎にあると言いうる[5]。この一定額水準をどのように定めるかは、法の目指す方向性や目的を表すものにもなろう。また、労働力を提供するのは肉体や精神を併せ持つ「人」であり、その「人」による労働の対価が不当なほどに低い場合は、人としての尊厳が失われるものだとも指摘される[6]。

　この点、イギリスの1998年法には、法の目的規定はない。しかしながら、当時、法の制定を進めた労働党政権が、1998年に公表した「職場における公正（Fairness for work）」および当時の資料に基づくと、同法制定の目的は、公正な賃金の支払いと基本的な最低賃金基準を定め、最悪の搾取（worst exploitation）を排除するとともに、特に低賃金労働者や失業者への労働インセンティブを高め、福祉依存の社会から雇用参画を進める社会への転向を目指すことであったと考えられる[7]。そして、実際の最低賃金額は、社会的・経済的に最低賃金が有する影響を調査・検討する任務を果たす低賃金委員会（Low Pay Commission, LPC）[8] により、雇用喪失といった雇用に対する負の影響（negative impact）を極力与えないよう慎重な検討および提案がなされてきた。日本のような労働者の生計費という考慮要素は、直接的な要素ではなく、イギリスはあくまで雇用や経済に及ぼす影響を考慮要素としている。

　こうしたなか、1998年法の導入から16年あまりを経た2015年7月、保守党政権は全国生活賃金（National Living Wage）の導入を宣言し、翌年4月から実施した。これは25歳以上の労働者を別途区分し、新たな最低賃金額を設定するものである。結果として、25歳以上の層の最低賃金を大きく引き上げた。そ

5）ILOは最低賃金とは「ある期間に遂行された労働に対して使用者が支払うことを義務付けられる報酬の最低額であり、団体協約または個人の契約によってもその額を削減できないもの」とし、その目的は「不当な低賃金から労働者の保護」と定義づける（ILO, *supra* note 3, p.4）。

6）Guy Davidovはその著書のなかで、最低賃金が有する目的として「人としての尊厳」を挙げる（Guy Davidov, A purposive Approach to Labour Law, Oxford University Press, 2016）。

7）そして、税制と福祉給付制度を一体的に改革することで、最低賃金法が労働へのインセンティブを高めることにも寄与すること、さらに、単なる労働力の価格ではなく質での競争が促進されることへの期待が述べられている（President of the Board of Trade, Fairness at Work, May 1998, Cm. 3968, para.3.2; LPC, The National Minimum Wage First Report of the Low Pay Commission, Cm 3976, 1998）。

8）低賃金委員会は1997年7月に政府から独立した機関として発足した。1998年法5条から7条は低賃金委員会の役割や政府への勧告について規定している。

して、雇用への負の影響を重視し慎重な引き上げをしてきた従来の方針と異なり、数年の間に2万から11万の雇用喪失の懸念も示されつつ全国生活賃金は「2020年までに平均賃金（中央値）の60％」とするという引き上げ目標が明確に示されたのである。

このイギリス全国生活賃金の導入とその概要については、これまでにも日本で紹介されている[9]が、本稿では当該生活賃金導入前のイギリスでの議論や評価等を含めたどることにより、この全国生活賃金の法的位置づけを確認し、全国生活賃金導入の背景、また具体的な引き上げ目標を定め、積極的な引き上げを実施するという最低賃金法制度に対する新たな方針の設定、およびその特徴と期待される役割を明らかにする。そのうえで、全国生活賃金の導入からまもなく3年が経過するなかで懸念される今後の課題について指摘する。

一　全国生活賃金の法的位置づけ

全国生活賃金は2016年4月、全国最低賃金（修正）規則（The National Minimum Wage（Amendment）Regulations 2016、以下「2016年修正規則」とする）により全国最低賃金の一区分として導入された[10]。前述したように、1998年法のもとイギリスの最低賃金は全国一律額をその内容としており、産業や企業規模、地域を区別しない。ただし、政府は1998年法制定当時から、雇用の場においてはスキルや経験の浅い若年労働者が雇用喪失などのリスクを負いやすいことを不安視し、全国最低賃金額として単一の額（adult rate、以下「一般最低賃金額」とする）のほか、21歳以下の労働者を対象とする最低賃金額（development rate、以下「若年最低賃金額」とする）をより低い額として制度設計した[11]。その後、16歳および17歳の最低賃金額の設定や一般最低賃金額の対

---

9) 日本労働研修・研究機構「諸外国における最低賃金制度の運用に関する調査——イギリス、ドイツ、フランス、アメリカ」資料シリーズ No.181（2017年）9−22頁、笹島芳雄「米・英・日における新しい最低賃金−生活賃金−の動向」明治学院大学産業経済研究所研究所年報34巻（2017年）1−18頁など。

10) National Minimum Wage（Amendment）Regulations 2016, r.3.

11) このほか、一般最低賃金額対象の22歳以上ではあるが新たな雇用主のもとで就業を始めて6か月以内等の条件を満たす者を対象とする最低賃金が設定された（National Minimum Wage Regulations 1999, r.13（2））。若年最低賃金の設定には、当時もさまざまに議論された経緯がある（LPC, *supra* note 7）。

象を21歳以上に引き下げるなど、年齢区分についてはこれまでにも数度の修正がなされている[12]。今回の全国生活賃金の導入は、一般最低賃金額の対象である21歳以上の労働者のうち、25歳以上をさらに区別し、この層を対象にする新たな最低賃金区分の創出を意味する。政府はこの新たな区分を「全国生活賃金」と名付けたのである。

この全国生活賃金の法的位置づけに関連して、次の2点を確認しておく必要がある。第一が対象労働者の範囲を25歳という年齢で画したことであり、第二がその名称である。

1　新たな区分の設定

第一の点、すなわち、25歳という年齢で区分した理論的根拠（rationale）について、政府は次のように説明する。すなわち、労働者は賃金の引き上げを望むものであるが「より若い労働者にとっては労働の保障とその機会を得ることが優先事項であり、これはすでに全国最低賃金の制度設計に反映されている」こと、25歳未満（21歳から24歳）と25歳以上（25歳から28歳）とは労働市場における違いが大きく、それは平均賃金、雇用率、失業率においても証明されていること、さらに、最低賃金水準の上昇が若年労働者の雇用上のリスクを高めやすいことは国際的にも明らかになっていることを示し、25歳未満を新たな区分の適用から外す「若年労働者が経験を得る機会を最大化するため」であると説明した[13]。つまり、全国生活賃金は一般最低賃金額をさらに一定程度引き

---

12) 2004年10月1日、16歳および17歳に対する最低賃金額が1時間あたり3ポンドとして新たに設定された（同時期の一般最低賃金額は4.85ポンド）。一般最低賃金額の対象が21歳以上に引き下げられた2010年10月1日には、養成訓練制度（Apprenticeships）のもと働く労働者を対象とする特別の最低賃金額（対象は養成訓練制度のもとにある19歳未満および同制度開始後1年以内の19歳以上の者）が導入され、1時間あたり2.5ポンドに設定された（同時期の一般最低賃金額は5.93ポンド）。

13) HM Treasury, Summer Budget 2015, HC264, 2015, para.1.126; Department for Business, Innovation and Skills（DBIS）, Amendment to the National Minimum Wage regulations 2015 - introducing the National Living Wage, 2015, p.7 : LPC, The National Minimum Wage Low Pay Commission Report, Cm 9207, 2016, para4.5. 下院においても政府から同様の説明がなされている（Nick Boles（Minister of Department for Business, Innovation and Skills）, Written Answer, HC 8275（16 September 2015）/ HC Debs col 9（11 January 2016）. そのほか、ILOおよびEUではそれぞれ25歳もしくは25歳未満をyoung peopleと定義していること、イギリス国内でも公的な分野（student supportやsocial security payments等が例示されている）において25歳未満をyoung peopleと定義していることが説明されている。

上げることから、雇用喪失などのリスクをより受けやすい25歳未満の労働者を除外するという判断である[14]。

2 「生活賃金」運動との異同

第二の点に関し、「全国生活賃金」という名称には多方面から疑問や批判の声がある。それはこの言葉が含む「生活賃金」という文言から連想される意味との間で、混乱を招くというものである[15]。

「生活賃金」という用語は、2000年代初頭からイースト・ロンドン地区で始まった「生活賃金運動」を通じ、イギリス国内でも次第に広く知られるようになった。ここでの「生活賃金」は、「受容できる生活水準を表す日々の商品やサービスを積み重ね、税金や社会保障給付も含めた所得の加重平均」から計算される[16]。つまり、金額の基礎は生活に必要なコストである。「生活賃金運動」を主導する生活賃金基金（Living Wage Foundation, LWF）により、二つの地域（ロンドンとロンドンを除く地域）別に金額が提示される[17]。2018年にはロンドンで1時間あたり10.55ポンド（約1575円）、ロンドンを除く地域で同9.00ポンド（約1344円）となった[18]。ただし、この「生活賃金」に法的な根拠はなく、法により強制されるものではない。当該生活賃金に賛同した使用者が自主的に支払うものである。すなわち「生活賃金」は、自主的な使用者による取り組みにおいて支払われる、生活コストをもとに算出された賃金を指し、他方で政府が導入した「全国生活賃金」は、法的根拠をもとにその履行が強制され、かつ、その金額は生活コストを基礎としない。1998年法7条によりイギリス全体の経済

---

14) 国際的にも最低賃金額が年齢により区別することは珍しくないが、最大額の権利を得る年齢が25歳であるという点については「（権利を待つ時間が）長すぎる」との指摘もある（Kevin Brennan（Shadow Minister of State for Business, Innovation and Skills）HC Debs col 8（11 January 2016））。

15) *Ibid.* ; Conor D'Arcy & Gerwyn Davies, Weighing up the wage floor: Employer responses to the National Living Wage, Resolution Foundation report, 2016, p.14. など。

16) Conor D'Arcy and David Finch Calculation, a Living Wage for London and the rest of the UK, Resolution Foundation Briefing, 2018, p.5.

17) 実際の金額の算出は2016年以降、シンクタンク Resolution Foundation（RF）が行っている。2015年までは Greater London Authority がロンドン生活賃金を、Center for Research in Social Policy がロンドンを除く地域の生活賃金を算出していた。

18) 本稿での円換算は1英ポンド（GBP）=149.29円として計算している（2018年4月2日 みずほ銀行ウェブサイト外国為替公示相場）。

に与える影響および政府から付託される考慮要素をもとに決定される[19]。政府は議会において、この言葉の混乱への懸念に対し、全国生活賃金は賃金を引き上げ、生活水準の改善（improving living standards）につながると説明しつつも、「生活賃金基金（LWF）によって算出される生活賃金とは関連がない（not be linked）」と明言している[20]。また、低賃金委員会もその報告書のなかで、生活に十分な額の提供を目的とする生活賃金とは異なり、全国最低賃金（全国生活賃金を含む）の目的は「企業が許容しうる賃金の下限の提供」であると目的においても同一性はないと否定している[21]。

全国生活賃金（National Living Wage）の単語が低賃金委員会の報告書のなかで初めて登場した際[22]に指摘されたように、全国生活賃金は1998年法による最低賃金区分の「第5の水準」であり[23]、全国生活賃金はその名称に「生活賃金」という文言を含むが、生活コストを基礎として自主的に使用者が支払う「生活賃金」とは、目的、算出根拠、法的強制力の有無も含め、その位置づけは全く異なるものである。

つまり、全国生活賃金は、25歳以上であるという年齢を基礎とする限定を除き、対象となる労働者[24]、その履行確保手段、賃金の定義、多様な賃金制度の

---

19) 全国最低賃金の設定金額は、低賃金委員会が社会や経済状況を踏まえ、政府から毎年付託される考慮要素を勘案し、労使関係団体や企業への聞き取りを含めた調査をもとに算出し、政府がそれを参照することで決定される（House of Commons Library, The National Minimum Wage, the National Living Wage and Living Wage-what are they?, 2015）。政府は低賃金委員会の勧告と同額での決定を義務付けられてはいない。なお、全国生活賃金については、政府から付託される考慮要素が他の最低賃金とは異なる点がある。その点は後述する。

20) Baroness Neville-Rolfe（Parliamentary Under-Secretary（Department for Business, Innovation and Skills）, Written Answer, HL 1658 (3 August 2015) / HL 5557 (28 January 2016). また、「生活賃金」のように地域別ではなく全国一律額とすることの意義について「使用者にとって分かりやすく法の義務を果たしやすいシンプルな政策」の表れであると述べられており、一律額の単純、明快な法政策の方針に関し、1998年法制定当時と同様の説明がされている。

21) さらに「全国最低賃金は、家族または世帯が生活するために十分なものを提供する他の政策、主に税や給付分野によって補完される必要性があり得る」とも述べる（LPC, The Future Path of the National Minimum Wage, Cm 8817, 2014, para 11; LPC, National Minimum Wage Low Pay Commission Report 2015, Cm 9017, para 6.13）。

22) LPC, Supra note 13, para.3.5.

23) 全国生活賃金導入前、一般最低賃金のほか若年最低賃金、16歳および17歳を対象とする最低賃金、養成訓練制度にある者の最低賃金の4つの水準に区分されていた。

24) 全国最低賃金法が対象とする労働者は「worker」と規定され、被用者を表す「employee」ではない。被用者よりもその対象をできるだけ拡張しようと意図していたことが窺が

同法上の取扱いなどにおいては、1998年法における他の最低賃金額と異なるものではない[25]。その根拠規定は、他の最低賃金区分と同様に、1998年法および全国最低賃金規則（およびその修正規則）である[26]。

二　全国生活賃金導入の背景

なぜ、第5の最低賃金額が必要とされたのか。また、なぜ第5の最低賃金額のみに明確な引き上げ目標が示されたのか。

1　2015年7月の予算案での公表とその基礎

全国生活賃金の導入は、2015年7月の予算案において初めて公表された。25歳以上を対象とする新たな最低賃金水準の創出は、同予算案での説明によれば、低所得者の生活水準改善を目的としたシンクタンク Resolution Foundation（RF）による総括報告（The Resolution Foundation Review、以下「2014年RF報告」とする）[27]を基礎にしていると言う。同報告は、1998年法施行後の15年間を包括的に内省することの重要性を説き、これまでの多くの検討や検証を踏まえた上で、全国最低賃金法制度の問題点と将来を見据えた新たな方策の提示を目的としていた。

えるが、「worker」概念の登場の背景には、それまでの労働法規の対象である「employee」概念に含まれないものとされた臨時労働者（casual worker）の増大とその保護にもあると指摘されている。また、適用範囲拡大の意図は、労働者保護の範囲を広げることにあるだけでなく、そのことによる労働力増強と競争力強化にある。労働党政府が公表した白書「職場における公正（Fairness at Work）」において、労働法における個人の権利は労働市場における競争力強化のために重要であること、基本的な最低基準によって支えられる労働者の公正な処遇が柔軟性や適応性をもたらし、競争力強化につながること、が指摘されている。この点は、労働政策研究・研修機構『『労働者』の法的概念に関する比較法研究」2006年、221頁以下を参照。

25）Nick Boles, *supra* note 13, Written Answer, HC 6249（16 July 2015）; Baroness Neville-Rolfe, *supra* note 20, Written Answer, HL 1712（21 July 2015）; LPC, *supra* note 13, para.3.5

26）1998年法制定に伴い規定された規則は、1999年全国最低賃金規則（National Minimum Wage Regulations 1999）であるが、全国最低賃金額は、全国最低賃金規則の修正によって改定されるため、毎年、修正規則が定められている。

27）Resolution Foundation, More than a minimum The Resolution Foundation Review of the Future of the National Minimum Wage: The Final Report, 2014. なお、この報告書をまとめるにあたり9名の専門家が集められており、その長であった George Bain は1997年の低賃金委員会発足時の初代委員長である。

2 2014 年 RF 報告

(1) 1998 年法の評価

　2014 年 RF 報告では、1998 年法による全国最低賃金制度は、これまで雇用への明らかな負の影響なしに労働者の所得を強化したという点で広く支持を得ていること、この成功の鍵は、賃金額検討の際に雇用への影響を考慮要素とした「慎重を期した政策決定」にあったことを指摘した[28]。法制定当時は低賃金労働者の 1/3 が非常に劣悪な低賃金にあったとされ[29]、賃金の下限を定める法のない状況から、経済や雇用に負の影響を及ぼさないよう慎重に熟慮して、基本的な最低賃金を定め、悪質な搾取を排除したという意味では、法制定時に期待された役割を一定程度果たしたものと評価された[30]。

　しかしながら、すでに低賃金自体およびそれを取り巻く状況に変化が生じ、1998 年法が次に目指す方向性を検討すべきであると RF 報告は主張し、克服すべき課題を示した。第一に、1998 年法による直接的な効果は最低賃金水準の労働者の賃金を毎年数ペンス上げるに止まり、最低賃金水準で労働者を雇用する使用者は、最低賃金額と同額ないしわずかに上回る額を支払えばよく、経営上の余裕がある場合にもより多くの賃金を支払うようなインセンティブが生まれなかったことである。すなわち、この 15 年あまりの 1998 年法の効果は、全国最低賃金水準で働く労働者に限られ、「より高い賃金を得ている他の労働者に波及する効果はほとんどなく」、低賃金労働者の比率に大きな変化はなかったのである[31]。第二の課題として 2014 年 RF 報告は、最低賃金法が目指す目的や目標を政府自身が公式見解などで明確にしてこなかったこと、最低賃金決定の

28）*Ibid.*, p.24.

29）George Bain の回顧によれば、時給 1 ポンドとする求人広告を思い出すと言う（*Ibid.*, p.5）。

30）*Ibid.*, pp.7-11.

31）2014 年 RF 報告発表時において「低賃金労働者数は 500 万人、これは期間の定めのない被用者の総労働人口 5 分の 1 に相当するうえ、この数字は 15 年間ほとんど変化がない」と指摘されている（*Ibid.*, pp.5, 28）。ここでの「低賃金労働者（low paid workers）」は、平均賃金（中央値）の 3 分の 2 という国際的な正式水準で定義した者であると説明されている。なお、イギリス政府は低賃金委員会への付託の際や政府統計において、全国最低賃金未満の賃金労働者を「低賃金労働者」と定義する場合が多く（Office for National Statistics, Low Pay. April 2013 など）、また、低賃金委員会の報告書では最低賃金額近辺で働く労働者を「低賃金労働者」と定義されることもあり、場合により全国最低賃金額かその 10％の範囲の賃金で働く労働者に定義を広げる場合もあることから、政府からの各種報告書の数字とは異なる点に注意が必要であると指摘されている（*Ibid.*, p.28）。

プロセスは「近視眼的（too short-sighted）」に過ぎ、その方針も目標も不透明であった点にあると指摘した[32]。

(2) 1998年法が目指すべき方向性

上記評価と課題を踏まえ同報告は、今後の全国最低賃金法が目指すべき方向性について、最低賃金水準の労働者にほぼ限られてきたこれまでの限定的な効果を超えて、国際的に平均賃金（中央値）の3分の2と定義されている低賃金労働者に広く効果を及ぼすことを目標として掲げ、方向性を定めるべき時であるとした。そのための戦略として二つの柱、すなわち第一として低賃金労働者の生産性向上に資する新たな取り組み、第二として余裕ある使用者により多くの賃金支払いを促す適切な政策（judicious policies）の必要性を示した。具体的には、最低賃金額の目標値を中期的（たとえば5年程度）に定め、短期的には柔軟性をもって対応すべきこと、その目標値は平均賃金（中央値）の60％が妥当であること、といった方策の提案がなされたのである[33]。

三　全国生活賃金の特徴と期待される役割

前述の指摘や提案および議会審議等を経て全国生活賃金が導入され、2020年までに平均賃金（中央値）の60％に到達するよう引き上げるという、2014年RF報告で示されたものと同様の、明確な目標数値が示された[34]。全国生活賃金は、25歳以上を対象とする点のほか、設定金額の高さおよび引き上げ額検討時の考慮要素に特徴がある[35]。

1　金額設定と考慮要素

2016年4月導入時の金額は、2020年の目標値を見据え7.20ポンドに設定された。21歳以上を対象とする一般最低賃金額6.70ポンド（2015年10月改定）と

---

32)「この先行きの不透明さが、使用者側にとっては不安感につながっている」とも指摘された（*Ibid.*, p.31）。

33) *Ibid.*, pp.12-14.

34) 議会でもこの2014年RF報告に基づいていると説明された（Baroness Neville-Rolfe, *supra* note 20, HL Debs vol 768 col 522（18 January 2016）; Harriett Baldwin（Economic Secretary to HM Treasury）, Written Answer, HC 27715（29 February 2016））。

35) LPC, *supra* note 13, para.3.5-3.7.

比較し、25 歳以上について 7.5％の引き上げを意味する。当時直近の一般最低賃金改定時（2015 年 10 月）の引き上げ率は 3.1％であり[36]、7.5％の引き上げの大きさと設定水準の高さは明らかである。この点に関し、政府は当該設定金額の妥当性根拠として次の 2 点を挙げた[37]。第一が引き上げ率の前例である。一般最低賃金額は 2001 年に前年額と比較して 10.8％、2003 年に同 7.1％、2004 年に同 7.8％の引き上げが実施されており、低賃金委員会の報告においても雇用への負の影響を示す証拠は当時ほとんどなかった[38]。第二は、一般最低賃金額の次の引き上げによる影響との近似性である。すなわち、7.20 ポンドという額は 25 歳以上の平均賃金（中央値）の 55％と予測されており、この割合は 2016 年 10 月に予定されていた一般最低賃金額引き上げ後の 54.7％（21 歳以上）と近い値であり、各最低賃金額による影響差を考慮したという点であった[39]。

　全国生活賃金の 2 点目の特徴である賃金引き上げの際の考慮要素については、全国生活賃金はその引き上げ目標が具体化されており、「持続的経済成長を維持しながら、平均賃金（中央値）の 60％への過程をたどること」を考慮するよう要請されている[40]。数年の間に 2〜11 万という雇用喪失の懸念も理解しつつ雇用創出の可能性も想定し、経済成長を担保しながら、目標値への到達を目指す方針である[41]。他方、全国生活賃金を除く他の賃金区分については、以前と同様、「国の経済、雇用率および失業率、そして関連する政策の変更を考慮に入れつつ、引き上げのペースを検討する」ことが要請されている[42]。すなわち、全国生活賃金は 1998 年法を根拠とする第 5 の全国最低賃金でありながら、他の

36）2014 年 10 月 6.50 ポンドから 6.70 ポンドへの引き上げ増加率。

37）DBIS, *supra* note 13, pp.4-10.

38）ただし、大幅な増額は 1998 年法制定後初期の 2000 年代前半のことであり、当時の最低賃金額は一般的な平均賃金（中央値）（typical（median）hourly rate）の 45％程度にすぎず（2015 年の額は平均賃金中央値の 54％）、同じ俎上で比較することに対する指摘もある（Conor D'Arcy and David Finch Calculation, Analysing the National Living Wage- Impact and implications for Britain's low pay challenge-, Resolution Foundation Briefing, 2015, p.2）。

39）25 歳以上の平均賃金（中央値）は 21 歳以上のそれよりも高いため、全国生活賃金の設定額が一般最低賃金額に比べ高額であったとしても、平均賃金（中央値）に対する割合はほぼ同水準になっている。

40）LPC, National Minimum Wage Low Pay Commission Report 2018, Cm 9717, 2018, para.5.7.

41）*Ibid.*

42）LPC, *supra* note 13, para.3.9.

最低賃金額にはない個別の明確な目標に向かうものとなり、その賃金水準もこれまでより大きく引き上げられることになったのである[43]。

2　政府の意図と期待される役割

2014 年 RF 報告による評価および新施策の提示と並行し、全国生活賃金の新たな導入には、経済および財政状況の悪化、低迷から、政府としては福祉給付などの公費支出の削減が避けられない状況にあったことも指摘できる。つまり、企業の賃金負担を引き上げることで低賃金労働者を減らし、国民の税負担による社会保障支出の削減を企図した側面である[44]。政府は全国生活賃金導入の目的として「低賃金、高税負担、福祉依存度の高い社会から、高賃金、低税負担、福祉依存度の低い社会への移行」を述べ[45]、全国生活賃金の導入とともに、雇用コスト増加に伴う強い反発を予想し、企業や地方公共団体等の負担軽減施策も含む福祉改革および税制改革等を一体的に実施した。全国生活賃金導入による使用者側のコスト増については、議会においてもしばしば議論となった[46]。なかでも零細企業への対応の必要性や、福祉・ケア分野は低賃金労働者比率が高く、特に社会的ケアを担う地方公共団体の負担増に対する懸念が大きく、政府はそうしたリスクを和らげるさまざまな施策を実施した[47]。

---

43) なお、1998 年法 5 条以下に基づき、従来の全国最低賃金と同様、全国生活賃金についても低賃金委員会に対し政府がその引き上げ額等に関する付託を行う。この点は議会審議のなかでも確認されている（Nick Boles, *supra* note 13, Written Answer, HC 6507 (15 July 2015)。

44) HM Treasury, supra note 13, para. 1.120-1.124.

45) HM Treasury, *supra* note 13, para.1.118-1.122.; Lord O'Neill of Gatley (Commercial Secretary to HM Treasury), Written Answer, HL 1120 (15 July 2015). さらに政府は、全国生活賃金を含めた法政策は「賃金で労働に報い、社会保障給付を通して賃金への負荷となっていた依存を減らし、低賃金労働者が経済成長からより多くの利益を得ることができるようにするといった公平という重要な理由に拠るものである」とも説明している（DBIS, *supra* note 13, p.4)。

46) Alistair Burt (Minister of Department of Health), Written Answer, HC 19646 (10 December 2015) / HC 23722 (22 January 2016) / HC 28150 (2 March 2016) ; Nick Boles, *supra* note 13, Written Answer, HC 26180 (8 February 2016) ; Anna Soubry (Minister of Department for Business, Innovation and Skills), Written Answer, HC 29301 (7 March 2016) ; Mr Marcus Jones (Parliamentary Under-Secretary of State for Communities and Local Government), Written Answer, HC 28869 (8 March 2016).

47) 雇用手当の増額、法人税率の低減のほか、社会的ケアに従事する労働者の雇用コスト負担の増大に対し、地方公共団体への経済支援策も実施した（HM Treasury, *supra* note 13, para.1.127-1.128; Nick Boles, *supra* note 13, Written Answer, HC 12653 (27 October 2015))。

加えて、全国生活賃金が、経済成長を続けながら賃金水準を引き上げることで、OECD 諸国の平均より高い低賃金労働者比率を改善し、公平な賃金分配を確保することへの期待も示された[48]。

四　今後の課題

　2018 年 4 月の全国生活賃金額は 7.83 ポンド（約 1169 円）であり、平均賃金（中央値）の 58.6％、2019 年 4 月には 8.21 ポンド（約 1226 円）となり、平均賃金（中央値）の 59.8％に達している。2018 年 4 月の改定時は、160 万人を超える労働者（25 歳以上労働者人口の 6.5％）の賃金引き上げに直接貢献し、波及効果を含め約 500 万人の賃金上昇に影響を及ぼしたとされる。さらに、2019 年 4 月の改定では、約 240 万人（同 9.7％）の賃金引き上げに直接影響を及ぼすと予想された[49]。

　このように、全国生活賃金は多くの労働者の賃金引き上げに影響を与えている。加えて、低賃金委員会は「全国生活賃金導入後まもない段階で結論を出すことは時期尚早」だとしても「雇用への悪影響は非常に少なかった」とも指摘する[50]。

　他方で、法執行の点で看過し難い課題として次の 2 点が指摘されている[51]。第一が全国最低賃金法違反を続ける使用者の存在、第二が最低賃金法の保護から外れる、もしくは、意図的に外される人たちの存在である[52]。

1　法執行強化への壁

　第一の点に関し、低賃金委員会による 2018 年報告によれば、全国生活賃金

48）全国生活賃金を 2020 年までに平均賃金（中央値）の 60％に引き上げることで、OECD 平均（16％）より高いイギリスの低賃金労働者比率（22％）にも立ち向かい 、賃金引き上げに伴う生産性向上と国際的な競争力の強化を目指すことを明言している（HM Treasury, *supra* note 13, para.1.120; DBIS, *supra* note 13, pp.24-25）。
49）LPC, *supra* note 40, para.2.48.
50）LPC, *supra* note 40, Excutive summary 23.
51）低賃金委員会の各報告書のほか、Peter Prowse, Ray Fells, James Arrowsmith, Jane Parker and Ana Lopes, Low pay and living wage: an international perspective, Employee Relations, Vol. 39 Issue 6 , 2017, pp.778-784 でも同様の指摘がある。
52）本稿では課題の指摘に留め、子細な検討は別稿に譲ることとする。

額の対象となる 25 歳以上に限定した場合にも、法的に義務付けられた全国生活賃金額を受け取っていない者が 36 万 9000 人にのぼる。これは、全労働人口の 1.5％、2017 年の 33 万 9000 人からさらに増えている[53]。

　1998 年法は未払い使用者に対し、名前の公表、過料などのほか、悪質な場合には刑事訴追も予定している[54]。ただし、最低賃金額の未払いリスクは、最低賃金額の引き上げとともに大きくなることは知られており、この点は全国生活賃金の新設規定を含む 2016 年修正規則の議会審議においても政府から言及があり、効果的な執行の重要性が述べられていた[55]。同修正規則は、使用者に課す過料額を未払い額の 100％から 200％に増額すると規定し[56]、政府はその実効性に期待していた[57]。

　しかしながら、違反者の増加は述べたとおりであり、2016 年修正規則による過料額引き上げが、1998 年法の取締り強化になったとは言い難い状況が露呈している[58]。

　政府は、全国生活賃金の導入および過料額の引き上げに伴う法の履行状況に関し、低賃金委員会に調査、検討を課し、同委員会は 2017 年 9 月に最低賃金未払いおよび履行確保に関するレポートを公表している[59]。また、2016 年修正規則の議会審議の場においても、政府は最低賃金違反取り締まりを担当する歳入

53）全国最低賃金額を受け取っていない労働者の 5 分の 2 は保育業界で働くとも報告されている（LPC, *supra* note 40, Summary 22）。

54）National Minimum Wage Act 1998, s.31.

55）Nick Boles, *supra* note 13, HL Debs col 9（11 January 2016）.

56）National Minimum Wage（Amendment）Regulations 2016, r.2. これにより、従来の規則に則り、使用者が 14 日以内に支払う場合には過料額（calculation of penalties）は半分に減額されるが、半額となった場合にも未払い額の 100％相当の過料は義務付けられることとなった（この 2016 年修正規則 2 条により 1998 年法 19A（5A）（c）条が改正された）。

57）「不払いに対する過料額の引き上げにより、それでもなお法に満たない額しか支払いのない使用者が法を守り、その使用者に雇用される労働者が法的に確保された額を受け取ることができるようになる」（Baroness Neville-Rolfe, *supra* note 20, HL Debs vol 768 col 516（18 January 2016））

58）実際に過料を受けた使用者数は、2018 年 3 月に公表された数字において年間およそ 180 であり、労働者数にすると 9000 人を超える数である（Government UK, press release-Nearly 180 employers named and shamed for underpaying thousands of minimum wage workers, 9 March 2018 《https://webarchive.nationalarchives.gov.uk/20180411034631/https://www.gov.uk/government/news/nearly-200-employers-named-and-shamed-for-underpaying-thousands-of-minimum-wage-workers》（最終閲覧日：2019 年 1 月 30 日））。

59）LPC, Low Pay Commission: Non-compliance and enforcement of the National Minimum Wage, 2017.

関税庁（HM Revenue & Customs）の調査・監督能力ないし権限の強化、および未払い労働者1人あたり2万ポンドという過料上限額についての再検討の可能性について言及した[60]が改正には至らなかった。法の履行が十分に確保されていない以上、喫緊の課題の一つであろう。

2 全国最低賃金法の対象外となる層の拡大

第二は、全国最低賃金法の対象とならない者の増加である。同法の対象は「被用者（employee）」でなく「労働者（worker）」の範囲に拡大されている[61]が、指揮命令関係や相互義務が生じない自営業者は基本的に範囲外とみなされる。一部の使用者が法の責任逃れを目的に、たとえば、配送担当の「労働者」を自営業者とみなし、処遇している場合もある[62]。いわゆるゼロワーク契約（zero hours contract）者たちも、その労働者性ないし待機時間の労働時間性の問題が生じやすい[63]。また今日、拡大を続けるギグエコノミー労働市場も自営業者等増加の一端を担っていると考えられている[64]。

法律上の労働者性の否定は、最低賃金法上の権利が確保されないことにもつながる。こうした人々こそ不安定かつ所得水準が低く、苦境に立たされている人も少なくない。労働者性や労働時間性に関する雇用審判所への申立ては、1998年法関連のなかで最も多い類であり、こうした法の射程の狭間で働く人々の増加に対し、手立てや方策が必要になろう。

おわりに

イギリスの全国生活賃金の導入は、労働者人口の大半を占める25歳以上の賃金を一層引き上げた。全国生活賃金は平均賃金（中央値）との関係で明確な目標値が初めて示されたことに大きな特徴があると言えよう。導入からまもなく4年目に入るが、全国生活賃金は2020年の目標値に向かって引き上げが進ん

---

60) Nick Boles, *supra* note 13, HC Debs col 8（11 January 2016）.
61) 前掲注24）。
62) LPC, National Minimum Wage Low Pay Commission Report 2017, Cm 9536, 2017, para.2.41 など。
63) LPC, National Minimum Wage Low Pay Commission Report Autumn 2016, Cm 9272, 2016, para.5.193 など。
64) ギグエコノミー市場でおよそ130万人が働くとも言われる（Royal Society of Arts, Good Work: The Taylor Review of Modern Working Practices, RSA, London, 2017, p.25）。

でおり、導入時に懸念された雇用喪失等についても明らかな負の影響はなく、これまで失業率は増えず、むしろ 1970 年代以来の最低水準を記録している [65]。また、イギリスは OECD 諸国のなかで、低賃金労働者の比率が平均（16％）より高い 22％であり、こうした状況を打開し、労働生産性を高め、国際競争力の強化も目指すとしていることは本文で述べたとおりであるが、残された今後の課題に対しイギリスがどのように対処するかを注視していく必要がある [66]。

さらに、イギリスの全国最低賃金は男女の賃金格差（pay gap）を縮めてきたと評されている [67]。とくに、2016 年の全国生活賃金の導入は、低賃金層の割合が高いパートタイム労働に従事する女性たちの賃金の底上げに貢献し、男女の賃金格差をさらに縮小する効果があったと報告された [68]。2018 年公表の資料によれば、男女賃金格差は全国生活賃金導入前の 2015 年の 19.3％から 2018 年には 17.9％に縮小している [69]。日本はどうであろうか。「平成 29 年賃金構造基本統計調査の概況」によれば、男性賃金を 100 とした場合の女性賃金は 73.4％であり、格差は依然 26.6％ある [70]。

低賃金層に女性が多いという現状は別途解決すべき課題であり、その解消にはまた別の方策が必要であろうが、全国生活賃金の導入を含め、こうした具体的で実効性のある施策が賃金水準を引き上げ、男女賃金格差の縮小にも有効であることが今後も明らかになるのであれば、イギリス最低賃金法およびその関連施策は、女性労働に関わる施策も含め、今後の動向を確認し、検討すべき意義があるものだと考える。

---

65) 全国生活賃金の導入後、2017 年までに 110 万を超える雇用が創出されており、失業率は過去最低の 4％であると報告されている（LPC, *supra* note 40, para.5.6）。
66) 前掲注 48)。
67) David Metcalf, Britain's minimum wage: what impact on pay and jobs?, Center Piece Winter 2006/07, p.10.
68) Feargal McGuinness Doug Pyper, The Gender Pay Gap, House of Commons Library, Number 7068, 2018, p.23 ; LPC, *supra* note 40, para.2.76.
69) House of Commons Library, The Gender Pay Gap, UK, 1997-2018.
70) 厚生労働省「平成 29 年賃金構造基本統計調査の概況」2018 年。女性の賃金は過去最高であり、かつ、男女賃金格差は比較可能な昭和 51 年（1976 年）調査以降で過去最少である。なお、日本の統計はイギリス統計での中央値ではなく平均値となる。また、イギリス資料では 1 時間あたりで比較されているが、日本は年間総賃金による比較である。

家族的責任から両立支援へ
——裁判例で見る家族的責任とワーク・ライフ・バランス——

菅野淑子

はじめに

1993 年に東京地裁で出された判決は、当時、その原告が父親、母親および 2 人の子どもであったこと、「個人が家族を形成する権利」「夫婦家族が共同生活を営む権利」「両親に養育され、健康で安定した家族生活を営む権利」を根拠に、父親の配転命令の違法、無効および精神的苦痛、経済的負担に対する慰謝料等を請求する内容であったこと等から、注目を集めた（帝国臓器事件東京地裁判決）。請求はいずれも認められなかったものの、夫・父親に対して使用者から出された配転命令に対し、夫本人だけでなく妻や子どもたちが「家族生活を営む権利」を主張し訴えたことで、家族とは一定の権利を有しているのか、共同生活を営むことが原則とされる主体なのか等、さまざまなことを考えさせられる契機となった。同事件は最終的に最高裁まで争われたが、当該配転命令の無効は認められていない。

それは、ちょうど育児休業法が成立した頃（1991 年）のことでもあった。それ以前、使用者の努力義務であった育児休業制度は、女性労働者のためだけのものであった[1]。しかし、1991 年成立の同法が民間企業における男女労働者を適用対象としたことで、育児休業請求権は子を有するすべての労働者の権利となりうるものと位置付けられた。当時の情勢からすれば、1989 年の合計特殊出生率が過去最低水準となった「1.57 ショック」が立法を実質的に後押ししたこともほぼ疑いはない。高学歴化が進み、就労を続ける女性が増えた結果、婚姻年

---

[1] 1991 年以前は、1972 年勤労婦人福祉法により、育児休業制度は使用者の努力義務に基づき設置されるものであった（同 11 条）。http://www.shugiin.go.jp/internet/itdb_housei.nsf/html/houritsu/06819720701113.htm

齢と出産年齢が上昇した。男女を問わず、婚姻を選択しない者も増えた。そうしたなかで、女性が子どもを産むためには、職業と家庭との両立支援制度が必要と考えられた。

　育児休業法制定の際は、以上のような少子化対策的側面も少なからずあったかもしれない。しかし、当時、育児休業適用の対象を男女とした事情に立法的な側面から影響を与えたと思われるのは、1981 年に採択された ILO156 号条約（家族的責任を有する男女労働者の機会及び待遇の均等に関する条約）、165 号勧告であろう。1983 年には当時の日本社会党議員が、初めての男女労働者を適用対象とする育児休業法案を、衆議院社会労働委員会に提出している[2]。その後、同法案は幾度かの提出を経て、1991 年にようやく成立した。

　本稿では、育児休業法成立に理念的影響を与えた家族的責任という考え方について再考し、同法の成立及び改正後には、家族的責任に基づく権利の濫用を問題にするような裁判例が非常に少なくなったこと、代わって現在は、男女雇用機会均等法と育児介護休業法の不利益取扱い等の禁止規定に基づく裁判例が多くを占めるようになったこと等、いわば、家族的責任の主体は誰かということが焦点であった時代から、誰もが職業生活と家庭生活の調和（＝ワーク・ライフ・バランス）を目指す両立支援の時代へと変化したことについて、主に裁判例を用いて整理したい。育児休業法から育児介護休業法、男女雇用機会均等法及び労働契約法の成立と改正、これらの法に関係する裁判例の傾向を検討することにより、家族的責任の所在や負担の重さ等の議論に、ワーク・ライフ・バランスをめざす両立支援という考え方が加わり、個々の労働者の生活に視線が向けられる時代へと変化してきたことを示したい。

　具体的には、ILO156 号条約と 165 号勧告が提示した「家族的責任」について概観したのち、現在までの国内の状況を主に裁判例を用いて検討していく。1990 年代には配転命令の有効性を争う裁判例等で家族的責任の所在が争点とされることがあったが、近年はほとんど見られなくなった。これは、育児介護休業法がその法目的を「子の養育又は家族の介護を行う労働者等の……（中略）職業生活と家庭生活との両立に寄与することを通じて、これらの者の福祉の増進を図り、あわせて経済及び社会の発展に資すること」とし、家族的責任を果

---

2) 1983 年 3 月 31 日、衆議院社会労働委員会に日本社会党の本岡昭次議員他 2 名が法案提出をしている。

たすことを労働者の権利として位置付けたこと、その後同法に使用者への配慮義務を課す26条、また労契法に3条3項（「労働契約は、労働者及び使用者が仕事と生活の調和にも配慮しつつ締結し、又は変更すべきものとする」）が加えられたことが影響していると思われる。両立支援とは切り離せない均等待遇及び母性保護に関しても、男女雇用機会均等法の改正が果たした役割を中心に検討したい[3]。

一　ILO156号条約・165号勧告と育児介護休業法

　ILO156号条約「家族的責任を有する男女労働者の機会及び待遇の均等に関する条約」は、1981年6月23日に採択され、1983年8月11日に効力が発生している。日本では、1995年4月14日に国会で承認され、批准の閣議決定を経て、同年6月9日に批准、6月12日に公布・告示された（条約第10号及び外務省告示第366号）。日本に効力が発生したのは1年後の1996年6月9日、同時に採択されたのは165号勧告「家族的責任を有する労働者勧告」である[4]。

　もとは、1965年のILO123号雇用（家庭的責任を有する女子）勧告があったところ、その後の社会環境の変化に対応するという観点や、1979年に国連で採択された女性差別撤廃条約に、締約国は「社会及び家庭における男子の伝統的役割を女子の役割とともに変更することが男女の完全な平等の達成に必要であることを認識」する旨規定されていること等を踏まえ、「すべての労働者が直面している問題の多くが家族的責任を有する労働者にとっては一層切実なものとなっていることを考慮し、並びに家族的責任を有する労働者の特別のニーズに応じた措置及び労働者の置かれている状況を全般的に改善することを目的とする措置によって家族的責任を有する労働者の置かれている状況を改善することの必要性を認識し」（前文より）、採択された。

　同条約の適用対象は「被扶養者である子に対し責任を有する男女労働者（第1条第1項）」と「介護又は援助が明らかに必要な他の近親の家族に対し責任を

3）　以下では、男女雇用機会均等法を均等法、育児介護休業法を育介法、労働基準法を労基法、労働契約法を労契法と略称する。
4）　ILO156号条約 https://www.ilo.org/tokyo/standards/list-of-conventions/WCMS_238080/lang--ja/index.htm、ILO165号勧告 https://www.ilo.org/tokyo/standards/list-of-recommendations/WCMS_239196/lang--ja/index.htm（いずれも日本語訳）

有する男女労働者（第1条第2項）」であって、「当該責任により経済活動への準備、参入若しくは参加の可能性又は経済活動における向上の可能性が制約されるもの」であり[5]、この両者は「家族的責任を有する労働者（workers with family responsibilities）」と定義されている（第1条第4項）。

　前述した123号勧告に置き換えられた同名の勧告が、同条約と同時に出された第165号勧告である。条約よりも具体的にどのような施策を講じるべきかが記載されているなかで、両親のうちどちらかは、出産休暇の直後の期間に育児休暇をとることができ、雇用から生じる権利を保護されたうえで雇用も失わないようにすべきであるとして、育児休暇の規定を置くことを奨励している（Ⅳ 22（1））。その休暇期間の長さや条件等は、各国が法令等により決めることができる（Ⅳ 22（2））。日本では同勧告が同条約批准に向けての指針的な働きをし、育児休業法制定（1991年）に繋がったことが伺える[6]。また、育児の責任を有する労働者への対応のみでは本条約の批准に不十分だったことから、介護や援助が必要な家族に対し責任を有する労働者のための、介護休業制度を含む育児休業法改正（1995年）が実現したという側面もあった[7]。

二　配転命令権の濫用を争う裁判例

1　家族的責任[8]の家族間での分担について

　このように、「家族的責任を有する労働者（workers with family responsibilities）」は、国際法上は1980年代前半から、男女を問わない労働者であると認識されていた。

5）第1条第1項、第2項。「被扶養者である子」「介護または援助が明らかに必要な他の近親の家族」とは、各国において、その法令、労働協約、就業規則、仲裁裁定、判決等で定義したものとなる。

6）菅野淑子「日本の育児休業法・育児介護休業法制定過程にみる理念の変容——ワーク・ライフ・バランスの時代に」『社会法の再構築』旬報社、2011年、146頁。

7）浅倉むつ子「労働法におけるワーク・ライフ・バランスの位置付け」日本労働研究雑誌599号、2010年は、ILO156号条約および165号勧告は、すべての労働者にとってのワーク・ライフ・バランスの実現が、家族的責任を担う労働者の平等の実現にも資すると述べており、こうした思想は当時十分に育介法に反映されていないと指摘する。

8）本稿でも、「家族的責任」は、ILO156号条約・165号勧告に倣い、被扶養者である子に対する責任、介護または援助が必要な他の近親の家族に対する責任、と定義してすすめる。

では、同条約を批准した頃の日本はどのような状況であっただろうか。本稿の冒頭でも触れた帝国臓器事件（最二小判平11.9.17労働判例768号16頁）[9]はちょうどその時期の裁判例である。

　夫（一審原告X）に命じられた東京営業所から名古屋営業所への配転命令につき、夫が自身の家族的責任を理由に拒否し、夫と同じ会社で働く妻および3人の子どもたち全員が原告となり、配転命令権の濫用等を訴えた。一審は、本件配転命令は業務上の必要性に基づくものであり、労働者間の公平性および人選自体の不当性は認められず、家族が二重生活になることで起きる経済的、精神的不利益についても使用者会社（一審被告Y）がその回避のために取った措置、及び配転先が新幹線で二時間とそれほど遠くないこと等から、Xにとって社会通念上甘受すべき程度を著しく超える不利益であるとは認められないと判断し、Xらの請求を棄却した[10]。控訴審では、X側はさらに本件配転命令には業務上の必要性がないこと、また単身赴任により基本的人権である「家族生活を営む権利」を侵害されたこと、女性差別撤廃条約等の趣旨にも反し公序違反であること等を主張したが、いずれも認められなかった。労働契約及び就業規則の効力を限定的に解釈すべきであるとの主張も、「家族生活を優先すべきであるとする考え方が社会的に成熟しているとはいえない」現状においては、採用できないとした。最高裁も、本件配転命令は業務上の必要性に基づくもので、不当な動機・目的をもってなされてはおらず、Xらの被る経済的、社会的、精神的不利益が社会通念上甘受すべき程度を著しく超えるものということはできないとし、上告を棄却した。

　日本において夫の単身赴任は珍しいことではない。一家で移動しない理由はさまざまであるが、参考までに裁判例では、子どもの保育や教育、妻の就労継続、あるいは老親のため等が多い。当時は、夫である男性も家族的責任を負うとの発想はほとんどなく、全国あるいは海外に支社を持つ企業は、総合職採用の男性労働者には、ほぼ包括的な配転命令権を行使できるような労働契約を締結していることが多く、法律で家族の状況に配慮することも義務付けられてはいなかった。帝国臓器事件判決が出されたことは、家族的責任とはどういうも

9）　二審：東京高判平8.5.29労働判例694号29頁、一審：東京地判平5.9.29労働判例636号19頁。
10）　判断枠組みは、東亜ペイント事件・最二小判昭61.7.14労働判例477号6頁。

ので、誰に属するのか、使用者はどこまでの配慮をすべきなのか等を考察するために非常に意義があったものといえる。

　同判決が提示された頃には、家族的責任を有する労働者に対する配転命令の違法性を争う裁判例が相次いだ。同様に配転命令が有効とされたものとして、ケンウッド事件（最一小判平 12.1.28 判例時報 1705 号 162 頁、判例タイムス 1026 号 91 頁、労働判例 774 号 7 頁）[11] がある。これは、家族的責任のある女性労働者に出された配転命令が有効とされた事案である。子どもを保育園に通わせる既婚女性（一審原告 X）が、使用者会社（一審被告 Y）により東京都目黒区から八王子事業所の同一部門への異動命令を受けたが、異動すれば通勤時間が長くなり子どもの保育ができなくなること等を理由に、同命令を拒否して長期間出勤しなかったために停職処分とされ、その後懲戒解雇された。これら処分の無効と地位確認及び異動先での勤務義務不存在確認等を請求したものである。一審はむしろ X が転居すれば保育問題等は容易に解決できたとして、本件異動命令は権利の濫用にあたらず、停職処分、懲戒解雇の各処分にも手続き上の違法はないとし、本件請求を全て棄却した。控訴審は、本件異動命令には業務上の必要性があり、転居に伴ってある程度の不便・不利益はあるものの、これらは転居に伴い通常甘受すべき程度のものであること、また、Y は本件異動命令発令にあたりできる限りの配慮をしようと考えており、X が八王子事業所に異動した場合には、保育園等に預ける場合の勤務時間に十分配慮する用意があったこと等を挙げ、X の請求を棄却した。最高裁においても、XY 間の労働契約に就労場所を限定する旨の合意がされたとは認められず、Y は個別的同意なしに X に対して転勤を命じる権限を有していたこと、本件異動命令には業務上の必要性が存すること、X が第二子を妊娠したのは本件異動命令の後であり同命令の効力を左右しないこと等から、上告は棄却された。最高裁判決には元原利文裁判官の補足意見が付されており、本件の雇用契約が締結された時期を考えると、X のような高学歴とまではいえない女性労働者には、特に明示的な合意がなくても広域での異動をしないことが黙示的に合意されていると指摘し、より広域の移動についても Y に転勤命令権があったわけではないと、本件が単純に一般化できる事案ではないことが述べられている。

11）二審：東京高判平 7.9.28 労働判例 681 号 25 頁、一審：東京地判平 5.9.28 労働判例 635 号 11 頁。

このように、帝国臓器事件およびケンウッド事件は、それぞれ男性労働者に対する配転命令と女性労働者に対する配転命令である点、遠隔地への配転命令と通勤可能圏内での配転命令である点で前提条件が異なっている。しかし、どちらの事案も労働契約上は配転命令を出すことが可能であったと判断され、かつ、業務上の必要性が認められた。また、配転命令権の濫用判断において、「通常甘受すべき不利益の程度」を超えるとは認められていない点でも共通している。

　特にケンウッド事件（高裁判決）では、家族的責任を両親のどちらが負担しているかに関して、当時の実態として母親に負担がかかる傾向にある点は認めており、「夫婦双方が協力しあって前向きに問題を解決するよう努力すべきは当然である」[12]と、家族的責任が父親と母親で分け合うべきものであることを根拠に、転居に伴ってある程度の不便・不利益があったとしても、これは通常甘受すべき程度のものと判断する。筆者も、配転命令の当事者である労働者の不利益を測るために、夫婦双方の協力云々に言及することに違和感を抱かないわけではないが[13]、これは家族的責任の本質に根ざした問題を提示しているものと受け止めている。

　もともと、家族的責任を根拠とする法理は、以下のような問題を孕んでいる。家族的責任を根拠とすれば、その責任を共同で担える他の家族の存在を想定せざるをえず、そのうえで配転命令を受けた労働者にどの程度負荷がかかるかを考えることになる。権利濫用の判断枠組みを用いる場合、これは「通常甘受すべき不利益」を著しく超えているかの判断にあたり、結果的に配転命令を受けた労働者以外の家族全員がどれくらいの不利益を被っているのかを判断要素とするため、誰の「不利益」を問題にしているのか不明確になる傾向がある。家族的責任が家族間で分担することを前提としたものであることが、こうした法的判断における不明確さに繋がっていると思われる[14]。

12）ケンウッド事件高裁判決では「……夫婦が共に仕事を持ち、かつ、子が幼児である場合には、一般に妻により多くの負担がかかるであろうから、それによって通勤や勤務に支障が生ずる場合には、夫婦双方が協力しあって前向きに問題を解決するよう努力すべきは当然である。」（労働判例 681 号 29 頁）と述べた部分がある。

13）労働契約の当事者ではない夫の協力を想定するというのが適切かと疑問を呈する評釈として、大内伸哉「転勤命令が権利濫用に該当しないとされた例——ケンウッド事件」ジュリスト 1191 号 85 頁。

14）道幸哲也『職場における自立とプライヴァシー』日本評論社、1995 年、128 頁、では、「転

2 家族的責任を理由にした不利益性の判断について

　明治図書出版事件（東京地決平 14.12.27 労働判例 861 号 69 頁）は、男性労働者（債権者 X）に対する東京本社から大阪支社への配転命令の効力が争われた事案である。共働きの妻の継続就労に対する影響、アトピー性皮膚炎の症状が酷い長男（3 歳）長女（6 か月）の育児への影響、両親の介護への影響を理由に、使用者会社（債務者 Y）の大阪支社へ赴任せずに本件訴訟を提起した。判旨では、本件配転の業務上の必要性を認め、X は転勤を予定された総合職の地位にあること、Y は X が被る金銭的な不利益に対しては相当程度配慮を尽くしていることも認める。しかし、妻が共働きであることを前提とした育児に関する X の不利益は大きく、二人の子の育児に関する不利益は著しく、金銭的な填補では必ずしも十分な配慮とはいえない。女性が結婚・出産後も就労を続けることが、国民の間に許容されている現在の社会状況、男女共同参画基本法の趣旨等に照らすと、「X の妻が仕事を持っていることの不利益を X 又はその妻の一方が自らの仕事を辞めることでしか回避できない不利益を『通常の不利益』と断定することはもはやできないといわざるを得ない」。X に生じている不利益は、その子らが幼く病状が重症であるため、「単なる共働きと異なり、育児負担が特段に重い」ものとし、通常甘受すべき程度を著しく超える不利益を負わせる配転命令で無効とした。また、2002 年に改正育介法に加えられた 26 条（事業主の家族的責任を有する労働者への配転に関する配慮義務）に関しては、積極的な措置を講ずることを事業主に求めるものではないが、少なくとも当該労働者が配置転換を拒む態度を示しているなら、真摯に対応することを求めているもので、一貫して配転命令を押し付けるような態度をとる場合は、同条の趣旨に反し、その配転命令が権利の濫用として無効になることがあると解するのが相当、と述べ、Y の対応は同法 26 条の趣旨に反しているとした。

　本判決の特徴は 3 点あげられる。第一に、配転命令によって X が被る不利益の判断については、子どもたちが重症のアトピー性皮膚炎であり、共働きの妻と 2 人でその世話にあたっていたという家庭内の事情について詳細に検討し、これらを重視していることである。このように、家族に病気を抱えた者がいる

　勤命令の違法性を本人に関する場合と家族に関する場合とに区別して相対的に把握することができるか」という問題点を指摘している。

事案においては、労働者の配転命令から生じる不利益の大きさを認容したものが多く見られる。徳山曹達事件（山口地判昭 51.2.9 労働判例 252 号 62 頁）、東亜ペイント事件（大阪地判昭 52.8.24 労働判例 399 号 43 頁）、ナカヨ通信機本訴事件（前橋地判昭 52.11.24 労働判例 293 号 69 頁）、フットワークエクスプレス（大津）事件（大津地決平 9.7.10 労働判例 737 号 81 頁）、北海道コカ・コーラボトリング事件（札幌地決平 9.7.23 労働判例 723 号 62 頁）、日本レストランシステム事件（大阪高判平 17.1.25 労働判例 890 号 27 頁）等、昔から、重い家族的責任を負った労働者に対する遠隔地配転が問題となる事案は相当数存在している。これらの裁判例を見ると、一様に原告側が非常に多くのプライバシーを開示していることに驚かされる。「通常甘受すべき不利益」を超えることを立証しなければ配転命令の違法性を争うことができないためであり、強制されているものではないとはいえ、家族的責任を根拠に負担の重さを主張するためには、非常に多くの家族の事情を開示する方法で争わなければならないという事情が伺える。

　第二に、育介法 26 条が付加されたのちの判決であることから、事業主が配慮義務を果たしたと見なされる対応について、かなり具体的に述べていることである。この点に関しては、同様に育介法 26 条が付加された後の事案で、ネスレジャパンホールディング（配転本訴）事件（大阪高判平 18.4.14 労働判例 915 号 60 頁）[15] でも、積極的に介護等の負担を軽減するなどの措置を講ずることを事業主に求めるまでのものではない、と本件と類似の判断をしている [16]。

　第三には、妻が共働きであることを前提とした育児に関する不利益を、X 本人か妻が仕事を辞めなければ回避できないのなら、それは「通常の不利益」とは断定できないと述べていることである。夫婦双方の仕事を同じ重さで評価している点、また、社会状況や男女共同参画社会基本法の趣旨等を理由に、夫か妻のいずれかが仕事を辞めざるを得なくなる状態なら、「通常甘受すべき不利益」を超えるとした点を評価したい。さかのぼれば、婚約中で、結婚後は共働

15）一審：神戸地姫路支部判平 17.5.9 労働判例 895 号 5 頁。本件においても、発令後に原告らが配転に応じるのが困難な旨を伝えたにも関わらず、使用者からは異動せよと繰り返し回答が行われている。一審判決の評釈として、水町勇一郎「家族の看護・介護を行なっている労働者への配転命令における手続きと配慮——ネスレジャパンホールディング（配転本訴）事件」（ジュリスト 1312 号、2006 年）168 頁。
16）さらに「法が、事業主に対し、配慮をしなければならないと規定する以上、事業主が全く何もしないことは許されることではない」とし、配慮の有無程度は、配転命令権の濫用判断に影響を与えるとする。

きをするつもりで男性が配転命令を拒否した事案では、「結婚したら夫婦別居か妻が職場をやめなくてはならないという事情は、共稼ぎ夫婦の一方の転勤に伴って通常生ずる事態」であると述べた東洋テルミー事件（昭48.5.11 労働判例177号28頁）のような判決が出された時代もあり、「共稼ぎ夫婦の一方の転勤に通常生ずる事態」の基準が変化したとも言える。

　何を不利益と判断するかは時代によって変わる部分があり、通常甘受すべき程度の判断も変化する。現在は、家族的責任からの不利益性を理由にした、遠隔地への配転命令の効力を争点とする裁判例は激減した。使用者に配慮義務を課す育介法26条、さらに労契法3条3項が浸透してきたということなのかもしれない。家族的責任からの不利益性を理由にした、遠隔地への配転命令の効力を争点とする裁判例は激減した。

三　両立支援策における問題点

1　法改正を経て

　1997年、均等法に努力義務規定を禁止規定へ変更する等の改正が行われた際、同時に労基法の改正もなされた。いわゆる一般女性保護規定（時間外・休日・深夜労働に関する保護規定）は廃止され、母性保護規定、すなわち、産前産後休業（65条）、育児時間（67条）、生理休暇（68条）に関する条文が残され、危険有害業務・重量物取扱い（64条の3）、坑内労働（64条の2）に関しては、妊産婦のみ禁止対象とされた。一方で、一般女性保護規定は、一定年齢以下の子どもを養育している場合等の要件を満たす者を対象とするように変更され、育介法に移された。母性保護は縮小する代わりに、性別を問わず可能な育児及び介護に関しては、適用対象を男性にも広げる方策をとった。この発想の転換を助けた理念は、ILO156号条約・165号勧告が示した家族的責任のほかには考えられない。

　2002年の育介法改正においては、前項で述べたように、26条の家族的責任を有する労働者に対する就業場所変更の際の配慮義務規定が加えられた。また、2004年頃からは厚生労働省における「仕事と生活の調和に関する検討会議」、「職業生活活性化のための年単位の長期休暇制度に関する研究会」において、

ワーク・ライフ・バランスの理念が繰り返し述べられるようになり、2007年には政労使の合意に基づく「仕事と生活の調和（ワーク・ライフ・バランス）憲章」と「仕事と生活の調和推進のための行動指針」が決定され、翌年施行の労契法3条3項においては、労働契約は労働者と使用者が「仕事と生活の調和にも配慮しつつ」締結、変更すべきとの規定が設けられた。こうして近年は、裁判例において、家族的責任を根拠とする不利益性の主張をほとんど見かけることがなくなった。家族的責任は、主に育介法により、育児や介護が必要な家族を持つ人すべてに当然に認められる責任とされ、利用可能な制度が設置され、使用者には強行規定としての不利益取扱い禁止条項（育介法10条等）が課せられたことも一因であろう。労働者側からすれば、解雇や不利益取扱いを受けない権利、嫌がらせをされない権利（育介法25条）等、個別的な権利と使用者の配慮義務違反を主張できるようになった。均等法9条の母性に関する条項についても同様である。

　裁判例としてよく見られるようになったのは、均等法9条3項、4項、育介法10条等を根拠に、妊娠・出産、及び育児休業等の制度利用に伴うさまざまな不利益取扱いを訴える事案である。労基法の母性保護規定については同法で罰則の対象になるが、妊娠・出産にまつわる不利益取扱い全般は、均等法において禁止されている。結婚退職、妊娠・出産退職を予定する定めを作ることの禁止（9条1項）、婚姻を理由とする解雇の禁止（9条2項）、妊娠・出産、産前休業の請求及び取得、産後休業の取得、その他妊娠・出産に関する解雇その他不利益取扱いの禁止（9条3項）、妊娠中および出産後1年を経過しない女性労働者に対する解雇無効（9条4項）である。　したがって、これらに該当する制度や処遇は均等法違反となり、育児休業・介護休業、その他育介法上の制度利用にまつわる解雇その他不利益取扱いは育介法違反となる[17]。

　妊娠・出産と育児はひと続きであるため、何を理由とする不利益取扱いなのかを判別するのが容易ではない場合もあるが、近年の裁判例を、①母性にまつわる権利に関するもの、②両立支援の権利に関するもの、に分類してみた。このように分類したのは、①は女性労働者が、②は両立支援を必要としている全

---

17) 均等法6、7、9条1〜3項、育介法10条、16条の規定は、私法上の強行規定であるので、それらに違反する行為は法律行為としては無効、対象労働者に財産的・精神的損害を与えれば、不法行為として賠償責任を生じさせる。菅野和夫『労働法〔第11版補正版〕』256頁、599頁。

労働者が対象とされているという違いがあり、法的根拠や規定の設置理念も異なっているからである。

①に分類されるのは、東朋学園事件（最一小判平 15.12.4 労働判例 862 号 14 頁。産後休業および短時間勤務による不就労が不就労時間とされ賞与不支給）[18]、広島中央保健生協〔Ｃ生協病院〕事件（最一小判平 26.10.23 労働判例 1100 号 5 頁。妊娠を理由とした軽易業務への転換後の降格）[19]、広島中央保健生協〔Ｃ生協病院・差戻審〕事件（広島高判平 27.11.17 労働判例 1127 号 5 頁。同前）、出水商事事件（東京地判平 27.3.13 労働判例 1128 号 84 頁。産前産後休業中の退職通知郵送等）、ネギシ事件（東京高判平 28.11.24 労働判例 1158 号 140 頁、労働法律旬報 1888 号 66 頁。妊娠後の解雇）[20]、TRUST 事件（東京地立川支部判平 29.1.31 労働判例 1156 号 11 頁。妊娠中の退職合意）、医療法人社団恵和会ほか事件（札幌地判平 27.4.17 労働判例 1134 号 82 頁。マタハラ的発言）、ツクイほか事件（福岡地小倉支部判平 28.4.19 労働判例 1140 号 39 頁。マタハラ的発言、業務軽減に非対応）、である。②に分類されるのは、日欧産業協力センター事件（東京高判平 17.1.26 労働判例 890 号 18 頁。有期契約労働者に育児休業取得を認めず）[21]、日本航空インターナショナル事件（東京地判平 19.3.26 労働判例 937 号 54 頁。深夜業免除に関する不利益取扱い）、みなと医療生活協同組合〔協立総合病院〕事件（名古屋地判平 20.2.20 労働判例 966 号 65 頁。産前産後・育児取得後の降格他）、コナミデジタルエンタテインメント事件（東京高判平 23.12.27 労働判例 1042 号 15 頁。査定上の不利益）[22]、医療法人稲門会〔いわくら病院〕事件（大阪高判平 26.7.18 労働判例 1104 号 71 頁。育休取得後の不昇給）[23]、シュプリンガー・ジャパン事件（東京地判平 29.7.3 労働判例 1178 号 70 頁。育休後の解雇）、大阪府板金工業組合事件（大阪地判平 22.5.21 労働判例 1015 号 48 頁。育児中の降格、配転命令）である。

　本稿は、労働法学的な視点で、家族的責任という思想から両立支援という思

---

18) 二審：東京高判平 13.4.17 労働判例 803 号 11 頁、一審：東京地判平 10.3.24 労働判例 735 号 15 頁。本件は、「労働基準法 65 条、育介法 10 条（当時）の趣旨に照らすと、これにより上記権利等の行使を抑制し、労働基準法等が上記権利等を保障した趣旨を実質的に失わせるものと認められる場合に限り」公序に反し無効としたものである。

19) 二審：広島高判平 24.7.19 労働判例 1100 号 15 頁、一審：広島地判平 24.2.23 労働判例 1100 号 18 頁。

20) 一審：東京地判平 28.3.22 労働法律旬報 1888 号 73 頁。

21) 一審：東京地判平 15.10.31 労働判例 862 号 24 頁。

22) 一審：東京地判平 23.3.17 労働判例 1027 号 27 頁。

23) 一審：広島地判平 25.9.24 労働判例同号 80 頁。

想への変化を追うことを主目的としているが、母性すなわち妊娠・出産にまつわる解雇及び不利益取扱いに関する近年の動向も、両立支援関連の裁判例に大きく影響を与えており、切り離せないものであると考える。次項では、母性にまつわる権利に関する不利益取扱い、両立支援の権利に関する不利益取扱いの順に、これらの裁判例を検討していきたい。

2　母性にまつわる権利に関する不利益取扱い

　母性関連のみならず、育児休業制度等の制度利用にも多大な影響を与えた東朋学園事件最高裁判決、広島中央保健生協（C 生協病院）事件最高裁判決の意義は大きかった[24]。前者については次項で触れるが、後者は、均等法 9 条 3 項の規定を強行規定と解したうえで、女性労働者に、妊娠、出産、産前休業の請求、産前産後の休業または軽易業務への転換等を理由として解雇その他不利益な取扱いをすることは、同項に違反するものとして違法、無効であり、本件の降格措置は同項の禁止する取扱いにあたると判示した。その直後に出された行政解釈（平成 27 年 1 月 23 日雇児発 0123 第 1 号）は、同判決が言う「理由として」とは、妊娠、出産の事由を「契機として」不利益が行われた場合と解すること、かつ、当該事由が発生している期間と時間的に近接して当該不利益が行われたか否かをもって判断することとしている。

　妊娠、出産に近接した時期に行われた解雇や不利益取扱いに関しては、他に、出水商事事件、ネギシ事件、TRUST 事件が続くが、妊娠中であっても解雇が有効とされた事案もあり、均等法 9 条 4 項但書の法的効力に関しては議論がある[25]。

　また、ごく最近になって、マタニティ・ハラスメントと思われる事案がいくつか出されている。医療法人社団恵和会ほか事件、ツクイほか事件、である。

---

24)　東朋学園最高裁判決は、「労働基準法 65 条及び育児介護休業法 10 条の趣旨に照らすと、これにより上記権利等の行使を抑制し、労働基準法等が上記権利等を保障した趣旨を実質的に失わせるものと認められる場合に限り」公序に反し無効としたものである（育介法 10 条は事件当時の条文）。この考え方は、権利取得抑制効論と呼ばれる。

25)　ネギシ事件控訴審判決は、妊娠が控訴人代表者（使用者）に事実として知られたのちに解雇された事案だが、男女雇用機会均等法 9 条 4 項但書に基づき、使用者側が妊娠を理由としていない解雇であることを立証し、就業規則に定める解雇事由に基づくやむをえないものと認められるとした。均等法 9 条 4 項に関しては、山田省三「男女雇用機会均等法 9 条 4 項の解釈について」労働法律旬報 1888 号（2017 年）12 頁。

紙幅の関係上詳しくは検討できないが、後者は、妊娠後に業務軽減を希望したがなかなか応じてもらえず、その打ち合わせの際の使用者側の発言に問題があった等の事案で、ハラスメント[26]にあたると思われる使用者の発言が、配慮不足で全体として社会通念上許容される範囲を超えており、妊産婦労働者（原告）の人格権を害するものとされた。

3 両立支援の権利に関する不利益取扱い

介護休業取得に関する裁判例はまだ見られないが、育児休業取得にまつわる裁判例は増えている。初期の裁判例、日欧産業協力センター事件[27]のような、育児休業の付与自体を認めるか（対象者は有期雇用労働者）といった争点を含んだものはその後現れず、育介法に規定されている育児休業、その他の制度を利用したことにより、不利益取扱いを受けた事案がほとんどである。不利益取扱いの内容は様々であるが、育介法で保障されている深夜業免除制度を利用したら月に2回程度しか乗務が割当てられなくなり賃金が激減した（日本航空インターナショナル事件）[28]、産前休業中の看護師長解任、病棟勤務への異動命令、深夜業制限規定に基づく請求を否認された（みなと医療生活協同組合事件）、育休後の担務変更に伴う役割グレード引下げ、年俸減額措置、成果報酬ゼロ査定（コナミデジタルエンタテインメント）、等である。

多くが女性からの請求であるなかで、医療法人稲門会（いわくら病院）事件は、平成22年に3か月間の育児休業を取得した男性労働者Xが、①3か月以上の育児休業をした者は翌年度の職能給を昇給させない、との運用をもとに、平成23年度の職能給を昇給されず、②3か月以上の育児休業をした者は当年度の人事評価の対象外になるとして、Xに翌年度の昇格試験の受験資格を認めなかったことにつき、これらは育介法10条に基づく不利益取扱いにあたる等として、差額賃金、慰謝料等の請求を行った事案である。控訴審においては、①

---

26) 2017年1月1日施行の均等法11条の2に関して、平成28年厚生労働省告示312号により、職場における妊娠、出産等に関するハラスメントには「制度等の利用への嫌がらせ型」と「状態への嫌がらせ型」があると示された。本件は前者であろうと思われる。

27) 原告が育児休業を請求した2002年当時、「期間を定めて雇用される者」は育児休業制度の適用対象外とされていた（改正前育介法2条1号）ために、原告の労働契約が「期間の定めのない労働契約と。実質的に異ならない状態になっていた」かどうかが争点となった事案である。

28) 多数組合と少数組合間の処遇格差も認められている。

②の両方における不法行為の成立を認めた（原審は①によるXが受けた経済的不利益の小ささに着目し[29]、②のみ認容）。本件不昇給規定は前年度に3か月以上の育児休業をした従業員に、その翌年度の定期昇給で職能給の昇給をしない旨を定めたものであり、控訴審は日本シェーリング事件、沼津交通事件、東朋学園事件の各最高裁判決[30]を引用し、権利取得抑制効論[31]を展開、Yが「遅刻、早退、年次有給休暇、生理休暇、慶弔休暇、労働災害による休業・通院、同盟罷業による不就労、協定された組合活動離席などは、職能給昇格の欠格要件である3ヶ月の不就労期間には含まれないというのであるから、育児休業を上記欠勤、休暇、休業に比べて不利益に取り扱っている」とした[32]。本件不昇給規定は、他の期間の就労状況にかかわらず、3か月の育児休業を取得した者には職能給を昇給させないものであり、就労している期間を職能給昇給の審査対象から除外し、休業期間中の不就労の限度を超えて育児休業者に不利益を課していることなどを理由に、原審が認容した②に加え、①についても不法行為の成立を認めた[33]。

　本控訴審判決は、前掲最高裁判決の各先例等[34]を踏襲した論旨であって、かつ、経済的な不利益性にこだわらず、原審よりも権利取得を抑制する不利益を広く認めている点で評価したいが[35]、やや疑問もある。

　控訴審は、本件不支給規定の運用と、Y病院の人事評価制度の「1年の評価

29）月2800円、年間4万2000円であり、Xの収入の1.2%程度として、「3ヶ月間という評価期間の4分の1にすぎない期間就労しなかったことによって、従業員の能力の向上がないと形式的に判断し、一律に昇給を否定する点の合理性については疑問が残るものの」公序良俗に反するとまではいえない、とした。
30）日本シェーリング事件（最一小判平元.12.14民集43巻12号1895頁、労働判例533号16頁）、沼津交通事件（最二小判平5.6.25民集47巻6号4585頁、労働判例636号11頁）、東朋学園事件（最一小判平15.12.4裁判集民事212号87頁、労働判例862号14頁）。
31）前掲注24）参照。
32）本判決が比較する「遅刻、早退、年次有給休暇……（以下省略）」は基本的に長期休業が想定されないか、特別扱いとする相応の理由があるものであるとして、私傷病の扱いを脇においてこれらと比較している点、また、月額2800円、収入に占める割合1.2%の数値を検討せず「無視できない経済的不利益」としており、いささか乱暴、との批判もある。石井妙子「育児休業を理由とする昇給・昇格上の不利益」労働経済判例速報2224号2頁。
33）賞与不支給や給与減額ではなく、「現状維持のまま昇給させなかった場合でも違法になることを明確にした」ことの意義を評価するものに、福山和人「育休取得を理由とする昇給拒否は違法！」労働法律旬報1829号46頁。
34）コナミデジタルエンタテインメント事件高裁判決の影響も濃く見られる。
35）根本到「育児休業取得を理由とする昇給・昇格上の取扱い　医療法人稲門会（いわくら病院）事件」法学セミナー724号（2015年）123頁。

期間のうち勤務期間が3ヶ月以上の者を全て人事評価の対象とする」という運用との矛盾を指摘し、本件不支給規定の公序違反を認める理由の一つとしているが、当該人事評価制度における不就労期間に育児休業を含めないように運用すべきとまでは述べていない。そうすると、一の年度で9か月を超える休業取得が抑制される可能性は残される。法定の育児休業は、原則こそ子どもが満1歳になるまでであるが、現在は、保育の利用先が確保できない等、一定の要件を満たせば1歳6ヶ月まで、さらには2歳までの延長が認められている（育介法5条3項及び4項）。保育所に子どもを入れることができないために、2歳まで休業延長せざるを得ない場合もあるということである。この点、強行規定としての不利益取扱い禁止規定がある以上、同規定に違反する不利益取扱いは、特段の正当理由のない限り、同規定違反として違法となる、との学説がある[36]。労働者が希望する休業期間を取得した場合に受けうる取扱いを、どこから不利益と評価するかの線引きが必要になるということになろう。

むすびにかえて

　女性労働者の妊娠中及び出産後の健康の確保を推進することを目的の一つとする均等法、及び家族的責任を負う労働者の仕事と家庭の両立に寄与することを目的の一つとする育介法は、性別を問わず労働者には家族的責任がある、ということの確認から始まった1990年代、法的に大きな役割を果たしたものといえる。

　家族的責任をもとに不利益性を訴えていた裁判例（主に配転命令に関するもの）では、必ず生じる問題が二つあった。一つは、家族的責任は夫婦など家族の複数人で分担されることが多いために、裁判では一家族の不利益の全体を見て、配転命令を受けた労働者当人が被る不利益の大きさを判断する傾向にあるが、その際、配転命令は当事者である労働者個人の問題であるにも関わらず、誰の不利益性を主張しているのかが不明確になる点である。もう一つは、こうした家族的責任の主張をする際に、家族の事情を公開しなくてはならない点である。家族のプライバシーに関わる問題を公にすることが強制されているわけではないが、配転に伴う不利益性がいかに大きいかを立証する必要上、そうしなければ、権利濫用が認められる要件を満たすことが困難であった。

36）前掲注17）600頁。

しかし、均等法が主に妊娠と出産に関連して、育介法がすべての労働者の家族的責任を前提として、使用者に一定の義務を課したことで、家族的責任のような連帯的な責任を根拠にすべき事案が減少した。法に定められた制度等を利用する権利は個々の労働者のものとして定着しつつあり、育介法 26 条と労契法 3 条 3 項が労働者のワーク・ライフ・バランスに配慮したことにより、遠隔地配転問題に関しても、使用者側の配慮の有無や程度が問われるようになった。以上のことから、家族的責任の法理は一定の役割を終え、現在は、ワーク・ライフ・バランスの理念に裏打ちされた個々の労働者に対する両立支援策のあり方を検討する段階に移行しているものとみることができるのである。

　今後は、均等法及び育介法における不利益取り扱い規定との関係で、使用者はどのような条件のもと、どの程度の配慮をすべきであるのか、また、均等法 11 条の 2 に関連するマタニティ・ハラスメント事案、及び育介法 25 条に関連する育児休業等の制度利用にまつわるハラスメント事案にも注目していきたいと考えている。

ワーク・ライフ・バランスとジェンダー

水野圭子

一　平均年収のジェンダー・ギャップとワーク・ライフ・バランス

1　平均年収 G.G を拡大する時給 G.G、就労率 G.G、労働時間 G.G

　日本においては、少子化を食い止めることはできず、高齢化が急速に進行し、労働力不足が問題となっている。日本のジェンダー・ギャップ指数（以下、「G.G」）は高く、就労率の向上、非正規雇用率の改善、ワーク・ライフ・バランス（以下「WLB」）の見直し等による解決が不可欠と指摘される。加えて、日本の特長として男女の高等教育進学率 G.G は 6.6％と低いが、年収 G.G が高く、高学歴の女性労働力が活用されていないという問題が指摘されている[1]。

　さらに、経済協力開発機構（OECD）の『雇用アウトルック 2017』は、日本の平均年収 G.G が加盟 36 か国中 33 位であり、時給 G.G より平均年収 G.G がより深刻な問題であると警告する。なぜなら、就労率・労働時間の G.G が時給 G.G の悪影響を増幅させ、就労率の上昇や賃金格差是正の効果を大きく減少させるからである[2]。

　時給 G.G、就労率 G.G、労働時間 G.G という年収 G.G の構成要素のうち、国によって主たる原因は異なる。南米やトルコ、ギリシャでは、時給 G.G と就労率 G.G の高さであり、日本は労働時間 G.G に加え時給 G.G が原因である。日本の 57.7％という値は、韓国 61.0％、メキシコ 59.4％に次ぐワースト 3 である。

---

1) 浅倉むつ子『雇用差別禁止法制の展望』有斐閣、2016 年、34 頁以下。浅倉先生は日本の G.G が 2009 年時点において 101 位と低く、その原因は、政治参加と雇用機会均等の立ち遅れであり、この解決のために、高学歴女性の未活用、ワーク・ライフ・バランス、非正規労働といった問題の解決が不可欠であると指摘されている。
2) 各国の統計、グラフと分析については、*OECD Employment Outlook 2017*　OECD Publishing 2017 Paris　pp.31.

近年、北欧と東欧では（1位フィンランド 21.9%、2位ラトヴィア 22.0%、3位スロヴェニア 22.4%、4位デンマーク 24.1%、5位スウェーデン 24.4%、6位ハンガリー 28.6%）では、2006 年に 40% を超えていた平均年収 G.G が、2014 年は半減した[3]。しかし、OECD 加盟国の年収 G.G は平均約 40% と高い。その原因は、就労率 G.G と時給 G.G は低いが、労働時間 G.G が高いので平均年収 G.G が高い、オランダ、ドイツ語圏（ドイツ、オーストリア、スイス）の存在である[4]。近年、職場の男女格差是正として、就労率と賃金格差の是正が重要視される。だが、年収という真の賃金格差是正には、労働時間格差の是正が不可欠であり、WLB の実現においても、ジェンダー的視点からの検討が重要である。

2 労働時間 G.G と年収 G.G の関連性

では、ドイツ語圏・オランダでは、労働時間 G.G が年収 G.G にどのような影響を与えているのであろうか（表1参照。国名で表示）。ドイツの就労率 G.G は 12 位で 11.0%、時給 G.G は 23 位で 17.1% と比較的低いが、労働時間 G.G は 31 位で 22.9% と高く、結果、年収 G.G は 45.4% に拡大した。同様に、スイス、オーストリアも就労率と時給の G.G は低いが、年収 G.G が約 50% に拡大しており[5]、これら4か国の労働時間 G.G は日本の 25.8% に近い値である。一方、年収 G.G5 位のスウェーデンの時給 G.G は 13.4%、オランダが6位 14.1%、スイス 16.1%、ドイツ 17.1% 等、4か国の時給 G.G は高くない。つまり、労働時間 G.G が、賃金格差の是正の成果を打ち消してしまっているのである。

実際に 2015 年の OECD の統計を見ると、ドイツにおいて 35 時間〜 39 時間労働に従事する女性は 18.2%、男性 21.7% でその差は 3.5% と低い。しかし、40

---

3) 6位ハンガリー、28.6%、7位ポルトガル 29.4%、8位エストニア 30.7%、9位スロバキア共和国 32.6%、10位ベルギー 33.3%、11位アイスランド 34%、12位のノルウェー 35%、13位フランス 36.3%

4) オランダも、就労率 G.G が 17 位 12.2%、時給 G.G が 14.1% と低いが、労働時間 G.G が 35 位 30.5% と高く、年収 G.G は 46.6% まで高い値となっている。スイスは、就労率 G.G が 11%、時給 G.G が 16.9% であるが、就労率 G.G. は 49.5% と高く、オーストリアは、就労率 G.G が 11.0%、時給 G.G が 17.7%、労働時間 G.G が 22% であるが、年収は 46.6% まで高くなる。

5) OECD Distribution of female employed by usual weekly working hours bands, 1980-2015http://www.keepeek.com/Digital-Asset-Management/oecd/employment/oecd-labour-force-statistics-2016_oecd_lfs-2016-en#page31. 2015 年のドイツにおける女性の週労働時間は 1 − 19 時間労働が 19.4%、20 − 29 時間労働が 18.0%、30 − 34 時間労働が 11.1%、35 − 39 時間労働 18.2%、40 時間労働が 33.2% である。一方、男性は 1 − 19 時間労働が 6.2%、20 − 29 時間労働が 3.1%、30 − 34 時間労働が 2.6%、35 − 39 時間労働 21.7%、40 時間労働が 66.5% である。

表1　就労率と労働時間と年収の G.G

位	平均年収		就労率（15〜64歳）		週労働時間		時給	
	国名	%	国名	%	国名		国名	
1	フィンランド	21.9	フィンランド	2.7	ハンガリー	3.7	ベルギー	3.3
2	ラトヴィア	22.0	スウェーデン	4.5	ラトヴィア	3.8	ハンガリー	3.8
3	スロヴェニア	22.4	ノルウェー	4.8	エストニア	4.7	ルクセンブルク	4.1
4	デンマーク	24.1	アイスランド	5.2	スロヴァキア	5.5	スロヴェニア	5.0
5	スウェーデン	24.4	ラトヴィア	5.9	スロヴェニア	5.6	イタリー	5.6
6	ハンガリー	28.6	カナダ	7.7	ポルトガル	7.7	ニュージーランド	6.1
7	ポルトガル	29.4	デンマーク	7.9	チェコ共和国	8.0	ノルウェー	6.3
8	エストニア	30.7	エストニア	9.2	ポーランド	9.3	デンマーク	6.3
9	スロヴァキア	32.6	ポルトガル	9.3	スウェーデン	10.1	トルコ	6.9
10	ベルギー	33.3	フランス	10.0	アメリカ合衆国	10.4	スペイン	8.6
11	アイスランド	34.0	イスラエル	10.2	韓国	10.6	ギリシャ	9.1
12	ノルウェー	35.1	ドイツ	11.0	フィンランド	10.6	ポーランド	11.1
13	フランス	35.3	スイス	11.0	ギリシャ	11.4	スウェーデン	13.4
14	ポーランド	35.9	オーストリア	11.0	デンマーク	12.7	アイスランド	13.6
15	ルクセンブルク	36.6	スロヴァニア	11.2	チリ	13.4	フランス	13.7
16	スペイン	37.4	ベルギー	12.0	ノルウェー	14.7	オランダ	14.1
17	アイルランド	38.7	オランダ	12.2	フランス	14.7		14.4
18	OECD 平均	39.0	イギリス連邦	12.7	スペイン	15.1	OECD 平均	14.6
19	カナダ	39.7	ニュージーランド	13.4	カナダ	15.4	アリルランド	15.2
20	アメリカ合衆国	40.2	オーストラリア	14.3	ルクセンブルク	16.5	オーストラリア	15.4
21	イギリス連邦	42.8	アメリカ合衆国	14.3	OECD 平均	16.9	チェコ	16.3
22	オーストラリア	44.2	アイルランド	15.0	イスラエル	17.2	スイス	16.9
23	イタリー	45.3	スペイン	15.6	メキシコ	17.7	ドイツ	17.1
24	ドイツ	45.4	ルクセンブルク	16.6	トルコ	17.8	イギリス	17.4
24	チェコ	45.7	ハンガリー	17.6	イタリア	18.5	アメリカ合衆国	17.5
25	オランダ	46.6	ポーランド	19.1	ベルギー	18.6	オーストリア	17.7
26	オーストリア	46.6	スロヴァキア	19.8	アイルランド	19.6	メキシコ	18.3
27	スイス	49.5	チェコ	21.2	アイスランド	19.7	ポルトガル	18.9
28	チリ	49.9	OECD 平均	21.3	ニュージーランド	21.4	カナダ	19.2
29	ギリシャ	51.7	日本	21.9	オーストリア	22.0	フィンランド	19.6
30	日本	57.7	韓国	27.4	イギリス連邦	22.8	チリ	21.1
31	メキシコ	59.4	イタリア	27.7	ドイツ	22.9	ラトヴィア	21.1
32	韓国	61.0	チリ	29.0	オーストラリア	23.3	イスラエル	21.8
33			ギリシャ	29.1	日本	25.8	日本	25.9
34				42.9	スイス	26.7	エストニア	28.3
35				57.6	オランダ	30.5	韓国	36.7
	OECD 加盟国以外							
	リトアニア	28.9	メキシコ	2.5	リトアニア	3.7	コスタリカ	5.1
	コロンビア	38.2	トルコ	12.7	南アフリカ	9.1	コロンビア	9.6
	ブラジル	49.2	リトアニア	24.5	ブラジル	14.3	リトアニア	12.4
	アルゼンチン	49.4	ロシア	28.1	コロンビア	18.0		
			南アフリカ	30.7	コスタリカ	23.5		
			ブラジル	36.3				
			コロンビア					
			コスタリカ					

（OECD Employment Outlook 2017 より筆者作成）

時間労働に従事する女性が33.2％に対し、男性66.5％であり、その差は33.5％と高くなる[6]。これは、女性が育児休業を取得し、復職後も短時間正社員として勤務し、家庭責任や育児・介護を担うため、月収の減少や昇進の遅れによる給与格差が生じ、年収や年金にもその影響が生じるからである。

3　ドイツにおける労働時間 G.G 是正のための動き

ドイツでは、家族的労働時間や選択的労働時間と呼ばれる新しい動きがみられる。連邦家族省が提案する家族的労働時間とは、夫婦双方が法定労働時間の80－90％で働き、週労働時間を26－36時間程度まで削減し、子どもが8歳までの間の24週間、1週につき300ユーロを国が給付するというものである。これにより、女性のみの短時間労働が是正されると期待される。さらに、ドイツの女性裁判裁判官らが、選択的労働時間草案を提唱している。これは、使用者ではなく労働者個人に労働時間決定をゆだね、労働時間の変更請求権を認めるものである。使用者は、選択的労働時間に関する規制に合意する法的義務を負い、事業所の差し迫った事由がある場合を除き、労働者の労働時間変更請求を拒否できないとするものである。

4　フランスの労働時間短縮と生じた変化

フランスでは、1998年に法定労働時間が35時間となったが、2008年には労働時間規制を緩和し、時間外労働の延長や労働時間を労使協定により規定する改革が行われた。しかし、2015年時点において、大幅な労働時間の増加は生じていない。フランスの男性の49％、フランスの女性の46.3％が35－39時間労働に従事し、男性の41.6％、女性の22.8％が40時間労働に従事する。労働時間G.G は14.7％でノルウェーと同率である（17位）。就労率G.G は10％（10位）であるが、年収G.G はノルウェーに次いで35.1％（13位）である[7]。フランスの家族政策は「女性に子育てか仕事かの二者択一を迫らない」をモットーに、女性

---

6) 高橋賢司「ドイツにおけるIoTとAIをめぐる雇用政策——ワーク4.0をめぐるドイツ労働法上の新たな議論」DIO　2017.9　26頁
7) 前掲注2) によると、フランスは女性の週労働時間は1－19時間労働が8.9％、20－29時間労働が13.5％、30－34時間労働が8.5％、35－39時間労働46.3％、40時間労働が22.8％であり、フランス男性の週労働時間は1－19時間労働が2.9％、20－29時間労働が4.0％、30－34時間労働が2.4％、35－39時間労働49.0％、40時間労働が41.6％である。

に向けた保育政策、育児休業と所得補償、児童手当を拡充させてきた。これに加え、週35時間労働によって、「男性を含めた働き方の見直し」が行われたと考えられる[8]。「週35時間制調査結果」では、男性の32％、女性の38％が、時短後、家庭生活と職業生活の両立が容易になったと回答した。統計上も、余暇が増え、男性の家事や子育てに割く時間が増加した[9]。注目すべきは、特殊合計出生率が35時間制導入の1998年から上昇に転じ、8年後である2006年にはついに2.005に改善した点である[10]。WLBと少子化問題では、フランスでのみ少子化問題が解決し、労働時間の短縮、保育政策の拡充、子育給付が整っている他国ではなぜ同様の成果が生じないのか疑問が呈されてきた[11]。ドイツとフランスの労働時間G.Gの差異は一つの解答となるのではあるまいか。

5 育児休暇の改革によるさらなる労働時間格差の縮小

フランス労働時間G.Gは低いが、育児休業の取得率、復職後の短時間勤務の取得は女性に偏り、昇進の遅れや賃金格差が生じている。これに対し、「職場における自由な選択のための2018年9月6日法」により、父親の育児休暇取得を促進する改正、また、男女昇進、賃金格差を是正する改正が行われた。

(1) 育児休暇における労働時間短縮とそれによるG.Gの拡大

フランスは、これまで、フルタイムか時短での復職を選択する「就労選択自由補償給 Le complément de libre choix d'activité（CLCA）」、休職し自ら保育にあたる「就労選択自由補償オプション Le complément optionnel de libre choix d'activité（COLCA）」という補償付きの育児休暇があった[12]。しかし、

8) 前掲注1) 35頁。
9) フランスの雇用連帯省が2001年5月に発表した統計と分析による。Les effets de la réduction du temps de travail sur les modes de vie : Qu'en pensent les salarié un an aprés ? *PREMIERE SYNTHESES* Mai 2001 N° 21-1. 水野「第二節　フランス」『WLB比較法研究労働政策研究報告書 No. 151 WLB比較法研究〈最終報告書〉』2012年、95頁以下、編集・発行労働政策研究・研修機構。
10) フランスの労働時間の改正については、水野「フランス労働時間制度の変遷——35時間法の衰退」『労働保護法の再生　水野勝先生古稀記念論集　35時間制』信山社、2005年、253頁。
11) 2015年のOECD家族統計によると、ドイツ語圏において、特殊合計出生率はスイス1.540 ドイツ1.500、オーストリア1.470であるのに対し、フランスは1.92である。
12) Loi de finacement de la Securite Social pour2004 *JORF* n° 293 du 19 décembre 2003 page 21641 texte n° 1

2012 年、就労選択自由補償（CLCA）を利用し時短で復職した場合の補償給付と、フルタイムで復職した場合の保育費用補助を考慮すると、時短で復帰した方が金銭的メリットがあると指摘され、EU の目標である両性の平等と女性就労促進に反するとして、政治的にも大問題となった[13]。このため、父親と母親の取得率の均衡を図る新しい育児休暇制度である「子供教育分担手当（Prestation partagée d'éducation de l'enfant =PrePerE）」が作られた。

(2) 子供教育分担手当（PrePerE）による男女平等な労働時間短縮

　フランスの育児休暇制度は、母親の産前産後の出産休暇・父親の出産休暇に続いて、労働契約の中断あるいは労働時間の削減を労働者が決定し、養育にあたるものである。子ども教育分担手当（PrePerE）は、旧制度と異なり、父親やパートナーが育児休暇を取得する場合のみ育児休暇の延長を定め、母親と父親の間で取得する休業期間の分担を求める制度である。3 歳以下の子供を養育する者（養子縁組した者も含む）に適用され、就労の中断あるいは労働時間短縮が要件となる。子供教育分担手当（PrePerE）は父親・母親交代で取得するのが原則であるが、同時にあるいは継続して取得することも可能である[14]。

---

13) Philippe BRIARD, Olivia SAUTORY « Évaluation de l'impact du revenu de solidarité active（RSA）sur l'offre de travail » *Document d'études* Dares No 171 Mars 2012.

14) 休暇を取得は、企業だけでなく公的機関や企業で就労している場合にも可能である。取得要件は、一定期間の間に 8 期の年金保険料の納付を証明する必要があり、その期間は、子の数に従って定められている（1 人 2 年、2 人 4 年、3 人以上 5 年）。

　　取得期間は、子供 1 人の場合、父母 6 か月ずつ、2 人以上の場合は 24 か月である。子供教育分担手当（PrePerE）による給付は、親の就労状況によってことなり、就労を完全に中断した場合、月額 394.09 ユーロが給付され、労働時間を 50％削減した場合、253.47 ユーロ、労働時間の短縮（50 - 80％）146.21 ユーロが給付される。子供教育分担増額手当（PrePerE majorée）は、3 人以上の子の養育責任を負い、かつ、就労を完全に中断している場合に需給可能となり、640.90 ユーロが毎月給付される。一度、この選択決定すると変更はみとめられない。両親双方が休暇を取得する場合、二つの子供教育分担手当（PrePerE）を受領しうるが、その給付額の合計が 392.09 ユーロを超えてはならない。また、三つ子以上の多胎の場合、支給期間を 48 か月、カップルの各メンバーが 6 歳の誕生日まで取得することができる。子供たちの養育責任を 1 人の者が負う家庭の場合、給付は 6 年間に延長される。給付期間は次の条件に該当する場合延長可能である。①少なくとも 2 人以上の子供がいる場合、②保育園、保育ママ、ベビーシッターなど保育手段を見つけられない場合、③家族補償給付（complément familial）の支給基準となる収入要件を超えないことである。条件を満たす場合、一般には、保育学校（通常 3 歳から 99％の子どもが就学する公立学校）開始する 9 月までが、延長が可能となる。両親・カップルの場合、延長期間は、少なくとも親の一方が就労していなければならない。

二 日本における WLB と労働時間 G.G

1 WLB の概念と法源

仕事と生活の調和（ワークライフバランス）憲章は、「やりがいや充実感を感じながら働き」、「子育て・介護の時間や、家庭、地域、自己啓発等にかかる個人の時間を持てる健康で豊かな生活」ができる社会であり「性や年齢などに関わらず」「労働市場に参加」し、「国の活力と成長力を高め」、「少子化の流れを変え、持続可能な社会の実現」にも資する、とその理念を述べる。

このように WLB をとらえた場合、労働法的観点からは、労働時間の上限規制、労働と労働の間に 11 時間程度の時間を置くインターバル規制、長時間労働を有給休暇に振り替える時間貯蓄、計画年休を含む長期有給休暇制度、育児介護休業（子の病気休業を含む)、配置転換の規制や適正なコース別人事の運営、同一価値労働同一賃金原則の確立[15]、マタニティ・ハラスメントなど妊娠・出産に関する昇進差別・降格・解雇の禁止、育児休業期間終了後の復職の確立、復職のための教育訓練などが想定される。また、社会保障法的な観点からは、不妊治療や出産にかかわる医療給付、保育園や保育ママといった保育支援制度、児童手当だけでなく、教育に対する給付、医療給付、介護制度の拡充など多様な分野が含まれよう[16]。このような WLB 実現のため、国を挙げて取り組み、企業にも労働者に対してもその推進を求める以上、その法的根拠が求められよう。

学説として、憲法 13 条が保障する自己決定権と労働条件の労使対等決定の原則から、使用者は労働者の私的領域を不当に侵害しない「私生活配慮義務」を負うとするもの[17]、憲法 13 条を根拠とする自己決定権を前提に、労働者が私

---

15) 浅倉むつ子「イギリス法・EU 法における男女同一価値労働同一賃金原則」『同一価値労働同一賃金原則の実施システム』有斐閣、2010 年、219 頁以下。

16) WLB、少子化対策といった観点から、社会保障法的側面については、多くの先行研究が行なわれ、労働法においても数々の先行研究がある。神尾真知子「フランスの家族政策」『フランスとドイツの家庭生活調査』内閣府経済社会総合研究所、2005 年、65 頁以下。神尾真知子「フランスの子育て支援——家族政策と選択の自由」『海外社会保障研究』No.160（Autumn, 2007）。柳沢房子「フランスにおける少子化と政策対応」レファレンス、2007 年 11 月号、5 頁。

17) 島田陽一「労働者の私的領域確保の法理」法律時報 66 巻 9 号 (1994 年) 47 頁。

的生活を自己の責任と意思によって形成できることを内容とする「私的生活形成権」[18]とするもの、また、WLB は男女平等政策を実質的に確保するにあたって、「男女共通規制」という意味を持つと同時に家族的責任を持つ労働者のみの特別保護を不要とする効果を持つ「すべての労働者の全般的な労働条件の改善」であるとし、憲法 14 条と、全労働者に対し、生活とのバランスが確保されるような労働のあり方を実現する施策であるとして憲法 13 条の二つを根拠とするものがある[19]。このようなジェンダー的視点こそ、WLB の実現には不可欠であろう。事実、EU では、全ての労働者を対象とし、長期間に渡る WLB 政策が積極的に推進され、EU 雇用戦略によって、女性就労率を 51% から 60% に引き上げることが定められた[20]。

2　WLB の確立のために不可欠な労働時間政策

(1)　36 協定とその改正における問題点

　日本では、WLB 確立のためには、長時間労働の是正が課題となる。2018 年改正前の労基法では、災害、公務の場合（労基法 33 条）の他、労基法施行規則 16 条に基づき、時間外労働、休日労働をさせる具体的自由、業務の種類、労働者の数、1 日、および一定の期間の延長時間について 36 協定を締結し、その協定範囲内でのみ、時間外労働が可能となる。さらに、日立製作所武蔵工業事件（最 1 小判平 3.11.28）最高裁判決は、就業規則に時間外労働義務を定める一般的規定があり、その合理的な内容の就業規則が周知されていれば、36 協定によって、一般的規定が躯体化され時間外労働義務が生じるとし、労働者の承諾を要件としない。結果として、一端 36 協定を締結すると、協定を超えた恒常的長時間労働が横行し、過労死・過労自殺の原因となってきた。このため 36 協定の妥当性と遵守のため、指導根拠としての労働時間指標ではなく、労働時間の法的な上限規制が求められてきた[21]。

18)　和田肇「業務命令権と労働者の家庭生活」日本労働法学会編『講座 21 世紀の労働法　第 7 巻　健康と安全と家庭生活』有斐閣、2000 年、208 頁。

19)　前掲注 1) 浅倉 170 頁。

20)　リスボン戦略の一つとして雇用戦略がある。CONSEIL EUROPEEN LISBONNE 23 et 24 MARS 2000 CONCLUSIONS DE LA PRESIDENCE　http://www.europarl.europa.eu/ summits/lis1_fr.htm

21)　過労死遺族会の尽力により、過労死防止対策推進法が成立したにもかかわらず、2015 年 12 月、大手広告代理店において、インターネット広告等を担当する部署で就労していた新入

2018年、第36条に、時間外労働、休日労働を行う労働者の範囲、1年を限度とする対象期間、時間外・休日労働させることができる場合、1日、1か月、1年のそれぞれの期間について延長することができる時間・休日日数について、時間外・休日労働を適正なものとするために必要な事項を定めるとの改定が加えられた。また、70年ぶりの大改正として、1月45時間、年360時間の時間外労働時間の上限規制を罰則付きで定めた。ただし、「通常予見することのできない業務量の大幅な増加等」特別な事情により、100時間未満、1年において720時間以内であれば、「臨時的に」限度時間を超えうると認め[22]、延長期間は6か月以内、複数月平均80時間以内とした。

　だが、過労死認定となる時間外労働は月100時間であり、2－6か月間に平均80時間超の場合は脳・心臓疾患発症との関連性が強いと認定される。それと同等の上限規制に疑問を禁じ得ない。また、罰金の多寡が問題となろう。36条違反の違法な時間外労働に対して、50万円の罰金、1年以下の懲役としているが、この金額が制裁として効果があるか疑問である[23]。法人に課せられる罰金の最高額は金融商品取引法は7億円であり、独禁法は5億円である。労基法が行為者処罰主義を採用するとはいえ、法人に対する罰金額を個人に対する罰金額に連動させる必然性が今日においてもあるか、検討を要する問題であろう[24]。

(2) インターバル規制と週休における問題点

　36協定によって適法に時間外労働が行われた場合、翌日の始業時間が変更されなければ、睡眠時間や余暇が削られ疲労が蓄積し、ひいては過労死や過労自殺の要因ともなる。ＥＵ加盟国では、労働日と労働日の間に一定の期間を置くインターバル規制（Repos Journalier）が定められている（ＥＵ指令（2003/88）[25]。

社員が、過労自殺する事例が生じた（電通過労死自殺認定事件・三田労基署平成28年9月）。36協定は月70時間の時間外労働が規定されていたが、実際には130時間の時間外労働がなされていた。
22）過労死白書2017年度、第4章「過労死防止のための対策の実施」150頁以下。
23）電通過労死自殺認定事件・三田労基署平成28年9月においては、年商5兆円という企業法人に対し、被災労働者を含む4人に対する罰金として簡易裁判所の上限である50万円が請求された。
24）鎌田耕一先生が、2017年11月20日の朝日新聞（東京版）朝刊において指摘されている。
25）Directive 2003/88/CE du Parlement européen et du Conseil du 4 novembre 2003 concernant certains aspects de l'aménagement du temps de travail　*JO* L 299 du 18.11.2003, p. 9-19.

日本においても、高度プロフェッショナル制度が適用される労働者に対して、あるいは、努力義務として、インターバル規制が適用されうる[26]。近年、医学的に睡眠の重要性が指摘されており、2時間程度の通勤時間、7時間程度の睡眠、食事・入浴等の生活時間を考えるとEU指令の11時間とのインターバルは妥当であろう。

　このほか、週休日・休暇の確保の問題があろう。週休日は7日ごとに1日を原則とするが、例外として4週を通じて4日以上の付与を認めている。このような週休制は、長時間労働の連続を生む。休息の確保のため、7日ごと、1日24時間の付与を原則とし、インターバル規制を加え、1週間で35時間の休日付与を原則とする必要があろう。

三　WLBと就労率G.Gの問題

1　産前・産後休暇と育児休業の取得とWLB

　女性就労率が描いていたM字型カーブが緩やかに変化し[27]、第1子出産前後の就労継続率も4割弱から2014年には53.1%に上昇し、改善が指摘される[28]。しかし、M字カーブは北欧のような台形曲線には至らず、第1子出産後、女性労働者の46.9%が離職する。また、末子妊娠・出産に伴い退職をした人は、非正社員で6割弱、正社員で2割弱存在し、依然として、妊娠・出産・育児が就労継続を妨げる大きな要因である[29]。非正規や短時間勤務で再就職した場合、

26）高度プロフェッショナル制度では、年間104日以上、かつ、4週4日以上の休日確保を義務付け、加えて①〜④の措置を義務付けた（どの措置を講じるかは労使委員会の5分の4の多数で決議）①　インターバル規制＋深夜業（22−5時）の回数を制限（1か月当たり）②　在社時間等の上限の設定（1か月または3か月当たり）③　1年につき、2週間連続の休暇取得（働く方が希望する場合には1週間連続×2回）④　臨時の健康診断の実施（在社時間等が一定時間を超えた場合または本人の申出があった場合）。

27）25−44歳の女性の就労率は、昭和60年（56.5%）から平成27年（71.6%）まで上昇傾向にあり、M字型の底（「30−34歳」）の労働力率が20.6ポイント上昇している。「平成27年版働く女性の実情」http://www.mhlw.go.jp/bunya/koyoukintou/josei-jitsujo/15.html　3p

28）2015年　社会保障・人口問題基本調査（結婚と出産に関する全国調査）国立社会保障・人口問題研究所・是川夕「子育ての状況」『現代日本の結婚と出産——第15回出生動向基本調査（独身者調査ならびに夫婦調査）報告書』調査研究報告資料35号2017年3月。

29）「平成25年度 育児休業制度等に関する実態把握のための調査研究事業報告書」厚生労働省平成25年度厚生労働省委託調査。退職理由としては「就労時間が長い、勤務時間が不規

OECD が指摘する深刻な年収 G.G が生じるため、妊娠・出産と産前産後休業・育児休業取得際の離職を防ぎ、雇用継続を図ることが課題となる。

2　産後休業・育児休業の復職・継続就労をサポートする法整備の重要性

一つには、妊娠・出産を契機とする離職には、保育方法を欠き、自らが保育にあたる以外選択肢がないという物理的な保育・育児支援の不足の問題があろう。公立保育園の拡充のみならず、フランスの保育支援にみる公的援助による企業内保育所、親グループが公的援助・支援を受けて運営する親保育所、保育ママなどが参考となろう[30]。

二つ目は、長時間労働により、育児・家事分担が難しく、出産前の長時間労働に復職し、かつ、家事・育児をほぼ 1 人で担うのは困難という問題がある。労働時間の上限規制の施行が待たれる。

三つ目に、日本の産前・産後育児休業制度ならびに妊娠による配置転換、産前産後休業や育児休業の労働契約上の法的性質が明確でない問題がある。

(1)　産前産後休業・育児休業の期間の法的性質

妊娠出産を理由とする解雇禁止規定（労基法 19 条）がありながら、2006 年に改正均等法 9 条 3 項・4 項が規定されるまで、妊娠・出産育児に関する不利益取扱の禁止規定を欠く立法上の欠陥があり、パートへの身分変更、深夜業免除の申し出に対する退職勧奨、契約更新拒否などが行われてきた。また、妊娠・出産・育児休業の期間を単純に欠勤として扱い、賞与が不支給となる、退職金の算定、昇進・昇格、昇給について不利益な影響を及ぼしてきたと指摘されている[31]。これらは、妊娠や産前産後休業、育児休業による労務の不提供、労働能力の減少は、労働契約の解約事由を構成せず、これらを理由とする不利益取扱いが禁止されている期間である。つまり、この期間は労働契約に規定された

則」や、「勤務先の両立支援制度が不十分だった」、「解雇された、もしくは退職勧奨された」などの退職理由が挙がっている。末子を妊娠中に退職した正社員 9.1％・非正社員49.0％、末子の産前・産後休業中、産休復帰後まもなく退職正社員 2.7％・非正社員 5.8 ％、末子の産休復帰後、育児休業は取らずにしばらく働いた正社員 1.2％・非正社員 2.3％、末子の育児休業中、または育休復帰後まもなく退職正社員 3.9％・非正社員 1.9 ％、退職せず、継続して働いている正 83.1％、非 41.0％（産休、育休含）である。

30）前掲注 9）水野 114 頁。
31）前掲注 1）193 頁。

労務の提供が、一時的に猶予、停止されているのである。とするならば、労働契約は従前と同様の内容で継続しているのであって、解雇や労働条件の変更は、認められないこととなる。確かに、労務の不提供に対して、使用者は通常と同一の賃金を支払うとまでの社会的な責務があるとは断言できまい。しかし、そうであるならば、契約の一時停止期間に対し、賃金の支払いの有無や補償給付、職務評価における差別的でない取扱い、賞与支給の算定期間の扱いなど明確な規定を必要とする期間として考慮するべきである。妊娠・出産・育児における休業の法的性質が不明確なため、解雇や退職勧奨、妊娠中の配置転換申請を契機とする降格といった契約変更といった問題が生じているのではあるまいか。

(2) 妊娠中の配置転換後、産前産後休業、育児休業後の現職復職の必要性

育児休業、妊娠に伴う配置転換を労働契約の一時停止ととらえれば、復職を前提として、妊娠中の配置転換、休業中の人員配置が行われよう。確かに、育介法 21 条、22 条は、育児休業後の配置や労働条件をあらかじめ定め、労働者に周知させ、労働者の配置、雇用管理に必要な措置を講じ、原職、原職相当職に復帰させると規定するが、努力義務でしかない。妊娠や産前産後休業、育児休業の後、実際、どの程度の労働者が、希望する職位に復職しているのであろうか。「育児休業制度実態把握調査」[32] によると、自分の希望とは異なる職位に復職との回答が、1 か月以内に復職の場合 5.1％、6 か月以内 9.8％ 、1 年以内16.6％、1 年超 23.8％ある。6 か月の育児休業では約 1 割の労働者が、1 年を超えると 2 割以上の労働者が、希望の職位に戻れていない。希望と異なる復職では、仕事のやりがいを「あまり感じていない」「まったく感じていない」の 回答が多くなり、就労継続の意向とも連動し、就労率の向上とも関連する [33]。

雇用と労働における男女の機会均等と平等取り扱いを規定する EU 指令（2006/54/EC）が、「差別」とは、92/85/CEE 指令の Art.2 の（c）意味する妊娠・出産や育児休業と結びつくすべての不利益な取り扱いをいうとし、Art.15は休業終了後、原職もしくは原職相当職に復職する権利を規定し、Art.16 は父

32）前掲注 28）取得後の復帰についての調査結果がある。
33）「自分の希望通りだった」職位に復職した場合には、できるだけ長く勤め続けたいが54.4％、当面は勤め続けたいが29.2％、できれば早く辞めたいが5.22％であるのに対し、自分の希望と違っていた場合、できるだけ長く勤め続けたいが37.2％ 当面は勤め続けたいが37.6 ％に低下し、できれば早く辞めたいが 16.2％に増加する。

親の育児休業（養子休業）終了後の原職・原職相当職への復職を規定している。

　フランスも、産前産後の休業を労働契約の一時停止（suspention de contrat de travail）とみて、「産前産後の休暇の法目的に従って、女性労働者は、原職（son precedent emploi）もしくは同一賃金の同様の雇用（un emploi similaire）に復職（労働法典 L.1225-28）」と規定する。妊娠・出産は解雇または労働契約内容変更の理由を構成せず、一時停止が終了し、従前の契約が継続するのである。これは、父親・パートナー（パックス法　Pact civl solidalite による関係を含む）が親出産休暇（congé de paternité　L.1225-35）、また、育児休暇である親教育休暇（un congé parental d'éducation.）を取得した場合も同様である（L.1225-36）。休暇取得中の業務は、一時的な雇用として派遣労働者によって補完する。日本でも、男性労働者が育休を取得しない理由に、職場が育児休業制度を取得しずらい雰囲気だった。ほか、キャリア形成への影響、原職に復職できない点を挙げており[34]、復職規定の必要性は明らかである。

(3) 休業期間の法的性質、復職規定を欠く日本の問題

　妊娠による軽易業務移転請求（労基法 65 条 3 項）を理由とする降格が、妊娠出産等を理由とする不利益取扱い（均等法 9 条 3 項）に該当するか争われた広島中央保険生活協同組合事件最高裁判決[35]において、均等法 9 条 3 項の目的、基本理念に「反する事業主による措置を禁止する強行規定」と確認し、違法でないとの立証責任は使用者にあるとした。しかし、「軽易業務への転換」を契機の降格措置が①簡易業務への転換による有利・不利な影響や内容や程度、説明の内容、労働者の意向などから、労働者の「自由な意思に基づいて降格を承認した」と認める「合理的な理由が客観的に存在するとき」、②降格の措置をとらずに軽易業務へ転換させるには「円滑な業務運営や人員適正配置の確保、業務の必要性から支障がある場合」には、業務上の必要の内容や程度、有利・不利な影響の内容や程度に照らし、9 条 3 項の趣旨・目的に実質的に反しない「特段の事情が存在する」ときは、不利益取扱いに当たらないとして例外を認めた。しかし、そもそも軽易業務を希望するのは、流産の回避や母体の健康のためである点、留意すべきであろう。胎児の生命と自らの健康を危険にさらすか、あ

34）前掲注 29）47 頁。
35）広島中央保健生協（C 生協病院）事件・最一小判平 26.10.23 労働判例 1100 号 5 頁。

るいは降格か、「自由な意思」の名の下に二者択一を迫られてはならず、十分に慎重な判断がなされることが求められよう。

　判決では、櫻井達子裁判官の補足意見において、育児休業からの復帰後の配置が均等法9条3項違反か検討し、育介法取得の申し出・取得を理由として解雇や不利益な取り扱いの禁止規定（育介法10条）は、強行規定であり、降格が不利益な取り扱いに該当するとした。さらに、「簡易業務への転換が妊娠中のみの一時的な措置であることは法律上明らか」であり、復帰後の配置等が降格に該当し不利益な取り扱いかどうか否かの判断」は、「軽易業務への転換後の職位等との比較」ではなく、「軽易業務への転換前の職位等との比較」で行うことは育介法10条からも明らかとし、復帰後の配置等が、業務上の必要に基づき、育介法の趣旨・目的に反しない「特段の事情が存在するとき」のみ不利益な取り扱いにあたらないと解しうるとした。さらに、育介法21条、22条が復帰後の配置、労働条件をあらかじめ定め、雇用管理など、必要な措置を講ずべきと規定し、「育休後に原則として現職または原職相当職に復帰させる」ことが多く行われていることを前提に、指針（平16年告示460号）も「ほかの労働者の配置」「雇用管理が行われる」べきとして、「趣旨目的を踏まえた措置」を求めた。さらに、行われる「必要な措置」は、育児休業が相当長期間にわたることから、「我が国の企業等の人事管理の実態と育児休業を取る労働者の保護の調整」を行い、「法の実効性を担保し」「育児休業を取りやすい環境の整備を図るための制度の根幹に関わる部分である」とその重要性を強調した。原職復帰の法整備を許容する下地は整いつつあるのではないだろうか

(4) 職業訓練の必要性

　育児休業は、数か月から1年の長期になるため、技術革新や情報更新が目覚ましい今日、復職に際して職業訓練が不可欠となる。政府は「女性活躍加速のための重点方針 2015」において、女性が仕事と育児等の両立促進のため、育児休業取得者を復帰させた使用者に対し支援拡充を掲げた。しかし総務省が、実態として、求職者支援訓練には託児や短時間訓練がなく、求職者が受講を断

念する事例があるとの勧告がされ[36]、改善措置が計られたが、支援として十全とは言えまい。さらに、これらは、離職後の支援であり、現行の育児休業中の職業訓練支援も、新たな資格の取得など、現職復帰を念頭とするものではない。原職復職を見据え、育休中に復帰する職場との連携や必要な職業訓練の支援が必要となろう。新規採用の場合の研修・訓練と復職者の研修・訓練を比較すると、後者のほうが負担が軽いのではないか。さらに、労働力の確保や、離職による機密や情報の漏洩も防止でき、企業の利益にも合致しよう。労働力不足の日本において、復職に先立つ職業研修を企業に求めることは以前より容易ではあるまいか。その際には、休職者支援訓練と同様に、託児サービスや短時間研修といった配慮が求められよう。

(5) 時給 G.G を創設するための昇進における男女平等

労働時間と就労率の G.G が低いフランスでも、男女の育児休業取得率の差から昇進格差が生じ、特に高学歴の上級管理職の場合に大きな賃金格差が問題となってきた。これに対し「職場における自由な選択のための 2018 年 9 月 6 日法」の[37] 第 5 章 II a が男女賃金格差を解消する措置を定め是正を図った。

1）50 人以上の企業における使用者の賃金格差の指標と是正措置の公表義務

2018 年 9 月 5 日法の Art104 条は、女性と男性の賃金格差を解消する義務が使用者にあるとし（労働法典 L.1142-7 に規定）使用者は、政令に規定された方法に従い、男女の賃金格差の数値と実施する格差解消措置を毎年公表するというものである（労働法典 L.1142-8 に規定）。数値に関する調査結果が、政令で定められた基準を下回った場合、3 年の期間内に基準に適合するよう是正する。期間終了時に基準を下回る場合、使用者に対し賃金と利益の合計の 1％ の割合で金銭的制裁が科せられる（労働法典 L.2242-8）。

2）女性上級管理職を増加するための措置

また、2018 年 9 月 16 日法は、商法典 L.225-37-1、L.225-82-1 と L.226-9-1 をも、

36）職業能力開発の効果的な実施に関する行政評価・監視—職業訓練を中心として—結果に基づく勧告　平成 28 年 2 月総務省　19 頁以下。

37）*JORF* n° 0205 du 6 septembre 2018 texte n° 1 LOI n° 2018-771 du 5 septembre 2018 pour la liberté de choisir son avenir professionnel (1) NOR: MTRX1808061LORF

改正し、商法上も、職業上の平等を規定し、女性と男性の均衡のとれた代表組織である企業委員会実現のために、女性上級管理職の募集広告をおこなうと規定した（商法典第 L.225-37-4 条の第 6）。実現できない場合、重要な責任を負う職位の 10％が女性となるよう、経営陣らの通常業務として継続的募集を行うことが求められる。

WLB の実現には、就労率 G.G、労働時間 G.G、時給 G.G の是正が必要であり、特に、労働時間 G.G の是正がなければ、年収 G.G が低くならない。就労率 G.G の是正には、女性が出産・育児によって労働市場から撤退せず、育児休業後の復職を見据え、原職への復帰を予定した妊娠中の配置転換、育児休業後の復職規定や教育訓練、休業中の所得補償、保育支援制度などが求められる。特に職業訓練を行い、同職位、同賃金での復職を義務付けることはひとつの示唆となろう。

労働時間 G.G には、まず、第一に、労働時間短縮の実現が求められる。過労死ラインを下回る労働時間の上限規制、強行法規としてのインターバル規制、週休日の確保、年次有給休暇の消化率の向上のための計画年休制度のさらなる活用が必要である。

時給 G.G の是正のためには、間接性差別に基づく家族手当やパートタイム労働者に対する低賃金による賃金 G.G の是正が不可欠であるとの指摘がなされている [38]。加えて、育児・介護休業取得や育児介護のための正社員における短時間勤務が女性労働者に偏り、男性正社員の長時間労働と相まって、労働時間 G.G が大きくなり、約 6 割の年収 G.G が生じていることに留意すべきである。

労働時間と就労率、女性のみに偏る育児休業や短時間勤務、長時間労働といった問題について、改めて、賃金ジェンダーの観点から問い直すことが今後さらに求められよう。

---

[38] 浅倉むつ子「日本の賃金差別禁止法性と紛争解決システムへの改正提案」森ます美・浅倉むつ子編『同一価値労働同一賃金原則の実施システム　公平な賃金の現実に向けて』有斐閣、2010 年、301 頁。

EU ワーク・ライフ・バランス法制の課題と展望

鈴木　隆

はじめに

2017 年 4 月 26 日、欧州委員会は、働く両親と介護者のためのワーク・ライフ・バランスを促進する EU の新たな枠組みとなる指令案を提案した[1]。現在、EU レベルでワーク・ライフ・バランスに関する法制としては、出産休暇指令（妊娠している労働者と最近出産したまたは授乳している労働者の職場の安全衛生の改善を奨励する措置の導入に関する 1992 年 10 月 19 日の理事会指令 92/85/EEC（指令 89/391/EEC16 条 1 項の意味での 10 番目の個別指令）（OJ L 348, of 28.11.1992, p.1））と両親休暇指令（ＢＵＳＩＮＥＳＳＥＵＲＯＰＥ、ＵＥＡＰＭＥ、ＣＥＥＰおよびＥＴＵＣにより締結された両親休暇に関する改訂された枠組み協定を実施するとともに指令 96/34/EC を廃止する 2010 年 3 月 8 日の理事会指令 2010/18/EU（OJ L 68, of 18.03.2010, p.13））が存在する。他方、EU レベルでは、パートナーの出産に伴う父親休暇と家族を介護する労働者のための介護者休暇に関する法制は存在しない。

EU 全体にわたり、労働市場における女性の参加は依然として少ない。男女の雇用格差による経済的損失は、年当たり 3700 億ユーロになる。EU においてますます女性は十分に資格を得るようになり男性より多くの女性が大学を卒業するにもかかわらず、親としてまたは家族の介護者としての責任により多くの女性が労働市場から消えている。既存の政策は、父親と母親が子どもと社会全体の福祉のために一緒に働いて育児・介護することを可能にする機会均等をもたらしていないと認識される[2]。並行して、EU における労働力は動揺しており、

---

1) European Commission, Proposal for a DIRECTIVE OF THE EUROPEAN PARLIA-MENT AND OF THE COUNCIL on work-life balance for parents and carers and repealing Council Directive 2010/18/EU, Brussels, 26.4.2017 COM（2017）253 final.
2) European Commission, Communication from the Commission to the European Parlia-

人口は高齢化しており将来の人口推計は難題のままである。労働市場への女性の低い参加は、社会的排除と貧困の危険の増大を招くことになる持続する男女の賃金格差と年金格差の増大に連動している。行動を起こすことは、公正さ、ジェンダー平等および技能の最適配置の問題のみならず、加盟国の財政的持続可能性の問題でもある。それは、社会的命題であり経済的な命題でもある。家族休暇の形態と柔軟な働き方のための現行の EU の法的枠組みは、1990 年代に設置された。20 年後蓄積された経験と労働市場における男女の機会均等において達成された予想されたよりも低い進歩から教訓を引き出し、この枠組みが新しい労働のパターンと将来の傾向に沿うことを保障することが現在、EU に求められている。そこで欧州委員会は、現行の両親休暇指令を廃止して「相互に補強する補完的な法と政策の措置の包括的なパッケージ」[3] を通して働く両親と介護者が直面する難題に取り組むことを決定した。以下では、この欧州委員会による指令案の提出の背景、内容ならびに予測される影響を分析することを通して EU におけるワーク・ライフ・バランス法制の課題と展望を考察することにする。

一　欧州委員会による指令案の提出の背景

1　現状認識

　労働と日常生活の間の適したバランスを見出すことは、EU の社会政策の議題において永続する課題である。欧州社会権の柱は、EU の社会的次元を奨励し強化することと十分に機能する労働市場を促進することを目的とする原則と権利を確立する[4]。欧州社会権の柱には三つの主要な構成要素がある。すなわち、機会均等と労働市場へのアクセス、公正な労働条件および社会的保護と包

---

ment, the Council, the European Economic and Social Committee and the Committee of the Regions, An Initiative to Support Work-Life Balance for Working Parents and Carers, Brussels, 26.4.2017 COM（2017）252 final, p.2.

3) European Commission, website : Employment, Social Affairs and Inclusion ; Work-life balance.

4) The European Parliament, the Council and the Commission, European Pillar of Social Rights. 欧州社会権の柱の詳細については、2018 年 2 月 22 日　EU　MAG　Vol. 65（2018 年 01・02 月号）参照。

摂である。欧州社会権の柱は、EU の諸制度、加盟国およびソーシャルパートナーの共同責任とみなされ、欧州社会とその労働世界が直面する難題に対する共通のアプローチと集団的な答えを意味する。

現行の両親休暇指令は、2009 年 6 月 18 日に欧州ソーシャルパートナーにより締結された両親休暇に関する改訂枠組み協定の採択に従って、EU において初めて制定された旧両親休暇指令（96/34/EC）を置き換えた。現行の両親休暇指令の主要な内容は、次のとおりである。

男女の労働者は、子どもの誕生または養子縁組を理由に加盟国やソーシャルパートナーが定める 8 歳までの所定の年齢に子どもが達するまでに、少なくとも 4 か月の両親休暇の個人の権利を有する。4 か月のうちの少なくとも 1 か月の両親休暇は、両親間で譲渡することができないものとする。同指令は、両親休暇中の賃金に関するいかなる義務も課さず、そのような休暇のための詳細な規則と条件を定義することを加盟国やソーシャルパートナーに委ねる。同指令は、両親休暇の申請または取得を理由とする解雇と不利益取扱いに対する保護を規定する。もっとも保護のための詳細な仕組みは特定されていない。労働者は、両親休暇が終了して復職する際に、所定の期間彼らの労働時間やパターンを変更することを使用者に要求することができる。使用者は、使用者と労働者のニーズ双方を考慮に入れてかかる要求を検討して対応するものとされるが、使用者はかかる要求に応じる義務を負わない。

統計資料によると、女性、ことに子どもを持つ女性の労働市場における参加は有意に低く抑えられたままである。女性の労働力への参加の増加と雇用率の上昇は、欧州レベルでの成長戦略の目標の一つである。EU は、戦略目標 Europe 2020[5] において両性について 2020 年までに 75％の雇用率を達成することを掲げたが、EU28 か国の 20 歳から 64 歳までの雇用率は、2015 年に、男性の 75.9％と比較して、女性は 64.3％にとどまった[6]。労働市場における男女の雇用格差は、両親とその他の介護責任を負う人々にとって最も大きい。2015 年に平均して、6 歳未満の 1 人の子どもを持つ女性の雇用率は、年少の子どもを持たない女性よりも 9％近く少なく、そして幾つかの諸国ではこの差は 30％を超

---

5) European Commission, COMMUNICATION FROM THE COMMISSION EUROPE 2020 A strategy for smart, sustainable and inclusive growth, Brussels, 3.3.2010 COM（2010）2020 final.
6) Eurostat, Employment statistics, Statics Explained, 2016.

える[7]。同様に、女性は、高齢のまたは要介護親族のための非公式の介護者の役割を帯びる見込みが男性よりも非常に多い[8]。女性はまた、育児・介護責任によりパートタイムで働く見込みが断然多い[9]。これは、男女の賃金格差（一部の加盟国において28％になる）に実質的に寄与し、男女の賃金格差は、労働生活を超えて男女の年金格差（EU平均で40％）に集積し、ことに高齢者における女性の貧困と社会的排除のより高い危険をもたらす。既存の政策の実際の効果を顧みると、上記の難題がEUの活動なしには十分に取り組まれないことを示す。男女の雇用格差は、2055年に依然として9％になると予測される。

　この問題の主要な原因の一つは、不適切なワーク・ライフ・バランス政策である。男女間の休暇のバランスの取れないデザイン、男性が子どもそしてまたは要介護親族の世話をするために休暇を取得するための不十分なインセンティブ、柔軟な働き方を利用する限られた可能性、不十分な公式の介護サービスおよび経済的抑制すべてが女性の雇用の困難を悪化させると考えられる。

　両親休暇とその他の家族関係休暇の両親間の分担の問題について、EU28か国プラス5か国すべての国内報告[10]は、一つの結論に達する。すなわち、両親休暇とその他の家族関係休暇は、依然として母親により支配的に取得される。現実に、国内統計データに基づく専門家により提出される数値は、両親間の休暇の分担が依然として非常にバランスが取れていないことを明らかに示す。両親休暇取得者に占める父親の割合（％）は、オーストリアが4、チェコ共和国が1.8、エストニアが6.5、フィンランドが9、イタリアが11、オランダが24、ポルトガルが28.3、スウェーデンが24.4であった。

　幾つかの理由がこの状況について与えられる。第一に、男女の社会的役割についての伝統的認識（男性は職業生活により多く捧げそして女性は家族により多く捧げる）である。多くの専門家は、男性の稼得者モデルが依然として支配的であることを想起する。オランダの専門家は、少なくともフルタイムで取得される場合に両親休暇が「女性休暇」と考えられると明示的に述べる。オーストリ

7）M.Kiss, Trends in female employment, European Parliamentary Research Service, European Parliament, 2015.
8）OECD, Closing the Gender Gap, 2013.
9）EU全体で平均して、男性の8.3％と比較して女性の31.3％がパートタイムで働く。Eurostat, op. cit.
10）European Network of Legal Experts in the Field of Gender Equality, The Implementation of Parental Leave Directive in 33 European Countries, European Commission, 2015.

アの専門家は、両親休暇の終了において女性の38％しか復職せず、子どもが3歳に達した後は63％にすぎないと述べる。

　第二に、男女の賃金格差である。ことに休暇が無給であるまたは均一率で支払われる諸国に当てはまる。一部の専門家は、女性が男性よりも収入が少ないので、父親が休暇を取得する場合よりも母親が取得する場合の方が休暇に伴う所得の損失が少ないと述べる（クロアチア、イタリア、ポーランドまたはイギリス）。他方で一部の専門家は、休暇中の賃金支給がジェンダー平等を促進することに不可欠であると述べる（リヒテンシュタイン）。

　第三に、育児・介護に関するジェンダー・ステレオタイプと育児の便宜ならびに企業での家族に優しい環境の欠如との結合である（たとえば、ハンガリー）。

　最後に、教育のレベルと家族の居住場所である。スウェーデンとフィンランドの専門家により指摘されるように、休暇のいっそうバランスが取れた分担は、より高い教育を受けたカップルにとっていっそう共通であり、田舎に住むカップルよりも都市に住むカップルにとっていっそう頻繁である。さらに、スウェーデンの専門家は、公的部門で働くカップルが、民間部門で働くカップルよりも多くの機会に休暇を分担する傾向にあることを指摘する。

　両親間の休暇の分担が意味することについての興味深い認定が、両親休暇または両親休暇の譲渡不能期間に関する専門家の意見から生じる。上記のような全体としての両親休暇の女性的認識にもかかわらず、自立した有給両親休暇または父親のために留保された有給の両親休暇の期間がある場合に、これらの休暇または期間は、父親により現実に利用される（この状況は、両親休暇についてドイツのような諸国、両親休暇と両親休暇の「父親の月」に関してフィンランド、両親休暇の「男性の割当」に関してノルウェー、そして父親休暇に関してポルトガルにおいて報告される）。これらの認定は、適切な財政支援を伴う、休暇の権利の個人主義化を促進することを意図する規定と父親の役割の促進を目的とするポジティブ・アクションの重要性を示す。

　上記で指摘された現行の両親休暇指令の加盟国における実施状況から明らかにされたように、ワーク・ライフ・バランス規定のデザインの男女間のバランスが取れていないことは、かくして労働と育児・介護における男女格差を補強することになる。その逆に、休暇のようなワーク・ライフ・バランスの仕組みの父親の利用は、その後の子育てへの父親の関与に積極的な影響を及ぼすこと

が示され[11]、女性により引き受けられる無給の家事労働の相対的な量を減らし、有給雇用のためのより多くの時間を女性に残すことになる。

2　欧州委員会の取組み

（1）2015 年のロードマップ

　4 年以上にわたり欧州委員会と欧州議会が出産休暇指令を改正する 2008 年提案を協議したが合意に至ることができなかったので、同提案を撤回した後、欧州委員会は、ワーク・ライフ・バランスの分野での新しい立法的発議のための主要な理由を説明するロードマップを 2015 年に公表した。すなわち、現行の欧州の法ならびに政策の枠組みを現代化し今日の労働市場に適応させることにより労働市場への女性の低い参加に取り組むこと[12]、そして両親または要介護親族を持つ者が育児・介護と職業責任のより良いバランスを取ることを可能にすることである[13]。

（2）2015 年の実施報告

　2015 年に欧州委員会が外部に委託した現行の両親休暇指令の実施に関する研究によると、現行の両親休暇指令の実施に関して、大きな問題は確認されることができなかった。同時に、研究は、「（両親休暇はソーシャルパートナーにより取り組まれるが、出産休暇は欧州委員会により取り組まれる事実からもたらされる別個のアプローチよりもむしろ）出産の保護と家族と労働生活の調和の主題に対する EU 法の統合されたアプローチが、アクセスがいっそう容易であるこの分野でのいっそう透明な単刀直入である国内システムに貢献することになると」結論づけた[14]。同研究はさらに、将来取り組まれるべきである経済的問題を指摘した。「国内報告を読むと、育児・介護責任を女性に支配的に関連させ

11）子どもの人生の初期に父親が育児にかかわることが、その後の子どもの発育に積極的な影響を及ぼすことが証明されている。Lenna Nepomnyaschy & Jane Waldfogel, Parternity Leave and Fathers' Involvement With Their Young Chidren, Community, Work and Family10（4）2007:427-453 ;Margaret O'Brein, Fathers, Parental Leave Policies, and Infant Quality of Life : International Perspectives and Policy Impact, The ANNALS of the American Academy of Political and Social Science 624（1）2009 : 190-213.

12）European Commission Roadmap, New start to address the challenge of work-life balance faced by working families, 2015, p.1.

13）Idem, p.3.

14）European Network of Legal Experts in the Field of Gender Equality, op. cit., p.27.

る男女の社会的役割に関する伝統的な烙印よりも多く、両親休暇のための支給または補償が、同休暇と労働と家族生活の間の調和を促進することを目的とする労働時間の仕組みの実際の利用（いっそう平等な分かち合いがされた利用）における重要な要素であったことが事実であることが明らかになる。」[15]

(3) 2017 年の作業計画

2017 年の作業計画において、欧州委員会は、現行の両親休暇指令を廃止してより良いワーク・ライフ・バランスについての懸念に応える立法的および非立法的の幾つかの措置を計画することを誓約した[16]。その誓約の下で、欧州委員会は、現行の両親休暇指令を廃止して新しい指令を制定する提案を 2017 年 4月 26 日に提出した。

3 欧州議会の取組み

2015 年に、欧州議会事務局の政策部門 C は、女性の権利とジェンダー平等に関する委員会（FEMM）の要請により、「出産休暇、父親休暇および両親休暇：欧州連合における期間と補償率に関係するデータ」に関する研究を行った[17]。同研究は、現行の両親休暇指令自体についてと同様に、「ソーシャルパートナーの合意に基づいて採択された両親休暇指令は、効果的な両親休暇の移植においてすべての加盟国を指導することができなかった」と指摘した[18]。

FEMM のために作成された雇用と職業におけるジェンダー平等に関する2015 年の欧州実施評価において、欧州議会調査サービスは、とりわけ、現行の両親休暇指令の実施について、「男性の行動を変更させる見込みがない方法で同指令は実施されている」、「男性の取得率は、同休暇に付与される譲渡することができない権利付与と適切な財政的補償の利用可能性に左右される。男性の行動（取得率）に関する影響評価を含む同指令のいっそう強力なモニタリングの必要がある。」[19] と認定した。

---

15) Idem, p.28.
16) European Commission, 2017 Commission work programme.
17) European Parliament, Maternity, paternity and parental leave : data related to duration and compensation rates in the European Union, 2015.
18) Idem, p.86.
19) European Parliament, European Implementation Assessment, Gender Equality in employment and education, Annex IV 2015, p.9.

現行の両親休暇指令の適用に関する 2016 年の決議[20] において、欧州議会は、加盟国と欧州委員会に対し、「両親休暇を含む公共政策により与えられる家族の権利が、両親がより良いワーク・ライフ・バランスと彼らの子どもの最善の利益を達成することを奨励するために、個人の権利の面で平等であり両親にとって等しくアクセス可能であることを保障すること」を要求した。

2015 年以降の男女間の平等のための EU 戦略に関する決議[21] において、欧州議会はさらに両親休暇における平等の重要性を強調した。「男女間の均等待遇原則は、母親であること、父親であることの考慮および家族責任を負うことの事実を含む直接的であれ間接的であれいかなる差別もあってはならないことを意味する。」

二　欧州委員会の指令案の内容

1　指令案の目的

この新しい指令案の一般的な目的は、労働市場の機会と職場での待遇に関する男女間の平等原則の実施を確保することである。EU の法的枠組みを適応させ、現代化することを通して、この指令は、両親と介護責任を負う人々が彼らの労働と育児・介護義務とをより良く調整することを可能にすることになる。この指令は、既存の権利の上に構築し、既存の権利を強化するまたは新しい権利を導入する。この指令は、EU 法体系により既に提供される保護のレベルを維持する。

この指令の特定の目的は、ワーク・ライフ・バランスの仕組み——休暇と柔軟な働き方のような——へのアクセスを改善することならびに男性による家族関係の休暇と柔軟な働き方の取得を増やすことである。

休暇と柔軟な働き方の利用可能性は、女性の雇用の成果に対する育児・介護責任の影響を強く緩和することが示されている[22]。両親と介護者に労働と育児・介護責任を組織する方法におけるいっそう多くの選択を提供することによ

---

20) European Parliament, Resolution on the application of Directive 2010/18, 2016.
21) European Parliament, Resolution on the EU strategy for equality between women and men post 2015, 2014.
22) European Commission, COM（2010）2020 final, p.5.

り、彼らが労働市場から完全に脱落することを回避することにそれは役立つことになる。そのうえ、男性がワーク・ライフ・バランスの仕組みを利用する機会とインセンティブが一般的に希少であり、したがってそれらの取得がほとんどの加盟国において低いので、これらの仕組みのジェンダー・バランスが取れたデザインを改善することは、家庭内の育児・介護の分担のバランスを見直すことに役立つことになる。

2　指令案の内容

第1条―主題

　本条は、指令の主題を、働く両親と介護者のために労働と家族生活の調和を促進することを通して労働市場の機会と職場での待遇に関する男女間の平等を達成することを目的とする最低限の要件を規定することであると定め、そのために指令が以下に関する個人の権利を規定すると定める。すなわち、父親休暇、両親休暇、介護者休暇ならびに働く両親と介護者のための柔軟な働き方である。

第2条―範囲

　本条は、この指令で規制される権利から利益を得る権利を付与される個人を定義する。すなわち、雇用契約または雇用関係を持つすべての男女の労働者である。

第3条―定義

　本条は、多くの条件と概念が指令の条文で定められるときにどのように理解されるべきかを明確にするためにそれらを定義する。

　（a）「父親休暇」は、子どもの誕生の際に取得される父親のための休暇を意味する。

　（b）「両親休暇」は、子どもの誕生または養子縁組を理由にその子どもを育てるための休暇を意味する。

　（c）「介護者」は、親族の深刻な傷病または要介護の場合に人的な世話または支援を提供する労働者を意味する。

　（d）「親族」は、労働者の息子、娘、母親、父親、配偶者または国内法により想定されるシビル・パートナーシップを意味する。

　（e）「要介護」は、深刻な傷病以外の障害または深刻な精神状態により人が一時的にまたは恒常的に介護を必要とする状況を意味する。

（ f ）「柔軟な働き方」は、遠隔労働の仕組み、柔軟な労働計画または労働時間の短縮を含む労働者の働き方を労働者が調整する可能性を意味する。

第 4 条—父親休暇

本条は、子どもの誕生の場合に、10 労働日以上の休暇の短期間の形態で父親休暇を取得する父親の権利を導入する。この休暇は、子どもの誕生時の周辺に取得されることを意図し、それは、この場合に明確に関連されなければならない。婚姻しているカップルと未婚のカップルそして異性のカップルと同性のカップルの間の差別を回避するために、父親休暇の権利は、国内法で定義される婚姻または家族の地位により侵害されるべきではない。

第 5 条—両親休暇

本条は、現行の両親休暇指令が規定する両親の既存の権利の上に構築し、男女双方のためにそのような権利を改善する。すなわち、（ⅰ）少なくとも子どもが12歳に達するまでに両親間で譲渡することができない少なくとも4か月の両親休暇の最低期間を設定し、（ⅱ）両親、とくに父親がそのような休暇の彼らの権利付与を取得する見込みと柔軟性を多くすることにより、両親休暇が取得されることができる形態に関するいっそう多くの柔軟性（フルタイムまたはパートタイムに基づくもしくはその他の柔軟な形態）を導入することにより、この規定は、確認された欠陥に取り組むことを目的とする。

この規定は、（ⅰ）労働者により与えられる通知期間の長さ、（ⅱ）両親休暇の権利が労働期間または勤続期間（1 年以内）に基づく資格付与に服するか否か、（ⅲ）使用者が合理的期間により両親休暇の付与を延期することを認められる事情を定義することに関して決定することを加盟国に委ねる。最後に、この規定は、とくに障害または長期の疾病に関係する不利益な状況にある両親および養親の特定のニーズと両親休暇のアクセス条件と詳細な仕組みを調整する必要を加盟国が評価するべきであることを保障することを目的とする。

第 6 条—介護者休暇

本条は、指令自体により定義されるような親族の深刻な傷病または要介護の場合に休暇を取得する労働者のための年間少なくとも 5 労働日の新しい権利を導入する。この権利の濫用から使用者を保護するために、傷病または要介護の状況の証明が、休暇の付与に先立って要求される。

第 7 条—不可抗力を理由とするタイムオフ

本条は、不可抗力の場合にタイムオフを取得する既存の労働者の権利を維持する。現行の両親休暇指令により既に規定される（7条）この権利は、緊急の家族の理由のためにすべての労働者（この指令が定義する両親または介護者のみならず）により利用されることができる。

第8条—適切な所得

　現行の両親休暇指令は、適切な手当に関する最低限の要件を設けていない。本条は、この規定において規定される休暇の最低限の期間中適切な手当を受け取るための様々な種類の休暇を利用する労働者の権利を設ける。手当のレベルは、少なくとも傷病手当のレベルと同等であるべきである。

第9条—柔軟な働き方

　本条は、現行の両親休暇指令の2種類の柔軟な働き方（労働パターンと労働時間）を三つの形態の柔軟な働き方に拡大し、すべての介護者と所定の年齢（少なくとも12歳になる）までの子どもを持つ労働者に対しそのような権利の人的適用範囲をさらに拡大する。年少の子どもを持つ働く両親と介護者が労働市場に留まるために、彼らは、彼らの個人的ニーズと優先に彼らの働く計画を適応させることができるべきである。それゆえこの規定は、（ⅰ）労働時間の短縮、（ⅱ）柔軟に働く計画および（ⅲ）遠隔労働の可能性を上記の労働者が利用する可能性を導入する。使用者と労働者のニーズを考慮に入れるために、本条は、柔軟な働き方の期間を制限する可能性を加盟国に与える。

第10条—雇用の権利

　働く両親と介護者が家庭での責任を果たす間に彼らの労働市場との継続する関係を維持し促進することを可能にするために、本条は現行の両親休暇指令5条の既存の権利の上に構築し、両親と介護者が彼らの同じまたは同等の職に復帰すること、彼らの欠勤期間中の労働条件の向上から利益を得る、彼らの既得の権利を維持するそして休暇中に彼らの雇用関係を維持することを認めることを通して彼らの雇用の権利の最低限の保護を等しく規定する。

第11条—差別禁止

　現行の両親休暇指令は、両親休暇の申請または取得を理由とする不利益取扱いに対して労働者を既に保護する。そのうえ、雇用と職業問題における男女の機会均等と均等待遇原則の実施に関する指令（2006/54/EC）の19条1項は、均等待遇原則の違反の場合に立証責任を使用者に課す。同指令の19条4項は、立

証責任のこのルールは両親休暇指令にも適用されることを定める。本条は、両親休暇指令への言及が、現在の指令への言及として解釈されるものとすると定めるので、指令（2006/54/EC）における言及はそのままで存続する。現行の両親休暇指令において提供される保護は、維持され拡大される結果、その他の種類の休暇または柔軟な働き方を利用する労働者も、この指令により付与される特定の権利を申請するまたは利用することを理由とする不利益取扱いと差別に対して保護される。

第12条—解雇からの保護と立証責任

現行の両親休暇指令は、両親休暇指令の申請または取得を理由とする解雇に対する保護を既に規定する（5条4項）。本条は、父親休暇、両親休暇、介護者休暇および柔軟な働き方を利用する労働者がこれらの権利を申請するまたは利用する期間中の解雇からの彼らのための保護を規定することにより、労働者の既存の保護を維持しそれを拡大することを目的とする。この保護にもかかわらず、4条、5条または6条で言及される権利を申請するまたは享有するもしくは9条で言及される柔軟な働き方を要求する権利の行使を理由に解雇されたと労働者が考える場合に、本条は、解雇がその他の客観的な理由によることを証明する責任を使用者に課す。

第13条—罰則

本条は、加盟国に対し、この指令の下の義務の違反に対する効果的で均衡的かつ抑止的な罰則、罰金そしてまたは補償金を規定することそして罰則が適用されることを確実にすることを要求する。

第14条—不利益取扱いまたはその結果に対する保護

本条は、加盟国に対し、この指令に従って採用された国内規定の違反について不服を申立てることを労働者に提供し、均等待遇原則の効果的な実施が可能であることを伴う使用者による不利益取扱いまたはその結果に対する適切な司法上の保護を与えることを要求する。

第15条—平等団体

指令（2006/54/EC）は、加盟国が妊娠または出産に関する女性の不利益取扱いを含む性に基づく差別のないすべての者の均等待遇原則の促進、分析、モニタリングおよび支援を一または複数の団体に委託するものとすると既に規定する。本条は、国内の平等団体がこの指令で対象とされる分野において権限を与

えられるべきであることを確立する。

第16条—保護のレベル

本条は、この指令により保障されるものよりも高いレベルの保護を規定することを加盟国に認める基準規定である。

第17条—情報の普及

本条は、この指令により付与される権利とならんで同じ分野のその他の既に存在する権利に関する加盟国での意識の向上を保障することを目的とする。

第18条—報告と見直し

本条は、この指令の適用に関する情報を欧州委員会に伝える加盟国の義務と、この点について共同立法者（欧州議会）に報告し、必要と考える場合に、この指令を改正し最新化することを提案する欧州委員会の義務を確立する基準規定である。

第19条—廃止

本条は、現行の両親休暇指令が廃止される日付を定めると同時に、廃止された指令へのすべての言及が新しい指令への言及として解釈されるものとすると定める。

第20条—移植

本条は、国内法にこの指令を移植し関係する条文を欧州委員会に伝えるために加盟国が持つ最大限の期間である2年を設ける。そのうえ、本条は、ソーシャルパートナーがそうすることを要求し、ソーシャルパートナーがこの指令の下で求められる結果を常に保障することができることを保障するために加盟国がすべての必要な措置を講じる限り、EU運営条約153条3項に従って、加盟国はこの指令の実施をソーシャルパートナーに任せることができることを定める。

第21条—施行

本条は、官報でのこの指令の公表から20日後にこの指令が施行されることを定める基準規定である。

第22条—宛先

本条は、この指令が加盟国に対して向けられることを明確にする宛先に関する基準規定である。

三 提案の予測される影響

　欧州委員会の発議についての事前影響評価が、2017 年 1 月 18 日に規制審査局（RSB）に提出されて議論された。RSB により提起された問題を適正に取り組む事前影響評価の改訂版が、2017 年 3 月 8 日に再提出された。3 月 20 日に、RSB は、最終の事前影響評価において考慮に入れられる意見とともに肯定的意見を出した[23]。出産休暇、父親休暇、両親休暇、介護者休暇、柔軟な働き方それぞれの選択肢の効果、効率および他の法制との首尾一貫性の評価に続いて、選択肢の優先される結合が確認された。優先される結合は、上記の指令案の内容に反映された。

　優先された選択肢の結合の予測される影響に関して、事前影響評価において行われた量的分析は、優先された選択肢の結合が GDP（プラス 8400 億ユーロ、2015 年から 2055 年の間の正味現在価値）、雇用（2050 年にプラス 1600 万人）および労働力（2050 年にプラス 1400 万人）へ積極的影響を及ぼすことを示す。その分析は、雇用と労働力参加の増加が主に女性に関係することを示す。実質賃金も 2050 年に 0.52％増加することが予測される。相対的に小さいにもかかわらず、その結合は、企業に対するコストを表す。しかしながら、このコストの大多数は、柔軟な働き方の需要と調整の非常に高いレベルを帯びる柔軟な働き方の選択肢により派生する。もっとも、柔軟な働き方の要求が企業にとって過剰なコストを引き起こす場合にはとくに、使用者はその要求を拒否することができる。その結合の企業にとっての全体のコストは、それゆえ有意に低くなり得ると予測される。結合の優先された選択肢が、強力な相乗効果を持ち、優先された選択肢の結合のコストがそれぞれの選択肢の個別のコストの額よりも低くなり得ることも考慮に入れられるべきであることが強調された[24]。

---

23) European Commission, COMMISSION STAFF WORKING DOCUMENT IMPACT AS-SESSMENT Accompanying the document Proposal for a Directive of the European Parliament and of the Council on work-life balance for parents and carers and repealing Council Directive 2010/18/EU, Brussels, 26.4.2017 SWD（2017）202 final.
24) Idem, p.117.

おわりに

　EU は、2017 年 11 月 17 日にスウェーデンのヨーテボリで開催された「公正な職業と成長のための社会サミット」（社会サミット）において、公正な賃金から医療を受ける権利まで、また生涯学習・より良いワーク・ライフ・バランス・男女平等から最低所得まで、20 の基本原則を示した欧州社会権の柱を、欧州議会、EU 理事会、欧州委員会の厳粛な共同宣言として採択した。ジャン＝クロード・ユンカー欧州委員会委員長は採択に際し、「公正で、より社会的な欧州を構築することを目的に、EU は急激に変化しつつある世界の中で市民の権利のために立ち上がった」と述べた [25]。

　EU 理事会は、2017 年 12 月に欧州委員会による提案について加盟国の理事との討議を行った。2018 年 6 月 21 日、EU 理事会は、両親と介護者のためのワークライフバランスに関する指令に対する交渉態度（一般的アプローチ）を合意した。この合意に基づいて、EU 理事会執行部は、欧州議会が同指令に対する交渉態度を採択した後に、欧州議会との交渉を開始することになった [26]。2019 年 1 月 24 日、EU 理事会と欧州議会は、欧州委員会による指令案に暫定合意した [27]。その後、指令案は、両機関により正式に採択される見通しである。

25）European Commission - Press Release, 18 November 2017.
26）Council of the EU – Press Release, 21 June 2018.
27）European Commission - Statement, 24 January 2019.

カナダにおける妊娠・出産・育児に関する休暇・休業法制
——オンタリオ州・ケベック州・連邦の法制度比較——

所　浩代

序

　日本における育児支援法制の歴史はそれほど長くない。産休の法定化は戦後すぐの1947年になされたが、育休は1991年まで時を要した[1]。急速な少子高齢化を背景に、日本政府は女性の就労環境の改善に力を入れているが、男女間の賃金格差やキャリア形成の隔たりは依然として解消されていない[2]。

　学界では、日本法の更なる発展を目的として北欧やEU諸国を対象に比較研究が進められてきたが、カナダについては、先進7か国（G7）の一つであるにもかかわらず、あまり注目されてこなかった[3]。しかしカナダは、G7の中で男女の労働市場参加率の格差が最も小さい国であり[4]、産休・育休の内容も日本より充実している面がある。

　そこで本稿では、カナダの妊娠・出産・育児に関する休暇・休業法制を概観し、その特長を明らかにする。なお、カナダは連邦制を採っているが、アメリカとは異なり、労働基準の設定権限はそれぞれの州が有している。産休・育休は、各州の労働基準法で保障されているが、英国法制を踏襲する州とフランス法制を踏襲する州とでは、制度の内容が異なっている（全州を統べる産休・育

---

1) 産休は1947年の労基法で、育休は1991年の育休法（現：育介法）において条文化された。
2) 性差別是正に向けた提言は、浅倉むつ子『雇用差別禁止法制の展望』有斐閣、2016年。
3) カナダ法研究の先駆書に、國武輝久『カナダの労使関係と法』同文館、1990年、桑原昌宏『男女雇用平等と均等法――日本・カナダ・アメリカの比較研究』総合労働研究所、1991年、木村愛子『賃金衡平法制論』日本評論社、2011年、森ますみ『日本の性差別賃金――同一価値労働同一賃金の可能性』有斐閣、2005年。
4) 先進7か国の状況は、イタリア21.9、日本20.3、アメリカ14.6、イギリス11.7、ドイツ9.8、フランス9.8、カナダ8.9。M. Moyser, Women and Paid Work, Women in Canada: A gender-based Statistical Report, Statistic Canada, Catalogue no. 89-503-X2015001, Release date March 8, 2017, p.5.

休法制がない[5]）。紙幅上すべての州を取り上げられないため、本稿ではカナダ人口最大州のオンタリオ州（英国法体系）とケベック州（フランス法体系）および連邦法を取り上げて、カナダの特徴をつかむことにする[6]。

一　カナダの現状

1　概観

カナダは、10 の州と 3 つの準州から成る立憲君主制の国である。首都はオンタリオ州オタワ市。人口は 3515 万人で日本の 4 分の 1 ほどである[7]。高齢化が進行しており、2016 年調査では 65 歳以上の高齢人口が年少人口（0～14 歳）を上回った（高齢者 19.2%、年少者 16.6%）[8]。公用語は英語とフランス語であるが、移民が多く、第一言語が英語・フランス語以外という人も多い（22.8%）[9]。

2　婚姻・出産の状況

婚姻人数をみると、総数は男女合計で 1689 万人、内訳は、法律婚が 1338 万人（79.2%）、事実婚が 351 万人（20.8%）である。ケベック州は、他州と異なり事実婚が多い（法律婚 60.9%、事実婚 39.0%）[10]。

出産状況をみると、合計特殊出生率は 1950 年代後半にピークを迎えたがその後急激に低下し、2016 年に過去最低の 1.54 となっている（図 1）（オンタリオ州 1.46、ケベック州 1.59、日本は 1.44[11]）。晩産化が進んでおり、2016 年では第一

5）アメリカでは、連邦法「Family and Medical Leave Act」において、50 人以上の労働者を雇用する事業場の労働者に、12 週間の無給休暇が保障されている。この制度は、本人と家族の傷病を休暇取得理由としているものであるが、本人の妊娠・出産も、休暇取得理由に含まれている。

6）連邦の労働基準法（Canada Labour Code）は、連邦政府職員、州間通商の企業に雇用されている者、連邦政府が管理する団体の職員等を対象としている。CLC s. 167（1）.

7）Statistics Canada, 2016 Census of Population, www.statcan.gc/census.

8）前掲注 7）の統計 .

9）前掲注 7）の統計によると、第一公用語が英語と答えた人は 74.8%、フランス語は 22.2%、両方 1.2%、どちらでもないが 1.8%。

10）前掲注 7）の統計。事実婚は「common law union（ケベック州は、civil union）」と呼ばれている。州によって差があるが、事実婚のパートナーにも法律婚上の権利の一部が認められている。

11）内閣府『平成 30 年版少子化社会対策白書』6 頁。

図1　カナダの合計特殊出生率（1921〜2015年）

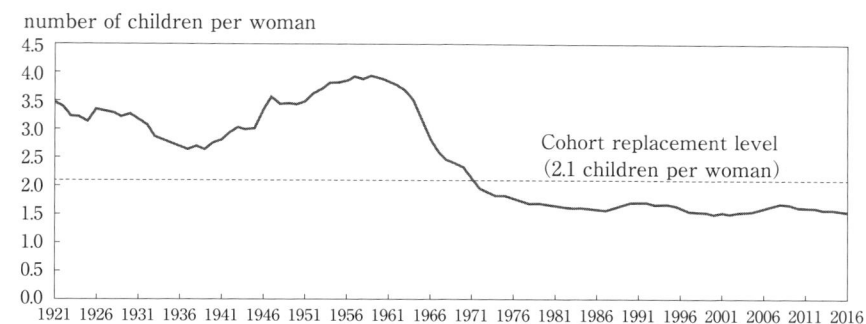

出典：C. Provencher, A. Milan & C. D'Aoust, Fertility: Overview, 2012 to 2016, Report on the Demographic Situation in Canada, Statistic Canada, Catalogue no. 91-209-X, Release date June 5, 2018, P.6 (Figure 5).

図2　カナダにおける男女の労働参加率（25〜54歳・1950〜2016年）

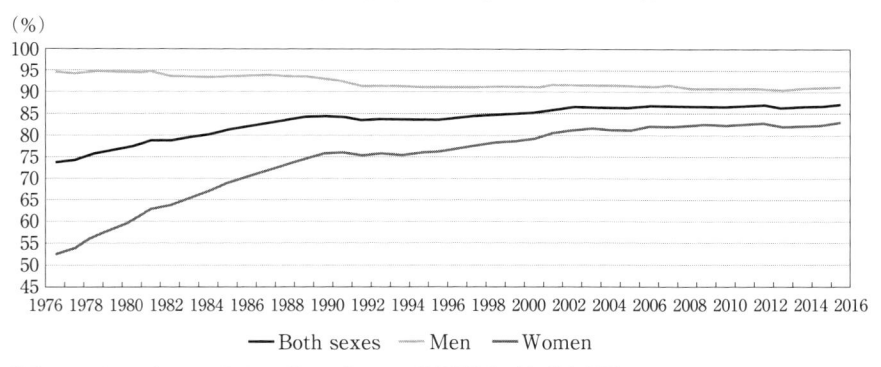

出典：Statistics Canada, Labour Force Survey, CANSIM table 282-0002.

子出生時の母の平均年齢が29.2歳になっている（2001年27.3歳）。50歳以上で出産経験のない女性の割合は2011年で15.3%であった（1990年14.1%）[12]。

3　女性の就労状況

女性の労働参加率は、2017年において82.9%である（図2）[13]。女性の労働参加率が一番高いのはケベック州で86.8%である。その背景には手厚い家族政策

12）前掲注4）Moyser（2017）, p.19.
13）Statistics Canada, Labour Force Survey, CANSIM table 282-0002.

表1 パートタイムを選んだ理由 （25〜54 歳）

	女性	男性
	(%)	
自己選択	67.2	53.3
本人の病気	4.6	7.5
育児	25.0	3.3
家族の世話 （子以外）	5.1	2.4
通学	6.8	14.1
自分の好み	22.8	20.5
その他	3.0	5.2
不本意選択	32.8	47.0
会社の都合	23.3	35.0
フルタイムの職が見つからない	9.4	12.0

出典：M. Moyser, Women and Paid Work, Women in Canada: A gender-based Statistical Report, Statistic Canada, Catalogue no. 89-503-X2015001, Release date March 8, 2017, P.19 （Table 3） を基に筆者作成。

がある （後述）[14]。男女の労働参加率の差は 1950 年で 75.5、1983 年で 28.3、2015 年で 8.9 になり、徐々に縮小している。

　女性労働者のフルタイムの割合は 2014 年で 58.4％（男性 68.4％）[15]。男性は、会社の都合や自己の好みでパートタイムを選択する人が多いが、女性は、子育てを理由にパートタイムを選ぶ人が多い （表1）。なお、パートタイマー全体の 75.8％を女性が占めている[16]。

二　妊娠・出産・育児に関する休暇・休業制度

1　妊娠・出産・子育てを理由とする不利益取扱いの禁止

　日本では、労基法において女性労働者に対する産前産後休業中とその後 30

---

14) A. Fields, E. Bourbeau & M. Patterson, Labour Statistics: Research Papers: Annual review of the labour market, 2017, Statistic Canada, Catalogue no. 75-004-M – 2018001, Release date: April 24, 2018,

15) R. Morissette, F. Hou & G. Schellenberg, Full-time Employment, 1976 to 2014 Statistic Canada, Catalogue no. 11-626-X-No. 049, Release date July 9, 2015, p.2.

16) 前掲注 4) Moyser （2017), p.16.

日間の解雇が禁止されている[17]。また、妊娠・出産・育休等を理由とする不利益取扱いは、均等法及び育介法において禁止されている[18]。

　カナダでは、妊娠を理由とする差別がすべての州法で禁止されている。また、連邦の人権法（Canadian Human Rights Act）では、「家族状況（family status）」を理由とする差別が禁止されており、育休の取得に基づく不利益取扱いは当該条項で保護される。もっとも、連邦法の適用は連邦職員等に限られている。州法をみると、たとえば本稿が着目するオンタリオ州の人権法（Ontario Human Rights Code）では「家族状況」が差別禁止事由の一つに挙げられているが[19]、ケベック州法の人権法（Human Rights and Freedoms）には挙げられていない。

2　母体と胎児の保護

(1) 健診時間の確保

　日本では、妊娠中の労働者が請求した場合には、使用者は、妊娠に関する保健指導や健康診査を受けるための時間を就業時間中に確保しなければならない[20]。カナダでは、ケベック州法「Act Respecting Labour Standards」（以下「ARLS」）に同種の規定がある。女性労働者には、妊娠の継続に必要な検査（助産師の指導を含む）を受けるための無給休暇が保障されている[21]。

(2) 業務転換義務

　日本では、女性（妊産婦）は、使用者に対して軽易作業への転換や時間外・深夜労働等の免除を求めることができる[22]。

17）労基法 19 条。産休中の退職取扱いが違法とされた例に、出光商事事件・東京地判平 27.3.13 労働判例 1128 号 84 頁。
18）均等法 9 条 3 項、育介法 10 条。産休取得者に対する賞与算定方法が公序違反とされた例に東朋学園事件・最判平 15.12.4 労働判例 862 号 14 頁、育休取得者に対する成果報酬 0 査定が人事権の濫用とされた例に、コナミデジタルエンタテインメント事件・東京高判平 23.12.27 労働判例 1042 号 15 頁。育休取得者に対する昇給・昇格制限が育介法 10 条違反に当たるとされた例に、医療法人稲門会（いわくら病院）事件・大阪高判平 26.7.18 労働判例 1104 号 71 頁。
19）OHRC ss. 1, 2.
20）均等法 12 条。
21）ARLS s. 81.3.
22）労基法 64 条の 3、労基法 65 条 3 項、66 条 1 項、66 条 2 項 3 項。軽易業務への転換時の降格が均等法 9 条 3 項違反とされた例に、広島中央保健生協事件・最判平 26.10.23 労働判例 1100 号 5 頁。夜業免除の客室乗務員の不就業日を無給とする扱いについては、日本航空インターナショナル事件・東京地判平 19.3.26 労働判例 937 号 54 頁。

カナダでも同様の義務がある。連邦法では、労働基準法「Canada Labour Code」（以下「CLC」）の下に当該義務が規定されている。オンタリオ州では、人権法（OHRC）に基づき妊産婦に対する配慮が要請されると解されている[23]。ケベック州では、裁判例の中に配慮義務を否定するものもあるが、州政府は使用者に妊産婦への配慮を要請している[24]。連邦法には配慮の内容と手続が具体化されているので、ここではその内容を紹介する。連邦法下では、妊娠した女性は、現に就いている業務を遂行することが母体や胎児の健康上困難な場合には、使用者に対し、業務の軽減・安全な業務への異動を求めることができる[25]。使用者は、労働者から請求された場合には、安全を確保するための措置を講じなければならない[26]。使用者は、労働者に対して、母体等への危険の可能性と必要な軽減措置に関する医学的証明の提出を求めることができる[27]。使用者が、安全確保措置の必要性を検討したうえで、現に就いている業務を継続させることに問題がないと判断した場合には、その回答を労働者に書面で通知しなければならない[28]。

(3) 危険回避のための特別休暇

　ケベック州と連邦では、母体・胎児を保護するための特別休暇が保障されている。具体的には、労働者は使用者が業務軽減・安全確保措置の必要性を検討している間、危険を回避するために休暇を取得することができる（無給）[29]。連邦法の対象者は、業務軽減措置を受けた場合2週間以内に、①講じられた措置が適当であるか否か、②措置の必要な期間の2つを使用者に医学的証明書で回答しなければならない[30]（ケベック州の場合は、軽減措置の申請時に医学的証明を

---

23) OHRC ss. 2（1）, 5（1）, 10（2））.
24) ケベック州の判例法では配慮要請を断ることは、「Human Rights and Freedoms」が規制する差別に当たらないとの判断がある（Buauchesne v. Syndicat des cols bleus regroupes de Montreal, 2013 QCCA 2069）。
25) 安全確保措置は、妊娠時から出産後24週までの間で請求する。CLC s. 204（1）.
26) CLC s. 205（1）.
27) CLC s. 204（2）.
28) CLC s. 205（4）. 労働者が求めた安全確保措置が不適当であるか否かの証明責任は、使用者が負う。CLC s. 205（3）.
29) ARLS s.81.5.1, CLC s. 205（2）.
30) CLC s. 205.2.

提出する[31]）。なお、講じられた措置では危険を十分に回避できない場合には、危険が除去されるまでの間、業務に就くことを拒否することができる（欠勤中は無給)[32]。業務軽減中の賃金については、連邦法にのみ、使用者は、労働者が業務軽減措置を受けている間（安全確保のために別な業務へ異動している間を含む）は、その間に従事した業務に対応した額を支払うことで足りるとの定めがある[33]。

この他、女性が医師等から母体・胎児の安全のために就労停止の指示を受けた場合には特別休暇を取得することができる。休暇期間はケベック州法で出産予定日前4週[34]、連邦法は妊娠時から産後24週まである[35]。

3　産前産後休業

日本では、労基法において、妊娠した女性に14週間（出産前6週間・出産後8週間）の産前産後休業（無給）が保障されている。なお、産後6週間は強制休業とされ、女性本人が希望しても使用者は当該労働者を就労させることはできない。出産後7週目以降に労働者が復職を希望した場合には、使用者は医師の判断を得たうえで就労を認めることができる[36]。

カナダでは1921年に初めて、ブリティッシュ・コロンビア州において産休制度が導入された[37]。当初は、出産後6週のみの休業であったが、1960年代後半に、産前を含めた12週の制度に改変された。1970年の連邦法改正により、連邦職員にもブリティッシュ・コロンビア州と同じ内容の権利が保障されると、各州もこれに続いて同制度の導入に踏み切った。1988年にはすべての州・準州で産休・育休制度の法定化が終了している[38]。（表2を参照）

31）ARLS s. 81.5.1.
32）CLC s. 205（6).
33）CLC s. 205（5).
34）ARLS s. 81.5.1. 出産予定日前12週の間に妊娠が終了した場合（流産・死産等）には3週以内の特別休暇を取得することができる。ARLS s. 81.5.2.
35）CLC s. 205.1.
36）労基法65条1項・2項。
37）D. J. Doorey, 2017, The Law of Work: Complete Edition, Edmond Montgomery Publications, pp. 298-299.
38）A. ten Cate, "The Impact of Provincial Maternity and Parental Leave Policies on Employment Rates of Women with Young Children in Canada", Working Paper: McMaster University, Department of Economics, 2003, pp. 4-5.

表2 産休・育休の内容

	オンタリオ州法	ケベック州法	連邦法	日本
産前・産後休業	17 週 雇用 13 週必要	18 週 全ての妊産婦	17 週 雇用 24 週必要	14 週 全ての妊産婦
育児休業	63 週 雇用 13 週必要 78 週内の取得	52 週 新生児の全両親 70 週内の取得	63 週 雇用 13 週必要 78 週内の取得	52 週 有期の場合は 雇用 1 年必要

(1) オンタリオ州

オンタリオ州では、州の労働基準法である「Employment Standard Act, 2000」（以下「ESA」）において、17 週の出産休業（産前産後休業）が保障されている[39]。ただし、休業できるのは、出産予定日以前に13週の雇用期間が認められる者である[40]。雇用形態は問われない（パートタイムや有期契約者も対象）。休業は、原則として連続した1回で取得する。休業は、日本のように産前・産後で分けられていないため、出産予定日の前後17週で自由に期間を設定することができる[41]。休業する者は少なくとも2週間前に、使用者に開始日と復職日を書面で通知しなければならない[42]。使用者は労働者に対して、出産予定日と出産日に関する医学的証明書の提出を求めることができる。

労働者は、少なくとも4週間前に書面で通知することにより、復職予定日を早めることができる。また、労働者は、復職予定日の4週間前までに書面で通知することにより復職日の延長を申請することができる[43]。ただし、使用者がこれに同意しない場合は当初指定した期日通りに復職しなければならない。

(2) ケベック州

ケベック州では、労働基準法（ARLS）において18週の出産休業が保障されている[44]。オンタリオ州法や後述の連邦法と異なり、妊娠した全ての者を対象

---

39) 出産休業は、妊娠開始17週以後に妊娠中絶をした者も取得できる。早産・死産には、出産日から 12 週以内の休暇が保障されている。ESA s. 47 (1) (b).
40) ESA s. 46 (1)。「13 週間」は雇用期間であって就労期間ではない。休業開始日の13週間に雇用が開始されていれば足りる。
41) 休業は、出産予定日又は出産日よりも後に始めることはできない。最も遅く取得する場合は、出産日が休業開始日となる。ESA s. 46 (1), s. 46 (3.1).
42) ESA s. 46 (4).
43) ESA s. 47 (2) (3).
44) ARLS s. 81.4.

としている（雇用期間要件がない。）。休業は、出産予定日16週前から出産日後18週の間で、連続1回で取得しなければならない[45]。休暇を希望する者は少なくとも3週間前に、使用者に開始日と復職日を書面で通知しなければならない（妊娠の事実、出産予定日を記載した医学証明書が必要）[46]。

　労働者は、少なくとも3週間前に書面で通知することにより、復職予定日を早めることができる。また、労働者が出産後2週間以内の復職を希望した場合には、使用者は復職が可能であることを記した医学的証明書の提出を求めることができる[47]。

（3）連邦

　連邦法では、労働基準法（CLC）において17週の出産休業が保障されている[48]。休業するためには、出産予定日以前に24週の雇用期間が必要である（雇用形態は問わない）[49]。休業は、出産予定日前13週から出産日後17週の間で連続して設定する[50]。労働者は少なくとも4週間前に、使用者に開始日と復職日を書面で通知しなければならない[51]。使用者は、労働者に対して、妊娠の事実を記載した医学証明書の提出を求めることができる。

　労働者は、少なくとも4週間前に書面で通知することにより、復職予定日を早めることができる。労働者は、復職予定日の4週間前までに書面で通知することにより（上限を超えない範囲で）復職日を延長することもできる[52]。

4　育児休業

　日本では、原則として子が1歳に達するまでの間（52週）、育児のために休

45）ARLS s. 81.5. 労働者が流産等により妊娠が終了した場合には、使用者に可能な限り速やかに医学的証明書でその旨を通知しなければならない。ARLS s. 81.5.3. 出産予定日よりも遅く出産した場合には、2週以内で休暇を延長できる。ARLS s. 81.4.1. 妊娠が、12週目よりも前に終了した場合には3週以内の特別休暇を取得することができる。12週目以降に妊娠を中止した場合には、中絶日から18週の連続した特別休暇を取得することができる ARLS s. 81.5.2.
46）ARLS s. 81.6.
47）ARLS s. 81.9.
48）CLC s. 206（1）.
49）CLC s. 206（1）（a）.
50）CLC s. 206（1）.
51）CLC s. 207（1）.
52）CLC s. 207（2）.

業することができる[53]。ただし有期契約の場合は、①雇用期間が1年以上あること、②休暇終了時点まで契約が維持される可能性がある、という要件を充たさなければならない（日々雇用は対象外)[54]。また、過半数代表者等との労使協定締結により、①継続雇用期間が1年に満たない者、②配偶者が専業主婦（主夫）である者、③休業申出日から1年以内に雇用終了する者、④1週間の所定労働日数が週2日以下の者の休業取得を認めないこともできる[55]。

　カナダは、日本と比べると、取得条件が緩く、かつ、休業期間が長いという特長がある（ただし、ケベック州の休業期間は日本と同じ）。

(1) オンタリオ州

　オンタリオ州の育休は、63週である。ただし、子の誕生から78週以内に取得しなければならないので、出産した女性が産休に続いて育休を取得する場合には61週となる[56]。対象者は、休暇開始日までに13週の雇用期間がある者である（出産休業と同じ）。休業の対象となる「両親」の範囲は広く、実子が誕生した両親のほかに、養子を受け入れた両親、親子に類似する関係で子を養育する者（単親者、同性カップル等）が対象となる。両親が同時に休業することもできる（交代取得も可）。育休は原則、連続1回で取得する。休業の申請と休業期間の変更は、出産休業の手続と同じである[57]。

(2) ケベック州

　ケベック州法では、52週の休暇が保障されている[58]。オンタリオ州や連邦とは異なり、子（養子を含む）を養育する必要があるすべての労働者が対象である（雇用期間要件がない）。両親は同時に休業することができる（交代取得も可）。労働者は、子の誕生（又は養子の養育が開始する日）から70週の間に休暇を連

---

53) 父親が母親と同時に取得する場合は1歳2か月に達する日まで取得できる（パパ・ママ育休プラス）育介法9条の2。保育サービスが確保できない等の理由があれば2歳に達するまで延長可。
54) 育介法2条1号。
55) 育介法6条1項1号。
56) ESA ss. 48 (2), 49 (1). オンタリオ州は、2017年に Fair Workplaces, Better Jobs Act によって ESA を改正した。育休期間は、改正前は52週間以内に上限37週とされていた。
57) ESA ss. 48 (4) (5), 49 (2) (3).
58) ARLS s. 81.10.

続 1 回で取得しなければならない[59]。使用者が同意した場合には、休暇を分けて取得することもできる[60]。また、使用者の同意があれば、52 週の間にパートタイム勤務をすることもできる[61]。休業申請と休業期間の変更は、出産休業の手続と同じである[62]。

(3) 連邦

連邦法では、63 週の育休が保障されている[63]。対象者は、休業開始日までに 24 週の雇用期間がある者である（出産休暇と同じ）[64]。雇用形態は問わない。ただし、休暇は子（養子を含む）の誕生後 78 週の間に連続 1 回で取得しなければならない（女性が出産休業に続いて育休を取得する場合には 61 週が上限となる）[65]。両親は同時に休業することができる（交代取得も可）。休業申請と休業期間の変更は、出産休業の手続と同じである[66]。

5 ケベック州法における特別休暇

かつてフランス領であったケベック州は、他の州とは一線を画した家族政策を採っている。以下、ケベック州法が保障する独自の休暇制度を紹介する[67]。

(1) 父親休暇

ケベック州は、2006 年に父親休暇を導入した。子が誕生した男性は連続 5 週の休暇を取得することができる（無給）[68]。休暇は、子の誕生日の週から数えて 52 週以内に取得しなければならない。労働者は、52 週の間で父親休暇と育児休業の両方を取得できる。休暇申請と休暇期間の変更は、女性労働者の出産休業

59) ARLS s. 81.11. 子の誕生前に休暇を取得することはできない。
60) ARLS s. 81.13.
61) ARLS s. 81.13. 労働者は、子が入院した場合には、休暇を中断して職場復帰することができる（労働者が希望した場合）ARLS s. 81.14.1. 労使が合意した場合は、復職した日数を休暇期間から除外することもできる。ARLS s. 81.14.2.
62) ARLS ss. 81.12, 81.13.
63) CLC s. 206.1 (1).
64) CLC s. 206.1 (1).
65) CLC s. 206.1 (2).
66) CLC s. 207.1 (1) (2).
67) ケベックは家族の重大事（傷病・死等）を理由とする休暇制度が充実している。本稿では育児に関わる制度のみを取り上げた。
68) ARLS s. 81.12.

表3 ケベック州の特別休暇

①父親休暇	男性労働者 5週間（子の誕生日から52週以内） 無給	81.2条
②新生児休暇	男性労働者 5日間（子の誕生日から15日以内） 無給（休暇取得前に60日の雇用期間がある場合は、開始2日目まで有給で、残りが無給）	81.1条
③妊娠中絶休暇	男性労働者 パートナーが妊娠中絶した場合 5日間（中絶日から15日以内） 無給（休暇取得前に60日の雇用期間がある場合は、開始2日目まで有給で、残りが無給）	81.1条
④養子受入休暇	男女労働者 養子を受け入れた場合 5日間（養子を引き取った日から15日以内） 無給（休暇取得前に60日の雇用期間がある場合は、最初の2日有給）	81.1条
⑤家族責任休暇	男女労働者 子等（子以外の家族も対象）の養育・看護・教育のための休暇 年間10日（1日単位・使用者の同意があれば時間単位も可） 無給（3か月以上の雇用がある場合は最初の2日有給）	79.7条
⑥付添い休暇	男女労働者 重篤な傷病の実子に付き添うための休暇 年間36週間（未成年の子の深刻な病気の場合は104週まで） 無給	79.8条
⑦失踪休暇	男女労働者 未成年の子が行方不明になった場合の休暇 104週間（子の発見後は、11日以内に復職しなければならない） 無給	79.10条

の手続と同じである。

(2) その他の休暇

　ケベック州は、上記父親休暇以外にも子育て関連休暇を整備している。表3は、各休暇の内容をまとめたものである。なお、⑥の「付添い休暇」は、オンタリオ州でも採用されている（オンタリオ州はケベック州より短く、8週間の無給休暇）[69]。

---

69) ESA s. 49.1.

6 その他の権利

(1) 既得権益の維持

労働者は、休業中も、医療や年金等の団体保険といった福利厚生プログラムに加入し続けることができる。使用者の保険料負担分がある場合は、それが維持される。また、各団体は、労働者の休業取得の事実を、団体保険の保険料の設定、受給資格の審査、給付額等に反映させてはならない[70]。

(2) 原職復職原則

日本法制には、産休・育休を取得した労働者の復職を保障する条文がない[71]。他方カナダでは、各法において原職復帰の権利が保障されている[72]。具体的には、使用者は、出産・育児に関する休暇・休業を取得した労働者が復職する場合には、当該労働者を休暇・休業取得前の業務に配置しなければならない。復職日において労働者の従事していた業務が消滅していた場合には、当該労働者を休暇・休業前に就いていた業務と同等の業務に再配置しなければならない。ここにいう「同等の業務（comparable position）」とは、職場の場所、賃金、職責、労働時間、昇進の機会、既得の利益（先任権や福利厚生等）に重要な変更がないことを意味する[73]。また、業務が消滅しているか否かは制限的に解される。たとえば、労働者が休職前に担当していた業務を、他の労働者が引き継いでいる場合、または当該業務を複数の労働者が分担して行っている場合は、原職は消滅していないと判断され、使用者は労働者を原職に復帰させなければならないと解されている[74]。

---

70) ESA s. 51 (1) (2) (3), ARLS s. 81.15, CLC ss. 209.2 (1)-(4), 209.21.
71) 育休から復職した労働者を元の職位（副主任）に復帰させなかった対応の違法性（育介法 10 条違反の有無）については、前掲注 22) の広島中央保健生協事件最判・櫻井裁判官補足意見を参照。
72) ESA s. 53 (1), ARLS s. 81.15.1, CLC s. 209 (1)-(4).
73) ESA s. 53 (3), ARLS s. 81.15.1, CLC s. 209 (2).
74) K. J. Filsinger, Employment Law for Business and Human Resources Professionals 3rd edition, 2015, Emond Montgomery Publications, pp. 205-206.

三 休業中の所得保障

日本では、出産した女性に対する所得保障として、公的医療保険制度内に、「出産一時金」（1児42万円）と「出産手当金」（出産日以前42日と出産日後56日の期間で、出産につき休業した日が対象。支給額は、概算すると休暇前賃金日額の66.7％）という二つの制度が用意されている。育児休職者には、雇用保険から「育児休業給付金」（原則として休業前2年間に12か月以上保険料を納付した者が対象。支給額は、休業開始後6か月が休業開始前賃金日額の67％、それ以降は50％）が支給される。

カナダも、子育て中の労働者に対する所得保障として、休業取得者に対する給付制度が整備されている。カナダでは、1971年に連邦政府が管掌する失業保険の下に（全州・準州の労働者を対象する制度）、産休を取得した女性のみを対象とした給付制度が導入され（上限15週）、1990年に育休を取得した両親に対する給付が追加された（当時は上限10週・両親が一つの給付をシェア）[75]。なお、ケベック州では2006年から州独自の給付制度がスタートしている[76]。

1 連邦の給付

連邦政府は、雇用保険法の下で、出産休業給付と育児休業給付を行っている。支給対象は、年間労働時間が600時間以上ある者で、休業により40％以上賃金が減少した者である（自営業者は対象外）。出産休業給付と育児休業給付には1週間の待機期間がある。育休に対する給付には、標準型と長期低額型の2つが用意されており、州間の休暇の上限取得日数のばらつきに対応している。給付内容は、表4にまとめたので参照していただきたい。

2 ケベック州の独自給付

ケベック州は、2006年から独自の保険制度、「Quebec Parental Insurance

---

75) F. Hou, R. Margolis & M. Haan, Analytical Studies: Methods and References, Estimating Parental Leave in Canada Using Administrative Data, Statistic Canada, Catalogue no. 11-633-X-No. 009, Release date August 29, 2017, p.6.
76) ケベック州の給付制度の詳細は、小川誠子「カナダ・ケベック州における親休業給付制度——その取組と日本への示唆」教育研究56号（2012）79頁。

表4　連邦給付金（EI）の内容（2018 年）

	給付の種類	基本プラン（標準）	特別プラン（長期低額）
①	出産休暇給付 対象：出産した女性	上限 15 週 休暇前賃金の 55% 出産予定日か出産日の遅いほうの日以後 17 週を経過すると受給権を失う。	なし
②	育児休暇給付 対象：育休取得者（男女） 両親同時に受給できない	上限 35 週 休暇前賃金の 55% 誕生日（養子受入日）以後 52 週を超えると受給権を失う。	上限 61 週 休暇前賃金の 33% 誕生日（養子受入日）以後 78 週を超えると受給権を失う。

Plan」（以下「QPIP」）を開始し、州内に居住する労働者に対する金銭支援を強化した。QPIP の保険料は労使双方で負担している（使用者の保険料率の方が高い）。対象者は、休業取得前に世帯実所得が 2000 カナダドル以上で、休業により賃金が 40%減少した労働者である（自営業者の一部も対象としている）。対象者は、連邦給付金と QPIP を選択的に受給する。待機期間はない。なお、本制度は同性のカップルも対象にしている[77]。各給付には、標準型と短期高額型の 2 つが用意されており、早期復職の動機づけにも貢献している。各給付の内容は、表 5 にまとめたので参照していただきたい。

総括と今後の課題

本稿では、カナダの子育てに関わる休暇・休業制度について、オンタリオ州、ケベック州、連邦の内容を比較した。本稿はカナダ全州の制度を掌握するものではないが、上記の考察より得た知見をまとめると、次の 5 つになる。

第一に、妊娠中の女性および胎児の健康を守るための制度については、日本のような業務軽減措置だけでなく、危険回避のための休暇が用意されていた。このような危険回避のための就労拒絶権は、たとえば日本においても、受動喫煙回避や長時間労働による健康障害の回避のための就労拒絶といった問題に関わるものであり示唆的である。

77）女性同士のカップルでは、出産していない女性に父親休暇給付の受給資格がある。男性同士のカップルでは、出産休暇給付の受給権はない。父親休暇給付と育児休暇給付は、子の実親が受給権を有する。中絶休暇は、同性カップル双方に受給権がある。

表 5　QPIP の給付内容

	給付の種類	基本プラン（標準）	特別プラン（短期高額）
①	出産休暇給付 対象：出産した女性	上限 18 週 休暇前賃金の 70%	上限 15 週 休暇前賃金の 75%
②	妊娠中絶給付 対象：妊娠中絶をした女性	上限 18 週 休暇前賃金の 70%	上限 15 週 休暇前賃金の 75%
③	父親休暇給付 対象：父親休暇取得者	上限 5 週 休暇前賃金の 70%	上限 3 週 休暇前賃金の 75%
④	育児休暇給付 対象：育休取得者（男女） 両親同時に受給できない	上限 32 週 最初の 7 週 休暇前賃金の 70% 残り 25 週 休暇前賃金の 55%	上限 25 週 休暇前賃金の 75%
⑤	養子受入給付 対象：養子受入者（男女）	上限 37 週 最初の 12 週 休暇前賃金の 70% 残り 25 週 休暇前賃金の 55% 休暇前賃金の 75%	上限 28 週 休暇前賃金の 75%

　第二に、産休については、カナダの方が日本よりも期間が長く、休業期間の設定も柔軟であった。母体と胎児の状況、出産と仕事のバランスに対する考え方は、各家族によって違いがある。カナダ法制は、この点を意識し、多様性と自己決定を尊重した制度設計になっていた。日本は産後 6 週を無給の強制休業と定めているが、この点は医学的知見を含めて再考が必要と思われる。

　第三に、育休については、連邦とオンタリオ州が日本よりも長い取得期間を認めている。さらに、ケベック州では父親休暇が保障されている。また休暇取得に必要となる最低雇用期間は、いずれの法律でも日本より短く設定されていた。日本における女性労働者の多くが有期契約であることを考えると、有期契約者への育休の充実は重要である。雇用形態を問わずに休暇を保障するカナダの制度はその点で参考になる。

　第四に、日本と異なりカナダでは、休職明けの労働者に対する原職復帰の権利が明文化されていた。家族責任を担う者に対するキャリア保障は、男女が共に家族責任をシェアする社会の実現に不可欠である。カナダ法の原職復帰原則についてはその実効性等について更なる検討が必要であるが、同原則の明文化は日本でも検討の余地がある。

第五に、休暇中の所得保障については、連邦全域にまたがる給付制度が導入されていた。またケベック州には独自の保険制度（QPIP）があり、その内容は給付の種類・給付額ともに連邦を上回っていた（日本よりも給付水準が高い）[78]。ケベック州の独自施策は、カナダの各州も注目しており、今後の動向が注目される。

　最後に本稿では、カナダにおける産休・育休の利用状況、苦情処理に関する手続、保育サービスや税法上の優遇措置などの家族政策等について検討できなかった。これらは稿を改めて述べたい。

＊本稿は、科学研究費補助金・2017 年度〜2019 年度基盤研究（C）「賃金格差の正当性に関する比較法研究 - 英・米・加の賃金差別禁止法理の分析」（課題番号 17K03419・研究代表者 所浩代）の研究成果の一部である。

＊本稿の執筆に際し、トロント大学ロースクールの Brian Langille 教授から多くの助言と支援を受けた。心からの感謝の意をここに記したい。

78）ケベック州では、手厚い家族政策が功を奏して合計特殊出生率が 1.36（1987）から 1.73（2008 年）まで回復した。近時でも 1.59 を保持している（2016 年）。M. Moyer & A. Milan, Fertility rates and labour force participation among women in Quebec and Ontario, Insights on Canadian Society, Statistic Canada, Catalogue no. 75-006-X, Release date July 18, 2018.

第Ⅲ部
ジェンダーと法

欧州評議会における女性に対する暴力への取組み
——イスタンブール条約——

今井雅子

はじめに

　2017年に女性差別撤廃委員会（CEDAW）は、一般勧告35号「女性に対するジェンダーに基づく暴力」[1]を採択した。同勧告は1992年の一般勧告19号「女性に対する暴力」から四半世紀の経過を経て、女性に対する暴力への国際社会における対応を反映するものとなっている。その歩みを記す文書の一つとして挙げられていたのが、欧州評議会（Council of Europe）による「女性に対する暴力及びドメスティック・バイオレンス防止条約」（Council of Europe Convention on preventing and combating violence against women and domestic violence）（以下「条約」と略称する）である[2]。2011年5月に採択された条約は、わずか3年後の2014年4月に10か国目となるアンドラが批准し、同年8月1日に発効した。2019年8月現在、欧州評議会に加盟する47か国のうち、ロシアとアゼルバイジャンを除く45か国が署名を終え、34か国が批准をしている。なお、イギリ

---

1) 同勧告について、国際女性32号（2018年）107頁（岡田仁子訳）。
2) イスタンブール条約について、Ronagh J.A. McQuigg, *The Istanbul Convention, Domestic Violence and Human Rights*（Routledge 2017）, Jackie Jones, "The European Convention on Human Rights（ECHR）and the Council of Europe Convention on Violence Against Women and Domestic Violence（Istanbul Convention）in Jackie Jones and Rashida Manjoo（eds）, *The Legal Protection of Women from Violence*（Routledge 2018）参照。
　なお、ARC 平野裕二の子どもの権利・国際情報サイトに条約の訳文が掲載されている（http://www26.atwiki.jp/childrights/pages/36.html.）。条約を紹介するものとして、今井「欧州評議会『女性に対する暴力およびドメスティック・バイオレンス防止条約』」（国際女性25号（2011年）126頁）および「欧州評議会『イスタンブール条約』」（国際女性29号（2015年）84頁）。

ス[3]を含む11か国とEU（2017年6月13日署名）が署名のみにとどまっているものの、短期間のうちに多くの国が条約を批准したといえよう。

　条約の署名式が行われたのは、女性に対する暴力の事例が耳目を集めることの多かったトルコのイスタンブールで行われた。これにちなんで、「イスタンブール条約」と呼ばれている条約は、CEDAW の一般勧告19号（1992年）、国連・女性に対する暴力撤廃宣言（1993年）、米州・女性に対する暴力防止条約（1994年）などの国際文書において、「女性に対する暴力は人権侵害である」をスローガンに積み上げられてきた成果をふまえたものといえる。また、欧州人権裁判所において形成されている女性に対する暴力やドメスティック・バイオレンス（以下「DV」）に関する判例法——欧州人権条約2条（生命に対する権利）、3条（拷問または非人道的なもしくは品位を傷つける取扱いの禁止）、8条（私生活の尊重）および14条（差別の禁止）などの違反が認定されている[4]——を土台としながら制定されたことも注目される。さらに、これまでの国際文書において、DV は女性に対する暴力の一類型として扱われていた。これに対し、条約はその名称が示すように、制定過程の議論を経て、女性に対する暴力とともに、DV を初めて前面に打ち出した法的拘束力ある国際人権文書であり、トルコを含め広くヨーロッパで条約が適用されることは意義深い。本稿では、条約の概要を述べたうえで、条約の下で2016年から動き出し、すでに8か国[5]が条約実施状況の最初の審査を終えている監視メカニズムに焦点をあてて検討する。

一　条約制定の経緯

「女性に対する暴力は人権侵害である」をスローガンに展開した1990年代の世界の動きに連動する欧州評議会における取組みの成果の一つとして、2002年

3）2012年の署名のみにとどまっているイギリスは、域外管轄権への対処などを課題として批准には至っていない。2017年には、条約の早期批准をめざす法律（Preventing and Combating Violence Against Women and Domestic Violence (Ratification of Convention) Act 2017）が制定され、担当省による現状分析の年次報告書が2017年と2018年に刊行された。2019年7月に DV 関連法を包括的に改正する法案（Domestic Abuse Bill）が庶民院に提出されている。

4）判例法の概要は、欧州人権裁判所のサイトの「女性に対する暴力」および「DV」の Fact Sheet を参照。

5）オーストリア、モナコ、アルバニア、デンマーク、モンテネグロ、トルコ、ポルトガルおよびスウェーデン（2019年8月現在）。

の「暴力からの女性の保護に関する閣僚委員会勧告」[6] を挙げることができる。その後 2005 年サミットでの決定にしたがい、法的措置・政策、被害者支援・援助、データ収集および意識啓発の分野の向上をめざしたキャンペーン（2006-2008 年）が実施された結果、刑法上の対応の前進はみられるものの、被害者へのサービス提供は十分とはいえない実態が明らかとなった。

　多くの加盟国の良き慣行に留意しつつ、欧州の被害者が等しく保護・支援を享受できるよう法的基準を一致させる必要性が確認され、また同時期に加盟国の法務閣僚の間で、特に親密な関係にあるパートナーによる DV 被害者保護の強化が議論されていたことから、2008 年 12 月に「女性に対する暴力・DV の防止に関するアドホック委員会（CAHVIO）」が設置されることとなった。同委員会による女性に対する暴力と DV に対処する条約の採択をめざす過程は、ジェンダー役割、家族構成員それぞれの保護される権利、家族自体の保護、国家の介入の役割と限界、真のジェンダー平等をめぐる多様な意見を背景とするものであった。当初は、DV を含む女性に対する暴力を対象とする条約とし、子どもや高齢者への DV を追加議定書で扱う案も想定されていたが、2009 年 5 月の中間報告書では、後述するような（三 2）DV に関する規定を含む条約案となった。

二　条約の概要

1　四つの "P"

　条約は全 12 章（81 か条）[7] から成る。柱となるのは女性に対する暴力および DV に関して締約国に求める四つの "P"、すなわち、防止（prevention）、保護（protection）、および訴追（prosecution）であり、さらに締約国が NGO などと協力して統合された政策（policy）を推進し、データの収集をすることである。

---

6) Committee of Ministers Recommendation on the protection of women against violence, Rec（2002）5.

7) 12 章の内容は、1 章［条約の目的、女性に対する暴力および DV の定義、基本的権利、平等および非差別、締約国の一般的義務］、2 章［包括的政策、データ収集・調査］、3 章［防止］、4 章［保護および支援］、5 章［実体法］、6 章［調査、訴追、手続法および保護措置］、7 章［移住および庇護］、8 章［国際協力］、9 章［監視メカニズム］、10 章［他の国際文書との関係］、11 章［改正］および 12 章［最終規定］となっている。

(1) 防止

3章のもとで締約国が負う義務には、被害者と接触する専門家を訓練すること、教育の場においてジェンダー平等問題を扱ったり、メディアをつうじてステレオタイプを根絶してゆくなど意識啓発活動を続けること、DV加害者や性犯罪者への治療プログラムを実施すること、およびNGOと緊密にこれらを実施することが挙げられている。

(2) 保護

4章および6章において条約が定める保護・支援の措置として、退去命令などの保護命令や通報のほか、シェルター、ホットライン、カウンセリング、医療・精神保健サービスなどにより、被害者や証人の保護のための措置を講じることである。さらにこれらの保護サービスに関する情報へのアクセスを確保することも重要とされる。

(3) 訴追

6章では、加害者の訴追に関して、女性に対する暴力およびDVへの刑法上の対応を強化するため、精神的暴力、ストーカー行為、身体的暴力、レイプを含む性的暴力、強制結婚、強制的性器切除、および中絶・不妊手術の強制を犯罪化することを締約国に求める（33条〜39条）。また、身体的・性的暴力などの事件における加害者の捜査や訴追に関しては、被害者による通報や告訴がなくても、また告訴の取下げがあっても、職権により手続を進めることができるとしている（55条）。

2　締約国の義務

1993年の国連・女性に対する暴力撤廃宣言では、女性に対する暴力について、実行者が国もしくは私人であるとを問わず、防止・調査・処罰するために「相当の注意」（due diligence）を払う義務が国に課されていた（4条(c)）。これにならって、条約では、国の当局等による暴力を防止する（5条1項）とともに、DVという非国家主体である私人による暴力に対しても、国は暴力行為を防止、調査、処罰および補償する「相当の注意」を払うため必要な立法その他

の措置をとる義務を負うとされる（同2項）。この「相当の注意」を払う義務は、欧州人権裁判所における 2009 年の Opuz 対トルコ事件判決[8] を始めとする DV 事例でも認められてきた。また、DV 被害者が特に傷つきやすく（vulnerable）、被害者保護への国家の積極的な関与が必要であることが国際文書で強調されてきたことに留意しておきたい。条約では、これらの判例法に沿って、必要な防止もしくは保護の措置を履行しなかった国家当局に対する民事的救済手段を講じる義務が課されている（29条2項）ことも重要である。

　さらに、締約国には、女性に対する暴力に寛容であったり正当化するジェンダー役割やステレオタイプを変えてゆくため、教育、意識啓発や専門家の訓練を実施するなどの活動を行うことも求められている。また文化、慣習、宗教、伝統やいわゆる「名誉」の名のもとに行われたという理由で犯罪を正当化することは認められないとされる（42条）。

三　「女性に対するジェンダーに基づく暴力」をめぐる問題

1　「女性に対するジェンダーに基づく暴力」への条約のアプローチ

　条約は、3条（a）において、「女性に対する暴力」を定義する。すなわち、女性に対する暴力は「人権侵害」であり、「女性に対する差別の一形態」であることを明確にし、それは「公的生活もしくは私的生活のいずれで生じるかを問わず、女性に対する身体的、性的、精神的もしくは経済的な危害もしくは苦痛

---

8) 同判決（Opuz v. Turkey（App.33401/02）, 9 June 2009）では、一般勧告 19 号や CEDAW の通報事例などを引用したうえで、DV 被害者である申立人女性が告訴を取り下げていたとしても、警察など当局が申立人および死亡した母親への暴力を防止するために相当の注意を払ったかどうかが問われるとする。そのうえで、「家族の問題」への介入を控えた関連当局の対応について、欧州人権条約2条（生命に対する権利）・3条（拷問または非人道的なもしくは品位を傷つける取扱いの禁止）の違反が認められた。さらにトルコにおける身体的暴力の被害者は女性であり、申立人らへの行為はジェンダーに基づく暴力で性差別の一形態であるとして、DV 事例では初めて、2条・3条と結びついた 14 条（差別の禁止）の違反を認定した。また 3 条に該当しなくても、8 条（私生活の尊重）に基づき、国は個人の身体的および道徳的な完全性（integrity）を他者から保護する義務を有すると違反を認めた事例（たとえば、A v. Croatia（App.55164/08）, 14 October 2010）もある。
　Opuz 判決について、申惠丰「家庭内暴力と条約3条」小畑郁他編『ヨーロッパ人権裁判所の判例 II』225 頁（信山社、2019 年）、また CEDAW と「相当の注意」について、本書の近江論文を参照。

をもたらすか、またはもたらす可能性のあるジェンダーに基づくあらゆる暴力行為（かかる行為の脅迫、強制もしくは恣意的な自由の剥奪を含む）」とする。精神的な暴力のみならず、「経済的な危害」をも含んでいることが注目される。さらに「女性に対するジェンダーに基づく暴力」については、「女性であることを理由として女性に対して向けられる暴力、もしくは女性に釣り合いを逸した（disproportionately）影響を及ぼす暴力」であると定める（3条（d））。なお、「ジェンダー」についても、「社会が女性および男性にとり適切であるとみなす社会的に構築された役割、振舞い、行動および属性」という定義がされている（3条（c））。条約における「女性」には18歳未満の女児も含まれる（3条（f））。

　条約は、女性に対する暴力およびDVを防止するには、法律上および事実上の平等の達成が重要であるとする。前文において、男女の不平等な力関係が暴力の背景にあり、女性の地位向上の達成を阻んでいるとして、締約国にジェンダー平等政策の実施と女性のエンパワーメントを促し、6条は「ジェンダーに敏感な政策（gender-sensitive policies）」と題して、条約の諸規定の実施および諸規定の影響の評価にジェンダーの視点（gender perspective）を含めることを求めている。

　また条約は、女性に対する暴力を犯罪化することを締約国に義務づけているため、該当する行為について明確な定義がおかれている。すなわち、精神的暴力（33条）、ストーカー行為（34条）、身体的暴力（35条）、レイプを含む性的暴力（36条）[9]、強制結婚（37条）、強制的女性性器切除（38条）、中絶・不妊手術の強制（39条）である。

　セクシュアル・ハラスメント（40条）は刑事上その他の制裁の対象となっている。一般勧告19号では女性差別撤廃条約11条（雇用）に関連して職場におけるセクシュアル・ハラスメントを対象とするが（para.18）、本条約では雇用に限定されず、教育の場やレジャー施設などにおける場合も含まれる。なお、条約は、人身取引もしくは性的搾取を直接扱う規定を置いていないが、このような状況にある女性や女児が受ける多くの形態の暴力に適用される。

9）成立要件に「暴行・脅迫」は含まれず、「相手による自由に与えられた同意なしに」かつ「故意に行われた」行為と定義されている。

2　DV に関する規定

　条約は、DV について女性に対する暴力とは独立して扱うこととした。3 条（b）は「DV」を「家族間もしくは家庭内、または加害者が被害者と住居を現に同じくしもしくは同じくしていたか否かを問わず、以前もしくは現在の配偶者もしくはパートナーの間で生じる身体的、性的、精神的もしくは経済的暴力のすべての行為」と定義する。「女性に対する暴力」（同条（a））の定義と同様に精神的暴力も含まれる。関係破綻後の暴力を含むために同居の有無を問わないとし、また親密な関係にあるパートナー間だけではなく、世代間の暴力、すなわち親による子の虐待や高齢者の虐待も含むものとなっている [10]。

　そして、注目されるのは、条約の適用範囲に関する 2 条 2 項の規定である。

　　「締約国は、この条約をドメスティック・バイオレンスのあらゆる被害者に適用することを奨励される。締約国は、この条約の諸規定を実施する際に、ジェンダーに基づく暴力の女性の被害者に特別な注意を払うものとする。」

　欧州評議会による条約の解釈に関する報告書（Explanatory Report）によれば、同項により、締約国は男性や子どもが被害者である DV についても条約の対象とすることを奨励されている。したがって、これらの被害者に条約の適用を拡大するかは締約国の裁量にまかされ、国内の状況を勘案して適切と考える方法で採用することができる（para.37）。とはいえ、後段の規定が示すように、DV もその一形態である女性に対するジェンダーに基づく暴力こそ、条約実施においてとられるすべての措置の核心にあるといえよう。

　さらに、DV に関して被害者や目撃者である子どもを保護する措置も必要である [11]。条約は、レイプ、強制結婚および女性性器切除など女性に対する暴力により直接の被害者となる子どもに関する規定のほかに、暴力を受けた女性被害者への支援サービス（22 条）やシェルターの提供（23 条）の対象に子どもを含めるとともに、暴力を目撃した子どもについて、その最善の利益を考慮して保護・支援のための措置をとることを締約国に求めている（26 条）。また保護措置を規定する 56 条では、女性に対する暴力および DV の被害者もしくは目

---

10) Explanatory Report, paras.41-42. CEDAW の一般勧告 19 号では、表面化されない暴力の一形態として家族間暴力を挙げる（para.23）が、家族関係のある者に限定されている。
11) 欧州評議会には、性的搾取および性的虐待からの子どもの保護に関する条約（2007 年）がある。

撃者である子どもへの特別な措置を提供することが求められている。

3 条約のアプローチへの批判と欧州評議会の対応

条約が DV を女性に対する暴力の他の形態とは独立したものとして扱い、男性も DV の被害者とする適用拡大を認めたことについては、ジェンダーに中立的なアプローチであるとする批判がある。たとえば、条約の制定過程に関わった団体の一つである欧州女性ロビー（European Women's Lobby）は、条約案へのコメントにおいて、女性に対する男性の暴力という構造的問題へのジェンダー・アプローチを弱め、女性差別をなくし、男性による暴力から女性や少女を保護するという条約の目的を達成できないとした[12]。

条約が DV を独立して扱うとした経緯は、制定過程において、DV への対応が急務であるという認識が共有されており、欧州犯罪問題委員会（European Committee on Criminal Problems：CDPC）を中心に DV のみを対象とする条約の構想が並行していたことも関連がある。結果として成立した条約[13] についてジェンダーに中立的なアプローチを採用したとする批判がある。しかし、条約の実施を監視する専門家委員会（GREVIO）による国別評価の基礎となる質問票（後述四2参照）によれば、3章（防止）、4章（保護・支援）、5章（実体法）、6章（調査）および7章（移住・庇護）に関する実施状況を問うすべての質問において締約国に求められる情報は、「女性の被害者」に限定されたものとなっていることからも、条約が女性に対する暴力撤廃を中核とするものであることは明らかである。

2018年11月25日の国連・女性に対する暴力撤廃国際デーを迎えるにあたり、欧州評議会は条約への誤解を払拭するため、同22日に条約に関する「Q and

---

12) European Women's Lobby, The CAHVIO Process : Towards a Strong Convention on All Forms Male Violence against Women （2010）.

13) 制定過程に関わったChinkin教授は、本条約は人権条約であると同時に刑事法の条約でもある点を指摘する。女性に対する暴力自体は国際犯罪となっていないので、締約国が国内法のもとで犯罪化するためには、実体法と手続法に関して明確さが求められ、この点は人権条約と対比される。すなわち、人権条約は国際法の発展に即して動的な文書でなければならないが、刑法に関しては、どのような行為が規定されているのかを人々に知らせるための明確性、および法執行機関が適用し訴追するために精緻さが必要となるとする。Christine Chinkin, "International Human Rights, Criminal Law and Women, Peace and Security Agenda （2018） LSE Women, Peace and Security Paper Series.

A」を公表した[14]。条約は女性に対する暴力を終わらせるものであり、伝統および性の違いを終わらせるものではないとし、以下の点に言及している。

(1) なぜジェンダーの語を用いたか

男女の関係ならびに社会における男女の役割および態度は、女性に対する暴力がなぜ存在するかを理解するのに不可欠である。ジェンダーは生物学的な「性」や「男性」「女性」に置き換わるものではなく、むしろ不平等、ステレオタイプ、および結果として暴力が、生物学的な差異ではなく、社会構造、すなわち社会において女性と男性はいかにありまたあるべきかという態度や認識から生じている。

国際的な法文書においてジェンダーという用語を用いたのは、本条約が初めてではない。ジェンダーという用語の訳、およびジェンダーとセックスとの違いをめぐる意見の不一致は、条約とその意義に関する議論を時に煽っている。しかし、それが条約を拒否する前提もしくはその実施の障害となってはいけない。

(2) 女性にさらなる権利を確保することが家族への脅威となるか

条約は家族生活や家族の構成を規律することを求めてはいないし、「家族」の定義も含まず、特定の家族形態を促進しようともしていない。条約が締約国に求めているのは、家庭において危険にさらされ、または家族構成員、配偶者、親密なパートナーにより脅されている被害者の安全を確保することである。

女性に対する暴力やDVに対応するのが条約の目的であるので、どこで起ころうと、適用範囲は法律上婚姻したパートナーに限定されず、異性であると同性であるとを問わず、婚姻していてもいなくてもすべてのパートナーに及ぶ。

(3) 条約は女性のみに適用されるのか

強制的な中絶や女性性器切除のように女性であるという理由で女性のみが経験する暴力の形態、および性暴力、レイプ、ストーカー行為、セクシュアル・ハラスメント、DV、強制結婚、強制的不妊手術のように男性よりも女性が被

---

14) Council of Europe, The Council of Europe Convention on Preventing and Combating Violence against Women and Domestic Violence (Istanbul Convention): Questions and Answers (2018).

害にあっている暴力行為の形態を対象としていることから、条約は主に女性に適用される。これらの暴力形態は、男女の不均衡な力関係によりもたらされ、女性に対する差別の結果である。しかし、男性も、女性ほど頻繁でなく、しばしばより重大でないものの、DVや強制結婚など条約が対象とする暴力形態を経験している。条約はこれを認識し、男性、子ども、高齢者を含むDVのあらゆる被害者に条約の諸規定を適用することを締約国に奨励している。締約国は、これらのDV被害者に条約を適用するかどうかを選択することができる。

(4) 性的指向および性自認の問題にどのように関係するか

　条約は、同性カップルの法的な承認も含め、性自認や性的指向について新たな基準を設定するものではない。性自認もしくは性的指向に基づく差別禁止の原則は、多くの法的文書 [15] により、法的義務となっている。条約は、4条3項により、性自認及び性的指向を含むあらゆる理由に基づく差別を禁止している。

四　監視メカニズム

　条約実施を監視する機関として、締約国の政府代表から構成される「締約国委員会」（Committee of the Parties）、および独立した専門家から成る「女性に対する暴力およびDVを撤廃する行動に関する専門家グループ（Group of Experts on Action against Violence against Women and Domestic Violence (GREVIO)」が存在する（66・67条）。2015年5月にGREVIOの委員10名が締約国委員会により選出され（任期4年）、9月に開催された最初の会合において、トルコのAcar委員（2018年までCEDAW委員）が委員長に就任した。現在は、批准国の増加にともない2018年に新たに加わった5名を合わせた15名の委員がおり、年に3〜5回の会合が開かれている。2018年の委員改選を経て、2019年6月からはマルタのNaudi委員が委員長となっている。

　GREVIOは、自身が作成した質問表（Questionnaire）にもとづき、締約国により事務総長に提出された条約を実施する立法その他の措置に関する報告書の検討を行う（国別評価）（country-by-country evaluation）ほか、大規模もしくは

---

15) 欧州評議会の性的指向もしくは性自認を理由とする差別を禁止する措置に関する勧告、欧州人権条約（14条および12議定書）および欧州人権裁判所の判例法を挙げている。

重大な暴力行為を防止する必要があるとする信頼できる情報がある場合には、緊急調査（urgent inquiry）を行う（68条）。また、条約実施に関する一般勧告を採択することもできる（69条）。以下では、2016年から始まっている第1ラウンドの国別評価の概要を述べる。

1 国別評価

① GREVIOへの報告と情報収集

提出期限を示した報告書提出の要請が締約国に送付される。政府報告書は、（当該国の要望により異なる決定がされない限り）GREVIOのウェブサイトで公表される。国内人権機関やNGOなどからの情報は非公開とされるが、団体の要望に応じ異なる決定もある。

② 評価のための訪問

特別報告者として指名された2名のGREVIO委員が、当該国の閣僚（1・2名）とともに報告書の検討のために派遣される（平均して5日間）。必要な場合は専門家がサポートする。

訪問先では、政府の公務員、（ソーシャルワーカー・ヘルスケアスタッフ・警察官・検察官・裁判官などの）関連する専門家やNGOなどの代表と会い、必要で可能な場合には、（女性シェルター・警察署・病院など）関連施設を訪問する。

③ 報告書案の作成

集められたすべての情報に基づき報告書案がまとめられ、GREVIOの会合において討論された後、当該国にコメントを求めて（2か月以内）送付される。

④ GREVIOの報告書の作成と採択

報告書案への政府コメントを考慮し、GREVIOにより最終報告書が作成され採択される。

⑤ 報告書の公表と普及

評価報告書がまとめられると締約国に送付されるが、再度コメントを提出する機会がある（1か月以内）。最終コメントを付したGREVIOの報告書は公表され、また締約国委員会に送付される。

⑥ GREVIO報告書のフォローアップ

締約国委員会は、GREVIO報告書に基づいて勧告を採択することができる。締約国は、GREVIO報告書に基づく措置を採用し、また締約国委員会の勧告を

実施する。

　以上のように、この評価手続においては、対話指向によりできるだけ多くの情報を収集している。また対象国の議会が評価に関与したり政府からGREVIO報告書を受け取るなど、各国議会との連携も重視されている。

　CEDAWの報告審査との違いとして、評価手続の各ラウンドにおいては、重点を置く特定の条文を選定し質問表を用意すること、また質問表の採択に際し、対象となる締約国のデータ収集や調査研究を考慮することにより、条約全体ではなく特定の部分に焦点を当てることをつうじて条約実施の詳細な分析ができる点、2〜3か国ずつを対象として効率的に進め、国連条約機関で問題となっている審査待ちレポートの滞留を回避できる点、さらに女性差別の広範な領域を扱うCEDAWと比べ、女性に対する暴力とDVの問題に包括的に対応できる点を挙げることができる[16]。

2　国別評価の具体例

　評価手続においては、条約68条4項のもとで、GREVIOは評価ラウンドごとに条約の実施を評価するための手続の基礎となる質問票を採択する。締約国はこの質問票に回答しなければならない。2016年3月11日に採択された第1ラウンドの質問表は、2章から7章までを対象として網羅的に情報（データや情報は質問票受領に先立つ2年間が対象となる）を収集するものとなっている。この質問票は、すべての締約国に宛てたものとなっている（どのような項目が設定されているかについて、後掲【資料】参照）。

　2016年から始まった第1ラウンドの評価手続では、条約を批准した順に2か国ずつに質問票が送付され、評価対象となる。最初の2か国であるオーストリア・モナコの場合では、2016年3月に政府報告書の提出期限を同年9月として質問票が送付され、9月の報告書提出後の10月・11月にGREVIOによる訪問があり、GREVIOの報告書が2017年9月に公表されている。2017年までは2か国ずつ、2018年からは3か国ずつの25か国への手続が予定されており、2017年以降に条約を批准した国については、批准年月日と他の関連する分野の国際的な報告義務（特に女性差別撤廃条約および欧州評議会人身取引防止条約）を勘案して決定される。

---

16) McQuigg, *supra* note 2), at 116.

この国別評価手続について、最初の対象国の一つであるオーストリアとそれに続くデンマークを取り上げ、「強く求める」とされた項目に焦点をあてて、その経過をみてゆく。なお、GREVIO の評価報告書では、求められる措置の優先順位に関して、以下の文言が使い分けられている。

- ・「強く求める」（urge）— 対象国の立法もしくは政策が条約と一致するようにするために即時の行動が必要な場合
- ・「強く促す」（strongly encourage）— 条約の包括的実施を確保するため近い将来において改善される必要がある欠点を指摘する場合
- ・「促す」（encourage）— 欠点についてより優先性が低い場合
- ・「勧める」（invite）— 対象国に対し、機会があれば埋めることを検討する必要がある小さなギャップ、および実施過程における指針を提供する提案を示す場合

（1）オーストリア　2011 年 5 月 11 日署名、2013 年 11 月 14 日批准、2014 年 8 月 1 日発効

　GREVIO 報告書は、条約実施にあたりとられた措置や進展として、オーストリアが女性に対する暴力および DV の分野においてリーダーシップを発揮し、刑法においても法改正を重ねて女性に対する暴力を対象とする包括的な犯罪リストを作成し、暴力犯罪や性犯罪の被害者への裁判所による法的・心理社会的な援助が拡大している点を評価する。

　そのうえで、45 項目の提案および指摘がなされている。そのうち条約に一致するよう即時の行動を「強く求める」とされたのは、以下の 4 点であった。

① 　条約の条項が、障がいのある女性、庇護申請の女性、居住資格が不確定な女性を含むすべての女性について完全に実施されることを確保する（para.5）。

② 　受けた暴力の形態もしくは直面した現実や困難に関わりなく、すべての専門的なサービスが被害者の要求を充たすように確保する（para.107）。

③ 　訓練された専門家がスタッフであるレイプ避難センターの設置など、レイプその他の性暴力を通報した被害者に対してより敏感なアプローチをとる（para.157）。

④ 　女性に対するすべての暴力行為への効果的な刑事司法をすすめるため、DV およびストーカーの事例において、罰金、地域奉仕命令、保釈など非

懲罰的な措置（diversion）をとらない（para.163）。

　締約国委員会は、①〜④を含め11項目の措置を即時に行うことを勧告した（2018年1月30日）。GREVIO報告書の公表時にオーストリア政府から提出されたコメントにおいては、特に④の非懲罰的な措置に関して統計的な裏付けのある非難とはいえず、刑事的制裁が必ずしも犯罪を抑止したり、犯した犯罪に応報するものではないこと、さらに、EU加盟国でみられる親密なパートナー間の暴力事例における被害者・加害者の調停に関する修復的司法に注目していることが指摘されている。

　オーストリアについては、CEDAWへの通報事例[17]において、保護を求める女性に迅速かつ実効的な対応をしなかった国に対して女性差別撤廃条約2条（差別の禁止）、5条（役割分担の否定）および16条（婚姻・家族関係）の違反が認定されている。GREVIO報告書では、これに言及しつつ、DV事例でさらなる暴力がふるわれる危険があるかを査定する措置を向上させ、十分な根拠がある場合には未決拘禁をより適切に活用することが「強く促されている」（para.155）ことも注目されよう。

(2)　デンマーク [18]

　GREVIO報告書においては、52項目の提案および指摘がなされた。特に焦点があてられたDVと子の監護をめぐる問題を取り上げる。

　子の監護に関して、条約31条1項は「締約国は、子の監護・面会交流の権利に関する決定に際し、条約の適用範囲にある暴力の発生を考慮にいれられるよう確保するため、必要な立法上その他の措置をとる」とし、さらに2項で「締約国は、すべての監護・面会交流の行使も、被害者または子の安全を危うくしないことを確保するため、必要な立法上の措置をとる」と定める[19]。この点に

17）Fatma v. Austria（2007）. 2005年のハンガリーのDV通報事例（Ms.AT v. Hungary）に対するCEDAWの見解の訳について、国際女性24号（2000年）72–81頁参照。
18）［条約］2013年10月11日署名、2014年4月23日批准、2014年8月1日発効。
　　［国別審査］2016年9月1日質問票送付、2017年1月18日報告書提出、同年4月4日政府代表と対話、5月1日〜5日GREVIO訪問、6月28日GREVIO報告書案を承認、7月27日コメントを求め報告書案を送付、9月11日政府コメントを受理、GREVIOの12回会合（10月9日〜13日）で最終報告書を作成・採択、2018年1月30日締約国委員会勧告公表。
19）さらに、45条2項「親としての権利の剥奪は、被害者の安全を含み得る子の最善の利益が他の方法では保証されない場合に許される。」

ついて、欧州評議会は、「虐待親との面会交流を確保することは、それがしばしば加害者に被害者と接触したり会う機会を与え、機能している禁止命令や保護命令に合致しないかもしれないので、子への悪影響だけではなく、虐待者の被害者の安全にも重大なリスクをともなう。被害者を保護するすべての法的措置は一貫し、他の文脈においてとられる法的措置により妨げられてはならない。」[20] ことを強調している。

　デンマークでは、子の監護・面会交流に関する決定を扱う親責任法（2007年制定）のもとで、当事者の合意を重視するアプローチが採用されている。これに対して、GREVIO は、以下の理由で、改正を求めている。

①　子の最善の利益にかなうとする合意重視のアプローチは、関係が暴力により損なわれている場合には適切ではなく、当事者間の暴力の存在がその関係における力の不均衡を示しており、公正に話し合い双方が受け入れられる合意に達する能力は減じられている。

②　暴力の加害者と被害者が子の監護・面会交流に関して決定するための話し合いの場は、被害者にとっては選択の余地がなく合意形成のために出席せざるを得ず、強制的である。これを廃止して個別の聞き取りを通例とする。個別実施の方が、暴力に関する情報が開示され、状況への包括的な判断が可能になる。

③　虐待の証拠は子の最善の利益を判断する重要な要素であるから、暴力および虐待の通報に関しては、法執行、自治体、保健、教育および女性支援専門などのサービスを行う団体からの情報を得て調査すべきである。

④　子の監護・面会交流決定において、DV 被害者の保護・安全の必要が重要な要素である。

　以上をふまえて、GREVIO 報告書は、「子の監護・面会交流に関する決定権が帰属する組織の性格と組織的構造の精査を早期に終える」（para.159）および「親責任法を遅滞なく改正する」（para.160）の 2 項目の実施を「強く求め」ている。それにとどまらず、新たなアプローチに反映する諸要素として、以下を挙げる。すなわち、(a) 政策・ガイドラインにおいては、DV 被害者の保護・安全の必要性、加害者との話し合いへの支援、虐待を目撃した子どもは自身が経験したように影響を受けることを認識する、(b) 新たな決定機関の義務とし

20) Explanatory Report, para.233.

て当事者が証人の召喚や証拠提出を求められるようにし、保健当局や法執行機関など第三者報告を開示させる権限を与える、（c）親や法執行、自治体、保健、教育およびDVシェルターなど関係機関からの情報に基づき、両当事者による話し合いが相当かを適切に審査するプロセスを導入する、（d）それでも合意が形成された場合には、子の最善の利益にかなっているか、女性と子の安全が守られるかのリスク評価をする、（e）関連機関の連携を深める、（f）暴力の通報による子への影響や子の希望・感情を確認するための専門家協議を設置する、（g）新たな決定機関に親権を停止する権限を与える、（h）決定に関する上訴は裁判所で扱い、法的扶助を利用可能にする、（i）子に法的代理の権利を付与する、など詳細にわたって具体的な指摘がされていることが注目される。

　また、2018年の「Q and A」によれば、条約の目的は、暴力的な関係において生活している者に対して利用しうる安全、保護と支援を提供し、暴力のない生活を再建する可能性を与えることであり、このことは子どもが家庭で暴力を目撃する場合にとりわけ重要である。監護権に関して安全を優先事項としているのは、子に長期にわたる影響があるからである。条約は、共同監護の利点を疑問視しているのではなく、子との交流が被害者や子の権利や安全を危険にさらさないことを確保することをめざしている点が強調されている。

　GREVIOは、共同監護を原則とするスウェーデン[21]に対しても、条約31条に関して、CEDAWによる2013年の8次・9次合併レポート審査で家庭裁判所の認識不足を指摘し裁判官の訓練の必要性が勧告された（paras.38-39）ことに言及しつつ、より効果的な訓練や支援により、子の監護に関する決定が被害女性や子の安全を危険にさらさないよう適切な措置をとることを強く促している（para.171）。2019年5月、女性の権利に関する専門家（女性に対する暴力に関する特別報告者（D. Šimonovic）、CEDAW委員長（H.Gbedemah）、GREVIO委員長（F.Acar）ら7名）により、子の監護決定において、差別的なジェンダー・バイアスにより女性に対する親密なパートナーからの暴力が無視され、子への重大なリスクとなっていることを懸念し、決定にあたりかかる暴力を十分に考慮するという国際的基準を確保する必要性が表明された。

21）2014年条約発効、2019年1月21日GREVIO評価報告書公表。

むすびにかえて

　2018 年 10 月に公表されたトルコの GREVIO 報告書において、65 項目の提案および指摘のうち、条約に一致する即時の行動を「強く求める」（urge）とされたのは、実に 25 であった。ちなみに、アルバニアは 53 項目のうち 14、オーストリアは 45 項目のうち 4、デンマークは 52 項目のうち 6、モナコは 36 項目のうち 6、モンテネグロは 44 項目のうち 11、ポルトガルは 55 項目のうち 15、スウェーデンは 41 項目のうち 7 であることからみても、その多さは顕著である。締約国委員会は、GREVIO 報告書における「強く求める」とされた点をほぼ含める形でそれぞれ 10〜19 項目の勧告にまとめている。トルコについては、「相当の注意」の基準を遵守して女性に対する暴力を撤廃する努力を強化し、法執行機関や司法部による効果的な対応を可能にする措置をさらに講じることなどが勧告された。

　条約は、前文に「女性に対する暴力の分野における重要な基準を設定した欧州人権裁判所の発展する一連の判例法を考慮して」とあるように、女性に対する暴力の撤廃に向けた国際文書に沿いながら欧州人権裁判所で形成され蓄積されてきた判例法を条文化している側面もある。かかる判例法は、暴力を防止する国の積極的義務や措置を条約が定める際の指針でもあった。条約発効後の人権裁判所の DV 事例において、本条約が求める捜査や司法手続きを遅滞なく進めることを確保するために必要な措置をとること、および女性に対する暴力が人権侵害であるとともに女性差別の一形態であると条約が定義していることを強調しながら、欧州人権条約 3 条や 2 条・3 条と結びついた 14 条の違反を認定した判例もみられるようになっている[22]。条約には個人申立制度がない。しかし、人権裁判所の判例において、条約や GREVIO 報告書が今後どのように扱われてゆくかは注目されるところである。また GREVIO は、評価対象国に関する CEDAW の報告審査・通報事例や人権裁判所の判例に言及し留意しながら、報告書をまとめている[23]。さらに締約国委員会がその報告書に基づき勧告

---

22)　たとえば、MG v. Turkey（App. 55354/11, 22 March 2016）などがある。トルコの GRE-VIO 報告書では、Opuz 判決を始めとする多くの DV 事例に言及しながら、トルコに 5 条に定める相当の注意を払う措置を講じることを強く求めている（para.36）。

23)　条約 68 条に基づき、GREVIO は、これら機関から得られる情報を十分に考慮し（6 項）、これら機関への申立の結果を利用することができる（8 項）。

をし、期限を定めて対象国に措置の実施を求めるという専門家機関と政府代表機関の「2本柱」が協働する制度の構築は、女性に対する暴力とDVの撤廃に向ける大きな前進といえよう。新たな監視メカニズムのもとで、条約の実施がどのように進められてゆくか、今後の展開を注視してゆきたい。

【資料】GREVIO が採択した第1ラウンドにおける質問票 (抄訳)

[2章：統合的な政策・データ収集]
7条 とられた措置、行動計画の詳細（対象となる暴力・実施期間・政策の中心に人権を位置づけているか・成果）
8条・9条 財源でNGOや市民社会の活動を承認・奨励・支援しているか、協力体制
10条 調整機関の詳細（権限・構成・人的資源・実績）
11条 データ収集機関、データの内容（性・年齢・暴力の形態・被害者と加害者の関係・障がいなど関連する要素に分類されているか）、結果が公表されているか

[3章：防止]
13条 どのような意識啓発のキャンペーン・計画を実施しているか
14条 カリキュラムにおいて、「男女平等・定型化されていないジェンダー役割・相互の尊重・個人間紛争の暴力的でない解決・女性に対するジェンダーに基づく暴力および身体の完全性の問題」に関する教材を含める措置をとっているか
15条 「女性に対する暴力の防止と発見・介入の基準・男女の平等・被害者のニーズと権利・二次被害の防止・他機関の協力」に関する訓練を受けている専門家のカテゴリーと数
16条 DV加害者ならびに性犯罪者への支援プログラムの内容（実施箇所と参加者の数・地理的分布・強制的か任意か）、女性被害者の安全と人権擁護を主要な関心事項とし、被害者の専門的支援サービスと緊密に連携して実施されているか、プログラムに女性に対する暴力のジェンダーに基づく理解が組み込まれているか、効果を評価するためにとられた措置
17条 「女性に対する暴力の防止・女性の尊厳の増進」をする政策の策定・実施に向け情報通信部門・メディアを奨励するためにとられた措置、女性に対する暴力・ジェンダー平等に関する自主的規制などの基準、職場におけるセクシュアル・ハラスメントへの対応などのガイドライン作成を奨励するためにとられた措置

[4章：保護および支援]
4章全体 女性に対する暴力の被害者が利用しうる支援サービス・法的措置に関する情報（有意な時期に・理解できる言語による）を受け取ることができるようにとられた措置
20条 「経済的・住宅・法的カウンセリング・精神的・教育と訓練・雇用その他のサービス」が女性被害者の状況を考慮し、安全を確保し、個別のニーズを充足するように用いられているか。また被害者が適切な保健・社会サービスにより支援を得られるようにとられた措置
21条 個人申立（欧州人権裁判所やCEDAWなど）もしくは集団的申立（社会権憲章）へのアクセスや支援に関する情報
22条〜24条 専門家サービス・シェルター・ヘルプラインに関してとられた措置およびそれぞれに関する詳細な情報
26条 暴力を目撃した子どもに対する措置

27 条・28 条　暴力に被害者である女性の保護・支援のためにとられ、もしくは計画されている通報に関する措置

[5 章：実体法]
5 章全体　刑法・民法・行政法などの法的枠組みに関する情報、女性に対する暴力に対応する特別法の有無、関連立法の概要、法的枠組みの実施に関する指針（ガイドラインなど）が専門家に提供されているか

29 条　被害女性が利用しうる民事的救済の詳細（加害者・必要な防止・保護措置をとる義務の懈怠を理由とする国の機関を相手とするデータについて、各年・暴力形態に分類されたそれぞれの訴えおよび認容された数）

30 条　犯罪における加害者への賠償請求・国家賠償（各年・暴力形態に分類された訴えと認容された数・期間）

31 条　子の監護・面会交流に関する決定において、女性に対する暴力の発生を考慮し被害者または子の安全を危うくしないことを確保する手続の詳細と実例

33 条～43 条　犯罪化の有無、女性が死亡した事例・殺人未遂の事例・その他の事例ごとの事件数、当局が暴力を受けていたことを知っていたか、有罪判決を受けた加害者の数、刑事手続の結果としての制裁の数と形態、被害者の子どもが死亡した事件数

[6 章：調査・訴追および手続法ならびに保護措置]
50 条　法執行機関による即時的な対応措置に関する情報・データ
51 条　調査・保護措置の段階で適切にリスク評価がなされるよう確保する手続
52 条　緊急退去命令を発する機関、発給に要する時間、命令の最大期間、保護命令発給までの延長の有無、すべての DV 女性被害者が申立可能か（そうでない場合の除外事例）、命令実行ための措置、違反への制裁、保護を求める女性が利用可能な支援、データ（命令の発給数・違反数・制裁数）

53 条　差止命令・保護命令に関して、申立手続、すべての女性に可能か（そうでない場合の除外事例）、発給から命令実行までの時間、最大有効期間、他の手続と関係なくもしくは追加的に発給されるか、事後の手続において導入されるか、違反に対する制裁（自由剥奪を含む）、女性への支援

56 条　加害者が逃亡したり保釈され女性や家族が危険にあることを知らせるか、直接もしくは仲介者をつうじて証拠を得たり見解・ニーズ・懸念を明らかにしたり考慮するために被害者の声を聞くことができるか、被害者の権利及び自由が適正に提示され考慮されるように措置が提供されているか、法執行機関や裁判所において被害者と加害者の接触が可能な限り避けることが確保されているか、子どもの被害者・証人を保護する特別な措置がとられているか

57 条　資格要件も含め無料の法律扶助の詳細

[7 章：移住・庇護]
59 条　移住女性の被害者への自動的な在留許可の可否（継続期間にかかわりなく暴力による婚姻もしくは関係の解消時、その滞在資格が依存する配偶者もしくはパートナーの国外追放の場合、捜査や刑事手続において協力が必要な場合、強制結婚の結果として常居所国における滞在資格の喪失時など）

60 条　女性に対するジェンダーに基づく暴力が庇護申請の理由となる迫害であるか

性暴力被害と民事消滅時効
——改正民法後の課題——

松本克美

はじめに

　近時、性暴力被害[1] の根絶が改めて大きな社会的課題として注目を集めている。2017 年 10 月にアメリカのハリウッドで始まった性暴力被害を告発する ＃ Me Too 運動[2] は世界中に大きな影響を与えた。隣国の韓国では、2018 年 1 月に現役の女性検察官ソ・ジヒョン検事が検察内の性暴力被害をテレビの生放送で告発し、これを契機に全国 340 以上の女性運動団体が Me Too 運動のための統一行動を提起し、すでに 6 次（2018 年 11 月末時点）にわたる集会、デモが開催され、各回に 2000 人から 2 万人以上の市民が参加しているという[3]。日本では、2017 年 5 月に仕事の打ち合わせで飲食をした際にレイプドラッグを使われ、レイプ被害にあったと刑事告訴したフリージャーナリストの伊藤詩織さんが、容疑者が不起訴になり、検察審査会に申し立てたことを実名で記者会見し、

---

1) ここで性暴力とは強制性行（強姦）や強制わいせつなどの直接の身体的暴力だけでなく、性的な言葉や環境により不快にするセクシュアル・ハラスメントも含む意味で用いる。性的人格権の観点からの「性暴力」の定義については、雪田樹里「はじめに―性暴力被害への法的支援に求められる基本的な理解と姿勢」特定非営利活動法人・性暴力救援センター・大阪 SACHICO 編『性暴力被害者の法的支援　性的自己決定権・性的人格権の確立に向けて』（信山社、2017 年）5－6 頁。
2) アメリカでの #Me Too 運動の契機となったニューヨーク・タイムズの記事の背景については、「ニューヨーク・タイムズ記者に聞く『ワインスタイン・スクープ』を支えた証拠文書」世界 2018 年 1 月号 194 頁以下参照（ジョディ・カンター、メーガン・トゥーヒー記者へのテリー・グロスによるインタビュー、荒井雅子・宮前ゆかり訳）参照。
3) 韓国性暴力相談所のイ・ミギョン所長の報告（第 16 回ジェンダー法学会学術大会ワークショップ「Me Too 運動の日韓比較」2018 年 12 月 1 日）。なお同ワークショップの概要は、ジェンダーと法 16 号（2019 年）114 頁以下に掲載されている。他に、韓国の Me Too 運動の詳細な紹介として、李梛榮「韓国『＃ Me Too 革命』女性が主導する『第 2 の民主化運動』」世界 2018 年 8 月号 97 頁以下参照（翻訳・構成・岡本有桂）。

大きな話題となった[4]。2018年のノーベル平和賞は、紛争地域で戦争兵器として用いられる性暴力被害者支援のために尽力してきたコンゴ民主共和国のドニ・ムクウェグ医師とイラクの人権活動家ナディア・ムラド氏に贈られた。

　性暴力被害の最大の課題は性暴力自体を根絶することにあることは言うまでもない。しかし万一、性暴力被害が生じた場合には、被害者自身にとっての被害の修復とそのための法・社会システムの整備、被害者支援の充実が課題となる。法的には性暴力を刑罰で罰する刑事法と性暴力被害に対する損害賠償請求権に関する民事法、それに加えて被害者支援のための方策を定める行政法的規定などが問題となる。

　本稿では、このうち、被害者が自らの被害について加害者に損害賠償を請求する場合に問題となる民事消滅時効の問題を取り上げる。ところで民事消滅時効については、2017年6月に公布された「民法の一部を改正する法律」（法律第44号）で重大な改正がなされている[5]。改正法の施行は2020年4月1日である。本稿は、この改正民法後の課題についても検討する。なお以下、条文を引用する場合、改正民法は単に民法、改正前民法は改正前と記す。

一　不法行為責任

1　「損害及び加害者を知った時」

　性暴力の被害者と加害者（使用者も含む）の間に契約上の関係がない場合には、不法行為責任に基づく損害賠償請求権が成立しうる。日本の判例・通説は基本的にどちらの法的構成でも賠償請求できるという請求権競合を認めているので、当事者間に契約上の関係がある場合にも不法行為責任を追及することは

4）この事件とその後の顛末については伊藤詩織『ブラックボックス』（文藝春秋、2017年）参照。なお、伊藤詩織さん以前にも性暴力被害者が実名で被害を告発し、被害者支援活動をしている例もある。小林美佳『性犯罪被害にあうということ』（朝日新聞出版、2008年）山本潤『13歳、「私」をなくした私、性暴力と生きることのリアル』（朝日新聞出版、2017年）などを参照。

5）筆者の改正民法における時効法改革の評価については、松本克美「債権の原則的消滅時効期間の二重期間化の合理性」西内祐介・深谷格編『大改正時代の民法学』（成文堂、2017年）87-104頁、同「時効法改革案の解釈論的課題——権利行使の現実的期待可能性の配慮の観点から」立命館法学357・358号（2016年）2143-2164頁参照。タイトルの傍点部分で引用する（同一注で同一著者の複数文献を記載した場合は、以下同様）。

可能である。明治29年に制定された民法典は不法行為責任に基づく損害賠償請求権の消滅時効につき、損害及び加害者を知った時から3年、不法行為の時から20年という二重期間を定めている。

(1)「損害及び加害者を知った時から3年間」（民法724条1号、改正前724条前段）

この規定は被害者の主観的認識を時効起算点として3年間の短期消滅時効を定めたものと解されている。不法行為は交通事故のようの何ら法的関係のない当事者間で生じることがあり得るので、時の経過により不法行為の有無や態様についての証拠が散逸し、立証・採証・防御の困難という問題が生じうる。そのため後述する一般の債権の消滅時効期間10年よりも短い消滅時効が望ましいが、被害者が損害や加害者を知らなければ損害賠償請求しようがないので、損害及び加害者を知った時を時効起算点としたと解されている[6]。そして、一般的には、「損害及び加害者を知った時」とは、「被害者において、加害者に対する賠償請求が事実上可能な状況の下に、その可能な程度においてこれを知った時」を意味するとされている（最判昭48・11・16民集27巻10号1374頁）。また、判例は、損害を現実に知ることが必要で、損害を知り得たという可能性では足りないとする（最判平14.1.29民集56巻1号218頁）。

性暴力被害との関係で、この主観的起算点の解釈が問題となり得る事案には児童期の性的虐待被害に関するものが多い。判決文が公刊されているものとしては、祖父による孫娘への性的虐待事件がある。これは、原告女性（提訴時23歳）が産婦人科の医師である祖父から小学校6年から19歳になるまで、継続的に強姦を含む性的虐待を受け、PTSD（Post Traumatic Stress Disorder—心的外傷後ストレス障害）などに罹患したとして不法行為為責任に基づく損害賠償請求をした事案である。東京地裁は請求の一部を認容し、約6000万円（20年間にわたる労働能力喪失79％による逸失利益約3500万円、性的虐待行為に基づく慰謝料1000万円、後遺障害に基づく慰謝料1000万円、弁護士費用500万円）の損害賠償請求を認容した（東京地判平成17.10.14判時1929号62頁—確定）[7]。この事案では、被告は3年の短期消滅時効を援用していない。性的虐待を原因とするPTSDと

6）起草過程での議論については、松本克美『続・時効と正義——消滅時効・除斥期間論の新たな展開』（日本評論社、2012年）12頁以下。

7）この事件については、松本克美「児童期の性的虐待に起因するPTSD等の発症についての損害賠償請求権の消滅時効・除斥期間」立命館法学349号（2013年）1076頁以下。

見られる精神症状が原告に発症してから、2年以内の提訴であったために、時効の完成が認められないと判断したのかもしれない。

　また、小学校3年の9歳の時に再婚した母の夫と養子縁組をした少女が養父から風呂場で体を触られるなどの性的虐待を母に告発した11歳4か月になるまで受け、それから1か月後に、母が養父と離婚し、養子縁組も離縁してから、2年後に元養父に不法行為責任にもとづく損害賠償を請求した事案がある。被告は、原告が被害を受けた時点で損害と加害者を知っていたから3年の消滅時効が完成していると主張した（福岡児童性虐待事件）。これに対して1審・福岡地判平16.7.29判例集未搭載は、原告が被告からわいせつ行為を受けた時点では原告は小学生で、直ちに母に申告して提訴することは困難で、損害賠償を提訴することが合理的に可能となったのは、母が養父と離婚し、原告自身が養父と離縁した時点であり、それから3年経っていないから時効は完成していないとした。これを不服として被告が控訴したが、福岡高判平17.2.17判例タイムス1188号266頁は、13歳未満の者には、暴行・脅迫を用いなくても強制わいせつ罪（刑法176条）、強姦罪（刑177条）が成立するとされていることの意味は若年者には性的自由の意味するところについての判断能力がないことを前提としているのであり、特段の事情のない限り、暴行、脅迫を用いないわいせつ行為や姦淫被害の違法性が認識できるのは早くても13歳になってからであるとして、時効の完成を否定し、請求を一部認容した元判決を維持した。1審の起算点と2審の起算点では、具体的起算点が異なっているが、両者は必ずしも矛盾するものでもなく、事案に応じて、どちらか遅い方の起算点を取ることも考えられよう[8]。

　その他、中学3年から大学生に至るまでの間にピアノ教師から継続的に性的虐待を受け PTSD などを発症したとして、20歳代の女性が加害者に不法行為に基づく損害賠償を請求した事案で仙台地裁は、慰謝料800万円、弁護士費用100万の請求を認容する判決を下した（仙台ピアノ教師事件・仙台地判平11.7.2925）。同判決は、原告に様々な身体的・精神的症状が出ていても、それが性的虐待行為を原因とする症状だと認識できたのは、その後に医師の診断を受けてからであり、それから3年以内の提訴なので時効は完成していないとし

8）この事件と判決に対する私見の評価については、松本・前掲注6）259頁以下。

た[9]。また同様に小学5、6年時のピアノ教師による性的虐待につき、札幌地裁は約3900万円の損害賠償請求を認容した（札幌ピアノ教師事件・札幌地判平成15.3.31法学教室273号134頁——判決時に、原告は30歳代）[10]。これらの事案では、継続的な性的虐待被害の場合は、少なくともそのような加害行為が終了し、その性的虐待被害による症状が発症ないし固定したような時点を3年時効の起算点とする考えが取られているものといえよう。

　なお筆者が民事損害賠償請求権の時効論についての意見書の執筆という形でかかわった事件に、釧路PTSD等損害賠償請求事件[11]がある（1審・釧路地判平25.4.16、2審・札幌高判平26.9.25、最決平27.7.8）。これは、原告女性が3歳から8歳の間に正月やお盆などの際に被害者宅に泊まりに来た叔父（母の弟）から、性的虐待被害を受けたが、誰にも言えないままに長期間が過ぎた事案である。被害者は、長い間、不眠やうつ症状、摂食障害、自殺念慮などに苦しみ続けてきたが、2011年3月に発生した東日本大震災を契機として、しばしばなされたPTSDの報道を契機に、自分が長期間苦しんできた症状の原因ももしかしたら児童期の性的虐待被害に関係するのかもしれないと思い、精神科の医師に初めて過去の被害について話した結果、結局、現在の症状の原因が過去の児童期の性的虐待被害にあることがわかり、叔父に直接面談したところ、虐待の事実はおおむね認めたものの、今更なんでそんなことを言い出すのだと言うように、反省の色がなかったということで4000万円の損害賠償を求めて提訴に至った事案である。この訴訟では、後述のように改正前民法724条後段が規定する不法行為に基づく損害賠償請求権は「不法行為の時から20年」で消滅するという20年期間の起算点がいつなのかが大きな争点となった。また、被告はそもそも加害行為終了時（原告が8歳の時）から3年で原告の損害賠償請求権は消滅時効により消滅した、そうでなくても、遅くともXが成人してから3年で短期消滅時効が完成したとも主張した。しかし1審も2審も、被告主張の時点では、原告は自己の症状が被告の加害行為の結果生じたことを認識できなかったとし

9）この判決については、水谷英夫『セクシュアル・ハラスメントの実態と法理』（信山社、2001年）473-474頁に紹介がある。

10）以上につき、松本・前掲注7）1077頁以下。

11）この事件と判決の詳細については、松本・前掲注7）1062頁以下、同「児童期の性的虐待被害に起因するPTSD等の発症に対する損害賠償請求権の時効・除斥期間——釧路PTSD等事件控訴審判決」法律時報87巻11号（2015年）165頁以下参照。

て、3 年時効の感性は否定されている。

　児童期性的虐待事件で 3 年の短期消滅時効が争点となるのは、被害を受けた当時は児童であって、そもそも被害として認識できなかったり、仮に被害として認識できたとしても加害者が祖父や養父、叔父などの近親者やピアノ教師のように支配関係があるので、被害を親にも告白しにくいという事情があるからである[12]。児童期の性的虐待については、そもそも加害者による 3 年時効の援用を許さないために、少なくとも未成年の間は損害賠償請求権の時効は停止するなど、ドイツ法で 2002 年に行われた時効法改革（後述）を参考にすべきである。

(2) 生命・身体侵害の場合の 5 年の短期消滅時効（民法 724 条の 2）

　改正民法は、損害及び加害者を知った時から 3 年の短期消滅時効の特則を規定し、「人の生命又は身体を害する不法行為による損害賠償請求権」についての短期時効期間は 5 年とする旨を定めた（民法 724 条の 2）。今回の改正民法を審議した法制審議会の「民法（債権関係）部会」の中間的な論点整理における説明では、この「身体」の中には健康も含むことが確認されている[13]。したがって、レイプや強制わいせつなどの直接的に身体を侵襲する性暴力だけでなく、意に反して、しつこく食事に誘う、一方的に恋愛感情を抱き付きまとう、性的な関係に応じないと不利益を与えるなどの威嚇的な言動をとるなどの行為によって、精神に不調をきたしたような場合にも「身体の侵害」に含めて、5 年の短期時効を適用すべきあろう[14]。

2 「不法行為の時」

(1) 20 年期間の法的性質

　明治民法典は、前述した 3 年の時効期間に加えて「不法行為ノ時ヨリ二十年

---

12) この点については、松本・前掲注 7) 1092 頁以下参照。
13) 法制審議会「民法（債権関係）部会」第 34 回（平 23.11.1）・部会資料 31・12 頁。
14) 筒井健夫・村松秀樹編『一問一答・民法（債権関係）改正』商事法務、2018 年は、「単に精神的な苦痛を受けたという状態を超え、PTSD を発症するなど精神的機能の障害が認められるケースについては、身体的機能の障害が認められるケースと区別すべき理由はなく、精神的機能の障害による損害賠償請求権は、ここでいう『身体の侵害による損害賠償請求権』に含まれる」とする（61－62 頁）。しかし単なる精神的苦痛と精神的機能の障害はそう明確に区別できるものなのであろうか。むしろ性的人格権の侵害により精神的苦痛が生じている場合は、身体の侵害と同視すべきではなかろうか。

ヲ経過シタルトキ又同シ」と規定した（改正前民法724条後段）。この20年期間の法的性質をめぐり、起草者や戦前の通説は、これを長期時効と解したが、戦後60年代頃から、この20年期間は時効のように援用が不要で、時の経過により当然権利が消滅する除斥期間と解した方が法的安定に資するとの除斥期間説が台頭し、下級審裁判例も時効説と除斥期間説に分かれた。このようななかで、最高裁は米軍不発弾爆発事件・最判平元.12.21民集43巻12号2209頁において、時効説に立って国による時効の援用は信義則に反して権利濫用で許されないとした原審を破棄し、この20年期間は時の経過によって権利が当然に消滅する除斥期間であり、援用も不要であるから、援用についての信義則違反や権利濫用などもないとする極めて硬直的な除斥期間説を採用するに至った[15]。

(2)「不法行為の時」の解釈

　この20年期間の起算点の「不法行為の時」の解釈は、加害行為に遅れて被害症状が発生ないし進行する健康被害であるじん肺症や、水俣病などの訴訟で争われてきた。そのなかで筑豊じん肺事件・最判平16.4.27民集58巻4号1032頁は、加害行為から遅れて損害が発生した場合は、損害が発生した時をもって20年期間の起算点である「不法行為の時」の解すべきとする画期的な損害発生時説をとるに至った[16]。ところで、筑豊じん肺最判以降の20年期間の起算点論の最大の争点の一つは、ここでいう損害の発生とは、被害者にとっての認識可能性とは関係ない事実上の損害の発生で足りるのか（事実上の損害発生時説）、それとも被害者にとって権利行使の契機となるような客観的認識可能性のある損害の顕在時なのか（規範的損害顕在化時説）という点である[17]。

　この点が争われたのが児童期の性的虐待被害に対する損害賠償請求事件である前述の釧路PTSD等事件である。被告は、前述のように3年の短期消滅時効

---

15) この最判平成元年の詳細とその批判については、松本克美「除斥期間説と正義」『清水誠先生追悼論集・日本社会と市民法学』日本評論社、2013年、513頁以下、同・前掲注6) 53頁以下に譲る。
16) 本判決の詳細は、松本・前掲注6) 77頁以下参照。
17) このような論点の整理の意義の詳細、関連裁判例については、松本克美「民法724条後段の20年期間の起算点と損害の発生――権利行使可能性に配慮した規範的損害顕在化時説の展開」立命館法学357・358号（2015年）1809-184頁、同「不法行為による潜在型損害の長期消滅時効の起算点――民法724条の『不法行為の時』と『損害の性質』論」立命館法学378号（2018年）788-810頁を参照されたい。

の完成を主張するとともに、仮に短期時効が完成していなくとも、加害行為の時から20年以上を経ての提訴であり、損害の発生時を起算点と解しても、3歳から8歳までの性的虐待被害を受けた時に損害は発生しているから、何れにしても除斥期間により原告の損害賠償請求権は消滅したと主張した。1審・釧路地判平25.4.16判例時報2197号110頁は、原告の主張を認めて、8歳時点で原告の主張するPTSD等の損害はすでに発生しており、その時が「不法行為の時」だから、それから20年以上を経て提訴している原告の損害賠償請求請求権は20年の除斥期間により消滅したとして原告の請求を棄却した。

これに対して、控訴審・札幌高判平26.9.25判例時報2245号31頁は、原告の損害のうち、PTSDによる損害とうつ病による損害とを分けて判断し、PTSDは8歳の時点で発症していたが、うつ病の発症は原告が30歳代になってからであり、その発症の時がうつ病の損害の発生の時だから、この時が「不法行為の時」であり、それから20年以内の提訴だからうつ病発症の被害に対する損害賠償請求権は消滅していないとして、原告の請求を一部認容し、3000万円の支払いを被告に命ずる画期的な判断を示した。この結論は上告審でも維持されている（最決平成28.7.8）。

この札幌高裁判決は、原告の請求を一部認めた点は画期的である。しかし、規範的損害顕在時説からすれば、8歳の時点で後から医師が分析すればPTSDの症状が発症していたとしても、その時点では被害者の権利行使に結びつくような損害が顕在化していたとは言えず、損害の顕在化は、原告が抱える不眠、自殺念慮、うつ症状などが、児童期の性的虐待被害に起因するPTSDによる症状であると医師に診断された時点と解すべきではなかろうか。

(3) 改正民法による長期時効としての明示

なお改正民法は、724条で「不法行為による損害賠償の請求権は、次に掲げる場合には、時効によって消滅する」と規定した上で、その2号に「不法行為の時から二十年間行使しない時」と規定する。すなわち、判例の除斥期間説を否定し、立法趣旨どおり、長期時効であることを明示したのである。この改正による最大の効果は、20年期間は時効なのであるから、個別事案において、被告の時効の援用が信義則に反し、権利の濫用で許されないとするいわゆる援用制限があり得るという点である。時効の援用制限が認められる典型的なケース

は、債務者が債権者の権利行使を妨害しておきながら、後で時効を援用するような場合である[18]。児童期の性的虐待事件や性暴力事件などでも、被害を他人に告げたら酷い目に合わすなどと威迫する場合が多いが、このような場合は加害者による被害者の権利行使の妨害として、そもそも時効を援用することは権利の濫用として許すべきではないであろう。前掲の釧路PTSD等事件でも、起算点の解釈を問題とする以前に、叔父である立場を利用して小さな子供であることをよいことに性的虐待行為を繰り返したのは、どうせ誰にも被害を告げられないという立場を利用したからであり、後になって被害者が損害賠償を請求してきたのに対して、時効だから権利は消滅したなどと主張するのは権利の濫用であるとも言えよう。

二　債務不履行責任

1　債務不履行責任の発生

　当事者の間に契約関係がある場合には、不法行為責任とは別に契約ないし契約上の信義則に基づく債務不履行責任が成立し得る。この場合、直接の加害者が被害者の契約関係上の相手方の履行補助者として位置付けられ、契約の相手方に債務不履行責任を追及することになる。職場や教育現場、児童保護施設や医療現場などで、そこに従事する従業員、教職員、医師などが他の従業員、学生、収容児童、患者などに性暴力を行えば、加害者が所属する会社や学校、施設、病院などがその被害に対する債務不履行責任に基づく損害賠償を負うことがあり得る。

　実際の裁判例では、職場での盗撮行為につき、会社の職場環境配慮義務違反の債務不履行責任を認めた事例などがある（京都セクシュアル・ハラスメント・呉服販売会社事件・京都地判平 9.4.17 労判 716 号 49 頁）[19]。

---

18) 時効の援用制限一般に関する学説・裁判例の分析については、松本克美『時効と正義——消滅時効・除斥期間論の新たな胎動』（日本評論社、2002 年）143 頁以下を参照されたい。
19) 小島妙子『職場のセクハラ』（信山社、2008 年）150 頁以下が本判決を紹介、分析している。

2 「権利を行使することができる時」

　民法は債権一般の原則的時効期間を、権利を行使することができる時から10年と定めている（民法166条1項2号）。債務不履行責任に基づく損害賠償請求権には、不法行為による損害賠償請求権のような特則がないので、時効についてはこの規定の適用を受ける。労災・職業病や学校事故では、不法行為責任に基づいて使用者や学校に損害賠償請求を求める事案以外に、債務不履行責任に基づく損害賠償背を請求する事案も多い。その理由として〈時効メリット〉を上げることができる。すなわち不法行為の場合は、被害者が損害及び加害者を知ってから3年で短期消滅時効が完成するが、債務不履行の場合は、権利行使可能時から10年なので、不法行為構成だと時効が完成しているが、債務不履行構成だと時効が完成していないとして損害賠償請求できるからである[20]。

　実際の裁判例のなかにも、高校時代に教師から受けた性暴力被害について、卒業から数年後に学校への債務不履行責任の追及という形で損害賠償請求をし、それが認容された事案がある。これは、不法行為構成であれば3年の短期時効が完成していたが、債務不履行構成であれば権利行使可能時から10年なので時効が完成していないというまさに時効メリットのある事案であった[21]。

3 「権利を行使することができることを知った時」

　改正民法は、今まで単一の期間であった債権一般の消滅時効を二重期間化し、権利を行使することができる時から10年という消滅時効に加えて、権利を行使することができることを知った時から5年という主観的起算点からの短期消滅時効を導入した。その理由として挙げられたのが改正前民法で規定していた職業別の短期消滅時効が時代に合わない（身分的差別の残存である、現在のデジタル化社会では証拠の保存は明治時代より容易いなど）から廃止すべきであるが、そうすると今まで3年、2年、1年といった短期時効に服していたのが、いきなり10年になるのは長すぎる、そうかと言って、原則を短期化するのも権利の

20）筆者は労災・職業病、学校事故等の安全配慮義務違反による債務不履行責任構成の時効メリットが妥当なメリットである理由を、これらの事案類型に見られる構造的な権利行使遅延要因に求めている（松本・前掲注18）46頁以下）。

21）金沢・スクール・セクシュアル・ハラスメント事件・金沢地判平14.6.11判例集未登載（松本・前掲注7）1078頁参照）。

保護からして問題であるというわけで、10 年の原則的時効期間は維持しつつ、権利行使ができることを知ったならば 5 年で時効完成しても権利の保護に欠けることはないということで、このような二重期間化が導入されたのである[22]。

しかしこれまで〈時効メリット〉が活用されてきた労災・職業病や学校事故などでは、権利行使をすることができることは知っていても、相手が使用者や学校なので、雇用関係や在学関係が継続中は権利行使をしにくいなどの権利行使阻害要因があったからこそ、不法行為に基づく損害賠償請求権が行使できないでいた事例なのである。権利行使をすることができることを知っているなら、権利行使すればよい、それなのに権利行使しなかったら権利が消滅しても仕方がないとは単純に割り切れない問題が残っている。

4 新たな立法視点の必要性

性暴力被害をめぐる損害賠償請求訴訟で時効が問題となることは意外なほど少ない。しかし、そのことは時効が問題となるような事件がないのではなく、逆に性暴力の被害者が刑事告発することも民事で損害賠償を請求すること自体が困難で、泣き寝入りに陥っていることを示しているのではないか[23]。性暴力被害にあった直後は恐怖や恥辱で、相手に損害賠償請求をしようという考えさえ思い浮かばないかもしれない。また、自分は被害者で悪いのは加害者であると認識するのではなく、自分が悪いと自分の落ち度を責めるかもしれない。被害者が子供であればそもそも被害という認識もないかもしれない。釧路 PTSD 等事件では、被害者が他人に被害を話すことができるようになったのは、実に 30 歳代になってからであった。ドイツでは児童期の性的虐待被害について他人に話した年齢の平均が 46 歳という調査が公表されている[24]。被害者が自分を被害者として認識し、自らに加えられた行為が性暴力であり、行為者は加害者として賠償義務を負う義務者であると認識できるためには、時間が必要なのである。釧路事件の被害者がそうであったように、被害者が損害賠償を提訴しよ

22) 法制審議会で論じられた二重期間化導入の理由・背景については、松本・前掲注5)「二重期間化」を参照されたい。
23) レイプ被害だけでも日本では年間 5 万件以上が起こっているのではないかという試算をするものとして、加藤治子「性暴力被害の実態」大阪 SACHICO 編『性暴力被害者の医療的支援　リプロダクティヴ・ヘルツ&ライツの回復に向けて』（信山社、2018 年）13 頁以下。
24) Wilhelm Rörig, Bilanzbericht des Unabhängigen Beauftragten zur aufarbeitung des sexuellen Kindesmissbrauchs, 2013, S.164.

うという場合には、そのような権利行使ができるまでに自らの力（レジリエンス）を回復してきたからである。そして、ようやく提訴してみると、権利行使が遅すぎるとして権利の消滅を宣言するのが時効制度に他ならない。時効の存在理由には、権利の上に眠るものを保護しないということがあげられるが、被害者は権利の上に眠っていたわけでない。自己の権利を意識できないほど性暴力被害の影響下に眠らされていたのである。ようやくレジリエンスを回復した被害者に対して、時効が〈時の壁〉になってその権利の消滅を宣言し、加害者を免責することは、まさに司法による二次被害ではないか。

ところで、民法改正にあたっては、債権法の現代化が叫ばれ、グローバル時代への対応も強調され、国際条約や国際的取引に関する指針なども参照された。しかし、その際、見落とされ、あるいは無視、軽視されたものの一つに、性暴力被害などに対する時効法の現代化の問題があるのではないか。

例えば、ドイツでは、2002 年の債権法の現代化の際に、性的自己決定権の侵害に対する損害賠償請求権の消滅時効は満 21 歳になるまで時効が停止するという特別な時効停止制度を導入した。それだけでも画期的であるが、その後、2013 年の時効法改革では、この時効停止制度を維持しつつ、故意による性的自己決定の侵害に対する損害賠償請求権には 3 年の短期消滅時効を適用しないとする画期的な時効法改革を行った。その結果、児童期の性的虐待被害については、被害者が満 51 歳になるまで民事時効は完成しないことになった[25]。30 年期間の起算点は請求権が成立したときであるから、レイプはその被害発生のときから 30 年は時効は完成しない。セクシュアル・ハラスメントも故意の性的自己決定と認定されれば同様の結果になる。

このように時効法の現代化は、二重期間化や時効期間の短縮化のベクトルだけでなく、性暴力被害に対する損害賠償請求権のように、むしろ、長期期間に一元化する立法例もあるのである。今後の立法にはこのような新たな視点が必

25）この点でのドイツの時効法改革については、松本克美「民事消滅時効への被害者学的アプローチ——児童期の性的虐待被害の回復を阻害しない時効論の構築のために」被害者学研究 27 号（2017 年）35 頁以下参照。なお、2013 年の時効法改革の際には、同時に、故意による生命、身体、健康、自由の侵害の場合も 3 年の短期消滅時効の適用は排除されるものとされた（ドイツ民法典 197 条 1 項 1 号）。しかし、改革の眼目は児童期の性的虐待問題の社会問題化に端を発した性的自己決定の侵害の問題であり、他の場合とのバランスを考えて、これらの故意による法益侵害の場合にも短期消滅時効が廃止されることになったのである（Jürgen Ellenberger, Palant-BGB, 74.Aufl.2015, S.219）。

要なのではなかろうか[26]。時効を被害者の権利を阻み加害者を免責する〈時の壁〉にするのではなく、性暴力被害者を支援する法システムの中に位置づけられるべきである。権利の消滅ではなく、権利の保障こそが求められている[27]。

---

26) 筆者は、このような時効法の現代化を「人格秩序における現代化」の課題として提起したことがある（松本克美「時効法改革と民法典の現代化」『民主主義法学と研究者の使命──広渡清吾先生古稀記念論文集』（日本評論社、2015年）371頁）。
27) 本稿は民事時効を扱ってのみを扱っているが、性暴力被害に関する刑事時効の抜本的改革も望まれる。この点は、松本・前掲注25）41頁参照。

「女性の権利」と女性差別撤廃条約
——平等の保障と女性に対する暴力——

近江美保

一 はじめに

　国連総会での採択から、まもなく 40 周年を迎える女性差別撤廃条約[1] は、国連で採択された主要人権条約のなかで、唯一、女性が性別およびジェンダーによって受ける差別に焦点を当てたものである。主に公的領域における人権を対象としてきた国際人権法のなかで、本条約は、女性に対する差別を、国家のみならず、個人、団体または企業によっても起こりうるものと位置づけているほか、既存の法律、規則、慣習、慣行が女性に対して差別的である場合には、それらの修正や廃止のために、立法を含む措置をとることを締約国に要請している（2条（e）、（f））。また、性別による優劣の観念や、男女の定型化された役割に基づく偏見、慣習、慣行の撤廃に必要な社会的、文化的行動様式の修正（5条（a））、雇用（11 条）、婚姻・家族関係（16 条）における差別撤廃など、私的領域に深くかかわる内容にも踏み込んでいる。この点は、同じく差別という問題を扱い、女性差別撤廃条約よりも先に採択された人種差別撤廃条約[2] が、個人、集団または団体による人種差別の禁止と終了を締約国に義務づけてはいるものの（2条（d））、対象となる差別を「政治的、経済的、社会的、文化的その他のあらゆる公的生活の分野」（強調筆者）で起きるものに限定した（1条1項）[3] ことと対照的であり、女性の人権を包括的に保障するうえで、女性差別

---

1) 1979 年 12 月 18 日採択、1981 年 9 月 3 日効力発生。
2) 1965 年 12 月 21 日採択、1969 年 1 月 4 日効力発生。
3) ただし、人種差別撤廃委員会（CERD）は、人種差別のジェンダーに関する側面に関する一般勧告第 25 号（2000 年）において、私的生活における女性差別が人種差別の察知や救済、申立手続へのアクセスに影響を及ぼす可能性について言及している。See CERD, "General recommendation XXV on gender-related dimensions of racial discrimination", 56th session（2000）, paras.1-2.

撤廃条約が私的領域を対象に含めたことの意義は大きい。しかし、一方で、本条約が「性差別の撤廃＝平等の実現」ととらえ、女性の人権の実現手段として、「男性と平等な条件で、政治的・経済的・社会的活動における具体的な諸権利を、女性に対して、明瞭な形で保障し」、「女性に対する『男性と同一の権利』保障」を求めていることに関しては、「男性ないし人間一般のヒューマン・ライツとは異なる『女性の権利』としてのウィメンズ・ライツに明文で言及していない」と批判されてきた[4]。

本稿では、女性差別撤廃条約が、上記のような批判を乗り越えて真に女性の人権を保障するものへと発展するうえで、男性との平等という観点から扱うことが難しい「ジェンダーに基づく女性に対する暴力（以下、女性に対する暴力または VAW）」への対応が、国際人権法という枠組みのなかでどのような変化を引き起こしてきたのかをフェミニズム国際法学の視点から検討する。ここでいうフェミニスト国際法学の視点とは、国際人権法を含む国際法がジェンダーに基づく公私二分法を前提としていることを指摘し、権利や平等概念の限界を認識したうえで、女性の経験とニーズに対応するものとなるよう、国際法の再構築を目ざすものである[5]。以下、「二」においては本条約の平等規範への批判と女性に対する暴力との関係について整理し、「三」においては、本条約の履行を監視する女性差別撤廃委員会が、女性に対する暴力にどのように対応してきたかについて、個人通報事例を含めて検討する。また、「四」では、女性差別撤廃委員会による取組みの課題を指摘し、女性に対する暴力への取組みが「女性の権利」の確立に果たしている役割について考察する。

二　男性規範による平等と女性に対する暴力

1　男性規範による平等という批判

女性差別撤廃条約（以下、条約）に対する最大の批判は、上述したように、条約のめざす平等が男性規範に基づいているという点に向けられている[6]。な

---

4) 浅倉むつ子『雇用差別禁止法制の展望』有斐閣、2016 年、263 頁。
5) 近江美保『貿易自由化と女性——WTO システムに関するフェミニスト分析』尚学社、2013 年、69 - 78 頁参照。
6) 男性規範による平等に関する批判以外にも、女性のみの権利を扱う条約であるために、女

ぜ女性の権利を保障するための条約が、男性を基準に、すなわち男性をあるべき姿として、女性の権利を位置づけるものとなってしまったのだろうか。理由のひとつとして、国際人権法が、一般に社会的経済的文化的権利よりも市民的政治的権利の具体化を優先してきたということが挙げられるだろう。例えば、世界人権宣言の内容に法的拘束力を与えるものとされる二つの国際人権規約のうち、「市民的及び政治的権利に関する国際規約（以下、自由権規約）」[7]には、1966年の採択と同時に個人通報制度が設置された[8]が、「経済的、社会的及び文化的権利に関する国際規約（以下、社会権規約）」[9]に同様の制度が作られたのは、40年以上後になってからである[10]。最も基本的な権利ともいうべき生命に対する権利を例にとると、自由権規約6条1項が、すべての人間が生命に対する固有の権利を有し、その権利が法律によって保護されること、恣意的に生命を奪われないことを規定しているが、2項以下で具体的に言及されているのは、死刑と集団殺害罪に関する事項のみである。ここでは、社会権に分類される労働の権利、労働条件、社会保障、生活水準および食糧の確保、健康を享受する権利、教育に対する権利などの欠如が生命に対する権利を脅かす可能性については、言及されていない。女性にとってより身近な社会権については、国際人権法の関心がそもそも低かったのである[11]。

　理由のふたつ目として、国際人権法による自由権偏重の背景に存在する、国際法の国家中心主義的な性格がある。長らく国際法の主体は国家（および国際

性の権利を一般的な人権に比して特殊化、周縁化してしまうことになる（女性の人権のゲットー化）という批判、条約は西洋以外の文化を女性の人権の実現を妨げるものとして問題視しているという批判、性的マイノリティに対する差別が見過ごされてきたという批判のほか、条約に付された留保の内容と数に関する懸念などがある。H. チャールズワース、C. チンキン『フェミニズム国際法――国際法の境界を問い直す』（阿部浩己監訳）、尚学社、2004年（以下、『フェミニズム国際法』）、265－267頁；Andrew Byrnes, "The Committee on the Elimination of Discrimination against Women" in Hellum and Aasen (eds.), *Women's Human Rights: CEDAW in International, Regional and National Law*, Cambridge University Press, 2013, pp.57-59；谷口洋幸「国連と性的指向・性自認 ―― 人権理事会SOGI決議の意義」国連研究16号（2015年）、123頁；谷口洋幸「第28条　留保」国際女性の地位協会編『コンメンタール女性差別撤廃条約』尚学社、2010年、449頁などを参照。

7)　1966年12月16日採択、1976年3月23日効力発生。

8)　自由権規約第一選択議定書、1966年12月16日採択、1976年3月23日効力発生。

9)　1966年12月16日採択、1976年1月3日効力発生。

10)　社会権規約選択議定書、2008年12月10日採択、2013年5月5日効力発生。

11)　See Catherine A. MacKinnon, *are women human?: and other international dialogues*, Belknap Press of Harvard University Press, 2006, pp.5-6.

政府間機関）のみであり[12]、国際法の正当な関心は国家間の秩序にあるとされてきたため、各国内での正義は、国際法の関心事として考えられてこなかった。その結果、国家の内部は、国際法の世界からは見えないブラックボックスとして位置づけられてきたのである[13]。第二次世界大戦後の国際人権法の発展に伴い、国家が国内で行う行為にも一定の制約が課されるということが受け入れられるようにはなったが、そこで主に焦点が当てられたのは、上記の生命に対する権利の規定に見られるように、各国の国家機関が国境の内側で行う行為、すなわち国家と個人の接点が生じる公的領域で「男性が自分たちに起きることを恐れているもの」に限られてきた[14]。国家というブラックボックスの中で、人々の生活と密接に関わる社会権は、国の状況に合わせて徐々に達成すればよいものと位置づけられ[15]、また、私的領域で男性、父親、夫などの非国家主体によって振るわれる女性に対する暴力は、家族や親密圏というさらなるブラックボックスの中に入れられ、国際人権法に違反するものとは認識されてこなかったのである[16]。

　さらに、第二次世界大戦後に、上記のような背景のなかで国際人権法が形作られていく過程で、当時のフェミニストたちが、まずは女性を男性と同じ立ち位置に置くことをめざしたという事情がある。そのような状況で採択されたのが、性に基づく非差別を含む世界人権宣言と二つの国際人権規約であり、女性差別撤廃条約であった[17]。男性を主体とする既存の人権概念によって作られていた国際人権法の枠組みに「女性の人権」を持ち込むためには、公的領域における法的な自由や平等を求めるリベラル・フェミニズム的なアプローチをとる

12）伝統的にはこのように考えられてきたが、近年、NGO など市民社会主体による国際法への参画や貢献が注目されるようになっている。See, for example, Alan Boyle and Christine Chinkin, *The Making of International Law*, Oxford University Press, 2007, chapter 2.

13）Rosa Ehrenreich Brookes, "Feminism and International Law: An Opportunity for Transformation", Yale Journal of Law and Feminism vol.14（2002）, p.348.

14）Hilary Charlesworth, "What are Women's International Human Rights?" in Cook（ed.）, *Human Rights of Women: National and International Perspectives*, University of Pennsylvania Press, 1994, p.71.

15）社会権規約 2 条 1 項参照。

16）See Brookes, *supra* note 13, p.348.

17）See Arvonne S. Fraser, "Becoming Human: The Origins and Development of Women's Human Rights", Human Rights Quarterly, vol.21（1999）, p.888 and Kathryn McNeilly, "Gendered Violence and International Human Rights: Thinking Non-Discrimination beyond the Sex Binary", Feminist Legal Studies, vol.22（2014）, p.271.

よりほかに方法がなかったともいえよう。その結果、女性差別撤廃条約も、女性の権利について規定するために、男性との非差別規範を中心に据え、主に公的領域において、女性を男性と同一の位置に置くことを求めるという戦略をとることとなったのである[18]。

本条約のこうしたアプローチに対しては、男性と女性が置かれている状況の違いを考慮していない、あるいは、実質的なジェンダー平等のための根本的な改革を視野にいれなければ、かえって既存システムの正当性を高めることになってしまうという批判もある[19]。チャールズワースとチンキンは、国際人権法において、既存の法が性的平等を平等な取扱いと同一視しているところに問題があると指摘する[20]。ここでいう「性的平等」とは、実質的な（substantial）平等のみならず、実質的な女性の人権の保障を意味していると考えられる。本条約が法的平等だけでなく実質的な（または事実上の）平等をめざしていることは、条約4条が「男女の事実上の（de facto）平等を促進すること」という表現を用いていることからも明らかであり、同条はそのための暫定的特別措置は差別に当たらないと規定している。しかし、真にめざすべき実質的な女性の人権は、男性を基準とする平等がめざすものとは異なる（少なくとも、異なる場合がある）と考えるのであれば、暫定的特別措置も「結局は、女性が男性とまったく同様にふるまうことを認める暫定的手段」[21]でしかないともいえるのである。

2 女性に対する暴力と「女性の人権」

国際人権法は、上述のように、自らを国際法の一部だと主張することで、国内のあるいは個人的（私的）な問題ととらえられがちな女性に対する暴力や抑圧を、その対象から排除してきた。ドメスティック・バイオレンス（以下、DV）等の女性に対する暴力は、多くの女性の人生を損なってきたにもかかわ

---

18) 『フェミニズム国際法』前掲注6)279頁。同条約が実施される過程では、CEDAWがVAWを果敢に取り上げ、ラディカル・フェミニズムが目ざした「私的領域での女性の経験の可視化」を実現したという評価もある。林陽子「女性差別撤廃条約個人通報制度の現段階」ジェンダーと法 No.6（2009年）、102頁。

19) Alice Edwards, "Violence Against Women as Sex Discrimination: Judging the Jurisprudence of the United Nations Human Rights Treaty Bodies", Texas Journal of Women and the Law, vol.18, no.1（2008）, p.13.『フェミニズム国際法』前掲注6）281頁も参照。

20) 『フェミニズム国際法』前掲注6）278-279頁。

21) 同上、280頁。

らず、国際法が国家の行為を伴わない暴力に対して目を閉ざしてきたがために、国際人権法のなかでも長年不可視化されてきた[22]。

　リベラル・フェミニズムに基づくアプローチをとった女性差別撤廃条約が、女性に対する暴力（VAW）を明示的に禁止しなかった理由は、「私的な危害に分類されるものを条約の公的な枠組みの中に押し込むことが概念上困難であったからであろうし、あるいは、それが平等モデルに直接に適合しないとされたから」[23]であると推察される。国際人権法が内包する公私区分に加えて、起草当時の人々（もちろん全員がそうとは限らない）が当然のように有していた公私二分法的な思考も、この問題が国連の議場で検討するに値するか否かという判断に影響しただろう。その結果、女性差別撤廃条約が禁止する差別は、女性の売買および女性の売春からの搾取を禁止する 6 条を例外として、それまでにすでに［一般的に］承認されていた人権と基本的自由に限定されることとなった[24]。しかし、次第に、「女性たちが人権を全うされ人間らしい生活をすることを阻害している大きな原因は『女性に対する暴力』である」という認識が広がり[25]、VAW の問題に直接言及していないことが、条約の欠点として認識されるようになった[26]。ここでも、また、女性の権利のカタログを網羅するのではなく、公的な生活や法律、教育に主な焦点をあて、男性との比較における平等を問題にするリベラル・アプローチの限界が指摘されることとなったのである[27]。

三　女性差別撤廃委員会による女性に対する暴力への取組み

1　差別の一形態としての女性に対する暴力

　ジェンダーに基づく女性に対する暴力は、「男性に対して従属的な女性の立場や女性のステレオタイプな役割を永続化させるための社会的、政治的、経済

22) Brookes, *supra* note 13, p.349.
23)『フェミニズム国際法』前掲注 6）281 頁。
24) 同上、280 頁。
25) 林陽子「『女性』とは誰か──女性差別撤廃条約の解釈をめぐるいくつかの問題─」秋月ほか編『人類の道しるべとしての国際法』国際書院、2011 年、266 頁。
26) Charlotte Bunch, "Women's Rights as Human Rights: Toward a Re-Vision of Human Rights", Human Rights Quarterly, Vol.12 (1990), p.495.
27) 林・前掲注 25）266 頁。

的な基本手段のひとつ」であり、「女性と男性の間の実質的な平等の達成と女性による人権と基本的自由の共有を実現するうえでの重大な障害」である[28]。ところが、一般的にいって、男性はVAWに関して女性と比較すべき状況にないため、VAWは男性を規範とする平等アプローチでは解決しえない。その意味で、ジェンダーに基づく女性に対する暴力は、まさに「男性を規範とする平等の枠組みにとらわれずに女性に特有の権利を定義する」ことを要請する問題であり、女性差別撤廃条約、ひいては国際人権法を変革する契機となる可能性を持つものだといえる[29]。

　女性に対する暴力を女性差別撤廃条約の範疇に位置づけるために、女性差別撤廃委員会（以下、CEDAW）は、一般勧告19号（1992年）[30]において、「ジェンダーに基づく暴力は、男性との平等を基礎とする権利及び自由を享受する女性の能力を著しく阻害する差別の一形態である」と定義し（パラグラフ（以下、パラ）1）、条約1条の女性に対する差別の定義には、「ジェンダーに基づく暴力、すなわち、女性であることを理由として女性に対して向けられる暴力、あるいは、女性に対して過度に影響を及ぼす暴力」であり、「身体的、精神的、または性的危害もしくは苦痛を加える行為、かかる行為の威嚇、強制、及び、その他の自由の剥奪」が含まれるという見解を明らかにした（パラ6）。また、「本条約に基づく差別は、政府によって、又は、政府に代わってなされる行為に限られるものではないことが強調されるべきである」とも述べ（パラ9）、私的領域で生じるVAWも条約上の差別であることを明文で確認した。さらに、CEDAWは、2017年に一般勧告19号を補完、更新するための一般勧告35号を採択し、19号によるVAWの定義を再確認している[31]。

　エドワーズは、一般勧告19号で示された「女性に対する暴力（VAW）＝性差別（sexual discrimination, SD）」という定式により、CEDAWはジェンダーに基づく暴力を平等または非差別と並ぶ条約の基本原則に位置づけたと評する。

---

28) CEDAW, "General recommendation No. 35 on gender-based violence against women, updating general recommendation No. 19", CEDAW/C/GC/35, 26 July 2017, para.10.
29) 『フェミニズム国際法』前掲注6）303頁参照。
30) CEDAW, "General recommendation No. 19: Violence against women", 11th session (1992, contained in A/47/38). CEDAWは、1989年にもVAWに関する一般勧告12号を採択している。CEDAW, "General recommendation No. 12: Violence against women", 8th session (1989).
31) CEDAW, *supra* note 28, paras. 8-9.

この二つの問題は、イコールで表されるように、文字どおり不可分であると同時に、女性が他のすべての人権を享受することを制約する要因でもある[32]。VAW = SD という定式化のメリットとして、エドワーズは、CEDAW を含む国連の人権条約機関が不平等パラダイムのなかで VAW を扱うことが可能になったこと[33]、CEDAW が VAW を不平等と暴力からなる構造的な問題としてとらえ、制度的、政治的対応を要する問題として認識することができるようになったこと[34] を挙げている。こうした認識は、VAW を社会正義の問題としてとらえ、CEDAW がその原因を深く掘り下げる契機ともなった[35]。また、"私的"な暴力を社会的、政治的対応を必要とする公的問題へと転じることで、公私二分法を脱構築する可能性も期待される[36]。

　一方、VAW = SD にまつわる懸念としては、性差別や不平等といった概念がどう理解されるかによって解釈が左右される可能性[37] や、解釈する人の社会的、政治的、文化的背景や性およびジェンダーによっても変化する可能性があり、CEDAW 以外の人権条約機関では、差別的慣行を正当化する余地が残されていること[38]、女性が女性であることを理由として被った暴力であったとしても、往々にして、それが個人的なものでなかったかどうかを立証することが求められること[39]、女性が男性と同様に受ける暴力、たとえば被拘禁女性に対する拷問はジェンダーに基づく VAW としては扱われないとすると、他の国際人権保障制度の対象となるものと VAW として扱われるものという二つの層が作られてしまうこと[40] などが指摘されている。さらに、エドワーズは、通常、差別に対する罰則が金銭的制裁であるのに対し、暴力に対してはより厳しい刑事罰が科されることを取り上げ、性差別法を使って暴力に対応することは、実際

---

32) Edwards, *supra* note 19, p.45.
33) Ibid., pp.47-50.
34) Ibid., pp.50-51.
35) Ibid., pp.52-53. CEDAW は、一般勧告 35 号で VAW がジェンダーに基づくものであることを強調し、「個人的な問題としてではなく、個々の出来事や個別の加害者及び被害者／サバイバーへの対応のみならず、包括的な対応を要請する社会的な問題として理解されるべき」ものであると述べている（パラ 9）。
36) Edwards, Ibid., pp.53-54.
37) Ibid., p.54.
38) Ibid., pp.54-55.
39) Ibid., pp.55-56.
40) Ibid., p.56.

に起きた暴力の深刻さを薄めることになり、腑に落ちないとも述べている[41]。VAW＝SDという定式化は、VAWそのものを禁じるものではない。被害を受けた女性はこの定式の下では、自身が被った暴力が女性差別的であると立証できた範囲において保護されるが、男性の暴力被害者が保護を求める場合には、自身の被害が男性に対する性差別であることを立証する必要はない[42]。なお、VAW＝SDとすることについては、林も「違和感を持つ法律家は少なくないと思う」と述べている[43]。

2 「相当の注意」義務と女性に対する暴力

1992年に一般勧告19号でVAWを差別の一形態として定義したCEDAWは、1999年に採択された女性差別撤廃条約選択議定書[44]に定められた個人通報制度により、個別の事案に関し、締約国の義務違反の有無や被害を通報した女性の救済について検討することとなった。VAWに関する個人通報事例は、CEDAWが一般勧告19号で示したVAW＝SDという定式に基づいて判断されると同時に、同じく19号で示された「相当の注意（due diligence）」義務と呼ばれる締約国の義務に実体を与えたと評価されている[45]。

国際人権法における国家の「相当の注意」義務とは、私人による人権侵害に関し、侵害行為そのものだけでなく、当該条約が締約国に求めている侵害の防止あるいは対応の欠如が国家に国際責任を生じさせうるという考え方に基づき、発展してきたものである[46]。VAWとの関連においては、CEDAW一般勧告19号が「一般国際法及び特定の人権規約のもと、国家は、権利の侵害を防止するために相当の注意をもって行動すること、又は、暴力行為を調査し、刑罰を科

---

41) Ibid., p.57.
42) Ibid., pp.57-58.
43) 林・前掲注25）267頁。
44) 1999年10月6日採択。2000年12月22日効力発生。2018年12月1日現在の締約国数は109か国だが、日本は批准していない。本議定書の締約国は、締約国の管轄下にある個人、個人の集団またはその代理人が条約上の権利の侵害を受けたことをCEDAWに通報した場合、当該事案について検討する権限をCEDAWに認める（1条、2条）。同じく本議定書に定められた調査制度については、締約国に適用除外を宣言することが認められている（10条）。
45) Byrnes, *supra* note 6, p.46.
46) See Inter-American Court of Human Rights, "Case of Velásquez-Rodriguez v. Honduras", Judgement of July 29, 1988（Merits）, http://www.legal-tools.org/doc/18607f/（accessed on August 19, 2019）, para. 172.

すことを怠った場合には、私人による行為に対しても責任があり、補償を与える責任がある」と述べている（パラ9）。この定義は、有害な作為であるか悪意のある不作為であるかを問わず、公務員［すなわち締約国］の行為に注意を向けさせることを意図しており、国家の義務を拡張するものと考えられる[47]。1993年に国連総会で採択された女性に対する暴力撤廃宣言[48]でも、国家に対して「これらの行為が国家によってなされるか私人によってなされるかを問わず、女性に対する暴力行為を防止し、捜査し、国内法に従って処罰するために相当の注意を払うこと」を求めており（4条(c)）、1996年に国連女性に対する暴力特別報告者ラディカ・クマラスワミが人権委員会に提出した報告書も、「相当の注意」義務に言及している[49]。女性差別撤廃条約の中核的義務に関する一般勧告28号は、第2条は「個人による差別を防止するため、締約国に対し相当の注意義務を課して」おり、「私人の行為や不作為が、国際法の下では場合によっては国家に帰するとされる可能性がある。よって、締約国は、条約に規定されたとおり、私人が女性に対する差別に関わらないことを確保する義務がある」と述べている[50]。

　このような国家の積極的な義務が強調されるようになったのは、CEDAW の関心が差別的法令を撤廃して法律上の平等（de jure equality）を達成することのみではなく、社会の中で女性の事実上の平等（de facto equality）を阻害している要因に向けられているからである。国際人権法は、国家に対して憲法その他の法律で人権を保障することを求めるのみならず、それらの人権の実現が確保されることを国家の義務であるとしており、そのために「相当の注意」義務が有用な概念として取り上げられるようになった[51]。もっとも、「相当の注意」

---

47) Bonita Meyersfeld, *Domestic Violence and International Law*, Hart Publishing, 2010, p.208.

48) UNGA, "Declaration on the Elimination of Violence against Women (20 December 1993)", A/RES/48/104, 23 February 1994.

49) Commission on Human Rights, "Report of the Special Rapporteur on violence against women, its causes and consequences, Ms. Radhika Coomaraswamy, submitted in accordance with Commission on Human Rights resolution 1995/85", E/CN.4/1996/53, 5 February 1996, paras.32-39.

50) CEDAW, "General recommendation No.28 on the core obligations of States parties under article 2 of the Convention on the Elimination of All Forms of Discrimination against Women", CEDAW/C/GC/28, 16 December 2010, para.13.

51) 林・前掲注25) 268-269 頁。

自体が国際法のなかでも曖昧な概念であることや[52]、CEDAW による個人通報事案に関する見解が「相当な注意」の中身について緻密な説明をしていないことへの批判があることも指摘されている[53]。

DV に関する国家の国際法上の責任について詳細な研究を行ったメイヤーズフェルドは、警察が、特定の状況［すなわち DV］において、社会の特定の構成員［すなわち女性］に対する被害に一般的に対応できていないという場合、ある国家が警察に保護を実行させ得ていないということは、自国民の保護という国際法上の義務違反を構成するうえで十分に深刻な性質の不作為であると述べている[54]。メイヤーズフェルドは、国家の義務は、積極的で制度的な手段をとることを含め、親密な関係における様々な暴力に耐える者に安全および尊厳の回復を提供するための基本的な水準を充たすことにあり[55]、国家が DV に関する相当の注意義務を果たしているかどうかを判断する基準として三つの要素、すなわち①具体的な状況で問題となっている権利の性質、② DV のように曖昧なものに取り組むために当該国が有する実際的な資源と能力、③当該国による［個々の行為ではなく］総体としての不作為の反復や継続を挙げている[56]。

3　CEDAW 個人通報事例における女性に対する暴力

それでは、CEDAW による実際の個人通報事例の検討において、「VAW=SD」や「相当の注意」義務は、どのように用いられているのだろうか。

CEDAW が最初に DV の問題を扱った「A.T. 対ハンガリー」[57] は、事実婚の夫から DV を受けていた女性が重度の障がい児とともに利用できるシェルターがなかったこと、保護命令や接近禁止命令の制度がなかったこと、裁判所が女性と子どもたちの保護よりも夫の財産権を優先する判断をしたことなど、DV に関する締約国の対応の不備が目立つケースであった。この事例では、VAW

52)「相当の注意」概念に関する諸説や発展の経緯については、樋口恵佳「国際法における『相当の注意（due diligence）』概念の形成過程——18−20 世紀の学説の検討を中心に——(1)、(2)」法学（東北大学法学会、第 82 巻第 3、5 号、2018 年）参照。

53）林・前掲注 25）269 頁。

54）Meyersfeld, *supra* note 47, p.227. See also Brookes, *supra* note 13, p. 352. なお、メイヤーズフェルドは、DV ではなく「親密な関係における様々な暴力（systemic intimate violence）」という表現を用いている。

55）Meyersfeld, Ibid., p.229.

56）Ibid., pp.231-237.

57）CEDAW, Communication No.2/2003, Annex III, A/60/38, 2005.

＝ SD という一般勧告19号による定義が強調される[58] とともに、「相当の注意」に言及した同勧告のパラ9にも触れながら、これらに基づいて通報者が締約国の義務に関する条約2条（a）、（b）、（e）、男女のステレオタイプに基づく慣行等の撤廃に関する5条（a）、婚姻・家族関係における差別撤廃に関する16条の侵害の被害者であるかどうかが、CEDAW によって検討された（パラ9.2）。その結果、CEDAW は、2条（a）、（b）、（e）による締約国の義務には VAW の防止と VAW からの保護が含まれると述べて、「相当の注意」義務の存在を確認し、その不履行が本事例の通報者の人権と基本的自由、特に身体の安全への権利の侵害を構成すると結論した（パラ9.3）。また、女性は男性に従属するものだという伝統的な態度が女性に対する暴力を助長しているという CEDAW のこれまでの見解も確認され、締約国の5条（a）違反が認定された（パラ9.4）。

2004 年に提出された「ウィーン DV 介入センター他（Goekce）対オーストリア」[59] と「同センター他（Yildirim）対オーストリア」[60] は、いずれも警察への通報と警察や裁判所による対応が繰り返されるなかで、被害を受けていた女性が加害者である夫により殺害された事件である。どちらの場合も、締約国が被害者を保護するために相当の注意を実行したかどうかが、核心的な問題として検討された[61]。CEDAW は、当該締約国が DV 対応の包括的なモデルを確立していることを認めつつも、個々の DV 被害者が男女平等および人権と基本的自由を実際に享受するためには、相当の注意義務を忠実に実行すべき立場にある公的機関が制度に表されている政治的意志を支持していなければならないと述べ[62]、危険が予測できたにもかかわらず、対応しなかった警察や裁判所の相当の注意義務違反を認めた[63]。また、この2件の事例において、CEDAW は「A.T. 対ハンガリー」の見解を引用し、加害者の権利が女性の生命への権利、心身の安全への権利に優先することがあってはならないことを確認したが[64]、ステレオタイプに関する5条違反は認めていない[65]。

58）例えば、パラ 9.2、9.4 など。
59）CEDAW, Communication No.5/2005, CEDAW/C/39/D/5/2005, 6 August 2007.
60）CEDAW, Communication No.6/2005, CEDAW/C/39/D/6/2005, 1 October 2007.
61）No.5/2005, para.7.4 and No.6/2005, para.7.4.
62）No.5/2005, para.12.1.2 and No.6/2005, para.12.1.2.
63）No.5/2005, para.12.1.3-12.1.4, and No.6/2005, paras.12.1.4-12.1.5.
64）No.5/2005, para.12.1.5 and No.6/2005, para.12.1.5.
65）No.5/2005, para.12.2 and No.6/2005, para.12.2.

2012 年に提出された「Carreño 対スペイン」[66] は、DV により別居（後に離婚）した女性からの通報である。加害者による暴力や養育費未払が継続しており、精神科医の報告書で加害者のパラノイア的傾向が指摘されていたにもかかわらず、社会サービス事務所および裁判所が監督者なしでの娘との面会交流を許可し、その最中に加害者が娘を殺害、自らも自殺したという事件について、締約国の条約違反が問われた。CEDAW は、通報者とその娘に関する対応において、締約国諸当局が相当の注意原則を適用し、継続的な DV 状況によって生じ得る危険から、通報者と娘を保護するために合理的な措置をとっていたかどうかを中心に検討した結果（パラ 9.2）、一般勧告 19 号による相当の注意義務違反による国家の責任を認めた（パラ 9.6）。また、2 条（f）と 5 条（a）により、締約国には、女性に対して差別的な既存の法や規則のみならず、習慣や慣習を変更したり廃止したりするために適切な措置をとる義務があるにもかかわらず、本事例においては、裁判所がステレオタイプ的かつ差別的な考えを適用したために、適切な監督を提供できていなかったとして（パラ 9.7）、1 条と一般勧告 19 号とともに解釈される 2 条（a）〜（f）、5 条（a）、16 条 1（d）に違反すると結論した（パラ 10）。さらに、DV に対応するうえでの相当の注意の実行確保のための法的枠組みの適用を強化すること（パラ para.11（b）（ⅱ））、ジェンダーに基づくステレオタイプや DV を根絶するための法的枠組みの適用に関する研修を裁判官や行政職員に義務づけることなどが、締約国に勧告された（パラ para.11（b）（ⅲ））。

　これらの個人通報事例から言えることは、CEDAW は、一般勧告 19 号の VAW ＝ SD という定式を前提としつつも、具体的な締約国の行為について判断されているのは、具体的な権利についての男女平等が確保されていたかどうかということよりも、被害を受けていた女性を保護するために必要な相当の注意を、各締約国が実行していたか否かである。CEDAW は、条約の 2 条や 5 条（a）で求められているように、あらゆる行為やその根底にある差別的な態度に対し、すべての適切な措置をとるべきという高度な相当の注意義務を締約国に求めている[67]。また、DV については、例えば、「Goekce 対オーストリア」に見られるように、DV に関する国内法や保護命令制度が整備されていたとしても、

66）CEDAW, Communication No.47/2012, CEDAW/C/58/D/47/2012, 15 August 2014.
67）Byrnes, *supra* note 6, p.55.

同居家族の訴追には被害者の同意が必要であり、被害者がこれに同意しないということが起こりうる[68]。この点に関して、メイヤーズフェルドは、締約国の機関の重要な不作為とは、被害者はDVの深刻さを当局に対して低めに申告しがちであること、被害者に自身の愛する者あるいは経済的に依存する者を刑務所に送りたくないという気持ちがあること、DVが絡む関係は安全と暴力の間を揺れ動くものであることなど、DV特有の機微と複雑さを理解していなかったことにあり、それゆえに締約国の警察や裁判所は、暴力の継続性を特定し、記録し、それに対応するための行動をとることができず、被害者を死に至らしめることになってしまったのだと指摘している[69]。国家は、DVを防止するために周到な措置をとり、法的、政治的、社会的システムを組み合わせることによってDVの禁止を実行しなくてはならない[70]。VAWに関する国家の相当の注意義務とは、直接的にVAWを規制しようとする法を適切に適用または執行できているかどうかだけではなく、VAWの防止やVAWからの保護という目的を国家がどれだけ誠実に果たそうと努力しているかをはかろうとするものであるともいえ、どこまでをその対象範囲とするのかを判断することは、容易ではない。

四　おわりに

本稿で見てきたように、CEDAWは、実質的な女性の人権を実現するうえで避けて通ることのできないVAWという問題に関して、一般勧告で女性に対する暴力を差別の一形態と位置づけ、また、相当の注意義務という概念によって、締約国の義務を法や制度の整備のみならず、女性の人権の侵害を防止するための対応の実効性の確保にまで拡大することで対応してきた。もっとも、本稿で取り上げたCEDAWの個人通報事例、特にオーストリアの二つの事例とスペインの事例は、被害者や子どもの殺害といった非常に深刻な事態に関するものであり、それ以外の場合に相当の注意義務がどのように解釈されるのかについては、改めて検討が必要である。また、DVをはじめとするVAWは、その程

---

68) CEDAW, *supra* note 59, para.2.3.
69) Meyersfeld, *supra* note 47, p.234.
70) Ibid., p.235.

度に関わりなく女性の人権、なかでも心身の安全や一体性（integrity）を脅かすものであり、女性差別撤廃条約をはじめとする国際人権法が、真に女性の経験とニーズに対応するためには、VAW のない状況をめざさなくてはならない。そのためには、DV 等を直接的に規制する法のみならず、社会的、経済的、文化的状況の変更が必要であり、どこまでを CEDAW による個人通報事例の判断の対象とするのかについても議論が必要であろう[71]。すでに見たとおり、CEDAW は、女性は男性に従うものだという、伝統的な態度が VAW を助長していることを指摘しているが、ハンガリーやオーストリアに対する勧告において、それぞれの通報の原因となった DV についての個別具体的な文脈の外側で社会経済的不平等に言及するということはしていない[72]。

　女性差別撤廃条約との関連において VAW の問題を考えるうえでの課題は、ほかにも残されている。エドワーズは、男性との平等と差異を軸とする平等概念（同一／差異モデル）では、女性に特有の差異を考慮することができず、区別としての差別に焦点を当てることに終始してしまう傾向があり、男性の経験を規範として位置づけているために女性の生活の現実や文脈を無視していると指摘する。そして、これらの問題に対応するためには、女性の生活において何が本当に起きているのかを示し、社会的な不正義や不利益、抑圧、序列としてのより広い不平等概念を採用することが必要であると述べている[73]。男性を規範とする平等の枠組みにとらわれずに女性に特有の権利を定義することは、女性の人権をよりよく保障することにつながり、普遍的な人権保障をめざす国際人権法自身にとっても前進を意味する[74]。また、地域条約機構では、「男性との比較における差別」を女性の権利侵害の根拠とせず、端的に暴力の被害者である女性を救済することを意図した VAW に特化した条約が発展してきていることも事実であり、林が指摘するように、「男性との比較における平等という枠組みを止揚して、別の次元から国家に女性の人権の実現を迫る必要」もあるだ

71）この点に関して、CEDAW の調査制度に基づくメキシコ調査の結果が女性差別的な文化の影響を指摘している。See, CEDAW, "Report on Mexico produced by the CEDAW under article 8 of the Optional Protocol to the Convention, and reply from the Government of Mexico", CEDAW/C/2005/OP.8/MEXICO, 27 January 2005, for example, paras. 287-290.

72）Edwards, *supra* note 19, p.54.

73）Ibid., p.17.

74）『フェミニズム国際法』前掲注 6）303 頁。

ろう[75]。

　暴力に関する個人通報事例の勧告は、当事国内の法、政策、行政の変化の重要な進展につながったと言われる[76]一方、CEDAW の見解や勧告は、国際法的には法的拘束力がないとされている。しかし、バーンズが述べるように、法的拘束力がなくとも CEDAW の勧告は重要なのであり、むしろ、その勧告について、実施するか否か、どのように実施するのかを真剣に考えることが締約国の最低限の義務である。勧告に対する自身の立場を明確に回答することが、締約国には求められているのである[77]。

　女性に対する暴力は、女性が人権を享受しながら生活することを阻む大きな要因であり、どんなに困難であろうとも、国際人権法がこれに取り組むことは不可避である。ホドソンは、女性差別撤廃条約は、国際人権法のなかで周縁的な位置に置かれているが、だからこそ、周縁に向かって航海や探検を続け、その成果を法的期待を充たすだけではなく、無力な者の苦しみへの思いやりと共感を表現するために用い、参照枠組を拡大していくべきだと述べている[78]。CEDAW による女性に対する暴力への取組みは、まさにそうした試みであり、「女性の権利」を確立するうえで重要な役割を果たしているといえるだろう。

75）林・前掲注 25）267 頁。
76）Byrnes, *supra* note 6, p.47.
77）Ibid., pp.51-52. なお、上述のスペインの個人通報事例についての勧告に関連して、スペインの最高裁が CEDAW の勧告の法的拘束力を認める判断を下した。Machiko Kanetake, "María de los Ángeles González Carreño v. Ministry of Justice, Judgement No.1263/2018, ROJ: STS 2747/2018, ECLI: ES: TS: 2018: 2747. Supreme Court of Spain, July 17, 2018", AJIL, Vol. 113: 3, pp.586-592 参照。
78）Loveday Hodson, "Women's Rights and the Periphery: CEDAW's Optional Protocol", European Journal of International Law, Vol. 25, No.2（2014）, p.577.

少女・若年女性の性的尊厳
——被害と加害（犯罪）のはざま／法適用の現場から——

大谷恭子

はじめに

　女性が被害もしくは加害（犯罪）者の刑事事件に、思えば長く関わってきたが、この間、これを取り巻く刑事法制は変動してきている。痴漢が犯罪化され、立件されるようになり、ストーカー被害も然り。そして、2017 年、110 年ぶりに刑法が改正され、強姦罪は強制性交罪になり、重罰化された。しかし、これで性的加害に対し社会が厳しくなり、被害が抑止されるようになったとは思えない。

　密室化する家庭での性的虐待、ここは少女たちの地獄。家庭や地域に居場所を失った、あるいは貧困化する少女や若年女性の受け皿としてある巨大な性産業。ここは司法の手が届くことが稀な闇の社会。孤立し、街からも排除された少女らは SNS などのネットで社会に繋がる。ここはまるでブラックホールだ。さらに「契約」をたてに若年女性たちの心身を丸ごとからめとる AV 業界、ここでは女性は簡単に「物」と化す。2017 年 9 月、座間で 16 歳から 25 歳の 9 人（うち 1 人は男性）が殺害され、遺体切断というショッキングな事件が発覚した。彼らは SNS で加害者と知り合い、言葉巧みに誘われ、殺害された。彼は決して特異な存在ではない。その怖さを、身をもって知っている少女や女性は少なくない。にもかかわらず彼らは滅多に声を上げない。どうせ届かないし、もっと傷つくか、そんなことをした自分が悪いと責められるかだ。そう思わせる、性的規範にかかわる法の規定ぶりがある。

　これについて、従来から多くの専門家がそれぞれの分野で指摘しているが、法適用の現場に居るものとして、現状を踏まえ、これを検証したい。

一　日本の少女・若年女性を取り巻く性的規範

1　性被害・性搾取に適用される刑罰法令

まず、現在少女や若年女性の性被害・性犯罪への刑罰法令の適用および法定刑を概観したい（罰金刑については除く）。刑罰は社会の規範であり、犯罪とすること（犯罪化）によって守るべきものを明確にし、行動規範を醸成する。また、法定刑は規範の重さの尺度である。

(1)　性被害に対する規制——強制性交罪等

1907 年制定の刑法が改正され、旧強姦罪が強制性交となり、構成要件を性交すなわち膣に男性器を挿入することだけから、従来は強制わいせつ罪であった口や肛門に男性器を挿入する性交類似行為に拡大し、被害者は男女を問わなくなった。また、非親告罪となり、法定刑も 5 年以上の懲役に引き上げた。また、18 歳未満の児童に対し、現に監護をしている者が監護の影響力に乗じて性交等をした場合は、新たに監護者強制性交罪（179 条 2 項－懲役 5 年以上）が新設された。これは家庭内での性的虐待が、日時場所の特定が難しく、また個別に暴行脅迫を立証することが困難であることから、暴行脅迫がなくとも成立するとされたものである。よって、監護の影響力は、「抵抗を抑圧」することが類型的に想定できるものであり、学校の先生等の教育にかかわる者は本条の監護者とはならない。たとえば、高校の先生が 15 歳の教え子をホテルに連れ込んだケースは強制性交罪にはならず、児童福祉法が規定する「児童に淫行をさせる行為」（34 条 1 項－10 年以下の懲役）による。

長野県以外のすべての都道府県が有している青少年健全育成条例は、18 歳未満のものとの淫らな性行為（淫行）を禁止している（2 年以下の懲役）。被害者の同意の有無を問わないし、親告罪でもなく、淫らな行為をした男女ともに成立する。淫行条例とも言われているが、真摯な交際も該当する恐れがある [1]。

この数十年、規範を高めたのが痴漢である。1990 年代「痴漢は犯罪です」の

1）日弁連「児童買春、児童ポルノに係る行為等の処罰及び児童の保護等に関する法律案」および「刑法の一部を改正する法律案に対する意見書」（1998 年 5 月 1 日）。

ポスターが電車に貼られ、痴漢の検挙率は上がった。痴漢罪があるわけではなく、各自治体が有している、いわゆる迷惑防止条例に、痴漢や盗撮を取り締まる規定が追加され、犯罪化された（6か月以下の懲役）。痴漢はその態様によって、おおむね臀部等を衣服の上から触ることは迷惑防止条例、衣服の中に手を入れることは強制わいせつ罪であるとされている。

　さらに、恋愛感情や好意の感情またはそれが満たされなかったことに対する怨恨から、つきまといや待ち伏せなどのストーカー行為に対し、2000 年、ストーカー規制法が制定された（1 年以下の懲役、禁止命令違反は 2 年以下の懲役）。ストーカーの結果殺されてしまうという痛ましい事件[2]を機に制定されたものだが、その後も、重大な被害が相次ぎ[3]、その都度改正されて適用範囲を広げた。ストーカーの被害者は女性だけではない。しかし、被害結果の重大さは若年女性に集中する。

(2)　性的搾取に対する規制——売春防止法と児童買春禁止法

　1956 年制定された売春防止法は、女性の保護とともに、社会の善良な風俗を守ることを目的としている。そして、売春は禁止しているが、罰則はない。処罰されるのは、勧誘（5 条−6 か月以下の懲役）、周旋（6 条−2 年以下の懲役）、困惑等による売春（7 条−3 年以下の懲役）、場所の提供（11 条−3 年以下の懲役）、管理売春（12 条−10 年以下の懲役）等である。このうち、勧誘は、いわゆる立ちんぼや客待ちのことで、もっぱら売春をする女性の勧誘行為を可罰化している。しかも、この 5 条違反の女性に対しては、補導処分（第 3 章）として、刑の執行猶予があった場合でも、補導院に収容できることになっている。もう数十年前であるが、売春の女性を弁護し、執行猶予が付いたのに補導院に収容され、びっくりしたが、今はほとんど適用されていない。さらに、保護更生（第 4 章）として「性行又は環境にてらして売春を行うおそれのある女子」を、婦人保護施設に一時的に保護収容できることになっている。売春の勧誘をした女性は逮捕され、起訴されなくても売春のおそれがあるとして婦人保護施設に収容し、指導という名の更生が科せられることが可能となっているのである。5 条違反で逮捕された女性の多くは不起訴になるものの、時に、婦人保護施設に

2）桶川ストーカー殺人事件（1999 年 10 月 26 日）。
3）逗子ストーカー殺人事件（2012 年）、小金井ストーカー殺人未遂事件（2016 年）。

措置され、未成年の場合は、補導から鑑別所、時に少年院、婦人保護施設となる。

　補導処分も保護更生措置も、いずれも刑事罰とは別に科せられるものであり、売春防止法がいかに売春「婦」（の街娼行為）を、風紀を乱すものとして治安の対象としているかが見て取れる。買った男は処罰されず誘った女は処罰されるのであるから、これが、男性に甘く女性に厳しい性規範のダブルスタンダートを醸成している。

　18歳未満の児童の買春については、1999年に成立した児童買春禁止法が適用される（買春は5年以下の懲役）。児童買春の定義は「18歳未満のものに対し、対償を供与し、またはその供与の約束をし、当該児童に対し性交等（性交もしくは性交類似行為）をし、または自己の性的好奇心を満たす目的で児童の性器等（性器、肛門または乳首をいう）を触り、もしくは児童に自己の性器等を触らせることを言う」（2条）とされていて、性交に限らず、口や肛門性交の性交類似行為も含み、規制の範囲は売春防止法よりも広い。

　2003年、出会い系サイト規制法が成立した。ネットによる異性紹介事業が事実上売春の温床となっていたため、これを規制しようとするものである。「周旋」行為の規制では、ネットの普及による新しい事態に追いつけなくなったためである。しかし、児童買春の横行を歯止めすることができず、2008年、ネット情報に載せる異性が18歳未満のものではないことの証明を厳格に求めるようになったが、違法なネット情報を歯止めすることはできていない。

(3) 性産業における性的サービス——風俗店における売春と性交類似行為

　売春防止法は、売春の定義を「不特定の相手方との性交」（2条）としている。このため、口性交、肛門性交などの性交類似行為は「性交」ではないとされ、また、一旦「客」となると「不特定な相手方」ではないと解釈された。そして、売春が禁止されるや、売春業者は「トルコ風呂」（現ソープランド）を始め、ここに設けられた個室で「特定の相手方」への「性交類似の性的サービス」を提供し、その間で「性交」に至ることがあっても、客と「トルコ嬢」との間の「自由恋愛」であり売春ではないと強弁した。いかにも脱法行為である。売防法制定に奔走した多くの女性たちは、「トルコ風呂」の取締りを求めたが、1966年、風俗営業を規制する風営法に「浴場施設に個室を設け、個室において異性

の客に接触する役務を提供する営業」（2条6項1号。ソープランド等）が許可対象業務となり、合法化された。売防法は、制定後10年にして、完全に骨抜きにされた。

　以降、風営法は許可対象業務を、1985年、「個室を設け、当該個室において異性の客の性的好奇心に応じてその客に接触する役務を提供する営業」（2条6項2号。店舗型ファッションヘルス等）に拡大し、さらに、1998年、出張マッサージなどの無店舗型営業、デリバリーヘルス（デリヘル）と拡大し続けた。これらは「異性を相手にした性的サービスを行う営業」とされ、店舗のみならず、ホテルでも自宅でも、膣性交以外の口や肛門を使った性交類似のすべての行為は「異性の客の性的好奇心に応じて接触する役務」として許容されている。これらはいずれも、まずは風俗業界で実態が先行し、これを追認する形で合法化された。

　結局、売防法はあるものの、一方で、いわゆる風俗店（フーゾク）と呼ばれるソープランドやファッションヘルス、デリヘルなど性風俗関連特殊営業（風営法2条6号）を営む店舗が存在し、ここでは、膣内での射精以外の口や手を使った射精に導くすべての行為、挿入さえしなければ陰部も含めた女性の体への性的好奇心を満足させるすべての行為を性的サービスとして提供する、売春もしくは売春もどきの行為が公然と行われている。

　これらは日本全国のどの繁華街にもある巨大産業であり、若年女性のみならず多くの女性の働く場となっている。今や、寮や保育室など、若年や子連れ女性を取り込むための様々な工夫がされ、貧困にあえぐ若年女性や家庭や地域に居場所のない女性に手っ取り早い居場所と現金を提供し、彼らを吸収し続けている。しかし、ホテトル、デリヘルなど密室となった空間での「プレイ」あるいは「売春の強要」から殺人事件に至る等の悲惨な事件も多数発生しており、ここでは女性の尊厳どころか生命さえ軽んじられている。

　風営法は、そもそも風俗営業の規制を目的としているものであり、罰則規定は、届け出義務違反（2年以下の懲役）、客引き行為（6か月以下の懲役）、18歳未満の者の使用禁止（1年以下の懲役）等であり、罰金刑だけのものもある。

(4) 人身取引に対する規制——人身売買罪とJKビジネス

　人身取引については、日本の外国人技能実習生としての受け入れが、実態は

性的搾取や労働搾取の温床となっていること、また人身取引の通過国であり、受け入れ国であることに、国連各種委員会や国際社会から、再三勧告と非難が表明されている[4]。これら国際的非難を受け、2005年、刑法に人身売買罪を新設した（226条の2−買受けは3か月以上5年以下、未成年の場合1年以上7年以下、営利、わいせつ等目的の時は1年以上10年以下の懲役。売渡した者も同罪）。

　人身売買罪は、既存の刑罰、たとえば略取誘拐罪（刑法224条以下）、逮捕監禁罪（刑法220条）、困惑等による売春（売防法7条）等では規制しえないが故に新設されたものである。そのため、その構成要件として、人の「支配」の移転が必要であり、これに対価が伴うこと（債務の免除でも可）が要件となっている。「支配」は必ずしも被害者の自由意志を完全に拘束することまでは要しないが、被害者に対して物理的又は心理的影響を及ぼし、その意志を左右できる状態に被害者を置き、自己の影響下から離脱することを困難にさせることを必要とするとされ、場所的移動の有無やその程度、自由拘束の程度やその時間等々を総合的に判断するのであるが、この構成要件はかなり厳しい[5]。一方、売春防止法は「困惑させて売春させる」類型が規定され、「困惑」とは、法制定時から借金を肩に売春させることが行為類型として想定されている。しかし、「困惑」と「借金」は必ずしも直接的関係になく、そのことから、この規定は曖昧で適用に慎重にならざるをえない。結局、借金や債務拘束による売春は、人身売買罪にも、困惑による売春にも該当せず、それよりも軽い職安法違反（有害業務紹介）などで立件され、罰金ですむことが多いという結果となっている。これについても、刑が軽すぎると国際社会の多方面から批判されている[6] [7]。

　援助交際やJKビジネスなるものを耳にするようになったのは、この十数年のことであるが、これを規制する特段の法令があるわけではない。

　援助交際とは、女性特に中高生が金銭を得る目的で交際相手を出会い系サイトやSNSなどで募集し、性交や性的サービスをすることであり、実質売春で

4）国連自由権規約委員会勧告（2008年、2014年）、国連女性差別撤廃委員会総括所見（2009年、2016年）、国連人種差別撤廃委員会勧告（2018年）。
5）東京高判平22.7.13（事件番号平成21（う）992号）人身売買について、一審を覆し逆転無罪とした。
6）前掲注4）、注7）。
7）自由権規約委員会「日本の第6回定期報告に関する最終見解」16項、人種差別撤廃委員会「日本の第7回・8回・9回定期報告に関する最終見解」12項。

ある。

　JK ビジネスとは、女子高生をウリにした、簡易マッサージをしてくれるリフレ、添い寝、撮影会、お散歩等のことをいう。いずれも、いわゆる風営法が規定する店舗および性的サービス以前のものであり、売防法や風営法に該当しない。しかし、これは明らかに、女子高校生（本物の女子高校生かどうかは問わず）という若年の女性性を商品化し、大人の男性に少女を引き合わせるデート業であり、少女を取引の対象としている。これを、国際社会は人身取引の一つとして取締りを求めている [8]。これに対しても適切な規制法が存せず、現在は、児童を有害業務に就業させた労働基準法違反（62条－6か月以下の懲役）、有害な影響を与える行為をさせる目的で自己の支配下に置くこと（カメラで監視することも含まれる）を禁止する児童福祉法違反（有害支配行為）（34条の9－3年以下の懲役）、水着の撮影会には児童ポルノ禁止法違反（7条4項－3年以下の懲役）等を適用している。

　2017 年、東京都は、JK ビジネス規制条例を制定して、JK ビジネスを「特定異性接客業務」として位置づけ、18 歳未満による接客を禁じ、店舗への立ち入り調査をし、違反があれば営業停止を命じ、停止命令違反者には1年以下の懲役にすることを定めた。

　結局、18 歳未満の児童に対する性的行為は、児童買春法、児童福祉法等さまざまな法令によって、規制されているのだが、これを逃れるために風俗業界も新手を考案し、適切な規制が働いていない。そして、18 歳以上の女子に対する規制は誠にお粗末である。

(5) AV 出演強要について

　アダルトビデオ（AV）は、性的欲求を満足させるための性行為をメインにした映像作品であり、これがわいせつ物であれば、わいせつ物頒布等罪（刑法175条。2年以下の懲役）となるが、製作そのものは処罰の対象としていない。頒布の段階で取り締まれるからである。しかし、AV は広く出回り、これに対する規制は甘い。しかも、製作段階で、未成年を含む若年女性の性的尊厳は著しく侵害されている。

　街でモデルにならないか等とスカウトされ、複数の人に取り囲まれ、あるい

8）アメリカ国務省人身売買年次報告書 2007 年版〜2018 年版。

は言葉巧みに出演契約にサインさせられ、それが AV 出演契約だった。そして、契約を盾に出演が強制され、レイプや SM 姿態が実写され、性交「本番」となることもある。ここでは決して演技を要求されるのではなく、実際に暴行され、レイプされ、辱めを受け、心身はズタズタに壊される。撮影現場という衆人環視の場でありながら、痛めること、痛められることへの恐怖そのものが映像として求められている以上誰も助けてくれない。しかもその姿態が映像として残り、ネット上に安易に流れてしまっている。

これについても適切な処罰法がなく、有害業務として職業安定法違反（63条2号−1年以上 10 年以下の懲役）や労働者派遣法違反（58条−1年以上 10 年以下の懲役）が適用されてきた。有害業務であることは違いないが、有害というより性的虐待である。いくら台本が渡されても、拒否したにもかかわらず性的行為が強制され、決して演技ではなく実録なのであるから、性犯罪として強制性交、強制わいせつ罪を適用することは難しいだろうか。

2018 年 1 月、AV 出演強制にはじめて刑法 182 条（淫行勧誘罪−3年以下の懲役）が適用され、制作業者らが逮捕された[9]。淫行勧誘罪は、営利の目的で、淫行の常習のない女子を勧誘して姦淫させることである。本条が実際に適用されたのは 1936（昭和 11）年以来 82 年ぶりだという。これは、売春防止法制定によって、本条が適用される場面はなくなったと考えられてきたが、AV の場合は性交の対価ではなく出演の対価であり、売春に該当しない。よって、売春ではないが、営利目的で姦淫を勧誘されるケースとして、売防法制定以来、初めての適用となった（ただし、結果は不起訴となったようである[10]）。適切な可罰法がないことによる苦肉の適用だったのだろうが、そもそも本条の構成要件は「淫行の常習のない女子」のみを保護の対象としており、定義上も問題であり時代錯誤的である。

さらに問題は、ビデオがネット上に流れていることである。これはほとんど法規制されていない。ネットによる性暴力への規制は、喫緊の課題であるが、2014 年、リベンジポルノ規制法が制定され、ごく一部ではあるが犯罪化した。急速なデジタル化、ネット社会の到来、さらにグローバル化によって、これに

---

9) 朝日新聞デジタルニュース 2018 年 1 月 19 日
　　https://www.asahi.com/articles/ASL1L6KSWL1LUTIL045.html
10) アメリカ国務省人身売買年次報告書 2018 年版。

伴い刑罰規定も改訂されなければならない。しかし、特に、日本で製作されたものが逆輸入され、その配信元さえつかめず、無法地帯に近い状態である。ネットは優に国境を越えているのに、ネット配信の被害の大きさに対応する法規制が存在していないのである。

(6) 出産・堕胎について（性教育について）

少女や若年女性の性被害は、常に妊娠の危険を伴う。これに関し、刑法は、自己堕胎罪（212条以下）として、女性が自らの意志で堕胎することも犯罪としている。また堕胎には原則として夫の同意を必要とする（母体保護法14条）。広く妊娠中絶は認められているものの、規範としては女性に罪の意識を醸成する。妊娠は、女性の体の中に起きることであり、望まぬ妊娠も、また中絶も女性の体に負担を強いるものである。性と生殖に関する権利（リプロダクティブライツ）を確立し、女性自身の自己決定に委ねられるべきである。早期の段階において男女とも、正確な性に関する情報を身に着け、妊娠出産のメカニズムだけではなく、避妊の仕方、コンドームの使い方、相手の性に対するリスペクト、すなわち人権教育としての性教育が必要である。にもかかわらず、日本国の学校教育は、性教育を忌避する傾向にある。特別支援学校での性教育に対し、教師が「不適切な授業」であると処分され[11]、最近も都内区立中学の保健体育の教員が、授業で妊娠や避妊、人工妊娠中絶に言及したところ、学習指導要領に反すると教育委員会から授業内容を調査されている。結果、不処分となったが、そのような調査をすること自体、時代錯誤である。

2 性的規範の特徴

(1) 18歳未満の児童と18歳以上の女子との二分化

以上、少女や若年女性の性被害に対しては、多岐にわたる法が適用されているが、概括して明らかなことは、児童に対しては、その尊厳は維持されなければならないと認識され、その規範は比較的統一されている。児童ポルノ・買春禁止選択議定書の国際規範をはじめとし、児童福祉法、児童買春禁止法、出会い系サイト規制法、風営法、労基法、児童虐待防止法さらに刑法に新設された監護者強制性交罪は、それぞれ18歳未満のものを特別に保護するとの立場を

11) 七生養護学校事件・最一小判平25.11.28で処分は違法であると確定した。

取り、少なくとも児童の尊厳は守られなければならないとの規範は確立している。これに関する国際監視は強く、日本としても後戻りはできない。

　これに比べ、18歳以上の女子についての法適用は必ずしも統一感がなく、規範が確立しているとはいいがたい。強制性交、セクハラ、デートDV，ストーカー、AV強制等における被害者としての保護は不十分であり、売春と性風俗産業の現場は身近にあり、ここでは尊厳のみならず生命の危険もあり、加えて、妊娠中絶や若年出産や貧困等の人生や身体の直接的な困難が待ち受けている。ここに、とうてい女性としての尊厳が守られるべき確固たる規範が確立しているとはいいがたい。18歳の誕生日を境に、急に何かが変わるわけではない。しかし法制度はそこで分けている。

　女性についても、児童と同じく、国際社会は、女性差別撤廃条約および同条約に基づく勧告、暴力撤廃宣言、人身取引議定書等さまざまな規範を提起し、性的暴力に対する規範を強めている。にもかかわらず、これを受ける国内法は、従来法の抜本的見直しがなされないまま継ぎはぎ的である。その結果、18歳以上の女子に対する規範の曖昧さが、結局は18歳未満の児童への規範も緩め、あるいは、18歳未満の児童への規制が強ければ強いほど、その保護が切れた直後の18歳以上、特に18・19歳については、誠に心もとない危険な状態となっている。

(2) 性的搾取の被害と可罰性の二面性

　18歳以上の女子に対する性的規範を不鮮明にしている元凶は、なんといっても、売春防止法と風営法である。売春防止法は売春を禁止しているが、売春した女性は勧誘罪で可罰されながら買春男性は何ら処罰されない。性的搾取の現場である売春において、女性は搾取の被害者でありながら、可罰されるという二面性を有している。

　さらに、同法が売春行為を「性交」と特定しているため、口性交、肛門性交の性交類似行為は、性交ではないので禁止もされていない。風営法は、広範な性的サービスを個室で提供することを認め、性交以外のなんでもできる。ここで実質売春が行われていることを多くの人が確信しているし、デリヘルなどの密室での客とのトラブルの原因ともなり、これを理由に、殺人にまで至るケースがあるのに、これに対する取り締まりは一向に強まらない。

これでは売春防止法は、ザル法どころか、風営法によって廃法になったに等しい。にもかかわらず、5条の女性の客待ち、立ちんぼ等の勧誘行為は可罰され、周旋（斡旋）業者や管理売春者らは、多くは風営法の届け出業者として合法化し、偏波としか言いようのない実態となっている。

(3)　一般女性と風俗女性の二分化

　性産業はますます肥大化し、多くの女性の受け皿となり、あるいは、海外からの人身売買の受け手であることに国際的な非難を受けながらも[12]、膨大な需要を満たし続けている。ここでは、もはや売春は禁止されているとの認識は形骸化・希薄化し、性的サービスを提供することを合意したのだから嫌なことも我慢しなければならないし、強姦すら受忍しなければならないかのごとくである[13]。女性は、一般女性と風俗女性に二分され、風俗女性は「ふしだら」「享楽的」「転落」とマイナスレッテルを貼られ、性的尊厳において格差をつけられているのである。

　女性もまた旧来の倫理的道徳観から自由になっているわけではない。少年事件の少女たちの意識は、口ほどではなく、意外なほど「古い」。男性に従順だし、自己評価が低く、権利意識も低い。少年は社会の鏡だと言われるが、女性に対する我が国の差別構造・意識が少女たちの意識にリアルに現れるのは当然である。

二　性的尊厳に関わる法令の整備について

1　不要な可罰規定を廃止・削除すること

　性規範として女性に差別的な結果となる処罰規定は、直ちに廃止削除するべきである。売春防止法を改正し、女性に対する差別的な表現を改め、女性のみ処罰の対象としている勧誘罪（5条）および補導処分（第3章）を削除し、保護更生（第4章）を売春の搾取からの保護と自立支援を明記したものに改編する必要がある。とりわけ、相手の男性がいるにもかかわらず女性だけが処罰され

12）前掲注4)。
13）池袋ホテトル嬢事件・東京地判昭 62.12.18 判例時報 1275 号 41 頁。

る売防5条と自己堕胎罪を維持する理由は存しない。母体保護法の「夫の承諾」の削除、淫行条例も最早有害無益であろう[14)]。

　また、人身取引の被害者は、入管法の取締り既定の処罰から外すべきである。これがある限り、彼らは自ら助けを求めないし、性的搾取は闇に潜る一方である。

2　強制性交罪の暴行・脅迫要件を削除・緩和すべきか

　2017年改正において論点に上げられたが改正されなかったのが、強制性交罪における暴行・脅迫要件の削除・緩和である。暴行脅迫の程度については、判例上「反抗を著しく困難にする程度」[15)]とされ、被害者の抵抗を抑え込む相当程度強い暴行脅迫が必要とされている。これに対し、女性たちから、激しく抵抗することが求められる暴行脅迫要件を削除・緩和し「意に反した性交」に改めることが求められてきた。「暴行・脅迫」を被害者が抵抗できたか（したか）どうかで判断するとしたのは、1949（昭和24）年の最判である。より具体的に、「年齢、性別、素行、経歴等やそれがなされた時間、場所の四囲の環境その他の具体的事情の如何を相まって判断されるべき」[16)]としたのは、1958（昭和33）年最判である。すでにこれら最判から70年近くを経、性被害についての心理学的精神学的研究[17)]により、被害者は必ずしも抵抗するわけではないことが明らかとなった。また、被害者の素行や経歴を犯罪成否の消極要素として弾劾することは、被害者に対する偏見を助長し、セカンドレイプの事態を招く。よって、被害者尋問においても、関連性のない尋問あるいは侮辱的尋問として制限されるべきである[18)]。とするなら、暴行脅迫の存否の判断に、「素行」や「経歴」を判断要素とするべきではなく、被害者の心理状態や精神状態こそが判断要素に加えられることになろう。

　そして、これらを踏まえても、被害者の合意の存否を暴行脅迫以外の事実で証明できるか否かである。暴行脅迫を要件から外したとしても、暴行脅迫は、

14）日本弁護士連合会「刑法と売春防止法等の一部削除を求める意見書」（2013年）。
15）最判昭24.5.10刑集3巻6号711頁。
16）最判昭33.6.6集刊126号171頁。
17）田中嘉寿子「改正刑法の性犯罪の暴行・脅迫要件の認定と被害者 の『5F反応』」甲南法務研究14巻（2018年）65-72頁。URL http://doi.org/10.14990/00002959
18）アメリカ、カナダでは性被害者の証人尋問において罪体と無関係な性関係や経歴に関する尋問は「レイプシールド法」と呼ばれる法律によって禁止されている。

被害者の意に反した性交が強制されたことを裏付ける事実であり、重要な状況証拠となるものである。要は、被告人が否認（合意を主張）し、さほど暴行脅迫がなく、抵抗が明示されなかった場合でも、意に反した性交が（心理的精神的に）強制されたことを、何をもって合理的疑いを容れない程度までに証明できるか、という問題である。結局は被害者供述の信用性にかかる[19]。

　私は刑罰規定である以上、構成要件は明確でなければならないこと、被害者の意志だけに犯罪の成否を委ねることは冤罪の恐れを拡大すること、検察は無罪を恐れて起訴を控える傾向を強めるだろうし（このことはまた大きな問題である）、改正には反対の立場をとってきた。より検討を深めたいが、究極的には、「意に反した性交」という被害者供述に犯罪の成否を委ねることの冤罪のおそれと、性犯罪被害者の保護との天秤がはかられることになろう。近時の国際的流れ[20]を勘案しつつ、被害者の心理学的、精神学的研究を深め、被害者供述の信用性判断についての科学的証拠方法の考察も含め、多方面からの検討が必要である[21]。

3　性交類似行為の強制に対する可罰性の根拠について

　2017年改正において、強制性交罪は膣性交だけではなく、口と肛門での性交類似行為も含まれることとなった。これは、それらが膣へのそれと同じく侵害性の強いものであることを認めたものである。時に口性交の強制は、嚥下障害・摂食障害の重大なPTSDを発症し、甚大な被害を与えることがある。この改正は、実態的には被害の同質性から当然のことと歓迎したいが、ただし、構成要件を性交類似行為に拡大し、加えて法定刑の下限を引き上げたことから、性交類似行為を二重に重罰化するものであり、そこまでの立法事実の存在を疑う意見もある[22]。

　確かに、強制性交罪に、姦淫以外の性交類似行為を含めるとするためには、これに対する規範が、姦淫と同じように成立していることが必要だが、実際は

19）千葉市中央強姦事件・最高裁2011年7月25日判決（被害者供述の信用性を否定し、1・2審を覆し、逆転無罪とした）。
20）フランスでは暴行、強制、脅迫又は不意打ちをもって実行される性的侵害は性的攻撃罪であり、ドイツでも、2016年合意がなければ性犯罪が成立するとした。
21）島岡まな「性犯罪の保護法益及び刑法改正骨子への批判的考察」慶應法学37号（2017年）。
22）日本弁護士連合会「性犯罪の罰則整備に関する意見書」2016年。

曖昧である。そもそも、従来、口・肛門性交の強制は強制わいせつ罪とされてきた。強姦罪と強制わいせつ罪は、両罪とも「性的自由」を保護法益とするが、強姦はもっぱら姦淫（膣性交）の強制であり、姦淫は身体を侵襲し、かつ妊娠の危険性があることから別類型とし、より重罰類型としてきたのである。しかし、強制性交罪は、姦淫に限らず、男性も被害者とし、身体の侵襲性を膣と口、肛門を差がないものと重要視し、生殖とは無関係のものとした。とするならば、強制性交罪の保護法益は、単なる性的自由ではなく、「心身の完全性」[23]とも言うべき不可侵性・非侵襲性の保護であり、故に重罰であることを明確にするべきであったが、その点は曖昧なままである[24]。

　さらに、性交類似行為を姦淫と同程度の侵害性があるとするのであれば、売春の定義も変更し、対価を伴う性交類似行為も禁止するべきである。売防法は対価を伴う姦淫（膣性交）のみを禁止し、旧強姦罪と同じである。一方、児童買春においては、口や肛門の性交類似行為も禁止し、男子も被害者とする。これは、児童に対しては、性交だけではなく性交類似行為も重大な結果を発生させるとの認識があったからである。要するに、18歳未満のものへの性交と性交類似行為は、強制によっても対価によっても禁止されているが、18歳以上の場合は対価を払えば性交類似行為は許容されていて、現に風俗でまかり通っている。これをそのままにして、口性交、肛門性交も膣性交と同じ犯罪類型として重罰にするには、無理があるのではなかろうか。いいかえれば、児童買春と同じように、性交類似行為を売春としても禁止するべきであり、風俗としても認めない、と一貫した姿勢が求められるのではなかろうか。風営法は「異性の客の性的好奇心に応じてその客に接触する役務」を許可しているが、売防法を受け、（膣）性交は（建前だけではあっても）禁止している。これに性交類似行為も含めて禁止し、「接触」のみで、「挿入」は接触に当たらないと規制することが、まずは必要だと思う。ここへの規範を緩く、不統一にしたまま、旧強姦罪をいくら拡張・重罰化しても規範性を高めることはできない。

23）フランスでは、性犯罪は「心身の完全性」を侵害する罪としてとらえられている。「フランスにおける性刑法の改革」島岡まな氏・大阪弁護士会人権擁護委員会性暴力被害検討プロジェクトチーム編『性暴力と刑事司法』信山社、2014年、所収。
24）前掲注21）。

4　風俗産業の監視を強めること

(1)　売春の自由化か、買春の処罰化か

　売春をセックスワークとして自由とするべきか、あるいは買春を処罰するべきか、これについては根強い議論がされている。実際、風俗で働く女性たちはたくさんいて、そこでは事実上売春が見逃されているのであり、ならば、彼らが安全・安心して働ける環境整備こそが必要だとの主張は、その必要性も含め理解できる。一方、買春処罰こそが必要であるとの論も、現在性規範が緩み、性被害に甘いのは、そもそも買春が処罰されていないからだというのももっともである。それぞれの論拠にはそれなりの理由があるが、私には、法適用の現場は、すでに売春は風営法によって事実上合法化されているように思える。しかもそれは1956年制定から時を経ずして、合法化され、今やそこへの規制は到底不可能ではないかと思えるほど性産業が肥大化している。よって、合法とするべしとの論は、この現実を受け入れ、ここへの規制を女性の保護の観点から強めるべきであるということになろう。一方、買春処罰については、児童についてはすでに法規範が成立しており、これをも解禁するべきであるとの論は存在しない。

　この論点に対しては、倫理的・法理念的・比較法的等さまざまな立場から議論されているが、現時点での風俗産業の実態をみれば、もはやそのような抽象的な議論をとうに超えているように思う。すなわち、これらの論は相対立し、一致することは難しいが、実は巨大な性産業を抱えてしまったわが国とすれば、選択できる幅はそれ程大きくはない。風俗を全廃できるとはだれも思っていないし、現実的でない。結局は、18歳以上の女性が風俗で働くとき、口・肛門性交はすでに合法化しているので、風営業者を管理しつつ、膣性交も合法とするか、あるいは、膣、口、肛門性交を禁止し、風俗はそれ以外の「接触」に限る性的サービス（お触りに限り、挿入は禁止）に限定し、これへの規制を強化できるかであり、より現実的問題は、どちらにしても風営業者を管理監督することが可能かどうかである。ただし、前者の場合は、保健衛生面など「性交そのものの管理」を含むことになる。後者の場合は、現在でも、届け出店舗への立ち入り調査（風営法37条2項）は認められているのであり、時には摘発の成果もあげているのであるからこれを強めるというものである。

結論的に言うならば、営業許可および営業所の届け出窓口である公安委員会もしくは取締りをする警察署に、性交の衛生面の管理を委ねることは、その能力的にも、また市民生活と公安委員会・警察署との距離について、また別の問題を発生させる。私は、売春を名実ともに合法化することは、「売春という性交」を行政管理に委ねることになり、性の国家管理に繋がることになりかねないことに、警戒心を持たざるをえない。

(2) 風営法による監視・規制の強化の必要性

　必要なことは、児童買春の処罰までもが揺るぎかねない現状をどう建て直すかである。売春防止法の「売春の禁止」が事実上有名無実化していようと、今はまだ決して旗を降ろすことはできない。これを降ろした途端、児童の買春禁止さえ脅かしかねないほどに規範が緩んでいるからだ。だとすると、これを強め、困難であろうと風営業者の「性的サービス行為」の規制を強化するしかない。少なくとも、女性の生命身体を現実的危険にさらしている無店舗型、デリヘルを禁止し、店舗型の監視を強めるべきである。実は、風営法は、警察の店舗の立ち入り調査を認めたものの、客が在室しているときは個室への立ち入りは認めていない（37条2項）。客のプライバシーに配慮したものであるが、「客のプライバシー」と「女性の生命身体の安全」を天秤にかけたら、前者を優越的に保護すべきとはならない。やりたい放題、無法地帯と化している「個室」を監視（せめてカメラ監視）することなくしては、この無法化は改善されない。しかし、現状は、店舗型風俗は、風営法および条例による営業禁止区域の拡大により減少し、今やほとんど無店舗型となっている。地域の清浄化の規制強化がかえって無店舗型を増やす結果となり、風俗営業は市民生活圏に潜り、監視不能な状態を作り出してしまっているのである。風営禁止地区を広げることも大事かもしれないが、まずは無店舗型を禁止することが先決ではなかろうか。

　強制性交罪をいかに厳罰化しようと、風営法は規制を緩める（あるいは規制強化しても潜らせる）ばかりで、そこでの性的搾取が見逃され続けていては、性的規範を統一することも、女性の性的尊厳を確立することも難しい。そして、買春を可罰化するかどうかは、可罰化しなければ風営業の監視は実行しえないのかどうか、この観点での検討が必要なのではなかろうか。実体的にはともかく論理的には、可罰なくしても監視は可能である。児童と成人に対する規範を

統一し、買春をすべて可罰化することは容易ではないだろうが、まずは風営業を本気で取り締まることは、その気さえあれば決して難しくはない。

（3）国連勧告の遵守と人権としての性教育の必要性

2016 年、国連の女性差別撤廃委員会は、日本政府に対し、女性が依然として娯楽産業、特に売買春および映像ポルノグラフィ製作において性的搾取の対象となっていることに懸念を表明し、「性的搾取を防止するために、成人用娯楽を提供し、映像ポルノグラフィを製作する事業所を対象とする監視及び監査プログラムを強化すること」を勧告している[25]。これを真摯に受け止めるべきである。

そして、教育の段階で、人権としての性教育を実践し、性に対する尊厳が人権であることを早い段階から学び、身に着ける必要がある。いくら取締りを強化しても闇に潜っていくだけであり、遠回りのようだが性の尊厳を人権教育として徹底することが、結局は、性に対する規範意識を高めることになるのである。これらが、十二分にいきわたった時、初めてセックスワークの合法化が俎上に上ってくるのではなかろうか。

5　女性の尊厳と自立支援するために

売春防止法による「保護更生」として、婦人保護施設がある。これはもともと、「性行又は環境に照らして売春を行う恐れのある女子」（売春防止法 36 条）を「要保護女性」として位置づけ、保護更生の対象とし、収容指導するものである。ここは、現在、売防法による措置に加え、順次対象女性の範囲を広げ、DV 法による保護（2001 年）、人身取引の被害者（2005 年）、ストーカー被害者（2013 年）を保護するための施設となっている。しかし、近時このように施設の在り方について検討を加えないままなし崩し的に対象女子を広げてきたことに対し、抜本的な疑問が呈され、被害者である女性に対し、その尊厳を保障しうる新たな枠組み「女性自立支援法」（仮称）に改組する必要性が提唱されている。2018 年 7 月厚生労働省においても本格的な検討を始めた[26]。

実際、婦人保護施設の法的立て付けは 1956 年制定時以来変わらず、実情に

25）2016 年女性差別撤廃委員会総括所見。
26）困難な問題を抱える女性への支援の在り方に関する検討会・厚生労働省。

合っていない。新たな名称を冠し、女性の尊厳と自立を支援する施設に再生する必要がある。問題は、やはり売春をした女性（するおそれのある女性）をどう位置づけるかだ。売防法が対象とする女性は、売春勧誘罪の犯罪者（のおそれのある虞犯者）であり、かつ性的搾取の被害者でもある。「風紀を乱した者の更生」と「性的搾取の被害者としての尊厳の回復」の両面からの処遇が求められる。彼らは、逮捕か補導によって婦人保護施設に措置されてきた。よって多くは、彼らはそこから逃れようとするし、決してそこへは助けを求めには来ない。処罰や説教をうけるために自ら足は運ぶものはいない。

　結局、新たな女性自立支援施設に売春女性も位置付けるためには、売防法5条の勧誘罪を削除し、「売春する（おそれのある）女性」の「更生施設」的側面を消去し、売春および風俗産業から尊厳をもって自立するための支援施設としなければならない。売春女性を取り締まりの対象とするのではなく、性的搾取の被害者としてとらえ、その尊厳を回復する主体であることを明確にする必要がある。

　また児童保護と女性保護のはざまにいる少女や若年女性たちに対し、民間団体が性的被害や性的搾取の被害にあう前の、困ったときの緊急避難場所としてシェルターやステップハウスを作り始めている[27]。

おわりに

　法適用の現場にいるものとして、その実態をまとめてみたが、実は、私は性被害の加害者の弁護人であることの方が多い。加害者から被害者女性をみてきたことになるが、弁護人をしても被害の痛ましさに声もないこともあるし、加害者の軽はずみに呆れてしまうこともある。しかし、加害者たる男性もまた、社会が性的規範を不統一にし、曖昧にしていることの大きな意味では被害者である。また、性差別が現にあり、低賃金か性搾取かの選択を迫られるなか、女性がどのような選択をしようと、いずれにしても彼らは被害者であり、それを責めることはできない。

　女性も男性も、もちろん性差の区別なく、性に関する尊厳は人権であること、これへの侵害は生命をも脅かすものであり、最大限に尊重されなければならないとの規範が確立していなければならない。これは人と人との関わりの最低限

27）2018年10月、筆者もかかわる一般社団法人若草プロジェクトが若草ハウスを開設。

の基礎的なルールである。これが揺らいでいるとき、性被害、性搾取、差別や偏見、それら被害は真っ先に少女と若年女性に現れる。少女や若年女性が元気でないのは社会がどこか病んでいるのだ。この病は深くて広いが、ようやくそのことに気が付かれ、取り組みが開始されはじめたばかりである。

補論

　本稿入稿後の 2019 年 3 月、（準）強制性交罪に関し、 4 件の無罪判決が相次いだ[28]。被害の実態がありながら、加害者が処罰されない事態に、多くの女性が怒り、改めて強制性交罪の改正が求められている。なかでも、3 月 26 日、名古屋地裁岡崎支部の判決（現在控訴中）（被害者 19 歳加害者実父・準強制性交罪）は、同意なき性交であり、精神的心理的支配下にあったと認定されながら、抗拒不能とまでは認められず無罪とされ、多くの非難を浴びている。被害者は、長年実父から性交を強要され、また被害当時、解離症状があったことも精神鑑定で明らかになっている。また暴行の態様も、こめかみや太ももの殴打等、決して軽微とは言えない。この判決への怒りは当然のことと思われる。

　本件が、暴行脅迫を要件とする強制性交罪ではなく、心理的に抗拒不能であったとする準強制性交で起訴となったのは、19 歳で監護者性交罪の適用がなく、また、「暴行脅迫」が「抵抗を抑圧する程度」ではないとされたためであろう。しかし、長年の性的虐待によって一見軽微な暴行でも抵抗を抑圧し得るということはありうるだろうし、そもそも、暴行脅迫の存否を、被害者の抵抗の存否と程度によって判断する最高裁判例の変更を迫るべき時期が来ているのではなかろうか。

28）・2019 年 3 月 12 日福岡地裁久留米支部　準強制性交
　　　テキーラ一気飲み、抵抗できない状態であることは認め、性交に同意していると男性が誤信する状況だった。故意が認められない
　　・2019 年 3 月 19 日静岡地裁浜松支部　強制性交致傷（被害者 20 代の女性）
　　　コンビニ駐車場で見知らぬ男性から。頭が真っ白になって抵抗できなかったことは認め、加害者から見て分かる形で抵抗を示していたとはいえない。故意が認められない。
　　・2019 年 3 月 26 日名古屋地裁岡崎支部　準強制性交罪（被害者 19 歳・加害者実父）
　　　同意なき性交。精神的支配下にあったが、抗拒不能とは認められない。
　　・2019 年 3 月 28 日静岡地裁　強制性交罪（被害者 12 歳・加害者実父）
　　　13 歳未満の女子との姦淫—暴行脅迫不要。被害者の供述は不自然・不合理で信用できない。姦淫の被害の証明があったと認められない

利他的行為としての生殖補助医療
——提供者・代理懐胎者の尊厳の確保——

二宮周平

はじめに

　生殖補助医療とは、自然の生殖行為によるのではなく、医療技術の利用によって懐胎し、子を出産することをいう。出産する女性を主体として見ると、①精液を注入器を用いて直接子宮腔に注入して妊娠を図る方法（人工授精）、②人為的に卵巣から取り出した卵子を培養器の中で精子と受精させ、受精後の受精卵や胚を子宮腔や卵管に戻し、妊娠を期待する方法（体外受精）、③子を持ちたい女性（依頼女性）が、生殖医療の技術を用いて妊娠すること、およびその妊娠を継続して出産することを他の女性に依頼し、生まれた子を引き取ること（代理懐胎・出産、以下「代理懐胎」）という三つの類型がある。

　現在、日本には上記の生殖補助医療に関する法律はない。日本産科婦人科学会の会告（自主規制）により、法律婚・事実婚夫婦について①②の実施を認める。第三者の提供精子による人工授精（以下「AID」）は、法律婚夫婦に限定されており、第三者からの卵子提供および代理懐胎を認めない。AID について、精子提供者は匿名であり、子の出自を知る権利について配慮していない。異性愛カップルが婚姻をして子をもうけるという旧来の社会通念の範囲内での運用であり、子に事実を告知せず、あくまでも自然分娩を擬制する形態である。ドナー（提供者）は単なる精子の提供者であり、提供によって子が生まれたかどうかも知らされず、子もまた事実を告知されず、自己の出自を確認することができない [1]。

---

1) AID で生まれた子の側からの問題提起として、非配偶者間人工授精で生まれた人の自助グループ・長沖暁子編『AID で生まれるということ　精子提供で生まれた子どもたちの声』萬書房、2014 年、がある。

代理懐胎を含む提供型の生殖補助医療（以下、提供型生殖補助医療には代理懐胎を含めて考察する）で子をもうけ、家族を形成したいという希望者は、医療技術の発達によってますます増加するものと推測される。早発閉経、ターナー症候群（卵巣の機能不全で卵子の形成が困難）などの女性は卵子の提供を受ければ自ら出産することが可能になる。ロキタンスキー症候群（先天的に子宮がない）や、がん等のため子宮を摘出した女性は、自分の卵子とパートナーの精子を用いた代理懐胎であれば、自分たちと血縁のある子をもうけることが可能になる。同性カップルや、カップルの一方がトランスジェンダーの場合も、提供型生殖補助医療であれば、自分たちと血縁のある子をもうけることが可能になる。家族形成には、養子や里親など社会的養護を担うという選択肢がある。しかし、自然生殖で子をもうけることができない当事者にとっては、提供型生殖補助医療は選択肢の一つであり続ける。現に、子をもうけたいという切実な思いから、国内で実施されていない生殖補助医療を認める国々へ行って、これらを実施してもらう例が後を断たない。しかし、国外での実施であるために、子の出自を知る権利を確保できず、ドナーはまさに精子・卵子の提供者、代理懐胎者は出産代行者であり、懐胎あるいは出産と同時に忘れ去られる存在である。

　生殖補助医療において子の利益を優先する場合には、子が提供型生殖補助医療で出生したことに対して肯定的に捉えられる環境を用意する必要がある。提供者や代理懐胎者（以下、「提供者等」）の存在を知り、提供者等が誇りを持ってその子の出生に関わったことを知ることである。本稿では、この論点に関して、提供等の行為を提供者等の尊厳の視点から位置づけ、検討してみたい。

一　精子提供者の尊厳

1　ある事例

　独身の女性が知り合いの男性から精子提供を受け、国外の医院で施術を受けて出産した。男性は、提供時も国外での施術時も、子の監護教育に関して自己の負担は生じないと考えていたが、子の出生後、女性は男性に対して認知の訴えを起こした。

　第1審判決は、「本件のように、精子提供者が、懐胎すべき女性を認識した

上で自己の精子を提供しており、かつ、同女性に提供された精子を授精すること又は提供された精子をもとに生成された受精卵を移植することに同意していたと認めるべき場合、当該生殖補助医療の態様は、男女の合意に基づき生殖に向けた具体的な手段が講じられたものとして、その本質において、性交渉による自然生殖の場合と大きく異なるところはなく、別異に取り扱う理由はないと考えられる」ことから、「生物学上の父子関係（血縁関係）があれば、子の福祉のため父子関係を否定すべきである等特段の事情がない限り、法律上の父子関係を肯定し、子からの認知請求を容認すべきである」とした[2]。

　本件は、独身の女性がドナーからの精子提供によって子を出産することを望んでいる点で、日本産科婦人科学会の会告では認められていない生殖補助医療の利用である。会告は AID を法律婚夫婦に限定しているので、妻が婚姻中に懐胎した子は夫の子と推定されることから、ドナーが法的な親となることはない。しかし、夫が AID に同意していない場合には、夫は子に対して嫡出否認の訴えをすることが可能であり（大阪地判平 10〔1998〕.12.18 家月 51 巻 9 号 71 頁）、否認の結果、子は法律上の父のいない子となる。そこで、本件同様、ドナーに対して子から認知請求することができるかが問題となる。ドナーとレシピエント（提供を受ける者）が知り合いであれば、上記判決のように、自然生殖と同視して、血縁に基づいてドナーが法律上の親になるとしてよいのだろうか。

2　精子提供行為と自然生殖の違い

　生殖補助医療は、自然生殖における性行為と生殖を分離し、直接的に生殖を補助する医療行為である。AID の場合、ドナーの精液を採取し、これを注入器を用いて、直接レシピエントの子宮腔に注入して受精させ、妊娠を図る。ドナーは精子を提供することによって、レシピエントが子をもうけることを助ける。ドナーは、精子提供が利他的行為であることを理解し認識して提供を行う一方、ドナーには提供行為によって生まれた子に対する権利も責任もないことを自覚し、レシピエントが母として法律上の親になること、レシピエントに夫がいる場合には夫が父として子の法律上の親になることを前提としている。したがって、利他的行為として精子提供に同意することには、生まれた子の親と

2）控訴審での意見書作成を求められた事件である。現時点で当事者が訴訟提起と判決内容を公表されていないので、裁判所名、判決年月日については明記しない。

なることの同意を含んでいない。

　これに対して、自然生殖では、男性と女性の親密な関係性が築かれ、そのなかで性行為が行われ、妊娠した場合には、無事の出産に至るように男性は女性の生活と身体の安全の確保に努め、出産後は父母として共同して子育てを行う。性行為と生殖は分離されず、関係性の構築から子育てまで連続的に繋がっている。この連続性があるがゆえに、やむをえない事情がない限り、生命の誕生に関わる者は誕生後の育みに関わることが当然とされ、今日まで人の生命に対する尊重と連帯が受け継がれてきたように思われる。

　したがって、男性と女性が合意のうえで性行為をする場合、避妊しない限り、子の出生の可能性を認識し、子が出生したときには、男性が親となることへの了解が暗黙のうちになされている。すなわち、合意のうえで営まれる性行為には子の親となることへの男女の同意が含まれている。婚姻をしているカップルであれば、妻が婚姻中に懐胎したことから夫を子の父と推定することに対して、人々が違和感を覚えず、婚姻外の男女から子が出生した場合に父が子を認知し、認知がないときに子からの認知請求が可能であることに対して、人々が違和感を覚えないのも、上記の同意があるからである。自然生殖の場合には、血縁の存在は性行為により親となることへの同意の存在を意味する。法律上の親子関係の基礎は、血縁ではなく、親になる意思なのではないだろうか[3]。

　この点で、自然生殖と精子提供行為とは決定的に異なる。ドナーとレシピエントが知り合いというだけで、ドナーの意思を無視して自然生殖になぞらえることはできない。

3　ドナー・レシピエントの匿名性との関係

　2で述べたように、精子提供の同意には子の親となることへの同意が含まれていない。このことは、ドナーやレシピエントが匿名ではなく、個人として識別特定できる場合でも同様である。

　今日、ドナーの匿名性を廃止する立法例がある。たとえば、英国、オーストラリア・ビクトリア州、ニュージーランド、ドイツ、スウェーデン、ノルウェー、フィンランド、デンマークなどである[4]。その理由は、一つには、子

---

3) 二宮周平『家族法〔第5版〕』新世社、2019年、164-165頁。

4) 2014年当時（日比野由利編『厚労省・平26年度児童福祉問題調査研究事業　諸外国の生殖

の出自を知る権利の保障である。自分は誰の子なのかを知ることが、子のアイデンティティの確立、確認にとって必要な場合がある。この要求を満たすためには、ドナーの個人情報に子がアクセスすることを可能にしておく必要がある。

　もう一つは、ドナーの尊厳である。ドナーは単なる生殖の道具ではない。顔、氏名、身元を有する個人として存在している。金城清子は、「自分の配偶子から生まれた人々に対して、自らの存在を明らかにし、その成長を、自分の存在を知らせることによってサポートしていくことは、提供という行為の尊さを、社会的に確認していくことにも通じよう。子どもの出自を知る権利を保障していくことは、子の福祉にとって望ましいばかりでなく、提供者の尊厳を確立するためにも大切なことなのである」とする[5]。したがって、提供者の尊厳は子の出自を知る権利と表裏の関係にある。

　これら匿名性を廃止し、子の出自を知る権利を保障する立法例では、ドナーはレシピエントの生殖を補完する者として位置づけられ、ドナーからの認知やドナーに対する認知請求を認めない。ドナーとなることと、生まれた子の親となることは別であり、ドナーが関与した生殖について後から親としての責任を問われることはない。利他的行為をするドナーの意思が尊重される。確かに匿名ではないため、子が成長後、ドナーに交流を求めることがある。また、ニュージーランドのように、子とドナーとの面会交流を保障する立法例もある[6]。しかし、これらのことは、ドナーを親として位置づけるものではない。子の出生に関わった者として子の成長を見守り、また、子の出生の過程を明らかにして子のライフストーリーをつなぎ、子自身が生殖補助医療によって生まれたことに対して自己肯定感を持つことができるようにするためである。

　匿名性が廃止されると、精子・卵子・胚（受精卵）を問わず、レシピエントが家族、友人、知人に提供行為を依頼することも起こりうる。また、医療機関や専門機関による誰にどの精子・卵子・胚（受精卵）を提供するのが妥当かのマッチングの過程で、レシピエントとドナーが知り合い、交流することもある。だからといって、前掲判決のように、自然生殖と別異に扱う理由はないとして、

　　補助医療における出自を知る権利の取扱に関する研究』2015年3月、175頁参照。調査対象
　　国に関する報告であり、網羅的ではない）。
5）金城清子「子どもの出自を知る権利」助産婦雑誌57巻3号（2003年）89頁。
6）梅澤彩「ニュージーランドにおける養子縁組法と生殖補助医療法──日本への示唆として」
　　立命館法学369・370号（2017年）79-80頁。

血縁の存在からドナーへの認知請求を認める立法例はない。匿名であろうとなかろうと、ドナーとなることの同意には子の親となる同意が含まれていないからである。ドナーに対して認知請求をすることは、親となる意思を有していないドナーに親であることを強制することから、提供行為の利他性に反する。認知請求を認めることは、ドナーからの認知を認めることを前提とする。レシピエントが母子家庭として、あるいは女性カップルで子育てをしている場合に、ドナーが認知をして介入する事態を招くことになる。ドナーが子の親となるためには、ドナーとレシピエントの合意が不可欠である[7]。

　自然生殖の場合には、男女が避妊をせず性行為をすることは、前述のように親となることの同意があるとみてよい。これに対して、ドナーの精子提供行為は、レシピエントと既知か否かにかかわらず、生殖に向けての具体的な手段そのものであり、提供行為はレシピエントの生殖を補助する利他的行為である。まさに「ギフト」であり、贈り物の場合、贈り主は匿名であってよいはずだが、生命を誕生させる精子という特性から、ドナーの匿名性よりも、子の出自を知る権利が優先するのである。

　唄孝一は、「AID に自らの精子を提供しながら、その提供者がその将来につき一顧だにせずにすんだ臨床実務も、提供者の権利義務（とくに責任）の消滅をたやすく認めてきた法理論も、果たしてこのままでよいか。それが『未来向け』の生殖物質であることに十分思いをこらして、社会一般としても医療者側としても、反省し再検討する余地が小さくないのではあるまいか」と指摘する[8]。ドナーには責務も伴う。責務を果たすことがドナーの尊厳につながる。

　オーストラリア・ビクトリア州は、1984 年法で、1988 年 7 月 1 日以降に AID で出生した 18 歳以上の子に対して、ドナーの同意のもとでドナーの身元を特定する情報へのアクセスを保障し、1995 年法で、1998 年 1 月 1 日以降 AID で出生した 18 歳以上の子に対して、ドナーの同意なしでアクセスを認め、2008 年法で、アクセスの年齢制限を廃止し、出生証明書に子が AID で生まれたことを知ることができる追加文書が添付されることになった[9]。一方、1984 年法で、

7) 花元彩「既知のドナーの法的地位と責任——アメリカの判例を素材に」比較法研究 80 号（2019 年）228 - 229 頁、二宮・前掲注 3）192 頁。
8) 唄孝一「人工生殖について思ってきたこと」産婦人科の世界 52 巻増刊号（2000 年）159 頁。
9) 南貴子「配偶子ドナーと家族の統合をめぐる近未来の制度設計」日比野由利編『グローバル化時代における生殖技術と家族形成』日本評論社、2013 年、189 - 190 頁。

子の同意を条件としてドナーに子の情報にアクセスする権利を認めている。子にドナー情報へのアクセスを認める以上、ドナーは、家族にとってはボランティア以上の家族に近い存在になる可能性があるからである[10]。

　さらに、2012年3月28日、ビクトリア州法法改正委員会は、子の出自を知る権利を認める法律の施行前に生まれた子のドナー情報へのアクセスに関する報告書を議会に提出した[11]。そこでは、改正前のドナーも特定できる情報を医療機関に登録することができ、その場合には子からのアクセスを可能とする。これを選択したドナーは次のように語る。「1980年代に行われた提供者型の生殖補助医療は実験であり、『われわれは過ちを犯したのだから、今、正さなければならない』と言った立法者の言葉は正しい。私はその実験の一部だった。私は精子ドナーだった。私は利他主義に動かされた。他人は助けられると思い、そうすることがいいことだと思った。そのときはシンプルなことに思えた。でも今はそれが全くシンプルではないことがわかった。……匿名のままでありたいという願いを持つ者もいる。……精子提供によって生まれた子の出現によって、混乱や不安定がもたらされるかもしれないが、それを子の出自を知る権利と比較したとき、子の人権が最優先されるという判断に至らなければならない」と[12]。

　精子提供の場合、ドナーの尊厳とは、利他的行為として、自己の意思によらずに法律上の親となることを強制されないことと、子のために自己の存在を明らかにして子の成長に関わることなのである。南貴子は、ドナーが配偶子の提供者として捉えられるべき存在（細胞の提供者）として社会的に存在しないものとされてきた経緯をたどり、「ドナーの人間化」は「子の出自を知る権利の保障」と表裏一体であるとする[13]。

10）南・前掲注9）184頁。
11）同上191−193頁。
12）南貴子「生殖補助医療の法制度化において『取り残された子』の出自を知る権利──オーストラリア・ビクトリア州の新たな試み」保健医療社会学論集24巻1号（2013年）27−28頁。日比野由利「子どもの知る権利について」（第37回日本受精着床学会総会・学術講演会「シンポジウム3　第三者の関わる生殖医療の未来」2019年8月1日）によれば、2017年3月、過去に遡ってドナーの匿名性を廃止する法改正を行った。
13）南・前掲注9）185、191頁。

二　卵子提供者の尊厳

1　現状と提供行為の特性

　日本産科婦人科学会の会告は第三者からの卵子提供を認めない。2003 年 4 月、厚労省厚生科学審議会生殖補助医療部会はこれを肯定したが、法制化されていない。2008 年 7 月、国内の民間生殖医療施設の団体である JISART（日本生殖医療標準化補助医療機関）は、精子・卵子の提供による非配偶者間体外受精に関するガイドラインを公表し、姉妹・友人の提供卵子による体外受精を実施し、2017 年までの 10 年間で 78 件、39 人の子が生まれた[14]。2012 年 10 月、近親者ではない第三者からの卵子提供ドナーの登録を支援する NPO 法人 OD-NET が設立され、2013 年 1 月より無償ドナーの募集を開始した。2017 年 6 月時点で、卵子ドナー 255 名の応募があり、OD-NET の規定により成立したマッチング 30 組を五つの提携生殖医療施設へ紹介し、提供卵子による体外受精が 6 件実施された。2017 年 1 月、ドナー卵子で女子が誕生し、その後 2018 年 7 月時点で計 4 人の女性が出産した[15]。

　しかし、提供卵子希望者の需要を満たすには至らないこともあり、海外の施設を紹介・仲介する医院や仲介業者があり、海外へ渡航し、卵子提供を受け、帰国して国内の医院で出産する事例が報告されている[16]。後者の場合、卵子提供は有償であり、ドナーに規定額が支払われている[17]。会告で認められていな

---

14) 荒木晃子「医療現場におけるドナー、レシピエントの実情」比較法研究 80 号（2019 年）212 頁。

15) 荒木・前掲注 14）213 頁。設立当時の状況につき、荒木晃子「家族形成のための＜問題解決型＞生殖医療のあり方――国内解決をめざす当事者とその家族」日比野編・前掲注 9）99 – 102 頁、岸本佐智子「無償卵子提供の現状と経過報告」生殖テクノロジーとヘルスケアを考える研究会（代表・日比野由利）『報告書Ⅳ　卵子提供の制度設計を考える』2013 年、25 – 34 頁。

16) たとえば、台湾では卵子提供が認められているので、日本人が台湾へ渡航して卵子提供を受けている。台湾の生殖補助医療医療センター 77 か所中 13 か所で日本人カップルに卵子提供を行っており、2014 年から 16 年の間で、177 人の女性がセンターを訪れ、96 人が妊娠、110 人の子どもが誕生したという（読売新聞 2017 年 3 月 7 日）。

17) 台湾の人工生殖法（2007 年 3 月 21 日制定、2018 年 1 月一部改正）8 条 2 項では、レシピエント夫妻は管轄機関の規定する金額の範囲内で、人工生殖機関を通じて、ドナーに栄養費と栄養品を提供し、検査費、医療費、仕事および時間の損失に係る費用ならびに交通費

い行為であるため、国内で出産するレシピエントが提供を受けたことを医療者に報告しないまま、医療者は出産に対応せざるをえない現状もあり、高齢出産に伴う母体および誕生した子双方のハイリスクとなりうる[18]。

　法律上の母子関係について、日本は分娩者を母とする。卵子提供の場合、レシピエント自身が出産することから、法律上の親はレシピエントであり、精子提供のように法律上の親子関係の成立の可否を論ずる必要がない。他方で、採卵に伴う苦痛、排卵誘発剤の利用と副作用、一度に多数の採卵を行うことから生じるリスクなど、ドナーの身体への負担が大きい。JISART が提供者を姉妹・友人に限定したのはこのためである。しかし、OD-NET に 255 名の応募があったことは、自己の負担リスクを考慮しても、かつ、無償であっても、なお不妊女性の出産を手助けしたいという、利他的なドナーの存在を示している。

2　提供者の利他性と尊厳

　OD-NET の分析から、卵子ドナーの属性は、応募者 232 名中 174 名が 35 歳未満の、すでに子のいる成人女性であり、約 8 割が子育てしながら働き、誰かの役に立ちたい、協力したいという思いで応募している[19]。たとえば、「子どもがほしいという誰かの助けになりたい」、「自分のからだを生かしてほしい。提供に対する報酬がないのは当然のこと。有償だったら人身売買のように感じられ、応募しなかった」、「わが家ではこれ以上の子どもを望まないが、卵子のない方に私の卵子を使っていただいて、産んでほしいと思った。治療では私の体の中になにが起こっているのか不安もありますが、100％の喜びです」[20]、子宮がなくて自分では産めないので提供したい、卵子はあるが病気等の理由で妊娠できないので提供したい、精子提供で子どもを授かったので恩返しがしたいという意見もあった[21]。

　しかし、ドナー登録後に辞退する女性もいる。その理由は、卵子提供の医療

を負担する（資料「人工生殖法（台湾）＜翻訳＞」（麗玲瓏、宍戸圭介、中塚幹也、粟屋剛）岡山商大法学論集 26 号（2018 年）29 頁）。黄玲「台湾における卵子提供の規制と臨床」（2017 年 9 月 17 日、立命館大学で開催された家族形成支援研究会報告）によれば、公式の補償額として最大 3300 米ドルまでとされる。

18）荒木・前掲注 14）213 頁。
19）同上 213 頁。
20）荒木・前掲注 15）101 頁。
21）荒木・前掲注 14）214 頁。

行為の際に副作用や何らかの補償が必要な事象が生じた場合の保障がないこと、将来名前がわかると困る（出自を知る権利の保障から個人情報が保護されない）などであり[22]、ドナーを支援する制度的な枠組みがないことに起因する。

　JISART も OD-NET も、基本方針として生まれた子の出自を知る権利を尊重する。OD-NET の応募者には匿名を希望する人もいる。しかし、精子提供の場合と同様、子の出自を知る権利と提供者の尊厳は表裏の関係にある。子のいる男性、女性が提供行為をする場合には、パートナーの納得、同意が不可欠であり、自分の子に対しても、提供の意味と理由を説明することが求められる。ていねいな説明により、子は父または母の利他的行為を理解することができるだろうし、提供行為で生まれた子は育ての親を通じて、事実を知り、理解できる年齢になった時に、ドナーの気持ちを知り、自己の出自に納得と誇りを持つことができるのではないだろうか。

三　代理懐胎者の尊厳

1　代理懐胎への批判と現状

　生殖補助医療技術の利用に対しては批判も強い。なぜそこまでして子をもうけたいのか、自然生殖が難しいのであれば、それはそれとして受け止めるべき、欲望の肥大化は商業主義を招く、富める者が貧しい者の身体を利用する、不妊の女性に対して生殖補助医療の利用を無理強いし、夫の子を産むべきという圧力を増す、婚姻＝出産という伝統的な家族イデオロギーを再生産し、むしろ強化する、子育て＝血の繋がりという意識が強化されると、養子縁組や里親制度など、家庭環境に恵まれない子どもたちの援助に目が向かなくなるのではないかなどである。特に代理懐胎については、批判や慎重な意見が多い。2003 年 4 月、厚生科学審議会生殖補助医療部会は、代理懐胎を禁止した。精子・卵子・受精卵の提供は、親になりたい女性がそれらを使用して自らの子宮で懐胎し、出産するのに対し、代理懐胎は第三者の女性に依頼主カップルの子を産んでもらうことから、他人の身体（子宮）を懐胎・出産の道具として利用し、懐胎の継続・出産という生命の危険もある多大なリスクを負担させるからである。

22）荒木・前掲注 14）214 頁。

他方、2008 年 4 月、法務省・厚労省から諮問を受けた日本学術会議生殖補助医療の在り方検討委員会は、対外報告「代理懐胎を中心とする生殖補助医療の課題～社会的合意に向けて」で、代理懐胎を法律によって原則的に禁止し、違反をすれば処罰するとしたが、子宮摘出など代理懐胎以外に自分達の血の繋がった子をもうけることのできない夫婦の場合に限って、臨床データを得るために、厳重な公的管理の下に試行的に実施することを認めた。2014 年 6 月、自民党 PT は、これにそった法案をまとめたが、いまだ国会審議に至っていない。

　世界の立法例を見れば、商業的代理懐胎を認める国として、米国の一部の州（カリフォルニア、ネバダ、マサチューセッツ等）、イスラエル、ロシア、ジョージア、ウクライナ、利他的な代理懐胎を認める国として、英国、オランダ、ベルギー、ギリシャ、カナダ、オーストラリア、ニュージーランド、メキシコ、ブラジル、アルゼンチン、インド、タイ、ベトナムなどがあり、認めない国として、ドイツ、オーストリア、スイス、フランス、イタリア、スペイン、スウェーデン、ノルウェー、フィンランド、デンマークなどがある[23]。国内で否定されていても、認める国に行けば代理懐胎が可能となる。ヨーロッパでは、代理懐胎否定国の当事者がこれを認める国で代理懐胎をして出生した子の父子関係や国籍を認めるかが議論されている[24]。

[23]　日比野由利「卵子提供・代理出産に関する世界の現状」日本学術会議法学委員会生殖補助医療と法分科会報告資料、2017 年 1 月 29 日、建石真公子「生殖補助医療における『国際人権規範』と『文化の多様性』——ヨーロッパ人権裁判所メネッソン対フランス判決における私生活および家族生活の尊重」北村泰三・西海真樹編『文化多様性と国際法——人権と開発を視点として』中央大学出版部、2017 年、223 頁、同「生殖補助医療における法の役割——『権利』と『公序』の選択」憲法理論研究会編『対話的憲法理論の展開』敬文堂、2016 年、270 頁による。

[24]　欧州評議会の加盟国のうち 35 か国について、ヨーロッパ人権裁判所が調査したところによると、代理懐胎を法律で禁止している国 17、一般法で抑制的に適用され、実施が事実上禁止されている国 10、厳格な要件で容認している国 5（イギリス、オランダ、ギリシャ、アルバニア、ジョージア）、法律はなく、実施が容認されている国 4（ベルギー、チェコ、ルクセンブルク、ポーランド）、商業的代理懐胎を認める国 3（ジョージア、ロシア、ウクライナ）であり、代理懐胎で出産した子と依頼親との親子関係を認める国 13、代理懐胎を禁止あるいは法律で容認しているわけではないが、親子関係を認める国 11、親子関係を認めない国 11 とのことである（建石・前掲注 23）〔北村・西海編〕223 頁、林貴美「国境を越えた代理懐胎と公序」同志社法学 68 巻 7 号（2017 年）649 頁とは区分けや国数が異なる）。たとえば、フランスは 1994 年生命倫理法における人間の尊厳の原則により代理懐胎を認めないが、欧州人権裁判所判決を受けて、外国の代理出産でも、フランス人父の子であれば、出生した子の父子関係を認め、国籍の取得を可能とした（建石真公子「提供型生殖補助医療（代理懐胎を含む）における生殖の自由の制約としての人間の尊厳および他者の人権」比較法研究 80 号（2019）218、222 頁、建石・前掲注 23）〔北村・西海編〕210 - 216 頁）。

2 同性カップルの利用

1990 年以降、生殖補助医療の利用を独身者や同性カップルにも認めていた英国では、2008 年、生殖補助医療実施規定が改められ、「父の必要性」条項は「支援する親役割（supportive parenting）の必要性」に置き換えられた結果、生殖補助医療の利用が容易になった。レズビアン・カップルの場合、一方が生殖補助医療によって懐胎した場合、他方パートナーも子の親となり、ゲイ・カップルが代理懐胎によって子をもうけた場合、親決定手続によってカップル双方が法律上の親となる[25]。子の法的保護者は「父と母」から「親」へ展開している。子にとって必要なことは、自己の養育環境を安定的に確保し、成長を支えてくれる大人の存在であり、性別を問わない。同性親と子の間に法律上の親子関係を確立することによって、親としての責任、子育てをより全うさせることができる、という発想である。

米国の場合、同性婚を認める州と認めない州があった。2015 年 6 月 26 日、米国連邦最高裁判所は、同性カップルに婚姻許可状を発給せず、他の州で行われた同性婚も承認しないという州の法律について、平等原則など連邦憲法に違反するとした。その理由づけのなかで、何十万人もの子が同性カップルによって愛情のある家庭で養育されているという実態、多くの州がゲイやレズビアンが養親や里親となることを認めていること、ゲイやレズビアンも愛情があり、支えとなる家庭を創ることが可能であることをあげて、婚姻から同性カップルを排除する方が、同性カップルに養育されている子に、自分たちの家族が劣っているという屈辱や、実質的な損害を与えることになると指摘している[26]。

子が同性カップルの家庭のなかで育っているという事実に正面から向き合い、親子関係にとって必要なことは子の福祉・保護であり、同性カップルの家族関係が安定し、そこでの子育てを保障することが子の福祉につながるという考え方がある。そして当事者には平等原則が適用される。これによって子育てをす

---

25) カップルのいずれかの精子を用いることが要件である（石井美智子「生殖補助医療における子の福祉——父は必要ないのか」法律時報 83 巻 12 号（2011 年）52 頁）。判例の動向を詳細に紹介、分析する論文として、中村恵「イギリスにおける代理懐胎をめぐる法的状況」上智法学 60 巻 3・4 号（2017 年）11 頁以下。
26) 鈴木伸智「アメリカ合衆国——法律上の婚姻の定義をめぐって」法律時報 88 巻 5 号（2016 年）60 頁。

る家庭の安定化を図ろうとする。代理懐胎はこのなかに位置付けられ、利用が肯定される。

　しかし、国内で代理懐胎を引き受ける女性は少なく、いたとしても費用が高額になる[27]。そこで商業的代理懐胎が合法化されていたり、法律が厳格でないことや、依頼者と代理懐胎者の圧倒的な社会経済的な格差などを背景に、依頼者主導で利用しやすい環境にある国々を中心に市場が開拓されていった[28]。たとえば、インド、タイなどである[29]。

3　代理懐胎者の実情と商業主義の廃止

　インドでは、2002年、商業的代理懐胎が合法化され、かつ、費用の安さ、医療技術の安定性から、海外からの代理懐胎依頼者が多かった。固定的な経済格差のなか、インドやネパールの妻自身が、家族の生活や子どもたちの将来を考えて、自ら決心して代理母（代理懐胎者、日比野由利の著書・論文に従いここでは「代理母」とする）に志願するケースも少なくない。経済的に困窮した下層階級の人々にとっては、代理母への報酬は概して世帯収入の4−5年分に相当する。代理母をリクルートするケアテイカーたち（元代理母も多い）が、家族の背景の調査や代理懐胎のリスク、得られる収入などの説明も行い、適切と判断した場合に医療施設へつなぐ。代理母が出産した後、子どもは依頼者に渡され、出生証明書には依頼者の名前が記載されるため、代理母の名前はどこにもない。出産後も子どもへの母乳栄養を希望する依頼者もいる。しかし、それでも依頼者が新生児を伴って帰国した後は、代理母との関係性は一切絶たれる。

---

27)　米国では1000万円を超え（杉山麻里子『ルポ　同性カップルの子どもたち』岩波書店、2016年、59−60頁、オーストラリアでは、代理懐胎者とそのパートナーのカウンセリング、法的手続、胚移植、代理懐胎者の旅費その他で2万8000−4万6000豪ドルかかる（南貴子「代理懐胎の法制度のもとで浮かび上がってきた課題──オーストラリアの事例分析をもとに」社会保障研究2巻4号（2018年）582頁）。

28)　日比野由利「代理出産者への配慮の可能性──インド・タイの実情と変化を素材に」比較法研究80号（2019年）231頁。

29)　インドだけでイギリス人カップルに1000人の子がもたらされたという報道があり、親決定の分析調査により、2012年には149人が確認されている（中村・前掲注25)35頁）。オーストラリアでは、2004年から2011年に国内実施で73人の子が出生しているのに対して、国外実施で2009年には97人、2011年には269人出生している（南・前掲注27)584頁）。渡航先としてインド、タイが挙げられている。

写真すら送られてこない[30]。

　他方、タイでは、2015 年 2 月まで商業的代理出産を禁止する法律がなかったことから、仲介業者が間に入ったり、代理母志願者がネット上で依頼者を募り、自ら依頼者と交渉する形態で商業的代理出産が行われてきた。後者の場合、依頼者と密なコミュニケーションを取ることで、依頼者に対し同情や共感の気持ちを持ち、依頼者のための懐胎・出産に積極的に協力しようという態度が代理母に生じることもある。しかし、個人交渉だけに、支払い、事故対応などトラブルが生じることは避けられない。他方、タイでは分娩者が法律上の母となるため、子の出生後、代理母が母親として登録される。生みの母親についての手がかりは残される。そして、代理母が親権の放棄に同意し、養子縁組を経由して子は依頼者に引き渡される[31]。

　しかし、インドでは、外国人依頼者が急増し、生まれた子が出国できない、子どもの置き去りなど帰国をめぐるトラブルが続発し、2012 年 7 月、代理出産の医療ビザに関する規定が強化された。また、代理母となった女性や子どもが放置されたり、適切に処置を受けなかった事例が報告され、早く多額の金を稼ぐために、家族によってこの仕事を押しつけられている可能性があると指摘され[32]、2015 年 10 月、商業的代理懐胎が禁止された。タイでは、オーストラリア人依頼者が障害のある双子の男児の引き取りを拒否した事件、日本人独身男性が十数人もの代理出産を依頼していた事件が報道されたことが契機となり、2015 年 2 月、商業的代理出産が禁止された[33]。

4　代理懐胎者の尊厳とは何か

　2014 年 6 月 24 日、ヨーロッパ人権裁判所が、フランスで違法とされる代理懐胎で出生した子にフランス法上の地位を与えることをフランス政府に対して

30）　日比野由利『ルポ　生殖ビジネス——世界で「出産」はどう商品化されているか』朝日新聞出版、2015 年、21〜69 頁、簡潔には、日比野・前掲注 28）232−236 頁。かつてのインドに関しては、松尾瑞穂「インドにおける生殖ツーリズムと代理懐胎——ローカル社会とのかかわりを中心に」日比野編・前掲注 9）33−52 頁、日比野由利「インドにおける生殖補助医療と法・倫理——商業的代理出産を中心に」日比野由利編『アジアの生殖補助医療と法・倫理』法律文化社、2014 年、57−75 頁など。
31）　日比野・前掲注 30）〔ルポ〕73−119 頁。
32）　南・前掲注 27）585 頁。
33）　日比野・前掲注 28）231、234 頁及び日比野・前掲注 23）を参照した。

要請した時期に、ヨーロッパ議会は、人権年次報告書において、「代理懐胎の実施は、女性が、その身体および生殖器官を商品として使用することにより、女性の尊厳をおとしめる」と非難した[34]。

　日比野は、胎児は9か月間、代理母とその家族の見守りの中で成長をとげたのであり、代理母とその家族は子どもの育みに関わった当事者だということもできるだろうと述べる[35]。代理懐胎には代理母やその家族の側から見たストーリーもある。インドでもタイでも、多くの代理母は依頼者の許可があれば子に会ってみたいと（遠慮がちに）述べており、口にははっきり出せないが、依頼者家族との交流を望んでいたという[36]。依頼者と代理母が真に良好な関係にある時、代理出産は代理母にとっても、心に刻まれる経験になりうる。そうなるためには、両者の間を適切にマネジメントできる人間の関与が必要であり、トラブルを解決するための何らかの枠組や手段をあらかじめ準備しておく必要もある。先進国の一部では、一定の経験が蓄積されており、これを共有化すること、経験者によるサポートグループなどが形成され、さまざまな知識が伝達されることの必要性を説く[37]。

　杉山麻里子のルポによれば、カリフォルニア州の仲介業者からゲイ・カップルを紹介され、第三者の卵子提供による受精卵移植で妊娠し、女の子を出産した女性は、23歳で結婚し、3人の子どもがいる。事前に依頼者カップルと会い、代理懐胎を希望する理由や妊娠中の行動規制などを話し合い、信頼関係を築き、出産後は、彼女の夫、子ども、依頼者カップル、生まれた子との交流が始まっている。彼女は「私は名誉叔母」と言い、生活には困っておらず、「私にとって重要だったのは、だれかの役に立てるということ」、「この子は自分の子ではなく、私が彼らから預かって、代わりに子宮で育てているのだと理解しました」と語る[38]。

　日比野は、「エピジェネティクスやマイクロキメリズムといた科学的事実が示すように、妊娠出産する女性と胎児との間には消し去ることのできない生物学的なつながりが存在している。出自を知る権利は、代理出産で生まれた子ど

34）　建石・前掲注23）214-215頁。
35）　日比野・前掲注30）〔ルポ〕117頁。
36）　日比野・前掲注28）235頁。
37）　日比野・前掲注30）〔ルポ〕218頁。
38）　杉山・前掲注27）62-67頁。

もにも、保障されるべきである。子どもは誰が自分を産んだのかを知ることが望ましく、代理母は子どもと面会交流する権利を持つことが望ましい。この原則は、商業的であれ、非商業的であれ、貫かれるべきである。ときに代理出産の是非が論じられる時、代理母への金銭的対価の有無のみが焦点化されがちであるが、それは貧しい女性や家族のリアリティからはかけ離れた議論である」とする[39]。

　代理懐胎者の尊厳も、精子・卵子の提供者と同様、自然生殖で子をもうけることのできない女性やカップルの出産、子育てに寄与する行為をしていることの誇りであり、それを保障するのは、代理懐胎者が適切な情報に基づいて自由に決定し[40]、杉山の紹介例のように、生まれた子と依頼者家族、代理懐胎者とその家族との交流を保障することではないだろうか。同性カップルが生殖補助医療を利用する場合、レズビアン・カップルの場合には、精子提供者である男性が関わり、ゲイ・カップルの場合には、卵子提供者である女性、懐胎・出産する女性が関わる。米国では、こうした男性、女性が加わって、子の養育や扶養に当たることが指摘されている[41]。このことは同性カップルに限らない。精子・卵子提供者、代理懐胎者に家族がいる場合には、子を媒介として、二つの家族が相互に関わり合うことになる[42]。子が提供者等と交流することを、提供者等の家族が受け入れることによって、養育家族と提供者等およびその家族とが関係性を持つこと、共存することが可能になる。それは、これまで婚姻家族のなかで一体的に営まれていた生命の誕生と育みの協働を、婚姻家族以外の人

39）日比野・前掲注28) 237頁。
40）代理懐胎を規律するオーストラリア連邦法の整備に向けた報告書の提言で示された原則2は、「代理懐胎者は、代理懐胎を行うことについて、自由で、情報に基づいた決定をすることができる」とする（南・前掲注27) 586頁）。
41）上杉富之「ポスト生殖革命時代の親子と家族〜多元的親子関係と相互浸透的家族」法律時報86巻3号（2014年）74頁。
42）上杉・前掲注41) 74−75頁。同性カップルの子育てについて、「子に対するケアの関係は、当事者のケアを担うという純粋意思によって開始し、その関係は必ずしも自然的血縁に基づかないということにおいて」示唆的な側面を含むとする見解（齊藤笑美子「親密圏と『権利』の可能性」ジェンダー法学会編『講座　ジェンダーと法　第4巻　ジェンダー法学が切り拓く展望』日本加除出版、2012年、91頁、同性カップルの親子関係は、親子は機能であり、親となる意思に依拠するとして、男／女、血縁、排他的親子関係を要素とする近代的婚姻に基づく家族観を根底から覆す可能性を指摘する見解（丸山茂「ジェンダー理論と家族の変容：フランスにおける同性婚の導入」神奈川大学評論88号（2018年）100頁）がある。

にまで広げることであり、婚姻家族の閉鎖性から人々を解放することを意味するのではないだろうか[43]。

おわりに

生殖補助医療において子の出自を知る権利を子に保障することは、提供者等が自分の存在を明らかにして、子の成長にかかわることであり、それは提供者等の責任である。生命の誕生にかかわる者は、誕生後の育みにも関わるべきであり、そのことによって提供型生殖補助医療を肯定的に捉えることが可能になる[44]。責任を持つがゆえに、提供者等は自己の提供等の行為に対して誇りを持つことができる。これが提供者等の尊厳であり、「人間化」ではないだろうか。

結婚すれば子をもうけて当然、女性は出産すべきと考える人が多い日本において[45]、生殖補助医療について法制化する場合には、その前提として、不妊に対する理解を深め、生殖補助医療は生き方についての多様な選択肢、カップルのみで生きる、養子縁組をする、里親になる、地域の子育てに協力するなどの一つであり、これらと等価であることを認識する必要がある。そのうえで、①子の出自を知る権利を確保し、②提供者や代理懐胎者の尊厳を守り、③提供を受ける者・依頼者が安心して利用できるシステムを構築すべきである。この順序を間違えてはならないと思う。

---

43) 南貴子『人工授精におけるドナーの匿名性廃止と家族——オーストラリア・ビクトリア州の事例を中心に』風間書房、2010 年、229－230 頁。
44) 二宮周平「子の出自を知る権利」『生殖補助医療と法』日本学術協力財団、2012 年、228 頁。
45) 仕事を辞めて長年不妊治療に専念してきた女性が、夫から卵子提供を強要された悔しさを語る投稿記事がある（日比野由利「生殖ツーリズムのアジアにおける展開と国内解決法」日比野編・前掲注 9) 266 頁の注 24) 参照)。

Roe 判決の意義と課題

小竹　聡

はじめに

　本稿は、合衆国最高裁判所による 1973 年の Roe v. Wade[1] 判決の内容を振り返り、Roe 判決に対してなされた批判とこれを擁護する議論の全体像を把握するとともに、判決が提起した問題に対する選択支持派にとっての課題をその後の判例の展開とも照らし合わせて考察することによって、判決の意義を明らかにすることを目的とする。また、同判決を当時の政治的文脈に位置づけた上で、判決の政治的効果についても考察を加えることとしたい。

　これまで、本稿筆者は、アメリカ合衆国における妊娠中絶問題をめぐって、多数の論考を公表してきた[2] ものの、Roe 判決そのものについて取り上げ、直接、論じることはなかった。本稿は、これまでの研究を踏まえ、アメリカ合衆国における妊娠中絶問題の中心的地位を占める Roe 判決の意義と課題を論じようとするものである。

---

1) Roe v. Wade, 410 U.S. 113 (1973). なお、本稿では、同日に下されたコンパニオン・ケースである Doe v. Bolton, 410 U.S. 179 (1973) 判決と併せて、Roe 判決と総称する場合がある。
2) このうち、Roe 判決に至るまでの妊娠中絶問題の史的展開については、小竹聡「アメリカ合衆国における妊娠中絶問題の政治化の過程」比較法学 40 巻 1 号 (2006 年) 91 頁 (以下、政治化)、同「アメリカ合衆国における妊娠中絶判決の形成 —— 中絶法の廃止に向けた運動の展開」早稲田法学 85 巻 3 号 (2010 年) 407 頁 (以下、形成)、同「アメリカ合衆国における妊娠中絶合法化の過程 —— 1971 年および 1972 年の情況」拓殖大学論集　政治・経済・法律研究 16 巻 1 号 (2013 年) 135 頁 (以下、合法化) がある。また、Roe 判決の翻訳を同「翻訳 —— Roe v. Wade, 410 U.S. 113 (1973) 判決」拓殖大学論集　政治・経済・法律研究 17 巻 1 号 (2014 年) 113 頁で行っている。なお、同「妊娠中絶とプライバシーの権利 (1) —— Roe v. Wade」樋口範雄・柿嶋美子・浅香吉幹・岩田太編『アメリカ法判例百選』有斐閣、2012 年、96 頁も参照。

一 Roe 判決の内容と核心

1 判決の概要

Roe 判決で争われたのは、「母体の生命を救うという目的のために医師の助言により得られ、または試みられる中絶」に関する場合を除いて、中絶を得ることまたは試みることを犯罪とするテキサス州法の合憲性である[3]。合衆国最高裁判所は、1973 年 1 月 22 日に、7 対 2 の多数で、当該制定法を違憲と判示した。

法廷意見を書いたブラックマン裁判官は、「中絶論争の微妙で感情に訴える性格、医師の間にすら見られる激しく対立する見解、その問題が引き起こす心底からの、おそらくは絶対的な確信」を認めることから始め、合衆国最高裁の職務は、「感情やより好みを持たずに、その問題を憲法の尺度によって解決すること」であると説明する[4]。そして、ブラックマンは、当事者適格といった手続上の問題を処理した上で、中絶の歴史を概観し、さらに、刑事中絶法の背後にある不法な性行動の抑止、妊婦の保護、出生前の生命の保護という三つの正当化事由を検討した後に、本案についての上訴人の主張の検討に入り、「合衆国憲法は、いかなるプライバシーの権利についても明示的に言及していない」ものの、「個人のプライバシーの権利……が合衆国憲法の下で確かに存在する」ことを先例は認めているとし、「修正 14 条の個人の自由および州の行為に対する制約の概念に基礎づけられる」このプライバシーの権利は、「女性の、自己の妊娠を終了させるか否かの決定を含むだけの十分な広がりがある」と述べた上で、「当該州がこの選択を完全に否定することによって妊婦に押しつける損害は、明白である」と主張する[5]。もっとも、ブラックマンは、「この権利は無制限ではなく、重要な州の規制利益に照らして考察されなければならない」とし、当法廷は、一定の「基本的権利」が問題となっている場合には、これらの権利を制限する規制が「やむにやまれぬ州の利益」によって初めて正当

---

3) *Roe*, 410 U.S. at 117-18.
4) *Id.* at 116.
5) *Id.* at 152-53.

化されうること、および、立法部の制定した法律は、問題となっている正当な州の利益だけを表明すべく狭く作成されなければならないことと判示しているとして、プライバシーの権利の制約を判断するための枠組を提示する[6]。

そこで、ブラックマンは、修正14条で用いられているような「人」という語は、未出生者を含まないとする一方で、妊婦は、自己のプライバシーの中に孤立していることはできないとし、妊婦は、胎芽、後に胎児を宿すとしながらも、「医学、哲学、神学の各学問分野で研鑽を積んだ人々がどんな合意にも到達できないときに、司法部は、人知の発達の現段階において、その解答についての思索をめぐらせる立場にはない」として、「我々は、生命がいつ始まるのかについての難問を解く必要はない」と主張する[7]。そして、ブラックマンは、当該州は、妊娠した女性の健康を保持し保護する重要かつ正当な利益を確かに持つこと、および、人間生命の潜在性を保護するさらに別の重要かつ正当な利益を持つことを認め、これらの利益は、全く異なり、妊婦が出産に近づくにつれて実質が増大し、妊娠中のある時点で、それぞれ、「やむにやまれぬ」ものとなるとする。こうして、第一に、母体の健康に対する同州の重要かつ正当な利益に関しては、「やむにやまれぬ」時点は、現在の医学上の知識に照らすと、第一トライメスターのおおよそ終了時であり、その理由は、第一トライメスターの終了までは、中絶の死亡率が通常の出産の死亡率よりも低いものでありうるという今日確立している医学的事実によるとする。また、そのことから、この時点よりも後に、規制が母体の健康の保持と保護に合理的に関連する限りで、州は、中絶処置を規制しうること、他方で、この時点より前の妊娠期間には、主治医は、患者と相談して、自己の医学的判断において、その患者の妊娠が終了させられるべきことを、州による規制なしに、自由に決定することができることとする。第二に、潜在的生命に対する同州の重要かつ正当な利益に関しては、「やむにやまれぬ」時点は、母体外生存可能時であり、その理由は、その時に、胎児は、母の子宮外で意味のある生存をする能力をおそらく持つからであるとし、こうして、母体外生存可能時より後に胎児の生命を保護する州の規制は、論理的にも生物学的にも正当化事由を持つとする。そして、母体外生存可能時より後に胎児の生命を保護することに州が関心を持つのであれば、

---

6) *Id.* at 154-56.

7) *Id.* at 158-60.

母体の生命または健康を保持するために中絶が必要な場合を除いて、州は、その期間に中絶を禁止することさえなしうるとする[8]。

　最後に、ブラックマンは、これらの基準に照らして評価すると、当該テキサス州法は、あまりにも広範に及び過ぎ、憲法上の攻撃を生き延びることはできないと結論づける[9]。

2　Roe 判決の核心部分

　以上の内容からなる Roe 判決の法廷意見は、大きく分けて、二つの核心部分からなるものと理解することができる[10]。第一に、「基本的権利」としての「女性の、妊娠を終了させるか否かの決定」権を、先例によって承認されてきた憲法上のプライバシーの権利の一内実をなすものとして承認すること（＝ a ）、第二に、州が有するとされる「妊婦の健康の保持および保護」と「人間生命の潜在性の保護」という二つの利益の各々が「やむにやまれぬ」ものとなる時点を手がかりとして、当該権利の制約枠組としての三期間分析を導き出すこと（＝ b ）である。なお、このトライメスター枠組に関しては、判決自体、「第一トライメスターのおおよそ終了までの段階では、中絶の決定とその実施は、妊婦の主治医の医学的判断に委ねられなければならない」、「第一トライメスターのおおよそ終了から後の段階では、州は、母体の健康の利益を促進する上で、望むのであれば、母体の健康に合理的に関連するやり方で中絶処置を規制することが許される」、「母体外生存可能時から後の段階では、州は、人間生命の潜在性の利益を促進する上で、望むのであれば、適切な医学的判断により中絶が母体の生命または健康の保持のために必要である場合を除いて、中絶を規制し、しかも、禁止することさえ許される」と定式化している[11]。

---

8)　*See id.* at 162-64.
9)　*See id.* at 164.
10)　小竹聡「アメリカ合衆国における妊娠中絶をめぐる議論の一断面」浦田賢治編『立憲主義・民主主義・平和主義』三省堂、2001 年、73 頁、75 – 76 頁参照（以下、一断面）。
11)　*Roe,* 410 U.S. at 164-65.

二 Roe 判決に対する批判と擁護

1 全体的構図

　それでは、Roe 判決に対しては、これまで、どのような評価がなされてきたのであろうか。ここでは、細かな差異は一切捨象して、極めて単純化した全体の見取り図を描くこととしよう。まず、テキサス州法のような 19 世紀に制定された反中絶法は違憲であるとの結論に着目すると、これを政治的に支持するのが「選択支持派」であり、批判するのが「中絶反対派」ということになる。前者の陣営は、中絶立法の改革運動を主導した医師やフェミニスト、リベラル派と呼ばれる運動体からなり、後者の陣営は、主として、カトリック教徒やファンダメンタリストを含むキリスト教右派を担い手としている。もっとも、政治的に Roe 判決の結論を支持するからといって、その理由づけを全面的に擁護する必要はなく、ことに法学者の中には、判決の核心部分について、ａはともかくｂについては酷評する者や、そもそもａについても疑問視する者が存在する。なお、しばしば指摘されるのは、中絶反対派は、必ずしも宗教的理由だけに基づいて判決に異を唱えているのではなく、その根底には、ジェンダーやセクシュアリティ、家族の役割をめぐるイデオロギー闘争の一環として、いわば家父長制的支配、伝統的家族の擁護が本質として存在しているのではないかと分析されている[12]。

2 法廷意見に対する批判

　法学者の世界は、Roe 判決に対して、具体的にどのような批判を繰り広げてきたのか。ここでは、「歴史、法または論理における正当性の欠如」の故に、判決を全面的に攻撃する、中絶反対派を代表する論客たちの論考に即して、その内容を概観してみよう[13]。

---

12) 小竹、一断面・前掲注 10) 85 − 86 頁参照。
13) Dennis J. Horan & Thomas J. Balch, Roe v. Wade: *No Justification in History, Law, or Logic, in* ABORTION AND THE CONSTITUTION: REVERSING *ROE v. WADE* THROUGH THE COURTS 57, 57 (Dennis J. Horan, Edward R. Grant & Paige C. Cunningham eds., 1987). 同論文の翻訳として、デニス・J・ホーラン、トーマス・J・ボールチ（小竹聡訳）「Roe v. Wade: 歴史、

まず、ブラックマンの行った中絶の歴史分析に対しては、中絶は、当時の科学に照らして、人の生命が存在すると最終的に考えられた妊娠時点の後においてのみ、疑いなく殺人とみなされたのであり、それ故、現代の科学の見地からは、受精時から未出生者を保護することが歴史の継続性と合致するアプローチであるとの主張が対峙することになる[14]。また、西洋文明の総意は、妊娠の継続期間を通じて中絶に反対であったとし、とりわけ、「コモン・ロー上、我々の合衆国憲法の採択時、そして、19 世紀の大部分の時期を通じて、……女性は、ほとんどの州で今日享受するよりも、はるかに広い妊娠を終了させる権利を享受していた」[15] とのブラックマンの結論は不正確であるとする[16]。そのほか、このような歴史の議論は、そもそも判決が提示する法的議論とは無関係であるとの批判も存在する[17]。この最後の点についてだけ一言論評すれば、中絶に対する法的、社会的態度の歴史を示すことによって修正 14 条の解釈を基礎づけるというブラックマンの意図にはそれなりに意義が認められるのであり、問題は、その歴史の議論の説得力にあるものと言えよう。

　次に、問題となるのは、Roe 判決の核心部分の a 、即ち、中絶を含むほどに広いとされた憲法上のプライバシーの権利についての判示部分である。ここで批判にさらされているのは、中絶はプライバシーとは何の関係もなく[18]、また、先例によって個人のプライバシーの権利に含まれるとされてきた結婚、生殖、避妊、家族関係、子の養育および教育に関連する活動との関係や中絶の禁止が妊婦に課す不利益を指摘することによって、中絶に憲法上の権利としての保護を認める論理の脆弱さである[19]。また、そもそも実体的デュー・プロセスに対する懐疑や、中絶の決定を医師が基本的責任を有する「医学的判断」の問題と

　法または論理における正当性の欠如」愛知教育大学社会科学論集 42・43 合併号（2005 年）313 頁。

14) *See* Horan & Balch, *supra* note 13, at 61.

15) *Roe*, 410 U.S. at 140.

16) *See* Horan & Balch, *supra* note 13, at 61-62, 70.

17) *See* John Hart Ely, *The Wages of Crying Wolf: A Comment on* Roe v. Wade, 82 YALE L.J. 920, 925 n.42（1973）; Richard A. Epstein, *Substantive Due Process by Any Other Name: The Abortion Cases*, 1973 SUP. CT. REV. 159, 167.

18) *See* Ely, *supra* note, 17, at 932.

19) *See* Norman Vieira, Roe *and* Doe: *Substantive Due Process and the Right of Abortion*, 25 HASTINGS L.J. 867, 873（1974）.

したことへの批判もありうるところである[20]。これらの批判に対しては、ここで問題となっているプライバシーはいわゆる個人の自律のプライバシーであること、コモン・ローの伝統は先例からの類推を許容し、憲法上のプライバシーの権利による中絶への保護の拡張は必ずしも不当とは言えないこと、中絶の決定は生殖または性的行動に関する自律権として実体的デュー・プロセスによる保護の対象となると見ることができること、といった反論が可能であろう。また、当時の判例法理の水準から見れば、中絶をジェンダー平等の問題として捉えることができなかったことは、判決の限界であるとはいえ、やむを得なかったものと評することができよう。

　さらに、ブラックマンは、修正14条で用いられているような「人」という語は未出生者を含まないとするが、この点に関しては、中絶の権利を導き出す際の解釈方法とは対照的に、厳格な文理解釈によっており、方法論的に一貫していないとの批判が存在する[21]。また、合衆国憲法の他の場所で用いられている「人」という言葉を見ても、その語は出生後にのみ適用されると述べたことに対しては、いずれの条項も「人」の定義をしておらず、また、憲法の文言は目的適合的な記述に過ぎず、特定の条項の機能はある特定の目的のためにより広範なクラスの人々を限定することにあるとの批判が[22]、さらに、中絶法一般のジレンマとしてブラックマンが指摘する、中絶禁止の例外規定が常に存在していること、妊婦が中絶という犯罪の主犯または共犯とされていないこと、中絶に対する刑罰が謀殺に対する最高刑よりもはるかに低いこと[23]は、未出生者の人としての地位の問題にとって決定的ではないとの批判がなされている[24]。

---

20) 前者につき、*see* Ely, *supra* note, 17, at 939, 後者につき、*see* Andrea Asaro, *The Judicial Portrayal of the Physician in Abortion and Sterilization Decisions: The Use and Abuse of Medical Discretion*, 6 HARV. WOMEN'S L.J. 51, 53 (1983).

21) *See* Ely, *supra* note, 17, at 926; Erwin Chemerinsky, *Rationalizing the Abortion Debate: Legal Rhetoric and the Abortion Controversy*, 31 BUFF. L. REV. 107, 124 (1982); Robert A. Destro, *Abortion and the Constitution: The Need for a Life-Protective Amendment*, 63 CALIF. L. REV. 1250, 1338 (1975); Richard Gregory Morgan, Roe v. Wade *and the Lesson of the Pre-*Roe *Case Law*, 77 MICH. L. REV. 1724, 1737 (1979); Notes and Comments, Roe v. Wade *and* Doe v. Bolton: *The Compelling State Interest Test in Substantive Due Process*, 30 WASH. & LEE L. REV. 628, 637 (1973).

22) *See* John D. Gorby, *The "Right" to an Abortion, the Scope of Fourteenth Amendment "Personhood" and the Supreme Court's Birth Requirement*, 4 S. ILL. U. L.J. 1, 11-13 (1979).

23) *See Roe*, 410 U.S. at 157 n. 54.

24) *See* Epstein, *supra* note 17, at 180; Gorby, *supra* note 22, at 20; Robert M. Byrn, *An*

人の生命の始まりについて、合意の欠如故に思索をめぐらせる立場にないとブラックマンが述べた点についても、人の生命の始期をめぐる思考の広範な相違についての記述には事実誤認が多いとの批判に加えて[25]、この言明は、いつ人間が生まれるかという科学的な問題と、どんな価値をそうした存在に置くべきかという倫理的、社会学的、法的問題とを混同しているとの根本的な批判がなされている[26]。また、実際には、ブラックマンは生命についての別の理論を採用し、妊婦の権利が未出生の子の権利に打ち勝つことを決定したとする批判や[27]、さらには、合意がないことは、中絶の許容ではなく、その問題を立法部に委ねることを意味するはずだとの批判もなされている[28]。

　最後に、Roe 判決の核心部分の b、三期間分析に対しては、疑問の余地のあるまたは変わりやすいデータに基づいた、司法による立法であるとの批判がなされている[29]。とりわけ、第一トライメスターにおいて、健康規制が一切許されないとするのは不当であり[30]、また、母体外生存可能時については、その論証が不十分であるだけでなく[31]、医学の進歩により可変的となり、胎児の保護が完全に外在的な出来事に依存することになると批判されている[32]。さらに、

American Tragedy: The Supreme Court on Abortion, 41 FORDHAM L. REV. 807, 853-55 (1973); Destro, *supra* note 21, at 1256 n.30; Elizabeth N. Moore, *Moral Sentiment in Judicial Opinions on Abortion*, 15 SANTA CLARA LAW. 591, 598-99 (1975).

25) *See* Horan & Balch, *supra* note 13, at 75.

26) *See id.* at 75-76.

27) *See* Epstein, *supra* note 17, at 182.

28) *See* Horan & Balch, *supra* note 13, at 76.

29) *See* ARCHIBALD COX, THE ROLE OF THE SUPREME COURT IN AMERICAN GOVERNMENT 113-14 (1976)（A・コックス（芦部信喜監訳）『最高裁判所の役割』東京大学出版会、1979 年、176 頁参照）.

30) *See* Ely, *supra* note, 17, at 942 n.117; Comment, *Technological Advances and* Roe v. Wade: *The Need to Rethink Abortion Law*, 29 UCLA L. REV. 1194, 1199 n.41 (1982).

31) *See* Chemerinsky, *supra* note 21, at 125; Ely, *supra* note 17, at 924; Nancy S. Erickson, *Women and the Supreme Court: Anatomy is Destiny*, 41 BROOK. L. REV. 209, 250 (1974); Gorby, *supra* note 22, at 32; Patricia A. King, *The Juridical Status of the Fetus: A Proposal for Legal Protection of the Unborn*, 77 MICH. L. REV. 1647, 1656 (1979); Lawrence H. Tribe, *The Supreme Court 1972 Term—Foreword: Toward a Model of Roles in the Due Process of Life and Law*, 87 HARV. L. REV. 1, 4 (1973); Special Project, *Survey of Abortion Law*, 1980 ARIZ. ST. L.J. 67, 128; Comment, *Fetal Viability and Individual Autonomy: Resolving Medical and Legal Standards for Abortion*, 27 UCLA L. REV. 1340, 1341 (1980).

32) *See, e.g.*, Byrn, *supra* note 24, at 807 n.5; Chemerinsky, *supra* note 21, at 125; Joseph Cincotta, *The Quality of Life: From* Roe *to* Quinlan *and Beyond*, 25 CATH. LAW. 13, 30 n.109 (1979); Joseph W. Dellapenna, *The History of Abortion: Technology, Morality, and Law*, 40 U. PITT. L. REV. 359, 360 n.10 (1979); Destro, *supra* note 21, at 1311-13; Ely, *supra* note

Doe における判示[33] を考慮に入れると、「健康」の定義は広範に過ぎ、実際には、進んで中絶を実施してくれる医師を見つけ出すことができる限り、女性は、妊娠中のどの期間でも中絶を受ける憲法上の権利を持つことになると批判される[34]。

3 選択支持派にとっての課題

以上のように、様々な批判にさらされている Roe 判決は、中絶反対派が酷評するように、「非常に欠陥があるだけでなく」、「社会に打撃を与える結果を持つものとみなされている」[35] 判決として、先例変更を免れないのであろうか。確かに、判決に対するいくつかの批判にはもっともなところがあり、Roe 判決の正当性を弱めていることは疑いがない[36]。そうすると、判決に内在する「歴史、法、論理」における脆弱さを克服し、中絶反対派に抗するためには、生身の女性の現実を直視し、「Roe なき世界」に対する想像力を巡らせることによって、判決を正当化する「原理づけられた」論理的根拠を探究する必要がある。こうして、選択支持派に求められることは、夫や親、医師、議会ではなく、女性自らが自己の生殖能力をコントロールすることができるよう保障すること、および、すべての女性の安全な中絶へのアクセスを確保し、貧富の差や地域格差、年齢に関わらず、安価で、容易に利用することができ、全米各地に行き渡る中絶の実施を展望することである。

17, at 924 n.34; Erickson, *supra* note 31, at 254-55; Gorby, *supra* note 22, at 32 n.151; Graham Hughes, *Who is a Victim?*, 1 Dalhousie L. J. 425, 433 (1974); King, *supra* note 31, at 1684-86.

33) *See Doe*, 410 U.S. at 193.

34) *See* Horan & Balch, *supra* note 13, at 59-60.

35) *Id.* at 57.

36) それ故、Roe 判決を厳しく批判する論者からは、Roe 判決の結論を支持する法学者たちの一定不変のアプローチは、その意見を「書き換える」ことにあると当て擦られている。*See id.* at 58; *see also* Joseph W. Dellapenna, Dispelling Myths of Abortion History 687 (2006)（「Roe における意見は非常に不十分にしか書かれていないので、その結論を擁護する者は、その意見の謝罪から分析を始める。」）. なお、Roe の元々の意見に代わる別の意見を起草する学者による試みとして、*see* What Roe v. Wade Should Have Said: The Nation's Top Legal Experts Rewrite America's Most Controversial Decision (Jack M. Balkin ed., 2005); Rachel Rebouché, *Commentary*, Kimberly M. Mutcherson, *Judgment*, Roe v. Wade, 410 U.S. 113 (1973), *in* Feminist Judgments: Rewritten Opinions of the United States Supreme Court 146 (Kathryn M. Stanchi, Linda L. Berger & Bridget J. Crawford eds., 2016). 本稿では、その内容には立ち入らない。

4 プライバシー、性平等と妊娠中絶

　フェミニズム法学は、合衆国最高裁の用いてきたプライバシー権分析の問題点を指摘し、プライバシー権の法理は、平等および性的自由を求める女性の欲求に訴えかけ、妊娠中絶を、誰もが持つ自分自身の生殖能力をコントロールする利益という広い文脈に置くことができるという積極面を有するものの、公私二分論を強化することによって、性的自由の名の下に社会が許容している暴力と性的攻撃を公の監視から遮断し、妊娠中絶や出産を、女性の、女性としてのアイデンティティにとって中心的なものと扱うことによって、かえってセクシズムを強化し、実際にも、妊娠中絶を女性のプライバシーの問題とすることによって、公的資金の給付を拒絶する舞台を作り上げてしまったと批判する[37]。

　妊娠中絶の問題は、中絶規制は女性にのみ負担を課すのであるから、個人の自律の観点からだけでなく、性平等の見地からも捉えられるべき問題である[38]。確かに、「同様の状況にある」男女を異なって取り扱っているかどうかを問う「比較の原理」の下では、男女が生物学的に異なっている生殖のような領域における女性の行為を規制する立法を、裁判所が精査することは困難であり、形式的平等のアプローチは何物ももたらさない[39]。しかしながら、「比較の対象となる同様の状況にある男性が存在しない場合でも、州は、女性の適切な役割についてのステレオタイプの見方を永続化することができる」[40] のであり、ここに、中絶禁止法の性差別性が問われることとなる。フェミニズム法学はこの点を鋭く剔抉し、プライバシーに代わる平等の原理に根拠づけられた主張を展開するのである[41]。

---

37) *See* Frances Olsen, *The Supreme Court 1988 Term—Comment: Unraveling Compromise*, 103 Harv. L. Rev. 105, 110-13 (1989).

38) *See, e.g.*, Cass R. Sunstein, *Neutrality in Constitutional Law (with Special Reference to Pornography, Abortion, and Surrogacy)*, 92 Colum. L. Rev. 1, 39 (1992).

39) 小竹聡「アメリカ合衆国における妊娠中絶法理の現在」憲法理論研究会編『法の支配の現代的課題』敬文堂、2002 年、81 頁、86 頁参照。

40) David H. Gans, Note, *Stereotyping and Difference:* Planned Parenthood v. Casey *and the Future of Sex Discrimination Law*, 104 Yale L.J. 1875, 1895 (1995).

41) そうした議論の一つの試みについて、小竹、一断面・前掲注10) 86 – 89 頁参照。

5　胎児の道徳的地位の問題

　ここで、胎児の道徳的地位の問題についても一言触れておこう[42]。生命倫理学における人工妊娠中絶の道徳的正当化の議論には、一方で、胎児が生物学的に人であるかどうかを専ら議論の焦点とし、胎児は生物学的に人ではないとして中絶を是認するか、あるいは、生物学的に人であるとしても中絶は不当な殺人ではないとしてその条件を探る議論が見られる。しかし、胎児はいつから生物学的人となるかを問い、完全な成人の人への発達の潜在的可能性に着目する前者の潜在性論には、なお線引き問題の陥穽を免れることができず、また、仮に潜在性の起点を確定することができるとしても、ある地位の潜在的な保持はその地位を現実に保持することを論理的に保証しないという「潜在性についての論理的核心」問題を解決し切れていないという問題が残っている。また、胎児の権利は母体の権利に常に優越するかを問い、正当防衛以外の場合に、中絶が認められる妊娠の発生状況ないし原因行為はあるか、それはどのような場合かを探求する後者の「権利の衝突」論にも、たとえそうした個別的考察を受け入れるとしても、利益衡量の際に、不可避に曖昧さがつきまとうという問題がある。他方で、そもそも生物学的人としての human being とは区別された「自己意識のある理性的存在」としての person を措定し、胎児は「パーソン」ではないから中絶は許されてしかるべきだとする「パーソン」論と呼ばれる議論も見られるが、この議論は、言うところのパーソン性の規準により、胎児のみならず嬰児その他の非パーソンの「生命に対する権利」の主体性を一刀両断に切り捨ててしまうという急進性の故に、根強い反発を招いて落ち着くところがない。結局、胎児の生命といった道徳的に明確でない争点が問題となる場合には、ある特定の集団を従属せしめる危険を最小限にするために、その決定を個人の判断に委ねるべきであり、政治過程としては寛容で臨むべきなのであって[43]、その限りで、Roe 判決の基本的な発想は、正当化できるものと言えよう。

42）小竹聡「人工妊娠中絶と胎児の『生命に対する権利』（1）」愛知教育大学社会科学論集39号（2001年）103頁、同「人工妊娠中絶と胎児の『生命に対する権利』（2）・完」愛知教育大学社会科学論集 40・41 合併号（2003年）131頁、特に、（2）、161頁参照。
43）*See* David A. Strauss, *Abortion, Toleration, and Moral Uncertainty*, 1992 SUP. CT. REV. 1, 4, 22.

三 Roe 判決の意義

1 政治的効果をめぐる議論

Roe 判決に対しては、法理上の評価のほかにも、政治的な側面からの議論が存在する。ここでは、Roe 判決は妥協的法律をもたらすことを事実上止めてしまったとする妥協阻害論と、裁判所に重要な社会変化を生じさせることを可能にする条件はめったに存在せず、裁判所に社会変革を期待するのは「空しい希望」であるとする議論を取り上げて、それぞれの主張とその含意について、簡潔に検討することにしよう。

妥協阻害論とは、その代表的論者によれば、「中絶規制を基本的に州議会に委ねる判決が出ていたならば、双方の熱心な支持者による建設的な活動が奨励されていたであろう」[44] とし、「1973 年に司法部が中絶の権利を宣言したことが、ヨーロッパ各地で起こっていたような、発達中の生命に保護を完全に否定することなく女性の利益に非常に実質的な保護を与えた妥協的な法律を合衆国にもたらしている、既に進行中であった立法による中絶改革の過程を事実上止まらせた」[45] とする議論である。しかし、判決以前の各州における立法改革の情況を見れば、この主張は正しいとは言えず、Roe 判決以前には、中絶法の廃止を行った州は 1970 年の 4 州に過ぎず、アメリカ法律協会型の改正を行った州も 1970 年までの 12 州と 1972 年の 1 州にとどまり、1972 年の末までには、中絶法の改革運動はますます守勢に追いやられていると評される情況にあった[46]。結局、この議論は、ヨーロッパにおける経験に仮託して Roe 判決を論難する、歴史に対する洞察を欠いた、せいぜいでも後知恵による批判であると評しえよう。また、仮に、よりよき妥協のために中絶規制を各州の立法過程に委ねるべきであったとしても、妥協の成立は、州ごとのパッチワークをもたらすだけではなかったのかとの批判を免れ得ない。なお、関連して、「Roe はそれが命じた変

---

44) MARY ANN GLENDON, ABORTION AND DIVORCE IN WESTERN LAW: AMERICAN FAILURES, EUROPEAN CHALLENGES 47 (1987).
45) MARY ANN GLENDON, RIGHTS TALK: THE IMPOVERISHMENT OF POLITICAL DISCOURSE 58 (1991).
46) 小竹、政治化・前掲注 2) 113-14 頁、116 頁、117 頁、小竹、形成・前掲注 2) 410-14 頁、小竹、合法化・前掲注 2) 136 頁、178 頁参照。

化の方向にあまりにも思い切って進んだ。その意見が及ぶ範囲と詳細な記述は、生命に対する権利運動の動員と、合衆国議会や州議会におけるそれに伴う反応を刺激した」[47] とするバックラッシュ誘発論とも言うべき議論も見られる[48]。しかし、ここでも、歴史を振り返れば、カトリック教会の主導による中絶反対運動が開始されたのは早くも 1967 年のことであり、また、各地で結成された草の根のグループによる中絶反対運動は、1972 年の春までには、ニュー・ヨーク州やコネティカット州などで一定の成果を上げていたという中絶反対運動の展開に鑑みれば[49]、こうしたバックラッシュの語りは、事態を必ずしも正確には捉えていないと言うことができる[50]。

次に、「空しい希望」論とは、「合衆国の裁判所が重要な社会変革を有効に生み出すことは、まずほとんどあり得ない。せいぜいでもできることは、政府の他の部門の社会変革の行為を支援することだ。政治的な文脈で解決できない問題が裁判所によって解決されることはめったにない」[51] とするジェラルド・N・ローゼンバーグ（Gerald N. Rosenberg）の見解を言う。ローゼンバーグに

<hr />

47) Ruth Bader Ginsburg, *Some Thoughts on Autonomy and Equality in Relation to* Roe v. Wade, 63 N.C. L. Rev. 375, 381 (1985). ただし、ここでのギンズバーグの主張の力点は、「Roe についての合衆国最高裁の立場は、憲法に基づく性平等の見方を排除して、医学的に是認された自律の考えにその意見が集中したことによって弱められている」（*id.* at 386）ということにある。*See also* Ruth Bader Ginsburg, *Speaking in a Judicial Voice*, 67 N.Y.U. L. Rev. 1185, 1205 (1992)（「その尋常ならざる判決を中心にして、高度に組織化され、声高に主張する生命に対する権利運動が結集し、かなりの間、反対方向に立法部の趨勢を変えることに成功した。」）.

48) なお、バックラッシュという言葉は、Susan Faludi, Backlash: The Undeclared War Against American Women (1991)（邦訳として、スーザン・ファルーディ（伊藤由紀子・加藤真樹子訳）『バックラッシュ——逆襲される女たち』新潮社、1994 年）によって、広く知られるようになった。

49) 小竹聡「アメリカ合衆国における妊娠中絶政治の展開と中絶反対派の動向」法学新報119巻 9・10 号（2013 年）317 頁、319–20 頁、小竹、合法化・前掲注2）148 頁、167–68 頁、170–72 頁参照。

50) *See* David J. Garrow, *Abortion Before and After* Roe v. Wade: *An Historical Perspective*, 62 Alb. L. Rev. 833, 840, 841 (1999)（「この脚色された、それにもかかわらず、広く受け入れられている歴史の見方」は、「全く完全に誤っている」）; *see also* David Garrow, *History Lesson for the Judge: What Clinton's Supreme Court Nominee Doesn't Know About* Roe, Wash. Post, June 20, 1993, at C3.

51) Gerald N. Rosenberg, The Hollow Hope: Can Courts Bring About Social Change? 338 (1991) (emphasis in original). *See also* Peter H. Schuck, *Public Law Litigation and Social Reform*, 102 Yale L.J. 1763, 1777 (1993) (book review)（ローゼンバーグの主張を、「裁判所の変革者としての役割は、本来、派生的、補強的、偶発的であり、発端や原因となるのではない」と要約する。）.

よれば、裁判所が重要な社会変革を有効に生み出すことができるのは、第一に、変革のためのあり余るほどの法的先例が存在し、第二に、合衆国議会のかなりの数と執行部からの変革への支持が存在し、第三に、市民からの一定の支持、またはすべての市民からの反対が少なくとも低いことが存在し、かつ、ａ判決に従うことを誘発する積極的なインセンティヴが与えられ、またはｂそのためにコストが課せられ、またはｃ判決が市場による実現を許容し、またはｄ実現にとって鍵となる行政官や公務員が行動する意思があり、裁判所の命令を追加的な資源を活用し、または背後に隠れるための手段とみなす意思があるという四つの条件のどれかがあるときであるとする[52]。これを中絶の文脈に当てはめれば、合法中絶数は 1970 年に最大の増加を示し、その数は 1973 年より後も引き続き増大していることから、「合衆国最高裁は、少なくとも部分的には、安全で合法的な中絶へのアクセスを容易にする上で有効であった」[53] ことが示唆されるが、これは、Roe 判決には、「先例と受け入れ可能な法的議論」および「政治的支持」という合衆国最高裁の有効性にとって必要な要素が存在し[54]、さらに、判決自体、クリニックという市場がその判決を実現することを認めていたので、「自由に実現できる市場」という変革のために必要な条件が存在していた[55] ことから説明できるとする。この議論は、裁判所の役割についての事実認識に関する主張であり、その点で、Roe 判決自体を有害であったとする議論とは位相を異にしている。しかし、仮に、Roe 判決が反対の結論であった場合には、中絶の利用可能性が影響を受けなかったとは到底考えられないから、この議論によっても、Roe 判決の意義が減殺されるわけではない。また、ローゼンバーグの主張の当否は別にしても、一般に、裁判所が重要な社会変革をめったにもたらさないのであれば、規範論的には、司法の慎重な役割を説くという方向だけでなく、逆説的に、そうした帰結にとらわれることなく、もっと踏み込んだ、より大胆な判決も許されるべきだとの主張をこの議論は伴うことにもなろう。

---

52) *See* ROSENBERG, *supra* note 51, at 36.
53) *Id.* at 180.
54) *See id.* at 181-89.
55) *See id.* at 189-201.

2　象徴的意味

　結局、Roe 判決とは何であったのだろうか。そもそも中絶とは、人々が感情を強く揺さぶられ、あるいは深い葛藤に苦しみ、文脈に依存した感情を持つ問題である。Roe 判決は、それまで非合法の世界で存在していた事柄に憲法上の権利としての正当性を与え、多くの女性や医師に安心感を与えるとともに、とりわけ女性の役割や宗教に関して強い信念を持った人々を刺激することによって、中絶反対派の運動に活力を与えた[56]。こうして、保守派にとっては、Roe 判決とは、非民主的な裁判官による実体的デュー・プロセスを通じた価値選好の押しつけとして、「反多数決主義の難問」の一つの起点をなし、また、道徳的宗教的論争を社会的協調のために括弧で括り、自律的な主体としての個人の有する善き生の選択能力を尊重するために政府の中立性を求める、「リベラルな寛容」を体現する象徴的判決であり、さらに言えば、保守派の心情または期待を裏切る、保守政治勢力の政治的統制の失敗を代表する判決であると総括することができよう。このような意味を持つRoe 判決は、保守派にとっては、その存在が全面的に否定されるべき対象となる。これに対して、フェミニズム法学やリベラル派は、性や生殖が多くの女性の人生において自らを定義するような重要性を持ち、生殖をコントロールできないことが女性の社会的、経済的従属をもたらす中心的な原因であることに思いを致し、女性の人生におけるこの最も重要な側面を憲法上の権利として認めさせることが自ら決定する平等な市民としての女性の包摂を示すものとなるとの強い決意のもとに、Roe 判決を骨抜きにし、さらにはこれを覆そうとする勢力に対抗し、Roe を変更することは、女性が従属的な、二級市民の地位に追いやられた時代への逆行を示すことになるとして、中絶の自由を確保し続けようとするのである[57]。

---

56) *See* Lucinda M. Finley, *Contested Ground: The Story of* Roe v. Wade *and Its Impact on American Society, in* Constitutional Law Stories 333, 380（Michael C. Dorf ed., 2d ed. 2009）.

57) *See id.* at 376, 382.

おわりに

　本稿は、今もなお、激しくその当否が争われている Roe 判決について、中絶反対派による批判の概要と選択支持派の課題を提示するとともに、判決の政治的効果をめぐる議論を取り上げて、若干の検討を行った。Roe 判決の二つの核心部分は、すでに判例法理の採るところではない[58] が、判決がもたらした中絶の自由の保障は、今日、アメリカ社会に深く根づいている。こうした現実から目をそむけ、数の力を頼みとして、女性の身体に介入することを追求し続けることは、女性に対して過酷な負荷をかけるだけでなく、社会の安定を阻害することにもなるであろう。Roe 判決が意味するものを不断に確認し続けることは、現在の政治の分極化の時代にあって、なお一層、重要な意味を持つ。

---

58) *See* Planned Parenthood of Southeastern Pennsylvania v. Casey, 505 U.S. 833（1992）. なお、小竹、一断面・前掲注 10）82-83 頁参照。

離婚時年金分割における事実婚当事者の法的地位

小島妙子

はじめに

　離婚時年金分割制度が導入されたのは、中高齢者の離婚件数が増加する中で、現役時代の男女間の雇用格差、給与格差等を背景として、夫婦双方の厚生年金受給額に大きな格差があるところ、厚生年金が被保険者本人（たとえば夫）にのみ支給され、離婚後、元配偶者（妻）は夫の厚生年金に対しては何の権利もないことから、自らの年金だけでは生活を支えることができなくなるため、夫の保険料納付に対する妻の寄与・貢献を考慮し、離婚時に厚生年金の分割が可能となる仕組みが求められたことによる。

　離婚時年金分割制度は 2007 年 4 月に施行されたが、2017 年度において、総離婚件数の 12%にあたる 2 万 6,063 件件の利用があり、広く活用される制度として定着している[1]。分割後の年金増加額は、婚姻期間の長い夫婦の離婚では年額数十万円になる場合があり、年金受給権の帰趨は老後の生活水準を左右する重要な問題となっている[2]。

　事実婚当事者については、原則として制度の適用外とされる一方で、年金分割を受ける者が「第 3 号被保険者」である場合に限り年金分割が受けられる。また、事実婚が重婚的内縁関係にある場合には、事実婚当事者が「第 3 号被保険者」になっている場合に限り、当該期間については、当然に、法律上の配偶者に優先して年金分割が受けられる。

---

1) 厚生労働省年金局「平成 29 年度厚生年金保険・国民年金事業の概況」厚労省ホームページ。第 1 号厚生年金被保険者（主として民間企業のサラリーマン）に関する統計による。ちなみに、2017 年度において第 1 号厚生年金被保険者の老齢年金受給権者は、男性 942 万 1000 人、女性 460 万 4000 人であり、65 歳以上の平均年金月額は、男性 17 万 4535 円、女性 10 万 8776 円となっている。
2) 小島妙子『Q＆A 財産分与と離婚時年金分割の法律実務』民事法研究会、2018 年、1 頁。

ところで、社会法の領域では、戦前から、法律の適用を受ける「配偶者」に内縁・事実婚当事者を含める旨が明文の規定で定められてきた。現行法においても、多くの社会法領域の制定法において「配偶者」「夫」「妻」には「婚姻の届出をしていないが、事実上婚姻関係と同様の事情にある者」が含まれるとの規定がある（国年法5条7号、厚年法3条2項、労災補償保険法16条の2、健保法3条7項1号など）。

　たとえば、遺族厚生年金の受給権者を定める厚年法59条1項は、遺族厚生年金を受給することができる「遺族」として「配偶者」をあげ、同法3条2項は「配偶者」について、「この法律において、『配偶者』、『夫』及び『妻』には、婚姻の届出をしていないが、事実上婚姻関係と同様の事情にある者を含むものとする」としており、事実婚当事者も当該関係が「事実婚関係にある者」と認定されれば、法律婚当事者と同様に「配偶者」として子や父母に優先して遺族厚生年金を受給することができる。

　また、事実婚が重婚的内縁関係にある場合には、法律婚が事実上の離婚状態にある場合に限り、重婚的内縁当事者に遺族厚生年金受給権の帰属を認めている（最判昭58.4.14民集37巻3号270頁、平成23年3月23日年発0323第1号）。

　このように、離婚時年金分割制度における事実婚当事者の法的地位は、遺族厚生年金制度における事実婚当事者の法的地位と相当異なっているといえる。

　本稿では、離婚時年金分割制度における事実婚当事者の法的地位について、遺族厚生年金制度等他の社会法上における事実婚当事者の法的地位を参照して検討を加えることとする[3]。

一　離婚時年金分割制度における事実婚・内縁

　離婚時年金分割制度は、離婚等をしたときに、婚姻期間中の保険料納付記録を当事者（夫と妻）の間で分割することができるという制度であり、「合意分

---

3) 婚姻の届出を欠く男女間の親密な関係は多種多様であり、その関係が「深い」関係から「浅い」関係までグラデーションがある。本稿では、事実上の夫婦としての共同生活関係にある男女の結合（関係）を「内縁」とよび、これと同義のものとして「事実婚」の語を用いる。また、法律上の婚姻をしている者が、法律上の配偶者とは異なる者と内縁・事実婚関係にある場合、婚姻の届出はできないので、法律的な意味での重婚は生じないが、社会的には結婚しているのと同じ状態になり、事実上は重婚といえる状態が出現することになる。これを「重婚的内縁」とよぶ。

割」と「3号分割」の二つの制度がある。

1　合意分割

離婚等をした場合において、厚生年金保険等の被用者年金にかかる報酬比例部分の年金額の算定の基礎となる標準報酬等につき、夫婦であった者の合意または裁判により分割割合（請求すべき「按分割合」）を定め、その定めにもとづいて、夫婦であった一方の請求により厚労大臣等（実施機関）が標準報酬等の改定等を行う制度である（厚年法78条の2）。2007（平成19）年4月に施行された。

①　対象者

「3号分割」と異なり、標準報酬の分割を受ける者は「第3号被保険者」に限定されず、「第1号被保険者」（自営業者等）や「第2号被保険者」（共稼ぎ）の場合も分割ができる。

②　対象となる期間

分割の対象となる期間は、婚姻をしていた期間（施行日前の期間も含む）である。

③　按分割合の決定

按分割合について当事者双方の協議が調わない場合には、家庭裁判所が審判によって按分割合を定めることができる。家庭裁判所が「按分割合」を定める基準として、「当該対象期間における保険料納付に対する当事者の寄与の程度その他一切の事情」を考慮すると定められている（厚年法78条の2第2項）。

立法関係者は、本規定の趣旨について、「離婚時年金分割においてはいわゆる清算的要素を重視すべき旨を示す趣旨」であり、「被用者年金は、その性質及び機能上、基本的に夫婦双方の老後等のための所得保障としての社会保障的意義を有しているものであるところ、離婚時年金分割との関係においては、婚姻期間中の保険料納付は、互いの協力により、それぞれの老後等のための所得保障を同等に形成していくという意味合いを有していると評価することができる」とされ、「したがって、対象期間における保険料納付に対する夫婦の寄与の程度は、特段の事情がない限り、互いに同等と見るのが相当である」「この趣旨は、夫婦の一方が被扶養配偶者である場合については、3号分割制度による改正法13条による改正後の厚生年金保険法78条の13に現れており、そうで

ない場合であっても、基本的には変わらないものと考えられる」と解説している。さらに、「一切の事情」を考慮する際に、「清算的要素のみでは妥当な解決を図ることができない場合などに、補充的に慰謝料的要素や扶養的要素をも考慮して請求すべき按分割合を定めることも否定されていない」とする[4]。

2　3号分割

　離婚時の第3号被保険者期間の年金分割制度は、離婚等をした場合に、一方当事者の請求により、厚労大臣等（実施機関）が標準報酬等につき、自動的に2分の1（法定）に改定等を行う制度である（厚年法78条の14）。

　この制度は、厚生年金の被保険者に扶養されている配偶者（「被扶養配偶者」）として第3号被保険者（国年法7条1項3号）であった期間（特定期間）に限り、適用される制度である。2008（平成20）年4月に施行された。分割対象期間は法施行後の2008年4月1日以降の第3号被保険者期間である。

　3号分割制度は、もともといわゆる「第3号被保険者問題」を解消するための方策として提案された制度である。第3号被保険者について保険料を負担なしに年金受給権を与えることが第3号被保険者を抱える片働き世帯を優遇する制度として、女性の就労の障害となっていると批判され、ライフスタイルの選択に中立的な年金制度とすべきであるとして、第3号被保険者制度の改革が要請された[5]。

　「女性と年金検討会」は、婚姻中の年金分割を提案し、「潜在的な持分権の具体化による賃金分割を行った上で、妻自身にも分割された賃金に対して定率の保険料を求める仕組み」として構想し、これにより片働き・共働きを通じて夫と妻それぞれに給付と負担の連動が明確となり、「第3号被保険者」問題も解決し、離婚した場合の年金給付の在り方も明確となる、とされた。しかしながら、婚姻中の年金分割という考え方には、与党側から「家族の絆を揺るがしかねない」という強い反対論が出たことから、「第3号被保険者期間」について「離婚時のみ」の年金分割を行う制度が成立した。

　このように、第3号被保険者期間の年金分割制度は、「第3号被保険者問題」

4）最高裁判所事務総局家庭局監修『離婚時年金分割制度関係執務資料』〔小幡篤志・森岡礼子・光岡弘志〕司法協会、2007年、52−53頁。
5）女性のライフスタイルの変化等に対応した年金の在り方に関する検討会『報告書』2001年。

を解決する過程で政治的妥協の結果生み出された制度であり、合意分割の制度とはまったく立法趣旨が異なっていることが注目される。

厚年法78条の13は、「被扶養配偶者に対する年金たる保険給付に関しては、第3章に定めるもののほか、被扶養配偶者を有する被保険者が負担した保険料について、当該被扶養配偶者が共同して負担したものであるという基本的認識の下に、この章の定めるところによる。」（いわゆる「共同負担認識規定」）と定めており、これを前提として分割割合が「2分の1」と法定されたといわれているが、「3号分割」について分割割合を2分の1と法定したことについては、立法当初から強い批判があった[6]。

二　事実婚当事者間の年金分割

1　制度の概要

離婚時年金分割は、離婚等がされた場合に夫婦であった一方の請求により、対象期間（婚姻期間等）に係る被保険者期間の標準報酬の改定等の処分を行うものであるところ、「合意分割」について定める厚年法78条の2は「離婚等（離婚（婚姻の届出をしていないが事実上婚姻関係と同様の事情にあった者について、当該事情が解消した場合を除く）…（中略）…）をした場合」と規定しており、事実婚一般については本制度の適用外とされている。ただし、厚生年金保険法施行規則78条が、「事実上婚姻関係と同様の事情にあった当事者」について当事者の一方の被扶養者である「第3号被保険者」であった者について、第3号被保険者であった期間に限り、離婚時年金分割の対象となるとしている[7]。

6）神尾真知子「女性のライフスタイルと年金改革」社会保障法20号、47頁。高畠淳子「年金分割——女性と年金をめぐる問題の一側面」ジュリスト1282号（2005年）82頁。岩村正彦「社会保障における世帯と個人」岩村正彦・大村敦志編『融ける境超える法1　個を支えるもの』東京大学出版会、2005年、269頁。小島妙子「離婚時年金分割制度の位置づけ」家族〈社会と法〉23号（2007年）71頁。堀勝洋「日本における離婚時の年金分割」堀勝洋・本沢巳代子・廿利公人・福田弥夫『離婚時の年金分割と法　先進諸国の制度を踏まえて』日本加除出版、2008年、59頁。

7）ちなみに「3号分割」については、事実婚配偶者が被保険者の「第3号被保険者」になっていれば年金分割を受けることができる（厚年法78条の14、第1項。厚年法施行規則78条の14、第1号）。

2　立法趣旨

　かかる制度を採用した理由として、立法関係者の解説は以下のとおり述べている。

　「事実婚関係にあった期間のすべてが標準報酬の改定等がなされる対象となる期間になるわけではない。すなわち、初日と終日の明確性の観点などから、事実婚の関係にある者の一方が他方の配偶者に国年法7条1項3号に規定する第3号被保険者であった期間（事実婚第3号被保険者期間）に限って対象期間になるものとされ、この期間に係る被保険者期間の標準報酬のみが改定等の対象とされる。」[8]

　「事実婚の関係にある者の一方が他方の配偶者として国年法7条1項3号に規定する第3号被保険者であった期間については、年金制度として事実上の婚姻関係があることを認定した期間であり、初日と終日とが一義的に定まっていることなどから、厚生労働省令において、離婚時年金分割の対象となることが規定されている。」[9]

　ところで、事実婚関係にあったか否か、対応する対象期間、その解消の有無および解消時点は、いずれも標準報酬改定請求または標準報酬の改定等の要件とされており、厚労大臣等により認定されるべき事項であり、事実婚が解消した日については情報提供書に盛り込まれる（施行規則78条の8、第4号）。なお，事実婚を解消したか否か、解消した日については、厚労大臣に裁量があると考えられるところ、厚労大臣が裁量権の範囲を超え又はその濫用があった場合には、裁判所は、改定処分を取り消すことができる（行訴30条）[10]。

　事実婚解消の場合の年金分割については、被保険者の国年法7条1項3号の「第3号被保険者」となっていることが要件となる。第3号被保険者となるためには、①配偶者要件と②生計維持要件を満たす必要がある。配偶者には事実婚も含まれる（国年法5条7項）。「生計維持要件」については、健康保険法等における被扶養者の認定の取扱いを勘案して、日本年金機構が定める（国年法7条2項、国年令4条）。行政実務上は、原則として被扶養配偶者（ex. 妻）の年間収入

8）小幡・森岡・光岡・前掲注4）44頁。
9）同上　25頁。
10）堀・前掲注6）30頁。

が130万円未満であり、かつ、第2号被保険者（ex. 夫）の年間収入の2分の1未満である者が「第3号被保険者」と認定されている。

以上のように、「第3号被保険者」資格は健康保険法の「被扶養者」の資格と連動している。

事実婚の成立・解消に関する事実認定は容易ではないが、離婚時年金分割においては、分割対象を「第3号被保険者期間」に限定し、この期間を「事実上の婚姻期間にある」と認定することと定めたことにより、簡便かつ容易に行うことができる制度となっているといえよう。

このように事実婚当事者の合意分割について第3号被保険者に限り、対象期間も第3号被保険者期間と限定する制度となっているのは、事実婚の成立・解消に関する事実認定を簡便に行うという行政上便宜のよるものと思われる。

3　離婚時年金分割の導入により解消された問題

離婚時年金分割制度の導入が解決した問題としては、以下の3点をあげることができる。

(1) 離婚した被用者の妻の年金の改善

近時、中高年齢の離婚が増加するなかで、女性の賃金が低く、厚生年金の加入期間も短いことから、女性の年金額が男性よりも相当低いため、老後も夫婦一緒に暮らす場合は女性の年金額が低くても問題が生じないが、離婚した場合は離婚した女性は低額の年金で生活をせざるをえず、自身の生活を支えることができないことが問題とされた[11]。

また、老齢厚生年金は夫婦2人分の生活費を賄うものとして給付が設計されている世帯単位の年金（モデル年金）であるところ、離婚した場合、夫が年金の全額を取得するとなると、夫には過剰給付、反面、妻は基礎年金しか受給できず、過小給付になることが問題として指摘された[12]。

11）平成16年5月27日参議院厚生労働委員会における坂口力厚労大臣による説明（参議院厚生労働委員会会議録第20号7頁）。山下正通・髙原知明「国民年金法等の一部を改正する法律における厚生年金保険の標準報酬の改定の特例（離婚時年金分割制度）の創設及びこれに伴う人事訴訟法の一部改正の概要」家月57巻3号63頁。
12）堀・前掲注6）15頁。ちなみに、厚生年金の保険給付額（報酬比例部分）の算定自体は、配偶者の有無とは無関係に被保険者の標準報酬を基礎として算定される。

(2) 財産分与との関係

　年金分割制度導入前は、年金を財産分与の対象財産として、①夫がすでに年金を受給している場合は、その一部を夫が妻に支払う、②夫がまだ年金を受給していない場合は、財産分与額の計算上年金を考慮する、ということが検討された。

　裁判例としては、夫がすでに年金を受給している場合、妻に財産分与として一定額の支払いを命じる例があった（東京高判昭 63.6.7 判時 1281 号 96 頁、横浜地判平 9.1.22 判時 1618 号 109 頁、横浜地相模原支判平 11.7.30 判時 1708 号 142 頁、仙台地判平 13.3.22 判時 1829 号 119 頁）。

　しかし、離婚判決で財産分与により年金の分割が認められても、当事者間の対立が激しく、任意の履行を期待できない場合がある。この場合、厚生年金保険法が年金受給権について差押禁止債権としていることから（厚年法 41 条 1 項）、結局妻は支払いが受けられない。さらに、夫が死亡した場合は、妻は夫から支払いを受けることはできない。

　また、年金受給が将来予定される場合でも、裁判実務上は、将来の年金受給権は不確実性が高いとして財産分与の対象とすることには否定的であった[13]。

　年金分割制度の導入により、実施機関（厚労大臣等）が離婚後の元配偶者（たとえば妻）に分割された分を含む年金を支給することとしたことで確実に支払いを受けられるようになり、年金分割ではなく、標準報酬の改定という方法をとることで、被保険者（たとえば夫）が年金を受給していない場合でも、将来発生する年金分も分割することができるようになった。

　ちなみに、離婚時の厚生年金分割制度の位置づけについて、これをあくまで社会保障上の権利の分割として、財産分与とはまったく無関係の制度と考える立場と、年金分割が財産分与とは別個独立の制度であることは当然としても、按分割合の決定基準として「保険料納付に対する当事者の寄与の程度」が規定されていることなどから、離婚に伴う当事者間の財産的諸問題を総合的に調整する機能を有する財産分与に親和的な制度と考える立場がある[14]。

　岩村正彦教授は、離婚時年金分割の制度について、「公的年金について離婚

13）近藤ルミ子「従来の裁判例における財産分与の対象としての年金の扱い」家族〈社会と法〉23 号（2007 年）69 頁。
14）小島・前掲注 6) 81 頁。

時の財産分割のあり方のルールを法定化した、または分割割合を法定化したと見る方が適切である」と指摘する[15]。

　年金分割が導入された趣旨として、婚姻中の保険料の納付について他方配偶者の寄与・貢献への考慮があり、離婚にあたっては、被保険者（一方配偶者）が取得する年金受給権を「清算」すべきであると考えられたことや、年金額が低い元配偶者（主に女性）の離婚後の生活保障を図ることにあったことを考慮すると、離婚時年金分割制度について、夫婦財産の清算をその中核的要素とし、老後の生活保障という機能を営む財産分与制度とまったく無関係の制度と捉えることはできないであろう。

(3)　遺族年金との関係

　離婚した後、たとえば夫が再婚した場合は、再婚した妻にのみ遺族厚生年金が満額支給され、離婚した妻には何の年金も支給されない。遺族厚生年金の額は、原則として夫の老齢厚生年金の4分の3であるが、夫の老齢厚生年金額の基礎となる加入期間には、離婚した妻との婚姻関係が含まれるため、かかる取扱いは不合理・不公平であるといわれていた。

　導入された年金分割制度は、婚姻期間分に係る夫の標準報酬を離婚した妻に分割する仕組みであり、夫の遺族厚生年金はこのようにして減額された標準報酬にもとづいて計算されるため、再婚した妻は減額された遺族厚生年金を支給することとされ、合理的な制度となった。

　ちなみに、フランスでは離婚時年金分割制度が存在しないため、遺族年金（「振替年金」という）の支給要件について離婚した元配偶者（たとえば妻）に受給権を認めている。被保険者（たとえば夫）が再婚していた場合には、被保険

15）岩村・前掲注6) 269頁。厚労省年金局長吉武民樹氏は、平成16年5月27日参議院厚生労働委員会において、「まず基本は、保険料納付に対します御夫婦それぞれの寄与の程度に応じまして分割割合を考えていただくというのが原則でございます」「現在行われています財産分与の場合に基本的に取られる考え方に近いものでございまして」と説明している（参議院厚生労働委員会会議録第20号8頁）。
　　ところで、按分割合の決定に関する現在の家庭裁判所実務について「3号分割」の考え方が「合意分割」の按分割合の決定基準にも強い影響力を及ぼしており、長期間の破綻別居期間があっても按分割合を2分の1と決定する裁判例には学説から批判がある（犬伏由子「年金合意分割の実情と按分割合の決定基準──裁判例の紹介を兼ねて」棚村政行・小川富之編『中川淳先生傘寿記念論集 家族法の理論と実務』日本加除出版、2011年、204頁、227頁）。

者死亡時の配偶者と離婚した元配偶者のそれぞれの婚姻期間に応じて遺族年金（振替年金）を分割する制度になっている。離婚後に再婚した元配偶者（妻）も、再婚によって受給権を失わない[16]。

4　問題点

離婚時年金分割の導入により、法律婚配偶者については、3（1）〜（3）以上の問題が解決しているが、事実婚当事者については年金分割を受ける者が「第3号被保険者」に限定されていることから、共稼ぎの場合（「第2号被保険者」）や自営業等（「第1号被保険者」）の場合については、3（1）〜（3）の問題は未解決の課題として残されているといえる。

事実婚の成立・解消の認定が簡易、迅速に行えるという法技術的な観点から、事実婚当事者を原則として年金分割の対象から除外し、年金分割を受けられる者を「第3号被保険者」に限定するという法制度には問題がある[17]。

(1)　社会法、民法判例における事実婚・内縁当事者の法的地位

社会保障法の領域では、制定法において「配偶者」、「夫」および「妻」には、「婚姻の届出をしていないが、事実上婚姻関係と同様の事情にある者」が含まれるとの規定が多数存在する（国民年金法5条7項、厚生年金保険法3条2項、労働者災害補償保険法16条の2、健康保険法3条7項、育児・介護休業法2条4号、国家公務員退職手当法2条の2、恩給法80条2項、児童扶養手当法3条3項、確定拠出年金法41条1項、確定給付企業年金法48条など）。事実婚配偶者を原則として制度の適用外とする離婚時年金分割制度は、社会保障法の領域においては特異な制度となっているといえよう。

現実の要保護性を指導理念の一つとする社会法（労働法、社会保障法）の分野においては、戦前から制定法において内縁を対象とする規律があり、1923年工場法改正とそれを受けた工場法施行令、1933年の恩給法改正、1937年の母子保護法を経て、1942年制定の戦時災害保護法以降、受給権を与える法律において内縁配偶者を法律上の配偶者と同様に扱う規定（＝「配偶者（届出ヲ為サザルモ事実上婚姻関係ト同様ノ事情ニ存リタル者ヲ含ム）」）が続々と登場した。

16）柴田洋二郎「フランスにおける遺族年金の概要と理念」社会保障法32号（2017年）155頁。
17）高畠・前掲注6）82頁。

戦後も、1947－48 年は「配偶者」の語への括弧書きによって内縁の「準婚」扱いを表す法令が続出し、1947 年には労働者の業務上死亡にもとづく遺族補償受給権者の順位に関する労働基準法施行規則（厚生省令）42 条、48 年には国家公務員共済組合法 18 条、改正健康保険法 1 条 2 項、改正厚生年金保険法 26 条 1 項、50 年には国家公務員等に対する退職手当の臨時措置に関する法律 11 条、51 年には国家公務員災害補償法 16 条などがある[18]。

　社会法における以上の展開の後に、内縁「準婚」判例である最判昭 33.4.11（民集 12 巻 5 号 789 頁）が登場している。同判決は、「内縁も保護せられるべき生活関係に外ならない」とし、内縁が不当に破棄された場合には不法行為の責任を肯定することができるとして損害賠償責任を肯定し、さらに「内縁が法律上の婚姻に準ずる関係と認むべき」である以上、民法 760 条（婚姻費用分担）の規定は、内縁に準用（＝類推適用）されるものと解すべきであ」るとした。

　内縁準婚判決以後、判例は、内縁を婚姻に準じた関係と捉えて婚姻法の規定を内縁（事実婚）にも類推適用している。たとえば、判例は、内縁・事実婚解消時にも財産分与に関する規定（民法 768 条）が類推適用されることを認めている（東京家審昭 31.7.25 家月 9 巻 10 号 38 頁、広島高決昭 38.6.19 家月 15 巻 10 号 130 頁、東京家審昭 40.9.27 家月 18 巻 2 号 92 頁、福岡家小倉支審昭 46.8.25 家月 25 巻 1 号 48 頁）。

　離婚時年金分割制度における内縁・事実婚当事者の法的地位は、社会法および民法判例により形成されてきた全体としての法秩序に合致しないものである。

(2) 第 3 号被保険者制度の合理性・正当性

　第 3 号被保険者（「専業主婦」など年収 130 万円未満の「被扶養配偶者」）が保険料を納付することなく基礎年金を受給できる仕組みとなっていることについて、不公平であるとの批判がある。また、主として女性に対して所得要件を満たすように専業主婦への誘導や就労抑制をもたらし性別役割分業意識を温存させる仕組みとして問題があるとされ、抜本的改革が必要であるとする意見がある[19]。

　一方で、不就労が個人の選択だけでなく家庭責任や労働市場による制約の結

18）立法の経緯について、広中俊雄「欠缺補充の前提——内縁判例に見る」『民法解釈方法に関する十二講』有斐閣、1997 年、36 頁。

19）神尾・前掲注6)44 頁は、第 3 号被保険者も被保険者として保険料を負担するよう改革すべきであるとする。

果から生じていること、抜本的改革には困難を伴うことから、第3号被保険者問題については厚生年金の短期間労働者への適用拡大によりその範囲を縮小していくことで解決を図ることが妥当であるとする立場もある[20]。

　不就労の専業主婦（夫）を一律に再分配の対象とするのではなく、就労阻害要因（育児、介護、障害、疾病、失業等）を抱えた者のみを選別してこれらの者に無年金、社会的排除防止のための再分配（3号制度にたとえれば、保険料負担のない年金受給権の保障）に限定するという方法も提案されている[21]。

　このように、第3号被保険者制度は、女性の就労機会が拡大し、共働き世帯が増加しつつある現状において、その制度の正当性、合理性が問い直されており、国民のコンセンサスを得られる制度とするべくその見直しが求められているといえよう。

　事実婚における離婚時年金分割制度について、これを「第3号被保険者」制度を基本に据えた制度設計とすることの正当性、合理性が改めて問われなければならない。

三　重婚的内縁当事者間の年金分割

1　制度の概要

　法律婚関係にあった当事者（ex. 夫A、妻B）の法律婚期間中に、当事者以外の者（C）が、当事者の一方（A）の被扶養配偶者として第3号被保険者であった期間（事実婚第3号被保険者期間）があると認められる場合には、当該事

20) 菊池馨実『社会保障法　第2版』有斐閣、2018年、202頁。堀勝洋『年金保険法〔第4版〕』法律文化社、2017年、143頁。非正規労働者への被用者保険の適用拡大の議論には、非正規雇用の増加への対応という側面と並行して、第3号被保険者制度の縮小を図っていくという二つの側面から検討が求められていると指摘する論稿としては、衣笠葉子「非正規労働者への被用者保険の適用拡大の意義とジェンダー的課題」ジェンダーと法15号（2018年）30頁。

21) 嵩さやか「公的年金制度におけるジェンダー格差解消政策のあり方－公的年金制度におけるあるべき再分配の模索」ジェンダーと法15号（2018年）58頁。同「共働き化社会における社会保障制度のあり方」日本労働研究雑誌689号（2017年）55頁。倉田賀世は、年金保険制度における私的な相互扶助への配慮を個々人の自由意思に基づく生活集団に対するものに変革すべきことを提言する（倉田賀世「年金保険法における生計維持（被扶養）概念の検討——ジェンダー法学・社会保障法学に基づく複眼的視点を踏まえて」ジェンダーと法15号（2018年）49頁）。

図　重婚的内縁関係にある場合

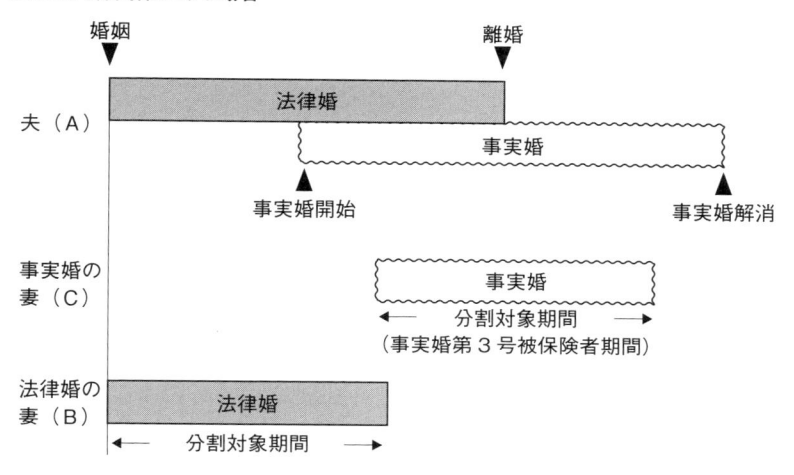

実婚期間は当事者（Ａ、Ｂ）間の対象期間から除外され（厚年法施行規則78条の2第1項但書）、同期間に係るＡおよびＢそれぞれの被保険者期間の標準報酬はＡＢ間では改定等がされない。

　その一方で、当該事実婚第3号被保険者期間は、ＡＣ間の事実婚年金分割の対象期間となることから、当該期間に係るＡの標準報酬はＡＣ間で改定されることになる。

　すなわち、同一期間に同一人（Ａ）との間で法律婚に係る配偶者（Ｂ）と事実婚に係る被扶養配偶者（Ｃ）が併存すると認められる場合には、離婚時年金分割との関係では後者（Ｃ）が優先し、同期間に係るＡの標準報酬はＣとの間でのみ改定がされることになる。

2　立法趣旨

　かかる制度を採用した理由として、立法関係者は以下のとおり解説する。

　「これは、厚年法上「配偶者」には事実婚関係にある者を含むとされているところ（同法3条2項）、前掲のとおり（昭和55年5月16日庁保発第15号、同日庁保険発第13号、平成18年9月26日庁保発0926001号等の行政通達）いわゆる重婚的内縁関係にある場合についても、一定の要件の下に被扶養者として認定され、実体として婚姻関係が破たんしている法律婚に係る配偶者に優先して年金

法上の権利を付与されていることから、離婚時年金分割制度においても、被扶養配偶者として認定を受けた期間については、重婚的内縁関係にある者（C）が、当該法律婚に係る配偶者（B）に優先してAの標準報酬の分割を受けられることとしたものである。」[22]

3　遺族年金制度における重婚的内縁当事者の法的地位

(1)　行政実務

年金行政実務においては、重婚的内縁関係にある者を厚年法上の「配偶者」として認定する場合を「届出による婚姻関係がその実体を全く失ったものとなっているとき」に限定しており、①離婚の合意にもとづいて夫婦としての共同生活を廃止しているが離婚の届出はしていない場合、②一方の悪意の遺棄によって夫婦としての共同生活が長期間（おおむね10年以上）行われていない場合であって、双方の生活関係がそのまま固定している場合としている。さらに、「夫婦としての共同生活の状態にない」とは、別居、反復的な経済的依存の欠如、意思疎通を表する反復的な音信、訪問の欠如をすべて満たした場合としている（平成23年3月23日年発0323第1号。立法関係者が「前掲のとおり」として指摘する通達と同じ内容を引き継いだ通達）。

行政通達は遺族年金受給権について、法律婚が優先することを原則とし、重婚的内縁関係者を「配偶者」と認定するためには届出による婚姻関係がその実体を全く失っていることを確認することが必要であるとされ、「戸籍上の配偶者」に対し、プライバシーに配慮しつつ、婚姻関係の実態を調査することとしている。

(2)　判例・学説

遺族年金の受給権者たる「配偶者」の解釈にあたっては、遺族年金の目的（被保険者の死亡により所得の喪失・減少を被る家族の生活の安定）のみに着目し、婚姻法上の秩序（重婚の禁止、民法732条）は考慮しないという考え方がありうる。重婚的内縁関係の場合には、法律上の配偶者も重婚的内縁関係にある者も独立に「配偶者」に該当することを前提に、死亡した被保険者等により多く生計を維持されていた者（要保障性の高い者）を遺族年金の受給権者として選び

---

22)　小幡・森岡・光岡・前掲注4）47頁。

取るという解釈である。

　しかし、このような解釈は社会保障法令の解釈の中とはいえ、複数の配偶者の存在を容認するものとなることから、婚姻法秩序との看過しがたい不整合性が指摘される[23]。

　重婚的内縁関係の場合の遺族年金受給権者の問題に関する初めての最高裁判例である最判昭58.4.14（民集37巻3号270頁）は、遺族給付の社会保障法的性格から実態に即した「配偶者」の解釈をすべきとしつつ、法律上の配偶者につき配偶者該当性が否定される場合を事実上の離婚状態に限定することによって、給付の社会保障的性格と婚姻法秩序との調整を図っている[24]。

　前掲昭和58年最高裁判決は、法律婚配偶者でも配偶者該当性が否定される場合があることを述べるにとどまっており、重婚的内縁配偶者への受給権の帰属は直接的には明らかにしていないが、最判平17.4.21（判例時報1895号50頁）が昭和58年最高裁判決を踏襲しつつ、重婚的内縁配偶者に遺族共済年金受給権を認めている。

　なお、昭和58年最高裁判決および平成17年最高裁判決が、配偶者要件に焦点を当て、「生計維持要件」を重視した一般論を採用しなかったのは、婚姻法秩序という規範的要請からだけではなく、多くの場合、生計維持関係において重婚的内縁関係にある者に劣る法律婚配偶者の被る不利益にも配慮したためという指摘がある[25]。最高裁判所の判断枠組は下級審判例に踏襲され、判例として確立しているといえる[26]。

　一方で、通説判例を批判し、法律婚か事実婚かの二者択一的な処理ではなく、要保護性に応じて、法的保護を法律婚と事実婚で配分すべきであるとする有力

23）加藤智章〈労働判例研究5〉法学〔東北大学〕52巻4号、160頁。
24）嵩さやか「社会保障法と私法秩序」社会保障法研究3号（2014年）69頁。
25）園部逸夫「最高裁判所判例解説民事篇昭和58年度」139頁。
26）昭和58年最高裁判決は、「事実上の離婚状態」について①離婚の合意の存在、②経済的給付の事実上の離婚給付としての性格、③婚姻関係を維持継続する意思の不存在にもとづいて判断する。
　最高裁判決後の裁判例をみると「事実上の離婚状態」について離婚の合意の有無を重視し、外形的に婚姻関係が形骸化していても離婚の合意がないとして法律婚配偶者の配偶者該当性を肯定するもの（東京高判平5.3.22訟月39巻11号2388頁）、一般論において離婚の合意などの主観的要件を明示するものがある（東京高判平19.7.11判時1991号67頁など）。
　一方で、離婚の合意は判断要素の一つであり要件ではないと判示する裁判例もあり（東京地判平5.3.3判例タイムズ859号129頁）、この点について判例の見解は一致していない。

説（配分的保護）がある[27]。この主張に対しては、一夫多妻を法律が認めることになるとの批判もある[28]。

4　問題点

　法律婚配偶者と重婚的内縁当事者のいずれが「第3号被保険者」となっているのかを基準として、年金分割の対象期間を決定する（「配分」する）という仕組みは、従前の公的年金制度における重婚的内縁当事者の取扱いとは相当異なる制度であるといわざるをえない。

　この点について堀勝洋は、「上記の最高裁判決（筆者注：前掲最判昭58.4.14）と齟齬があると考えられる。ただし、重婚的内縁関係の場合は法律婚の妻がいるため、内縁の妻が第3号被保険者資格を取得するのは極めて例外的な場合だけであろう」と指摘する[29]。

　国年法上の「第3号被保険者」の資格は、健康保険法等の被保険者資格（「被扶養者」）と連動している（国年法7条2項、国年令4条）。健康保険法により被保険者の「被扶養者」は家族療養費が受給できるところ（110条1項）、同法3条7項1号は「被扶養者」の定義について、「被保険者の直系尊属、配偶者（届出をしていないが、事実上婚姻関係と同様の事情にある者を含む。）、子、孫及び兄弟姉妹であって、主としてその被保険者により生計を維持するもの」と定めている。

　健康保険法の解釈・運用に関する厚労省関係者による解説書（昭和33年初版、平成29年12版まで発行）によれば、「被扶養者」の判断は各保険者（筆者注：健保法4条。全国健康保険協会及び健康保険組合）が行うとしているが、「被扶養者」資格が認定される「配偶者」について以下のとおり解説している。

　「いわゆる内縁関係の者は、配偶者と認められる。しかし、たとえば、法律上の妻はいるけれども別居しており、他の女性と同せいしているような場合、たとえその状態が長期に及び、法律上の妻は単に形式上の妻であるに過ぎないような場合であっても、法律上の妻以外の女性について内縁関係にある者として配偶者として認めることは絶対にできない。これは、重婚が、民法732条で

27）二宮周平『事実婚の現代的課題』日本評論社、1990年、197−199頁。
28）内田貴『民法Ⅳ 補訂版 親族・相続』東京大学出版会、2004年、158頁、162頁。
29）堀・前掲注6）42頁。

禁止されていることと同趣旨によるものである。」[30]

　重婚的内縁関係にある者について「第3号被保険者」の資格認定の実務がいかなるものか明らかになっていないが、仮に上記解説書の述べるように運用されているならば、重婚的内縁当事者が年金分割を受けることはできないことになろう。筆者は、事実婚当事者について年金分割を受ける者を「第3号被保険者」と「第3号被保険者期間」に限定する制度自体に問題があると考えるものではあるが、重婚的内縁関係にある者についても、法律婚が事実上破綻しているような場合には、法律婚の配偶者について婚姻関係の実態を調査した上で、健康保険法上の「被扶養者」、国年法上の「第3号被保険者」としての資格認定を行うべきであると考える。

　重婚的内縁当事者に関する「被扶養者」「第3号被保険者」としての資格認定に関する行政通達は存在しない[31]。重婚的内縁当事者に関する「被扶養者」「第3号被保険者」認定について、通達等により明確な基準を示すべきではないかと考える[32]。

おわりに

　事実婚について、原則として離婚時年金分割制度の適用外とし、年金分割を受ける者が「第3号被保険者」である場合、その期間に限って年金分割の対象とする法制度は、社会法・民法判例により形成されてきた全体としての法秩序に合致しないものである。第3号被保険者制度の合理性、正当性が問い直され、制度の見直しが求められていることに顧みると、第3号被保険者制度を基本に据えて制度設計を行うことの合理性、正当性が改めて問い直されなければなら

---

30) 『健康保険法の解釈と運用 平成29年度版』法研、2017年、165頁。
31) 平成23年3月23日年発0323第1号は、国民年金、遺族年金等の受給権者について、被保険者との間の「生計維持関係」の認定や「事実婚関係」の認定について基準を示したものであり、国年法の「第3号被保険者」、健康保険法の「被扶養者」の認定について何も述べていない。
32) 「被扶養者」の認定一般について、島崎謙治は、「被扶養者認定は統一性が確保されることが必要であるが、率直にいって、被扶養者の認定は保険者によって相当ばらついているのではないかと思われる。これは保険者内部の問題だから保険者の裁量を認めてよいということにはならない。被保険者や被扶養者の権利義務に関わることに加え、保険者負担の公平を損なうからである。」として基準の明確化を図るべきであると主張する。島崎謙治「健康保険法における被扶養者の概念とその取扱い」社会保障研究1巻3号（2016年）615頁。

ない。

　とりわけ、法律婚配偶者と重婚的内縁当事者が併存する場合、重婚的内縁当事者が「第3号被保険者」になっている限り、当該期間については当然に法律婚配偶者に優先して年金分割が受けられるとする制度は、法律婚が事実上の離婚状態にある限り、重婚的内縁当事者に受給権をみとめることによって、公的年金の社会保障的性格と婚姻法秩序との調整を図ってきた従来の判例・学説、行政通達とは異なる仕組みであり、再検討を要すると考える。

家族法とジェンダー
——現代家族法の課題——

棚村政行

はじめに

　2017年1月には、夫婦別姓が認められないのは、法の下の平等原則を定めた憲法14条に違反するなどとして、東証1部上場のソフトウェア開発会社「サイボウズ」の青野慶久社長ら4人が、国を相手に220万円の国家賠償を求める訴訟を東京地裁に起こした。青野社長は、2001年に婚姻に伴って、旧姓の「青野」から妻の姓に変更したが、仕事では旧姓を使用し続けており、保有株式の名義書き換えや決算短信の標記などで多大の支障が生じたとして、日本人と外国人の国際結婚では同性、別姓の選択ができるのに、日本人同士の婚姻だと別姓が選べないのは不合理として、戸籍法を改正しない国会の怠慢だと立法不作為の違憲国賠訴訟を起こしていたものの、2019年3月に一審では敗訴し控訴している[1]。

　また、2018年5月には、夫婦別姓を望み婚姻届出の受理を拒否された東京や広島に住む事実婚の男女7人が、夫婦同姓を定める民法750条が憲法14条に違反して違憲無効として国を相手に国家賠償を求める「夫婦別姓第二次訴訟」が東京地裁本庁、立川支部、広島地裁に起こされた。最高裁大法廷は、2015年12月に、民法750条の夫婦同姓を定める規定は、社会に対して、家族集団としてのまとまりを示す意味で合理性があり、憲法14条、同24条などに違反しないとする判断を示していた[2]。しかし、2018年2月に内閣府が公表した世論調査の結果でも、夫婦別姓選択制の導入に賛成する人の割合は4割を超えて、過去最

---

1) 2018年1月9日付朝日新聞夕刊（東京本社）13頁。2019年3月26日付日本経済新聞朝刊47頁。
2) 最大判平27.12.16民集69巻8号2586頁。

高を記録した[3]。世論調査の結果も変化し、マイナンバーの旧姓併記が認められるなど、国民の意識も大きく変わってきている[4]。

　ところで、ジェンダーとは、生物学的な性差や性別と区別して、「男らしさ」「女らしさ」など社会的文化的に形成されてきた性差や性別のことをいうと理解されてきた。しかしながら、身体的な性別、性自認、セクシュアリティ、恋愛対象（性的指向）など、じつはジェンダーも多様で、かつ複合的な概念である。そのため本稿は、浅倉先生の古稀をお祝いするとともに、ジェンダーという概念をもっと広く「性差や性別についての観念・知識」として捉えて[5]、ジェンダーの視点から、120年以上も前にできて、古い家父長制やジェンダーバイアスに囚われている家族法をもう一度考え直したいという趣旨で、「家族法とジェンダー」というテーマにした。

　そこで、本稿では、まず、日本における家族法の変遷と家族の変容について触れたうえで、家族法に対するジェンダー法学の視点の重要性を再確認する。次いで、夫婦同氏と再婚禁止期間の規定をめぐる沿革や最高裁大法廷判決を取り上げ、第三には、高齢者にみる離婚と同性婚や同性パートナーシップの問題を検討することで、家族の概念の広がりについて論じる。第四に、親子法に目を転じて、婚外子相続分差別や児童虐待に伴う親権制限の問題から新しい動きを探り、第五に、これまでの考察を前提に、家族法改正の課題や国際人権法の観点からの日本家族法について考えながら、今後の若干の展望を試みて擱筆することにしたいと思う。

一　家族法の変遷と家族の変容・ジェンダー法学の視点

1　家族を支える法制度の変遷

　明治政府は、幕末に結ばれた欧米列強諸国との不平等条約や治外法権を撤廃するために、日本の近代化を上から強力に推し進め、近代的な法典編纂作業を進めた。民法典については、フランス人の法学者ボアソナードを招き、フラン

3）内閣府「家族の法制に関する調査」（2017年12月）（https://survey.gov-online.go.jp/h29/h29-kazoku/index.html）。
4）2018年5月11日付朝日新聞朝刊（大阪本社）25頁。
5）辻村みよ子『概説ジェンダーと法（第2版）』信山社、2016年、1頁参照。

ス法の影響を受けた民法草案（ボアソナード民法）を起草し、当初1893年には施行予定になっていた。ところが、この民法草案には、日本の伝統的な家族制度に合わない、個人主義的にすぎるなどの激しい批判が巻き起こり施行が延期された。1893年に法典調査会が設置され、穂積重遠、富井政章、梅謙次郎の起草委員らが何百回にもわたり検討し、1896年に財産編、1898年に親族相続編が公布され、一緒に施行されることになった[6]。戦前の民法（明治民法）の親族相続編は、封建的家父長制的な「家」制度を中心に、男尊女卑で、戸主が家族を統制支配するという身分的にも固定的な序列があり、不平等きわまりないものであった。「家」の財産は、戸主から戸主に一括して承継される長男子優先の家督相続制度を採用していた。家族は、自由で独立対等な人格相互の関係ではなく、家族より戸主、妻より夫、子より親、母より父、年少者より年長者が絶対的優位と上下支配の関係に立つ基本的な構造になっていた。

　戦後、1946年の日本国憲法の制定公布に伴い、両性の本質的平等と個人の尊厳尊重の原理に抵触する明治民法の親族相続編（民法第4編・5編）は、1947年に大幅な改正を余儀なくされた。家制度や家督相続制度は廃止され、自由平等な個人の意思を尊重し、婚姻の自由にはじまる夫婦中心の近代的家族像を打ち出した。また、妻の無能力の廃止、婚姻、離婚における夫婦の自由、独立、対等性、親権における父母の平等、配偶者相続権、諸子均分共同相続制度が確立された。

2　戦後の家族生活の著しい変化

　日本は、1920年から1955年までは平均世帯人員は約5人程度であったが、1960年の高度経済成長や人口の都市集中化などで流動性が高くなり、1990年に3.01人、2005年には2.58人、2015年には2.38人、2017年2.47人へと大きく縮小している[7]。また、全世帯に占める夫婦のみ世帯が2017年には32.5％、夫婦と未婚の子のみの世帯が19.9％、ひとり親と未婚の子の世帯が8.9％と増加しつつある。晩婚化に伴う若者の単身者世帯、高齢化に伴う高齢者の単身者世帯が26.4％と増加しており、夫婦と未婚の子の世帯は3割以下に減少している。

6）窪田充見『家族法——民法を学ぶ（第3版）』有斐閣、2017年、8頁参照。川口由彦『日本近代法制史』新世社、1998年、263－268頁、293－296頁参照。
7）厚生労働省「平成29年度国民生活基礎調査の概況」2018年、3頁参照（https://www.mhlw.go.jp/toukei/saikin/hw/k-tyosa/k-tyosa17/dl/10.pdf）。

合計特殊出生率も、2005 年には 1.26 と史上最低を記録したが、2006 年 1.32、2007 年 1.34、2012 年 1.39、2017 年は 1.43 となっている。高齢化も一段と進み、2017 年には 65 歳以上の高齢者は過去最高の 3515 万人で、総人口 1 億 2670 万人に占める割合も 27.7％になった。2035 年には 33.4％と 3 人に 1 人、2060 年には 2.5 人に 1 人が高齢者となる超高齢社会となり、人口は 2060 年に減少し続け 8674 万になると予測されており、「人口減少社会」が到来する。2017 年の婚姻件数は 60 万 7000 件で、離婚件数は、21 万 2000 件であるから [8]、3 組に 1 組は離婚する離婚大国になってきている。平均初婚年齢も、2017 年に女性 29.4 歳、男性 31.1 歳と 30 歳になり、未婚率も上昇傾向にある。また、国際結婚も 3 万件ほどあり、2017 年には 2 万 1457 件、国際離婚も 2017 年に 1 万 1659 件と、2 組に 1 組以上が離婚する時代となっている。

3　家族の法政策の変遷と家族モデル

国家は、多様な家族のなかから、望ましい家族像を選択して、その家族像に沿った家族の法制度を作り、家族に関する政策を展開する [9]。明治民法が基礎としたのは、戸主＝家長によって統率される男系の家族集団であり、そこには複数の夫婦・親子関係を包摂する拡大家族モデルが想定されていた。たとえば、明治民法が基軸としていた「家」制度は、観念的政治的拡大家族モデルに依拠していた。それは、当時の天皇制の絶対主義的国家体制を維持強化するために、家族を国家と擬制して国民の忠誠心と統合を図る「家族国家観」を形成し、殖産興業・富国強兵という国家体制の中央集権化を図り、後進的な資本主義を国家主導で発展させるのにふさわしい家族モデルが採用されたものである。また、戦後の民主化政策のなかで追求されたのは、核家族モデル、婚姻家族モデルのもとでの「性別役割分業にもとづく核家族」であった。人口の流動性が高まり、主婦婚が奨励されることで、高度経済成長を支える労働力の流動化、サラリーマン家庭の安定化が促進された。この時期、企業の発展や高度な経済成長を支えるにふさわしい家族形態と家族政策がとられたと言える。しかしながら、最近では、とくに 1980 年代以降、小家族化、非婚化、グローバル化、少子高齢

8）厚生労働省「平成 30 年人口動態統計年鑑推計」2018 年、2 頁参照（https://www.mhlw.go.jp/.../jinkou/suikei18/dl/2018suikei.pdf）。
9）利谷信義『家族と国家』筑摩書房、1987 年、62 頁参照。

化など家族をめぐる変化は激しく、家族の多様化、ライフスタイルの自由化が進み、近代的小家族、核家族モデルに対しても、事実婚やシングルマザー、シングルファザーなど新しい家族への対応が迫られるようになった。民法の規定は明治以来のものが少なくなく、当事者の協議にゆだねる白紙条項が多い。そのため紛争解決の基準として機能しなくなっているものも多く、解釈や運用での対応には限界があるといわなければならない。自己決定の尊重と家族の秩序のバランスをいかにとるか、多様化を示す家族に対してそれを支える適切な法と政策をいかに選択するかが今、まさに問われている[10]。

4　家族法とジェンダーの視点の重要性

なぜ、家族法や家族問題についてジェンダーの視点が重要で、学問研究や法実務、既存の政策形成にインパクトを与えるのかについて、あらためて確認しておく必要がある。

まず、第一に、ジェンダー法学は、司法、法学、公共政策、立法等におけるジェンダーバイアスを抉り出し、これらの性差等の問題性をジェンダーの視点から批判的に検証する。学問研究におけるジェンダー法的な視点は、問題を抽象的一般的に論じるのではなく、具体的な事例や裁判例等を通じて、いかに性差についての固定観念や偏見・誤解・無理解や先入観に左右されて、公正に中立に、実態や問題を把握することがゆがめられているかを批判的に検証する手立てとして有効である[11]。

第二に、ジェンダー法学の方法論は、発見されたジェンダーバイアスや問題状況を情緒的感情的に反応するのではなく、あくまでも、日本や世界の現状や到達した理論水準にもとづいて、今日のジェンダー問題の理論的課題を析出し、その理論化を図る。ジェンダー法学は、単に経験的知識的な批判ではなく、有効な仮説を設定して、普遍的学問的な理論化を目指さなければならない。

第三に、ジェンダー法学は、ジェンダー法という独自で固有の単一の法領域が存在するわけではなく、憲法、行政法、民法、刑法、労働法などの既存の学問体系や学術研究の領域を基礎にしつつ、その応用問題、実験という性格の総合的学際的な新法学領域といってよい。したがって、既存の学問研究の手法や

10）利谷・前掲注9）90 頁参照。
11）辻村・前掲注5）3 頁参照。

アプローチを、ジェンダーの視点から再検討し再構築することが目的であり、そこに学問としての高い独自の意義がある。

　第四に、ジェンダーの視点は、性別や男女関係という二分論を批判するだけでなく、身体、精神、政治、経済、文化、芸術、自然科学等のあらゆる知的活動の歪みを是正し、批判する知識批判へと展開した。したがって、つねに学術領域の横断的課題設定をするとともに、家父長制的構造的権力関係の矛盾を政策的実践的に明らかにするものである。公私二元論、固定的性別役割分業、序列化と構造的な権力関係、公私概念の再編、親密圏への注目など、暴力と戦争などグローバル化した貧困・格差・ジェンダーの問題など、今日の問題状況はさらに複雑化し、困難化しており、ジェンダー法学は、単なる学問的関心からの理論的なチャレンジではなく、優れて政策的実践的な成果を志向する試みとして注目されている [12]。

二　夫婦同氏と再婚禁止期間

1　夫婦の氏をめぐる民法の規定

　1872（明治 3）年、平民苗字許容令が出され 1875（明治 8）年に平民苗字必称令（国民皆姓）となり、1876 年に太政官指令で「妻は所生の氏を名乗る」と血統名を称するものとされた。当時は、妻は実家の姓を名乗るとする立場と、妻は夫と一体となって夫の姓を名乗るべきだとの立場でかなり混乱が生じていたために、この布告が出された [13]。1898 年の明治民法は、家制度を基本とする封建的家父長制的な家族制度を採用し、夫婦の氏も、家制度の下での家名としての夫の氏を名乗ることになった [14]。戦後の民法の改正の過程でも、当初は夫の氏を名乗ることを原則としつつ、ただし反対の意思を表示したときは、妻の氏とするとの夫婦同氏の原則が提案された。しかしながら、GHQ との折衝や国内での批判も多く、夫の氏での夫婦同氏は両性の平等の原則に反すると批判されて、現行の民法のように、戸籍法の定るところに従い、その協議で、夫または

---

12)　井上匡子ほか『レクチュアージェンダー法』法律文化社、2012 年、6－12 頁参照。
13)　井戸田博史『氏と名と族称――その法史学的研究』法律文化社、2003 年、10 頁参照。
14)　同上、10－12 頁参照。

妻の氏を称することになった（民法 750 条）[15]。

　しかし、戦後の高度経済成長期には、女性の労働市場進出、社会進出が高まるにつれて、夫婦別姓選択制の採用を求める声も強まってきた。これに対しては、家族の絆や一体性が弱まる、極端な個人主義が横行する、離婚や家庭崩壊が進む、子どもが夫婦で別氏を名乗ることで悲しんだり混乱が生まれるなどの反対論も強くあった。とくに近時は、働く女性も多くなり、女性の社会進出が進むなかで、男女共同参画の実現、改姓しなければならないことでいちいち名札や名刺を改め、不動産の権利証や運転免許証も書き換えをしなければならず、社会生活上の不便や不都合が大きいという声も強まってきた。また、アイデンティティーが失われたり自己喪失感がでる、古い家制度の意識が温存されるなどの問題があり、夫婦別姓選択制が導入されるべきだとの賛成論も根強く主張されはじめた[16]。内閣府の世論調査結果でも、子どもの姓についても、兄弟で同じ氏にすべきだとの提案が強く、60％以上の人が賛成していた。これに対して、少数ではあるが、子の氏は別々でもかまわないとする考え方も有力であった。

　韓国は、夫婦別姓の伝統があり、子の氏をめぐってはいずれの氏も名乗れるようになった。家族の法制度は、伝統や文化、慣行なども大切にすべきかもしれないが、夫婦の氏について選択の可能性を認めることは、男女共同参画社会やグローバル化が進む世界で、人権としての氏名の選択の自由も尊重されなければならず、当然の流れのように思われる。日本でも、国民ひとりひとりにマイナンバー制度が 2016 年から導入されたが、戸籍制度も、2008 年からの新しい家族関係登録制度に改められた韓国のように、家族単位ではなく、個人単位にすべきかもしれない。

2　最高裁大法廷判決とその後の動き

　最高裁大法廷は、2015 年 12 月 16 日、10 対 5 で、民法 750 条の規定は憲法に違反しないと判断した。すなわち、氏は、個人の呼称にとどまらず、家族の呼称としての意義があるので現行法下での氏の性質等に鑑みると、婚姻の際に「氏の変更を強制されない自由」が憲法 13 条の人格権の一内容であるとはいえ

15）二宮周平編『新注釈民法（17）親族（1）』（床谷文雄執筆）有斐閣、2017 年、166 頁。
16）同上、172−179 頁参照。

ず、夫婦同氏の規定は憲法 13 条に違反しないと判示し、この点でも合憲と判断した。また、憲法 14 条違反の主張についても、96％以上の夫婦が夫の氏を称する婚姻を選択しても、自由な選択の結果であり、性別にもとづく法的な差別的な取り扱いを定めているわけではなく、夫婦同氏制それ自体に男女間の形式的な不平等が存在するわけでなく、憲法 14 条 1 項にも反しないとしている。さらに、憲法 24 条 1 項についても、仮に、婚姻および家族の法制度の内容が意に沿わないという理由で婚姻しないことを選択した者がいるとしても、憲法 24 条 1 項の趣旨に沿わない制約を課したと評価することはできないと判示し、合憲と判断した。また、憲法 24 条の適合性審査においては、当該規定が個人の尊厳や両性の本質的平等の要請に照らして合理性を欠き、国会の立法裁量の範囲を超えているかどうかで判断すべきところ、民法では、家族を自然的かつ基礎的な集団単位とみ、呼称を同一にすることには合理性が認められ、家族を構成する個人が、同一の氏を称することにより家族という一個の集団を構成する一員であることを実感できることに意義を見出す考え方も理解できると説示した。さらにまた、夫婦同氏制のもとにおいては、子の立場としても、いずれの親とも等しく氏を同じくする利益を享受しやすいなどとも説いている。しかしながら、他方で、多数意見は、婚姻によって氏を改めることで、アイデンティティーの喪失感を招いたり、婚姻前の氏を使用するなかで個人の社会的信用、評価、名誉感情等を維持することが困難になったり不利益を受ける場合があることも否定できないとしつつも、夫の氏を称する夫婦が圧倒的多数を占めており、婚姻前の氏を使用できない種々の不利益は、通称使用が広まることで一定程度緩和しうるものであるとも判示している。そして、多数意見は、選択的夫婦別氏制に合理性がないと断ずるものではなく、婚姻制度や氏に対する社会の受け止め方に依拠するところが少なくなく、国会で論ぜられ判断されるべき事柄にほかならないと判示した。なお、女性の社会進出、仕事と家庭の両立、家族形態の多様化などで、夫婦別姓を認めないことは今や合理性を欠き、憲法 24 条に違反するとの反対意見もある [17]。

3　通称使用の可否

　私立中高一貫校に勤務する女性教諭が、2013 年に婚姻し改姓したが、学校側

17）最大判平 27.12.16 民集 69 巻 8 号 2586 頁、裁判所時報 1642 号 13 頁。

に旧姓使用を申し出たところ、戸籍名の使用しか認められず、旧姓使用と120万円の損害賠償を求めた事案で、東京地裁は、戸籍名のほうが個人識別機能が高く、職場で戸籍名の使用を求める合理性があると訴えを斥けた[18]。東京高裁で、裁判所の強い勧めもあって、女性教員と学園側との間に和解が成立することになった。学園側が2017年4月から、女性教員を含む希望者に対して、日常的な呼称や文書で旧姓使用を認めることで両者の和解が成立した。大手企業では、2013年には職場での旧姓使用を認めるところが64.5%にもなっており、学校でも旧姓使用が広がるなど、東京地裁の判決は時代に逆行し、女性の活躍を妨げる取扱いだとの批判が相次いでいた。最高裁大法廷の多数意見ですら、旧姓使用が広がることで夫婦同氏の原則も不利益や負担が軽減されると積極的であったのに、東京地裁の判断は最高裁大法廷判決の立場にも抵触する判決と厳しい批判が寄せられていた。内閣府が2018年2月に公表した最新の世論調査の結果では、選択的夫婦別姓制度の導入に必要な法改正を容認する人は42.5%にのぼり、反対29.3%を大きく引き離した。年齢別にみると、18～39歳では5割を超え、若い世代を中心に支持する声が強まっている[19]。

4 再婚禁止期間の沿革とその制度趣旨

　民法733条では、女性は、前婚の解消または取消日から6か月を経過しないと再婚することができない。ただし、前婚の解消または取消の前から妊娠していたときは、出産の日から再婚できるとしていた。旧民法では、4か月では短いし、再婚家庭の平和に配慮し、6か月としていた。明治民法も、旧民法と同様に、6か月とした。ドイツ、フランスは300日（10か月）としていたのを、血統の混乱を防ぐとともに、妊娠の有無が外見からわかるように6か月にした。人事法案では、婚姻解消後の分娩のほか、懐胎していないことが明らかに場合の許可・免除が受けられるものとしていた[20]。

　民法は、女性にのみ6か月の再婚禁止期間を認め（733条1項）、婚姻解消後

---

18) 東京地判平28.10.11LEX/DB文献番号25544090。浅倉むつ子・判例研究・ジェンダー法研究4号2017年、177－193頁。
19) 内閣府「家族の法制に関する世論調査」2018年2月、4頁（https://survey.gov-online.go.jp/h24/h24-kazoku/2-3.html）。
20) 床谷文雄「再婚禁止期間──比較法と立法論」『家族法改正への課題』日本加除出版、1993年、60頁。

の出産のみを適用除外と改めていた（733 条 2 項）。父性推定の重複の防止、父子関係をめぐる紛争の回避が目的である。つまり、民法 772 条により、前婚の子か後婚の子かで、父性推定が重複することを避けるためと説明されている。しかし、父性決定の困難を避けるためなら、成立した後の結婚を取り消しても意味はないし、事前のチェックで十分ではないかとか、父性推定の重複を避けるためにはせいぜい待婚期間は 100 日で足りるとか、そもそも女性にのみ再婚を制限するのは憲法の平等原則に反するのではないかと批判も多く、廃止論が強かった。

　前の婚姻の解消後 4 か月して、婚姻の届出をしようとしたころ、再婚届の受理を拒否された X 夫婦が民法 733 条の待婚禁止期間の規定が女子にのみ制限を設けるもので憲法 14 条 24 条に違反すると、100 万円の国家賠償を求めたケースで、広島高裁は、女子にのみ婚姻の自由を制約することは、再婚の場合の出生子の利益や後婚の家庭の平穏を保護するため、嫡出推定の競合を防止しようとする制度であり、一見きわめて明白に不合理な規定といえないかぎり違憲とはいえないとして、同条を合憲と判断した[21]。最高裁も、民法 733 条の再婚禁止規定は、父性推定の重複を回避するもので、同条の立法目的に合理性があり憲法 14 条に違反しないと上告を棄却していた[22]。

5　最高裁大法廷判決とその後の民法改正

　総社市の 20 代の女性が離婚後女性にだけに 6 か月間の再婚禁止期間を定める民法 733 条 1 項の規定は、憲法 14 条 1 項、同 24 条 2 項の規定に違反し、違憲無効な民法の改正をせず放置している国会の立法不作為を理由として 165 万円の国家賠償を求めた訴訟が提起された。岡山地裁は、国会議員の立法の不作為が違法となるのは、立法の内容や立法不作為が国民の権利保障を違法に侵害することが明白な場合や所要の立法措置をとることが必要不可欠であり、それが明白であるにもかかわらず正当な理由なく国会が長期に放置してきた場合に限られること、民法 733 条 1 項の規定の趣旨は父性推定の重複を回避し、父子関係をめぐる紛争を未然に防止するものであり、その立法目的に合理性が認められ、父性推定の重複を回避するために最低限必要な 100 日とすべきことが一義

21）広島高判平 3.11.28 判例時報 1406 号 3 頁。
22）最三小決平 7.12.5 判例時報 1563 号 81 頁、判例タイムズ 906 号 180 頁。

的には明らかでないし、厳格な合理性の基準によるべきではないとして原告の請求を棄却した[23]。

　また、第二審の広島高裁岡山支部も、同じく、民法733条1項の規定の趣旨は、父性推定の重複を回避し、父子関係をめぐる紛争の未然防止にあるから、その立法目的に合理性が認められ、立法目的を達成するために再婚禁止期間を具体的にどの程度の期間とするかは、上記立法目的と女性の再婚の自由との調整を図りつつ、内外における社会的環境の変化等も踏まえて立法府において議論し決定されるべき問題であり、6か月としたことでこの規定が直ちに合理的関連性を欠く過剰な制約であるということもできないとして、控訴を棄却した[24]。しかし、学説でも、100日に短縮したり、医師による非懐胎証明により民法733条の適用を除外するなど何らの措置をせず、またドイツは、1998年、フランスも2004年、韓国も2005年に再婚禁止期間を廃止しており、再婚の夫に父性推定を設けるなど適切な対応を採れば、女性にのみ6か月間の再婚を禁止する合理的な理由はなく、違憲ではないかという立場が有力になってきていた[25]。

　最高裁大法廷は、2015年12月16日、民法733条の規定の立法目的は、父性推定の重複を回避し父子関係をめぐる紛争を未然に防止することにあり、立法目的に合理性があるとした。また、嫡出子について出産の時期を起点とする明確で画一的な基準から父性を推定し、父子関係を早期に定めてこの身分関係の法的安定性を図る仕組みを設けた趣旨に鑑みれば、父性推定の重複する100日について再婚を制約することに合理性があると、100日の範囲内では制限に合理性が認められると判断した。しかしながら、科学技術や医療の発達した今日においては、婚姻の自由も十分尊重されるべきで、100日を超える部分について正当化することは困難であり、1947（昭和22）年の民法改正以降の婚姻および家族の実態の変化、医療および科学技術の発達、10か月の再婚禁止期間を定めていたドイツも1998年にこれを廃止し、フランスも2005年に廃止するなど世界でも廃止する国が多いなどと諸外国の動向にも触れつつ、父性推定が重複しない100日を超える部分については、憲法24条2項に違反すると判示した。

---

23) 岡山地判平 24.10.18 判例時報 2181 号 124 頁、訟務月報 59 巻 10 号 2707 頁。
24) 広島高岡山支判平 25.4.26LEXDB 文献番号 25543176、民集 69 巻 8 号 2582 頁。
25) 君塚正臣「女性の再婚禁止期間の合憲性」家族法判例百選（第7版）2008年、13頁参照。

もっとも、国会が違憲状態にある民法の規定を改正せず放置し続けた立法不作為の国家損害賠償については認められないとした[26]。

2016年6月にようやく離婚した女性の再婚禁止期間を6か月から100日に短縮する民法の改正が成立した。離婚時に妊娠していないことの医師の証明書があれば、離婚から100日以内であっても、直ちに再婚ができる規定も挿入された。ただし、最高裁大法廷判決の補足意見にもあったように、民法の一部改正では、再婚禁止期間自体が女性の婚姻する基本的な権利を侵害しており、3年をめどに再検討するよう附則が定められた。しかし、後に述べるように、国連の女性差別撤廃委員会からの勧告と同様に、100日の再婚禁止期間を残すことにどれだけ意味があるか疑問があり、離婚後300日規定も含めて、親子関係の成立をめぐるルールの見直しが急務と言えよう。

三　高齢者の離婚と同性婚・同性パートナーシップ

1　高齢者の離婚の現状

2000年に離婚した夫のうち、65歳以上は3589人、妻で65歳以上は1997人と、それぞれ夫は1.8%、妻は1.0%にすぎなかった。ところが、2015年には、夫7923人、4.8%、妻は4742人、2.9%と2倍以上に増加した。また、離婚した夫婦の同居期間で20年以上のベテランは、2001年は15.7%を占めるにすぎなかったが、2010年には16.9%、2015年には18.1%と徐々に増加している。全国の家庭裁判所での離婚調停の申立は、2015年で妻が83%、夫が27%であった。そして、離婚の理由は、「性格の不一致」（夫・61.3%、妻・40.5%）が多いが、妻は第2位が「生活費を渡さない」28.2%、「精神的虐待」25.6%、「暴力」22.7%と多い。これに対して、夫側では、第2位が「精神的虐待」18.7%、「家族との折り合い」14.9%、「異性関係」14.8%と続いている[27]。これまでは、高齢になるほど離婚は少なく、婚姻期間が長ければ長いほど、離婚のリスクは少なかった。しかし、上記の数字をみるかぎりでも、高齢者の離婚は増加しつつあり、高齢者は離婚しないとする神話が大きく崩れつつあることがわかる。高齢者の離婚

26）最大判平27.12.16民集69巻8号2427頁、裁判所時報1642号1頁。
27）最高裁判所事務総局編「平成28年度司法統計年報家事事件編」2017年、36頁参照。

の問題点としては、高齢の妻は、相手方に対する生活や住まいの依存度が高く、自活能力が低いため、家庭内別居が多い。これに対して、高齢の夫は、完全な性別役割分業の下で、健康管理を含め身の回りのことすらできないケースが少なくない。また、世間体や親族の手前、実際の離婚の事実を公表できないとか、離婚したくてもできない「仮面夫婦」、まさかのときのための「保険夫婦」になり易いという問題がある。そこで、高齢者の離婚については、子どもの問題はほとんどないものの、離婚後の生活の確保、財産関係の清算の必要性はきわめて高くなっている。

2 別居期間が1年ほどの高齢の夫からの離婚請求の事案

　たとえば、別居期間が1年あまりで80歳になる夫から23歳年下の妻に対する離婚請求がなされたケースで、一審では、妻が夫のアルバムを焼却処分してしまったり、先妻の位牌を無断で親戚に送りつける、食事を一緒にとらないなどの行為も、妻の行動の背景には、先妻に対する嫉妬心や嫌悪感が少なからず影響をしており、夫もこのことを認識しており、妻が先妻の話題に対して興奮したり、相応に攻撃的な態度をとったりすることもやむをえず、婚姻を継続し難い重大な事由があるとはいえないとした。一審は、年齢差のある夫婦には特異な状況といえず、現状を双方再確認して、これに対して感謝の念をもつことで夫婦関係は改善する余地があると判示して、高齢の夫からの離婚請求を棄却した[28]。

　これに対して、二審の大阪高裁は、80歳になって病気がちとなり、かつてのような生活力を失って生活費も減少した時期と合せて、妻が日常生活のうえで夫を軽んじるようになったうえ、長年仏壇の上に祀っていた夫の先妻の妻の位牌を無断で親戚に送り付け、夫の青春時代からのかけがえのない思い出のアルバムを無断で焼却したりするなどの妻による自制の薄れた行為が夫の人生で大きな屈辱的な出来事として、その心情を深く傷つけるものであったことは疑う余地がないと判断した。また、妻に夫が受けた精神的打撃を理解しようとする姿勢に欠ける面があり、婚姻関係は信頼関係を回復できないほど修復困難な状態に至っており、婚姻を継続し難い重大な事由があるとして、夫からの離婚請

28）神戸家判平 20.12.24 家月 62 巻 4 号 96 頁。

求を認容した[29]。

　離婚訴訟で、妻から「婚姻を継続し難い重大な事由」として多くなされる主張の背景には、子の教育問題やいじめへの無関心など夫の婚姻生活への非協力的な姿勢、妻に対する過度に支配的な態度、妻の行動への無理解などがある。これらは直ちに離婚原因となるものではないが、長い間に蓄積することにより、婚姻関係の破綻をもたらすことも少なくない[30]。

　高齢者の離婚の場合に、高齢の妻は自分自身の財産の蓄積や就労能力に欠けるために、夫の財産や年金に依存せざるをえず、経済的な自立がきわめて困難である。また、夫も、家事や身の回りのことが全くできずに、自身の体調や健康管理にも事欠き、妻に依存しないと生きてゆけないことも少なくない。その結果、高齢者の場合に、完全に別々に生活することが困難で「家庭内別居」も多く、完全に別居とは言えないために、愛情、信頼関係を失い夫婦関係の修復が不可能であるにもかかわらず、経済的社会的な依存関係が強いために、離婚後の各自の生活や健康状態を考えると、離婚させるべきか、婚姻関係を維持すべきか迷うケースが少なくない。

3　同性婚の可否と同性パートナーシップ制度

　明治民法でも、現行民法でも、婚姻が男女の結合である旨の明文の規定は置かれていなかった。明治民法は、戸主中心の「家」を基軸とする封建的家父長制的な家族法を構想していた。婚姻は、あくまでも、男系の縦に続く超世代的家族集団としての「家」の存続発展に仕える制度として位置付けられ、「家」という枠組み内での男女の終生的共同生活を想定していた[31]。戦前の学説の中でも、婚姻は一男一女の結合であり、同性間の婚姻の合意は、婚姻の本質に反して無効であると明示的に言及するものもあった[32]。

　また、日本国憲法のもとで「婚姻は、両性の合意のみに基づいて成立」するとの規定もあり（憲法24条前段）、当事者たりうるのは男女であって、その自

29）　大阪高判平 21.5.26 家月 62 巻 4 号 85 頁。
30）　松原正明「家庭裁判所にあらわれた高齢者の離婚事件等の諸相」『高齢者の離婚と財産問題』日本加除出版、2016 年、129 頁。
31）　棚村政行「男女の在り方・男と女」ジュリスト 1126 号（1998 年）25 頁参照。
32）　同上。

由な合意が要求されているとこれまでは理解されてきた[33]。したがって、婚姻は社会的に夫婦と考えられる一男一女の終生にわたる精神的肉体的結合であって、同性婚は、社会観念上婚姻的共同生活関係とは認められず婚姻意思に欠け無効と解する立場、明文の規定はないが、婚姻の本質から婚姻障害の一つとして男女の結合でなければならないとし同性婚を無効と解する立場が通説とされてきた[34]。

戸籍訂正に関する裁判例であるが、フィリピン人とフィリピン国の方式により婚姻した日本人男性が婚姻届出を日本で提出した後、フィリピン人が女性でなく男性であることが判明し、戸籍法 113 条に基づいて戸籍訂正の許可を申し立てたという事例があった。このケースでは、婚姻の実質的成立要件は、法の適用に関する通則法 24 条 1 項（旧法例 13 条 1 項）により各当事者の本国法によるところ、日本法でも男性同士ないしは女性同士の同性婚は、男女間における婚姻的共同生活に入る意思、婚姻意思を欠く無効なものであり、フィリピン家族法でも婚姻の合意を欠く無効なものとされ、戸籍に錯誤ないし法律上許されない記載がなされたもので戸籍法 113 条による訂正ができると判示されている[35]。

なお、2019 年 2 月には、東京、大阪、名古屋、札幌の 4 地区で、13 組の同性カップルが、同性婚を認めない民法や戸籍法は婚姻の自由を保障する憲法に違反しているのに国会は違憲の法律改正を放置したと各人に 100 万円の国家賠償を求める訴訟を起こした。また、2019 年 9 月に、宇都宮地裁真岡支部は、アメリカで同性婚の登録をし 7 年間も夫婦として共同生活をしてきた女性の一方が同棲関係を正当な理由なく破棄したとして、内縁に準じて保護されるとし、110 万円の賠償を命じた。

4　同性婚や同性パートナーシップを容認する立場

これに対して、これらの通説に異論を唱える立場も主張され、生殖と子の養育を主要な目的とする伝統的婚姻観が変化し、同性カップルにも婚姻を認めてもよいのではないか、憲法 24 条の両性とは同性者も含めて考えられるのでは

---

33) 宮沢俊義『憲法 II（新版）』有斐閣、1974 年、430 頁 参照。
34) 我妻栄『親族法』有斐閣、1961 年、14 頁、中川善之助『新訂親族法』青林書院新社、1965 年、160 頁、星野英一『家族法』有斐閣、1994 年、59 頁等参照。
35) 佐賀家審平 11.1.7 家月 51 巻 6 号 71 頁。

ないかと反論する[36]。むしろ、憲法13条、14条、24条を積極的に理解し、同性愛者の婚姻を認めてゆこうとする立場[37]、同性パートナーの法的保護を与えても全ての人が同性をパートナーとして選ぶわけではなく、種の再生産を崩壊させるほど多数にならないとして、私生活、家庭生活の自己決定権という憲法上の権利の保障という観点から、準婚的保護を与えるという立場も有力である[38]。

　これらの積極的な立場に対し、異性カップルの共同生活関係に対しては内縁としての保護を与えることはある程度まで可能であるとしも、同性カップルは婚姻から外れた共同生活関係であり不適法内縁だから内縁としての保護もありえないとの再反論もあった[39]。しかしながら、現在では27か国以上でも同性カップルに婚姻を認めたり、パートナーシップの登録制度を認めるところが30か国以上と着実に増えきている。また、日本でも、婚姻の主要な目的は必ずしも子の出産・生殖ではなく、夫婦的な相互扶助にあるわけであるから、事実上の夫婦としての同性カップルには、一定の要件のもとで、婚姻に準ずる法的保護をすべきであろう。また、家族の多様化やライフスタイルの自由などの最近の傾向からも、同性婚やパートナーシップ制度を導入すべきであろう。2019年7月、日本弁護士連合会は、41都道府県の同性受者ら453人から人権救済が申立てられていたところ、国に対して同性婚を認めないことは憲法13条、14条、24条に違反する重大な人権侵害であり、関連する法令の改正を行うよう求める意見書を公表した[40]。

5　同性パートナーシップをめぐる新たな動き

　ところで、2015年3月には、東京都の渋谷区ではじめて同性パートナーシップの認証制度を定める条例が可決成立した。その後、世田谷区、三重県伊賀市、兵庫県宝塚市、沖縄県那覇市、札幌市、福岡市でも導入され、大阪市、中野区、

36）石川稔「同性愛者の婚姻②」法セミ356号（1984年）60頁、上野雅和『新版注釈民法（21）』有斐閣、1989年、179頁、篠原光児「夫婦異性を考える」『イギリスの文学と社会的背景』北樹出版、1996年、109−110頁等。
37）角田由紀子『性の法律学』有斐閣、1991年、212頁。
38）二宮周平『事実婚の現代的課題』日本評論社、1991年、345頁、棚村・前掲注31）論文25頁。
39）大村敦志「性転換・同性愛と民法（下）」ジュリスト1081号（1995年）64−65頁参照
40）棚村・前掲注31）論文25頁。なお、渡邊泰彦「同性カップルによる婚姻から家族形成へ」法律時報88巻5号（2016年）73頁以下、二宮周平「家族法──同性婚への道のりと課題」『同性愛をめぐる歴史と法』明石書店、2015年、122頁以下参照。

千葉市さいたま市、北九州市、堺市、熊本市、長崎市など 25 の自治体が導入している[41]。また、民間企業でのパートナー優遇制度も広がりを見せており、たとえば NTT では、2016 年 4 月から同性パートナーの結婚休暇や慶弔金の支給を開始していたが、2018 年 4 月からは、同性パートナーを配偶者と認めて、社宅への入居、育児休暇、介護休暇、扶養手当、単身赴任手当等も支給することになった。さらには、2018 年 4 月には、40 年以上連れ添った同性パートナーの葬儀に配偶者として参列を許されず、700 万円の慰謝料等を請求する訴訟が大阪地裁に提起された[42]。また、2018 年 7 月にも、愛知県で 2014 年に同性パートナーを殺害されて犯罪被害給付金を求めたところ、愛知県公安委員会から、同性パートナーは配偶者と認められないとして遺族給付金を支給しない行政処分の取り消しを求める訴訟が名古屋地裁に提起されるなど、同性パートナーによる訴訟も目立ち始めた。今や、同性婚は世界で 27 か国以上で認められており、台湾でも立法院で検討がされていたが、2019 年 5 月、アジアではじめて同性婚を容認した。日本でも、国レベルでも、同性婚や同性パートナーシップ制度の導入の議論がされるべきであろう。

四　婚外子相続分差別と親権制限をめぐる動き

1　婚外子の法的地位と法定相続分差別規定の沿革

　日本では、歴史的には、江戸時代の武家法で、家督相続人である家の跡継ぎを「嫡子」または「惣領」と呼んだが、家督相続人である男子以外を中世に表していた「庶子」は使われなかった。庶民法では、家督相続人を「跡取」「世継」と呼んだ[43]。明治初期の 1873（明治）6 年に、太政官布告 21 号が出されて、

41）棚村政行「日本における同性婚及び同性パートナーシップをめぐる動向」『同性婚や同性パートナーシップ制度の可能性と課題』日本加除出版、2018 年、123 頁以下に詳しい。2018 年 3 月 2 日付朝日新聞朝刊（大阪本社）34 頁、2018 年 7 月 5 日付朝日新聞朝刊（埼玉）23 頁、2018 年 9 月 9 日付朝日新聞朝刊（東京四域）24 頁、2018 年 9 月 14 日付朝日新聞朝刊（北九州）27 頁、2019 年 1 月 31 日付朝日新聞朝刊（大阪市内）27 頁参照。
42）2018 年 4 月 27 日付読売新聞夕刊 9 頁、2018 年 4 月 27 日付朝日新聞朝刊（東京本社）34 頁参照。日弁連「同性の当事者による婚姻に関する意見書」（2019 年 7 月 18 日）（https://www.nichibenren.or.jp/library/ja/opinion/report/...）。
43）川上房子「嫡出でない子についての一考察」『家族の法と歴史　青山道夫博士追悼論集』法律文化社、1981 年、218 頁参照。

妻および妾が産んだ子は「公生子」、そうでない女性が産んだ子は「私生子」とされることになり、母が引き受けるものとされた。1875（明治8）年12月17日の布告で、妾が産んだ子は庶子としていたのに加え、父が認知した子も庶子と称することが許された[44]。そして、1898（明治31）年明治の民法は、子には、婚姻によって生まれた「嫡出子」、父に認知された「庶子」、父に認知されない「私生子」の3種の区別を踏襲し、家制度、家督相続制度の下で、婚外子でも、父が認知して家に入ることが同意された子（庶子）は、家督相続が許された。しかし、遺産相続では、正当な婚姻の尊重という立場から、嫡出子と比べて相続分を2分の1と規定した（明治民法1004条但書）[45]。

　このように、明治民法の家制度の下では、婚外子は「私生子」と庶子とに区別され、父が認知し家へ入ることが許されると「庶子」とされたが、1947（昭和22）年に、「嫡出子」と「嫡出でない子」に区分された。戦後の民法の大改正の過程では、女性議員を中心に、婚外子の相続権を否定すべきとの意見もでていた。他方、憲法の平等原則に反するので婚外子の法定相続分についても等しくすべきとの意見もあって、その妥協の産物として、明治民法以来の2分の1の遺産相続の差別をする規定が踏襲されることになった（民法900条4号但書）[46]。

2　最高裁大法廷違憲決定とその後の動き

　最高裁判所は、非嫡出子の法定相続分差別の規定は、法律婚の尊重と非嫡出子の保護の調整を図ったもので、合理的根拠があり、この立法理由との関係で著しく不合理であり、立法府に与えられた合理的な裁量判断の限界を超えたものということはできないとして合憲と判断してきた（最大決平7.7.5民集49巻7号1789頁、最判平12.1.27判例時報1707号121頁、最判平15.3.28家月55巻9号51頁、最判平15.3.31家月55巻9号53頁、最判平16.10.14判例時報1884号40頁、最二小決平21.9.30家月61巻12号55頁）。なお、非嫡出子の法定相続分差別は、婚姻の尊重保護という立法目的の枠を超えるもので、立法目的と手段との実質的関連性は認められず違憲との反対意見もあった。

44）二宮周平「非嫡出子の平等化」『家族法改正への課題』日本加除出版、1993年、349-350頁参照。
45）二宮・前掲注38）351頁参照。
46）高橋敏「非嫡出子の相続法上の地位Ⅰ」比較法研究7号（1984年）80-84頁参照。

しかし、最高裁判所は、2013年9月4日に大法廷を開いて、14名の全員一致で民法900条4号ただし書の規定は憲法14条に違反すると判示した。つまり、家族が多様化し、国民の意識も大きく変化しており、国内でも婚外子差別が住民票・戸籍の続柄記載でも差別的取り扱いが解消され、国籍差別も改められたこと、かつ女性差別撤廃委員会、児童の権利委員会、社会権規約委員会、自由権規約委員会などからも再三にわたり勧告を受けていること、海外でも婚外子相続分差別が撤廃されていること、子どもには出生になんら責任はなく選ぶこともできないことから、最高裁は、法律婚を尊重保護するという立法目的を達成する手段として、相続分を嫡出子と嫡出でない子とで2分の1とすることに合理性はないとして、違憲判断を下した。しかし、相続や遺産分割の安定性を考慮して、2001年以降の相続ですでに決着をみているケースでは違憲無効とされず、問題の解決が図られていないケースのみが違憲判断の事実上の拘束力を受けるとされた[47]。

　2014年12月に、婚外子の相続分の差別を定める規定を削除する民法の一部改正が成立した。しかし、出生届で嫡出子、嫡出でない子を必要的記載事項とする戸籍法49条の改正は自民党法務部会で見送られた。2014年1月に、法律婚尊重のため相続法改正検討チームが立ち上がり、2015年2月には相続分の加算等相続法改正の答申がされ、法制審議会での審議を経て、2018年3月に、相続法を改正する要綱案が示され、2018年7月、配偶者の居住権、遺産分割の見直し、自筆証書遺言の保管制度、遺言執行者の権限の明確化、遺留分制度の見直しなどを定める相続法についての民法の一部改正が成立した。

3　親権・監護法・児童福祉法の一部改正

　2011年5月に、児童虐待防止および児童の権利擁護の観点からの、民法の一部改正が行われた。この改正の概要を示すと、民法820条の親権の規定に子の利益のためという目的規定が置かれた。懲戒権については、子の虐待が「しつけ」や「教育」の名の下で行われることも多く、監護教育の権利義務として削除してはどうかとの提案もあったが、懲戒場の規定は削除されたものの、監護教育に必要な範囲で懲戒権をもつことが明記された。民法834条の2に親権停止制度が新設され、父母の監護が困難であったり不適切で、子の利益に反する

---

[47]　最大決平25.9.4民集67巻6号1320頁、判例時報2197号10頁。

場合には、子本人、未成年後見人、未成年後見監督人等から2年以内の親権停止が申立てられるようになった。2012年4月から12月までで親権停止の申立件数は120件申立てられ、親が緊急な手術に同意しないケースや年長の子が児童養護施設を退所する予定であるが、親からの心理的虐待が続くようなケースで、児童相談所長から親権停止が求められたりしていた。未成年後見人は、単独でなく複数でも可能になり、法人後見も可能になった。また、親子の面会交流や養育費についても、民法766条に明文の規定が設けられ、離婚届で用紙の右下欄にチェック欄が設けられた。そして、子の監護に関しては子の利益が最優先の考慮事項であるとも明文で定められた。児童福祉法もあわせて改正され、親の不当な介入や干渉を排除して、里親や児童養護施設では子の安定的な監護養育を確保できるようになった[48]。

4 親権制限事件の動向

2017年の親権喪失審判申立事件は118件、親権停止は250件、児童福祉法28条1項事件は288件、児童福祉法28条2項事件は133件であった。2018年の親権喪失審判申立事件は145件、親権停止は246件、児童福祉法28条1項事件は377件、児童福祉法28条2項事件は162件であった。既済事件で、親権喪失は認容が21.4％、却下14.5％、取下げ58.8％、親権停止が認容33.5％、却下8.9％、取下げ55.1％となっていた。申立人は、子の親族が多く、年齢が上がると本人も申立てもできる。相手方となるのは、親権喪失では、実父が約6割、実母約2割で、養父約2割で、親権停止では、実父約3割、実母約5割、養父約2割である[49]。児童虐待・ネグレクト等が急増する中で、親権制限の事件の認容率も決して高いとは言えず審理も迅速に行われていると言い難い。

実際のケースでは、たとえば、未成年者の実母は子の出生直後から養育をせず、高校入学後に勝手に退学届を出したり、養父も勝手にアルバイト代を受け取ったり、必要な医療を受けさせないなど親権行使が不適当で子の利益を害す

---

48) 飛澤知行『一問一答平成23年民法等改正——児童虐待防止に向けた親権制度の見直し』商事法務、2011年、1頁以下、同「児童虐待のための親権制度の見直しについて——平成23年民法等の一部改正」戸籍時報689号（2012年）15頁以下参照。
49) 最高裁判所事務総局家庭局「親権制限事件及び児童福祉法に規定する事件の概況——平成30年1月〜12月」2018年、1-10頁。

ると、2年間の親権停止が認められた事例[50]、手術が必要な乳児である未成年者につき、父母が輸血を伴う手術に宗教的な理由から同意をせず、生命に危険を生ずる可能性もあり、子の利益を害するとして、親権停止と職務代行者の選任をした事例[51]、元同居人男性の性的虐待や暴力を容認していたとして親権停止をされていた母親が別の男性と再婚し、元の男性との関係を断ち、児童相談所長が、心臓疾患のために緊急の手術が必要な生後4か月の未成年者の手術に同意せず、本案認容の蓋然性と保全の必要性を認めた事例[52]もある。

5 児童福祉法・児童虐待防止法の改正

2016年児童福祉法の一部改正としては、①児童福祉法の理念の明確化があげられる。つまり、児童は、適切な養育を受け、健やかな成長・発達や自立を保障されることを明確にし、国・都道府県・市町村の役割・責務を明確化した。また、②児童虐待の発生予防として、市町村の母子健康包括支援センターの設置、医療機関や学校と市町村との情報連携、国・地方公共団体の発生予防・早期発見への留意が盛り込まれた。さらに、③児童虐待発生時の迅速・的確な対応として、市町村の支援拠点整備、要対協の調整機関への専門職の配置、特別区の児童相談所の設置、児相への児童心理司、医師等の配置など。また、④被虐待児童への自立支援としては、親子関係再構築支援、施設、里親、市町村、児相等の関係機関の連携、都道府県の里親の開拓から自立支援までの一貫した里親支援の位置づけ、養子縁組里親の法定化とともに、児童相談所の養子縁組の相談・支援の強化、自立援助ホームについて、22歳までの大学就学中の者も対象にするなどが定められた[53]。

2017年児童福祉法および児童虐待防止法の一部改正では、児童虐待の通報を行う者に、歯科医師、保健師、助産師、看護師も例示的に追加した（児童福祉法21条の10の5の1項および児童虐待防止法4条2項）。また、児童虐待を受けている児童等の保護者に対する指導への司法的関与として、里親委託等の承認の申立があったときは、家庭裁判所が都道府県に対して保護者の指導を勧告で

---

50) 宮崎家審平25.3.29家月65巻6号115頁。
51) 東京家審平27.4.14判例時報2284号109頁。
52) 東京家審平28.6.29判例時報2333号107頁。
53) 厚労省児童家庭局「児童福祉法等の改正について」（2016年）（https://www.mhlw.go.jp/file/06-Seisakujouhou-11900000-Koyoukintoujidoukateikyoku）。

きるとし、都道府県等は家裁に結果を報告するものとした（児童福祉法28条4項）。児童相談所が一時保護を行う場合も、親権者等の意に反して2か月を超えて行うときは、児童福祉審議会の意見聴取に代えて、家庭裁判所による審査を導入した（児童福祉法33条5項）。親権者の同意による里親委託や施設入所、一時保護の場合でも、都道府県知事が接近禁止命令を求めることができるとした（2019年6月には、目黒区での5歳女児、野田市での10歳女児の悲惨な虐待事件が続いたことを受け、親の体罰を禁止し、学校や教育委員会、児童福祉施設職員などに守秘義務を課すとともに、児童相談所の介入強化などを定める児童福祉法・児童虐待防止法の改正が成立した。これに伴い、2019年7月から、法制審議会民法（親子法制）部会では、民法の懲戒権の規定の見直し議論がはじまった（児童虐待防止法12条の4の1項）[54]。

五　家族の変容と家族法改正の課題

1　家族法改正への課題

　日本における今後の家族法改正の課題[55] としては、婚姻における夫婦の実質的な平等と相互の人格の尊重の保障として、暴力・虐待・ハラスメント・ストーキングの防止や職業選択の自由、信教の自由など対等性、独立性、平等性が保障されなければならない。また、事実婚、同性婚、性同一性障害など多様なカップルの法的保護も進める必要がある。2015年3月に東京都の渋谷区で、同性パートナーで任意後見契約を結ぶなどしたカップルに証明書を発行する条例が成立した。海外では27か国以上で同性婚が認められているが、日本でも、25を超える自治体で同じような動きがあり、全国に急速に広がりつつある。

　2018年6月に成人年齢を18歳に引き下げる民法の一部改正が成立して、婚姻適齢についても18歳にそろえることになりことになった[56]。再婚禁止期間は

54）厚労省児童家庭局長「児童福祉法及び児童虐待防止法の一部を改正する法律の公布について」（2017年6月21日）(https://www.mhlw.go.jp/file/06-Seisakujouhou-11900000-Koyoukintoujidoukateikyo)。
55）宮崎幹朗ほか「家族法改正──その課題と立法提案」家族〈社会と法〉33号（2017年）21頁以下に詳しい。
56）2018年6月13日付毎日新聞夕刊1頁。

100 日に短縮されたものの、今後撤廃が課題となっている。夫婦財産制の見直しや財産分与制度の改正、協議離婚制度の見直し、財産分与・監護・面会交流・養育費等の取決めが 50〜60％程度しかなされておらず、養育費も支払われているのは 25％弱で、面会交流も 30％程度で低調である。兵庫県の明石市のように、基礎自治体が相談窓口を作り、参考書式の配布、取決めの促進のためのセミナー、取決めをした人たちにその実現のために面会交流の場所を提供したり、親子キャンプ、養育費の保証委託制度などを打ち出しているのは注目に値する[57]。また、代理出産、死後生殖、AID などの生殖補助医療の利用により生まれてきた子と親子関係についてのルール化、子どもの出自を知る権利の保障、カウンセリングなど心理的社会的支援、DNA 鑑定などの利用の可能性と限界なども検討される必要がある。2019 年 7 月から、法制審議会の親子法制部会で、嫡出推定・否認制度の見直しのための審議が開始した。

　子どもに会えないお父さんたちを中心にする働きかけで、「共同養育支援（親子断絶防止）法案」が超党派の議員立法として提出されようとしている。これに対しては、DV やストーカーなどの被害を訴えるお母さんたちの支援団体が激しい反対運動を展開している。大人の勝ち負けや争いでなく、子どもの権利や子どもの最善の利益の実現に向けた「子ども養育支援基本法（仮称）」のような議員立法が望ましいと言える。子のどの利益や子どもの権利の保障のための親権・後見制度の抜本的な見直し、親権概念の再検討、離婚・離別後の親権・監護の共同化、面会交流の概念と基準の明確化、面会交流支援のための措置、民間の交流支援センターの整備・強化、ペアレンティング・コーディネーターの養成、子どもの代理人制度の検討も必要である。日本は、児童の権利条約を 1994 年に批准承認しているが、子ども権利基本法の制定や子ども施策を基本に据える国内実施体制に大きな問題がある。ドイツの教育学者で元の国連子どもの権利委員会副委員長のロタールクラップマンの言うように、日本は、まだまだ子供を中心にした法制や政策と言うより、大人や高齢者を経済的社会的に支え、経済を最優先した子ども・若者施策でしかないという厳しい批判は甘んじて受けなければならない[58]。これは男女共同参画や男女平等政策につい

57）2014 年 10 月 21 日付読売新聞朝刊（兵庫）31 頁、2018 年 9 月 22 日付け読売新聞夕刊 10 頁等参照。
58）棚村政行『子どもと法』日本加除出版、2012 年、60 頁参照。

ても言えよう。

　さらに、成年後見制度の見直しに関しても、少子高齢化のさらなる進展に伴い、高齢者の医療、身上監護面でのケアや支援の充実、家庭的な介護の促進のためのさらなる支援の拡充、家庭裁判所での事件処理の見直し、受け皿としての市民後見人の役割、専門職後見人と家族の役割分担など課題は山積している。2017年3月には、成年後見制度の利用促進に向けて、財産管理だけでなく、本人の意思決定支援や生活支援を重視し、弁護士や親族らの後見人に加えて、医療や福祉関係者を含めたチームでの支援をすること、預貯金を引き出すときに弁護士や司法書士が関与して後見監督人の押印を必要としたり、不正防止策の強化、200以上に及ぶ資格停止や欠格事由の見直しなど成年後見利用促進基本計画が自民党の部会で了承され、下旬に閣議決定がなされた[59]。

　養育費簡易算定表の見直し、養育費の履行確保・立替払い・最低生活費の保障、普通養子・特別養子制度の見直し、里親制度の見直し、社会的養護の見直しと子育て支援の充実も、重要課題である。要保護児童が4万5000人もいて、わずか里親委託は20％程度しかない。先進国で一番低い数字になっており、子どもたちの幸せのための家庭的養育の推進と実親への再統合支援も必要である。2017年4月に、大阪市で30代と40代の男性カップルが里親登録が認められ、児童相談所から研修を受け、審議会でも認められて、10歳の里子を育てることになった。家庭的養護を促進するうえでも、里親さんの人材確保、家庭的な養護のためにも、好ましい動きだであろう[60]。ただし、LGBTに対する一般の人々の理解や偏見などを取り除く努力も必要で、子ども達や里親の行政による支援の強化も必要であろう。2019年6月、特別養子に関する民法等の改正が成立し、養子となる者の年齢を満15歳（例外的に18歳未満）まで引き上げるとともに、成立の審判を特別養子適格確認審判と、特別養子縁組成立審判に分け、第1段階の審判の申立権は児童相談所長にも認める改正を行った。

　戸籍と身分登録制度では、住民票と戸籍との関係の明確化、離婚後300日問題、不明高齢者問題などの問題が生じている。たとえば、23万5000人も住民票がない戸籍上100歳を超えて生存していることになっていた不明高齢者問題も起こった。他方、戸籍のない子は、法務省の調べで715人、支援団体による

59）2017年3月15日付読売新聞朝刊62頁参照。
60）2017年4月6日付朝日新聞夕刊（大阪本社）1頁。

と1万人にのぼるのではないかとの指摘もある[61]。戸籍の記載と真実性の確保、戸籍制度のあり方の見直し、個人単位の登録制度へ改める必要があろう。また、マイナンバーをメタボ健診などの健康管理に使う提案もあるようだが、児童虐待やネグレクト、養育費の取立てなどに活用すべきではないかと考える。

2 国際人権法と日本の責務

日本も、1985年に女性差別撤廃条約を批准し、1994年には児童の権利条約を批准承認しており、国連の自由人権規約、社会権規約など国際人権規約を締結し、加盟国の仲間入りをしている。そして、2009年8月にも、国連女性差別撤廃条約委員会（CEDAW）からも、総括所見が示され、懸念および勧告だけでも48項目に及び、日本が条約批准によって国内法を条約に一致させる国際的な責務を負っていること、婚姻適齢・再婚禁止期間、夫婦同氏、婚外子相続差別規定の改正等を強く勧告しており、世論調査の結果だけでは説得力がないと批判しており、2年以内のフォローアップを求める内容となっていた[62]。また、児童の権利委員会も、2010年6月に、日本政府からの第3回報告書を受けて、最終見解をまとめており、子どもの権利基本法の制定や独立した監視機関・データの収集、子どもの最善の利益・資源配分・差別の禁止、生命・生存・発達の権利と子どもの自殺、体罰・児童虐待・障がいのある子・外国人や難民の子・少年司法・性的搾取等について懸念や勧告をしていた[63]。

2016年3月には、女性差別撤廃委員会は、女性差別の包括的な定義の早期の法制化、婚姻最低年齢の18歳への引き上げ、夫婦別制度の導入、女性の再婚禁止期間の完全廃止、マイノリティー女性への包括的な差別禁止法の制定、女性への性暴力等を助長するホルの素材の清算と流通の規制、立法や行政でのクォータ制度の導入、同一価値同一労働同一賃金の原則の実施、セクハラ禁止と制裁を法で定め、マタニティハラスメントを含めた雇用差別を受けた女性への司法アクセスの確保などを求めている[64]。

61）井戸正枝『日本の無戸籍者』岩波新書、2017年、5頁、秋山千佳『戸籍のない日本人』双葉新書、2015年、173頁参照。
62）2009年9月12日付朝日新聞朝刊（東京本社）31頁参照。
63）2010年6月20日国連子どもの権利委員会第3回日本審査報告及び総括所見（日本語訳）（https://www.jstage.jst.go.jp/article/kokusaijosei/24/1/24_130/_pdf/-char/ja)。
64）2016年3月7日第7回及び第8回合同提起報告に対する最終見解（https://www.mofa.go.jp/mofaj/gaiko/josi/index.html)。

2013 年 5 月は、ハーグ子奪取条約に加盟する国会の承認の決議がなされ、6月には国内実施法案が可決成立した。ハーグ条約は、国際的な国境を超えた不法な子の連れ去りがあった場合に、元の居住国に子を迅速に返還する国際的司法協力の枠組みであるが、日本でも、中央当局を外務省が担い、子の返還手続には、東京と大阪の家庭裁判所が専属管轄をもち、返還拒否事由の明確化、子の手続的な地位の保障と子の福祉への配慮、電話・テレビ会議システムの利用、出国禁止命令やパスポートの保管、子の引渡しの強制執行の方法の工夫などが凝らされた。ハーグ条約のおかげで、国内での子の引渡し（子の返還）の強制執行について見直しが行われ、2018 年 9 月には間接強制前置、債務者の同時存在の原則などを見直す要綱案がまとめられ、2019 年 4 月には、民事執行法、ハーグ条約国内実施法の改正が成立した[65]。子どもの意思や子の最善の利益の実現を中心にした問題解決のあり方を探るうえでもグローバルなスタンダードを考慮すべきであろう。

　なお、2019 年 2 月、国連子どもの権利委員会は、第 4 回・第 5 回の日本政府報告に対し、包括的反差別法の制定、マイノリティへの差別防止措置、子どもの意見表明権の確保、体罰の根絶などを強く求めた。

おわりに——家族の自立と絆へ

　最後に、欧米先諸国やアジアの近隣諸国と比べても、日本の家族法の改正や家族の法政策のあり方については立ち遅れが目立っている。家族関係や社会関係が多様化しているために、望ましい家族像や核家族・近代的な小家族をモデルとするだけではなく、事実婚・同性婚、ひとり親家庭などの家族の実質に即した法的保護と社会的支援が必要であるし、これまでの法律婚を尊重するだけでなく、多様なカップルや多様な生き方に対する法的保護の拡充も必要である。また、家族法の改正は、外国法を参酌しながら、アジアの隣国の経験も参考にして、実務や法の運用で積み上げてきたルールを明確化するとともに、子どもの権利や親の実質的な平等などの憲法的な価値に基づき法改正を進めるべきであろう[66]。また、家族に対する規制強化・介入強化、つまり弱者保護や子ども

65）棚村政行「子の引渡しの強制執行と民事執行法の改正」法律時報90巻10号（2018年）1−3頁参照。
66）棚村政行「日本における家族法の改正」戸籍時報 672 号（2011 年）4−6 頁参照。

の福祉のためには、法律が積極的に介入して人権侵害を防ぐことが重要であるし、他方、大人や対等な人格相互では、規制を緩和し、自己決定や自律に委ねて、法の介入は必要最小限に抑える必要もある。そして、家族内での紛争の未然予防、紛争の円満で自主的解決の促進、ADR の活用等、紛争の解決内容の実現の支援など社会的な支援制度や社会福祉の増進に心掛けなければならない。もちろん、ヒトやカネやモノは有限で限りがあるが、現在のリソースももっと有効に活用すべきではなかろうか。

　最近では、日本では、子の親権や監護をめぐる紛争が急減に増加し、父母の熾烈な争いが少なくない。たとえば、欧米諸国では、共同親権・共同監護が広がるとともに、子の親権争いについては、相手方の親としての立場や存在を尊重すべきで、相手の親を否定したり、親子の面会交流に対して協力しない場合に、他方の単独親権とするなどの友好的な親友好的な親原則（Friendly Parent Rule）を採用するところもでてきている。もっとも、共同子育て・共同親権の検討に際しては、DV・ストーカー対策や高葛藤事案に対する安全・安心対策、合意形成支援も重視されなければならない[67]。

　たとえば、父親と母親の間で、9 歳の長女の親権、面会交流などが争われたケースで、千葉家庭裁判所松戸支部は、現に監護している母親ではなく、共同養育の提案をしている父親に親権者を認め、年に 100 回以上の面会交流を命じた[68]。二審の東京高等裁判所は、母親の監護実績や子の意向、年 100 回の面会交流や共同養育の提案の実現可能性を考慮して、一審判決を取り消して母親の親権者の指定を行った[69]。最高裁第二小法廷平成 29 年 7 月 12 日判決は上告受理拒否で確定したが、高葛藤の事案での親権・監護・面会交流などの子どもの問題の処理がきわめて難しいことを示している。

　また、認知症に罹患して徘徊をしていた夫（当時 91 歳）が線路内に侵入し接触事故で、最高裁は、別居していた長男に賠償責任を認めた一審[70]や同居していた妻（当時 85 歳）の監督責任を認めた二審[71]を破棄し、最高裁は、上告審に

67）棚村政行「親権・監護者の決定とフレンドリー・ペアレント（寛容性）原則」家族〈社会と法〉33 号（2017 年）12−14 頁。
68）千葉家松戸支判平成 28.3.29 判例時報 2309 号 121 頁。
69）東京高判平成 29.1.26 判例時報 2325 号 78 頁。
70）名古屋地判平成 25.8.9 判例時報 2202 号 68 頁。
71）名古屋高判平成 26.4.24 判例時報 2223 号 25 頁。

おいて、家族の責任を否定した。最高裁判決では、家族の監督義務は、親族関係、同居の有無、精神障害者との関わり、心身の状況、問題行動の有無や内容、介護の実態等を総合判断して、監督の可能性、容易かどうかで決めるとする[72]。認知症高齢者は、550万人にも増加し、予備軍を含めると800万人を超える。認知症リスクの社会化、分散化の観点から、家族の賠償責任の在り方も議論されなければならない[73]。

　ハーグ条約での子の返還決定と人身保護法での子の引渡しに関して、2018年3月、最高裁は、日本人夫婦間で、父親から13歳の二男の引渡しが母親に対して求められたケースで、返還が実現しないような事案では原則として拘束の違法性は顕著であり、子の拒絶も母親の不当な心理的影響力を慎重に検討すべきと判断した[74]。

　2012年4月の自民党の改憲草案では、憲法24条に家族の尊重や家族の扶け合いの規定をしようとしている。安倍政権は、家族の扶養の可否の確認をする生活保護法の改正など、家族の責任強化の方向にある。しかしながら、家族法の規定や既存の制度は、120年以上前からの明治民法の家父長制的権威主義的な意識や法構造を維持するもので、ジェンダー平等や子どもの最善の利益を実現する観点からの徹底した改革が求められている。むしろ、家族の無縁化、貧困化、孤立化へのさまざまな総合的対応が急務であり、家族の責任や負担を強化するのではなく、家族の法政策としては、多様化し、弱く脆くなっている家族を国や社会がいかに支援していくかという視点こそが重要ではなかろうか。

72）最三小判平28.3.1民集70巻3号681頁。
73）前田陽一「近時の判例にみられる監督義務者責任の流れとその評価」法律時報69巻11号（2017年）90頁参照。
74）最一判平30.3.15裁判所ウエブサイト。

第IV部

ハラスメントと法

顧客・利用者等によるハラスメントと使用者の防止対策義務

川口美貴

一　はじめに――問題の所在

1　労務供給過程における労働者の人格権保障の必要性

労働力はその所有者である労働者から切り離すことができず、労務と労働者の人格は不可分であるので、労働者については、労務供給過程においてその人格権[1] が侵害されることのないよう、人格権保障を内包した雇用・労働条件が保障されることが必要である[2]。

具体的には、①労働契約の相手方である使用者または労務供給先である派遣先等との関係で、労働者の人格権を保護する[3] とともに、②労務供給が他の労働者と共に集団的・組織的に行われる場合は、他の労働者（上司・同僚）との関係で[4]、労働者の人格権を保護することが必要となり、また、③労務供給の内容が顧客・利用者等に対する商品・サービスの提供の履行補助として顧客・利用者等に接し、又は応対することである場合は、顧客・利用者等との関係で、労働者の人格権を保護することが必要となる。

---

1) 労働者人格権に関する論考として、角田邦重「労働者人格権の射程」山田省三・石井保雄編『労働者人格権の研究（上）』信山社、2011 年、3 - 24 頁および同論文引用文献等。
2) 川口美貴『労働法（第 3 版）』信山社、2019 年、3 頁。
3) 使用者による労働者に対する業務命令の内容、服務規律、監視・調査、個人情報の収集・管理・使用、退職勧奨等が問題となっている。
4) 労働契約は長期間継続することが多く労働者もこれを望むことが多いから、職場を構成する他者との中長期にわたる良好な人間関係が不可欠であり、この点からも上司や同僚との関係での人格権保護が必要であると指摘されている（滝原啓充「ハラスメントにかかる使用者の義務・責任」日本労働法学会誌 128 号（2016 年）100 - 101 頁）。

2　顧客・利用者等によるハラスメント

近年、特に、流通、外食産業、介護、鉄道等のサービス業において、顧客・利用者等が、顧客・利用者等に接し又は応対する労働者等に対し、その職務上必要かつ相当な範囲を超えて身体的・精神的苦痛を与え、労働者の尊厳や人格権（人格的利益）を侵害する行為[5]（以下、「顧客・利用者等によるハラスメント[6]」と言う。）をなす場合が少なくないことが労働組合の調査等（→二 1）からも明らかになっており、その対応策が強く求められている[7]。

ハラスメントに関しては[8]、従来、均等法及び育介法に、①「職場におけるセクシュアル・ハラスメント」[9]、②「職場における妊娠・出産に関するハラスメント」[10]、③「職場における育児休業等に関するハラスメント」[11] について、事業主が雇用管理上必要な措置を講じなければならないこと[12] 等が規定されていたところ、2019 年に「女性の職業生活における活躍の推進に関する法律等の一部を改正する法律」（令元法 24）が、ハラスメント防止対策に関する法改正

---

5)　具体的には、過剰なサービスの強要、暴力、暴言、威嚇・脅迫、長時間の拘束、土下座の要求、ネット上での中傷行為、セクシュアル・ハラスメント等。

6)　前注 4)・滝原 100 頁は、ハラスメントを人格的利益侵害行為と定義している。

7)　UA ゼンセン（全国繊維化学食品流通サービス一般労働組合同盟）は 2017 年 11 月 16 日と 2018 年 8 月 10 日に、UA ゼンセン日本介護クラフトユニオンは 2018 年 8 月 9 日に、厚生労働大臣に要望書を提出している。

8)　従来のハラスメントに関する法政策については、濱口桂一郎「職場のハラスメントの法政策」季刊労働法 262 号（2018 年）198－214 頁参照。

9)「事業主が職場における性的な言動に起因する問題に関して雇用管理上講ずべき措置についての指針」（平 18・10・11 厚労告 615）1 は、「職場において行われる性的な言動に対するその雇用する労働者の対応により当該労働者がその労働条件につき不利益を受け、又は当該性的な言動により当該労働者の就業環境が害されること」と定義している。

10)「事業主が職場における妊娠、出産等に関する言動に起因する問題に関して雇用管理上講ずべき措置についての指針」（平 28・8・2 厚労告 312）1 は、「職場において行われるその雇用する女性労働者に対する当該女性労働者が妊娠したこと、出産したことその他の妊娠又は出産に関する事由であって男女雇用均等法施行規則第 2 条の 3 で定めるもの（「妊娠・出産等」）に関する言動により当該女性労働者の就業環境が害されること」と定義する。

11)「子の養育または家族の介護を行い、又は行うこととなる労働者の職業生活と家庭生活との両立が図られるようにするために事業主が講ずべき措置に関する指針」（平 21 厚労告 509）14 は、「職場において行われるその雇用する労働者に対する育児休業、介護休業その他の育介則 76 条で定める制度又は措置の利用に関する言動により当該労働者の就業環境が害されること」と定義する。

12)　同規定に関する論考として、山川隆一「職場におけるハラスメントに関する措置義務の意義と機能」山田省三先生古稀記念『現代雇用社会における自由と平等』信山社、2019 年、31－56 頁等。

（労働施策推進法、均等法、育介法）を行い、1）労働施策推進法に、国の施策として、「職場における労働者の就業環境を害する言動に起因する問題の解決を促進するために必要な施策を充実すること」を明記し（4条新14号）、2）前記①〜③のハラスメントにつき、労働者が相談したこと等を理由とする不利益な取扱いの禁止や国・事業主・労働者の責務に関する規定等を付加し（均等法新11条、新11条の2〜新11条の4、新13条の2、育介法新25条2項、新25条の2）、3）いわゆる「職場におけるパワー・ハラスメント」に関して、労働施策推進法に「第8章　職場における優越的な関係を背景として言動に起因する問題に関して事業主の講ずべき措置等」を新設し、「事業主は、職場において行われる優越的な関係を背景とした言動であって、業務上必要かつ相当な範囲を超えたものによりその雇用する労働者の就業環境が害されることのないよう、当該労働者からの相談に応じ、適切に対応するために必要な体制の整備その他の雇用管理上必要な措置を講じなければならない」と定め（新30条の2第1項）、その他前記①〜③に関する規定にほぼ対応する規定を置いたが、「顧客・利用者等によるハラスメント」については、特に労働者を保護するための法制度は整備されなかった[13]。

　しかし、2019年6月に、労働（仕事）の世界における暴力とハラスメントの根絶に関するILO190号条約及びILO206号勧告が採択され（日本政府も賛成）、同条約及び勧告が第三者による暴力とハラスメントも対象とするものであることから、労働者の労務供給過程における人格権保障という観点からは、「顧客・利用者等によるハラスメント」からの保護も含めた解釈論・立法論等が、

13）2018年4月に第196回国会に提出され（参法第196回国会9）、2019年4月に第198回国会に提出された（衆法第198回国会4）、「労働安全衛生法の一部を改正する法律案」は、労働安全衛生法に「第七章の三　労働者に苦痛を与えるおそれのある言動に関する措置」を追加し、「業務上の優位性を利用して行われる労働者に苦痛を与えるおそれのある言動に関し事業者の講ずべき措置」、及び、「消費者対応業務（個人に対する物又は役務の提供等の業務のうち、その相手方に接し、又は応対して行うもの）の遂行に関連して行われる労働者に苦痛を与えるおそれのある言動に関し事業者の講ずべき措置」等を定めることを提案していたが、いずれも否決された。
　また、2019年5月に第198回国会に提出された「消費者対応業務関連特定行為対策の推進に関する法律案」（参法198回国会23）は、消費者対応業務（消費者への商品又は役務の提供等に当たり、当該消費者に接し、又は応対する業務）に関連して行われる行為のうち、著しく粗暴又は乱暴な行為等、従業者等に業務上受忍すべき範囲を超えて精神的又は身体的な苦痛を与えるおそれのあるもの（消費者対応業務関連特定行為）に係る問題に対処するための施策の基本理念、国の責務等を定めることを提案していたが、廃案となった。

今後、益々重要な検討課題となると思われる。

　そこで、本稿では、顧客・利用者等によるハラスメントと使用者の防止対策義務について、ハラスメントの実態と原因（→二）、使用者の防止対策義務と労働者の求めうる法的救済（→三）、今後の課題（→四）の順に検討する。

二　顧客・利用者等によるハラスメントの実態と原因

1　実態

　顧客・利用者等によるハラスメントの実態は各産業・職種毎に異なると思われるが、近年、以下のようなアンケート調査が公表されている。

(1)　流通部門の接客対応労働者（調査A）

　UA ゼンセン（全国繊維化学食品流通サービス一般労働組合同盟）流通部門が公表した「悪質クレーム対策（迷惑行為）アンケート調査」（2017 年 10 月）[14]（以下「調査 A」という。）は、接客対応している UA ゼンセン流通部門所属組合組合員（販売・レジ業務・クレーム対応スタッフ等）を対象に 2017 年 6 − 7 月に調査され、5 万 878 件の回答（性別無回答者を除き、男性 35％、女性 65％）を得たものである。

　それによれば、①業務中に来店客からの「迷惑行為」に遭遇したことがあるとの回答が 3 万 6002 件（73.9％）と 7 割を超えている。

　②遭遇した「迷惑行為」の内容（複数回答可）は、多い順に、「暴言」（バカ、死ね、辞めろ等）2 万 4107 件（迷惑行為全体の 27.5％）、「何回も同じ内容を繰り返すクレーム」1 万 4268 件（同 16.3％）、「権威的（説教）態度」1 万 3317 件（同 15.2％）、「威嚇・脅迫」1 万 2920 件（同 14.8％）、「長時間の拘束」（長時間説教され対応させられる等）9752 件（同 11.1％）、「セクハラ行為」4953 件（同 5.7％）、「金品の要求」3002 件（同 3.4％）、「暴力行為」1792 件（同 2.0％）、「土下座の強要」1580 件（同 1.8％）、「SNS・インターネット上での誹謗中傷」465 件（同 0.5％）

---

14) https://uazensen.jp/wp-contenc/uploads/2017/11/（速報版）悪質クレーム対策アンケート調査結果・2017・10_Part1.pdf〜Part3.pdf、森田了介「UA ゼンセン流通部門が実施した『悪質クレーム（迷惑行為）対策アンケート調査』について」季刊労働者の権利 325 号（2018 年）46 頁。

で、「その他」1431 件（同 1.6％）となっている。

　③迷惑行為を経験した者が受けた影響は、「精神疾患になったことがある」359 件（迷惑行為を経験した者の 1.0％）、「強いストレスを感じた」1 万 9917 件（同 53.2％）、「軽いストレスを感じた」が 1 万 3500 件（同 36.1％）、「影響なし」2775 件（同 7.4％）、「その他」887 件（同 2.4％）となっており、迷惑行為を経験した人の 9 割以上がストレスを感じている。

(2) 介護職員（調査 B）

　UA ゼンセン日本介護クラフトユニオン政策部門が公表した「『ご利用者・ご家族からのハラスメントに関するアンケート』調査結果報告書」（2018 年 6 月）[15]（以下「調査 B」という。）は、日本介護クラフトユニオンの組合員（介護職員）を対象に 2018 年 4－5 月に調査され、2411 名の回答（男性 12.2％、女性 87.4％、無回答 0.5％）を得たものである。

　それによれば、①介護サービス利用者やその家族から「ハラスメント」を受けたことがあるとの回答は 1790 名（74.2％）と 7 割を超え、「セクハラに該当する行為」を受けた者は 718 名（回答者全体の 29.8％）、「パワハラに該当する行為」を受けた者は 1687 名（同 70.0％）である。

　②遭遇した「セクハラ」の内容（複数回答可）は、多い順に、「サービス提供上不必要に個人的な接触をはかる」（セクハラに遭遇した者の 53.5％）、「性的冗談を繰り返したりしつこく言う」（同 52.6％）、「サービス提供中に胸や腰などをじっと見る」（同 26.7％）、「性的な関係を要求する」（同 13.6％）、「食事やデートへの執拗な誘い」（同 9.9％）、「繰り返し性的な電話をかけたり、他者に対し吹聴する」（同 3.6％）で、「その他」（同 6.8％）となっている。また、遭遇した「パワハラ」の内容（複数回答可）は、多い順に、「攻撃的態度で大声を出す」（パワハラに遭遇した者の 61.4％）、「他者を引き合いに出し強要する」（同 52.4％）、「サービス契約上受けていないサービスを強要する」（同 34.3％）、「制度上認められていないサービスを強要する」（同 31.9％）、「強くこづいたり、身体的暴力をふるう」（同 21.7％）「バカ、クズなど人格を否定するようなことを言う」（同 21.6％）、「からかいや皮肉を言う」（同 20.3％）、「市へ訴えてやる、裁判するぞ、

---

[15] http://www.nccu.gr.jp/rw/contents/C03/20180709000101.pdf。この他、公表されていないが、「ハラスメントの具体的内容」もまとめられている。

と脅す」（同 19.0％）、「事業所へのクレームをちらつかせて要求する」（同17.0％）、「机や椅子などを叩いたり蹴ったりする」（同 16.6％）、「ハゲ、デブ、ネクラなど身体や性格の特徴をなじる」（同 7.6％）、「土下座の強要」（同 2.6％）、「書類をやぶる」（同 2.0％）で、「その他」（同 7.4％）となっている。

③ハラスメントに遭遇した者が受けた影響は、セクハラに遭遇した者については、「精神疾患になったことがある」（セクハラに遭遇した者の 3.5％）、「強いストレスを感じた」（同 55.1％）、「軽いストレスを感じた」（同 34.6％）、「影響なし」（同 3.5％）、「その他」（同 1.0％）で、パワハラに遭遇した者については、「精神疾患になったことがある」（パワハラに遭遇した者の同 2.6％）、「強いストレスを感じた」（同 55.1％）、「軽いストレスを感じた」（同 34.4％）、「影響なし」（同 5.1％）、「その他」（同 1.1％）で、いずれもハラスメント遭遇者の 9 割以上がストレスを感じている。

2　原因

顧客・利用者等によるハラスメントの原因としては、当該顧客・利用者等のモラルや人権意識の低さ、ストレス等があり [16]、また、男性労働者よりも女性労働者の方がセクシュアル・ハラスメントに遭遇する割合が高い [17] こと等から、根強い性差別意識もあり、様々な要因があろう。

しかし、使用者において、労働者の人格権保護という意識が希薄であること、および、企業間競争の中で、労働者の人格権保護よりも顧客・利用者等の満足と

---

16) 調査Aでは、「迷惑行為」の発生原因（複数回答可）についての回答は「消費者のモラル低下」3 万 2651 件（同設問への回答数全体の 30.4％）、「従業員の尊厳が低く見られている」2 万 82 件（同 18.7％）、「ストレスのはけ口になりやすい」2 万 6008 件（同 24.2％）、「消費者のサービスへの過剰な期待」2 万 6192 件（同 24.4％）、「その他」2458 件（同 2.3％）となっており、調査Bでは、ハラスメントが発生している原因（複数回答可）についてハラスメントに遭遇した者の回答の上位三つは、セクハラ・パワハラのいずれについても、「生活歴や性格に伴うもの」（遭遇者の 63.9％／55.7％）、「介護従事者の尊厳が低く見られている」（同 61.3％／54.4％）、「ストレスのはけ口になりやすい」（同 58.1％／53.7％）となっている。

17)「セクハラ行為」に遭遇したとの回答は、調査Aでは、性別無回答者を除く、男性回答者1 万 5640 件のうち 519 件（約 3.2％）、女性回答者 2 万 8997 件のうち 4018 件（約 13.8％）であり、調査Bでは、性別無回答者を除く、男性回答者 293 名のうち 30 名（10.2％）、女性回答者 2107 名のうち 685 名（32.6％）となっている。また、調査Aの「暴言」「権威的（説教）態度」の中にも「このババア」「女じゃ話にならん」「女に要職をやらせるなんて」といった性差別的発言も見られる。

そこから得られる使用者の利益を優先していること[18]も、労働者に対する顧客・利用者等のハラスメントを誘発・拡大する原因の一つとなっていると思われる。

　具体的には、第一に、顧客・利用者等によるハラスメントは、過剰なあるいは契約外のサービスや社会通念上必要かつ相当な範囲を超える補償・対応（相当以上の金品や謝罪・土下座の要求等）の強要である場合も多いところ、使用者が、顧客・利用者等に対し当該サービス・補償をする必要がない旨を明確にせず、労働者にも明確に指示せず、適切な措置をとらないことが、過剰なサービス等の強要を誘発・拡大する原因の一つとなっていると思われる[19]。

　第二に、顧客・利用者等によるハラスメントは、社会通念上必要かつ相当な範囲を超える態様で労働者に精神的・身体的苦痛を与える行為（暴言、威嚇・脅迫、長時間の拘束、土下座の強要、暴力行為、セクシュアル・ハラスメント等）も多いところ、商品・サービスに何も問題がない場合はもちろんのこと[20]、た

18）調査Bでは、ハラスメントを受けたが上司等に相談せず相談しても解決しないと思った理由として、「事業所はご利用者大事、お客様至上主義」「事業所は常にご利用者への体裁しか考えていない」等の回答も見られる。また、使用者が労働者よりも顧客・利用者等を優先していることが容易に推測されるが故に、顧客・利用者等が使用者へのクレーム・通報等をちらつかせたり脅したりするものと思われる。調査Aでは、暴言・クレームの中で、「本社に電話する」と言われたとの回答もあり、調査Bでは、前記1（2）のように、遭遇したパワハラの内容として、「市へ訴えてやる、裁判するぞ、と脅す」、「事業所へのクレームをちらつかせて要求する」というものが見られる。

19）調査Aでは、前注16）でも述べたように、「迷惑行為」が発生している原因（複数回答可）として、「消費者のサービスへの過剰な期待」2万6192件（同設問への回答数全体の24.4％）との回答も多く、迷惑行為の内容として、商品の在庫がない旨伝えたら延々怒られた、レジが混んで待っている間怒られ続けた、不良商品は交換または返金しかできないと伝えても納得してもらえなかった、不良商品の返金の際土下座での謝罪を強要された等の回答がある。また、調査Bでも、前記1（2）で述べたように、遭遇したパワハラの内容（複数回答可）として、「○○さんはしてくれた等、他者を引き合いに出し強要する」（パワハラに遭遇した者の52.4％）、「サービス契約上受けていないサービスを強要する」（同34.3％）、「制度上認められていないサービスを強要する」（同31.9％）が見られ、また、ハラスメントが発生している原因（複数回答可）について、セクハラ・パワハラのいずれについても、「ご利用者・ご家族のサービスの無理解」（遭遇者の44.0％／44.0％）、「ご利用者・ご家族のサービスへの過剰な期待」（同41.5％／43.5％）、「ご利用者・ご家族に対するサービスの事前説明不足」（同21.6％／22.6％）との回答となっている。

20）前注16）でも述べたように、調査Aでは、「迷惑行為」が発生している原因（複数回答可）として、「ストレスのはけ口になりやすい」との回答が2万6008件（同設問への回答数全体の24.2％）あり、迷惑行為の内容として、「特に痛んだ商品でもないのにクレームをつける」「きちんと接客、対応してもどなったり怒ったりする」等の回答が見られる。調査Bでも、ハラスメントが発生している原因として、セクハラ・パワハラのいずれについても、「ストレスのはけ口になりやすい」（ハラスメント遭遇者の58.1％／53.7％）との回答が多く、サービスに問題がないのに暴言、暴力等を受ける旨の記述が多い。

とえ「問題」[21] があった場合でも、労働者に当該行為を甘受する義務はない[22]。にもかかわらず、使用者が、労働者が顧客・利用者等のハラスメントを（一定程度）甘受するよう（黙示的に）命じている（少なくとも適切な対応を指示していない）ことが、ハラスメントの誘発・拡大の原因の一つとなっていると思われる[23]。

　第三に、第一、第二の点とも関連するが、使用者が、「顧客・利用者等による労働者に対する人格権侵害行為を許さず、侵害行為に対しては、その所有権、施設管理権、営業権や契約の自由に基づき、退去を求める・入店の拒否、契約の終了や締結拒否等を含む毅然とした対応をする[24]」という方針を持たず、これを周知・実践していないことが、ハラスメントの誘発・拡大の原因の一つとなっていると思われる。

三　使用者の防止対策義務と労働者の求めうる法的救済

1　使用者の防止対策義務

(1) 使用者の防止対策義務の有無と法的根拠

　現行法において、顧客・利用者等によるハラスメントについて使用者の防止対策義務を定める明文規定は存在しない。

　しかし、労契法 5 条は労働契約上の使用者の安全配慮義務を明記しているところ[25]、同条所定の「生命、身体等の安全の確保」は単に負傷・疾病・障害・

---

21) 実際は、「サービスの遅さ」も当該労働者の責任ではなく当該人員配置を行う使用者の責任（労働者数の不足等）であることが多い。
22) 仮に当該行為の甘受が労働契約上の義務または業務命令の内容であったとしても、当該義務や命令は公序（民法 90 条）または安全配慮義務（労契法 5 条）もしくは信義則（労契法 3 条 4 項）に反し無効である。
23) 調査 B では、セクシュアル・ハラスメントを受けたが上司等に相談せず相談しても解決しないと思った理由として、「介護職は我慢するのが当然と言う風潮」「プロの介護職はその程度のことは受け流すべきと言われる」「隙を作る方が悪いと言われる」等の回答も見られる。
24) 訪問介護事業者も「正当な理由」があればサービスの提供を拒否することが可能であるところ（「指定居宅サービス等の事業の人員、設備及び運営に関する基準」9 条等参照）、利用者や家族による著しいハラスメント行為は「正当な理由」に該当することもあろう。
25) 当該労働者と労働契約を締結していなくても「ある法律関係に基づく特別な社会的接触の関係」にある場合は、民法 1 条 2 項を根拠として当該労働者に対し安全配慮義務を負う

死亡からの保護に限らず広く「人格権の保護」を意味するものと解すべきである[26]。したがって、労働契約上の使用者は、労契法5条に基づき、安全配慮義務の内容として、労働者の労務供給過程においてその人格権保護に配慮する義務を負うと解すべきである。

また、仮に、労契法5条の定める安全配慮義務は労働者の人格権保護に配慮する義務を包括的に含むものではないとしても、労働者の供給する労務は労働者の人格から切り離すことができないから、その労務供給を受ける労働契約上の使用者は、労契法3条4項に基づき、それ以外の「ある法律関係に基づく特別な社会的接触の関係」にある者（派遣先、元請事業者等）は、民法1条2項に基づき、信義則上の義務として、労働者の労務供給過程においてその人格権保護に配慮する義務を負うと解すべきである[27]。

そして、労働者は、労務供給に内在する危険として、①労働契約の相手方である使用者または労務供給先である派遣先等、②労務供給が他の労働者と共に集団的・組織的に展開される場合は、他の労働者（上司・同僚）、③労務供給の内容が顧客・利用者等への商品・サービスの提供の履行補助としての接客対応であれば、顧客・利用者等のそれぞれにより、その人格権が侵害される危険があるから、労働者の人格権保護に配慮する義務のなかには、労務供給過程において、①使用者自身が労働者の人格権を侵害する行為（業務命令等）をしない義務のみならず、②上司・同僚により人格権を侵害されることのないよう配慮する義務（上司・同僚によるハラスメントの防止対策義務）、さらに、③顧客・利

ことが判例法理上確立している（自衛隊車両整備工場事件・最三小判昭50.2.25民集29巻2号143頁等）。安全配慮義務に関する近年の論考については、三柴丈典「使用者の健康・安全配慮義務」日本労働法学会編『講座労働法の再生（3）』日本評論社、2017年、273－296頁および同論文引用文献等参照。

26）したがって、「職場環境配慮義務」は「安全配慮義務」の一内容と解すべきであろう。両者を別個の義務として構成する見解（土田道夫『労働契約法（第2版）』有斐閣、2016年、133頁等）もあるが、ハラスメントから精神疾患となる場合もあり、両者の区別は困難であろう。上司によるハラスメントの事案（労契法制定前）であるが、職場内の人権侵害が生じないように配慮する義務（パワーハラスメント防止義務）を安全配慮義務の一内容とする裁判例として、日本土建事件・津地判平21.2.19労働判例982号66頁、労契法5条の安全配慮義務の一内容に労働者が就労するのに適した職場環境を保つよう配慮する義務も含まれると判示する裁判例として、大裕事件・大阪地判平26.4.11労働法律旬報1818号59頁。

27）セクシュアル・ハラスメントに関する事案であるが、使用者の信義則上の職場環境配慮義務を肯定する裁判例として、仙台セクシュアル・ハラスメント事件・仙台地判平13.3.26労働判例808号13頁、岡山セクシュアル・ハラスメント（リサイクル・ショップ）事件・岡山地判平14.11.6労働判例845号73頁等。

用者等によりその人格権が侵害されることのないよう配慮する義務（顧客・利用者等によるハラスメントの防止対策義務）が含まれると解すべきであろう。

　また、不法行為法上も、労働契約上の使用者等は、労契法5条または信義則上の義務と同じ内容の注意義務として、ハラスメントの防止対策義務を負うと解することができる[28]。

(2) 防止対策義務の具体的内容

　労契法5条または信義則（労契法3条4項、民法1条2項）に基づく、顧客・利用者等によるハラスメント防止対策義務の具体的内容は、労働者の職種、労務内容、労務提供場所等、防止対策義務が問題となる当該具体的状況等によって異なるであろう[29]。

　しかし、当該義務は「予見可能性を前提とする結果回避義務」と解されるところ[30]、前記二1で述べたような実態が既に明らかになっており、顧客・利用者等によるハラスメント行為が起こりうることは予見可能であること、ハラスメントを防止または減少させ、労働者の身体的精神的苦痛を軽減し救済しうる措置は経験則上ある程度明らかであることから、「事業主が職場における性的な言動に起因する問題に関して雇用管理上講ずべき措置についての指針」（平

---

28) ハラスメント防止対策義務を労契法5条または信義則上の義務と構成すると、債務不履行に基づく損害賠償債務は履行請求時から遅滞に陥るから遅延損害金の起算点は請求日の翌日となるが（民法412条3項参照）、注意義務と構成すると、不法行為に基づく損害賠償債務は損害の発生と同時に遅滞に陥るから（大分県〈国道管理瑕疵〉事件・最三小判昭37.9.4民集16巻9号1834頁）遅延損害金の起算点は損害発生日からとなり、遅延損害金については不法行為構成の方が原告労働者に有利となる。

29) 川義事件・最三小判昭59.4.10民集38巻6号557頁は、使用者の労働者に対する労働契約上の安全配慮義務は、「労働者が労務提供のため設置する場所、設備若しくは器具等を使用し又は使用者の指示のもとに労務を提供する過程において、労働者の生命及び身体を危険から保護するよう配慮すべき義務」であり、その「具体的な内容は、労働者の職種、労務内容、労務提供場所等、安全配慮義務が問題となる当該具体的状況等によって異なる」と判示する。

30) 従来、安全配慮義務についてはこのように解されている（林野庁高知営林局事件・最二小判平2.4.20集民159号485頁等）。ただし、使用者が認識すべき予見義務の内容は、安全性に疑念を抱かせる程度の抽象的な危惧で足り、必ずしも生命・健康に対する障害の性質・程度や発症頻度まで具体的に認識する必要はないとされている（日鉄鉱業事件・福岡高判平元.3.31判例時報1311号36頁、関西保湿工業・井上冷熱事件・東京地判平16.9.16判例時報1882号70頁、関西保湿工業事件・東京高判平17.4.27労働判例897号19頁、中部電力ほか事件・静岡地判平24.3.23労働判例1052号42頁、ニチアス（羽島工場）事件・岐阜地判平27.9.14労働判例1150号61頁等）。

18・10・11厚労告615）等も参考にすると、ハラスメント防止対策義務の具体的内容となりうる措置として、以下のようなものが想定される。

　すなわち、第一に、顧客および利用者等に対し、使用者のハラスメント防止対策方針等を明確化しこれを周知・啓発・説明すること。具体的には、①提供する商品・サービスの内容・範囲、②商品・サービスに問題があっても顧客・利用者等に対する責任は基本的には契約当事者である使用者にあり労働者にはないこと、③商品・サービスへの苦情・要求の窓口・伝達方法、④労働者の尊厳や人格権を侵害する行為（過剰なサービスの強要、暴力、暴言、威嚇・脅迫、長時間の拘束、土下座の強要、セクシュアル・ハラスメント等）を固く禁じること、⑤労働者を保護するために必要な場合はカメラの設置・録音、警備員の配置を行うこと、⑥人格権侵害行為に対してはその行為の内容・程度に応じた措置（注意や抗議、退去させる、入店の禁止、サービスの終了、契約の終了・締結拒否、警察への通報、損害賠償請求等）を適正に行うこと等を、事前に周知・啓発または説明することである。介護サービスのように利用者が事前に特定できる場合は、契約書に明記し、利用者およびその家族に事前に十分に説明することが可能であり、流通・外食産業のように顧客が事前に特定できない場合も、店の出入口や掲示版等への掲示、広告・チラシへの掲載、店内でのアナウンス等により顧客に周知・啓発することが可能である。

　第二に、企業・事業場内において、使用者のハラスメント防止対策方針等を明確化しこれを周知・啓発・実施すること。具体的には、就業規則（作成義務のない事業場では労働契約）において、①労働者が契約外や社会通念上必要かつ相当な範囲（当該事業場毎にその具体的範囲を明示）を超える要求や行為を甘受する義務はなく、これをしなかったことを理由とする不利益取扱いを受けることはないこと、②顧客・利用者等の無記名アンケート等は内容の正確さが担保されないから、サービス向上の参考にはするが、個別労働者の評価基準としないこと、③労働者をハラスメントから守るために、当該企業・事業場・職種等に応じ、前記第一で述べた顧客・利用者等に対する周知啓発、労働者および管理職等に対する労働者の人格権保障に関する啓発・研修、クレーム対応の人員配置・マニュアル作成、ハラスメントの有無と程度に関する定期的な労働者からの情報収集と支障のない範囲での情報共有、労働者からのハラスメントに関する相談に適切に対応するために必要な体制（相談窓口の設置、担当者への研修、

相談者のプライバシー保護と相談者・協力者に対する不利益取扱いの禁止等）の整備等を行うことを明記し、周知徹底し、実施することである。

　第三に、労働者からのハラスメントの相談・通報等に対し迅速かつ適切に対応すること。具体的には、①事実関係を迅速かつ正確に確認し、②ハラスメントを受けた労働者に対する配慮のための措置として、当該顧客・利用者等の担当からの変更、配置転換、当該労働者に対する身体的・精神的ケア等を講じ、③ハラスメントを行った顧客・利用者等に対し、行為の内容・程度に応じた措置（注意や抗議、退去させる、入店の禁止、サービスの終了、契約の終了・締結拒否、警察への通報、損害賠償請求等）を適正に行い、④再発防止のための措置を検討することである。

2　法的救済

　労働者が顧客・利用者等からハラスメントを受けた場合、当該行為が不法行為（民法709条）に該当する場合は、労働者は、当該顧客・利用者等に対し損害賠償を請求することができ、将来もそのような行為がなされる蓋然性が高い場合は差止請求も可能であろうが、労災補償や使用者との関係ではどのような法的救済を求めることが可能であろうか。

(1)　不利益な取扱いからの保護

　顧客・利用者等による過剰なサービス・補償要求に応じること、あるいは、社会通念上必要かつ相当な範囲を超えて精神的・身体的苦痛を与える行為を甘受することは、労働者の労働義務には含まれないから、これを為さなくても労働者の債務不履行ではない。

　したがって、これを為さなかったことを理由として使用者が労働者になす不利益な取扱いは、法律行為（解雇、配転・出向、降職・降格・降給、懲戒処分等）であれば、客観的に合理的な理由と社会通念上の相当性を欠き、少なくとも信義則（労契法3条4項）違反または権利濫用（労契法14-16条、3条5項）で無効であり、また、不法行為に該当しうるものであり、労働者はこれを前提とした法的救済を求めることができる。

(2) 防止対策義務の履行請求と就労拒否の可否・賃金請求権

　使用者のハラスメント防止対策義務の具体的内容が、労働協約、就業規則、労働者との合意により労働契約の内容となっている場合は、労働者は使用者に防止対策義務の履行を請求することができ、不履行に対する損害賠償請求（民法415条）も可能であろう。

　これに対して、労契法5条または信義則に基づくハラスメント防止対策義務（労働者の人格権を保護する義務）全ての履行請求は難しいと思われるが、少なくとも防止対策義務の不履行により負傷、疾病等の危険が現実かつ具体的に存在する場合は、その防止対策義務の履行請求が可能であろう[31]。

　そして、労働契約上の義務にせよ信義則上の義務にせよ、ハラスメント防止対策義務の不履行を理由とする労働者の労務不提供と履行不能が、①債権者（使用者）の責めに帰すべき履行不能と判断され、労働者が当該期間の賃金請求権を有する場合（民法536条2項）や、②使用者の責に帰すべき休業として、労働者が当該期間の休業手当請求権を有する場合（労基法26条）もありうると思われる。

(3) 労災補償

　労働者の「業務上」の負傷、疾病、障害、死亡は、「業務災害」（労災保険法7条1項1号）として保険給付（労災保険法12条の8第1項）の対象となり、「業務上」は、判例上、当該業務と当該疾病等との間の「相当因果関係」の存否、すなわち、当該疾病等が「業務に内在する危険が現実化したことによるもの」かどうかにより[32]、①事故（外的な突発的出来事）による負傷・死亡、②業務上の疾病に区分して判断され、③自殺も業務上の死亡と判断される場合がある。

　労働者が労務供給過程等において顧客・利用者等によるハラスメントを受け、

31）有機溶剤中毒について安全配慮義務違反に基づく損害賠償請求を肯定した事案で、労働者は使用者の安全配慮義務の履行義務に対応する安全配慮請求権を有し行使しうると判示した裁判例として、内外ゴム事件・神戸地判平2.12.27労働判例596号69頁。

32）地公災基金東京都支部長（町田高校）事件・最三小判平8.1.23集民178号83頁、地公災基金愛知県支部長（瑞鳳小学校）事件・最三小判平8.3.5集民178号621頁等。最近の裁判例としては半田労基署長（医療法人B会D病院）事件・名古屋高判平29.3.16労働判例1162号28頁等。

それにより負傷、疾病[33]、障害、死亡という結果が生じたときは、「業務に内在する危険が現実化したことによるもの」と評価できるから、業務災害として労災補償保険法上の保険給付の対象となる。

(4) 使用者に対する損害賠償請求

使用者のハラスメント防止対策義務違反または注意義務違反により、顧客・利用者等のハラスメント（複数の相互に関連性のないハラスメントも含む）が発生し労働者に損害（精神的苦痛を含む）が発生した場合は、労働者は使用者に対しその債務不履行責任（民法415条）または不法行為責任（民法709条）[34]に基づく損害賠償請求が可能である。

ただし、当該事案における具体的なハラスメント防止対策義務または注意義務とその不履行または違反する事実の存在、および、損害の発生と因果関係の存在は、労働者が主張立証責任を負う。

四　結びに代えて —— 今後の課題

1　使用者の防止対策義務の明確化

前記三で述べたように、筆者は、現行法においても、労働契約上の使用者等は、労契法5条または信義則（労契法3条4項、民法1条2項）に基づき、顧客・利用者等によるハラスメント防止対策義務を負い、また、同じ内容の注意義務を負うと解するが、防止対策義務の存在およびその内容はできる限り法制度上明確化することが、労使双方にとって望ましい。すなわち、労働者からすれば、防止対策義務違反の主張立証責任が軽減され、使用者からすれば、義務と責任の範囲が明確となり、使用者間の公正競争の基盤が整備され、防止対策措置を講じやすくなる。

したがって、早急に、使用者が労働者の人格権を保護するために、上司・同

33）前記二1でも述べたように、調査A・調査Bのいずれにおいても、ハラスメントを受けた結果、精神疾患になったとの回答がある。
34）上司・同僚とは異なり、顧客・利用者等は「被用者」ではないので、使用者責任（民法715条）に基づく損害賠償請求はできない。

僚等によるハラスメントの防止対策義務のみならず、顧客・利用者等によるハラスメントの防止対策義務を負う旨を法律の条文上明記するとともに、防止対策措置の対象となるハラスメントの定義と範囲、防止対策義務の具体的内容等につき、できる限り明確化することが必要であろう[35]。

2 労働協約・就業規則・マニュアル作成等と労働組合の役割

　顧客・利用者等によるハラスメントから労働者を保護するために必要な措置は、産業・職種、地域、企業等により異なると思われ、また、法律上の義務とまでは位置づけることができないが講ずることが望ましい措置もあろう。

　したがって、使用者の防止対策義務の具体的内容を、当該事情を踏まえて明確にし、また、法律上の義務よりも拡大するために、労働協約や就業規則に明記すべきである[36]。また、防止対策措置の一つとして、顧客・利用者等の苦情・要望、行為について、類型・程度毎に、誰が、どのように対応し、どの場合に警察への通報や弁護士への依頼をするか等について、事前にマニュアルを作成し、その内容を労働者に周知徹底すべきである。

　また、労働者の顧客・利用者等によるハラスメントからの保護は、労働条件の問題であるから、労働組合は、労働者の人格権保障のために、団結権・団体交渉権・団体行動権を行使し、使用者のハラスメント防止対策措置を定める労働協約の締結や就業規則・マニュアルの作成を要求・実現することが重要であろう[37]。

35）法律上の規定やそれに基づく指針等があれば、仮にそれが直ちに使用者の私法上の義務とは言えなくても、信義則上の義務の内容となりうる。

36）ハラスメント防止対策義務等が労働協約や就業規則に定められている場合は、当該労働協約の規範的効力（労組法16〜18条）や当該就業規則の最低基準効（労契法12条）がその労働契約に及ぶ労働者については、当該防止対策義務が労働契約上の義務として設定されることになる。

37）UAゼンセン流通部門は、「悪質クレーム」に対する産業全体のガイドラインの作成に向けて、悪質クレームの実態・課題・課題解決の基本姿勢・定義、啓発活動と教育、悪質クレームの類型別判断・対応等を定めた「悪質クレームの定義とその対応に関するガイドライン」（https://uazensen/wp-content/uploads/2017/11/悪質クレームの定義とその対応に関するガイドライン（UAゼンセン流通部門）2017.08.pdf）を発表しており、UAゼンセン日本介護クラフトユニオンは、ハラスメントの定義と使用者の防止対策義務（ハラスメント防止に資する教育システムの構築、事業所内でのハラスメントの情報共有、利用者・家族への啓発活動、相談窓口の設置と周知、相談についての情報の守秘と相談者・通報者への不利益取扱い禁止等）を定めた労働協約（「ご利用者・ご家族からのハラスメント防止に関する集団協定書」）を各使用者（事業者）と締結する取り組みを進めている。

3　国・自治体・法制度全体の取り組み

　労働者の人間としての尊厳と人格権は尊重されなければならないが、残念ながらそのような認識に乏しい顧客、利用者等も少なくない。

　労働者の人格権保障（基本的人権の保障）は、国および自治体の責務でもあるから、これを使用者（事業者）や労働組合等の活動にのみ委ねるのではなく、国と自治体が、労働全体におけるハラスメントの実態を明らかにし、消費者、医療・介護等のサービス利用者とその家族等に対する周知啓発活動を行い、ハラスメントを防止するための取り組みを研究・実施する必要があろう[38]。

　〈付記：本研究は、2018 年度関西大学学術研究員研究費によって行った。〉

---

[38] UA ゼンセンは 2017 年 11 月 16 日に厚生労働大臣に提出した「要請書」で、①顧客によるハラスメントから労働者を守るために事業者が講ずべき措置を定める等の対策、②ハラスメントとその対策に関する実態調査・研究、③商品やサービス等を提供する際に労働者が受ける違法行為を抑止する施策を要請し、UA ゼンセン日本介護クラフトユニオンは、2018 年 8 月 9 日に厚生労働大臣に提出した「ご利用者・ご家族からのハラスメント防止に関する要望書」で、介護従事者の保護のために、①利用者と家族に対する周知啓発、②法令に規定されているサービス提供を拒むことのできる「正当な理由」として「介護従事者に対する利用者やその家族からのハラスメント行為」を規定し、ハラスメントから介護従事者の人権を守るための法整備を行うこと、③利用者や家族からのハラスメントがある場合、利用者の同意を得て 2 人で訪問介護を行うことも可能だが、利用者負担が倍となり利用者の同意が得ることが困難なので、利用者負担の補助を行うこと、④利用者の家族が介護疲れによるストレスから介護従事者にハラスメントを行う場合もあるので家族介護者に対し支援を強化すること等を要請している。

イギリスにおけるハラスメントの法的規制

浅野毅彦

はじめに

　日本におけるハラスメント規制は、不法行為構成等による事後的個別的な救済が主で、問題の背景にある職場環境の改善や予防措置の構築などを求めるなどの予防のための法的規制が十分ではない。イギリスにおいては多様な法的構成によって職場のハラスメント規制を行っており、そのなかで行為の差止や使用者の抗弁等が認められており予防のための有効な法的構成を考察するための示唆を与えてくれると思われる。本稿では、イギリスにおけるハラスメントの法的規制の展開および現状を明らかにし、そのことを通して実効性のあるハラスメント予防のための法的構成の検討のための一助としたい。

一　イギリスのハラスメント規制の特徴と展開

1　多様な法的構成による保護

　コモン・ローにおいては、注意義務違反等の不法行為、雇用契約上の黙示義務等から保護が与えられている。また、ハラスメント規制法（Protection from Harassment Act 1997）、差別禁止法（現在は 2010 年平等法 Equality Act 2010）などよる制定法による保護も存在する。適用範囲、要件等が異なり、重なり合いながらもそれぞれの状況に応じて救済が行われている。このことは、職場のハラスメントからの保護についての統一した制定法が存在せず、人格権の保護に消極的なコモン・ローの状況のなかで、増大する職場のハラスメントからの保護に実効性をもたせるための苦心の産物と言えなくもない。

2 ハラスメント規制の展開

(1) コモン・ローによるハラスメント規制の展開

被用者の健康および安全に関する使用者の義務は不法行為のネグリジェンスを通じて発展してきたが[1]、1957年の貴族院判決[2]で注意義務は契約上の義務としても認められた。注意義務の対象は身体的侵害に限定されていたが、1995年のWalker v Northumberland County Council [1995] IRLR 35 (HC) 事件において、過重労働によるストレスを原因とする精神的侵害に対する使用者の注意義務違反が認められ、Waters v Commissioner of Police of the Metropolis [2000] IRLR (HL) 事件においては、ハラスメントから被用者を保護する使用者の注意義務違反を、ネグリジェンスおよび雇用契約から認めている。

注意義務を通してハラスメントを規制することができるが、精神疾患などの精神的侵害が要件とされ精神的苦痛では認められない。また、ハラスメントそのものは不法行為を構成しないと判断されており[3]、ネグリジェンスの要件の充足を必要とする。そのため、ハラスメント行為の存在を知っているか知りうる使用者が、ハラスメントを防ぐための合理的手段を取らず、そのために被用者が精神的侵害等を受け、当該精神的侵害が生じることを使用者が予見可能であった場合に、使用者の注意義務違反が認められることになる。特に、精神的侵害に対する使用者の予見可能性の有無が問題となるが[4]、ハラスメント行為の発生と内容および被害者の具体的状況等を使用者が知らなければ侵害の予見可能性は容易には認められない[5]。

使用者の代位責任については、Lister v Hesley Hall Ltd [2001] UKHL 22 [2001]IRLR 472事件[6] において、貴族院は使用者の与えた権限を重視するそれ

---

1) Hugh Collins, K.D. Ewing and Aileen McColgan, *Labour Law* 2nd ed. Hart Publishing, 2005p.72.
2) Lister v Romford Ice and Storage Co. Ltd [1957] AC 555 (HL).
3) Hunter v Canary Wharf Ltd [1997] AC 655 (HL).
4) Sutherland v Hatton [2002] EWCA Civ 76 [2002] IRLR 263.
5) 使用者には被用者の状況を調査する義務はなく、ハラスメントの存在から侵害の発生の予見可能性が自動的に認められるわけでない。そのため、使用者が当該ハラスメント行為の重大性を認識できない場合には、被害者の傷つきやすさや過去の疾病等の個人的状況等を知っているか、被害者が行為の内容や個人的状況等を報告していなければ侵害の予見可能性が認められるのは困難である（上記Sutherland事件等参照）。
6) 学校の寄宿舎の管理人による少年たちへの性的虐待の事例。

までの Salmond テスト[7] ではなく、雇用との関連を重視する close connection テスト[8] を採用してハラスメントに対する使用者の代位責任の範囲を広げた[9]。そして、Green v DB Group Service（UK）Ltd［2006］EWHC（QB）［2006］IRLR 764 事件においては、同僚被用者のハラスメントに対して、同僚らの行為が雇用と密接に関連するとして使用者の代位責任を認め、かつ、同僚被用者からのハラスメントに対して使用者が保護するための適切な手段をとることを懈怠したとして、使用者の注意義務違反を認めている。

契約違反においては、使用者の被用者に対する契約上の黙示義務が信頼関係維持義務[10] を中心に拡大してきており、ハラスメント規制においても有用な法的構成となっている。Wigan Borough Council v Davies［1979］IRLR 127（EAT）事件[11] においては、同僚からのハラスメントを受けずに職務を行うことを保障するための合理的手段をとる義務が使用者に課せられているとされた。Bracebridge Engineering Ltd v Darby［1990］IRLR 3（EAT）事件では、セクシュアル・ハラスメントの訴えに対して使用者がなんらの手段を取らなかったことが、信頼関係維持義務等の違反であるとされた[12]。

ハラスメントをしないこと、被用者にハラスメントを受けさせないこと、ハラスメントを受けた被用者をサポートすることの義務が使用者にあることが認められている。しかし、金銭的損失の伴わない精神的苦痛に対しては損害賠償が認められず[13]、黙示条項は契約の明示条項によって排除できるとの問題があ

---

7)「(1) マスターによって権限づけられた行為、または、(2) マスターに権限づけられた行為をなす際の不法かつ権限づけられていない方法でなすことのどちらかの場合に、雇用の過程中（in the course of employment）でなされたと考えられる。」*Salmond and Heuston on the Law of Tort 21th ed.*, p.443（Sweet and Maxwell,1996）
8) 密接関連性テスト。行為被用者の雇用の性質と不法行為との関係の近接性に集中し、当該不法行為について、使用者に代位責任があると判断することが公平で公正であるとされるほど雇用と密接に関連しているか否かを問題とする。
9) Dubai Aluminum Company Ltd v Salaam and others［2002］UKHL 48［2003］IRLR 608 事件で、Nicholls 判事は、代位責任における「基礎となる法的政策は、企業を営むことが必然的に他者に対するリスクを含むということの認識に基づいている。」とする。
10) 信頼関係維持義務は、「みなし解雇」概念の解釈をめぐって展開した。そして、Malik v Bank of Credit and Commerce International SA［1997］IRLR 462 事件において、貴族院は、法における黙示条項としての信頼関係維持義務を承認し損害賠償を認容している。
11) 同僚らによる仲間外れや無視の事例であるが、使用者が原告の立場を改善するための何の手段もとらなかったとして、不公正解雇が申し立てられた事件。
12) 性差別禁止法においても使用者責任が認められている。
13) 契約違反においても雇用契約で予測可能な（「熟慮の範囲内」の）精神的苦痛に対して損害賠償を認めるべきとの判断もある（G Cox v Philips Industries［1975］IRLR 344（HC）事件等）

る[14]。

　以上のように、コモン・ローにおいては、被用者の安全・健康の利益の重要性および雇用契約が人的継続的関係性を律する性格を有し相互の信頼を不可欠とすることの認識の承認によって、使用者の義務を拡大し職場のハラスメント規制にまで拡大されてきている。

(2) ハラスメント規制法の制定と職場のハラスメントへの適用

　1997 年、主にストーキングに対処するためにハラスメント規制法（PHA）が制定された。ハラスメントの法的定義はなく、ハラスメントの有無の判断においては裁判所に広い裁量権がある。ハラスメントと認められるためには、一連の行為があり、行為者が自己の行為がハラスメントに相当することを知っているか、知りうると判断できる場合（1条1項）でなければ、同一の情報を有する合理的人間がハラスメントに相当すると判断するであろうことの立証が必要となる（1条2項）。ハラスメントは、他人を不安にさせること、または、他人に苦痛を引き起こすことが含まれ（7条2項）、「行為」には言論も含まれる（7条4項）。ハラスメントに対しては、刑事責任（2条）および民事責任（3条）が問われうる。民事救済においては、ハラスメントの虞も対象となり（3条1項）、損害賠償だけでなく差止も認められる（3条3項）。

　Majrowski v Guy's and St Thomas's NHS Trust［2006］UKHL 34［2006］IRLR 695 事件貴族院判決[15] において、上司によるハラスメント行為に対して、当該行為が「抑圧的で容認できない」行為とされ[16]、密接関連性テストに基づいて使用者の代位責任が認められた[17]。そして、前掲 Green 事件においては、

14）黙示条項によって契約の明示条項の内容を否定したり、制限的に解釈することはできないというのが原則であるが、明示条項に基づく使用者の権限は、安全に対する注意義務を考慮して行使しなければならないなど黙示条項による明示条項の制約を認める判断が現れている。（Johnstone v Bloomsbury Health Authority［1991］IRLR 118（CA））
15）女性上司から、ゲイであることを理由にいじめや脅迫（同僚の前で口汚く接し、時間管理および仕事に関して過度に批判的で、非現実的な目標を課し懲戒されると脅し、孤立させた）を受けたとして使用者を訴えた事件。
16）「裁判所は、魅力ない、むしろ不合理である行為と抑圧的で容認できない行為との境界線をよく認識することができる。遺憾なものから容認できないものへの境界線を越えるためには、違法行為の重大性が第2条の刑事責任を支持する決定（order）の性質を有するものでなければならない。」（at［30］per Lord Nicholls）
17）制定法が明示的または黙示的に別段の意思を示していない限り代位責任の原則が適用されるとし、PHA においても肯定。

同僚らの行為が「抑圧的で不合理な行為」として、PHA のハラスメントにも当たるとして使用者の代位責任を認めている。しかし、Conn v Sunderland City Council［2007］EWCA Civ 1492［2008］IRLR 324 事件[18] では、個々の行為が PHA2 条の刑法上の制裁を正当化するような重大な性質を有するものでなくてはならないとして代位責任を否定している[19]。それに対して、Veakins v Kier Islington Limited［2009］EWCA Civ 1288［2010］IRLR 132 事件[20] では、当該行為が「抑圧的で容認できない」ことを認めて、刑事訴追されえない事件においては PHA の下でのハラスメントには当たらないと判断した県裁判所の判決を取り消している。ところで、Vaickuvien and ors v J Sainsbury plc［2013］CSIH 67［2013］IRLR 792 事件は、人種差別的見解を有していることが知られていた同僚による勤務中の暴行によって殺害された外国籍の被用者の親族が、使用者に対して損害賠償請求を行った事案であるが、同僚の暴力行為が彼の雇用に密接に関連しているとは言えないとして使用者の代位責任を否定している。

　PHA は、要件が厳格で精神的侵害およびその予見可能性を必要とするコモン・ローにおいては救済できない事例および保護特性の不存在や時効によって差別禁止法において訴えることができない事例にも法的救済の可能性を与えている。しかしながら、一連の行為の要件や代位責任の範囲など救済の範囲が狭い面があり[21]、ハラスメントの判断基準も不明確な点が残されている。

（3）差別禁止法の展開

　1975 年性差別禁止法（SDA）が制定され、性を理由とする直接差別、間接差別を禁止した。1976 年人種関係法（RRA）も同様な規定を置いている。どちらも、アメリカの公民権法に基づく差別禁止法理を範としているが、差別禁止対象事項に解雇、昇進の拒否等だけでなく、「その他の不利益（detriment）」が含

18）仕事を早く終える者を密告しろとの監督の命令を拒否したために、脅迫を受けた男性が使用者を訴えた事例。

19）Dawson and ors v Chief Constable of North Thumbria Police［2009］EWHC 907［2010］All ER（D）191 では、PHA が刑事責任を課しているので、一連の行為が重大な性質を有していなければならないと判断。

20）監督による執拗ないじめ（他者の前での叱責、過度な時間管理、不服申し立ての書面の破棄、私生活の詮索）によって、うつ病にり患した女性が使用者を訴えた事例。

21）前掲 Vaickuvien 事件では、使用者の抗弁が差別禁止法との代位責任の判断の違いの理由とされている。

まれ、公民権法よりも保護範囲が広い規定となっている[22]。その後、1995年障害者差別禁止法（DDA）も制定された。

　当初は、ハラスメントを直接差別の一形態として認め、性または人種を理由として「より不利な取扱い」である「不利益」を受けたことが請求の根拠とされた。そのため、性または人種を理由とする異別取扱いが立証されなければならないが、Porcelli v Strathclyde Regional Council [1986] IRLR 134（CS）事件においては、行為者の意図を問題にせず、男性との取扱いの単純な比較ではなく、行為の性質から異別取扱いを認めている[23]。その後、セクシュアル・ハラスメントが「不利益」に相当するとの判断もなされてきたが[24]、「より不利な取扱い」の判断においては、比較対象者との取扱いの差異を重視する判断も行われていた[25]。しかし、ECの行為準則[26]を参照してセクシュアル・ハラスメントに取り組むべきとの判断が示され[27]、概念定義を通して、行為の効果を重視し職場環境に言及して判断するものも現れてきていた[28]。その後、行為がジェンダーまたは人種特有である場合には比較対象者との比較は必要ないとの判断も示された[29]。このように、ハラスメントの概念定義を通して、比較よりも行為の性質および効果、そこにおける被害者の尊厳の侵害および職場環境への影響を重視する方向を見ることができる。その中で、どのような行為がハラスメントとして禁止されるのかが明確にされ、行為規範が明らかにされてきたのは確

22）アリソン・ウェザーフィールド「性と人種を理由とするハラスメント」日本労働研究雑誌574号（2008年）32-33頁。

23）行為の動機目的は問題ではなく、当該行為が女性のゆえに向けられ、男性が傷つかないであろう性的性質を有する場合は、差別に該当すると判示。

24）Snowball v Gardner Merchant Ltd [1987] IRLR 397（EAT）, Wileman v Minilec Engineering Ltd [1988] IRLR 144（EAT）.

25）Balgobin and Francis v London Borough of Tower Hamlets [1987] IRLR 401（EAT）, Stewart v Cleveland Guest（Engineering）Ltd [1994] IRLR 440（EAT）.

26）職場における女性と男性の尊厳の保護についての欧州委員会勧告（92/131/EEC）に付属する行為準則。「セクシュアル・ハラスメントは性的性質を有する望まれない行為または職場の女性及び男性の尊厳に影響する性に基づく他の行為。これには、歓迎されない身体的、言語的または非言語的行為を含む。」「そのような行為は、被害者にとって脅迫的、攻撃的または屈辱的職場環境を作り出す。」と定義。

27）Wadman v Carpenter Farrer Partnership [1993] IRLR 347（EAT）.

28）Institu Cleaning Co Ltd v Heads [1995] IRLR 4（EAT）.

29）British Telecommunication Plc v Williams [1997] 668（EAT）, Sidhu v Aerospace Composite Technology Ltd [2000] IRLR 602（CA）しかしながら、Smith v Gardner Merchant Ltd [1998] IRLR 510事件で、控訴院は、EATの判断を事実の判断を法の原則に引き上げるものだと批判。

かであろう。

　また、使用者の責任の範囲も拡大され、直接責任においては Burton and Rhule v De Vere Hotels［1996］596（EAT）事件[30]で、第三者のハラスメントに対して、ハラスメントが起こる状況をコントロールできた使用者がそれを怠った場合には責任を負うとされた（コントロールテスト）[31]。代位責任においては Jones v Tower Boot Co Ltd［1997］IRLR 168（CA）事件で、差別禁止法においては、「雇用の過程」の文言はより広く解釈されるべきとの判断がなされている。

　このような判断の流れに対して、Pearce v Mayfield Secondary School［2003］UKHL［2003］IRLR 512 事件貴族院判決は、比較対象者との比較が必要であるとして異別取扱いを重視する判断を示した。また使用者の直接責任については、第三者のハラスメントを防ぐことをしなかったことが、比較対象者と比較して使用者の取り扱いの差異が認められない場合には使用者の責任を問うことはできないとして、コントロールテストを否定した。

　保護特性を理由とした不利な取り扱いを根拠としてハラスメントを捉えることによる問題が明らかになったといえよう。差別とハラスメントの概念的連関が明確になっていないともいえる[32]。職場におけるハラスメントからの保護のためには、尊厳の平等の保護を図るために差別の概念を広げるか、より根源的に差別法理から離れるかのどちらかが求められていたといえるだろう。

　2000 年以降、直接差別、間接差別と区別された第三の形態としてハラスメントを規定する EC 諸指令が出され、それらに基づいて、2003 年以降差別禁止法が拡大され（宗教・信条、性的指向、年齢）、ハラスメント規定が導入されていった。新たな規定は、尊厳の侵害および敵対的等の環境を創り出すことの概念に基づいている。そのため、判断されるべき問題は、犠牲者が他者との比較において悪く取り扱われたか否かではなく、犠牲者の尊厳が当該行為によって侵害されたか否かである[33]。しかし、保護特性を理由とする（on the ground of）

30）ホテル内のバンケットルームでウェイトレスとして働いていた黒人女性たちが、出演者と顧客から性的および人種的に不当な発言および行為を受けた事例。

31）RRA4 条 2 項 c のその他の不利益を「受けさせること」（subjecting）は「コントロール」を含むとする。

32）Linda Clarke, 'Harassment, Sexual harassment, and the Employment Equality (Sex Discrimination) Regulation 2005', Industrial Law Journal 35［2006］, p.161

33）Lucy Vickers, Is all harassment equal?, Cambridge Law Journal 65［2006］, p581

と関係する（related to）の違いなど差別禁止法と指令の規定が異なっており、それによって保護の範囲が異なってくる。そのため、Equal Opportunity Commission v Secretary of State for Trade and Industry ［2007］EWHC 483（Admin）［2007］IRLR 327 事件において SDA の規定が指令を十分に履行していないとの判断も出された[34]。

　その後、2010 年平等法によって差別禁止諸法が統合されて、共通したハラスメント規定が導入され[35]、指令との規定の違いも縮小された[36]。

　以上のように、差別禁止法においてはアメリカ（雇用差別の一形態—雇用条件の悪化重視）と EC 指令（個人の尊厳への侵害としての差別）の両者の影響を受けて、ハラスメント規制法理を発展させてきたといえる。その中で、アメリカ、EU とも異なる平等取扱いと尊厳の保護の配慮を融和させたハラスメント法理を構築してきている[37]。そのことを通じて、差別行為を生む職場構造に目を向け、被害者の認識と職場環境を重視した判断をしていると考えられる。

二　イギリスのハラスメント規制法理の検討

1　ハラスメントの有無の判断

(1)　コモン・ロー

　ハラスメントの有無は問題ではない。承認された精神的疾患等の精神的侵害があることが要件とされ、精神的苦痛のみでは認められない。

34）「を理由とする」との法の規定が、性とハラスメントの因果関係を求めることによって、被害者に直接向けられていないか、両性に向けられている職場環境を悪化させるハラスメント行為および第三者からのハラスメントに対して使用者の責任を問えないなど、「に関係する」という指令の規定よりもハラスメントからの保護に欠けるとする。
35）保護特性に関係する望まれない行為が、人の尊厳を侵害する、または、脅迫的、敵対的、冒涜的もしくは攻撃的な環境を作り出す目的または効果を有する場合にハラスメントを行ったものとすると規定。セクシュアル・ハラスメント、望まれない行為の拒絶または受容を理由とする不利な取り扱いを含め、3 類型のハラスメントが規定されている（26 条）。保護特性として、年齢、障害、性再指定、人種、宗教・信条、性、性的指向。人種には、肌の色、国籍および民族または出身国が含まれるが（9 条 1 項）、婚姻およびシヴィルパートナーシップ、妊娠および出産に対してハラスメント規定は適用されない。
36）'related to' の規定となる。
37）ウェザーフィールド・前掲注 22）28－39 頁参照。

（2）ハラスメント規制法

当該行為が被害者に不安や苦痛をもたらすことでハラスメントと認められるが、ハラスメントの概念定義はされておらず、具体的には、「抑圧的で容認できない行為」か否かが問題となる（Majrowski 事件）。上司による攻撃的対応、批判、過大な要求（Majrowski 事件）、上司による他者の前での叱責、過度の時間管理（Veaking 事件）、同僚によるいじめ、排除、仕事の妨害（Green 事件）[38]、職業上の誇りに対する攻撃[39] 等の一連の行為でハラスメントと認められているが、刑事責任に相当する重大な行為であることを要求してハラスメントを否定する判断もあり（Conn 事件、Dawson 事件）、判断基準が明確であるとは言えない。職場は日常的にストレスを被る場所であり一定の受忍は必要であるとの認識や職場のストレス訴訟の水門を開くのではないかとの危惧も[40]、消極的判断の基礎となっていると考えられる。職場のハラスメントの問題（特にハラスメントと職場管理との違いの判断等）を取り扱うのは裁判所ではなく雇用審判所[41]が適しているとの批判もあり[42]、職場のハラスメントの判断においては、職場環境や人的関係、職場管理などを考慮する必要があることとともに、使用者の責任を過度に拡大することに対する懸念が、判断基準を不明確にし、裁判所が積極的に判断することを躊躇わせている背景にあるのではないか。ストーキング防止のために制定された法を、職場状況を考慮して判断しなければならない職場のハラスメントに援用することの問題があるといえる[43]。

（3）差別禁止法

ハラスメントの有無の判断は、望まれない行為および尊厳の侵害または攻撃

---

38) Rayment v Ministry of Defence [2010] EWHC 218 (QB [2010] IRLR 769 事件では、職場からの排除を目的とする行為がハラスメントと認められている。

39) Iqbal v Dean Manson Solicitors [2011] EWCA Civ 123 [2011] IRLR 428.

40) Mayrowski 事件控訴院判決（[2005] EWCA Civ 25 [2005] IRLR 340）の Scott Baker 裁判官の反対意見（at [106]）。

41) Employment Tribunal (ET)。労使の代表を含む三者で構成。1998 年までは IT (Industrial Tribunal)。控訴審として EAT (Employment Appeal Tribunal)。

42) Stephen Levinson, Harriet Bowtell and Simon Cheetham, 'Bully boys', New Law Journal [2007], p.1452

43) Paul Gilker, 'The Ongoing March of Vicarious Liability', Cambridge Law Journal [2006], p.491 では、職場関係または使用者のコストをほとんど考慮しておらず、PHA を職場の紛争を解決するために利用することは、制定法の疑問の余地のある使用であるとする。

的等の環境を作り出すことの目的および効果の判断による[44]。望まれない行為については、雇用人権委員会（EHRC）の雇用行為準則に定義がなされており[45]、望まれないか否かを決定するのは本人であり、事前に望まれないことを示す必要はない[46]。

目的または効果の判断については、目的の要件が充足された場合、効果の要件を検討する必要はない。目的が認められない場合でも、行為者の悪質な動機は効果の判断で考慮されうる[47]。

効果の要件は、原告の認識、その他の状況を考慮して、当該効果を有していると合理的に判断できなければならない[48]。性的発言やあざけりが尊厳を侵害し、または、かつ、攻撃的な職場環境等を作りだすと判断している事例も多く[49]、尊厳の侵害および攻撃的等の環境を作り出すことの二つの要素はしばしば重なり合う。しかし、職場環境に言及することによって、原告に直接向けられていない行為がハラスメントと認められるなど保護の範囲を広げたことは確かだろう[50]。

原告の認識が特に重要であるが、原告の認識のみによって判断されるのではなく、その他の状況も考慮して客観的に判断される（「合理性」テスト）[51]。そのため、被害者にとって望まれない行為があったことが常に当該効果を有していることにはならない[52]。個々の行為を独立して考察してはならず、行為が起

---

44) 2010 年法 26 条 1 項
45) 望まれない行為の例は、話されたまたは書かれた文言または悪口、画像、落書き、身振り、顔の表情、冗談、いたずら、人の環境に影響を与える行為あるいは身体的行為（para.7.7）。「望まれない」とみなされる前に、当該行為を明確に反対する必要はなく、単一の重大な行為もハラスメントに相当しうる（para.7.8）。行為が原告に向けられる必要はない（para7.10）。
46) 前掲 Heads、Stedman 事件。
47) Grant v HM Land Registry and Equality and Human Rights Commission［2011］EWCA Civ 769［2011］IRLR 748.
48) 2010 年法 26 条 4 項。
49) 前掲 Stedman、EOC 事件等。
50) Thomas and another v Robinson［2003］IRLR 7（EAT）では、人種差別的発言が許容される環境で働くことを要求することは、それ自体不利益となりうるとする。
51) Neil Addison, *Religious Discrimination and Hatred Law*,（Routlege-Cavendish,2007）, p.108 では、2003 年雇用平等（宗教または信条）規則についてではあるが、「すべての要因が同価値である場合、B（被害者）の認識は審判所がその決定を基礎づける支配的な要因となるが、Bの認識がその他のすべての状況を覆すことはできない。」とする。
52) *Tolley's Discrimination in Employment Handbook*, Lexis Nexis Butterworths, 2008, p.254.

こった状況の文脈において全体的な考察が必要とされる[53]。効果が認められな
かった事例では、原告がゲイであることを女性上司が同僚女性に悪意なく告げ
たことによって動揺したとしても、以前の職場において原告がそのことを公表
していることから否定されている[54]。当該労働者のそれまでの経験も含む個人
的状況、おかれている職場状況・職場文化等を考慮して判断しなければならな
い[55]。そのため、境界線上の判断において、事実認定に基づく ET の判断が尊
重されることになる[56]。

　この「合理性」テストは、EC 指令に根拠がないため、合理性判断の基準に
だれを求めるかも含めて批判も存在する[57]。しかし、被害者の認識を重視しつ
つ、客観的状況を考慮して効果の有無を判断することによって極端な事例を排
除するこのテストは、被害者の認識を重視してハラスメント規制を行っていく
うえで有効なテストであろう。

2　ハラスメント規制における使用者の責任

(1) コモン・ロー

　注意義務においては、予見可能な精神的侵害まで注意義務の範囲を広げ、代
位責任の範囲も密接関連性テストによってハラスメントの事例を含むように広
げられている。また、ハラスメントを防止するための合理的手段をとる義務に
おいて、予見可能な侵害が発生することを防ぐために使用者は積極的措置を取
ることが求められる[58]。前掲 Green 事件では、いじめを認識しえた使用者がと
るべき措置として、いじめが容認できないことを明確にすること、行為が継続
されたならば懲戒が行われることを警告すること、必要であれば当事者を異動

---

53) Driskell v Peninsula Business Services Ltd and others［2000］IRLR 151（EAT）
54) 前掲 Grant 事件。
55) 雇用人権委員会雇用行為準則（EHRC Employment Statutory Code of Practice）では、
　　考慮されるべき要因に、当該労働者の個人的状況（労働者の精神的健康を含む健康、精神
　　的許容性、文化規範、ハラスメントについての以前の経験、当該行為が起こった状況）を
　　含みえることを提示（Para7.18）。行為準則には法的に拘束力はないが、審判所はそれに言
　　及する権限を有している。
56) Weeks v Newham College of further Education UKEAT/0630/111/ZT（2012）
57) Clarke, above n32, p.177.
58) Connor v Surrey County Council［2010］IRLR 521（CA）学校の管理機関からイスラム
　　教徒への嫌悪等があるとさまざまな要求を受けたために、うつ病をり患し退職した校長が
　　市参事会を訴えた事件で、管理機関に代わる機関の設立および独立した調査の決定を怠っ
　　たとして市参事会の注意義務違反を認めた。

させることを示している。また、契約上の黙示条項によって、被用者にハラスメントを受けさせない義務が使用者にあることが認められており、ハラスメント行為等の存在を認識した使用者が積極的防止措置を取ることを求めている[59]。

しかし、合理的手段をとる義務においては、一般的な事前の防止策までは要求されていない。また、同僚間のいじめの事例などでは、雇用の生み出すリスクとして代位責任があると判断するには困難な場合がある。そして、黙示義務の射程範囲は、予防のための制度構築など事前のハラスメント対策までを使用者に課すことまでは及んでいない。

(2) ハラスメント規制法

ハラスメント行為に対する使用者の代位責任は認められるが、密接関連性テストで判断されるため、雇用に付随するハラスメントのリスクを減らす努力を使用者に鼓舞することにはなるが、ハラスメント行為に対する予防措置をとることのインセンティブ喚起には直接的には結び付かない。

(3) 差別禁止法

1) 直接責任

前掲 Burton 事件の判断は、使用者の認知または予見可能性を問題とすることなく、使用者の直接責任を認めたものであり、後の審判所等の判断において賛否を含めて取り上げられている。たとえば、Chessington World of Adventures Ltd v Reed [1997] IRLR 556 （EAT）[60] では、ハラスメントが起こる状況をコントロールできる使用者がハラスメントを防ぐことをしなかったことから、同僚被用者の行為に対する使用者の直接責任を認めている。このコントロールテストは Pearce 事件貴族院判決によって否定されたが、Gravell v Bexley London Borough Council EAT/0587/06 [2007] All ER (D) 229 (May) では、制定法におけるハラスメント規定の導入によって、第三者の行為に対する使用者の責任についての Pearce 事件の判断が変更される可能性を示唆していた。

---

59) 前掲 Wigan 事件等。
60) 男性から女性への性再指定を明らかにした者が、同僚たちから一連の集団的なハラスメントを受けた事件。

その後、前掲 EOC 事件を受けて 2008 年に改正された SDA にのみ適用されていた被用者に対する執拗な第三者のハラスメント行為についての使用者の責任が、2010 年平等法 40 条によって、ハラスメントが規定されたすべての保護特性に拡大されることになった。この規定によって、被用者が雇用の過程で第三者から少なくも 2 回ハラスメントを受け（行為者は異なっていてもよい）、そのことを使用者が知っており、それが起こることを防ぐために合理的手段を取らなかった場合に責任が生じることになる [61]。しかしながら、連立政権が 2013 年企業規制改革法によってこの規定を削除したため、現在適用されていない [62]。

2）代位責任

SDA41 条では、被用者が雇用の過程で行った行為は、使用者の認知または是認の有無にかかわらず、使用者によってなされたものとみなすとされていた [63]。2010 年平等法においても、同様な規定が置かれている [64]。使用者の代位責任については、「雇用の過程」の判断が主要な争点であり、その判断はコモン・ローにおけるものよりもより広く認める方向に変化してきた。

前掲 Tower Boot 事件 [65] では、雇用とは直接関係のない人種差別的いじめの事例を「雇用の過程」と判断している。ハラスメントに対する使用者の責任の範囲を広げた上で、ハラスメントを防ぐために最善の努力をする使用者に合理的手段の抗弁を認め、それによって使用者がハラスメント防止のための手段をとることを誘導することよって、職場におけるハラスメントを防止する法の目的を達するとしている [66]。

---

61) Equality Act 2010 Explanatory notes,（2010）, p39.
62) 1 項は残されているため、被用者、求職者に対する使用者のハラスメントは違法となる。
63) RRA32 条、DDA58 条等も同様な規定。
64) 109 条 1 項
65) 白人と黒人の混血の男性機械工が、白人の同僚達から熱したねじで腕を焼かれたり、脚を鞭で打たれたり、差別的な言辞を受けたりするなど数多くの人種ハラスメントを受けた事件。
66) At［35］. Lucy-Ann Buckley, 'Vicarious Liability and Employment Discrimination', ILJ［1997］26, p.162 では、裁判所は、極端な権限づけられていない差別行為に対して使用者が責任を負うことを議会は意図していなかったとの主張が、「使用者の責任を拡大することによって、性または人種に基づくハラスメントを防止することを意図する制定法のスキームおよび政策と完全に対立すると考えた。他方、議会が差別行為の出現または再発を防ぐためにあらゆる合理的手段を取った使用者に抗弁を与えているので、『良心的な』使用者は、未だ逃げ道を与えられている。」と指摘。

Chief Constable of the Lincolnshire Police v Stubbs [1999] IRLR 81 （EAT）
事件では、職場外の勤務時間外の同僚の集まりにおける行為も、雇用の延長と
して雇用の過程の行為と判断できうるとして代位責任を認めている[67]。また、
AM v WC and SPV [1999] IRLR 410 （EAT）[68]では、コモン・ローの不法行為
と差別禁止法の代位責任の判断の違いにおいて合理的手段の抗弁の有無を重視
し、合理的手段の抗弁が使用者にハラスメントを防ぐインセンティブを与える
ことを認めている。

　以上のように、職場を管理する使用者の役割が重視され、「雇用の過程中」
の判断がコモン・ローの判断と異なることが明確にされている。このことにつ
いて、RRA32条およびSDA41条は、実質的に使用者に対する厳格な一次的責
任を課すに等しいとの判断も示されていた[69]。

3）使用者の抗弁

　使用者の抗弁は、使用者が当該ハラスメント行為を被用者がすることを防ぐ
ために合理的に実施可能な措置をとった場合には、使用者は責任を負わないと
SDA等で規定されていたが、2010年平等法にも類似の規定が置かれた[70]。

　前掲Balgobin事件[71]での多数意見は[72]、ハラスメント行為の存在を知らな
かった使用者が、ハラスメント行為を防ぐために取りえたさらなる措置はない
として、機会平等方針の存在とその通知のみで抗弁を認めている[73]。それに対

67）警察官の職場外での同僚女性に対する性的行為（勤務終了後のパブでの衣服等に触る行
　為と送別会での侮辱的発言）を雇用の過程の行為と判断。それに対して、Sidhu v Aero-
　space Composite Technology Ltd [2000] IRLR 602 （CA）では、使用者が被用者とその家
　族らを招待したファミリーデイで、白人被用者から暴力および人種的に侮辱する言葉を受
　けたことが、雇用の過程における行為ではないと判断。
68）女性警察官が男性上司からセクシュアル・ハラスメントを受けた事例。
69）Brenda Barrett, 'The Protection from Harassment Act Enters the Workplace', ILJ
　[2005] 34 pp.268-269
70）109条4項。雇用の過程にAによってなされた行為について、使用者であるBが、Aが
　そのような行為をなすことを防ぐためにあらゆる合理的措置をとったことを立証すること
　は抗弁となると規定。2010年法では、以前の「合理的に実施可能な措置」が「あらゆる合
　理的措置」と表現が変えられたが、大きな変化を持たすものではないと考えられている。
　（IDS Guide The Equality Act 2010, pp.138-139）
71）コックによる食堂の清掃人および助手である女性たちに対するセクシュアル・ハラスメ
　ントが、雇用の過程の行為とされた。
72）少数意見は合理的な実施可能な措置を使用者がとったことが立証されていないとする。
73）この判断に対して、Pauline Roberts & Lucy Vickers, 'Harassment at Work as Discrimi-
　nation: The Current Debate in England and Wales', International Journal of Discrimina-
　tion and the Law [1998] 3, p.100 では「合理的措置の抗弁は、使用者にハラスメントを防

して、使用者がハラスメントの申立を受けていた事例である Enterprise Glass Co Ltd v Miles［1990］ICR 787（EAT）では、叱責・警告のみを行い、その後の被害者の訴えを十分に取り扱わなかったことから、使用者の抗弁を認めなかった。また、Canniffe v East Riding of Yorkshire Council［2000］IRLR 555（EAT）では、使用者がハラスメントの起こるリスクを知っていた場合に、方針を周知するのみでは抗弁を認めず、他に実施可能な合理的措置があったか否かの考察を審判所に求めている。そして、他の措置がとられたとしても、現実には当該行為を防げなかったであろうことのみを理由とする使用者の抗弁は認められないとしている。これに対して、Croft v Royal Mail Group plc［2003］EWCA Civ 1045［2003］IRLR 592 事件では、使用者が取りうる措置の効果とそれを行うための時間、努力、費用が比例していなければならないとしている。とられるべき措置の可能性としての効果を重視して[74]、Canniffe 事件よりも使用者の抗弁を広く認めている。Caspersz v Ministry of Defence UKEAT/0599/05/LA［2006］では、Croft 事件で取られた合理的実施可能性の判断を踏襲し、方針の周知と定期的な検証、使用者の即座の調査と対応、行為者への懲戒、適正な相談申立窓口の存在から、方針の良心的履行を認め[75]、使用者の抗弁を肯定している。しかし、方針を採用するのみの使用者に白紙委任状を与えるものではないことも強調している。

　方針の履行において、使用者にどこまでの行為を求めるかは問題となる。しかしながら、使用者の抗弁が、職場のハラスメントに対して予防的措置をとること、ハラスメントが起こった場合に即座の対応を行うことについての使用者のインセンティブをもたらすことは明らかである[76]。

ぐために『最善の努力』をすることを要求するという控訴院の陳述の観点（Tower Boot 事件判決（1997 年）筆者注）において、単なる機会平等方針の通知以上のことが今や使用者に要求されるだろうことが確実だ」と批判。

74）ET は、申立人側が提案する「教育プログラム」は当該被用者らに対して些細な効果以上のものを有しないとして抗弁を認めており、控訴院も支持。

75）ET は、とられた措置があらゆる重要な点で欧州委員会勧告（92/131/EEC）に付属する行為準則に一致していると判断。

76）*IDS Supplement Bullying and Harassment at Work,*（Thomson,2007）pp.99-100 では、「差別禁止法は、職場における差別的ハラスメントを防ぐために行為する積極的義務を使用者に課している。その義務は使用者がハラスメントの問題を知った場合にはより重くなることは明白であるけれども、問題が明らかになる以前にも義務は課せられる。使用者は、被用者の差別的行為に対する責任を避けようとする場合、事前対策をとることが要求される。」と指摘。

3 ハラスメント予防のための法的構成

(1) ハラスメント規制法

ハラスメント行為に対する刑事制裁を伴った差止請求が認められており[77]、被害者が一連のハラスメント行為を受けていなくとも、その虞がある場合には行為の差止を求めることができる[78]。具体的なハラスメント予防のための有効な法的構成となりうるだろう。しかし、ストーキングとは異なり、職場のハラスメントにおいてその虞を立証することの困難さがあると思われ、実効性については疑問もある。また、差止請求そのものが使用者の職場環境等の改善には直接的には結びつかない[79]。

(2) 差別禁止法

差別禁止法においては、使用者の抗弁がハラスメント予防において有効な構成となる。事後規制が、使用者の抗弁を通して予防的措置につながると考えられる。

使用者の抗弁の判断の多くはハラスメント方針の存在および通知のみでは抗弁を認めていない[80]。使用者がハラスメントの存在及を知っているか否で、合理的な手段の判断も異なり、必要以上に使用者に負担を強いるものではなく、被害者に申立をすることを促すことにもつながる。EC勧告に付属する行為準則[81]、EHRC雇用行為準則[82]等を通じて、使用者がとるべき措置の内容も明確

77) Brenda Barrett, 'Harassment at Work: A Matter of Health and Safety', [2000] J.B.L. pp230-1「ハラスメントからの保護法の最も価値のある貢献は、犠牲者にさらなるハラスメントを防ぐための差止を可能にしたことであろう」と指摘。
78) Paul Infield and Graham Platford, *The Law of Harassment and Stalking*, (Tottel, 2002), p.94 では、侵害の虞の言及の価値は、先行する差止が裁可されえることを明確にしたことにあるとしている。
79) Sandra Fredman, *Discrimination Law 2nd ed*, Oxford University Press, 2011, p.291 では、アメリカの行為命令的差止命令（mandatory injunction）が職場の改善等に結びつくことを指摘。
80) Pauline Roberts, 'Employers' Liability for Sexual and Racial Harassment: Developing the Reasonably Practicable Steps Defence', ILJ [2001] 30, p.396
81) （ⅰ）方針表明（ⅱ）方針の通知（ⅲ）使用者および管理者の責任（ⅳ）管理者の訓練が規定されている。ハラスメントが起こった時の明確で正確な手続きとして―（ⅰ）非公式の問題の解決（ⅱ）助言および援助（ⅲ）不服申立手続き（ⅳ）調査（ⅴ）懲戒罰を規定。
82) para 10.52 に、合理的手段として、平等方針の履行、労働者がその方針を知ることの保証、機会平等訓練の提供、方針の再検証および被用者の不服申し立てを効果的に処理する

になってきている。抗弁がハラスメント予防のための使用者のインセンティブをもたらしており、職場におけるハラスメント予防の役割を果たしていると考えられる[83]。

　また、審判所は取り扱った事件に関係した差別的効果を除去・縮減する手段をとることを勧告することができる[84]。

三　予防のためのハラスメント法理の展望

　コモン・ローおよび PHA においては、ハラスメントの概念定義がなされず、職場状況や職場環境を考慮する判断枠組みを提示していない。個別的解決にとどまり職場環境等の改善のためのインセンティブも充分にはない。

　それに対して、差別禁止法においては、概念定義を行い、保護法益を明確にしている。また、職場環境の悪化、労働者の精神的苦痛を重視し、職場を管理する使用者の責任を重視している。保護特性を求めることにおいて限界はあるが、使用者の抗弁を認めることによって、使用者がハラスメント防止のための制度・ルールを作ることのインセンティブを与えているといえる。さらに、反ハラスメント方針の作成・監視・検証において労働組合等の参加も求められている[85]。それらによって、ハラスメントを生み出す職場の構造を問題にし、ハラスメント予防のための組織的取組を促していくことになるのではないか。また、ET、ACAS（助言・斡旋・仲裁局）などのアクセスしやすい相談、援助、紛争解決機関も存在する。以上のようなイギリスの法および制度は、日本におけるハラスメント予防のための法的構成を検討していくうえで有益な視点を提供すると考える。

ことを提示。18 章には平等方針についての詳細な内容が示されている。
83）ウェザーフィールド・前掲注 21) 37 頁では「抗弁は、もし使用者が、そういった処置をハラスメントが起こる前に取っていたことを示すことができなければ成功しない。」と指摘。
84）2010 年平等法 124 条。
85）EHRC 雇用行為準則（18 章）では、機会平等方針の作成等における労働者および労働組合等との協議、方針の監視・検証における定期的な情報交換が求められる。

セクシュアル・ハラスメントと刑事規制・差別法理形成

山﨑文夫

はじめに

わが国では、福岡セクハラ事件を契機として、セクシュアル・ハラスメント法理の形成が試みられてから約30年になるが、法理形成が進んだとはいえ、残された課題は多い[1]。本稿は、そのうち、性犯罪規定の整備が最も進んでいるといわれるフランス法等を素材に、職場を超えた刑事規制の現状と、アメリカ合衆国1964年公民権法第7編、イギリス2010年平等法等を素材に、差別法理形成の課題を追求するものである。

一　セクシュアル・ハラスメントと刑事規制

1　1810年ナポレオン刑法典

フランス1810年刑法典は、強姦罪（crime de viol）とその他の強制わいせつ罪（autre attentat à la pudeur）を区別することなく、「331条　一方又は他方の性を有する個人に対して、暴行（violence）を用いて、強姦罪を犯し又はその他の強制わいせつ罪を犯した者は、懲役に処する。その未遂も同様とする。」と規定した。

両罪を区別して規定したのは1832年4月28日の法律であり、「332条　強姦罪を犯した者は、有期徒刑に処する。／この罪が15歳未満の児童に犯されたとき、被告を有期徒刑の上限に処する。／一方又は他方の性を有する個人に対して、暴行を用いて、その他の強制わいせつ罪を犯した者は、懲役に処する。そ

---

1) 山﨑文夫「セクシュアル・ハラスメント被害者から見た均等法」ジェンダーと法14号21頁以下。

の未遂も同様とする。／この罪が15歳未満の児童に犯されたとき、被告を有期徒刑に処する。」と規定するが、強姦罪の定義は置いていない。立法者は、それを時代の社会通念（mentalité d'une époque）に基づく裁判所の解釈に委ねたのである[2]。

332条は、1979年時点においても、「強姦罪を犯した者は、10年以上20年以下の有期懲役に処する。／この罪が15歳未満の児童に犯されたとき、被告を10年以上20年以下の有期懲役の上限に処する。／一方又は他方の性を有する個人に対して、暴行を用いて、その他の強制わいせつ罪を犯した者は、5年以上10年以下の有期懲役に処する。その未遂も同様とする。／この罪が15歳未満の児童に犯されたとき、被告を10年以上20年以下の懲役に処する。」と規定していた。

破毀院刑事部1857年6月25日判決（Cass. crim., 25 juin 1857, S. 1857, I, 711.）は、次のように述べる。「強姦罪は、法律により定義されておらず、この犯罪の特別の性格及びそれが被害者及び家族の名誉にもたらしうる結果の重大性に基づき、その構成要素を探求し認定する権限は裁判官に属する。この犯罪は、同意のないことが、人に対する身体的又は精神的暴行によるものであれ、被害者の意思のあずかり知らぬ加害者が目指す目的を達成するためのその他の強制（contrainte）又は不意打ち（surprise）の手段によるものであれ、人をその意思に反してもてあそぶことにある。／事実。原判決は、以下の事実を認定する。3月4日夜11時頃、Xは、H亭でLその他の職場同僚と飲酒した後、なおしばらく客を引き止める2盃目のワイン・デカンタが出されたとき、彼らに別れを告げた。その後、Xは、L夫人のところに忍び込み暗闇の中でL本人と思わせようと考え、Lの家に急いで行った。ドアが開いていたので部屋に入り……Xは……L夫人が就寝する部屋に向かうことができた。新婚4か月の品行方正な若いL夫人の部屋に行くと、Xはベッドに向かい、掛け布団を持ち上げた。この若い女性は、彼を夫と思い、せいぜい寝入りばな程度に目覚め、非常に遅い帰宅を少し非難した。Xは、服を着たままベッドに入り、半睡状態の若い夫人に声がわからないよう低い声で数語答えた。Xは、すぐに夫人の上に身を置いた。夫人は、夫との情事と信じて彼の望むことに応じたが、すぐに疑念を抱い

2) Danièle Mayer: Le nouvel éclairage donné au viol par la réforme du 23 décembre 1980, D. 1981, chronique, p.283.

た。同女は、彼を押しのけ、夫ではないと叫んだ。この言葉とこのしぐさにX
は急に引き下がり、父親Rが娘を救うため駆け付けたので逃げ出した。以上の
事実から、XがL夫人の住居、部屋、ベッドに入り込み、この若い女性の半覚
醒に乗じてその人格をもてあそぶに及んだのは、Lと思わせるための策略を用
いてであり、同女は、Xの行為に同意したこととは程遠く、その身を委ねたと
信じた夫Lの同一性に疑念を抱き、すぐに彼を押しのけ、夫ではないと叫び、
同女の父親がその叫びを聞いて娘を強奪者から助けるために駆け付け、強奪者
は策略が露見したことを知り、すぐに逃げ出したことが認められる。これらの
事実は、強姦罪の構成要素を含むものであり、これに反する判断をしたナン
シー帝国裁判所は、刑法典332条の解釈を誤り、その規定に違反した。」

　破毀院刑事部1960年4月29日判決（Cass. crim., 29 avril 1960, S. 1960, Juris.,
253.）も、次のように述べる。「強姦罪により上告人Xを有罪とするため、原判
決は、1953年3月15日〜16日夜、I市場構内で就寝していたRとその妻が警
察官Xにより起こされ、Xは、彼らにその身分を知らせた後、刑務所に行くの
を避けたければ罰金を即時納付することを彼らに要求し、Rから罰金3千フラ
ンを受領した後、Xは、彼に、その内縁の妻とすぐ性行為をするよう命じ、同
人ができないとするや、Xは、同女と床に就き、『同女が警察官を相手にする
との考えにおののき、あえて抵抗しなかった間に』同女と性的関係を結んだと
述べる。／この認定事実を考慮して、刑事裁判所は、刑法典332条が規定し処
罰する強姦罪によりXの有罪判決を適法に理由付けた。同意のないことが、女
性に対する身体的又は精神的暴行によるものであれ、被害者の意思のあずかり
知らぬ目的達成のために加害者が用いるその他の強制又は不意打ちの手段によ
るものであれ、この犯罪が、女性の意思に反して、女性と性的関係を持つ行為
であることは確かである。以上のことから上告理由は理由がない。」

　破毀院刑事部1973年7月10日判決（Cass. crim.,10 juill.1973,No de pourvoi: 73-
90104）も、次のように述べる。「原判決の事実認定から、1970年3月23日、
ジョジアンヌ・B、17歳は、Xが運転する自動車に乗車することを受け入れた
ことは明らかである。Xは、ある道に入り畑の縁に車を止め、Bに後部座席の
彼のそばに座ることを要求した。B少女が抱かれるままになると、Bをバン
ケット・シートに倒し、そのタイツとキュロットを引き下げるに及び、『Bの
懇願にもかかわらず』Bと性的関係を持った。これらの事実は、証明されたと

すれば、Xに不利に刑法典332条が規定し処罰する強姦罪を証明するものである。／この犯罪は、女性に対する身体的又は精神的暴行によるものであれ、被害者の意思のあずかり知らぬ目的達成のために加害者が用いるその他の強制又は不意打ちの手段によるものであれ、女性の意思に反して、女性と性的関係を持つことにある。上告理由を認容しない。」

　学説も、「強姦は、性器接近による快楽を手に入れることを目的とする女性に対する暴行を用いた強制わいせつである。……この犯罪の構成要素は、以下の通りである。(a) 性器の違法な結合。女性が処女であるか否か、生存しているか否かを問わない。(b) 暴行は有形である必要はない。違法な関係が、なんらかの強制又は不意打ちにより、女性の同意なく生じることで十分である。(c) 行為の違法性。暴行を用いた夫は、強姦罪で有罪とすることはできない。(d) 故意。ただし、その動機を問わない。強姦は10年以上20年以下の懲役に処する。」としていた[3]。

2　1980年法

　1978年に行われたある強姦事件の裁判が契機となって刑法典332条改正の機運が高まり[4]、1980年12月23日の法律（Loi no 80-1041 du 23 déc. 1980）は、次のように規定した。

　「332条　暴行、強制又は不意打ちによる他人の身体に対する性的貫入行為は、その性質にかかわらず、強姦罪を構成する。その未遂も同様とする。／強姦は、5年以上10年以下の有期懲役に処する。／強姦が、妊娠、疾病、身体的若しくは精神的障害により特に脆弱な人に対して、15歳以下の児童に対して、武器を用いた脅迫により、2人以上の行為者若しくは共犯者により、自然若しくは養子縁組による被害者の正統な尊属により、被害者に対する権限を有する者により、又は職務上の権限を濫用する者により犯されたとき、強姦は10年以上20年以下の有期懲役に処する。

　333条　15歳以下の未成年以外の人に対して、暴行、強制又は不意打ちを用いて犯した強制わいせつは、3年以上5年以下の拘禁及び6千フラン以上6万フラン以下の罰金又はそのいずれかに処する。その未遂も同様とする。／前項

---

3) Dictionnaire de droit, I, Dalloz, 1966, pp.206 et s.
4) 山﨑文夫『改訂版セクシュアル・ハラスメントの法理』労働法令、2004年、43頁以下。

の強制わいせつは、疾病、身体的若しくは精神的障害又は妊娠により特に脆弱な人に対して、武器を用いた脅迫により、被害者の正統な尊属により、被害者に対する権限を有する者により、2人以上の行為者若しくは共犯者により、又は職務上の権限を濫用する者により犯されたとき、5年以上10年以下の拘禁及び1万2千フラン以上12万フラン以下の罰金又はそのいずれかに処する。その未遂も同様とする。」

同法は、強姦罪の定義を明確化し、当時すでに不当と評価されていた性による差別をなくして男女共通の犯罪とするとともに、風俗に対する犯罪の抑圧をより効果的にすることを目的としていた[5]。

この法律の起草者は、被害者の同意のないことが強姦罪の本質的要素であると考え、法案審議中、強姦罪の本質は性的行為の事実よりも被害者の同意侵害にあると述べた。立法者は、同意侵害を人間の尊厳を侵害するあらゆる言動を把握することを可能とする罪刑法定の要と考えるよう思考を根本的に変更し、条文のように強姦罪の包括的な客観的行為の定義を定めた[6]。

犯罪の成立には故意が必要だが、実際に故意を示すものは、条文が規定する暴行、強制又は不意打ちの三つの手段を用いることであり、それは、被害者の同意の不存在を明確に推認させる。これまで、刑法典332条は強姦罪の定義を置いておらず、また、暴行の定義もなかったが、判例は、上記判決のように暴行は身体的又は精神的なものであると解し、暴行、強制、不意打ちを、被害者の同意侵害として同一視していたのである[7]。

同条にいう強制とは、身体的または精神的なものをいい、身体的強制とは、望むものを得るために身体的圧力を行使する行為をいい、精神的強制とは、ある人またはその近親者を苦しめる、あるいはその財産を侵害すると脅迫することをいう[8]。具体的には、身体的強制には、あからさまな暴行ではないが身体を寄せて被害者を動けなくして行為に及ぶことが含まれる。

精神的強制には、職務上の地位利用によるものも含まれる。破毀院刑事部1993年10月5日判決（Cass. crim.,5 oct. 1993,No de pourvoi: 93-83374）は、次のように述べる。「リオム控訴院弾劾部が、いかなる暴行又は強制行為も証明せ

<hr>

5) Robert Vouin et Michèle Laure Rassat, Droit pénal spécial, 5e éd., Dalloz, 1983, p.423.
6) D. Mayer, op.cit., p.284.
7) R. Vouin et M. L. Rassat, op.cit., p.426.
8) Michèle-Laure Rassat, Droit pénal spécial, Dalloz, 1996, pp.445 et s.

ず、民事原告Yの使用者Xに対する従属性及び経済的依存関係を理由として強姦罪の法性決定を陳述し……YがXのなすがまま反発しなかった旨……身体的暴行はなかったがXはYを精神的及び身体的に畏怖させYの弱さ及びYと夫のXに対する経済的従属性に乗じた旨指摘したことから、XがYの使用者として職務上の権限を濫用し、暴行、強制又は不意打ちにより、Yの身体に性的貫入行為をしたことを理由として、Xをピュイ・ド・ドム県重罪裁判所に差戻したことについて。／原判決からは、Xを職務上の権限を濫用する者による強姦罪の訴追のもとに重罪裁判所に差戻すため、弾劾部は、被害者の同意のないことは、上告理由に一部記載の理由のほか、『事前交渉も被告の告白という感情的脈絡もなく、使用者の事務所でXY間の関係が展開されるという少なくとも特別ではない状況から』帰結すること、及び、同意のないことは、多くの証人が陳述する『行為時期のYの身体的及び精神的消耗状態』及び関係者各自の性格分析により裏付けられることがわかる。……予審裁判所は……行為が証明される限りで、強姦罪を構成するために必要な強制という要素及び刑法典 332 条 3 項に規定する加重情状の各根拠を証明した。／上告理由を認容しない。」

　不意打ちには、脈絡なく相手の身体に接触することや、わが国でいう準強制わいせつ罪等に当たる行為が含まれる。

　なお、1992 年 6 月 22 日の法律（Loi no 92-684 du 22 juill.1992）による新刑法典制定の際に、強姦罪等に、暴行、強制または不意打ちのほかに、脅迫（menace）の構成要素が加えられた。

3　1992 年刑法典

　1992 年刑法典は、次のように強姦罪および強制わいせつ罪を改編するとともに、新たにセクシュアル・ハラスメント罪（harcèlement sexuel）を創設した[9]。

　「第 3 節　性的攻撃／222－22 条〔性的攻撃（agression sexuelle）〕　性的攻撃とは、暴行、強制、脅迫又は不意打ちを用いて犯すあらゆる性的侵害をいう。

　第 1 段　強姦／222－23 条〔強姦〕　いかなる性質であれ暴行、強制、脅迫又は不意打ちを用いて他人に対して犯す性的貫入を強姦とする。／強姦は 15 年の禁錮に処する。

---

9) 前掲注 4) 47 頁以下。

222 - 24 条〔加重的強姦〕次に掲げるとき、強姦は 20 年の禁錮に処する。／1 恒久的切断又は身体的障害を引き起こしたとき。／2 15 歳以下の未成年に対して犯したとき。／3 年齢、疾病、障害、身体的若しくは精神的欠陥又は妊娠に起因する特別の脆弱性が明白な又は行為者がそれを認識する人に対して犯したとき。／4 自然若しくは養子縁組による正統な尊属又は被害者に対し権限を有するその他の者が犯したとき。／5 職務により得た権限を濫用する者が犯したとき。／6 行為者又は共犯者として複数の者が犯したとき。／7 武器を用い又は武器の脅迫を用いて犯したとき。……

第 2 段　その他の性的攻撃／222 - 27 条〔強姦以外の性的攻撃〕　強姦以外の性的攻撃は、5 年の拘禁及び 50 万フランの罰金に処する。

222 - 28 条〔加重的性的攻撃〕　222 - 27 条の犯罪は、次に掲げるとき、7 年の拘禁及び 70 万フランの罰金に処する。／1 傷害又は損害を引き起こしたとき。／2 自然若しくは養子縁組による正統な尊属又は被害者に対し権限を有するその他の者が犯したとき。／3 職務により得た権限を濫用する者が犯したとき。／4 行為者又は共犯者として複数の者が犯したとき。／5 武器を用い又は武器の脅迫を用いて犯したとき。

222 - 29 条〔未成年及び弱者に対する強姦以外の性的攻撃〕　強姦以外の性的攻撃は、次に掲げる人になされたとき、7 年の拘禁及び 70 万フランの罰金に処する。／1 15 歳以下の未成年に対して犯したとき。／2 年齢、疾病、障害、身体的若しくは精神的欠陥又は妊娠に起因する特別の脆弱性が明白な若しくは行為者がそれを認識する人に対して犯したとき。

222 - 30 条〔未成年及び弱者に対する加重的性的攻撃〕　222 - 29 条の犯罪は、次に掲げるとき、10 年の拘禁及び 100 万フランの罰金に処する。／1 傷害又は損害を引き起こしたとき。／2 自然若しくは養子縁組による正統な尊属又は被害者に対し権限を有するその他の者が犯したとき。／3 職務により得た権限を濫用する者が犯したとき。／4 行為者又は共犯者として複数の者が犯したとき。／5 武器を用い又は武器の脅迫を用いて犯したとき。……

第 3 段　セクシュアル・ハラスメント／222 - 33 条〔セクシュアル・ハラスメント〕　職務により得た権限を濫用する者が、性的好意を得ることを目的として、命令、脅迫又は強制を用いて、他人にハラスメントする行為は、1 年の拘禁及び 10 万フランの罰金に処する。」

ここでいう「ハラスメントする」とは、相手が嫌がる行為を二度以上行うことをいう。

　セクシュアル・ハラスメント罪創設は、1980 年法により、強姦罪が男女共通のものとなり、暴行およびそれに同視される強制、脅迫（1992 年）、不意打ちという犯罪構成要素が明確化されることにより性犯罪の対象範囲が広くなり、かつ、その規制が強化された脈略のなかで行われたものである。加盟国にセクシュアル・ハラスメント防止に関する行動をとるよう勧告する EC 委員会「職場における男性と女性の尊厳の保護に関する勧告」（1991 年 11 月 27 日）などの一連の EC（EU）活動や、フェミニスト活動の影響も指摘されている [10]。

4　2012 年法による再制定

　セクシュアル・ハラスメント罪は、1998 年の性犯罪予防及び防止並びに未成年者保護に関する法律（Loi no 98-468 du 17 juin 1998）により改正され、「222−33 条〔セクシュアル・ハラスメント〕　職務により得た権限を濫用する者が、性的好意を得ることを目的として、『命令し、脅迫し、強制し又は重大な圧力を行使して』〔＊改正部分〕、他人にハラスメントする行為は、1 年の拘禁及び 10 万フランの罰金に処する。」とされた。

　その後、同条は、フランスのヨーロッパ社会憲章批准（1996 年）を受けた 2002 年 1 月 17 日の社会近代化法（Loi no 2002-73 du 17 janv.2002）により、次のように職務権限濫用の要素が削除され、職場の同僚その他の者によるセクシュアル・ハラスメントも規制対象とするものとなった [11]。

　「222−33 条〔セクシュアル・ハラスメント〕　人が性的好意を得ることを目的として、他人にハラスメントする行為は、1 年の拘禁及び 1 万 5 千ユーロの罰金に処する。」

　ところが、同規定は、憲法院 2012 年 5 月 4 日の合憲性優先問題判決（Décision no 2012-240QPC du 4 mai 2012）により、犯罪の構成要素を明確に規定しておらず罪刑法定主義に違反する憲法違反であるとして即時無効とされたため、急遽、セクシュアル・ハラスメントに関する 2012 年 8 月 6 日の法律（Loi

---

10）前掲注 4）47 頁。
11）前掲注 4）382 頁以下、464 頁。

no 2012-954 du 6 août 2012）により、次のように再制定された[12]。

「222-33条 I　セクシュアル・ハラスメントとは、ある人に対して、その下劣的若しくは屈辱的な性質のゆえに、他人の尊厳を侵害し、又は脅迫的、敵対的若しくは不快な状況を創りだす、性的性質を有する言葉又は行動を反復的に押し付ける行為をいう。

II　行為者本人又は第三者のために、性的性質を有する行為を得ることを真実又は外観的な目的として、重大な圧力形態を行使する行為は、反復性の有無を問わず、セクシュアル・ハラスメントとみなす。

III　I及びIIに掲げる行為は、2年の拘禁及び3万ユーロの罰金に処する。／これらの刑は、行為が次に掲げるものであるとき、3年の拘禁及び4万5千ユーロの罰金に処する。／1 人が職務権限を濫用したとき。／2 15歳以下の未成年になしたとき。／3 年齢、疾病、身体障害、身体的若しくは精神的欠陥又は妊娠状態のゆえに特別の脆弱性が明白な又は行為者がそれを認識する人になしたとき。／4 経済的若しくは社会的状態の不安定による特別の脆弱性又は依存性が明白な若しくは行為者がそれを認識する人になしたとき。／5 正犯又は共犯として行為する複数の人により犯されたとき。」

この規定は、原則として相手方への身体的侵襲のない言葉、身振り等による言動を規制するものであり、身体侵襲を伴う行為には、性的攻撃罪が適用される。222-33条Iにいう「押し付ける（imposer）」との文言は、公然わいせつ罪のそれと同じである。これについては、スーパー売場主任による女性店員の拒絶にもかかわらずなされた、執拗かつ度重なる口頭又はメールによる性的性質を有する誘いを有罪とした例がある（1500ユーロの罰金、破毀院刑事部2015年11月18日判決）。また、同条IIにいう「重大な圧力形態（toute forme de pression grave）を行使する行為」には、採用、昇給等の利益や、解雇、配転等の不利益を代償として提示することが含まれる（2012年8月7日司法大臣通達）[13]。

222-33条は、従来とは異なり、一般的効力を有するものとして制定され、職場のみならず、すべての分野、とくにスポーツや教育の分野に適用される（前掲司法大臣通達）[14]。

12）山﨑文夫『セクシュアル・ハラスメント法理の諸展開』信山社、2013年、181頁以下。
13）前掲注1）26頁以下、前掲注12）202頁以下。
14）前掲注12）204頁。

同条は、道路、地下鉄等の公共空間における痴漢（frotteurs）にも適用されるが、痴漢に関しては、性的攻撃罪、公然わいせつ罪、公然侮辱罪等も含めた刑事規定の及ばない行為は少ない。しかし、現実には、行為者や若い女性がこれらの知識を有しないことが多いことや、告訴等の手続の煩雑を嫌悪する被害者が多いことから、政府は、2018 年 3 月、人の尊厳を侵害する無礼な行為、口笛、卑猥な注目、追尾等のストリート・ハラスメント（harcèlement de rue）等を処罰する性差別的侮辱罪（outrage sexiste）を新設する法案を国民議会に上程し、性的及び性差別的暴力に対する闘争を強化する 2018 年 8 月 3 日の法律（Loi no 2018-703）が成立した（「刑法典 621-1 条〔性差別的侮辱罪〕Ⅰ　その下劣的若しくは屈辱的性質のゆえに人の尊厳を侵害し又は脅迫的、敵対的若しくは不快な環境を人に創りだす性的又は性差別的性質を有する言葉又は行動を人に押し付ける行為は、性差別的侮辱を構成する。」）。同罪は、罪刑法定主義、比例原則、行為の性質、手続等を考慮し、交通違反同様の警察官の調書作成による罰金刑（最低 90 ユーロ）のみの違警罪である。同罪は、その適用範囲が公共空間に限定されておらず、この法律の通達によれば、その結果、同罪は、道路や公共交通機関のみならず、教育施設や職場等の私的な場所における行為にも及ぶものとなっている。ただし、同罪は、行為がセクシュアル・ハラスメント罪等のより重い犯罪に当たる場合は、適用されない [15]。

　同法は、また、集団的なサイバー・ハラスメントに対応する改正を含むものであるが、これとは別に、国民議会と元老院間の妥協により、十分な審議がなされないまま、性差別的侮辱罪の文言に合わせて、セクシュアル・ハラスメント罪に性差別的との文言が加えられ、「222 - 33 条Ⅰ　セクシュアル・ハラスメントとは、ある人に対して、その下劣的若しくは屈辱的な性質のゆえに、その人の尊厳を侵害し、又は脅迫的、敵対的若しくは不快な状況を創りだす、性的又は性差別的性質を有する言葉又は行動を反復的に押し付ける行為をいう。」と改正されている。フランスの新しいセクシュアル・ハラスメント罪は、わが

---

15) 性差別的侮辱罪には、制定の必要性、犯罪構成要素が不明確なことによる罪刑法定主義に反する憲法違反の可能性（現在のところ憲法院への提訴はない）、調書作成に当たる警察官等の公権力による犯罪認定の難しさ等について批判がある。Pierre-Jérôme Delage: Outrage sexiste: les décevantes réponses de législateur à un réel enjeu de société, La semaine juridique, G. 2018, pp. 1632 et s. ; Jean-Claude Planque: Ne créez pas le délit d'outrage sexiste !, La semaine juridique, G., 11 décembre 2017, p.2264.

国でいうジェンダー・ハラスメントの一部を含むものとなり、その理論的究明とともに、それが裁判所等でどのように運用されるのか、罪刑法定主義違反の可能性等が今後注目されるところである[16]。

5 ドイツ 2016 年刑法典改正

ドイツは、2016 年 11 月に刑法典を改正し、次のように、強姦罪（男女共通）等の暴行・脅迫要件を緩和して、相手の客観的意思に反することを性的侵害罪の本質的要件とするとともに、同意のない身体接触を処罰するセクシュアル・ハラスメント罪を創設した[17]。

「177 条（性的侵害、性的強要、強姦）(1) 人の識別し得る意思に反して、人に性的行為を行い、人に行為者に対して性的行為を行わせ、又は人に第三者への性的行為の実行若しくは第三者からの性的行為の甘受を指示した者は、6 月以上 5 年以下の自由刑に処する。

(2) 次に掲げるとき、性的行為を他の人に行い若しくは他の人に行わせ、又は第三者に対する若しくは第三者からの性的行為の実行若しくは容認を慫慂した者は、同様に処罰する。／1 行為者が、人が反対の意思を形成又は表明することができない状況に乗じたとき。／2 行為者が、人が身体的又は精神的状態により意思の形成又は表明に重大な制限を受けていることに乗じたとき。ただし、当該本人の同意を得ていたときはこの限りではない。／3 行為者が驚愕に乗じたとき。／4 行為者が、抵抗により被害者に重大な害悪の恐れのある状況に乗じたとき。／5 行為者が、重大な害悪により脅迫し、性的行為の実行又は甘受を強要したとき。

(3) 未遂は、これを罰する。

(4) 被害者が疾病又は障害により意思を形成又は表明することができないときは、1 年以上の自由刑に処する。

(5) 行為者は、次に掲げるとき、1 年以上の自由刑に処する。／ 1 被害者に

---

16) 詳しくは、山﨑文夫「フランスのセクシュアル・ハラスメントに係る法制度 2018」国士舘法学 51 号 302 頁以下参照。

17) 前掲注 1)27 頁、深町晋也「ドイツにおける 2016 年性刑法改正について」法時 89 巻 9 号 97 頁以下、JoachimRenzikowski「ドイツにおける性刑法の改正」龍谷法学 51 巻 1 号 881 頁以下、井田良「ドイツにおけるハラスメントの法規制」刑事法ジャーナル 60 号 30 頁以下、同「ドイツにおけるセクシャル・ハラスメント罪の新設について」比較法雑誌 53 巻 1 号 1 頁以下。

暴行を用いたとき。／2 被害者を身体又は生命に対する現在の危険により脅迫したとき。／3 被害者が行為者の影響に無防備に委ねられている状況に乗じたとき。

（6）特に重大な場合、2年以上の自由刑に処する。とくに重大な場合とは、次に掲げる場合を通例とする。／1 行為者が、被害者に性交を行い若しくは行わせ、又は被害者に特に身体侵入（強姦）に結びつく特に下品な類似の性的行為を行い若しくは行わせたとき。／2 行為が複数人により集団的に犯されたとき。

（7）行為者は、次に掲げるとき、3年以上の自由刑に処する。／1 武器その他の危険な道具を携帯するとき。／2 暴行又は暴行の脅迫により他の人の抵抗を阻止又は克服する目的でその他の道具又は手段を携帯するとき。／3 被害者に重大な健康被害の危険をもたらしたとき。

（8）行為者は、次に掲げるとき、5年以上の自由刑に処する。／1 犯罪に武器その他の危険な道具を用いたとき。／2 被害者に、（a）犯罪により重大な虐待を行い、又は、（b）死の危険をもたらしたとき。

（9）より重大でない場合、（1）項及び（2）項に定める事項について3月以上3年以下の自由刑に処し、（4）項及び（5）項に定める事項について6月以上10年以下の自由刑に処し、（7）項及び（8）項に定める事項について1年以上10年以下の自由刑に処する。

178条（性的侵害、性的強要及び強姦致死） 行為者が、性的侵害、性的強要又は強姦（177条）により、被害者を軽率以上により死に至らしめたとき、終身自由刑又は10年以上の自由刑に処する。 ……

184条 i （セクシュアル・ハラスメント）（1）性的と認められる方法により人の身体に触れ、それによりハラスメントする者は、2年以下の自由刑に処する。ただし、行為が他の規定により、より重い刑を科されるときは、この限りではない。

（2）特に重大な場合、自由刑を3月以上5年以下とする。とくに重大な場合とは、行為が複数人により集団的に犯される場合を通例とする。

（3）行為は、告訴がなければ公訴を提起することができない。ただし、刑事訴追機関が特別な公共の利益のため訴追による職権介入が必要と思慮するときは、この限りではない。

184条 j （集団による犯行）犯行中の他の人が犯罪行為を慫慂する集団に自ら

参加することにより犯罪行為を助長する者は、177 条又は 184 条 i に規定する犯罪行為が、集団の 1 人の参加者により犯され、かつ、行為が、より重大な犯罪に関する他の規定に服しないときは、2 年以下の自由刑又は罰金に処する。」

　ドイツにおいても、セクシュアル・ハラスメント罪は、職場のみならず、すべての分野に適用される。

　この改正には、欧州評議会 2011 年 4 月 12 日のイスタンブール条約（女性に対する暴力及び DV の防止及び取組みに関する条約）の影響がある。同条約は、次のように規定する。「36 条（強姦を含む性的暴行）1　締約国は、次に掲げる行為が犯罪化されることを確保するために必要な立法その他の措置をとるものとする。／（a）身体の一部又は物により、性的性質を有する他人の身体への同意のない、膣、肛門又は口腔への貫入を行うこと。／（b）人に対し同意のない性的性質を有するその他の行為を行うこと。／（c）人に対し同意のない第三者との性的性質を有する行為を行なわせること。

　2　同意は、諸般の状況を考慮して評価される人の自由意思の結果として任意に与えられなければならない。　……

　40 条（セクシュアル・ハラスメント）　締約国は、人の尊厳を侵害する目的又は効果を有する性的性質を有する、望まれない、言語的、非言語的又は身体的行為、とくに、脅迫的、敵対的、下劣的、屈辱的又は不快な環境を創り出すことが刑事的その他の制裁に服することを確保するために必要な立法その他の措置をとるものとする。」

6　小結

　わが国では、2017 年刑法改正（平成 29 年法律第 72 号）による強姦罪（強制性交等罪）構成要件の見直しにより、強制性交等罪は、男女共通のものとなり、その人的適用範囲は拡大したが、強制わいせつ罪を含めて、暴行・脅迫要件は見直されていない。この法律の附則には、3 年後見直しの規定が盛り込まれており、仏独法等を参考に、暴行・脅迫要件の緩和および職場を超えるセクシュアル・ハラスメント罪の創設による規制対象行為の拡大が望まれる。

二　セクシュアル・ハラスメントと差別法理

1　アメリカ1964年公民権法第7編

　セクシュアル・ハラスメントという言葉と、その行為が1964年公民権法第7編の禁止する性差別に当たるとする法理が生まれたアメリカ合衆国では、差別とは、人種、年齢、性、国籍、宗教または障害を理由として、あるクラス（共通の特徴を持つ人の集団）に特権を付与しまたは特権を拒絶する法律または所定行為の効果をいう。公民権法第7編は、同法所定の差別事由に基づく雇用差別を禁止し、義務主体である使用者の民事責任を問うものである[18]。

　公民権法第7編703条（42 U.S.C.§2000e-2 (a)）は、「違法な雇用行為／(a) 次に掲げることは違法な雇用行為である。／(1) 個人の人種、皮膚の色、宗教、性又は出身国を理由として、個人を雇用しないこと、雇用を拒絶すること若しくは解雇すること、又は報酬、雇用条件若しくは雇用上の権利に関して個人を差別すること。／(2) 個人の人種、皮膚の色、宗教、性又は出身国を理由として、個人から雇用の機会を奪う若しくは奪う効果を有する方法又は被用者としての地位に不利な影響を及ぼす方法により、その被用者又は雇用の応募者を制限し、差別し、区別すること。」と規定するが、セクシュアル・ハラスメントを性差別として明文で禁止しているわけではない。セクシュアル・ハラスメントを公民権法第7編の禁止する性差別の一類型としたのは、連邦下級審判例、キャサリン・A・マッキノン教授などの学説、EEOC（雇用機会均等委員会）ガイドライン、および1986年ヴィンソン事件判決以来の連邦最高裁判所判決の解釈によってである[19]。

　司法判断のターニング・ポイントと評価される判決のひとつは、「当裁判所は、この事実は対価型セクシュアル・ハラスメントにより第7編の性差別に当たると思慮する。本件控訴について論じられるべき中心問題は、原告バーネスの主張する状況において、差別は、法律問題として性に基づくものであるか否かということである。当裁判所は、それは明白であると思慮する。バーネス主

---

18) Black's Law Dictionary 8th ed., Thomson/West, 2004,p.500. 前掲注(5)拙著172頁。
19) 前掲注4) 169頁以下。

張の事実によれば、同人の職の保持は、性的関係に服すること〜監督者が男性には求めなかったもの〜にかかっていた。連邦地方裁判所は、しかしながら、バーネスの訴えを、結局、『同人が女性であるがゆえにではなく、同人がその監督者と性的関係を持つことを拒絶したがゆえに差別された』旨の訴えに過ぎないと思慮した。当裁判所は、このような状況分析を承認することはできない。女性でなければバーネスの性行為への参加は求められなかったと思慮する。それゆえ、同人は同人が単に求めを拒絶したがゆえに雇用上の不利益を受けたと言うことは、同人が保護局の職員職制において要求者に従属する女性であるがゆえに求められたという事実評価を無視することになる。本件を破棄し原審に差戻す。」としている（1977年バーネス事件コロンビア特別区連邦巡回裁判所判決（Barnes v. Costle, 561 F. 2d 983（D.C. Cir.1977））。

　セクシュアル・ハラスメントを公民権法第7編にいう性差別と認めた1986年ヴィンソン事件連邦最高裁判決（Meritor Saving Bank v. Vinson, 477 U.S.57（1986））は、黒人の机の上に絞首の縄を置くなどの人種、宗教および出身国に基づくハラスメントを、上記703条（a）項（1）にいう「雇用条件若しくは雇用上の権利（terms, conditions or privileges of employment）に関して個人を差別すること」に当たるとする下級審判例と EEOC ガイドラインの判断を踏襲したが、環境型セクシュアル・ハラスメントが提訴できるためには、それが被害者の雇用条件を変更し、かつ、濫用的な職場環境を創り出すに十分重大又は蔓延的でなければならないとした。また、1998年バーリントン・インダストリー事件連邦最高裁判決（Burlington Industries, Inc. v. Ellerth, 118 S.Ct. 2257（1998））は、性的行為の要求が、監督者に付与された被害者の雇用条件に影響を及ぼす権限を用いて行われ、監督者により被害者への昇進拒絶や解雇の不利益が課されなければ対価型セクシュアル・ハラスメントの主張を行うことができず、環境型の問題となるとしたが、同時に、第7編の目的はセクシュアル・ハラスメント防止にあり、使用者の対応促進にあることを明らかにし、使用者がセクシュアル・ハラスメント禁止ポリシー策定および効果的な苦情処理手続創設等の措置をとることは、環境型につき使用者の免責の抗弁になるとしている[20]。

　公民権法第7編の救済を受けるためには、被害者が裁判所に提訴する前に、同法の履行執行強制機関である EEOC による調停等の救済手続を経なければ

20）前掲注4）174頁以下、450頁。

ならない。EEOC に救済命令を発する権限はなく、使用者が是正に応じない場合、EEOC 又は被害者が裁判所に提訴しなければならないが、第 7 編が産業平和達成を目的とする 1935 年全国労使関係法の救済規定をモデルとしたため、裁判所は、就任、復職、バックペイ、差止命令等衡平法上の適切な積極的是正措置を命じることはできるが、コモンロー上の損害賠償を命じることはできなかった[21]。雇用差別禁止強化を目的とする1991 年公民権法が、原告にやや親和的な陪審裁判利用を可能とし、裁判所が填補損害賠償および懲罰的損害賠償（民間使用者の故意による差別に限る）を命じることができるよう規定したのである[22]。

2　イギリス 2010 年平等法

コモンロー国であるイギリスでは、アメリカ同様、セクシュアル・ハラスメントが性差別に当たることは、1975 年性差別禁止法第 1 条（1）項（a）の解釈により構築され、1980 年代以降雇用審判所に提訴された被害者の辞職や不公正解雇事案等について、使用者の損害賠償責任を認める判例・学説が積み重ねられてきた[23]。

同法は、次のように規定していた。「1 条（女性に対する性差別）（1）次に掲げるとき、この法律の規定の目的に関する状況において、人は女性を差別する。／（a）女性の性を理由として、人が男性を取扱う又は取扱うであろうときよりも女性を不利に取扱うとき。／（b）男性にも適用され又は適用されるであろう要件又は条件を女性に適用するとき。ただし、（i）要件又は条件を満たす女性の割合が男性のそれよりも著しく少なく、（ii）人が、それが適用される人の性に関わらず正当であると証明することができず、かつ、（iii）女性がそれを満たすことができないがゆえに女性に損害を与えるときに限る。……

2 条（男性に対する性差別）（1）第 1 条……の規定は、男性の取扱いにも等しく適用されるように読まれなければならず、かつ、その目的のために必要な修

21）Norman Vieira, Constitutional Civil Rights, 2nd ed., West, 1990, pp. 235 et s.
22）Harold S. Lewis, Jr. and Elizabeth J. Norman, Employment Discrimination Law and Practice, West, 2001, p.271.; Herma Hill Kay and Martha S. West, Sex-based Discrimination, 5th ed., West, 2002, p.840.; Frank J. Landy, ed., Employment Discrimination Litigation, Jossey-Bass, 2005, p.107, pp. 469 et s. 中窪裕也「アメリカ雇用差別禁止法のその後」労研 1992 年 4 月号 42 頁。
23）前掲注 4）124 頁以下。

正を経て、効力を有するものとする。」

　同法もセクシュアル・ハラスメントを性差別とする明文の規定を置いていな
かったが、後述のEU2006年男女均等待遇原則実施指令の影響の下で、差別禁
止法を統合・再編する2010年平等法は、差別類型を定義する第2章・禁止行為
において、直接差別（13条）、間接差別（19条）等とともに、ハラスメントお
よび報復（victimization）をその他の禁止行為として、次のように規定する。

　「26条（ハラスメント）(1) 人Aは、次に掲げる要件をみたすとき、他の人B
をハラスメントする。／ (a) Aが当該保護特性に関わる望まれない行為をし、
かつ、(b) 行為が、(i) Bの尊厳を侵害し、又は (ii) Bに脅迫的、敵対的、
下劣的、屈辱的若しくは不快な環境を創り出す目的若しくは効果を有するとき。

　(2) Aは、次に掲げる要件をみたすとき、Bをハラスメントする。／ (a) A
が性的性質を有する望まれない行為をし、かつ、(b) 行為が、(1) 項 (b) に
定める目的又は効果を有するとき。

　(3) Aは、次に掲げる要件をみたすとき、Bをハラスメントする。／ (a) A
その他の人が、性的性質を有する又は性別変更若しくは性に関わる望まれない
行為をし、(b) 行為が、(1) 項 (b) に定める目的又は効果を有し、かつ、(c)
Bが行為を拒絶し又は行為に服属したことを理由として、AがBが行為を拒絶
せず又は行為に服属しないときよりBを不利益に取扱うとき。

　(4) 行為が (1) 項 (b) に定める効果を有するか否かを決定するに当たって
は、次に掲げる事項を考慮しなければならない。／ (a) Bの認識、(b) 当該事
案のその他の事情、(c) 行為が効果を有することが合理的であるか否か。

　(5) 当該保護特性とは、年齢、障害、性別変更、人種、宗教若しくは信条、
性又は性的指向をいう。

　27条（報復）(1) 人Aは、次に掲げるときにおいて他の人Bに損害を与える
とき、Bに報復する。／ (a) Bが保護行為をしたとき。／ (b) AがBが保護
行為をした又はすると信じたとき。

　(2) 保護行為とは、次に掲げる行為をいう。／ (a) この法律の下に訴訟を提
起すること。／ (b) この法律の下の訴訟に関わる証拠又は情報を提供すること。
／ (c) この法律の目的のため又は目的に関連してその他のことをすること。／
(d) Aその他の人がこの法律に違反したと申告すること（明示的であるか否か
を問わない）。

（3）背信的に証拠若しくは情報が提供され又は申告が行われたとき、当該証拠若しくは情報の提供又は虚偽申告は保護行為としない。

（4）本条は、損害を受けた人が個人であるときにのみ適用する。

（59 この法律に違反したとは、平等条項又は規定に違反したことを含む。……

40条（被用者及び応募者：ハラスメント）使用者Aは、その雇用に関して、次に掲げる人Bをハラスメントしてはならない。／（a）Aの被用者。／（b）Aの雇用応募者。」

これらのうち、セクシュアル・ハラスメントに関する規定は、26条（2）項、（3）項、27条および40条である[24]。報復は、アメリカ公民権法第7編42 U. S.C.§2000e-3(a)の禁止する報復的差別（retaliation）に相当する。26条（1）項および（3）項は、ジェンダー・ハラスメント等に関する規定である[25]。27条（3）項は虚偽申告防止を目的とする。

2010年平等法は、差別およびその関連行為を禁止する不法行為類型を定めており、雇用審判所において、労働者の復職勧告やハラスメント停止勧告等の雇用保護のほかに、使用者に対する慰藉料等の損害賠償請求が可能である[26]。また、次のように、使用者責任とともに、その範囲内で、使用者の抗弁の有無を問わず、加害者個人に民事責任を認める規定を置いている[27]。これは、アメリカ公民権法第7編とは異なる点である。

「109条（使用者及び本人の責任）（1）Aの雇用におけるAの行為は、使用者の行為ともみなす。

（2）本人の権限により、本人のために代理人がしたことは、本人のしたこと

24）Explanatory notes of Equality Act 2010, section 27, www.legislation.gov.uk.

25）アメリカにおける報復的差別については、前掲注12)168頁以下、ジェンダー・ハラスメントに関する判例が十分に展開されていないことについては、同56頁以下参照。

26）Equal Treatment Bench Book 2013, p.1, www.judiciary.gov.uk; Government Equalities Office, Equality Act 2010: What do I need to know? A summary guide to your rights, www.adviceguide.org.uk　イギリスでは1997年ハラスメントからの保護法（Protection from Harassment Act 1997）により、ハラスメント罪とハラスメントという不法行為類型も定められている（前掲注4）134頁以下）。2010年平等法をめぐる状況の一端については、山﨑文夫「イギリス労働組合会議とセクシュアル・ハラスメント防止」平成法政研究23巻1号120頁以下参照。

27）Explanatory notes of Equality Act 2010, section 110. 鈴木隆「イギリス2010年平等法注釈（2）」島大法学54巻3号81頁。

ともみなす。

（3）行為は、使用者又は本人の認識若しくは承認の下に行われたか否かを問わない。

（4）Aの雇用におけるAの行為に関するその使用者Bに対する訴訟において、（a）Aがそれを行うことを防止する、又は、（b）その種の行為を行うことを防止するためにBが合理的措置をとったことを証明することは、Bの抗弁をなす。……

110条（被用者及び代理人の責任）(1)人Aは、次に掲げるとき、本条に違反する。／（a）Aが被用者又は代理人であり、（b）Aが、109条（1）項又は（2）項により、（事案により）Aの使用者又は本人がしたとみなされることを行い、かつ、（c）Aによる当該行為が、（事案により）Aの使用者又は本人によるこの法律の違反に当たるとき。

（2）ただし、109条(4)項により訴訟においてこの法律に違反しないとされるか否かは問われないものとする。」

3　小結

英米とは異なり、ＥＵの2006年雇用及び職業における男女均等待遇原則実施指令（Directive 2006/54/EC）は、前文「(6) ハラスメント及びセクシュアル・ハラスメントは、この指令の目的に関して、男女間の均等待遇原則に違反し、かつ、性差別を構成する。これらの形態の差別は、職場においてのみならず、雇用、職業訓練及び昇進へのアクセスにおいても生じる。それらは、禁止され、効果的で相応かつ抑止的な制裁を課されなければならない。」、2条・定義「1 ……（d）セクシュアル・ハラスメントとは、人の尊厳を侵害する目的又は効果を有する、性的性質を有する望まれない、言語的、非言語的又は身体的行為が行われたとき、とくに、脅迫的、敵対的、下劣的、屈辱的又は不快な環境を創り出すときをいう。……2 この指令の目的に関して、差別は、次に掲げるものを含む。／（a）ハラスメント及びセクシュアル・ハラスメント並びに人がかかる行為を拒絶し又はそれに服属したことを理由とする不利益取扱い。」と規定する。

すでに述べたように、英米においてセクシュアル・ハラスメントが性差別に当たることは差別禁止法の解釈により構築され、その後イギリスでは、EU指

令の影響の下、2010 年平等法においてそれが明文化されたが、英米および EU において差別およびセクシュアル・ハラスメントの法的定義、救済手続（履行執行強制機関、裁判所）、法的効果等は同じではない。

　また、アメリカ公民権法第7編およびイギリス2010年平等法は、使用者の民事責任を追及するとともに、日仏法同様、企業内防止・解決手続を促進することによりセクシュアル・ハラスメント防止を図る法律であることも忘れられてはならないことである[28]。

　英米とは異なり大陸法国であるフランスは、上記EU 2006 年指令同様、従来の差別概念とは異なる、直接差別、間接差別および差別的ハラスメントを包摂する「差別概念の拡大（l'élargissement de la notion de discrimination）」を採用した 2000 年人種民族均等指令（Directive 2000/43/EC）、2000 年雇用平等取扱一般枠組指令（Directive 2000/78/EC）等を国内法化するための、共同体法差別禁止分野への適合規定を定める 2008 年 5 月 27 日の法律（Loi no 2008-46 du 27 mai 2008）により、労働契約を含む民事紛争に関する規定として（刑事裁判には不適用）、差別はハラスメントを含む旨の規定を置いた。しかし、差別事由と関連のないハラスメントが存在するというフランス法の立場との整合性は図られていない状況にある[29]。

　わが国では、現在、事業主の措置義務を定める男女雇用機会均等法 11 条が差別に関する規定ではない状況の下で、セクシュアル・ハラスメントをどのように性差別として規制するかに関する議論の機運は必ずしも高くない。

　日本国憲法14条1項により、国民は国家から差別されず平等に取扱われる権利を有するが[30]、この議論は、同条同項の議論ではない[31]。この議論は、セクシュアル・ハラスメントをどのように性差別として立法化するかという議論である。差別法理は、英米等で異なり様々な論点がある。わが国で、セクシュアル・ハラスメントに関する性差別法理形成のためには、英米等の立法を参考に、様々な論点について国民の理解を考慮したうえで、具体的法案作成を試みる必要がある[32]。

28）前掲注 4）450 頁。
29）前掲注 12）81 頁以下。
30）法学協会『註解日本国憲法・上巻（2）』有斐閣、1953 年、352 頁。
31）浅倉むつ子・西原博史編著『平等権と社会的排除』成文堂、2017 年、vii頁以下。
32）前掲注 1）25 頁。

弁護士の行為規範としての性差別の禁止
——ABA 弁護士職務模範規則における
ハラスメント等禁止規定の導入に関する覚書——

石田京子

はじめに

　法専門職が一般人以上にバイアスや差別に敏感でなければならないとしたら、その理由はどこにあるのだろうか。本稿では、アメリカ法曹協会（American Bar Association、以下 ABA と呼ぶ）の定める弁護士職務模範規則（Model Rules of Professional Conduct、以下模範規則と呼ぶ）において、2016 年 8 月改正によって新たに導入された、「人種、性別、宗教、出身国、民族、身体障がい、年齢、性的指向、性自認、配偶関係、または社会経済的地位に基づく、ハラスメントまたは差別」の禁止規定（規則 8.4（g）、以下ハラスメント等禁止規定と呼ぶ）について、これが導入された背景を検討し、専門職の行為規範としてなぜ差別やハラスメントが問題になるのかを検討する。以下に述べるように、アメリカにおける模範規則へのハラスメント等禁止規定の追加は、最初の提案から 20 年間を超える議論を経てようやくたどり着いた帰結である。その経緯や、ABA 模範規則の改正において確認された法専門職としての責任についての議論は、基本的人権の尊重と社会正義の実現を使命とする日本の弁護士コミュニティにおいても示唆に富むものであると考える。

一　ABA 模範規則について

　最初に、本稿に必要な範囲において、ABA 模範規則の性質について言及しておく。連邦制を採用しているアメリカでは、各州の弁護士は原則として州最高裁判所の規律に従っており、懲戒権も州最高裁判所もしくは州最高裁から委

託を受けた州弁護士会が行使する[1]。ABA では、弁護士の規律について標準化を図るべく様々な模範規則（Model Rules）を定めており、ABA 弁護士職務模範規則も全米の弁護士の行為規範の標準化を図るために定められた模範規則である。各州の弁護士会では、通常、州最高裁判所規則として弁護士の倫理規則が定められており、倫理規則は弁護士が専門職上の非行（professional misconduct）を犯したかどうかを判断する基準となる。ABA 弁護士職務模範規則は、1908 年採択の専門職倫理典範（Canons of Professional Ethics）、1969 年採択の ABA 専門職責任模範規程（ABA Model Code of Professional Responsibility）を経て、1983 年に採択された[2]。今日、多くの州においては ABA の模範規則に準じた内容で弁護士倫理規則を定めており、アメリカの弁護士の標準的な行為規範を知る上では模範規則の参照が最も有益である。

　模範規則は、定義（規則 1.0）に続き、「依頼者と弁護士の関係（Client-Lawyer Relationship）」（規則 1.1 − 1.18）、「相談役（Counselor）」（規則 2.1 − 2.4）、「代弁者（Advocate）」（規則 3.1 − 3.9）、「依頼者以外の者との関係（Transactions with Persons Other than Clients）」（規則 4.1 − 4.4）、「法律事務所およびその他の団体（Law Firms and Associations）」（規則 5.1 − 5.7）、「公共奉仕（Public Service）」（規則 6.1 − 6.5）、「法的サービスに関する情報（Information About Legal Services）」（規則 7.1 − 7.6）、「法律専門職としての品格の保持（Maintaining the Integrity of the Profession）」（規則 8.1 − 8.5）の 8 つの項目から構成されており、本規則への違反は専門職上の非行を構成することが明文で規定されている（規則 8.3（a））[3]。

---

1)　ABA はこの懲戒手続の在り方についても模範規則を定めている。アメリカにおける弁護士の規律の概要については、石田京子「ABA 弁護士懲戒実施模範規則の紹介と試訳」比較法学 48 巻 2 号（2014 年）197 頁参照。
2)　歴史的経緯については、ロナルド・D・ルタンダ〔当山尚幸・武田昌則・石田京子訳〕『第 4 版アメリカの法曹倫理事例解説』彩流社、2015 年、25 頁以下参照。
3)　ABA 模範規則の条文と注釈については、藤倉皓一郎（監修）、日本弁護士連合会（翻訳）『完全対訳 ABA 法律家職務模範規則』第一法規、2006 年がある。ただし、その後の規則改正に留意されたい。

二　ABA模範規則におけるハラスメント等禁止規定の導入の経緯

1　背景

(1)　アニタ・ヒル事件後の ABA 勧告

ABA が公式に法専門職におけるハラスメントの問題を最初に取り上げたのは、1992 年に遡る[4]。クラレンス・トーマス（Clarence Thomas）の連邦最高裁判事就任のための議会承認手続の過程で公になった、弁護士間でのセクシュアルハラスメント疑惑、いわゆるアニタ・ヒル事件[5] を受けて、ABA の最高意思決定機関である ABA 評議会ではセクシュアルハラスメントを「国家的関心事項（a matter of national concern）」として取り上げ、以下の勧告を採択した[6]。

ABA117 号勧告（1992 年 2 月 3 日採択）
以下を決議する。
　ABA は、セクシュアルハラスメントが、法専門職を含むあらゆる職場の形態において深刻な問題であり、かつ、いかなる職場環境においても許容すべきでない差別的で専門職倫理に反する慣行であることを認める。
　ABA は、職場におけるセクシュアルハラスメントの範囲と害悪について、専門職を教育し、かつ、法専門職の会員に対し、セクシュアルハラスメントの根絶のためのリーダーシップの発揮と教育活動の実施を求める。
　ABA は、セクシュアルハラスメントは、職場における同僚間の交流に限定されるものではなく、従業員と非従業員との文脈においても起こり得ることを認める。

---

4)　Ashley Badesch, *Lady Justice: The Ethical Considerations and Impacts of Gender-Bias and Sexual Harassment in the Legal Profession on Equal Access to Justice for Women,* 31 Georgetown Journal of Legal Ethics 497 (2018).
5)　アニタ・ヒル事件については、既に日本語でも複数の紹介があるが、アニタ・ヒル本人による著書の翻訳が最も有益であろう。アニタ・ヒル〔伊藤佳代子訳〕『権力に挑む――セクハラ被害と語る勇気』信山社、2000 年。
6)　ABA House of Delegates, Recommendation 117, 1 (Feb.4, 1992), available at https://www.americanbar.org/content/dam/aba/directories/policy/1992_my_117.pdf (last accessed February 5, 2019).

ABA は、本協会が会員制の組織であるだけでなく、その活動がまた協会の従業員のための職場環境を構成するものであることを認める。

　ABA は、全ての本協会従業員について、機会の平等を促進し、セクシュアルハラスメントを含む差別的慣行を禁止し、法専門職に相応しい環境で勤務することを確実にするように認識し、努めていく。ここでのセクシュアルハラスメントには、同僚、本協会の会員、その他あらゆる者からの行為を含み、当該雇用の範囲において受けたものであるか否かを問わない。

　本勧告に添付された、女性法専門職委員会（Commission on Women in the Profession）による報告書では、アニタ・ヒル事件における公聴会で明らかになったセクシュアルハラスメントの本質と範囲についての理解の欠如を指摘すると共に、フォーチュン 500 に挙げられる大企業において相当数の女性がセクシュアルハラスメントを受けているという調査結果や、85％の女性弁護士が過去 2 年間において少なくとも 1 回はセクシュアルハラスメントを経験したり観察したりしているという ABA 調査の結果に言及している[7]。そして、弁護士が職場のセクシュアルハラスメントについて社会を教育する上で特別な役割を担っていること、また、ABA という団体自体も、セクシュアルハラスメントのない職場でなければならないことを指摘し、本勧告を採択する必要性を述べている。

(2)　ABA 模範規則へのハラスメント等禁止規則制定への取り組み

　模範規則においてハラスメント等の禁止を目的とした規則を制定することが最初に提案されたのは、1994 年である。当時、規則 8.4「非行（Misconduct）」では、専門職の非行として、以下の（a）から（f）に掲げられる行為が規定されていた[8]。

規則 8.4　非行

　（a）弁護士職務規則に違反し、もしくは違反を試みること、他者のそのような行為をそうと知りながら助力もしくは教唆すること、または他者の行為を

---

7) Id., Report 1.
8) ABA 模範規則の 1982 年から 2005 年までの改正経緯については、ABA Center for Professional Responsibility, A Legislative History The Development of the ABA Model Rules of Professional Conduct, 1982-2005（2006, ABA）（以下、Legislative History）参照。

介してそのような行為をすること。

（b）弁護士の誠実さ、信頼性またはその他弁護士としての適格性を損なう犯罪行為を行うこと。

（c）不誠実、詐欺、欺罔または不実表示を含む行為に関与すること。

（d）司法の運営にとって有害な行為に関与すること。

（e）政府機関もしくは公務員に不当な影響を及ぼし得ること、または弁護士職務規則もしくはその他の法に違反する手段によって目的を達し得ることを述べ、または黙示的に伝えること。

（f）裁判官または司法職の公務員による、裁判官職務規則またはその他の法に違反する行為を、そうと知りながら助力すること。

結論から述べるならば、六つの行為を専門職上の非行とする規定については、後述の注釈に修正が加えられた点を除いて、2019 年 2 月の時点においても何ら修正は加えられていない。1994 年の提案は、ABA の常設委員会である専門職倫理委員会（Committee on Ethics and Professional Responsibility）および若手弁護士部会（Young Lawyers Division）という二つの異なる下部組織からそれぞれ提案されたものであり、いずれも、上記 6 つの行為に加えて、下記の文言を（g）項として加えることを内容としていた。

専門職倫理委員会提案

（g）依頼者を代理する過程で、人種、性別、宗教、出身国、障がい、年齢、性的指向または社会経済的地位に基づくバイアスまたは偏見を、そうと知りながら言語または行動で表明すること。本項は、弁護士の依頼者との秘密のコミュニケーションには適用されず、また上に述べた要因についての正当な弁護には適用されない。

若手弁護士部会提案

（g）弁護士の専門職としての行動に関連して、性別、人種、年齢、信条、宗教、肌の色、出身国、障がい、性的指向もしくは婚姻上の地位を根拠とする、法により禁止された差別的行動またはハラスメントをすること。

さらに専門職倫理委員会では、上記の条文の提案に加えて、注釈として下記を加える提案をしていた。この注釈案を見ると、専門職倫理委員会による上記（g）項提案の趣旨がよくわかる。

専門職倫理委員会による追加の注釈案

本規定は、依頼者の代理の過程における、人種、性別、宗教、出身国、障がい、年齢、性的指向または社会経済的地位に基づく他者に対するバイアスまたは偏見を意図的に表明する、弁護士の言葉や行為の特別な重大性を明らかにするものである。弁護士が裁判所および司法制度の担い手として行動するとき、その行動は、法への敬意を反映するものでなければならない。一般に受容できないとみなされている事項を根拠とする、他者に対する差別的行動は、法への敬意の欠如を表明するものであり、かつ弁護士の専門職意識を損なわせるものである。ただし、（g）項から、依頼者との秘密のコミュニケーションは排除される。また、弁護士がこれらの要因に関連して正当な弁護活動を行う場合も同様である。このことの最適の例は、それが法律により禁じられていない場合に、陪審員の選定において上に述べた要因を用いることが該当するであろう。

　若手弁護士部会による提案は、心理的状況についての要件はないが、差別はそれが違法な場合のみ禁じられるとする。差別の根拠として挙げられている要素は専門職倫理委員会よりも多く、また対象となる弁護士の行為は依頼者の代理に関連する内容に限定されていない。若手弁護士部会と専門職倫理委員会の規定ぶりの違いは、それだけで重要な議論を生む内容であったが、いずれの提案も、このときの評議会では採択前に取り下げられている[9]。専門職倫理委員会の議長からは、次回 1995 年総会までに単一の提案を準備することにより、より広い支持を得たい旨が述べられており、このことから、1994 年提案は評議会で採択される可能性が低いことを理由に取り下げられたと考えられている[10]。
　もっとも、1995 年の総会では、本条についての改正提案は提出されなかった。

9) American Bar Association Annual Report, 119 No. 1 Annu. Rep. A.B.A. 106, 18 (1994).
10) Stephen Gillers, A Rule to Forbid Bias and Harassment in Law Practice: A Guide for State Courts Considering Model Rule 8.4 (g), 30 Georgetown Journal of Legal Ethics 195, 203 (2017).

代わりに、若手弁護士部会では、懲戒の根拠とはならない、模範規則とは独立した政策綱領（policy statement）として、以下を提案した。

以下を決議する。ABA は、
（a）　弁護士による専門職としての活動の過程における、言動または行為による、依頼者、相手方およびその代理人、他の訴訟当事者、証人、裁判官および裁判所職員、陪審員およびその他の者に対する、人種、性別、宗教、出身国、障がい、年齢、性的志向または社会経済的地位に基づく偏見または予断の表明を非難する。ただし、そのような言葉または行為が、依頼者または訴訟原因のための正当な弁護活動として許容される場合を除く。
（b）　弁護士業務の管理または経営における、雇用、昇進、解雇またはその他の雇用条件についての判断、または依頼者の代理の受任または中断における、弁護士による違法な差別に反対する。
（c）　上に述べたカテゴリーおよび性質を根拠とする、弁護士の行為による他者への威嚇、嫌がらせ、強要、中傷を非難する。
（d）　会員が、上に述べたカテゴリーおよび性質を根拠とする不当な差別を実践するいかなる組織にも所属しないように勧める。
（e）　継続教育、研究、会議の開催など、上に述べた言動を慎むよう勧告する積極的な手段を取ることを奨励する。

当時の専門職倫理委員会議長は、「規則については過去に何度も反対され議論されてきたが、専門職倫理委員会としては、正確性の基準とデュープロセスの基準を満たし、合衆国憲法第一修正に抵触しない懲戒規則を規定することはできないと判断した。規則を成功裏に制定できないのであれば、政策の採択は専門職を導き、これらの問題についての専門職の立場を示すことが出来るであろう」と述べている[11]。つまり、バイアスやハラスメントを禁止する行為規範の制定について、当時の委員長は事実上断念を表明した。実際、この宣言的な政策綱領は、80 対 70 で可決されたが[12]、この後、模範規則の条文としてはハラ

11）Annual Report of the Am. Bar Ass's Including Proceedings of the Sixtieth Annual Meeting of the House of Delegates 61 （Aug.8-9 *in* GIllers, *supra* note 10, 204.
12）Id.

スメント等禁止規則が実際に採択されたのは、約 20 年後の 2016 年改正であった[13]。

　刑事司法部（Criminal Justice Section）では、1998 年前期総会において、規則 8.4（g）項として、以下を追加することを提案している。

　（g）以下は弁護士の非行である。
　（1）依頼者の代理の過程において、訴訟当事者、陪審員、証人、裁判所職員、相手方弁護士、または他の弁護士に嫌がらせをする目的で、または戦術的優位を得るために、人種、民族、ジェンダーを理由とした、口頭の、または身体的な差別的行為を行うこと。
　（2）依頼者の代理の過程において、そのような行為がハラスメントを構成する場合に、人種、民族、またはジェンダーを理由として、訴訟当事者、陪審員、証人、裁判所職員、相手方弁護士、または他の弁護士に対する継続的な口頭の、または身体的な差別的行為をすること。

　上記の提案も、対象行為を依頼者の代理に限定し、かつ、嫌がらせをする意図または継続的なハラスメント行為を要求するものであった。ABA の立法記録によれば、刑事司法部としては、過去の提案における対象行為の広さを修正し、かつ禁じられるべき差別的行為を規制する意図があったという[14]。しかし、本提案も評議会による審議の前に取り下げられている[15]。もっとも、1998 年の年次総会においては、専門職倫理委員会と刑事司法部の共同提案により、規則 8.4（d）に関する下記の注釈の追加が提案され、可決されている[16]。

　注釈［2］依頼者を代理する過程で、人種、性別、宗教、民族的出身、障がい、年齢、性的指向または社会経済的地位に基づくバイアスまたは偏見を、

13）2016 年改正のための提案が最初になされたのは、2014 年前期総会であった。*See, Andrew F. Halaby and Brianna L. Long, New Model Rule of Professional Conduct 8.4（G）: Legislative History, Enforciability Questions, and A Call for Scholarship,* 41 The Jouenal of the Legal Profession 201（2017）.
14）Legislative History, *supra* note 8, 816.
15）Id.
16）このときも、1998 年前期総会において、専門職倫理委員会からの提案がいったん取り下げられ、半年後の再提案であったという。Gillers, *supra* note 10, 205-206.

そうと知りながら言語または行動で表す弁護士は、そのような言動が司法の運営を害するときには、（d）項の違反となる。上述の諸要因を尊重した正当な弁護は、（d）項に違反しない。差別的根拠に基づき専断的陪審忌避が行われたとの事実審裁判官の認定は、それだけでは本条の違反の証明とはならない。

専門職の非行に、ジェンダー等に基づくバイアスが含められることを模範規則の中で初めて明記したという意味では、本注釈についての 1998 年改正は大きな一歩とも言えるが、本改正には、少なくとも四つの明らかな制約があった。第一に、模範規則においては、「注釈は解釈のための導入を意図しており、各規則の条文は正式な規定である」と定められているように[17]、注釈は条文とは異なり、弁護士の行動を直接法的に拘束するものとして位置づけられていない。加えて、本注釈は、規則 8.4（d）項についての注釈であり、その他の項に波及するものではない。既に紹介した通り、規則 8.4（d）項は、「司法の運営にとって有害な行為に関与すること」を非行と定めている。一般に、司法の運営とは、裁判所を中心とした審判機関を意味するのであり、裁判外の取引業務や、依頼者への法律相談などは除外される[18]。さらに、注釈は、「依頼者を代理する過程」におけるバイアスまたは偏見を対象としている。1995 年決議で採択されたような、弁護士業務の運営や経営におけるバイアスは対象とされない。さらに、バイアスを含む行為が、「そうと知りながら」行われなければならない。

実際、注釈は規則 8.4（d）項について、「司法の運営を害するときは」ジェンダー等に基づくバイアスが専門職としての非行となる、と述べているだけであり、規則 8.4（d）項本文との関係で言うと、ほとんど意味をなさない注釈とも読めるのであった。

2　模範規則におけるハラスメント禁止規定の制定──条文と可決の背景にあるもの

（1）新設されたハラスメント等禁止規定の条文

ABA 評議会は、2016 年 8 月 8 日に、模範規則 8.4 に、以下の（g）項を追加

---

17) Model Rules scope ¶21.
18) Howell v. State, 559 S.W.2d 432, 436 (Tex. 1977) は、「司法の運営とは、裁判所における公判、法の支配に基づく命令的手続による司法判断や処分、および判決の執行をいう」とする。

する提案について、発声投票の結果、賛成多数で可決した[19]。

（g）弁護士の業務に関連して、人種、性別、宗教、出身国、民族、障がい、年齢、性的指向、性自認、配偶関係、または社会経済的地位に基づく、ハラスメントまたは差別であると弁護士が知っているか、知るべきである行為に従事すること。本項は、規則1.16に従って弁護士が代理を受任、辞退または辞任する能力を制限するものではない。本項は、本規則と矛盾しない正当な助言または弁護を排除するものではない。

上記規定の追加と同時に、注釈として、次の3節が加えられた。

注釈［3］（g）項に違反する弁護士による差別およびハラスメントは、法専門職および法制度に対する信頼を損なわせる。そのような差別には、他者に対するバイアスや偏見を表明する有害な口頭または身体的行為が含まれる。ハラスメントには、セクシュアルハラスメント、軽蔑的または侮蔑的な口頭または身体的行為が含まれる。セクシュアルハラスメントには、歓迎されない性的誘惑、性的接待の要求、およびその他の望まれていない性的な性質のある口頭または身体的行為が含まれる。差別禁止法およびハラスメント防止法の実定法と判例が、（g）項の適用を導くであろう。

注釈［4］弁護士の業務に関連する行為には、依頼者を代理する行為、弁護士業務に関連した証人、同僚、裁判所職員、弁護士および他者とのやりとり、法律事務所または弁護士業務の運営または管理、弁護士業務に関連した弁護士会、ビジネス活動または社会活動への参加が含まれる。弁護士は、例えば、多様な従業員のリクルート、雇用、維持および昇進、または多様なロースクール学生団体を支援することを目的とした取り組みを実施することなど、多様性の促進や内包を促進するための行動を本規則に違反せずに、従事することができる。

注釈［5］専断的忌避が差別的な根拠により行われたとする事実審裁判官の

19）Stephen Gillers は、発声投票の様子について、「賛成（yays）と反対（neys）の比率は、概ね 10 対 1 くらいであったように思う。反対派は誰も発言しなかった。」と述べている。Gillers, *supra* note 10, at 197.

判断は、それだけでは（g）項違反の証明とはならない。弁護士は、弁護士業務の範囲または対象を制限することによって、または本規則または他の法に従って弁護士のサービスが行き届かない人々に弁護士の業務の提供を制限したことによって、（g）項に違反したことにはならない。弁護士は、代理のための合理的な報酬および費用を請求し徴収することがでる。規則 1.5（a）項。弁護士はまた、支払うことができない者に法的サービスを提供する規則 6.1 に基づく専門職としての義務、および正当な理由を除いて裁判所による選任を避けてはならない規則 6.2 に基づく義務に留意しなければならない。規則 6.2（a）項、（b）項および（c）項参照。弁護士による依頼者の代理は、弁護士による依頼者の見解や活動への支持を意味するものではない。規則 1.2（b）項参照。

本規則改正により、ABA では初めて、ジェンダーを含む特定の事項を根拠とするハラスメントおよび差別が法専門職の非行を構成することとなった。本規則の適用される場面は、依頼者の代理行為に限らず、法律事務所における運営管理を含む、弁護士業務に関連した全ての行為である。1998 年改正で加えられた規則 8.4（d）項の注釈 [3] に明記されていた、「司法の運営を害するとき」という制限も存在しない。その意味で、2016 年改正は、1990 年代におけるハラスメント等禁止規則提案の時からははるかに前進する形で、ジェンダーに基づく差別やハラスメントを含む、広範囲にわたる事項を列挙して、ハラスメントと差別の禁止を専門職の非行として位置づけたことになる。

(2) 可決の背景

ABA による模範規則の 2016 年改正導いた背景には、2008 年に採択された、『ABA の使命と目標』（ABA Mission and Goals）[20] の第 3 の目標、「バイアスの排除と多様性の促進」に基づく、法専門職コミュニティにおける包括性の促進を先導する土壌づくりがあったと考えられる。ABA では、2008 年に、その使命を「法専門職の全国的な代表者として自由を護り、正義を提供することによって、我々の会員、我々法専門職、そして市民に対し平等に奉仕すること」と宣

---

20) American Bar Association, *ABA Mission and Goals, available at* https://www.ameri-canbar.org/about_the_aba/aba-mission-goals/ （last visited February 23, 2019）.

言し、次の四つの目標を定めている。

目標1：我々の会員に奉仕すること。
目標2：我々法専門職を改善すること。
目標3：バイアスを排除し、多様性を促進すること。
目標4：法の支配を促進すること。

そして、目標3の具体的方針として、以下が宣言されている。

具体的方針：
・弁護士会、法専門職、および司法制度における全ての人による完全で平等
　な参加を促進する。
・法専門職および司法制度におけるバイアスを排除する。

　この上記の宣言が、模範規則の2015年改正を大きく後押しした。2014年5月に、ABA目標3のための委員会（ABA Goal III Commissions）と呼ばれる、女性法専門職委員会、専門職における人種民族多様性委員会（Commission on Racial and Ethinic Diversity in the Profession）、障がい者の権利委員会（Commission on Disability Reights）、性的志向および性自認委員会（Commission on Sexual Orientation and Gender Identity）は、専門職倫理委員会に対し、「ハラスメントと差別の問題をより適切に取り上げ、目標3を実践するために模範規則を修正する提案を策定する」ことを求めた[21]。倫理委員会では、ワーキンググループを設置し、2014年秋から2015年5月にかけて、差別禁止を述べる文言について、現状の注釈から規則へと昇格させることを提案する意見書を策定した[22]。

　2015年7月に、専門職倫理委員会では、「検討中討議草案」を公表し、この提案がほぼ維持されて、前述の改正8.4（g）項となった。本改正の重要な点は、第一に、バイアス禁止の原則が、注釈から規則へと昇格された点にある。第二

---

21) *Halaby & Long, supra* note 13, 212.
22) ワーキンググループは、目標3のための各委員会からの代表者に加えて、弁護士倫理学会（Association of Professional Responsibility Lawyers）、全国弁護士会評議会（National Organization of Bar Council）の代表者により構成された。Id.

に、対象となる弁護士の行為が、依頼者を代理する行為のみならず、弁護士業務に関連するすべての行為へと拡張された点も重要である。そして第三には、本規定によって禁じられる、ハラスメントや差別の要因を 11 項目に渡り明示的に列挙したことも画期的であった[23]。

2016 年 2 月 7 日、ABA 会長の Paulette Brown は、模範規則 8.4 改正のための公聴会において、その趣旨を次のように述べている[24]。

「弁護士は、私たちの社会をより良くする責任を負う専門職として、社会において特別な立場にある。私たちの専門職としての行為規範は、単に法律を遵守する以上のことを要求している。資格を有する専門職としての私たちの特別な立場とそれがもたらす力のゆえに、私たちはすべての人が目指すべき標準である。差別とハラスメントは、……残念ながら、私たちの専門職の中においても、そして社会においても問題となっている。そのような差別やハラスメントを終わらせるには、既存の措置では不十分である。」

法専門職の行為規範として、単に法律を遵守するだけでなく、差別とハラスメントを行わないことを明示的に規定することが可能となった背景には、上記の ABA 指導者層における目標 3 の多様性促進の主導に加えて、実際に、法専門職の構成員が女性、様々な人種や民族に帰属する人々を含む、多様性に富んだものになったことを指摘する声もある[25]。2015 年改正採択の時点での ABA 会長は黒人女性であり、その次の会長も白人女性であった。法専門職によるハラスメント等禁止規定が最初に提案された 1994 年の時点では、人種的マイノリティであるロースクール学生は 17.8% であったが、2014 年には 26.9% まで増えており、さらに女性のロースクール学生はほぼ男性と同数となっている[26]。コミュニティの実際の多様性が、差別やハラスメント行為を専門職の非行として認める基盤をもたらしたことは事実であろう。

---

23) Id., 213.
24) American Bar Association, Report to the House of Relegates Revised 109, 1 (August 2016), *available at* https://www.americanbar.org/content/dam/aba/administrative/professional_responsibility/final_revised_resolution_and_report_109.authcheckdam.pdf (last visited February 23, 2019).
25) Gillers, *supra* note 10 at 197.
26) Id.

まとめにかえて ―― 日本の法専門職への示唆

　本稿では、ABA 模範規則における規則 8.4（g）項として、2016 年に新たに加えられた、ハラスメント等禁止規定の制定経緯について検討した。最初の提案から 20 年を経てようやく、ABA では差別やハラスメントが、専門職上の非行を構成することが規定された。依頼者の代理だけではなく、法律事務所の経営を含む、弁護士業務に関連するあらゆる行為を対象とすることによって、直接的な依頼者のみならず、弁護士コミュニティ内における差別やハラスメントを除去しようとする ABA の意図がうかがえる。

　日本においては、2019 年 2 月の時点においても、弁護士人口 4 万 1172 名のうち、女性が占める割合は 7731 名（18.8％）であり [27]、残念ながら弁護士コミュニティ内に多様性を内包しているとは言い難い状況がある。そして、日弁連の会規である弁護士職務基本規程においては、一般条項としての誠実義務（5 条）は規定されているものの、弁護士がバイアスや差別を行うことを禁止したり、その危険に警鐘を鳴らしたりするような規定は存在しない。

　ABA でハラスメント等禁止規定が最初に提案された 1994 年における、注釈提案にある、「弁護士が裁判所および司法制度の担い手として行動するとき、その行動は、法への敬意を反映するものでなければならない。一般に受容できないとみなされている事項を根拠とする、他者に対する差別的行動は、法への敬意の欠如を表明するものであり、かつ弁護士の専門職意識を損なわせるものである」という表現は、今日の日本の弁護士に対してもほぼ異論なく受け入れられるものであろう。加えて、日本の弁護士は、「基本的人権の擁護と社会正義の実現」がその使命として法律でも定められている（弁護士法 1 条）。今後日本社会も、弁護士コミュニティもさらなる多様性を内包することが予測される中で弁護士がその使命を果たそうとするとき、日本においてもバイアスの除去やハラスメントの防止が法専門職の責任であるという意識を浸透させ、実践していくことが求められるのではなかろうか。

　［追記］筆者は、2012 年に早稲田大学法務研究科の准教授に着任した際に、

27）日本弁護士連合会「日弁連の会員」https://www.nichibenren.or.jp/jfba_info/member-ship/about.html（2019 年 2 月 23 日最終アクセス）。

浅倉先生の法科大学院講義である「ジェンダーと法」を共に担当する機会を得て以来、主に法科大学院におけるジェンダー法教育、大学院の公認研究会であるジェンダー法研究会の活動指導を通じて、今日まで間近でご指導いただいてきた。浅倉むつ子先生という、ジェンダー平等推進の柱のような存在が早稲田を去られてしまうことが残念でならないが、同時にそのような偉大な先生に早稲田大学で14年間教壇に立っていただけたこと、そして個人的には約7年間にわたりご指導いただけたことを心から幸運に思う。浅倉むつ子先生からこれまで賜ったご指導に心より感謝申し上げると共に、謹んで古稀のお祝いを申し上げる。

早稲田大学における最終講義

労働法の「女性中心アプローチ」
── ジェンダー法との架橋を求めて ──

浅倉むつ子

はじめに

　本稿は、2019 年 1 月 17 日に早稲田大学で行った最終講義[1] の内容に、若干の修正と補充を行なったものである。自分の古希論集にこのような論稿を掲載させていただくのは異例のことかもしれない。しかし、後掲の「著作・業績一覧」をみていただくとき、私が自らの研究史を語っている本稿は参考になるだろうという編者の皆様からのお勧めもあって、あえてこのような形で紙幅をいただくことにした。

　本稿では、私が大学院に入学してから 48 年、大学の教員という定職をもってから 40 年にわたる研究者生活を振り返りつつ、前半では、労働法の「女性中心アプローチ」に辿りついたプロセスについて語り、後半では、その延長線上にある現在の関心事について述べることにしたい[2]。

一　婦人労働問題研究から出発 ── オリジナリティを模索した時代

1　東京都立大学法学部の学生時代（1967 年〜）

　労働法研究における私の生涯の関心事は「女性労働問題」（当時でいう「婦人

---

1) 2019 年 1 月 17 日 16 時半から 18 時、早稲田大学（早稲田キャンパス）8 号館 106 教室において「労働法の『女性中心アプローチ』── ジェンダー法との架橋を求めて」という最終講義を実施した。
2) 本稿の内容には、以下の論文と一部重複している部分があることをお断りしておきたい。浅倉むつ子「〈著書を語る〉『女性中心アプローチ』への誘い ── 浅倉むつ子著『労働とジェンダーの法律学』（有斐閣、2000 年）をめぐって」ジェンダー研究 20 号（東海ジェンダー研究所、2018 年）3 頁以下。

労働問題」）である。自分のこの問題関心の発端は、高校時代に知ることになった住友セメント事件に関する東京地裁判決だった（東京地判昭和41年12月20日）。

　高校時代、私は、たまたまえん罪事件に関心をもったことから[3]、大学では法律を学びたいと考えるようになった。3年生になり、法学部入学をめざして受験勉強をしていた冬、「結婚退職制は無効」という大きな記事が目に飛び込んできた。住友セメントという大企業を相手に提訴した鈴木節子さんが、東京地裁で勝訴したという記事だった。記憶は定かではないが、新聞には小柄な鈴木さんの写真が載っていたような気がする。法学部をめざしていた高校生にとって、このニュースはかなり刺激的で、勉学の励みになったことは間違いない[4]。

　翌1967年に東京都立大学法学部に入学し、3年生を迎えたとき、私は、迷わず、沼田稲次郎先生と籾井常喜先生の「労働法ゼミ」を選択した。ゼミで行った初めての報告では、この住友セメント事件判決をとりあげた。ところが、東大紛争を発端とした全国的な学園紛争の嵐は、少し遅れて都立大学にも波及し、1969年6月には目黒区八雲にあった都立大のキャンパスもバリケード閉鎖され、到底、勉強するような環境ではなかった。しかも、当時の大企業には明白な女性差別があり、法学部を卒業しても女子学生の就職口はきわめて限られていた。大学のクラスにいた4人の女子学生のうち、民間企業に就職したのは1人だけ[5]、2人は公務員に、私は、ただ「もう少し勉強したい」というだけの気持ちから、1971年に東京都立大学の大学院（社会科学研究科基礎法学専攻）に進んだ。

2　大学院修士課程から博士課程へ（1971年〜）

　修士論文のテーマは、高校時代から関心を持っていた「婦人労働者の権利」だった。しかしこの分野の労働法の先行研究は決して多くはなく、官庁の資料

---

3) 上田誠吉・後藤昌次郎『誤った裁判』（岩波新書、1960年）を読んで、理不尽な冤罪をこの世からなくしたいという思いにかられた記憶がある。

4) 鈴木節子さんは、2017年5月6日に放映されたNHK（Eテレ）の番組（「ETV特集　暮らしと憲法①　男女平等は実現したのか」）にもお元気な姿で登場されていた。私は、以下の文章で、このことについてふれた。浅倉むつ子「企業における女性の働き方は？」山下泰子・矢澤澄子監修、国際女性の地位協会編『男女平等はどこまで進んだか　女性差別撤廃条約から考える』岩波ジュニア新書、2018年、71頁以下。

5) 当時、私は経済学部と法学部の混成クラスに所属していたため、正確にいえば、同じクラスで民間企業に就職したただ一人の女性は経済学部生であり、法学部生の女性は誰も民間企業には就職しなかったことになる。

や国会の議事録、他分野の研究書、いくつかのロー・ジャーナル等を読みあさって、なんとかつたない修士論文を仕上げた[6]。しかし、その内容たるや自分にとってもまったく満足できないレベルのものでしかなく、さらに勉強したいと考えて、1973年に博士課程に進学した。

院生時代には、ドメス出版編集長の鹿島光代さんから誘われて、同社が手掛けていた全10巻にわたる『婦人問題資料集成』出版のアルバイトをすることになった。資料を集めて、読み込み、掲載資料を選択するという有意義な仕事だった。1977年に出版が完了するまで、私は、鹿島さんに連れられて、編者の方々やその他の著名人の自宅や事務所を訪問しては資料をみせていただき、お話を聞き歩くという経験をした。山川菊栄さん、丸岡秀子さん、市川房枝さん、もろさわようこさん等、どなたのお話もきわめて啓発的で勇敢であり、大きな影響を受けた。

私がもっぱら資料収集を担当した巻は、『第3巻　労働』であり、編者は赤松良子さんだった。掲載資料を選択する仕事は、当時労働省で働いていた私と同世代のキャリアの方々、一杉一子さん、岩田喜美枝さん、杉田美恵子さんたちと一緒に行なった。仕事のあとには必ず、赤松さんからワインをご馳走になり、実に楽しいアルバイトであった。

博士課程に行ったとき、沼田先生が都立大の総長になられたために、指導教授は籾井先生になった。籾井先生からは、論文の書き方から研究者としてのふるまい方まで、さまざまなことを教えていただいた。博士課程ではさらに、他大学の先生からも大学の枠を超えて指導をいただく機会が増えた。早稲田大学の島田信義先生、中山和久先生、法政大学の青木宗也先生、茨木大学の山本吉人先生には、とくにお世話になったことを思い出す。

比較法の対象国としては、イギリスを選択した。イギリスでは、1975年の性差別禁止法がいちはやく「間接性差別」禁止という法概念を導入して、数多くの裁判例を生み出しており、研究の素材には事欠かない状況だったからである。

その後、日本でも少しずつ、女性労働をめぐる裁判例が増え[7]、1975年の国際婦人年を契機に、社会的関心も高まってきた。私にも研究発表の機会が回っ

---

6) 修士論文の一部は、以下に公表した。浅倉むつ子「労働力政策と婦人労働」福島正夫編『家族　政策と法第2巻　現代日本の家族政策』東京大学出版会、1976年、289–322頁。
7) 1975年には、女性労働をめぐる国内の判例が50件を超えた。浅倉むつ子「判例総覧・婦人労働者の権利（上）（中）（下）」労働法律旬報882号、884号、886号（1975年）参照。

てくるようになり、1977年[8]と1984年[9]に、2回の学会報告を行った。また1982年には、第1回野村賞を受賞する機会に恵まれた[10]。

このように回想していると、恵まれた環境だったはずなのだが、当時の私の研究自体は決して順調ではなかった。労働法分野の先生方から折にふれて言われ続けたのは、「女性労働問題は研究テーマとしては些末で周縁的すぎる、このような研究では主流の研究者にはなれない、早くテーマを変えなさい」ということだった。

このような助言はすべて「善意」からのものではあった。そして、他の社会科学分野の研究者仲間もまた、女性問題を研究テーマに選んだ段階では、多かれ少なかれ学界の先達から同じような善意の助言を受けることが多かったときく。女性問題研究は、当時、分野によってはなお、研究テーマとしての承認が得られていなかったのだろう。

私の場合、研究テーマの変更はモチベーションを奪われるに等しかったために簡単ではなく、結局、同じ研究を続けていた。その結果、たしかに私は「主流の研究者」ではなく、ようやくテニュアの職（東京都立大学法学部講師）についたのは1984年のことで、同期の院生の中ではもっとも遅かった。

当時の私にとっての悩みは、自分の研究上のオリジナルな理論的筋道を探しあぐねていたことだった。自分の研究が日本の労働法学にどのような貢献ができるのか、その自信を持つことができないという状態で、苦しかったことを記憶している。1984年に行なった2回目の学会報告で少し光明を見出したような気もしたが、それもまた、自分の頭で理論を捻出したわけではなく、男女雇用機会均等法が制定されるなど、時代の変化がたまたま幸運をもたらしてくれたにすぎない。当時は、先が見えない道に迷いこんでいたような状態であったように思う。

---

8) 第53回日本労働法学会では「婦人労働と基準監督行政」を報告した。浅倉むつ子「婦人労働に関する基準監督行政の動向と問題点」日本労働法学会誌50号（1977年）74頁以下。
9) 第68回日本労働法学会では「性差別の類型と法規制の態様」を報告した。浅倉むつ子「性差別の類型と法規制の態様」日本労働法学会誌65号（1985年）23頁以下。
10) 野村賞は、早稲田大学の労働法の重鎮・野村平爾先生の功績を記念して野村基金として創設され、1982年から25年の間に、11人の若手労働法学研究者に授与された。私の受賞対象論文は以下のものである。浅倉むつ子「婦人労働者の権利——その理念と構造（1）〜（4）」労働法律旬報1015=1016号28頁以下、1019号14頁以下、1023号19頁以下、1029号53頁以下（1981年）。

二　雇用平等法理の日英比較——一つの理論的支柱

　1984年に東京都立大学法学部講師という安定した職を得たことは幸運だったが、それ以上に重要だったのは、女性差別撤廃条約を介して得られた研究上の友人たちとの出会いだった。

　1985年にケニアのナイロビで行われた第3回世界婦人会議・NGOフォーラムに参加した経験が契機となって[11]、1988年には、国連の女性差別撤廃委員会における日本審査の模様を、大脇雅子さん（弁護士）、山下泰子さん（文京学院大学教授）と共に、初めて傍聴した[12]。この体験から、私は、女性差別をなくすためには社会における性別役割分業の変革が必要、という強いメッセージを受けとった。そして、自分のライフワークである日本とイギリスの雇用平等法制の比較研究をとりまとめる際に、女性差別撤廃条約の基本理念を主柱にすえることを学んだ。これによってようやく、求め続けていたオリジナルな研究上の理論的支柱を得た気がしたものである。

　その結果、初の単著として、1991年に『男女雇用平等法論——イギリスと日本』を上梓した。鹿島さんが折りにふれて「あなたの初めての本は絶対にうちから出版するわよ」と言ってくださっていた通り、本書はドメス出版社から出版された。幸いなことに、本書は1991年に第11回山川菊栄賞を受賞し、また1993年には、早稲田大学から、本書によって法学博士号を授与された。

　女性労働者の労働権保障にとっては、①男女雇用平等措置、②母性保護措置、③健康と安全保護措置、④家庭生活援護措置という四つの施策が必要であるという認識にたち、本書では、女性差別撤廃条約（第一部）、日本の男女雇用平等立法（第二部）、イギリスの男女雇用平等立法（第三部）を対象に、四つの措置それぞれの形成と展開を跡づけた。とりわけ、私が興味を引かれたのは、日本と同じように性別役割分業意識が根強いイギリスにおいて、構造的差別を解消するための法的挑戦が果敢になされ、その結果、次々に新たな判例が生み出

<hr>

11）浅倉むつ子「『将来戦略』が私たちに示すもの」婦人研究者グループ編『世界女性の「将来戦略」と私たち』草の根出版会、1986年、10頁以下。
12）このときの傍聴記は以下の論文に詳しい。浅倉むつ子「男女差別撤廃への課題　第7回国連女子差別撤廃委員会傍聴記」法の科学16号（1988年）185頁以下、赤松良子他編著『女子差別撤廃条約——国際化の中の女性の地位』三省堂、1990年。

されているという事実であり、法制度や判例の分析を通じて、イギリスからは多くを学ぶことができた。

とはいえ、この時期に至ってもなお、私は常に、ある種の不安にとらわれていた。自分の研究はあくまでも、従来の労働法学の中における「女性労働」もしくは「雇用平等法理」というごく狭い分野の研究でしかなく、このような研究テーマでも、今後、学会のなかで他の研究者仲間と切磋琢磨しつつ生きていくことができるのだろうか、という不安だった気がする。

三 「フェミニズム法学」と「労働法のジェンダー分析」

1 アメリカで出会ったフェミニズム法学

一方、初の単著を書き上げて一段落した気分にもなり、私は、1991 年 9 月からの 1 年間を、アメリカの東部にあるヴァージニア大学・ロースクールの客員研究員として過ごした。大学があるシャーロッツビルは、当時、人口 3 万人という小規模で治安のよい美しい街だった。近年、トランプ政権になってから、この地に白人至上主義者が集まり非常事態宣言が出されたというニュースが 2017 年に飛び込んできたが、1991 年当時にはそのようなことは想像すらできない平和な雰囲気の街であった。

アメリカでの 1 年間は、学生時代に戻った気分で授業やゼミに出させてもらい、世界中から来ていた客員研究員の友人たち [13] と国内を旅行する楽しい毎日を過ごした。ここで出会ったのが、当時ロースクールの学生たちを夢中にしていた「フェミニズム法学 Feminist Jurisprudence」という授業だった [14]。

当時、日本でも「フェミニズム法学」の胎動はあり、金城清子『法女性学のすすめ』（有斐閣、1983 年）、角田由紀子『性の法律学』（有斐閣、1991 年）が出版されていた。これらの著作は、フェミニズムに裏打ちされた実務家の観点か

---

13) ヴァージニア大学の客員研究員は Scholars in Residence と呼ばれており、以下の方々とはとくに親しく交流した。D J Devine（南アフリカ・ケープタウン大学国際法教授）、Jozef Prusak（チェコスロバキア・コメンスキー大学法哲学教授）、Eugene Tanchev（ブルガリア・ソフィア大学憲法学教授）、Zhong Hai Zhou（中国・北京大学国際法教授）。

14) この授業は Mary Anne Case 准教授（現在はシカゴ大学ロースクール教授）が担当していた。

らの斬新な問題提起を含むものであり、とくに後者から私は強い感銘を受けた[15]。しかし日本では、フェミニズムが法学教育にもたらした影響は、ごく一部の女子大学や短期大学に限られたように思われる。法学の専門教育課程である法学部の講義科目として「法女性学」が登場することはほとんどなかったし、当時、専門教育にたずさわっていたごく少数の女性教員も、相変わらず、男性教員とほぼ同じ内容の専門的講義を行い、「法学という分野に性別はない」と信じていたのではないだろうか。少なくとも私は、当時、母校の法学部で教鞭をとっていたが、そのことを不思議とも思わず、労働法や社会保障法の授業をしていた。つまり自分自身の研究と教育を切り離したものとしてしか理解していなかったのだろう。

そのようなとき、法学専門教育の本流であるアメリカのロースクールで「フェミニズム法学」という授業を経験したのである。大教室を超満員にした授業では、出版されたばかりのキャサリン・マッキノンの著作『フェミニスト国家論に向けて』[16] が大人気で、教師も学生も夢中になってマッキノンの著作を論じ合っていた。私も読んでみたマッキノン教授の主張は、従来の法学という学問を根底から覆す内容であり、大いに衝撃を受けた。フェミニズム法学への熱気をアメリカで体験したことによって、私は、人類の半分を構成する女性の問題は、労働法も含む法律学にとってごく片隅にある問題などではなく、もっとも主流をなす研究テーマなのかもしれないという、ワクワクする気分を経験したことを思い出す。

さらに、アメリカに滞在していた1991年10月、連邦最高裁の裁判官候補であったクラレンス・トーマス氏をめぐる事件が発覚した。トーマス氏が、EEOC委員長時代に、当時彼の助手をしていたアニタ・ヒル氏（オクラホマ大学教授）に対してセクシュアル・ハラスメントをしたという告発が公になったのである。実際にハラスメントがあったのか否かをめぐって、連日、議会の公聴会の模様がテレビ放映されていた。ロースクールでも、この問題をめぐって議論が沸騰しており、私は、フェミニズムが法の世界と遠い存在ではないこと

---

15) 私は、角田由紀子『性の法律学』を読んだときの衝撃と深い感銘を忘れることができない。本書は、これまで常識とされてきた法律学の権威に対して、フェミニズムの観点から堂々と疑問を投げかけた最初の本といえるのではないだろうか。

16) Catharine A. MacKinnon, *Toward a Feminist Theory of the State* (Harvard University Press, 1989).

を、身をもって体験した[17]。

　さらに翌1992年6月には、ニューヨークで、当時まだ日本ではあまり知られていなかった、日本国憲法24条の起草に携わったベアテ・シロタ・ゴードンさんをインタビューする機会もあり[18]、アメリカでの1年間は、私の研究史に忘れがたい彩りを添えてくれた。

2　「労働法のジェンダー分析」

　アメリカから帰国して以来、私は、1994年から2年間、東京女性財団の「アファーマティブ・アクション調査研究」に関与し[19]、また、1995年から3年間、（財）婦人少年協会の「グラス・シーリング解消のための国際交流事業」[20]に携わり、諸外国のポジティブ・アクション法制の研究に専念した。1997年には均等法改正が行われて、ポジティブ・アクションを行う事業主に対する国の援助規定が導入され、2冊目の単著『均等法の新世界』（有斐閣、1999年）も出版された。

　一方、研究上の大きなモチベーションを私に一貫して与え続けてくれたのは、INTELL（インテル；International Network of Transformative Employment and Labour Law—「改革的雇用法・労働法をめざす国際的ネットワーク」）という国際的な労働法研究者グループによる国際会議だった。石田眞さん（名古屋大学・早稲田大学名誉教授）がINTELLの当初からのコア・メンバーであり、日本人研究者にも声をかけてくれたため、私もINTELL国際会議に参加するように

17）浅倉むつ子「アメリカ社会と雇用平等の一断面（山川菊栄研究奨励賞受賞式講演）」日本婦人問題懇話会会報52号（1992年）90頁以降。忠実な保守派候補としてジョージ・ブッシュ大統領から指名されたクラレンス・トーマス氏は、この事態を乗り切って最終的には、リベラル派として知られたサーグッド・マーシャル判事の後任として、1991年10月に連邦最高裁判事に就任した。アニタ・ヒル（伊藤佳代子訳）『権力に挑む　セクハラ被害と語る勇気』信山社、2000年。
18）浅倉むつ子・尾崎薫「日本の女性たちへ−憲法の起草者の一人ゴードンさんから」まなぶ404号（1992年）57頁以下。ベアテさんを私たちに紹介してくれたのは、ニューヨーク市立大学のジョイス・ゲルプ教授だったが、ベアテさんが24条の起草者としてよく知られるようになったのは、私たちのインタビューより後のことだったように思う。
19）この成果は、以下の2冊の調査報告として出版された。『世界のアファーマティブ・アクション——諸外国におけるアファーマティブ・アクション法制（資料集）』東京女性財団、1995年、『諸外国のアファーマティブ・アクション法制——雇用の分野における法制度とその運用実態』東京女性財団、1996年。
20）この仕事によって以下の書籍を監修し、出版した。浅倉むつ子監修『グラス・シーリング解消に向けて——イギリス編』婦人少年協会、1998年、同監修『グラス・シーリング解消に向けて——ニュージーランド編』婦人少年協会、1998年、同監修『グラス・シーリング——オーストラリア編』婦人少年協会、1998年。

なった。

INTELL メンバーの多くは、批判法学の流れをくむ労働法研究者で、数年に一度、どこかの国で国際会議を開いていた[21]。常に参加者の3分の1くらいは女性研究者で、それゆえ、中心テーマには必ず「ジェンダー」があった。

私も、第4回大会（南アフリカ・ケープタウン、1999年）、第5回大会（カナダ・トロント、2000年）、第6回大会（イタリア・カターニア、2002年）に参加してきたが、そこで行われる議論は、国内では到底経験できないほど楽しく刺激的であり、この議論から、私は、いずれの国でも労働法研究にはジェンダー視座が不可欠だと認識されていることを確信した。

2004年3月には、第7回 INTELL 大会を京都・立命館大学で開催した。この会議の開催を目的として科研費を申請し、4日間の会議を成功裡に終えることができた[22]。会議を貫くテーマは「境界（Boundaries）を超えて」であり、「境界」と「グローバリゼーション」をキーワードに、新しい労働法の方向性をさぐるというものであった。日程に組み込まれた公開シンポジウムは「労働法のジェンダー分析」というタイトルで行われた。労働分野では、男性と女性、正規と非正規、ペイド・ワークとアンペイド・ワーク、雇用労働者と自営業者が、それぞれ異なる階層的な関係として位置づけられており、労働法は、社会におけるこれら非対称領域を区分する「境界」を構築してきた、という認識が語られた。今や、境界の自明性は大きく揺らいでいるのではないか、という問題提起も共有されていった。

INTELL の会議で、世界中の労働法研究者たちとこのような問題意識を数年にわたって論じてきた結果、私は、「女性労働問題を周縁的なものとしている労働法の中にある強固な『男性規範性』こそ、問題なのではないか」という確信をもつようになった[23]。

---

21) 第1回の会合は1994年にマサチューセッツで行われたときく。INTELL に関しては、石田眞「世界の学会動向・INTELL について」法社会学54号（2001年）237頁以下を参照。
22) 2002年〜2003年度科学研究費補助金基盤研究（C）（1）課題番号：14594011（研究代表者　浅倉むつ子）「労働法のジェンダー分析——ジェンダーの視点からの労働法の再構築に向けて」。
23) その後の INTELL 国際会議は第8回（メキシコ・クエルナバカ、2006年）を最後に途絶えている。INTELL 会議の成果はいくつかの書籍として出版されている。私も以下の論文を掲載した。Mutsuko Asakura, 'Gender and Diversification of Labour Forms in Japan', in J.Conaghan & K.Rittich (eds.), *Labour Law, Work, and Family* (Oxford: OUP, 2006),177.

四　労働法の「女性中心アプローチ」

　労働法の伝統的な「男性規範性」が女性労働を周縁化しているということであれば、次なる課題は、それを克服するために労働法はどのように再構築されなければならないのか、労働法がめざす労働政策全般の中心となる理念は何なのか、という問題になるだろう。この疑問に応えるために、私は、いくつかの論文を書いた。これらの論文は、3冊目の単著『労働とジェンダーの法律学』（有斐閣、2000年）および4冊目の単著『労働法とジェンダー』（勁草書房、2004年）に収録され、さらに、「労働法の再検討——女性中心アプローチ」（大沢真理編『ジェンダー社会科学の可能性　第2巻』岩波書店、2011年、43頁以下）によって、一応、完結した。

　「女性中心アプローチ」は、INTELL参加の研究者のみならず、日本の労働法以外の分野、たとえば労働政策、労働経済、労働社会学などの研究者による先行業績を労働法に「応用した」ものである。私は労働法に深く組み込まれたジェンダー秩序に対抗するものとして、概要、次のようなことを主張した。

　労働法はそもそも近代法に対するアンチテーゼとして登場し、近代法が想定する「自由で平等な個人」という人間像が、現実といかに乖離しているかを認識し、そこから出発した学問である。すなわち労働法は、労働者を「他者」として排除していた近代市民法に対抗して、「労働者」に〈承認〉を与えたのである。ところが、労働法がここで包摂したのは、市場労働としての「ペイド・ワーク（有償労働）」の担い手、すなわち男性労働者であった。一方、女性は、他者のためのケア労働（家事・育児・介護などの労働）を担う存在として、労働法においては周縁的で補助的な労働者と位置づけられており、同時に、「労働する身体」と「産む身体」との矛盾の中で生きる存在でもあった[24]。そのような労働法を見直すには、労働者モデルそのものを修正しなければならず、それが、ジェンダーに敏感な視座をもつ「女性中心アプローチ」である。

　「女性中心アプローチ」は従来の労働法理論にさまざまな修正を迫り、これを通じて、ワーク・ライフ・バランス論、妊娠・出産と不利益処遇、禁止され

24）この表現は、杉浦浩美『働く女性とマタニティ・ハラスメント——「労働する身体」と「産む身体」を生きる』（大月書店、2009年）が掲げる主要テーマである。

るべき「差別概念」、同一価値労働同一賃金原則など、浮き彫りにされる具体的な労働法の諸問題はとても多いと思われる。

　この「女性中心アプローチ」については、労働法の研究者からは、「性中立的アプローチとすべきではないか」、「なぜ、女性中心なのか」という批判もあった。しかし「女性中心アプローチ」は、女性の問題だけを取り出して特別扱いするのではなく、従来「女性労働問題」とされてきた問題を、ジェンダー視座から分析して、そこから引き出される知見を労働法理論の中心にすえて、すべての労働者により広汎に適用する、という試みである。ワーク・ライフ・バランス論や差別禁止概念などの個々の諸問題は、女性のみならず、障害のある人や非正規労働者にも汎用性の高い理論であり、労働法がこれまで「他者」として排除してきたさまざまな人々の〈承認〉の理論ともいえるのではないだろうか。

　そしてもちろん、男性労働者も無縁ではない。生身の男性労働者は、けっして男性規範性によりモデル化された存在ではない。それぞれに身体的・心理的な脆弱性も抱えながら、「強固で揺るぎない男性」という規範にとらわれて苦しむ人々でもあり、それゆえ、「女性中心アプローチ」は、実は「男性規範性」にとらわれて苦悶する現実の男性労働者の〈承認〉の理論でもある、と考えたい。そのような意味で、「女性中心アプローチ」は、現在でもなお、ジェンダー視座の必要性をもっとも端的に示す理論として、重要である。

　この段階に至ってようやく私は、「女性労働研究は周縁的にすぎる」という批判に対して抱いていたうしろめたさから、解放された気がした。常に私を不安にしてきた「女性問題＝周縁的テーマ」という労働法学的な決めつけは、フェミニズム法学を学んだ後には、むしろ労働法という学問そのものが有する問題性なのではないかという疑問に収束していった。伝統的な労働法は、「男性」労働者を「規範」としてきたため、家族圏の労働を公共圏の労働と切り離し、前者が後者に劣るという前提にたって法的課題を語ることになったのである。それゆえ労働法においては、女性は常に「保護の対象」であり「雇用平等」の担い手ではあっても、労働法の「中心テーマ」として浮上することはなかった。労働者の権利保障を旨とする労働法の「男性規範性」は、かえって他の法分野よりも強固といえないだろうか。

　しかし、「男性規範性」に彩られている学問こそ、多かれ少なかれ限界性を

露呈して、正統性に揺らぎをみせることになるのではないだろうか。未来志向の労働法を構築するためには、むしろ、以前には周縁的な存在でしかなかった女性という存在を「モデル化」する必要があるはずである。その新たな労働法の下では、労働者は、包括的な差別禁止法の下で、いかなる属性によっても差別されず、また、ケア労働や地域活動のための生活時間を確保しながら働く権利を保障されなければならない。それが「女性中心アプローチ」の労働法だ、と考えるようになった。

五　ジェンダー法との架橋を求めて

1　時代の変化の中で

　世紀の変わり目において、私の研究環境もかなり変化することになった。25年間勤務してきた母校・東京都立大学を離れて早稲田大学に移ったのは、2004年4月のことだった[25]。以来、労働法以外に「ジェンダー法」という講義も担当するようになった。

　この当時、労働法の専門知識を活かした仕事としては、「人事院規則10－10（公務職場におけるセクシュアル・ハラスメント防止規程）」策定のための委員会[26]や、均等法改正のための研究会[27]参加があった。2006年の第二次均等法改正によって、限界性のある条文ではあるものの、日本にも間接性差別禁止規定がで

---

25) 私が早稲田大学への移籍を決めたのは2002年10月頃であり、当時は、ほぼ1年後に石原慎太郎東京都知事が大学統廃合を一方的に強行するのを予想することはできなかった（2003年8月1日、知事による「新大学構想」の突然の発表）。とはいえ、東京都による大学運営への管理強化はその数年前から徐々に進行し、都立大学の評議会には、毎年、教職員組合執行役員の処分要請が東京都から届くようになっていた。その中で評議員を務めることに息苦しさを感じていたことが、移籍理由の一つだった。東京都立大学統廃合問題については、以下の文献を参照のこと。東京都立大学・短期大学教職員組合首都圏ネットワーク編『都立大学はどうなる』花伝社、2004年、清水照雄『東京都大学改革を巡る問題の経過・資料集──報告・総括・鎮魂』（内部資料、2006年）。

26) 人事院公務職場におけるセクシュアル・ハラスメント防止対策検討会（1998年4－9月）。

27) 厚生労働省「男女雇用機会均等政策研究会」（2002－2004年）。この研究会の「報告書」（2004年6月）は、2006年の男女雇用機会均等法の第二次改正にそのまま反映されることはなかったが、間接性差別の概念化を行い、間接差別と考えられる七つの典型事例を示すなど、今日でもなお参照されるべき意義をもつ提言といえよう。

きた（均等法 7 条）[28]。

　日本でジェンダー平等に本格的な関心が向けられたのは、やはり世紀の変わり目の頃であり、1999 年には男女共同参画社会基本法が国会を通過し、地方自治体の男女共同参画条例制定運動が各地に広がり始めた。私もいくつかの男女共同参画の地域条例づくりの仕事に携わることになった。「埼玉県男女共同参画推進条例」（2000 年）には埼玉県女性問題協議会の一メンバーとして関与し、「東京都男女平等参画条例」（2000 年）の策定には、東京都第 5 期女性問題協議会の条例策定専門部会長として関与した。当時、東京都女性問題協議会の会長は樋口恵子さんで、この方からも大きな薫陶を受け、仕事はやりがいのあるものだった。ところが諮問を受けたときの都知事は青島幸男氏だったが、1999 年に答申を出したときの都知事は、石原慎太郎氏に変わっていた。協議会メンバーは「答申」とは異なる条例の内容や、条例後の東京都の女性政策について批判したものの、力及ばずという経験をした[29]。一方、同じ時期に、土屋義彦県知事の下でできあがった埼玉県の男女共同参画推進条例は、独立の苦情処理委員会を設けるなどの点で、各段に上質な内容であった[30]。

　これら地方条例の制定に呼応するかのように、日本でも、フェミニズムに対するバックラッシュがおきた[31]。2000 年頃から、「日本会議」や他の保守系団体が、男女共同参画は「偏った思想」であり、行政の行きすぎを監視する必要があると声高に主張するようになった。東京都でも、条例制定後に「職場における男女差別苦情処理委員会」が廃止され、2 年後には東京女性財団が廃止された。都は徐々に、教育現場における性教育や男女混合名簿などの先進的な取り組みに対する非難を強め、2003 年には入学式・卒業式で日の丸に向かって起立

28）2006 年には、「間接性差別禁止の立法化に貢献」し「実践的にも女性の労働環境の改善に向けた政策提言」をしたという理由から、エイボン教育賞を受賞した。

29）樋口恵子『チャレンジ「平和ボケおばさん」70 歳の熱き挑戦！』グラフ社、2003 年、56 頁以下、浅倉むつ子「男女共同参画社会と地域条例——東京都と埼玉県条例を比較する」女性施設ジャーナル 6 号（2001 年）22 頁以下。

30）東京都は、条例策定後の初の審議会委員任命において、条例策定に携わった者全員をメンバーから排除した一方、埼玉県では、私も、2000 年から 6 年間、新たな男女共同参画審議会委員に就任し、2012 年からは男女共同参画苦情処理委員を務めた。両者の取り扱いの差異は歴然としていた。

31）スーザン・ファールディは、フェミニズムへの「反動・揺り戻し」であるバックラッシュは、アメリカでは「フェミニズムが勝つかもしれないという危惧から発生している」という（ファールディ〈伊藤由紀子・加藤真樹子訳〉『バックラッシュ——逆襲される女たち』新潮社、1994 年、20 頁）。日本でも、まさにそのような状況だったといってよい。

し、君が代斉唱を義務づける「10・23通達」を出し、2004年には「ジェンダー・フリーに基づく男女混合名簿」を禁止する通達を出した。教育現場への違法な介入も目立つようになった[32]。

そのような状況の中で、2003年12月には、友人たちとともに「ジェンダー法学会」を立ち上げた。上述のように、ジェンダー・フリー・バッシングの嵐によって、多くの研究者が疲弊し、翻弄されていたが、これに対抗するためにも、学問的営みを強めたいと考えたのである。司法におけるジェンダー・バイアスの根絶もまた、当時の大きな課題であった。ちょうどこの頃、司法改革の一環として、2004年4月に全国でロースクール開設が予定されており、そのスタートの前に、研究と実務を架橋するためにも、ジェンダー法学会を立ち上げる必要があった。

第1回のジェンダー法学会は早稲田大学で開催され、大きな会場が熱気であふれんばかりだった。第1回の学会は大成功で、この学会の設立を機に、全国のロースクールで「ジェンダーと法」という授業が始まり、法学の専門分野でもようやく、ジェンダー法学が徐々に社会的承認を得ることができたように思う[33]。ジェンダー法学会は、2012年には創立10年の記念事業として、『講座ジェンダーと法（全4巻）』（日本加除出版）を出版するなど、順調な活動を続けている[34]。

2 包括的差別禁止立法の研究

上記以外にも、「同一価値労働同一賃金原則」の実施方法をめぐる社会政策

---

32) バックラッシュは全国に拡大し、豊中市では、男女共同参画推進センター館長だった三井マリ子さんの館長職からの排除が行われた。私は2008年に、大阪高裁へ「意見書」を提出し、同高裁は、豊中市と財団が三井さんの人格的利益を侵害したとして150万円の支払いを命じた（2010年3月30日）。最高裁は上告を棄却して本件は確定した。三井マリ子・浅倉むつ子編『バックラッシュの生贄——フェミニスト館長解雇事件』旬報社、2012年。
33) ロースクールのジェンダー法教育については、以下を参照。浅倉むつ子「ジェンダー法教育の意義と課題——早稲田大学のロースクールの経験を中心に」小林富久子・村田晶子・弓削尚子編『ジェンダー研究／教育の深化のために——早稲田からの発信』彩流社、2016年、335頁以下、同「ロースクールにおけるジェンダー法講義の経験から」法の科学46号（2015年）125頁以下。ジェンダー法学会発足については以下を参照。浅倉むつ子「発足したジェンダー法学会」女性展望2004年2月号1頁、同「難関に取り組むチャレンジングな学会」ジェンダーと法2号（2005年）1頁。
34) 私は「『講座ジェンダーと法』編集委員会」の委員長をつとめた。浅倉むつ子・二宮周平「（書評）『講座ジェンダーと法全4巻』」国際女性27号（2013年）164頁以下。

学との共同研究の経験など[35]、記憶に残る仕事は多々あったものの、すべてにふれるわけにはいかない。そこで最後に、労働法の「女性中心アプローチ」の応用問題ともいえる二つの仕事について言及しておきたい。

その一つは「包括的差別禁止立法」の研究である。2010年頃から、私は、内閣府の「障がい者制度改革推進会議」の「差別禁止部会」に参加した[36]。これは、性差別と障害差別の「異同」について考える意義深い経験だった。私は、障害をめぐる「社会モデル」という考え方——社会的な障壁を除去することによって、障害による障壁を解消することが可能になるという考え方——から多くのことを学び、また、障害者運動をしている方々からも深い感銘を受けた。この流れのなかから、新しい学会として「障害法学会」も生まれた[37]。

ここで学んだことを活かしつつ、2016年末に5冊目の単著『雇用差別禁止法制の展望』（有斐閣）を刊行した。本書の中心となる主張は、イギリスが2010年平等法として具体化した「包括的差別禁止立法」を日本でも構想すべき、という提言である。雇用差別に対応する日本の法的規制は、必要に応じてモザイク的に条文を設けてきたにすぎない。しかし、包括的な立法策定という作業によってはじめて、「差別」というものが反規範的な行為であること、すべての人々にとって差別されないことが基本的人権であることが、社会に浸透することになるのではないか。そのために、禁止されるべき差別事由とは何か、その定義・形態はどうあるべきか、実効性の確保の仕組などはどうあるべきか、などを研究する必要があると考えて、本書をとりまとめた[38]。

この経緯において、私は、「複合差別」をどのように禁止するかという理論課題に直面した[39]。全世界的にみても、法的に禁止される差別事由は、性別・人種などから、障害・年齢・性的指向などへと、徐々に拡大している。その結果、複数の事由により差別される人々に関心が向けられるようになった。これが「複合差別」である。複合差別については、実態の解明の必要性とともに、

---

35) 森ます美・浅倉むつ子編『同一価値労働同一賃金原則の実施システム』有斐閣、2010年。
36) 差別禁止部会は、その後、障害者政策委員会の下でも継続し、「『障害を理由とする差別の禁止に関する法制』についての差別禁止部会の意見」（2012年9月14日）を公表した。
37) 浅倉むつ子「障害を理由とする雇用差別禁止の法的課題」障害法1号（2018年）33頁以下。
38) 本書によって、2016年5月に、第9回昭和女子大学女性文化研究賞を受賞した。
39) 2014年〜2016年度科学研究費補助事業基盤研究（C）課題番号：26380082（研究代表者浅倉むつ子）「雇用領域における複合差別法理の研究」。

法的に解決すべき問題も明らかになってきている。

　たとえば、白人女性と黒人女性は同じく性差別の被害者であるが、黒人女性のほうが人種と性の二重差別によって、より大きな被害を受ける立場にある。ところが法的には、人種差別と性差別は別類型の差別であり、それらが重複しているからといって特別な救済がなされるわけではない。裁判において、黒人女性は、当然ながら、性差別・人種差別の両方を主張するが、それらは各々、別個の差別として裁かれることになる。その結果、いずれかの差別であると認定されて救済されればよいのだが、実際には、どちらの差別にも該当せず、救済されないというケースが生じることになる。

　被害は甚大なのに、使用者の抗弁によって法的救済が難しいという現象が生じるからである。たとえば、黒人女性が昇進差別を受けている場合に、白人女性は昇進していることを使用者が立証すれば、性差別は否定され、黒人男性は昇進していることを使用者が立証すれば、人種差別が否定されてしまうからである。このような「複合差別」の救済を可能にするためには、法文上、特別な禁止規定を設ける必要があり、その一例は、イギリス 2010 年平等法の「結合差別」禁止条項にみられる。複合差別禁止規定の明文化は、2010 年平等法のような包括的差別禁止法の制定によって可能になったといえるであろう。

　私は、日本の雇用における差別禁止法制も、イギリスのような包括的な法制度にする必要があると考えているのだが、その理由はとくに、複合差別禁止法理の研究に基づいている [40]。

3 「男女共通規制」と生活時間プロジェクト

　労働法の女性中心アプローチの応用問題の二例目は、労働時間短縮問題である。

---

40) CEDAW（女性差別撤廃委員会）は、2016 年 3 月 7 日に、日本政府に対して第 7 次および第 8 次報告書審査の結果として「総括所見」を示し、その中で、アイヌ、部落、在日コリアン女性など民族的その他のマイノリティ女性に対する差別を防止する法律の制定などをフォローアップ項目と指定した（21 項（d）（e））。これに対して日本政府は、2018 年 4 月にフォローアップ報告を提出したが、CEDAW は、複合差別に関してはなお勧告が「履行されていない」と評価するに至った（2018 年 12 月 17 日）。次回の定期報告で、日本は、複合差別に関するさらなる行動の情報を提供しなければならないことになっている。複合差別禁止の「法理」については、以下の論文を参照。浅倉むつ子「イギリス平等法における複合差別禁止規定について」ジェンダー法研究 3 号（2016 年）33 頁以下、同「連載　雇用とジェンダー（3）女性障害者に対する複合差別」生活経済政策 205 号（2014 年）4 頁以下。

2018 年 10 月に私は、『労働運動を切り拓く』（旬報社）（共著者は、神尾真知子、萩原久美子、井上久美枝、連合総研）という本を出版した。本書は、「連合総研」から依頼を受けて、1970 年代から 80 年代の「雇用平等法」制定要求運動のなかで労働運動を牽引してきた 12 人の女性リーダーからの「聞き取り」をまとめたものである。ここでは、均等法の制定過程で撤廃されていった「女性のみの保護規定」（すなわち時間外労働の上限規制や深夜業禁止規定）がどのような意味をもっていたのかを、改めて分析した。

　周知のように、男女雇用機会均等法が制定されるときの最大の議論は、「保護か平等か」をめぐる激しい攻防だった。結果的に、女性のみの保護規定は廃止され、雇用平等法としてはあまりにも弱体な「均等法」が制定された。

　この均等法をめぐっては、労働省婦人局（途中まで婦人少年局）の女性官僚による「奮闘・努力の物語」として語り継がれてきた[41]。しかし一方で、女性差別撤廃条約の批准のために限界のある均等法を受け入れ、その代わりに女性のみの保護規定を放棄せざるをえなかった労働側の経験については、ほとんど関心が払われてこなかった。それどころかむしろ、均等法は「運動側の敗北」として批判されることが多かったように思う。

　しかし労働運動のなかにいた女性たちは、いったい何を主張していたのだろうか。実際には、彼女たちは、保護規定の放棄という苦悩のなかから、将来への展望も見出していたのである。それが「男女共通規制」という要求であった。従来の女性保護規定を男性にも拡張せよという要求のことだが、このことがもっている意味について、本書では改めて焦点をあてることになった。

　とりわけ労働時間に関する「男女共通規制」要求は、当時の労働運動全体からは受け入れられることはなかった。なぜなら、当時の労働組合運動が男性中心だったからである。ケア労働を引き受けることのない男性組合員にとっては、労働時間短縮問題は自分たち自身のものというより、「女性の問題」にすぎなかったのかもしれない。労働運動全体にとって、労働時間短縮意識は遅れてい

41）NHK の番組「プロジェクト X」は、2000 年 12 月に「女たちの 10 年戦争　男女雇用機会均等法誕生」を放映した。均等法制定当時の労働省婦人局長赤松良子氏による著作『均等法をつくる』（勁草書房、2003 年）も、よくこの法律制定の経緯を描き出している。

たとしか思えないのである [42]。

　一方、この数年来、私は「かえせ☆生活時間プロジェクト」という活動に加わってきた。ともに活動してきた仲間は、労働法の毛塚勝利さん、浜村彰さん、労働組合運動家の龍井葉二さん、弁護士の棗一郎さん、圷由美子さんなどであり、全国でシンポジウムなどを行ってきた。当プロジェクトが「生活時間」という言葉を使うのは、長時間労働によって奪われているのは大切な私たちの「生活時間」だという発想にたつからである。「かえせ☆生活時間プロジェクト」は、長時間労働に対抗して、生活時間を取り戻そうという発想こそが重要と考えて、いわば、時間短縮要求への意識改革を試みている。

　男性中心の労働運動の発想では、生活時間を奪われることの痛みが軽視され、金銭的に補償されればよいという発想に陥りがちである。しかし「女性中心アプローチ」から労働時間をとらえれば、他者のケアを引き受けている「生活者」目線で労働時間をとらえることになる。日々の生活時間を確保するには、なんといっても1日の労働時間の上限規制こそ重要であり、また、奪われた生活時間は金銭ではなく時間で返してほしいという要求になるだろう。労働時間問題はまさに、労働組合だけの問題ではなく、女性問題でもあり、地域問題でもあり、国民的課題として位置づけられる必要がある [43]。

　『労働運動を切り拓く』という本は、私にとっては、均等法制定時から女性たちが求め続けてきた「男女共通規制」という要求と、私自身がこの数年来関与してきた「かえせ☆生活時間プロジェクト」の二つを合体させる試みでもあった。どちらも労働法の「女性中心アプローチ」から必然的に生まれ出た発想にほかならない。

---

42) 連合本部が男女共通規制を運動方針として決定したのは1996年6月4日、第22回連合中央委員会でのことだった。浅倉むつ子「労働組合運動と女性の要求　『敵対』から『共存』へ」浅倉他編著『労働運動を切り拓く──女性たちによる闘いの軌跡』旬報社、2018年、35頁。

43)「かえせ☆生活時間プロジェクト」に関わって書いた論文としては、以下を参照のこと。浅倉むつ子「労働時間法制のあり方を考える──生活者の視点から」自由と正義67巻2号（2016年）41頁以下、同「生活時間をとりもどす・長時間労働の是正、男女均等待遇へ」経済253号（2016年）28頁以下、同「『かえせ☆生活時間プロジェクト』がめざすもの」女も男も129号（2017年）4頁以下、「なんのための労働時間短縮なのか」世界2017年11月号118頁以下、同「取り戻そう生活時間（基調講演）」労働法律旬報1893号（2017年）6頁以下、同「『金持ち』ではなく『時間持ち』になろう」労働法律旬報1903＝1904号（2018年）6頁以下。

おわりに

　以上のように、最終講義のために私の個人としての研究史を振り返ってみた。当初は、女性労働者が働き続けるためにどのような権利保障が必要かという観点で研究をしてきた。つぎには、労働法がこの問題に無関心なのはなぜかを問うことによって、労働法が女性という存在を周縁化する「男性規範性」に彩られている学問だということに気づくことになった。しかし、そのような労働法はいずれ限界性を露呈するであろう。そこで新たな労働法を構築するために、ケア労働の担い手であり、だからこそ労働と生活との矛盾のなかで生きている労働者をモデルとする労働法、すなわち「女性中心アプローチ」の労働法を提唱することになった。これが私の研究史の到達点である。

　振り返りの過程で改めて感じたのは、研究とは孤独な仕事だと思いこんでいたが、実際には、とても多くの人たちとの関わりのなかでしかなしえないことであったという発見である。中でも感謝したいのは、裁判の原告の方々、社会運動や労働運動に実際に携わってきた方々である。私が研究を始めたころは、裁判といえば住友セメント事件判決くらいしかなかった。しかしその後、時代を動かす裁判がいくつも提起され、それらが社会を動かし、立法も変化させ、私の研究の意義も高めてくれたように思う。差別というものを理不尽と考え、果敢に訴訟を提起して、権利の実現のために挑戦する原告やそれを支える代理人の方々の努力がなければ、私の研究も単なる自己満足に終わったことだろう。それだけに、研究もまた実務との架橋なしには成り立たないものであると実感している。

浅倉むつ子先生　略歴・主要業績目録

略　　歴

【略歴】

1948 年 10 月 25 日　千葉県館山市に生まれる
1967 年 3 月　国立学芸大学付属高校　卒業
1971 年 3 月　東京都立大学法学部　卒業
1973 年 3 月　東京都立大学大学院社会科学研究科基礎法学専攻修士課程　修了（法学修士）
1978 年 4 月　法政大学法学部非常勤講師（労働法演習）（〜1979 年 3 月）
1979 年 3 月　東京都立大学大学院社会科学研究科基礎法学専攻博士課程　単位取得退学
1979 年 4 月　東京都立大学法学部　助手
1984 年 4 月　東京都立大学法学部　講師
1985 年 4 月　東京都立労働研究所研究員（〜1987 年 3 月）
1987 年 4 月　東京都立大学法学部　助教授
1988 年 4 月　成城大学法学部非常勤講師（社会保障法）（〜1990 年 3 月）
1989 年 4 月　茨木大学人文学部非常勤講師（法学特殊講義）（〜1990 年 3 月）
1991 年 4 月　東京都立大学法学部　教授（〜2004 年 3 月）
1991 年 4 月　早稲田大学大学院法学研究科非常勤講師（労働法特殊講義）（〜2003 年 3 月）
1991 年 9 月　アメリカ・ヴァージニア大学ロースクール客員研究員（〜1992 年 8 月）
1993 年 4 月　法政大学法学部非常勤講師（社会保障法）（〜1994 年 3 月）
1993 年 11 月　博士（法学）早稲田大学
1993 年 4 月　名古屋大学大学院法学研究科非常勤講師（労働法特殊講義）（〜1994 年 3 月）
1997 年 4 月　大阪市立大学大学院法学研究科非常勤講師（労働法特殊講義）（〜1998 年 3 月）
2001 年 4 月　東京都立大学評議員（〜2003 年 3 月）
2001 年 4 月　九州大学大学院法学府非常勤講師（社会法論特殊講義）（〜2002 年 3 月）
2004 年 4 月　早稲田大学　大学院法務研究科　教授
2004 年 4 月　東京都立大学名誉教授
2007〜2009 年　早稲田大学男女共同参画推進委員長
2019 年 4 月　早稲田大学名誉教授

【受賞】

1982 年 10 月　「婦人労働者の権利―その理念と構造」で第 1 回野村賞
1991 年 11 月　『男女雇用平等法論－イギリスと日本』（ドメス出版）で第 11 回山川菊栄賞
2006 年 10 月　エイボン教育賞
2017 年 5 月　『雇用差別禁止法制の展望』（有斐閣）で第 9 回昭和女子大学女性文化研究賞

【学術活動・社会活動等】

1987〜1991 年　東京都立川労政事務所労政協議会委員
1988〜2016 年　日本労働法学会理事（2003 年〜2005 年　代表理事）

1988〜2004 年　日本社会保障法学会理事
1989〜1991 年　多摩市婦人行動計画市民推進会議会長
1990〜2014 年　日本法社会学会理事
1992〜1994 年　東京都生涯学習審議会委員
1993〜2012 年　民主主義科学者協会法律部会理事
1993〜2001 年　目黒区まちづくり基金運用委員会委員
1994〜2003 年　日本学術会議研究連絡委員（第 2 部社会法研連）
1994〜1996 年　世田谷区男女共同参画推進委員会　副委員長
1996〜1997 年　労働省女性労働者の能力発揮促進に関する研究会委員
1996〜2003 年　東京都高年齢就業センター運営協議会　委員
1997〜2004 年　国際人権法学会理事
1998 年 4〜9 月　人事院公務職場におけるセクシュアル・ハラスメント防止対策検討会委員
1998〜2000 年　埼玉県女性問題協議会委員
1998〜2000 年　東京都第 5 期女性問題協議会委員（条例策定専門部会会長）
1999 年 6〜11 月　人事院大学教官の勤務のあり方に関する研究会委員
2000〜2006 年　埼玉県男女共同参画審議会委員
2001〜2003 年　大学評価・学位授与機構大学評価委員会法学系教育評価専門委員会委員
2001〜2003 年　厚生労働省男女間の賃金格差問題に関する研究会委員
2002〜2004 年　厚生労働省男女雇用機会均等政策研究会委員
2002〜2004 年　農村生活総合研究センター農業者の出産等に係る休業補償のあり方に関する
　　　　　　　　研究会委員
2002〜2008 年　女性と仕事の未来館運営協議会委員
2003〜2014 年　日本学術会議会員（第 19 期、20 期、21 期、22 期）
2003 年〜現在　ジェンダー法学会理事（2007〜2009 年　理事長）
2003〜2006 年　北区アゼリアプラン推進区民会議委員
2004〜2008 年　国立女性教育会館研究紀要委員会委員
2009〜2010 年　内閣府男女共同参画局女性差別撤廃条約推進チーム委員
2009 年〜現在　一般社団法人生活経済政策研究所理事
2010〜2012 年　日本学術振興会評議員
2010〜2012 年　内閣府障がい者制度改革推進会議差別禁止部会構成員
2011 年 1〜9 月　厚生労働省今後のパートタイム労働対策に関する研究会委員
2011〜2015 年　東京大学社会科学研究所諮問委員会委員
2012〜2014 年　内閣府障害者政策委員会委員
2012〜2014 年　埼玉県男女共同参画苦情処理委員
2012〜2014 年　多摩市男女平等推進基本条例検討懇談会会長
2014〜2019 年　一般財団法人日本国際協力システム理事
2014 年〜現在　日本学術会議連携会員
2015 年〜現在　日本ワークルール検定協会啓発推進委員
2016 年〜現在　目黒区男女平等・共同参画オンブーズ
2016 年〜現在　清瀬市男女平等推進委員会委員長
2017 年〜現在　日本障害法学会理事

主要業績目録

I　著書等

【単著】

『男女雇用平等法論──イギリスと日本』（1991 年 7 月、ドメス出版、全 718 頁）
『均等法の新世界：二重基準から共通基準へ』（1999 年 6 月、有斐閣、全 254 頁）
『労働とジェンダーの法律学』（2000 年 11 月、有斐閣、全 507 頁）
『労働法とジェンダー』（2004 年 9 月、勁草書房、全 236 頁）
『雇用差別禁止法制の展望』（2016 年 12 月、有斐閣、全 632 頁）

【監修・共編著等】

『諸外国の男女雇用平等施策をめぐる現状と課題──ILO、イギリス、アメリカを中心として』（上林千恵子、金子和夫と共著）（1987 年 3 月、東京都立労働研究所、全 185 頁）
『女性法学』（金城清子、佐藤延子、笹野貞子、岩井宣子、若原紀代子、市川須美子、山下泰子と共著）（1987 年 4 月、尚学社、全 250 頁）
『女子従業員の活用に関する調査』（上林千恵子、金子和夫と共著）（1987 年 6 月、東京都立労働研究所、全 108 頁）
『女子差別撤廃条約──国際化の中の女性の地位』（赤松良子、伊東すみ子、山下泰子、大脇雅子と共編著）（1990 年 6 月、三省堂、全 221 頁）
『世界のアファーマティブ・アクション』（奥山明良、山川隆一と共著）（1995 年 3 月、東京女性財団、全 198 頁）
『諸外国のアファーマティブ・アクション法制──雇用の分野にみる法制度とその運用実態』（奥山明良、山川隆一と共著）（1996 年 3 月、東京女性財団、全 284 頁）
『女性労働判例ガイド』（今野久子と共著）（1997 年 4 月、有斐閣、全 373 頁）
『グラス・シーリング解消に向けて：イギリス編』（監修）（1998 年 3 月、婦人少年協会、全 41 頁）
『グラス・シーリング解消に向けて：オーストラリア編』（監修）（1998 年 3 月、婦人少年協会、全 60 頁）
『グラス・シーリング解消に向けて：ニュージーランド編』（監修）（1998 年 3 月、婦人少年協会、全 33 頁）
『新六法 2000 年』〜『新六法 2011 年』（永井憲一、安達和志、井田良、柴田和史、広渡清吾、水島朝穂と共同編集）（1999 年 10 月〜2010 年 9 月、三省堂）
『労働法』（島田陽一、盛誠吾と共著）（2002 年 4 月、有斐閣、全 517 頁）
『導入対話によるジェンダー法学』（監修）（2003 年 3 月、不磨書房、全 248 頁）
『フェミニズム法学：生活と法の新しい関係』（戒能民江、若尾典子と共著）（2004 年 1 月、明石書店、全 424 頁）
『労働法の争点（第 3 版）』（角田邦重、毛塚勝利と共編）（2004 年 12 月、有斐閣）
『労働法（第 2 版）』（島田陽一、盛誠吾と共著）（2005 年 4 月、有斐閣、全 430 頁）
『導入対話によるジェンダー法学（第 2 版）』（監修）（2005 年 4 月、不磨書房、全 276 頁）
『女性と法を見る目に確かさを』（植野妙実子、山崎文夫、関哲夫と共著）（2007 年 3 月、成文堂、全 136 頁）
『比較判例ジェンダー法』（角田由紀子と共編著）（2007 年 11 月、不磨書房、全 324 頁）
『労働法（第 3 版）』（島田陽一、盛誠吾と共著）（2008 年 5 月、有斐閣、全 486 頁）
『コンメンタール女性差別撤廃条約』（山下泰子、辻村みよ子、戒能民江、国際女性の地位協会と

共編著）（2010 年 3 月、尚学社、全 565 頁）

『同一価値労働同一賃金原則の実施システム：公平な賃金の実現に向けて』（森ます美と共編著）（2010 年 12 月、有斐閣、全 356 頁）

『ジェンダー六法』（山下泰子、辻村みよ子、二宮周平、戒能民江と共同編集）（2011 年 4 月、信山社、全 759 頁）

『労働法（第 4 版）』（島田陽一、盛誠吾と共著）（2011 年 9 月、有斐閣、全 498 頁）

『バックラッシュの生贄：フェミニスト館長解雇事件』（三井マリ子と共著）（2012 年 4 月、旬報社、全 223 頁）

『講座ジェンダーと法 第 2 巻　固定された性役割からの解放』（ジェンダー法学会、榊原富士子、林弘子、二宮周平と共編著）（2012 年 11 月、日本加除出版、全 258 頁）

『日本社会と市民法学：清水誠先生追悼論集』（広渡清吾、今村与一と共編著）（2013 年 8 月、日本評論社、全 806 頁）

『ジェンダー法研究 第 1 号』（責任編集）（2014 年 12 月、信山社、全 164 頁）

『労働法（第 5 版）』（島田陽一、盛誠吾と共著）（2015 年 4 月、有斐閣、全 517 頁）

『ジェンダー六法（第 2 版）』（山下泰子、辻村みよ子、二宮周平、戒能民江と共編）（2015 年 4 月、信山社、全 848 頁）

『ジェンダー法研究第 2 号』（責任編集）（2015 年 12 月、信山社、全 204 頁）

『ジェンダー法研究第 3 号』（責任編集）（2016 年 12 月、信山社、全 189 頁）

『平等権と社会的排除 —— 人権と差別禁止法理の過去・現在・未来』（西原博史と共編著）（2017 年 2 月、成文堂、全 262 頁）

『大学生のためのアルバイト・就活トラブル Q&A』（石田眞、上西充子と共著）（2017 年 3 月、旬報社、全 127 頁）

『ジェンダー法研究第 4 号』（責任編集）（2017 年 12 月、信山社、全 210 頁）

『労働運動を切り拓く —— 女性たちによる闘いの軌跡』（萩原久美子、神尾真知子、井上久美枝、連合総合生活開発研究所と共編著）（2018 年 10 月、旬報社、全 242 頁）

『ジェンダー法研究第 5 号』（二宮周平と共同責任編集）（2018 年 12 月、信山社、全 264 頁）

Ⅱ　論文

【1975 年】

「国際婦人年と婦人労働者をめぐる諸問題」日本労働法学会誌 46 号 129－135 頁

【1976 年】

「労働力政策と婦人労働者」福島正夫 編『家族：政策と法 第 2 巻 現代日本の家族政策』（東京大学出版会）289－322 頁

「賃金差別と婦人労働者の権利 —— 男女同一賃金原則を軸に」労働法律旬報 897 号 44－50 頁

【1977 年】

「生理休暇の生成過程と権利構造」労働法律旬報 921 号 23－34 頁

「米国における男女同一賃金訴訟について」法社会学 29 号 50－66 頁

「婦人労働に関する基準監督行政の動向と問題点」日本労働法学会誌 50 号 74－95 頁

「働く婦人の差別撤廃要求と権利意識」法と民主主義 122 号 13－21 頁

【1978 年】

「婦人労働をめぐる社会通念の変化 —— 新しい理念の形成期に入った米国」労働法律旬報 950 号 20－28 頁

「米国における雇用上の性差別禁止原則と出産休暇をめぐる法理」季刊労働法 109 号 162－177 頁

【1979 年】

「労基法研究会報告を批判する」労働法律旬報 967=968 号 37－45 頁

「採用時の男女差別に関する法理」自由と正義 30 巻 7 号 2－10 頁

【1980 年】

「『婦人に対するあらゆる形態の差別撤廃条約』の現代的意義と内容」労働法律旬報 997 号 4－15 頁

「イギリスにおける雇用上の性差別撤廃の動向」法と民主主義 150 号 9－23 頁

【1981 年】

「婦人労働者の権利——その理念と構造（1）」労働法律旬報 1015＝1016 号 28－40 頁

「婦人労働者の権利——その理念と構造（2）」労働法律旬報 1019 号 14－26 頁

「婦人労働者の権利——その理念と構造（3）」労働法律旬報 1023 号 19－30 頁

「婦人労働者の権利——その理念と構造（4）」労働法律旬報 1029 号 53－72 頁

【1982 年】

「勤労婦人福祉の法と行財政」中村優一他編『講座社会福祉第 6 巻』（有斐閣）283－309 頁

「イギリス“男女平等二法”その後」季刊労働法 124 号 162－165 頁

「婦人労働者の権利」『新版・自治体労働者の権利』（労働旬報社）128－157 頁

「均等待遇」日本労働法学会編『現代労働法講座第 9 巻』（総合労働研究所）178－203 頁

【1983 年】

「雇用平等立法とパートタイム労働者の賃金差別——イギリス・ジェンキンス事件判決の検討を中心に」賃金と社会保障 869 号 40－51 頁

「女子・年少者保護の意義」有泉亨・青木宗也編『基本法コンメンタール新版労働基準法』（日本評論社）190－191 頁

「女子労働者と差別」有泉亨・青木宗也『基本法コンメンタール新版労働基準法』（日本評論社）191－195 頁

【1984 年】

「雇用上の間接性別禁止立法の意義——イギリスの性差別禁止法を対象として」青木宗也先生還暦記念論文集刊行委員会編『労働基準法の課題と展望：青木宗也先生還暦記念論文集』（日本評論社）367－423 頁

「男女雇用平等『立法論』の軌跡——『国際婦人年』から 10 年の立法論議の変遷」労働法律旬報 1097 号 17－24 頁

「日本的労使関係における男女雇用平等立法政策の意味」日本労働協会雑誌 301 号 20－31 頁

【1985 年】

「性差別の類型と法規制の態様」日本労働法学会誌 65 号 23－52 頁

「男女雇用機会均等法をどう読むか——その基本理念と法的構造」労働法律旬報 1134 号 5－12 頁

「募集・採用・配置・昇進」労働法律旬報 1134 号 21－32 頁

【1986 年】

「女子労働者福祉——職業生活と家庭生活の両立のために」『ジュリスト総合特集転換期の福祉問題』（有斐閣）217－221 頁

「男女雇用平等をめぐる法課題の国際動向」東京都立労働研究所所報 7 号 147－169 頁

「『均等法の施行について』のポイントはどこか」労働法律旬報 1142 号 4－7 頁

「イギリスの性差別撤廃行為準則について——翻訳と解説」日本労働協会雑誌 322 号 36－46 頁

「男女雇用機会均等法の課題——施行を契機に」月刊法学教室 68 号 100－104 頁

「『将来戦略』が私たちに示すもの」婦人研究者グループ編『世界女性の「将来戦略」と私たち』（草の根出版会）10－29 頁

【1987 年】

「社会保障法にみる男女平等」金城清子他『女性法学』（尚学社）173－197 頁

「男女雇用機会均等法成立の経緯」雇用職業総合研究所編『女子労働の新時代——キャッチ・アップを超えて』（東京大学出版会）241－263 頁

「実効性確保・紛争解決制度の立法論的検討」労働法律旬報 1170 号 14－25 頁

「家族的責任と調和する労働生活をもとめて——ILO156 号条約・165 号勧告の成立経緯について」（早川紀代、相馬照子と共著）労働法律旬報 1173 号 4－17 頁

「均等法施行後の政策課題——日本とイギリスを比較して」ジュリスト 894 号 22－29 頁

【1988 年】

「イギリス」『諸外国の男女機会均等の進展状況に関する調査研究』（労働省内部資料）45－117 頁

「男女差別撤廃への課題　第 7 回国連女子差別撤廃委員会傍聴記」法の科学 16 号 185－194 頁

「両親休暇、家族休暇をめぐるイギリスの動向」労働研究所所報 10 号（東京都立労働研究所）85－93 頁

【1989 年】

「イギリスの男女機会均等法制」『欧米における男女機会均等法制』（女性職業財団）45－117 頁

「社会保障の法制度と男女平等」国際女性の地位協会編『世界から日本へのメッセージ』（尚学社）200－212 頁

【1990 年】

「イギリスにおける育児休暇制度」『諸外国における育児休業制度の現状に関する調査研究』（労働省内部資料）145－203 頁

「パートタイマー」『ジュリスト増刊労働法の争点（新版）』（有斐閣）162－163 頁

「育児休業・再雇用」『ジュリスト増刊労働法の争点（新版）』（有斐閣）280－281 頁

「女子労働者保護の意義」「男女雇用機会均等法」『別冊法学セミナー・基本法コンメンタール労働基準法（第三版）』（日本評論社）275－297 頁

【1991 年】

「育児休業法制定にのぞむこと」労働法律旬報 1258 号 4－10 頁

「男女雇用平等をめぐる今日的課題」日本労働法学会誌 77 号 194－204 頁

「生活不能と公的扶助」籾井常喜編『社会保障法』（エイデル研究所）315－339 頁

【1992 年】

「雇用における差別撤廃」国際女性の地位協会編『女子差別撤廃条約注解』（尚学社）186－199 頁

【1993 年】

「労働法における女性の地位」社会保障研究所編『女性と社会保障』（東京大学出版会）53－72 頁

「労働契約と平等取扱」秋田成就編著『労働契約の法理論——イギリスと日本』（総合労働研究所）106－123 頁

「労働契約関係の変動をめぐる立法論的検討」日本労働法学会誌 82 号 50－75 頁

【1994 年】

「女性と社会保障——派生的権利から個人的権利へ（上）（下）」行財政研究 19 号 34-39 頁、行財政研究 20 号 29-34 頁（行財政総合研究所）

「同一価値労働と男女間賃金差の『正当事由』——イギリスの最近の審判例の動向から」伊藤博義他編『労働保護法の研究：外尾健一先生古稀記念』（有斐閣）365－389 頁

「均等法『指針』および女子労働基準『規則』一部改正の評価」労働法律旬報 1334 号 6－11 頁

「男女同一賃金原則における同一『価値』労働評価について——イギリス同一賃金法の研究（上）」東京都立大学法学会雑誌 35 巻 1 号 55－88 頁

「男女『同一価値労働同一賃金』原則と職務評価制度——イギリス同一賃金法における女性差別賃金の是正」賃金と社会保障 1140 号 4－11 頁

" Current Legal Problems concerning Women Workers in Japan", Waseda Bulletin of Comparative Law, Vol.13, pp.1-23, Waseda University.

650

「女性労働をめぐる国際的動向——基調報告」国際人権 5 号 58-61 頁
「男女同一賃金原則における同一『価値』労働評価について——イギリス同一賃金法の研究
　（下）」東京都立大学法学会雑誌 35 巻 2 号 27-66 頁
【1995 年】
「法律時評　男女雇用差別を解消するために―ポジティブ・アクションのすすめ」法律時報
　67 巻 2 号 2-5 頁
"Elimination of Discrimination in Employment"in JAIWR, Convention on the Elimination of
　All Forms of Discrimination against Women: A Commentary, Shogakusya, Tokyo, 1995,
　pp.207-223.
「女性の働き方と法制」ジュリスト 1066 号 198-203 頁
【1996 年】
「男女雇用平等論」籾井常喜編『戦後労働法学説史』（労働旬報社）698-754 頁
「差別禁止から『格差』解消へ向けて——均等法 10 年目の課題」神奈川評論 23 号 163-169 頁
「雇用におけるアファーマティブ（ポジティブ）アクション」季刊労働者の権利 214 号 23-33
　頁
「パートタイム労働と均等待遇原則——新白砂電機事件に関する法的検討（上）」労働法律旬
　報 1385 号 18-32 頁
「今日の雇用差別と均等法改正の課題」女性労働研究 30 号（ドメス出版）53-58 頁
「パートタイム労働と均等待遇原則——新白砂電機事件に関する法的検討（下）」労働法律旬
　報 1387 号 38-57 頁
「構造的男女差別の是正とポジティブ・アクション」女性と労働 21 第 17 号 14-23 頁
【1997 年】
「労働法にジェンダー視点の導入を」労働法律旬報 1401 号 4-10 頁
「企業内の事実上の男女格差解消策——労働省の研究会のガイドラインについて」労働法律
　旬報 1407 号 37-40 頁
「公的介護保険構想とジェンダー」日本学術会議社会法学研究連絡委員会編『高齢社会と介
　護システム』（尚学社）127-143 頁
「セカンド・ステージを迎える男女雇用平等法制」ジュリスト 1116 号 51-57 頁
「労働の価値評価とジェンダー支配の法構造」岩村正彦他編『岩波講座現代の法第 11 巻ジェ
　ンダーと法』（岩波書店）101-135 頁
【1998 年】
「疑似パートに関する賃金差別と不法行為——丸子警報器事件に対する鑑定意見書」労働法
　律旬報 1436 号 6-25 頁
「日米の雇用差別法制とフェミニズム法学」アメリカ法 1988-1 号（日米法学会）42-50 頁
「性差別の『例外』とポジティブアクション」労働法律旬報 1439=1440 号 52-64 頁
「女性労働法制」法学セミナー43 巻 9 号 56-59 頁
「変わる労働法」国際女性の地位協会編『女性関連法データブック』（有斐閣）243-255 頁
"Discrimination in Employment in Japan" in Discrimination in Employment, Peeters
　Publication, pp.251-264.
【1999 年】
"Public Policy concerning Non-regular Employment and Women Workers" in Contingent
　Employment of Women Workers in Japan, the Philippines and the United States,
　Philippine American Foundation, pp.64-76.
「男女差別とセクシュアル・ハラスメント——採用・賃金・昇進・昇格における男女差別の
　経験」原ひろ子編『女性研究者のキャリア形成』（勁草書房）163-177 頁
「労働法と家族」利谷信義編『現代家族法学』（法律文化社）145-169 頁
「『市民社会』論とジェンダー：労働法の分野から」法の科学 28 号 63-76 頁

"Workers Protection in Japan: A Report to the International Labour Office." ILO ホームページに掲載 http://www.ilo.org/public/english/dialogue/ifpdial/pdf/wpnr/japan.pdf

「業務命令権の根拠と限界」金子征史・西谷敏編『基本法コンメンタール労働基準法（第4版）』（日本評論社）61－68頁

「均等法・労基法改正とその後の女性労働」国際女性13号89－92頁

【2000年】

「97年男女雇用機会均等法改正——均等法改正がもたらしたもの」労働法律旬報1471=1472号102－104頁

「丸子警報器事件に関する補充意見書」労働法律旬報1473号14－20頁

「男女共同参画社会基本法と条例——労働法へのインプリケーション」労働法律旬報1487号7－18頁

「労働法とジェンダー：『女性中心アプローチ』の試み」日本労働法学会編『講座21世紀の労働法第6巻　労働者の人格と平等』（有斐閣）35－54頁

「間接性差別をめぐる法的課題——日本とイギリス」労働法律旬報1489 = 1490号6－25頁

「就労形態の多様化と労働者概念」飯島紀昭、島田和夫、広渡清吾編集代表『市民法学の課題と展望：清水誠先生古稀記念論集』（日本評論社）481－513頁

「間接性差別とは何か」国際女性14号147－150頁

【2001年】

「社員・パートの賃金平等法理は『同一労働同一賃金原則』によるべきか？」日本労働研究雑誌489号42－43頁

「司法におけるジェンダー・バイアス」法律時報73巻7号、87－90頁

「男女共同参画社会と地方条例——東京都条例と埼玉県条例を比較する」女性施設ジャーナル6号（学陽書房）22－29頁

「女性差別禁止立法から幅広い雇用差別禁止立法へ」女性労働研究40号7－16頁

「社会保障とジェンダー」日本社会保障法学会編『講座　社会保障法第1巻　21世紀の社会保障法』（法律文化社）220－242頁

【2002年】

「性差別への法的アプローチ ——労働法の試み」ジュリスト1222号36－43頁

"Should Wages for Regular and Part-time Workers be Based on the Principle of Equal Pay for Work of Equal Value'?", Japan Labor Bulletin Vol.41-No.10, pp.8-10. The Japan Institute of Labour.

【2003年】

「『労働法のジェンダー分析』とは何か」労働法律旬報1543=1544号10－19頁

「日本的雇用慣行の変容とジェンダー」『21世紀における社会保障とその周辺領域』（法律文化社）131－144頁

「貧困と社会保障」浅倉むつ子監修『導入対話によるジェンダー法学』（不磨書房）85－106頁

「労働形態の多様化とジェンダー」法律時報75巻5号41－45頁

「労働基準法改正——「附帯決議」事項の検討こそが重要」ジュリスト1255号57－58頁

「少子化対策をめぐる法政策とジェンダー」法学セミナー588号68－71頁

「間接差別禁止の立法化を——CEDAWからのメッセージ」国際女性17号190－193頁

「女性差別撤廃条約と企業の差別是正義務——男女昇格差別判例を素材に」国際人権14号28－37頁

【2004年】

「女性差別撤廃条約——CEDAWコメントをめぐって」労働の科学59巻2号（労働科学研究所出版部）5－8頁

「ジェンダー法学の現状と課題」世界の労働54巻3号（日本ILO協会）44－55頁

「変容する労働法に必要なジェンダー視点」北九州市立男女共同参画センタームーブ編

『ジェンダー白書 2　女性と労働』（明石書店）56 – 73 頁

「法科大学院におけるジェンダー法教育」（林陽子と共著）ジュリスト 1266 号 102 – 106 頁

「ジェンダー法学──司法におけるジェンダー・バイアス」学術の動向 97 号（日本学術協力財団）12 – 15 頁

「男女共同参画施策の法的課題──ジェンダー平等の達成に向けて」大原社会問題研究所雑誌 546 号（法政大学大原社会問題研究所）1 – 10 頁

「国際労働機関」山下泰子、植野妙実子編著『フェミニズム国際法学の構築』（中央大学出版部）467 – 492 頁

「セクシャル・ハラスメント」角田邦重、毛塚勝利、浅倉むつ子編著『労働法の争点（第 3 版）』（有斐閣）115 – 117 頁

「間接性差別禁止の立法化は実現するのか」国際女性 18 号 60 – 63 頁

「雇用平等の立法課題」労働調査 426 号（労働調査協議会）4 – 8 頁

【2005 年】

「ジェンダー視点による労働法の再構築」姫岡とし子、池内靖子、中川成美、岡野八代編『労働のジェンダー化』（平凡社）15 – 35 頁

「労働法学とジェンダー」辻村みよ子、山元一 編『ジェンダー法学・政治学の可能性』（東北大学出版会）245 – 259 頁

「少子化対策の批判的分析──妊娠・出産・育児・介護の権利保障の観点から」労働法律旬報 1609 号 4 – 14 頁

「雇用平等をめぐる 20 年──労働法はどこへ向かっているのか」国際女性 19 号 70 – 75 頁

【2006 年】

「労働世界における『男性規範』への挑戦──間接性差別概念の意義」法律時報 78 巻 1 号 21 – 25 頁

"Gender and Diversification of Labour forms in Japan" in J. Conaghan and K. Rittich ed., Labour Law, Work, and Family: Critical and Comparative Perspectives, Oxford University Press, pp.177-193.

「業務命令権の根拠と限界」西谷敏、金子征史編『基本法コンメンタール　労働基準法（第 5 版）』（日本評論社）66 – 73 頁

「労働法と家族生活──『仕事と生活の調和』政策に必要な観点」法律時報 78 巻 11 号 25 – 30 頁

「女性差別撤廃条約と企業の差別是正義務」芹田健太郎、棟居快行、薬師寺公夫、坂元茂樹編集代表『講座国際人権法 2 巻　国際人権規範の形成と展開』（信山社）61 – 80 頁

【2007 年】

「働いて、生きる──均等法の第 3 ステージ」東北大学 21 世紀 COE プログラム「男女共同参画社会の法と政策─ジェンダー法・政策研究センター」研究年報 4 号（東北大学出版会）121 – 131 頁

「均等法の 20 年──間接差別禁止の立法化をめぐる論議」『東北大学 21 世紀 COE プログラム ジェンダー法・政策研究叢書・第 9 巻　雇用・社会保障とジェンダー』（東北大学出版会）35 – 48 頁

「日本における間接差別禁止とポジティブ・アクション」ジェンダーと法 4 号 55 – 67 頁

【2008 年】

「育児期間中の深夜勤務免除請求をめぐる法的検討──日本航空インターナショナル事件東京地裁判決を契機に」早稲田法学 83 巻 3 号 183 – 234 頁

「イギリスにおける男女平等賃金をめぐる最近の動向」労働法律旬報 1675 号 6 – 27 頁

「男女間賃金格差縮小政策と企業の取組み──イギリスの場合」石田眞、大塚直編『早稲田大学 21 世紀 COE 叢書　企業社会の変容と法創造（第 6 巻）労働と環境』（日本評論社）123 – 146 頁

【2009 年】

「女性研究者のキャリア形成より」（原ひろ子と共著）天野正子他編『新編日本のフェミニズム　8　ジェンダーと教育』（岩波書店）250－260 頁

「労働法学とジェンダー」大沢真理他編『新編日本のフェミニズム　第 4 巻　権力と労働』（岩波書店）245－257 頁

「『性の平等』をめぐって──女性労働者保護のゆくえ」フランシス・オルセン著、寺尾美子編訳『法の性別』（東京大学出版会）137－146 頁

「雇用における性差別撤廃の課題──女性差別撤廃条約と ILO100 号条約に照らして」国際人権 20 号 30－37 頁

【2010 年】

「労働分野における性差別撤廃の現状と課題」山下泰子他編『コンメンタール女性差別撤廃条約』（尚学社）33－46 頁

「女性差別撤廃条約 30 周年と個人通報制度」生活経済政策 160 号 30－37 頁

「労働法におけるワーク・ライフ・バランスの位置づけ」日本労働研究雑誌 599 号 41－52 頁

「『すてっぷ』館長雇止め事件意見書」労働法律旬報 1724 号 19－33 頁

「ジェンダー視点の意義と労働法」荒木誠之、桑原洋子編『社会保障法・福祉と労働法の新展開』（信山社）409－427 頁

「『同一価値労働同一賃金原則』実施の手法を考える」国際人権 21 号 32－37 頁

「最大化するジェンダー・ギャップ──労働法は何ができるのか」日本労働法学会誌 116 号 105－109 頁

「暫定的特別措置」国際女性 24 号 127－129 頁

【2011 年】

「女性の権利」早稲田大学大学院法学研究科 組織的な大学院教育改革推進プログラム 編『法学研究の基礎〈法と権利〉』（成文堂）189－212 頁

「労働法研究の立場から、男女の賃金格差を考える」月刊社会主義 585 号 110－116 頁

「労働法の再検討──女性中心アプローチ」大沢真理編『ジェンダー社会科学の可能性　第 2 巻　承認と包摂へ──労働と生活の保障』（岩波書店）43－62 頁

【2012 年】

「ジェンダー労働法学」日本労働研究雑誌 621 号 80－83 頁

「同一価値労働同一賃金原則実施システムの提案」労働法論叢 24 号（韓国比較労働法学会）197－219 頁

「同一価値労働同一賃金原則実施システムの提案」労働法律旬報 1767 号 50－60 頁

「ILO100 号条約の不遵守と労基法 4 条の解釈・運用──ILO 憲章 24 条にもとづく申立審査委員会の結論の検討」労働法律旬報 1773 号 7－15 頁

「インフォプリント・ソリューションズ・ジャパン事件　東京高等裁判所宛意見書」労働法律旬報 1776 号 41－57 頁

「日本的雇用慣行と性差別禁止法理」ジェンダー法学会編『講座ジェンダーと法第 2 巻　固定された性役割からの解放』（日本加除出版）3 頁～17 頁

【2013 年】

「ジェンダー法からみたワーク・ライフ・バランス政策」ジェンダー研究 21 第 2 号（早稲田大学ジェンダー研究所紀要）62－64 頁

「障害差別禁止をめぐる立法課題──雇用分野を中心に」広渡清吾他編『日本社会と市民法学──清水誠先生追悼論集』（日本評論社）589－613 頁

「解題タケダシステム事件と日本航空深夜業免除事件の今日的意義について」『日本女性差別事件資料集成 9 母性保護事件資料 1 別冊資料』（すいれん舎）5－20 頁

「いま必要な労働法制改革──ジェンダーの視点から」労働法律旬報 1800 号 7－14 頁

「イギリス 2010 年平等法における賃金の性平等原則」根本到、奥田香子、緒方桂子、米津孝

司編著『労働法と現代法の理論――西谷敏先生古稀記念論集（下）』（日本評論社）283－303頁

【2014 年】

「日本における同一価値労働同一賃金原則実施システムの提案」西谷敏、和田肇、朴洪圭編著『日韓比較労働法1　労働法の基本概念』（旬報社）237－256頁

「改正障害者雇用促進法に基づく差別禁止」部落解放研究所紀要201号89－110頁

「『法の世界』におけるジェンダー主流化の課題」ジェンダー法研究第1号（信山社）1－15頁

「雇用差別禁止法制は『女性活用』の前提条件」民主主義科学者協会法律部会編『法律時報増刊　改憲を問う――民主主義法学からの視座』（日本評論社）209－214頁

【2015 年】

「包括的差別禁止立法の意義――イギリス2010年平等法が示唆すること」山田省三、青野覚、鎌田耕一、浜村彰、石井保雄編『労働法理論変革への模索――毛塚勝利先生古稀記念』（信山社）581－608頁

「ロースクール（LS）におけるジェンダー法講義の経験から」法の科学46号125－129頁

「男女雇用機会均等法の30年―雇用における性差別を考える」すいへい・東京44号（部落解放・人権研究所）9－25頁

「『女性活躍新法』とポジティブ・アクション」ジェンダー法研究第2号19－36頁

「男女共同参画条例に基づく『苦情処理』の意義」大島和夫、椴澤能生、佐藤岩夫、白藤博行、吉村良一編『広渡清吾先生古稀記念論文集　民主主義法学と研究者の使命』（日本評論社）497－516頁

【2016 年】

「労働時間法制のあり方を考える――生活者の視点から」自由と正義67巻2号41－49頁

「ジェンダー法教育の意義と課題――早稲田大学ロースクールの経験を中心に」小林富久子、村田晶子、弓削尚子編『ジェンダー研究／教育の深化のために――早稲田からの発信』（彩流社）335－348頁

「雇用分野のジェンダー不平等はなぜ解消されないのか」法社会学82号81－92頁

「多摩市条例――『先進的』と呼ばれる条例策定までの道のり」LGBT法連合会編『『LGBT』差別禁止の法制度って何だろう？――地方自治体から始まる先進的取組み』（かもがわ出版）97－110頁

「生活時間をとりもどす・長時間労働の是正、男女均等待遇へ」経済253号28－36頁

「イギリス平等法における複合差別禁止規定について」ジェンダー法研究第3号33－55頁

「同一価値労働同一賃金原則と法制度上の課題」国際女性30号102－106頁

【2017 年】

「包括的差別禁止立法の検討課題――雇用分野に限定して」浅倉むつ子・西原博史編著『平等権と社会的排除――人権と差別禁止法理の過去・現在・未来』（成文堂）3－17頁

「働き方改革は待遇格差を是正できるか」世界892号29－32頁

「ジェンダー視点からみた同一価値労働同一賃金原則の課題」女性労働研究61号25－39頁

「『かえせ☆生活時間プロジェクト』がめざすもの」女も男も129号（労働教育センター）4－11頁

「雇用平等の展望と包括的差別禁止法」生活経済政策246号4－8頁

「なんのための労働時間短縮なのか」世界2017年11月号118－125頁

「障害を理由とする雇用差別禁止の法的課題」障害法（日本障害法学会誌）1号33－49頁

「『働き方改革』とジェンダー平等」ジェンダー法研究第4号157－161頁

【2018 年】

「著書を語る『女性中心アプローチ』への誘い――浅倉むつ子著『労働とジェンダーの法律学』（有斐閣、2000年）をめぐって」ジェンダー研究20号（東海ジェンダー研究所）3－22頁

「安倍政権の労働法制『改革』を批判する」法と民主主義526号4－9頁

「特集　性差別禁止法のエンフォースメント　本特集の趣旨について」季刊労働法 260 号 2 – 5 頁

「大学におけるセクシュアル・ハラスメント判例総覧 50 件」（鈴木陽子と共著）ジェンダー法研究第 5 号 225 – 247 頁

「雇用の分野における男女の均等な機会及び待遇の確保等に関する法律」島田陽一、菊池馨実、竹内（奥野）寿編著『戦後労働立法史』（旬報社）305 – 341 頁

Ⅲ　判例解説・判例評釈

「判例総覧・婦人労働者の権利（上）」労働法律旬報 882 号（1975 年 6 月）59 – 78 頁

「判例総覧・婦人労働者の権利（中）」労働法律旬報 884 号（1975 年 7 月）45 – 59 頁

「判例総覧・婦人労働者の権利（下）」労働法律旬報 886 号（1975 年 8 月）64 – 74 頁

「女子アナウンサーに対する異職種配転命令の限界」季刊労働法 102 号（1976 年 12 月）112 – 120 頁

「古河鉱業高崎工場事件」労働法律旬報 933 号（1977 年 8 月）46 – 51 頁

「各種休暇の法的性質――年次有給休暇・組合休暇・生理休暇・病気休暇」労働法律旬報 942 号（1977 年 12 月）39 – 46 頁

「男女差別定年制の反公序性」季刊労働法 112 号（1979 年 6 月）128 – 139 頁

「労働時間をめぐる労使慣行――昭和 50 年〜昭和 58 年の主要判例」労働法律旬報 1070 号（1983 年 4 月）30 – 47 頁

「家族手当・世帯主手当不支給と男女差別」月刊法学教室 59 号（1985 年 8 月）126 – 127 頁

「生理休暇取得を理由とする精皆勤手当減額措置の効力――エヌ・ビー・シー工業事件」法律時報 58 巻 1 号（1986 年 1 月）92 – 96 頁

「昇格差別」『別冊ジュリスト公務員判例百選』（有斐閣、1986 年 4 月）40 – 41 頁

「組合活動判例総覧：組合事務所」労働法律旬報 1149＝1950 号（1986 年 8 月）27 – 43 頁

「『男女別コース制』に伴う男女間格差の合理性――日本鉄鋼連盟事件」日本労働法学会誌 70 号（1987 年 10 月）120 – 127 頁

「男女別定年――日産自動車事件」『別冊ジュリスト・労働判例百選（第 5 版）』（有斐閣、1989 年 3 月）44 – 45 頁

「家族手当支給要件としての『世帯主』の意義――日産自動車事件」『ジュリスト平成元年度重要判例解説』（有斐閣、1990 年 6 月）200 – 203 頁

「男女差別賃金の認定方法――日ソ図書事件（東京地裁平成 4 年 8 月 27 日判決）」ジュリスト 1017 号（1993 年 2 月）66 – 75 頁

「労働者の非違行為と解雇・懲戒処分――経歴詐称・勤務態度・不正行為」青木宗也・片岡昇・中山和久・外尾健一・本多淳亮・籾井常喜『労働判例体系第 13 巻不当労働行為・差別待遇・支配介入』（労働旬報社、1993 年 3 月）40 – 69 頁、85 – 102 頁、110 – 121 頁

「二本立本人給における『世帯主基準』『勤務地基準』の違法性――三陽物産事件」ジュリスト 1052 号（1994 年 9 月）87 – 92 頁

「賃金差別―三陽物産事件」『別冊ジュリスト労働判例百選（第 6 版）』（有斐閣、1995 年 10 月）58 – 59 頁

「正社員と臨時社員の賃金格差と均等待遇――丸子警報器事件（長野地裁上田支部判決平成 8.3.15）」法律時報 843 号（1996 年 8 月）78 – 81 頁

「国民年金の保険料を長期納付した外国人の被保険者資格――金甲順訴訟」『別冊ジュリスト社会保障判例百選（第 3 版）』（有斐閣、2000 年 3 月）72 – 73 頁

「男女別採用区分と処遇格差の違法性：住友電工事件判決（大阪地裁平成 12.7.31 判決）」国際人権 12 号（2001 年 7 月）97 – 99 頁（国際人権法学会）

「正規・非正規従業員の賃金格差――丸子警報器事件」菅野和夫、西谷敏、荒木尚志編『別冊ジュリスト・労働判例百選〔第 7 版〕』（有斐閣、2002 年 11 月）68 – 69 頁

「男女別コース制の下での男女賃金格差の合理性——兼松事件」『平成 20 年度重要判例解説』（有斐閣、2009 年 4 月）250 − 252 頁

「救済命令の限界——ネスレ日本（東京・島田）事件」『別冊ジュリスト労働判例百選〔第 8 版〕』（2009 年 10 月）236 − 237 頁

「職場における旧姓使用禁止は許されるか——学校法人日本大学第三学園事件」ジェンダー法研究第 4 号（2017 年 12 月）177 − 193 頁

Ⅳ　学会報告

1977 年 5 月　第 53 回日本労働法学会で「婦人労働と基準監督行政」報告

1980 年 5 月　日本法社会学会学術総会で「子どもと法−労働法の立場から」報告

1984 年 10 月　第 68 回日本労働法学会で「性差別の類型と法規制の態様」報告

1993 年 5 月　第 85 回日本労働法学会で「労働契約の立法論的検討−労働契約関係の変動」報告

1993 年 11 月　第 5 回国際人権法学会で「女性労働をめぐる現状と課題−国際基準の展開」報告

1997 年 5 月　第 93 回日本労働法学会で「ミニシンポジウム：パートタイム労働者と均等待遇」企画担当・コーディネーター

1997 年 9 月　第 34 回日米法学会で「日米の雇用差別法制とフェミニズム法学」報告

1998 年 9 月　国際労働法社会保障法学会第 15 回世界大会（アルゼンチン、ブエノスアイレス）で "Discrimination in Employment in Japan: National Report" 報告

1998 年 10 月　民主主義科学者協会法律部会学術総会で「市民社会論とジェンダー」報告

1999 年 3 月　第 4 回 the Conference of International Network on Transformative Employment and Labor Law（南アフリカ・ケープタウン）で "Public Policy concerning Non-regular Employment and Women Workers in Japan" 報告

2000 年 5 月　第 100 回社会政策学会分科会で「ジェンダー政策パッケージ：雇用差別の禁止」報告

2001 年 5 月　日本法社会学会で「ミニシンポジウム：大学におけるセクシュアル・ハラスメント」企画担当・司会

2002 年 5 月　第 103 回日本労働法学会「ミニシンポジウム：男女賃金差別」企画担当・コーディネーター

2002 年 6 月　日本法社会学会「ミニシンポジウム：企業社会の変化と法」で「企業社会のジェンダー構造・変容と再編」報告

2002 年 7 月　第 6 回 the Conference of International Network on Transformative Employment and Labor Law（イタリア・カターニア）で "The Standard Family Model and Unpaid Work in Japan" 報告。

2002 年 11 月　第 14 回国際人権法学会で「賃金・昇格に関わる性差別判例動向と国際条約」報告

2003 年 12 月　第 1 回ジェンダー法学会で「女性差別撤廃条約−国際社会とのギャップ」コーディネーター

2004 年 3 月　第 7 回 the Conference of International Network on Transformative Employment and Labor Law（日本・京都）で "Gender Analysis of Labor Law" 報告

2005 年 5 月　第 109 回日本労働法学会「ミニシンポジウム：労働法とジェンダー」の企画・コーディネーター

2005 年 12 月　第 3 回ジェンダー法学会「ミニシンポジウム：少子化社会のジェンダー法学的分析」司会・コーディネーター

2006 年 12 月　第 4 回ジェンダー法学会で「日本における間接差別禁止とポジティブ・アクション」報告

2008 年 11 月　第 20 回国際人権法学会で「雇用における性差別撤廃の課題—-女性差別撤廃条約と ILO100 号条約に照らして」報告

2012 年 2 月　第 5 回日本性差医学・医療学会学術大会で「ジェンダー法からみたワークライフバランス政策」報告

2014 年 12 月　第 12 回ジェンダー法学会「ワークショップ：雇用差別禁止立法の実効性」で「イギリス 2010 年平等法の概要」報告

2014 年 12 月　第 12 回ジェンダー法学会で「貧困からの脱却とジェンダー」の司会・企画担当

2014 年 11 月　民主主義科学者協会法律部会「ワークショップ：法学教育にジェンダー視点を導入する意義と方法について考える」で「LS『ジェンダーと法』教育を担当して」報告

2015 年 5 月　第 129 回日本労働法学会「ミニシンポジウム：男女雇用機会均等法をめぐる理論課題の検討」司会・コーディネーター

2015 年 5 月　日本法社会学会「ミニシンポジウム：日本のジェンダー平等の課題」で「雇用分野のジェンダー平等」報告

2016 年 12 月　第 14 回ジェンダー法学会で「男女雇用均等法施行 30 周年—-均等法を問う」の司会・コーディネーター

2016 年 12 月　第 1 回日本障害法学会で「障害を理由とする雇用差別禁止の法的課題」報告

V　その他（解説・書評・座談会等）

【1973 年】

「戦後の婦人労働政策」「家」制度研究会報 16 号（「家」制度研究会）17 – 21 頁

【1974 年】

「資料労働基本権制限・剥奪立法の成立過程・第三編解説」労働法律旬報 863 号 64 – 68 頁

【1975 年】

「保護と平等の統一的視点を求めて」婦人通信 1975 年 2 月号 8 – 15 頁

「（書評）『現代の婦人問題』」労働法律旬報 892 号 48 – 49 頁

「（翻訳）イギリス国民保険（産業災害補償）法」（橋本宏子、内山恵子、山口春子と共訳）『イギリス国民保険法 1965』（国鉄労組法律センター）1 – 91 頁

【1976 年】

「婦人研究者問題の難問 —— 東日本婦人研究者シンポジウムに参加して」歴史評論 318 号 162 – 164 頁

「婦人研究者の母性保護に関して」日本の科学者 11 巻 12 号 571 – 575 頁

【1979 年】

「母性保護は社会の責務」婦人通信 226 号 24 – 27 頁

「年少労働者の権利と労働条件」『労働運動・市民運動法律辞典』（大月書店）227 – 230 頁

「婦人労働者の差別」『労働運動・市民運動法律辞典』（大月書店）238 – 244 頁

「女子・年少労働者保護の意義とその沿革」『労働法事典』（労働旬報社）480 – 487 頁

「男女平等の保障」『労働法事典』（労働旬報社）507 – 517 頁

【1980 年】

「平等『二法』とイギリスの婦人労働者」婦人通信 239 号 16 – 22 頁

「国連の婦人差別撤廃条約の批准めざして」学習の友 321 号 72 – 73 頁

「男女雇用平等法案について」スト権月報 29 号 12 – 13 頁

「（書評）島田信義『婦人労働法論』」季刊労働法 116 号 156 – 157 頁

【1983 年】

「（座談会）先進国における男女雇用平等法の展開とわが国の立法課題（上）（下）」（田端博邦、西谷敏、松林和夫、脇田滋と）労働法律旬報 1077 号 4 – 27 頁、1078 号 4 – 19 頁

「男女雇用平等立法の諸課題」季刊保育問題研究 85 号 62 – 68 頁

【1984 年】

「婦人研究者問題と雇用平等法」歴史学研究月報 290 号 4 − 5 頁

「男女平等をめざす国際的な動向（解説）」『資料・男女雇用平等法』（学習の友社）73 − 74 頁

「（座談会）均等待遇の法的課題」（下井隆史、菅野和夫、中島通子、花見忠と）ジュリスト 819 号
　6 − 31 頁

【1985 年】

「育児休暇」「出産休暇」「生理休暇」「母性保護」『平凡社百科事典』（平凡社）

「男女雇用機会均等法案・試案」労働法学研究会報 36 巻 1 号 32 − 46 頁

「日本航空における男女差別と日弁連・是正要望書」労働法律旬報 1120 号 4 − 6 頁

「国連婦人の十年のめざしたもの」『婦人白書 1985』（婦人団体連合会）2 − 11 頁

「ナイロビ NGO フォーラムに参加して」働く女性の道しるべ 21 号（東京都労働経済局）3 頁

【1986 年】

「男女雇用機会均等法と女子労働者の課題」東京の女性 25 号 8 − 9 頁

「男女雇用機会均等法を考える」『東京都立大学公開講座　人間らしく生きる』（東京都立大学
　事務局総務課）163 − 194 頁

「世界の女子労働者──EC」『婦人白書 1986』（婦人団体連合会）77 − 87 頁

「（書評）花見忠『現代の雇用平等』」日本労働協会雑誌 327 号 52 − 53 頁

【1987 年】

「『雇用平等』の立法論的課題」経済と労働 61 号（東京都労働経済局）36 − 45 頁

「（座談会）働く女性と憲法」（大島悦子、斉藤茂男、柏木和子と）とうきょう広報 87 年 5 月号
　9 − 17 頁

「女性の発想を職場へ」『岩波ブックレット無敵な OL になる法』（岩波書店）46 − 47 頁

【1988 年】

「思いつくまま──女子差別撤廃委員会傍聴記」時の法令 1328 号 2 − 3 頁

「思いつくまま──昇進差別」時の法令 1330 号 3 − 4 頁

「国連の女子差別撤廃委員会に対する日本政府報告をめぐって」婦人通信 343 号 20 − 24 頁

「思いつくまま──同一『価値』労働」時の法令 1332 号 2 − 3 頁

「女子差別撤廃委員会第 7 会期を傍聴して」国際女性 '88、13 頁

「思いつくまま──パートタイム労働」時の法令 1334 号 3 − 4 頁

「差別撤廃の進展状況」月刊アーティクル 29 号 76 − 77 頁

「思いつくまま──会員制クラブの男女差別」時の法令 1336 号 2 − 3 頁

「民間企業における女子雇用管理の実情」地方自治職員研修 21 巻 9 号 43 − 47 頁

「思いつくまま──父親休暇」時の法令 1338 号 3 − 4 頁

「思いつくまま──『主たる生計維持者』は夫？」時の法令 1340 号 2 − 3 頁

「思いつくまま──女性のための優遇措置」時の法令 1342 号 3 − 4 頁

「思いつくまま──均等法 3 年目の見直し」時の法令 1344 号 2 − 3 頁

「学界回顧・労働法」（浜村彰、深谷信夫と共著）法律時報 60 巻 13 号 127 − 134 頁

【1989 年】

「思いつくまま──単身赴任」時の法令 1346 号 3 − 4 頁

「思いつくまま──機会均等のための自主点検」時の法令 1348 号 2 − 3 頁

「思いつくまま──セクシュアル・ハラスメント」時の法令 1350 号 3 − 4 頁

「（翻訳）CEDAW 第 7 会期日本政府レポート審議に関する国連報告書翻訳」（大脇雅子、山下泰
　子と共訳）国際女性 '89、42 − 54 頁

「均等法 3 年を経過して」働く婦人 32 号 22 − 26 頁

「学界回顧・労働法」（浜村彰、深谷信夫と共著）法律時報 61 巻 14 号 110 − 117 頁

【1990 年】

「（書評）小川政亮『社会保障権──歩みと現代的意義』」日本社会保障法学会誌 5 号 170 − 173

頁

「女子差別撤廃委員会第8会期の活動について」国際女性 '90、19-21頁

「女性労働者の保護を考える」労働埼玉 495号3-4頁（埼玉県労働部労政課労政事務所）

【1991年】

「夜業に関する新しいILO条約と勧告」月刊社会教育 35巻3号44-48頁

「性別役割分業を考える」浦田賢治、新倉修、吉井蒼生夫編『いま日本の法は──君たちは
　どう学ぶか』（日本評論社）30-42頁

「性的自己決定の権利」季刊科学と思想 80号148-150頁

「シリーズ海外女性労働事情・イギリス編」働く女性のみちしるべ 42号4頁

「イギリス第1次レポートの審議について」国際女性 '91、10-13頁

【1992年】

「アメリカ社会と雇用平等の一断面（山川菊栄研究奨励賞受賞式講演）」日本婦人問題懇話会会
　報 52号90-95頁

「日本の女性たちへ──憲法の起草者の一人ゴードンさんから」（尾崎薫と共著）まなぶ 404号
　（労働大学出版センター）57-63頁

「アメリカにおけるバイオレンス」国際女性 '92、61-64頁

【1993年】

「いま、『女性と暴力』問題を考える─1995年の会議に向けて」婦人通信 402号28-31頁

「（座談会）男女平等先進国から日本への提言」（岡澤憲夫・松浦千誉と）働く女性のみちしるべ
　49号3-7頁

「（書評）ポール・ワイラー『職場の支配─労働法と雇用法の将来』」日本労働研究雑誌 402号
　31-34頁

「女子差別撤廃条約は遵守されているか？」INTERJURIST 83号（日本国際法律家協会）14-
　16頁

「日本政府第2次レポートの問題点─逐条コメント11条」国際女性 7号103-106頁

【1994年】

「11条1項」国際女性の地位協会『女性差別撤廃条約の報告制度と日本政府レポート』（尚学
　社）45-48頁

「ゼミナール労働法1　短期労働契約の更新拒否」受験新報 518号16-17頁

「ゼミナール労働法2　外勤拒否闘争と賃金カット」受験新報 519号26-27頁

「ゼミナール労働法3　年次有給休暇と不利益取扱い」受験新報 520号17-18頁

「世界の中の日本─国連女子差別撤廃委員会の審議を傍聴して」新婦人情報1994年5月号3-
　7頁

「共働きハラスメント」女性と労働21 第8号（フォーラム・「女性と労働21」）8-9頁

「ゼミナール労働法4　不当労働行為における使用者」受験新報 521号26-27頁

「世界女性会議関連会議紹介」INTERJURIST91号 33頁

「国連女子差別撤廃委員会における日本政府レポートの審査について」労働総研クォータ
　リー15号28-30頁

「ゼミナール労働法5　就業規則の不利益変更」受験新報 522号28-29頁

「（書評）George Rutherglen、After Affirmative Action: Conditions and Consequences of
　Ending Preferences in Employment」アメリカ法 1994-1（日米法学会）150-155頁

「ゼミナール労働法6　スト不参加者の賃金・休業手当」受験新報 523号26-27頁

「ゼミナール労働法7　チェックオフをめぐる法律問題」受験新報 524号22-23頁

「ゼミナール労働法8　労働時間の概念」受験新報 526号30-31頁

「第2回日本政府レポート審議逐条コメント10条、11条」国際女性 8号90-94頁

「ゼミナール労働法9　男女同一賃金原則」受験新報 527号34-35頁

【1995年】

「（座談会）男女差別賃金事件の軌跡と展望——三陽物産（男女差別賃金）事件（東京地裁平6・6・16判決）を中心に」（秋田成就、松田保彦、山田省三と）労働判例 660 号 6 - 30 頁
「ゼミナール労働法 10　配転命令と単身赴任」受験新報 528 号 46 - 47 頁
「ゼミナール労働法 11　出向と懲戒処分」受験新報 529 号 24 - 25 頁
「ゼミナール労働法 12　労働組合の統制処分」受験新報 530 号 20 - 21 頁
「（シンポジウム）女子学生の就職問題を考える」（木村晋介、渡辺澄子と）大東文化大学法学研究所報別冊 4 号（大東文化大学法学研究所）1 - 62 頁
「性別役割分業を考える」浦田賢治他編『いま日本の法は（第 2 版）』（日本評論社）30 - 42 頁
「女性労働に関する ILO と国連の動き—特別保護から全体の労働環境改善へ」季刊女子教育問題 63 号（労働教育センター）4 - 11 頁
「ゼミナール労働法 13　パートタイム労働と均等待遇①」受験新報 532 号 24 - 25 頁
「ゼミナール労働法 14　パートタイム労働と均等待遇②」受験新報 533 号 24 - 25 頁
「ゼミナール労働法 15　試用目的の有期労働契約」受験新報 534 号 28 - 29 頁
「（シンポジウム）雇用における男女平等」『平成 7 年度国際女性フォーラム彩の国報告書』13 - 25 頁
「ゼミナール労働法 16　違法解雇と中間収入」受験新報 535 号 22 - 23 頁
「ゼミナール労働法 17　変更解約告知」受験新報 536 号 20 - 21 頁
「男女雇用機会均等法 10 年を迎えて」働く女性の道しるべ 59 号 2 - 4 頁
「ゼミナール労働法 18　定年制」受験新報 537 号 22 - 23 頁
「ゼミナール労働法 19　競業避止義務」受験新報 538 号 24 - 25 頁
「（書評）落合恵美子『21 世紀家族へ』」国際女性 9 号 147 - 148 頁

【1996 年】
「ポジティブアクション」大脇雅子他編『21 世紀の男女平等法』（有斐閣）14 - 35 頁
「ゼミナール労働法 20　使用者による労働者への貸付金返還請求」受験新報 541 号 28-29 頁
「ナショナルマシーナリーの活動——イギリスから学ぶこと」婦人通信 446 号 26 - 30 頁
「（座談会）丸子警報器事件・長野地裁判決の研究」（今野久子、深谷信夫と）労働法律旬報 1387 号 6 - 37 頁
「ILO：ヨーロッパの労働裁判所——国際基準の適用と性差別の禁止」世界の労働 46 巻 9 号 41 - 47 頁
「男女共同参画社会の実現と法制度上の課題——労働法学の視点から」土木学会誌 81 巻 11 号 75 - 78 頁
「労働法・従業員の『差別化』に対抗する法理」『アエラムック法律学がわかる』（朝日新聞出版）40 - 41 頁
「イギリスの男女平等法制（講演記録）」法制執務月報 318 号（部内用）（参議院法制局）1 - 90 頁
「各地の民科活動」（吉田正志、神戸秀彦と共著）法の科学 25 号 134 - 151 頁
「（対談）男女雇用差別撤廃をめぐる立法案——大脇試案の検討」（大脇雅子と）労働法律旬報 1395 号 6 - 27 頁
「雇用差別とポジティブ・アクション」国際女性 10 号 55 - 58 頁
「（書評）奥山明良ほか『諸外国のアファーマティブ・アクション法制』」国際女性 10 号 106 - 107 頁

【1997 年】
「（シンポジウム）女と男のライフフォーラム」（佐々木かおり、塚越孝、鳥塚しげきと）『第 5 回女と男のライフフォーラム報告書』（東京女性財団）19 - 41 頁
「男女雇用機会均等法改正後への期待」しんじゅくフォーラム 15 号（新宿区総務部）9 頁
「フェミニズムを」まなぶ 464 号（労働大学出版センター）49 頁
「女性労働のいまとこれから」書斎の窓 465 号 25 - 29 頁
「私の論点　無償労働（アンペイド・ワーク）の貨幣評価を考える」労働法律旬報 1412 号 4 - 5

頁

「白バラの季節に」労働法律旬報 1413 号 10 − 12 頁

「パートタイム労働者、契約社員、派遣労働者をめぐる法律問題」情報ふくおか 273 号（福岡
　県企業振興公社）24 − 27 頁

「パートタイム労働と均等待遇原則 ── 総括」日本労働法学会誌 90 号 92 − 94 頁

「労働におけるジェンダーと法：克服の法的戦略」法学セミナー 516 号 33 − 36 頁

「随筆フェミニズムと法律学」学術の動向 21 号（日本学術協力財団）40-41 頁

「労働判例回顧：女性労働」（菅野淑子と共著）労働法律旬報 1421 号 54 − 63 頁

「追悼：初代会長伊東すみ子氏のご逝去を悼む」（赤松良子、北島孝枝他と共著）国際女性 11 号
　193 − 196 頁

【1998 年】

「巻頭言 労働と法 ── 私の論点　均等法の片面性と女性の優遇」労働法律旬報 1428 号 4 − 5 頁

「（座談会）どう変わる女の働き方 ─ 均等法・労基法の改正を考える」（佐藤洋子・中野麻美と）
　『佐藤洋子のインタビュートーク　どう変わる女の働き方』（豊島区立男女平等推進センター）

「労働における男女平等の実現」『すずかけ女性大学記録集』（すみだ女性センター）15 − 16 頁

「均等法改正と労基法改正について考える」Move4 号（練馬区生活文化部）2 − 6 頁

「働く女性をめぐる法制度」女性教養 536 号（日本女子社会教育会）3 − 6 頁

「（監訳）国際連合と女性の地位向上」（赤松良子、野瀬久美子、山下泰子、矢澤澄子、林陽子と共
　訳、全 94 頁、国際女性の地位協会）

「国際学会の動向」社会保障法 13 号 252 − 253 頁

「働く女性をめぐる法制度」With You 42 号（埼玉県環境生活部）4 − 5 頁

「パートタイムで働くことを考える」『平成 10 年度第 23 回公開講座　いま「家族」を考える』
　（成城大学）39 − 41 頁

「『公正』と『効率』の間で」ウィル 4 号（あいち女性総合センター）22 − 23 頁

【1999 年】

「ポジティブアクション　差別とならない特別措置」赤松良子監修『岩波ジュニア新書　女
　性の権利ハンドブック女性差別撤廃条約』（岩波書店）48 − 53 頁

「論点：東京都『男女平等参画基本条例』の中間報告」月刊婦人展望 501 号 12 − 13 頁

「セクシュアルハラスメントと大学の責任」労働法律旬報 1449 号 4 − 5 頁

『'98 男女平等を考える都民会議　東京都男女平等推進基本条例（仮称）を考える』（全 98 頁）
　（東京都生活文化局）

「新しい均等法 ─ 企業に求められるポジティブ・アクション」Network7 号（広島県労働協会）
　6 − 7 頁

「学会の男女『共同参画』状況」労働法律旬報 1463 号 4 − 5 頁

「企業はどう女性を活用し、女性は自らをどうアピールするか ── 女性の積極的活用は企業
　と社員のフレンドリーな関係を構築する」ビジネスキャリア vol.5、5 − 6 頁

「本当に働きやすくなる？女性の職場 Q&A」中央区女性ニュース・ブーケ 30 号（中央区総務
　部）2 − 4 頁

「（座談会）男女雇用機会均等法改正をふりかえって」（中島通子、片岡千鶴子、高島順子、吉宮聡
　悟と）『連合要求実現「応援団」活動まとめ 1997〜1999』（日本労働組合総連合会・総合労働局）
　98 − 126 頁

「働く女性と法の百年：東雲楼のストライキによせて」書斎の窓 490 号 9 − 14 頁

【2000 年】

「（座談会）セクシュアル・ハラスメントのない職場にするために」（上野千鶴子、鹿嶋敬、野原
　容子、山田秀雄と）人事院月報 604 号（日経印刷）20 − 27 頁

「（対談）連続学習会『いま山川菊栄を読む』(3) 山川菊栄の労働運動論」（広田寿子と）社会主
　義 445 号 100 − 116 頁

「労基法上の女性労働者の保護」「雇用機会均等法の概要」「パートタイム労働」角田邦重編『最新版事例で読む労働法実務事典』（旬報社）432−434頁、441−443頁、463−464頁

「セクハラ概念整理法──セクシュアル・ハラスメントを正しく理解するために」化学と工業53巻9号（日本化学会）1033−1037頁

「遊筆・労働問題に寄せて　女性労働研究は学問的水準が低い？」労働判例789号2頁

「アメリカ社会と雇用平等の一断面」山川菊栄記念会編『たたかう女性学へ』（インパクト出版会）117−122頁

「（座談会）山川菊栄の労働運動論」（広田寿子と）山川菊栄記念会編『たたかう女性学へ』（インパクト出版会）237−251頁

【2001年】

「司法改革・法学教育・ジェンダー」法の科学30号218−219頁

「労働と法─私の論点　企業の利潤と人的資源」労働法律旬報1499号4−5頁

「知ろう、東京都男女平等参画基本条例」『エンパワーメントの女性学V』（北九州市立女性センター）142−154頁

「（座談会）21世紀を拓く」（林陽子、大沢真理、中野麻美と）フォーラム女性と労働21第36号21−51頁

「ILO条約──働く女性の権利を守るために」女たちの21世紀26号（アジア女性資料センター）32−34頁

「性別役割分業を考える」浦田賢治他編『いま日本の法は〔第3版〕』（日本評論社）50−64頁

「男女平等が真に問われる世紀へ」Counselors5号（日本産業カウンセラー協会）2−6頁

「東京都男女平等参画基本条例報告」女性連帯基金50％第11号6−9頁

「均等待遇は世界の流れ」エスポワール3号（東京都産業労働局）2−3頁

「自著紹介　浅倉むつ子『労働とジェンダーの法律学』」民主主義科学者協会法律部会会報136号10−11頁

【2002年】

「労働法の魅力と無力（その1）近代的平等の落とし穴」書斎の窓511号34−37頁

「ジェンダーに敏感な視点を身につける　職場における男女共同参画」WIC（千葉県女性センター情報誌）5−9頁

「ILOの労働基準と日本の現状──公平・平等な評価は人格の尊重」世界の労働52巻2号2−10頁

「労働法の魅力と無力（その2）常識への挑戦」書斎の窓512号34−37頁

「労働法の魅力と無力（その3）労働の価値を比較する」書斎の窓513号38−41頁

「法律時評 ワークシェアリングを考える視点」法律時報74巻6号1−3頁

「労働法の魅力と無力（その4）自由選択」書斎の窓514号38−41頁

「国際派遣報告 ヨーロッパ統合と新しい労働のあり方──国際労使関係協会第6回欧州会議」学術の動向74号（日本学術協力財団）86−88頁

「労働法の魅力と無力（その5）『アンペイド・ワーク』シェアリング」書斎の窓515号40−43頁

「労働法の魅力と無力（その6）ボトムアップの人事管理」書斎の窓515号32−35頁

「（座談会）ジェンダーの視座から家族法を考える」（二宮周平、赤石千衣子、丸山茂と）法律時報74巻9号4−25頁

「労働法の魅力と無力（その7）『境界』を超えられるか」書斎の窓517号36−39頁

「労働法の魅力と無力（その8）セクハラ問題への実践的関わり方」書斎の窓518号34−37頁

「労働法の魅力と無力（その9）労働の再定義」書斎の窓519号30−33頁

「労働法の魅力と無力（その10・完）回帰より創造へ」書斎の窓520号26−29頁

「ジェンダー視点による労働法の再構築」立命館言語文化研究14巻3号（立命館大学国際言語文化研究所）4−18頁

【2003 年】

「男女共同参画社会は『パワハラ』を許さない」東京 23 区政会館だより 154 号 2 – 3 頁

「男女共同参画の到達点と今後」『全国男女共同参画宣言都市サミット in すぎなみ』報告書
（杉並区）84 – 99 頁

「労働法のパラダイム・チェンジ」Moving31 号（北九州市立男女共同参画センター）2 – 5 頁

「フェミニズムと日本の法律学」『明治大学法学部創立 120 周年記念シンポジウム』（明治大学）
105 – 108 頁

「学問としての法学　労働法」『別冊法学セミナー法学入門 2003』（日本評論社）94 – 96 頁

「職場内の男女交際は風紀紊乱？」労働法律旬報 1550 号 4 – 5 頁

「（シンポジウム）女性の人権の現在──雇用差別の撤廃をめざして」（中島通子、宮坂和子、西
村かつみと）神奈川大学法学研究所年報 21 号 177 – 237 頁

「（対談）国連の審議を傍聴して　女性差別撤廃へ　世界の視点で見えてきたこと」（堀江ゆり と）
女性のひろば 296 号 21 – 31 頁

【2004 年】

「発足したジェンダー法学会」女性展望 2004 年 2 月号（市川房枝記念会出版部）1 頁

『労働法のジェンダー分析』（科研費報告書）

「学問としての法学　労働法」『別冊法学セミナー法学入門 2004』（日本評論社）90 – 92 頁

「職場のセクシュアル・ハラスメントを防止するために」地方公務員月報 490 号（総務省自治
行政局）2 – 11 頁

「（書評）野崎綾子著『正義・家族・法の構造変換─ リベラル・フェミニズムの再定位』」
ジェンダーと法 1 号 139 – 140 頁

「日本学術会議報告」日本労働法学会誌 104 号 182 – 185 頁

「境界を超えて──INTELL 京都大会とジェンダー」書斎の窓 539 号 13 – 17 頁

【2005 年】

「確かな第三ステージを築くために」日本労働研究雑誌 538 号 1 頁

「日本学術会議報告」日本労働法学会誌 105 号 193 – 195 頁

「難関に取り組むチャレンジングな学会」ジェンダーと法 2 号 1 – 2 頁

「モチベーションを大切に」柏木惠子編『キャリアを拓く　女性研究者のあゆみ』（ドメス出
版）120 – 124 頁

「ジェンダーと労働法：シンポジウムの趣旨と総括」日本労働法学会誌 106 号 61 – 67 頁

「（監訳）ジョアン・コナハン　女性、労働、家族：英国の革命か？」労働法律旬報 1609 号
53 – 69 頁

【2006 年】

「男女の雇用機会と法」大沢真知子 原田順子編『21 世紀の女性と仕事』（日本放送大学出版協
会）87 – 102 頁

「職場のセクシュアル・ハラスメント防止と法」大沢他編『21 世紀の女性と仕事』（日本放送
大学出版協会）103 – 116 頁

「非典型雇用と法」大沢他編『21 世紀の女性と仕事』（日本放送大学出版協会）139 – 154 頁

「均等法の 20 年──間接性差別の立法化をめぐる論議」東北大学 21 世紀 COE プログラム男
女共同参画社会の法と政策──ジェンダー法・政策研究センター研究年報 3 号（東北大学出
版会）131 – 138 頁

「働いて、生きる──均等法の第三ステージ」東北大学 21 世紀 COE プログラム男女共同参画
社会の法と政策──ジェンダー法・政策研究センター研究年報 4 号 121 – 130 頁

「（座談会）施行 20 年──均等法の抜本改正に向けて」（吉宮聰悟、渡辺順彦と）女性展望 579 号
5 – 10 頁

「労働者のより高い生活基準こそ専制政府の復活に対する防壁」『女性九条の会ブックレット
ほんとうはこわーい憲法「改正」』22 – 23 頁

「日本学術会議報告」日本労働法学会誌 107 号 201－203 頁

「労働世界へのジェンダー法学的アプローチ」あごら 306 号（BOC 出版部）4－13 頁

「（座談会）新たな労働政策が人間らしい生き方を支える」（神野直彦、西谷敏、野村正實と）世界 753 号 192－206 頁

「（シンポジウム）日本の性差別賃金と同一価値労働同一賃金原則」（森ます美、屋嘉比ふみ子と）月刊社会主義 527 号 95－109 頁

「雇用の多様化っていいことなの？」新鐘 2006 年 9 月号 66－67 頁

「日本学術会議報告」日本労働法学会誌 108 号 243－245 頁

「KEY WORD 間接差別」法学教室 315 号 2－3 頁

「（座談会）新たな労働政策が人間らしい生き方を支える」（西谷敬、野村正實、神野直彦と）神野直彦、宮本太郎編『脱「格差社会」への戦略』（岩波書店）60－88 頁

「働いて生きる――均等法の第三ステージ」『平成 18 年度日本学術会議地域振興・東北地区フォーラム報告書』14－22 頁

【2007 年】

「就職できない時代の女子学生として」植野妙実子他『女性と法を見る目に確かさを』（成文堂）35－65 頁

「深夜業免除制度は『絵に描いた餅』ではないはず」ビジネス・レイバー・トレンド 2007 年 3 月号（労働政策研究・研修機構）13 頁

「学術世界における男女共同参画の新しいかたち」『一橋大学におけるジェンダー教育プログラムへの提言』49－52 頁

「日本学術会議報告」日本労働学会誌 109 号 179－181 頁

「男女雇用機会均等法施行 20 周年を迎えて」日本女性法律家協会会報 45 号 2－20 頁

「（シンポジウム）どうする？21 世紀の日本――憲法・女性差別撤廃条約・NGO」（樋口恵子、阿部浩己と）国際女性 21 号 63－78 頁

【2008 年】

「キム報告と猪口報告に対するコメント」辻村みよ子、戸澤英典、西谷祐子編『世界のジェンダー平等：理論と政策の架橋をめざして』（東北大学出版会）333－338 頁

「男女雇用機会均等法の過去・現在・未来」立教大学キャリアセンター編『講義仕事と人生』（新曜社）116－133 頁

「理事会声明について」ジェンダーと法 5 号 127 頁

「日本学術会議報告」日本労働法学会誌 112 号 201－203 頁

【2009 年】

「（書評）原田綾子著『「虐待大国」アメリカの苦闘――児童虐待防止への取組みと家族福祉政策』」法社会学 70 号 291－296 頁

「『同一価値労働同一賃金』はリップサービスか？――山川菊栄の今日的意義を考える」SD21月刊社会民主 648 号 24 頁

「明日への視角――内なるジェンダー・バイアスに気づく」生活経済政策 152 号（生活経済政策研究所）2 頁

「男女共同参画の 10 年」労働法律旬報 1706 号 4－5 頁

「恋愛は対等に――さよなら、デート DV」新鐘 76 号 51－52 頁

【2010 年】

「（対談）女性差別撤廃条約の 30 年」（林陽子と）労働法律旬報 1711＝1712 号 100－116 頁

「労働法研究の立場から男女の賃金格差を考える」『山川菊栄生誕 120 年記念事業　山川菊栄の現代的意義』（山川菊栄記念会）67－73 頁

「ジェンダー研究の有用性を証明する法史学――三成報告へのコメント」早稲田大学比較法研究所編『比較法と法律学』（早稲田大学比較法研究所叢書 37 号、成文堂）229－235 頁

「育児休業差別を問う」JCLU ニュースレター376 号 12－13 頁

「日本学術会議報告」日本労働法学会誌 116 号 187 – 189 頁

「（座談会）女性差別撤廃条約実施の現状と課題——条約をいかに活用していくのか」（鹿嶋敬、林陽子、山下泰子と）国際女性 24 号 89 – 111 頁

【2011 年】

「巻頭言　複合差別」労働法律旬報 1735＝1736 号 4 – 5 頁

「『同一価値労働同一賃金原則の実施システム——公平な賃金の実現に向けて』を刊行して」（森ます美と共著）書斎の窓 604 号 43 – 47 頁

「日本学術会議報告」日本労働法学会誌 117 号 143 – 145 頁

「（シンポジウム）社会と労働　労働法転換の要因」生活経済政策研究所『15 周年記念シンポジウム　ポスト 3.11 の構想』（生活研ブックス 32）39 – 45 頁

「日本学術会議報告」日本労働法学会誌 118 号 177 – 179 頁

「今ギアチェンジのとき」カティングエッジ 43 号 1 頁

【2012 年】

「ジェンダー法からみたワークライフバランス政策」『日本性医学・医療学会プログラム記録集』13 頁

「日本学術会議報告」日本労働法学会誌 119 号 149 – 151 頁

「有期労働契約は変わっていくか——経緯と法改正案をめぐって」POSSE15 号 181 – 191 頁

「日航（JAL）裁判の不当判決は許せない」婦人通信 645 号 12 頁

「働く女性の現状——ジェンダー平等のために」『第 58 回日本母親大会のしおり in 新潟』22 – 24 頁

「日本学術会議報告」日本労働法学会誌 120 号 253 – 255 頁

「書籍紹介　法学におけるジェンダー主流化をめざして：『講座ジェンダーと法〈全四巻〉』刊行にあたって」法の苑 57 号（日本加除出版）17 – 21 頁

「（翻訳）マーサ・アルバートソン・ファインマン：ジェンダーとケア～アメリカの教訓」（林弘子 と共訳）ジェンダー法学会編『講座ジェンダーと法　第 2 巻　固定された性役割からの解放』（日本加除出版）71 – 85 頁

【2013 年】

「男女雇用機会均等法とポジティブアクション」WINWIN 編著『クォータ制の実現をめざす』（パド・ウィメンズ・オフィス）26 – 30 頁

「労働法と男女雇用機会均等法」木村涼子、伊田久美子、熊安貴美江編著『よくわかるジェンダー・スタディーズ』（ミネルヴァ書房）142 – 143 頁

「コメント：ジェンダー法によって雇用崩壊を防ぐ」学術の動向 206 号 53 – 58 頁

「表紙の顔　赤松良子　紹介文」学術の動向 206 号 3 頁

「日本学術会議報告」日本労働法学会誌 121 号 135 – 137 頁

「連載　雇用とジェンダー（1）第三次均等法改正」生活経済政策 197 号 4 – 5 頁

「障害差別禁止立法の課題と展望」労働法律旬報 1794 号 6 – 8 頁

「（シンポジウム）誰もが生きやすい社会へ」（小宮山洋子、大沢真理と）女性と労働 21 第 85 号 6 – 50 頁

「障害差別解消法—理想には遠いが、重要な一歩」『ヒューライツ大阪ニューズレター国際人権ひろば』（アジア・太平洋人権情報センター　ヒューライツ大阪）8 – 9 頁

「時評、自評　今の均等法で性差別是正は可能か？」労働情報（協同センター労働情報）869＝870 号 3 頁

「雇用とジェンダー：第三次均等法改正」女性と労働 21 第 86 号 63 – 65 頁

「連載　雇用とジェンダー(2) マタニティ・パタニティ・ハラスメント」生活経済政策 201 号 32 – 33 頁

「日本学術会議報告」日本労働法学会誌 122 号 201 – 203 頁

「（書評）富永晃一著『比較対象者の視点からみた労働法上の差別禁止法理——妊娠差別を題

「材として」」日本労働研究雑誌 639 号 90 – 93 頁

「第 3 次均等法改正を──ジェンダー格差の原因は女性にあるのか？」労働法律旬報 1804 号 6 – 8 頁

「(書評)『講座ジェンダーと法　全 4 巻』」(二宮周平 と共著) 国際女性 27 号 164 – 167 頁

【2014 年】

「連載　雇用とジェンダー (3) 女性障害者に対する複合差別」生活経済政策 205 号 4 – 5 頁

「女性教員ランキング　意識改革、環境改善、採用人事の改革」『2015 年版大学ランキング』 (朝日新聞社) 186 – 187 頁

「共生社会の創造──シンポジウムを終えて」学術の動向 2014 年 5 月号 46 – 47 頁

「法律はマタハラの歯止めになるか？：マタハラ裁判例を通じて」POSSE23 号 80 – 88 頁

「連載　雇用とジェンダー (4) イギリスの 2010 年平等法」生活経済政策 209 号 36 – 37 頁

「連載　雇用とジェンダー (5) 中国電力の賃金差別」生活経済政策 212 号 32 – 33 頁

「日本学術会議報告」日本労働法学会誌 124 号 241 – 244 頁

「『女性の活躍』に必要な政策課題──均等待遇と WLB」『平成 26 年度 NWEC 国際シンポジウム　ダイバーシティ推進と女性のリーダーシップ』86 – 117 頁

【2015 年】

「金では購えない『時間』の価値」労働情報 910=911 号 3 頁

「男女雇用機会均等法制定 30 周年を迎えて」カティングエッジ 54 号 1 頁

「新たな差別禁止法の創設を」情報労連リポート 2015 年 6 月号 (情報産業労働組合連合会)12 – 13 頁

「男女雇用機会均等法の 30 年──雇用における性差別を考える」『第 16 回就職差別撤廃東京大会　今日の公正採用選考と女性』15 – 20 頁

「ワークショップ B 報告　雇用差別禁止法の実効性をどう確保するか──イギリス 2010 年平等法を手がかりに」(内藤忍、宮崎由佳と共著) ジェンダーと法 12 号 151 – 155 頁

「(座談会) 男女雇用機会均等法成立から 30 年──なぜ日本のジェンダー格差は縮小しないのか」(山田省三、内藤忍、中野麻美と) 労働法律旬報 1844 号 7 – 37 頁

「(座談会) 均等法 30 年」(中野麻美、柚木康子、龍井葉二と) 労働情報 917=918 号 10 – 15 頁

「男女雇用機会均等法をめぐる理論課題の検討：趣旨と総括」(山川隆一と共著) 日本労働法学会誌 126 号 101 – 106 頁

「(シンポジウム)『たかの友梨』が締結した『労働協約』の意義：『ブラック企業』批判から労使による子育て支援へ」(佐々木亮、小野山静、青木耕太郎と) POSSE28 号 42 – 51 頁

「(座談会) いま、なぜ生活時間なのか？」(毛利勝利、浜村彰、龍井葉二と) 労働法律旬報 1849 号 6 – 32 頁

「巻頭言　ポジティブ・アクション義務づけ立法を考える」労働法律旬報 1853 号 4 – 5 頁

「書籍情報コーナー：山下泰子・辻村みよ子・浅倉むつ子・二宮周平・戒能民江『ジェンダー六法〔第 2 版〕』」国際女性 29 号 135 – 136 頁

【2016 年】

「記憶し続けよう、2015 年の夏」婦人通信 685 号 6 – 8 頁

「人権委員会との『建設的対話』」生活経済政策 231 号 2 頁

「女性差別撤廃委員会との『建設的対話』を」労働法律旬報 1866 号 6 – 8 頁

「『同一価値労働同一賃金』へ『基本給』に踏み込んだ議論を」情報労連リポート 2016 年 7 月号 18 – 19 頁

「私はこう考える　学問的営みで『力づくの政治』を変えていきたい」まなぶ 713 号 46 – 47 頁

「『生活時間アプローチ』による労働時間短縮」月刊社会民主 735 号 7 – 10 頁

「『力づくの政治』を許さない」連合通信 1197 号 (機関紙連合通信社) 2 頁

【2017 年】

「追悼　林弘子先生を偲ぶ」社会保障法 32 号 247-249 頁

「誰のための『働き方改革』か」ひろばユニオン 2017 年 6 月号（労働者学習センター）18-23 頁

「趣旨説明　なぜ女性法曹の輩出促進が求められるのか」早稲田大学法務研究論叢 2 号 125-128 頁

「包括的差別禁止法制と複合差別法理の研究」科研費 News vol.2、p.6

「『働き方改革』はどこへ向かうのか」月刊自治研 695 号（自治研中央推進委員会）16-22 頁

「取り戻そう生活時間（基調講演）」労働法律旬報 1893 号 6-31 頁

「巻頭言『働き方改革』を批判する」法の科学 48 号 4-8 頁

「『働き方改革関連法案』とは」婦人通信 706 号 16-19 頁

「（座談会）連合総研新たな 10 年に向けて」（神野直彦、古賀伸明と）『連合総研 30 周年記念誌　これまでの 10 年のあゆみと『分かち合い』社会への新たな 10 年』（公益財団法人連合総合生活開発研究所）51 頁以下

「書籍情報コーナー：浅倉むつ子『雇用差別禁止法制の展望』」国際女性 31 号 154-155 頁

【2018 年】

「『金持ち』ではなく『時間持ち』になろう」労働法律旬報 1903=1904 号 6-7 頁

「職場に奪われている時間を家族・地域・社会の手に取り戻そう」女性としごと 54 号（労働大学出版センター）48-51 頁

「扉のことば　労働組合に期待するもの」季刊金属労働研究 146 号（リフレッシュ第 10 号）（金属労働研究所）1 頁

「（対談）労働×ジェンダー　働きながら豊かに暮らす」（宮原淳二と）新鐘 84 号 28-31 頁

「（シンポジウム）『働き方改革』の“嘘”」（浜村彰、棗一郎、中野麻美、沼田雅之、毛塚勝利と）労働法律旬報 1909 号 6-32 頁

「企業における女性の働き方は？」山下泰子・矢澤澄子 監修、国際女性の地位協会 編『男女平等はどこまで進んだか　女性差別撤廃条約から考える』（岩波ジュニア新書）71-81 頁

「労働時間の短縮はなぜ必要か」生活経済政策 259 号 3 頁

「日本は『性差別大国』」労働法律旬報 1920 号 4-5 頁

「ハラスメント法政策の現状と課題」月刊女性 & 運動 434 号（新日本婦人の会）34-36 頁

「時短がつくる持続可能社会」ひろばユニオン 2018 年 11 月号 28-31 頁

「雇用管理区分差別の合理性」日本労働研究雑誌 701 号 1 頁

【2019 年】

「最悪の政権に終止符を」学習の友 2019 春闘別冊 6-7 頁

「ハラスメントをめぐる法規制の現状と課題」月刊全労連 266 号 1-11 頁

「この国の未来を担う人たちへ──考え抜くこと、努力すること」Themis（テミス）38 号 4 頁

「コメント　職場の男女不平等をいかに越えるか─法律学の視点から─」昭和女子大学女性文化研究所紀要 46 号 26-29 頁

「『男女不平等社会』を変えるには」日本法社会学会学会報 112 号 1 頁

「ジェンダー法学の成果を無駄にしないで」安保法制違憲訴訟・女の会編『Voice 平和をつなぐ女たちの証言』（生活思想社）75-77 頁

「明日への視角　女性差別撤廃の選択議定書批准アクション」生活経済政策 269 号 3 頁

「知りたい女性差別撤廃条約（上）（下）」女性のひろば 485 号 54-58 頁、486 号 46-50 頁

「かつては女性労働者の敵対者　労働組合と女性労働者の関係は？」情報労連リポート 424 号 8-9 頁

「（わが愛）定年そして母」婦人通信 724 号 2-3 頁

編著者

島田陽一　（しまだ　よういち）早稲田大学教授
三成美保　（みつなり　みほ）奈良女子大学教授
米津孝司　（よねづ　たかし）中央大学教授
菅野淑子　（かんの　としこ）北海道教育大学教授

著者（執筆順）

植木　淳　（うえき　あつし）名城大学教授
林　陽子　（はやし　ようこ）弁護士
杉山有沙　（すぎやま　ありさ）帝京大学助教
長谷川聡　（はせがわ　さとし）専修大学教授
黒岩容子　（くろいわ　ようこ）日本女子大学ほか非常勤講師
中野麻美　（なかの　まみ）弁護士
盧　尚憲　（ノ　サンホン）ソウル市立大学教授
藤本　茂　（ふじもと　しげる）法政大学教授
川田知子　（かわだ　ともこ）中央大学教授
相澤美智子（あいざわ　みちこ）一橋大学准教授
大山盛義　（おおやま　せいぎ）日本大学教授
新谷眞人　（あらや　まさと）日本大学教授
笹沼朋子　（ささぬま　ともこ）愛媛大学講師
藤井直子　（ふじい　なおこ）大妻女子大学専任講師
水野圭子　（みずの　けいこ）法政大学講師
鈴木　隆　（すずき　たかし）島根大学教授
所　浩代　（ところ　ひろよ）福岡大学教授
今井雅子　（いまい　まさこ）東洋大学教授
松本克美　（まつもと　かつみ）立命館大学教授
近江美保　（おうみ　みほ）神奈川大学教授
大谷恭子　（おおたに　きょうこ）弁護士
二宮周平　（にのみや　しゅうへい）立命館大学教授
小竹　聡　（こたけ　さとし）拓殖大学教授
小島妙子　（こじま　たえこ）弁護士
棚村政行　（たなむら　まさゆき）早稲田大学教授
川口美貴　（かわぐち　みき）関西大学教授
浅野毅彦　（あさの　たけひこ）早稲田大学大学院
山﨑文夫　（やまざき　ふみお）平成国際大学名誉教授
石田京子　（いしだ　きょうこ）早稲田大学准教授
浅倉むつ子（あさくら　むつこ）早稲田大学名誉教授

「尊厳ある社会」に向けた法の貢献
──社会法とジェンダー法の協働

2019 年 10 月 25 日　初版第 1 刷発行

編　　者　島田陽一・三成美保・米津孝司・菅野淑子
装　　丁　佐藤篤司
発 行 者　木内洋育
発 行 所　株式会社 旬報社
　　　　　〒 162-0041 東京都新宿区早稲田鶴巻町 544 中川ビル 4F
　　　　　Tel03-5579-8973　Fax03-5579-8975
　　　　　ホームページ　http://www.junposha.com/
印刷製本　モリモト印刷株式会社